Hans-Jürgen Fründt

# Kataloniens Küste

**La Sardana és la dansa més bella de totes les danses que és fan i és desfan.**

**La Sardana ist der schönste aller Tänze, die entstehen und vergehen.**

Joan Maragall, katalanischer Dichter (1860–1911)

## Impressum

Hans-Jürgen Fründt
**Reise Know-How Kataloniens Küste**

erschienen im Reise Know-How Verlag Peter Rump GmbH,
Osnabrücker Str. 79, 33649 Bielefeld


**1. Auflage 2023**


**ISBN 978-3-8317-3703-1**

**Gestaltung und Bearbeitung**
Umschlag: Peter Rump, der Verlag
Inhalt: G. Pawlak, Wayan Rump, der Verlag (Layout); Andrea Hesse (Realisierung)
Fotonachweis: Susanne Muxfeldt (sm), Hans-Jürgen Fründt (hf, jf), Archivo de Imágenes Patronat de Turisme Costa Brava Girona: Antonio Garrido (S. 71), A. Hesse (ah), www.fotolia.de, AdobeStock (Autorennachweise am Bild)
Karten: C. Raisin
Lektorat: Andrea Hesse

**Druck und Bindung**
Hinckel-Druck GmbH, Wertheim

**Bibliografische Information der Deutschen Nationalbibliothek**
Die Deutsche Nationalbibliothek verzeichnet diese Publikation in der Deutschen Nationalbibliografie; detaillierte bibliografische Daten sind im Internet über http://dnb.dnb.de abrufbar.

**Anzeigenvertrieb**
KV Kommunalverlag GmbH & Co. KG,
Alte Landstraße 23, 85521 Ottobrunn,
Tel. 089-928096-0, info@kommunal-verlag.de

Reise Know-How Bücher finden Sie in allen gut sortierten Buchhandlungen. Falls nicht, kann Ihre Buchhandlung unsere Bücher hier bestellen:
D: Prolit GmbH, prolit.de und alle Barsortimente
A: Freytag-Berndt und Artaria KG, freytagberndt.com
CH: AVA Verlagsauslieferung AG, ava.ch
B, Lux, NL: Willems Adventure, www.willemsadventure.nl
oder direkt über den Verlag: **www.reise-know-how.de**

**Bildlegende Umschlag und Vorspann**
Titelbild: Küste bei Lloret de Mar (https://stock.adobe.com © lunamarina)
Vordere Umschlagklappe: Bucht bei Sant Antoni de Calonge (sm)
Kleines Foto: Boot im Ebro-Delta (jf)
S. 1: Sardana-Tänzer (sm)
S. 2/3: Cap de Creus (sm)

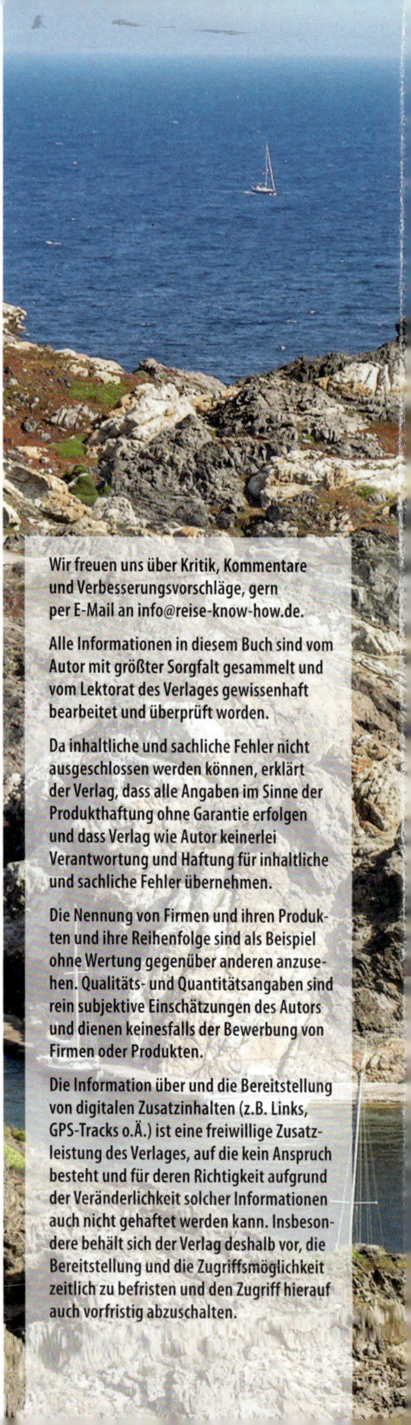

Wir freuen uns über Kritik, Kommentare und Verbesserungsvorschläge, gern per E-Mail an info@reise-know-how.de.

Alle Informationen in diesem Buch sind vom Autor mit größter Sorgfalt gesammelt und vom Lektorat des Verlages gewissenhaft bearbeitet und überprüft worden.

Da inhaltliche und sachliche Fehler nicht ausgeschlossen werden können, erklärt der Verlag, dass alle Angaben im Sinne der Produkthaftung ohne Garantie erfolgen und dass Verlag wie Autor keinerlei Verantwortung und Haftung für inhaltliche und sachliche Fehler übernehmen.

Die Nennung von Firmen und ihren Produkten und ihre Reihenfolge sind als Beispiel ohne Wertung gegenüber anderen anzusehen. Qualitäts- und Quantitätsangaben sind rein subjektive Einschätzungen des Autors und dienen keinesfalls der Bewerbung von Firmen oder Produkten.

Die Information über und die Bereitstellung von digitalen Zusatzinhalten (z.B. Links, GPS-Tracks o.Ä.) ist eine freiwillige Zusatzleistung des Verlages, auf die kein Anspruch besteht und für deren Richtigkeit aufgrund der Veränderlichkeit solcher Informationen auch nicht gehaftet werden kann. Insbesondere behält sich der Verlag deshalb vor, die Bereitstellung und die Zugriffsmöglichkeit zeitlich zu befristen und den Zugriff hierauf auch vorfristig abzuschalten.

Hans-Jürgen Fründt

# KATALONIENS KÜSTE

# Vorwort

Katalonien, formell „nur" eine von 17 Autonomen Gemeinschaften Spaniens, ist nach eigenem Verständnis eine Kulturnation mit tausendjähriger Geschichte. Ganz im Nordosten der Iberischen Halbinsel gelegen, zwischen *mar i muntanya*, wie es auf Katalanisch heißt, zwischen Meer und Berg, konkret den Pyrenäen und dem Mittelmeer. Diese beiden Pole ergänzen sich vortrefflich, sowohl landschaftlich als auch im Selbstverständnis der Menschen.

Die Küste Kataloniens ist ungefähr 580 km lang, und auch hier findet sich *mar i muntanya* wieder. Besonders der nordöstlich von Barcelona gelegene Küstenabschnitt ist ein steter Mix aus einsamen, durch die Natur bizarr geformten Felsbuchten im Wechsel mit hellen Sandstränden, die sich kilometerweit ausrollen. Im Südwesten von Barcelona finden sich dann fast ausschließlich lange Sandstrände, aber auch hier sind Bergketten nicht weit, sie verlaufen allerdings mit einigem Abstand zur Küste im Hinterland.

Die Tourismusindustrie fand schon frühzeitig plakative Begriffe für diese unterschiedlichen Küsten. Die nördlichen Zone nannte man sehr treffend „Costa Brava" („Wilde Küste") wegen der vielen wild gezackten Felsbuchten, den langen Stränden im Süden verpasste man den genauso treffenden Namen „Costa Daurada" („Goldene Küste") in Anspielung an die hellen Sandstrände.

Die Küste ist lang, das Angebot vielfältig, jeder sollte seinen ganz speziellen Platz finden können: Bekannte Party-Orte gibt es, stille Dörflein, in denen noch ein Fischerboot am Strand liegt, Kleinstädte mit ausgeprägter Ferieninfrastruktur und sogar Städte, in denen Urlauber keine große Rolle spielen. In diesem Buch stellen wir die gesamte Küste Kataloniens vor und benutzen die etablierten Begriffe Costa Brava und Costa Daurada zur einfacheren Unterscheidung. Viele charmante Orte liegen hier, sie werden alle mit ihrem ureigenen Charakter vorgestellt, und wir beschreiben auch die begleitenden Strände. Doch nicht nur Letztere locken, es wartet auch so manche Entdeckung am Wegesrand. Im Bereich der Costa Brava zählt die skurrile Welt des spanischen Malers *Salvador Dalí* dazu; in Figueres ist ihm ein Museum gewidmet, in Cada-

Kleine Bucht in der Nähe von Platja d'Aro

qués kann man sein Wohnhaus bestaunen. Historisch interessante Orte mit einem mittelalterlichen Kern finden sich vor allem im nördlichen und mittleren Bereich der Costa Brava, beispielsweise in Castelló d'Empúries, Peratallada und Pals. Ganz besonders lockt auch die reizvolle Altstadt von Girona nebst mehreren sehr interessanten Museen. Archäologisch Interessierte sollten die Ausgrabungsstätten von Ullastret (Iberer) oder die Ruïnes d'Empúries (Griechen und Römer) besuchen.

Im Bereich der Costa Daurada lohnt ein Spaziergang durch das charmante Städtchen Sitges. Oder man probiert sich durch die Weine der Bodegas und Cava-Kellereien im Weingebiet Penedès. Vielleicht darf es auch ein Sprung in die Römerzeit sein? Bitte sehr, in Tarragona stolpert man fast von einem Monument zum nächsten. Oder man besucht charmante mittelalterliche Orte (Montblanc), halb versteckt liegende Ritterburgen (Miravet), geheimnisvolle Zisterzienserklöster (Poblet, Santes Creus) oder die Geburtsstadt des spanischen Architekten *Antoni Gaudí* (Reus).

Auch die zweitgrößte Stadt Spaniens, Barcelona, stellen wir in diesem Buch vor. Die Metropole ist ein Touristenmagnet erster Güte, bietet hochmoderne Sehenswürdigkeiten, aber auch eine historische Altstadt mit Kirchen, engen Gassen, gemütlichen Tapabars und alteingesessenen Läden.

In Summe: Die katalanische Küste bietet einen guten Mix aus warmem Klima, schönen Stränden, attraktiven Ausflugszielen – und einer guten Küche, was ja auch nicht zu verachten ist.

Also, auf an die Küste Kataloniens!

*Hans-Jürgen Fründt*

671cb sm

# Inhalt

## Hinweise zur Benutzung

**Nicht verpassen!**
Die Highlights der Region erkennt man an der **gelben Markierung.**

MEIN TIPP: ...
... steht für **spezielle Empfehlungen des Autors:** abseits der Hauptpfade, nach seinem persönlichen Geschmack.

**Der Schmetterling ...**
... zeigt an, wo man besonders gut **Natur erleben** kann oder Angebote im Bereich des **nachhaltigen Tourismus** findet.

**Kinder-Tipps**
Das Symbol kennzeichnet Sehenswürdigkeiten und Aktivitäten, an denen auch **kleine Urlauber** ihre Freude haben.

**Der Party-Tipp ...**
... zeigt an, wo das Nachtleben tobt (und welche Viertel man als Ruhesuchender besser meidet ...)

**Preiskategorien Unterkünfte (DZ/HS)**

| | |
|---|---|
| ① | bis 50 € |
| ② | 50–80 € |
| ③ | 80–100 € |
| ④ | ab 100 € |

**Verweise auf die Stadtpläne**
**4** Die **Ziffern** in den Kästchen bei den **Praktischen Tipps der Ortskapitel** verweisen auf den jeweiligen Legendeneintrag im Stadtplan.

**Updates nach Redaktionsschluss**
Auf der Produktseite dieses Reiseführers in unserem Internetshop finden Sie zusätzliche Informationen und **wichtige Änderungen.**

**Wichtige Begriffe und Abkürzungen**
Ortsangaben und Adressen → S. 475



## 8 Praktische Reisetipps A–Z 430

## 9 Land und Leute 492



## 10 Anhang 524



# Karten

FRANKREICH
Perpignan 25 km
Serra de l'Albera
La Jonquera
Portbou
Colera
AP-7
E15
Pantà de Boadella
Llançà
1
El Port de la Selva
Cap de Creus
Sant Pere de Rodes
Peralada
Portlligat
Cadaqués
Figueres
Castelló d'Empúries
Roses
Empuriabrava
Cap de Norfeu
Parc Natural Aiguamolls de l'Empordà
Besalú
Sant Pere Pescador
Bucht von Roses
El Fluvià
L'Armentera
Sant Martí d'Empúries
Ruïnes d'Empúries
Estany de Banyoles
Banyoles
MITTELMEER
L'Escala
Verges
L'Estartit
El Ter
Torroella de Montgrí
Illes Medes
Púbol
2
Ullastret
Peratallada
Girona
Sa Riera
Pals
Punta de Plom
Sa Tuna
Bescanó
La Bisbal
Begur
Platja de Fornells, Platja Fonda, Platja Aiguablava
Palafrugell
Tamariu
Flughafen Girona
C-31
Llafranc
Cassà de la Selva
Sant Joan
Calella de Palafrugell
Calonge
KATALONIEN
Palamós
Caldes de Malavella
Llagostera
Platja d'Aro
Sant Antoni de Calonge
C-65
3
C-35
Santa Cristina d'Aro
S'Agaró
Barcelona (60 km)
Sant Feliu de Guíxols
A-2
Barcelona
Tossa de Mar
4
Cap Pentiner
Flughafen Barcelona-Prat
C-32
Canyelles
Lloret de Mar
Blanes
Platges de Santa Cristina

## 1 Die nördliche Costa Brava | 30

Die „Wilde Küste", wie die Costa Brava übersetzt heißt, macht ihrem Namen hier alle Ehre. Die Pyrenäen laufen in dieser Region aus, versinken im Meer und prägen somit auch das Küstenbild. Wild zerklüftet zeigt sich die Küste, doch immer wieder öffnen sich Buchten, in denen charmante Orte liegen wie **Cadaqués (S. 48)** oder **El Port de la Selva (S. 43).** In dieser bizarren Küstenwelt lebte *Salvador Dalí,* seine surrealistischen Werke sind in fantastischen Museen zu besichtigen – in **Figueres (S. 74)** und Cadaqués. Einige schöne Strände gibt es auch, sie liegen in **Roses (S. 56), Sant Pere Pescador (S. 85)** und **L'Escala (S. 92),** wo sich entsprechend der Tourismus stärker bemerkbar macht.

## 2 Zentrale Costa Brava | 98

Auch in diesem Abschnitt der Costa Brava findet sich beides: schöne Sandstrände – sogar kilometerlang wie nahe **Pals (S. 124)** oder in **L'Estartit (S. 107)** – und eine spektakuläre, felsige Küstenszenerie wie etwa vor **Begur (S. 128)** und **Palafrugell (S. 136),** wo in den Buchten malerische Orte liegen. **Calella de Palafrugell (S. 146)** und die deutlich kleineren Nachbarn **Llafranc (S. 142)** und **Tamariu (S. 140)** zählen dazu. Noch kleiner sind die Küstenorte vor Begur, wie beispielsweise **Sa Riera (S. 132)** oder **Sa Tuna (S. 134),** Küstendörflein für Liebhaber und Genießer. Etwas im Hinterland liegen mittelalterliche Orte wie Pals oder **Peratallada (S. 114),** in denen man sofort einen Ritterfilm drehen könnte. Und die Provinzhauptstadt **Girona (S. 150)** ist sowieso die ewig vergessene Dame unter all den spanischen Städten mit großen Namen. Dabei hat sie eine tolle Altstadt zu bieten mit viel Geschichte, die sich in Kirchen, Monumenten und Museen ausdrückt. Doch man lebt nicht nur im Gestern – Girona bietet gute Einkaufsmöglichkeiten und eine Vielzahl stimmungsvoller Lokale.

## 3 Südliche Costa Brava | 168

Die felsige Küste verabschiedet sich hier so langsam, es dominieren kilometerlange Sandstrände. Und dort hat sich die Tourismusindustrie angesiedelt, doch die Orte ziehen unterschiedliches Publikum an. In **Blanes (S. 212)** findet man viele Camper und Familien, in **Lloret de Mar (S. 203)** mehr feierfreudige Teenager und **Tossa de Mar (S. 194)** zieht eher Kunstsinnige und Individualisten an. **Platja d'Aro (S. 182)** gilt als Ort mit tollem Nachtleben, während **Palamós (S. 172)** mit hervorragenden Fischrestaurants punktet. **Sant Feliu de Guíxols (S. 187)** ist einer der wenigen Orte, die nicht so stark vom Tourismus geprägt sind.

## 4 Barcelona | 226

Von Blanes sind es nur noch etwa 70 Kilometer bis nach Barcelona – katalanische Hauptstadt und touristisches Ziel ersten Ranges. Die Stadt boomt, sie brodelt und sie bietet eine Menge. Beispielsweise die „verrücken" Bauten von Gaudí, allen voran die noch immer nicht ganz fertige und dennoch wunderschöne **Sagrada Família (S. 257).** Natürlich die **Rambla (S. 240),** die Flaniermeile schlechthin. Das **Barri Gòtic (S. 247),** eine Altstadt wie geschaffen als Filmkulisse und mit nicht mehr zu zählenden Tapasbars. Museen für jeden Geschmack. Und wer schließlich und endlich völlig ermattet ist von diesem Angebot, der legt eine gepflegte Siesta ein an der Platja de **Barceloneta (S. 246),** dem Stadtstrand, den gibt es nämlich auch noch.

**Fortsetzung nächste Seite**

## 5 Nördliche Costa Daurada | 280

Lange, helle und vor allem feinsandige Strände rollen sich hier aus. Mal sind sie etwas stärker besucht (**Sitges, S. 289**), meist aber etwas weniger. In einigen Orten findet sich eine richtig schmucke Altstadt (in **Torredembarra, S. 327**, oder **Altafulla, S. 332**). Auch historisch und kulturell Interessierte kommen auf ihre Kosten. In **Calafell (S. 314)** steht ein nachgebautes Dorf der Iberer; in **El Vendrell (S. 319)** wird in einem Strandhaus das Leben des weltberühmten Cellisten *Pau Casals* nachgezeichnet. Und zur Weinprobe geht es ins Hinterland nach **Vilafranca del Penedès (S. 309)** oder **Sant Sarduní d'Anoia (S. 306).**

## 6 Tarragona und Umgebung | 338

**Tarragona (S. 343)** vermischt das Heute geschickt mit dem Gestern. Bauten aus der Römerzeit stehen mitten im Zentrum, wie der **Circ Romà (römischer Zirkus, S. 349)** oder das **Amphitheater (S. 348).** Gleich nebenan erhebt sich würdevoll die **Kathedrale (S. 350)** und auf der nahen **Rambla Nova (S. 347)** tobt das Leben. Gegen Abend verlagert sich die Ausgehzone mehr zum Platz vor dem Rathaus, zur **Plaça de la Font (S. 353),** wo ein gutes Dutzend Terrassenlokale auf durstige Kehlen warten. Nur 14 Kilometer entfernt lassen sich in der Stadt **Reus (S. 358)** mehrere Bauwerke aus der Zeit des Jugendstils (auf Katalanisch: Modernisme) fin-

075kk jf

den. Und außerhalb der Städte liegt eine ganz andere Welt, die der **Zisterzienserklöster Santa Maria de Poblet (S. 369)** und **Santes Creus (S. 371)**. Unweit von Tarragona findet man in **Montferri (S. 366)** eine sehr bemerkenswerte modernistische Kirche. Im Hinterland liegt das Dörflein **Siurana (S. 362)** spektakulär erhöht auf einer Felskuppe, fast wie ein Adlernest. Und in **Valls (S. 363)** sollen die Menschentürme (Castellers) erfunden worden sein, folgerichtig gibt es dort dazu ein eindrucksvolles Museum.

## 7 Südliche Costa Daurada | 374

Schöne Strände gibt es hier überall, aber nur ganz oben in **Salou (S. 378)** brummt das Urlaubsleben so richtig. Das benachbarte **Cambrils (S. 384)** hat – unter anderem wegen seines Hafens und der vielen guten Fischlokale – auch viele Besucher. Weiter südlich wird es immer ruhiger, die Orte entspannen sich förmlich. Schon ziemlich ruhig ist es an den Stränden von **L'Ampolla (S. 404)** und **L'Hospitalet de L'Infant (S. 396)**. Und ganz unten im Süden liegt mit dem **Ebro-Delta (S. 406)** ein landschaftliches Kleinod mit kilometerlangen Stränden und Reisfeldern bis zum Horizont. **Tortosa (S. 416)** liegt als Kleinstadt etwas im Hinterland und weist neben einer schmucken Altstadt auch eine alte Burg aus dem 10. Jh. auf – sowie eine tragische Geschichte aus Spaniens jüngerer Historie. Im Hinterland lohnen Orte wie **El Pinell del Brai (S. 400)** einen Abstecher, wo es eine der schönsten Weinkellereien überhaupt gibt. In **Miravet (S. 399)** steht eine ehemalige Templer-Burg hoch oberhalb eines Flusses, und in **Mont-Roig (S. 393)** begibt man sich auf die Spuren des Malers *Joan Miró*.

Das Amphitheater in Tarragona

# Reiserouten und Touren

## Kurztrips

Wer nur wenige Tage Zeit hat, sollte sich zuerst überlegen, welcher Küstenabschnitt bevorzugt wird: die Costa Brava, nordöstlich von Barcelona gelegen, oder die Costa Daurada im Südwesten der Metropole. Die Costa Brava bietet sowohl kleine, von Felsen gerahmte Buchten, als auch weite Sandstrände. An der Costa Daurada findet man fast ausschließlich lange Sandstrände.

### Costa Brava

Um beide Seiten der Costa Brava kennenzulernen, eignet sich das kleine **Cadaqués.** Es ist eines der schönsten Örtchen der Region mit seinen engen Gassen und kleinen, weißen Häusern, gelegen vor einem Bergmassiv. Mitten im Ort öffnet sich auch eine recht große Strandbucht. In unmittelbarer Nachbarschaft liegt der **bizarre Felsvorsprung** des **Cap de Creus,** das den östlichsten Punkt auf dem spanischen Festland darstellt. Im Nebenort von Cadaqués, **Portlligat,** lebte einst der spanische Künstler *Salvador Dalí;* sein Haus ist heute eine skurrile und sehr interessante Sehenswürdigkeit.

Das vom Tourismus geprägte **Roses** bietet ebenfalls einen langen Sandstrand und eine felsige Küstenszenerie. Der Strand in der Bucht von Roses erstreckt sich über Kilometer, das Zentrum bietet alles von Gastronomie bis Shopping und am Ortsrand beginnt die felsige Küste, an der man lange Spaziergänge unternehmen kann.

> Detailreiches Haus in Sitges

## Costa Daurada

Südwestlich von Barcelona liegen die flachen, hellen Sandstrände der **Costa Daurada.** Hier sollte jeder seinen Ort finden. Wer Trubel und Nachtleben sucht, könnte **Salou** als Standort wählen. Wer einen schicken Ort mit charmanten Häusern und einem nicht zu großen touristischen Aufkommen wünscht, dem sei **Sitges** empfohlen, der dortige Strand erstreckt sich über 4 km. **Cambrils** ist auch eine Option, man findet alles fürs Touristenherz, aber auch noch eine intakte Kleinstadt sowie einen großen Hafen und natürlich lange Strände. Wer es relativ einsam wünscht, der könnte **Torredembarra** testen oder **Altafulla,** beide mit langen Stränden und zumindest außerhalb der Sommermonate mit überschaubarem Tourismus.

076kk jf

## Längere Touren

Wer **eine Woche** bis **zehn Tage** Zeit hat, dem sei eine Rundreise empfohlen, bei der nicht nur die verschiedensten Strände, sondern auch einige interessante Orte im Hinterland angesteuert werden.

### Costa Brava

Ein guter Ausgangspunkt ist die Stadt **Girona.** Dort gibt es empfehlenswerte Hotels, eine bezaubernde Altstadt mit interessanten Museen zur Geschichte sowie zur jüdischen Epoche und einer optisch dominierenden Kathedrale. Zur Küste ist es nicht weit, beispielsweise lohnt der Ort **L'Estartit** einen Besuch. Nicht nur wegen seines langen Strandes, auch wegen der guten Lokale und der einzigartig vorgelagerten kleinen Inselgruppe Illes Medes. Das Kontrastprogramm in Form von kleinen, halbmondartigen und von Felsen eingerahmten Buchten liegt bei **Palafrugell.** Kleine Orte wie **Tamariú, Sa Tuna** oder **Calella de Palafrugell** zeigen sich unglaublich malerisch. In allen Buchten findet man Lokale und in einigen sogar Hotels. Weiter

077kk sm

im Süden locken dann Orte mit langen Sandstränden und auch, wie in **Palamós,** mit einer überraschend hohen Anzahl guter Restaurants. Ähnliches findet man in **Tossa de Mar.** Der relativ kleine Ort ist einer der touristischen Hotspots dieser Küste, denn er weist auch noch eine kleine historische Altstadt auf, die fast komplett von einer Mauer eingefasst ist. Sehr schick, das Ganze!

## Costa Daurada

Südwestlich von Barcelona locken die „goldenen" Strände der Costa Daurada eigentlich überall. Wohin also? Unbedingt nach **Sitges,** einen sehr charmanten Ort mit engen Gassen und sehr schicken Häusern, etliche erbaut von zurückgekehrten, in Übersee reich gewordenen Auswanderern. Und dann könnte man vielleicht einmal den leiblichen Genüssen nachgeben? In **Sant Sadurní d'Anoia** haben die beiden wohl bekanntesten Cava-Produzenten von Spanien ihren Sitz, die Firmen Freixenet und Codorníu. Beide Keller können besichtigt werden, natürlich immer verbunden mit einer kleinen Kostprobe. Weitere schöne Strände findet man auf dem Weg nach Tarragona überall, in **Torredembarra** gibt es unmittelbar am Strand auch noch eine Vielzahl an Restaurants, was nicht überall so ist. **Tarragona** ist eine mittelgroße Stadt mit reichem römischen Erbe, archäologische Funde können mitten in der Stadt besucht werden. Obendrein begeistert die mächtige Kathedrale, außerdem gibt es im Stadtkern und etwas außerhalb im alten Fischerviertel viele gute Lokale.

⌃ Der Hafen von Palamós

Nicht weit entfernt liegt die mittelgroße Stadt **Reus,** wo *Gaudí* geboren wurde, der geniale Architekt und Erbauer zahlreicher modernistischer Gebäude in Barcelona. In Reus ist ihm ein sehr interessantes Museum gewidmet. Obendrein stehen hier zahlreiche Häuser im Stil des Modernisme mitten im Zentrum.

Noch weiter außerhalb liegen drei große **Zisterzienserklöster,** von denen zwei besucht werden können. Das **Monestir de Santa Maria de Poblet** ist das größte und bedeutendste in Katalonien. Man kann die meisten Räume besichtigen und staunt über das große Gebäude und diese für die meisten von uns doch so fremde Lebenswelt. Auch das **Monestir de Santes Creus** kann besichtigt werden. Es ist etwas kleiner als Poblet und zumeist auch etwas weniger besucht, was vielleicht noch intensivere Eindrücke vermittelt. Wer jetzt noch etwas Zeit hat, möchte sicher noch einmal an einem Strand entspannen, da bieten sich **Coma-Ruga** und **Calafell** an, beide Orte mit langen Stränden und einer soliden touristischen Infrastruktur.

> Bummel durch Barcelonas schattige Gassen

## Große Reise

Wer **zwei** oder gar **drei Wochen** Zeit hat, kann die gesamte katalanische Küste bereisen und auch noch mehrere Abstecher ins Hinterland unternehmen.

### Costa Brava

Ausgangspunkt könnte die Stadt **Figueres** sein, das dortige Dalí-Museum ist gewissermaßen ein Must-have-seen. Nicht weit davon entfernt erreicht man die Bucht von **Roses** mit einem sehr langen Strand, in unmittelbarer Nachbarschaft des Ortes liegt eine bizarre felsige Küste, ideal für lange Spaziergänge. Noch etwas weiter nördlich folgt **Cadaqués,** ein weißes Dörflein, dessen Schönheit vor dem grauen Fels so richtig strahlt. Hier lebte *Salvador Dalí;* sein früheres Haus im benachbarten **Portlligat** kann besucht werden, obendrein darf dort auch ein Abstecher zum felsigen **Cap de Creus** nicht fehlen, dem östlichsten Punkt auf dem spanischen Festland.

**Girona** ist eine große Stadt mit einer Geschichte, die bis in die Römerzeit zurückreicht. Dort gibt es gute Hotels und eine bezaubernde Altstadt mit interessanten Museen zur Historie und einer eindrucksvollen Kathedrale. Zur Küste ist es nicht weit, beispielsweise lohnt ein Abstecher nach **Palafrugell** mit seinen kleinen, fast versteckten malerischen Strandbuchten. Orte wie **Sa Tuna, Tamariú** oder **Calella de Palafrugell** trugen noch vor gar nicht so langer Zeit den Stempel „Geheimtipp", heute natürlich nicht mehr. In allen Buchten gibt es Lokale und in einigen sogar Hotels. Weiter

078kk sm

im Süden locken dann Orte mit langen Sandstränden, aber auch, wie in **Palamós,** mit einer überraschend hohen Anzahl guter Restaurants. Ähnliches findet man in **Tossa de Mar,** einem relativ kleinen Ort, der aber einer der touristischen Hotspots dieser Küste ist, denn er weist auch noch eine kleine historische Altstadt auf, die fast komplett von einer Mauer eingefasst ist.

### Barcelona und Costa Daurada

**Barcelona** liegt auf dem Weg zu den langen Sandstränden der Costa Daurada und will natürlich besucht werden. Viel gibt es zu sehen, Museen, modernistische Häuser, die Kathedrale und andere stolze Kirchen wie die Kirche der Seefahrer, Basílica de Santa María del Mar.

### Costa Daurada

Bevor es nun an die Strände geht, empfehle ich einen Besuch in einer Cava-Kellerei in **Sant Sadurní d'Anoia.** Dort haben die Firmen Freixenet und Codorníu ihren Sitz, die beiden wohl bekanntesten Cava-Produzenten des Landes. Beide Kellereien können besichtigt werden, natürlich immer verbunden mit einer kleinen Kostprobe.

Einer der ersten Strände der Costa Daurada nach dem Besuch von Barcelona ist **Sitges,** ein sehr einnehmender Ort mit schmalen Gässchen und sehr schönen Häusern, etliche erbaut von zurückgekehrten, in Übersee reich gewordenen Auswanderern. Der Strand rollt sich über satte 4 km aus, begleitet von einer breiten Promenade ohne Lokale und Shops, also mit ungetrübtem Meerblick.

Weiter nach Süden folgen Orte mit langen Sandstränden und einer mittleren touristischen Infrastruktur. Etwas im Hinterland lohnt ein Besuch im kleinen Ort **Montblanc,** der durch seine mittelalterliche Bausubstanz wie geschaffen für einen historischen Film wäre. Ganz in der Nähe liegen große Zisterzienserkloster, von denen zwei besucht werden können. Das **Monestir de Santa Maria de Poblet** ist das größte und bedeutendste in Katalonien. Die meisten Räume des großen Gebäudes stehen für Besucher offen und vermitteln eine eindrückliche Vorstellung dieser für die meisten von uns doch so fremden Lebenswelt. Auch das **Monestir de Santes Creus** kann besichtigt werden. Es ist etwas kleiner als Poblet und zumeist auch etwas weniger besucht, was vielleicht für noch intensivere Eindrücke sorgt. Dann geht es weiter über **Reus** nach Tarragona. In Reus wurde *Gaudí* geboren, der geniale Architekt und Erbauer zahlreicher modernistischer Gebäude in Barcelona. In Reus ist ihm ein sehr interessantes Museum gewidmet. Zudem schmücken hier zahlreiche modernistische Häuser das Zentrum. **Tarragona** ist eine Stadt mit reicher römischer Historie, archäologische Funde können mitten in der Stadt besucht werden. Auch die mächtige Kathedrale ist sehenswert, und im Zentrum und im alten Fischerviertel der Stadt findet man viele gute Lokale.

Südlich von Tarragona liegen zwei große Urlaubszentren, **Salou** und **Cambrils,** beide mit langen Stränden und hohen Besucherzahlen. Etwas ruhiger wird es noch weiter südlich, beispielsweise in **L'Ametlla de Mar** oder in **L'Ampolla,** beides kleine Orte am Meer mit kleinen Häfen, langen Stränden und bescheidener touristischer Infrastruktur. Und zum Schluss dieser Reise wartet das **Ebro-Delta.** Der zweitlängste Fluss Spaniens ergießt sich hier in einer breiten Mündung ins Mittelmeer. Heute liegt hier das größte Reisanbaugebiet ganz Spaniens. Im zentralen Ort **Deltebre** erklärt ein kleines Museum die Hintergründe, an der Spitze öffnet sich noch einmal ein breiter, güldener Strand, passend zum Abschluss dieser Reise.

## Auf Kul-Tour

Die katalanische Küste ist für ihre schönen Strände bekannt und auch für zahlreiche reizvolle Orte. Obendrein liegen hier aber auch mehrere **kulturelle und archäologische Perlen** und warten auf interessierte Entdecker. Wie wäre es also mal mit einer Tour zu diesen kulturellen Highlights abseits der Strände (wobei diese ja nie weit entfernt liegen)? Hier ein Vorschlag für eine Kul-Tour:

### Costa Brava

Die Tour startet im Norden, wo einst das Genie **Salvador Dalí** lebte und wirkte. Dort finden sich drei Orte, in denen er deutliche Spuren hinterlassen hat, im sogenannten Dalí-Dreieck. Unweit der französischen Grenze liegt das winzige Örtchen **Portlligat** vor der bizarr-schönen Felsenküste beim Cap de Creus. Dort lebte *Dalí* in einem fantasievoll gestalteten, leicht versponnen wirkenden

Haus und ließ sich durch die Landschaft inspizieren; dieses Haus kann heute besichtigt werden. Im benachbarten größeren Ort **Cadaqués** gibt es ein kleines Museum, aber vor allem kann man als Besucher durch die zauberhaften Gassen des vielleicht schönsten Dorfes weit und breit spazieren, und man ahnt förmlich, wie *Dalí* hier auf Motivsuche unterwegs war. Von hier geht es ins Hinterland zum Dörflein **Púbol,** wo das Schloss steht, welches *Dalí* seiner Gattin *Gala* schenkte. Dort wurde *Gala* auch beerdigt. Zum Abschluss des Dalí-Dreiecks geht es nach **Figueres** zum Teatro-Museu Dalí. Ein weiteres surrealistisch aussehendes Gebäude und ein echtes Highlight mit einer wahrlich dalímäßigen Ausstellung, die man sich nicht entgehen lassen sollte.

Dann geht es weiter nach Süden in die große Stadt **Girona.** Die dortige Altstadt mutet so mittelalterlich an, dass es nicht verwundert, dass hier mehrere Szenen der Serie „Game of Thrones" gedreht wurden. Man findet dort auch ein hochinteressantes jüdisches Museum, ein Museum mit Werken von Künstlern aus der Umgebung sowie ein Museum für Cineasten.

Nun folgt aber ein Abstecher ans Meer nach **Tossa de Mar.** Dieser bezaubernde Ort lockte schon vor Jahrzehnten internationale Filmstars und Künstler an, das kleine Museu Municipal erinnert an diese Zeit, als Künstler und Lebenskünstler sich es hier gutgehen ließen. Im benachbarten **Lloret de Mar** urlauben nicht nur Feierwütige, dort kann man sogar einen bezaubernden Ort der Stille finden, den Park Jardins de Santa Clotilde, der gärtnerisch sehr schön gestaltet ist, im Stil der italienischen Renaissance mit Sichtachsen und verschwiegenen Sitzecken. Im benachbarten Ort **Blanes** verzaubert ein weiterer toller Park, Jardí Botànic Mar i Murtra, mit etwa 3000 Pflanzen aus verschiedenen Zonen.

## Barcelona

Nun nähert man sich der Millionenstadt **Barcelona,** wo es eine Vielzahl von spannenden Museen zu entdecken gibt, obendrein auch mehr als einhundert modernistische Gebäude, die markantesten vom bekanntesten Vertreter dieser Stilrichtung, *Antoni Gaudí,* entworfen. Wenig bekannt ist, dass *Gaudí* in der Stadt **Mataró,** ca. 10 km nordöstlich von Barcelona, eine Fabrikhalle entwarf, die zu seinen ersten architektonischen Gehversuchen zählt und heute ein Kulturzentrum ist. Dieses Gebäude, Nau Gaudí genannt, kann man ohne Warteschlangen besuchen und erkennt schon die Anfänge seines Genies, nicht von außen, aber in der Deckenkonstruktion im Inneren. In **Barcelona** selbst findet man die wichtigsten Werke *Gaudís* wie die Kirche Sagrada Família, den Park Güell oder die weiteren Modernismus-Bauten entlang der Straße Passeig de Gràcia.

Es gibt so viel zu entdecken in Barcelona, z.B. die *Miró, Picasso* und *Antoni Tàpies* gewidmeten Museen. Im Museu Nacional d'Art de Catalunya wird romanische Kunst aus ganz Katalonien gezeigt, das Museu d'Història de Barcelona zeigt die Stadtgeschichte und das Museu d'Art Contemporani stellt zeitgenössische Kunst aus. Das ist aber noch längst nicht alles, auch der maritimen Stadt-Geschichte wird gedacht und selbst der FC Barcelona hat ein eigenes Museum für seine stolze Trophäensammlung.

## Costa Daurada

Jetzt geht es weiter nach Süden zur Costa Daurada, erster Stopp sollte der charmante Ort **Sitges** sein. Hier ist das Museu Cau Ferrat dem Maler *Santiago Rusiñol* gewidmet, es finden sich aber auch einige Werke namhafter Künstler wie *Picasso* oder *Zuloaga.* Fast nebenan steht das Museu Maricel, das eine private Kunstsammlung mit Werken aus dem 10. bis 20. Jh. zeigt. In dem kleinen Küstenort **Cubelles** erwartet Besucher eine etwas überraschende Ausstellung zum Leben des weltberühmten Clowns *Charlie Rivel,* der hier geboren wurde. Für archäologisch Interessierte lohnt sich ein Besuch des Iberischen Dorfes in **Calafell,** ein Nachbau, der sehr anschaulich das Leben vor etwa 2500 Jahren zeigt. Im Ort **El Vendrell** wird des weltbekannten Cellisten *Pau Casal* mit einem eigenen Museum gedacht, welches direkt am Strand liegt. Noch weiter südlich wartet die Großstadt **Tarragona,** die einen großen archäologischen Schatz an Fundstücken aus der Römerzeit aufweist. Verschiedene Original-Bauwerke wie das Amphitheater oder der Zirkus stehen mitten im Zentrum, einen systematischen Überblick zur römischen Epoche vermittelt das Museu Nacional Arqueològic. **Reus** liegt nur eine knappe halbe Stunde Fahrtzeit entfernt im Hinterland, es ist die Geburtsstadt von *Gaudí.* Ein interaktives, sehr interessantes Museum im Herzen der Stadt erinnert an den genialen Architekten. Ebenfalls im Stadtzentrum findet man zahlreiche modernistische Gebäude.

Unsere Kul-Tour könnte man in einem Zisterzienserkloster beschließen, beispielsweise im **Monestir de Santa Maria de Poblet,** dem größten und bedeutendsten in Katalonien. Man kann die meisten Räume besuchen und staunt über das gewaltige Gebäude, obendrein erahnt man das harte und strenge Leben der Mönche, es ist ein Blick in eine völlig andere Lebenswelt.

079kk jf

Gaudís Wirken ist in Barcelona sehr präsent, hier im Parc Güell

**Calçots-Saison**
Überall im Bereich der Costa Daurada gibt es von Februar bis April gegrillte Frühlingszwiebeln, in Valls steigt am Sonntag vor dem 2. Februar dazu extra ein großes Fest.

**5./6.1.: Reis Màgics**
Die Heiligen Drei Könige ziehen ein und bringen die Weihnachtsgeschenke, die am nächsten Tag verteilt werden. In vielen Orten ist dieser Einzug ein großes Spektakel und die lieben Kleinen stehen mit fiebrigen Augen an der Straße.

**Ostern**
In Katalonien ist der Ostermontag anders als im restlichen Spanien ein Feiertag, viele Katalanen machen einen Kurzurlaub, die Küste füllt sich. Osterprozessionen sind eher selten, eine sehr eindrucksvolle findet am Karfreitag abends in Girona und Tarragona statt.

**Ideale Reisezeit**
Das Wetter ist oft schön und der Besucheransturm ist im Mai und Juni noch gering.

JAN FEB MÄR APR MAI JUN

**Vorsaison**
Die Sonne wärmt tagsüber schon ganz ordentlich, aber das Wasser ist kalt und nachts kühlt es ziemlich ab, auch Regen ist möglich. Dennoch kommen viele Winterflüchtlinge aus dem Norden, erfreuen sich an den milden Temperaturen. Die meisten Unterkünfte sind aber noch geschlossen.

**23.4.: Sant Jordi**
Am Tag des Heiligen Georgs schenken sich die Menschen gegenseitig ein Buch und eine Rose. Dazu stehen ab dem frühen Morgen in vielen Orten an wichtigen Straßen kleine Verkaufsstände, vollgepackt mit Büchern und Rosen.

**24.6.: Sant Joan**
Johannisnacht und zugleich Fest des Schutzheiligen von Katalonien: Es wird überall gefeiert mit Tanz, großen Feuern und vor allem mit einer Dauerparty am Strand, wo gegrillt und Feuerwerk gezündet wird.

**Temps de Flors in Girona**
In der Altstadt werden im Mai kunstvolle Blumenteppiche erstellt. Sehr schön anzuschauen, aber es ist auch sehr voll.

**Sommerferien**

Ganz Spanien schaltet einen Gang runter und fährt ans Meer. Es wird überall sehr voll und sehr heiß.

**11.9.: La Diada**

Der katalanische Nationalfeiertag: Seit einigen Jahren kommt es regelmäßig zu großen Demonstrationen für eine katalanische Unabhängigkeit, an denen Hunderttausende teilnehmen, vor allem in Barcelona, aber auch im restlichen Land.

**Weinfeste**

Ein großes Fest zur Traubenernte rund um den Cava findet Anfang Oktober in Sant Sadurní d'Anoia statt. Ein ähnliches Weinernte-Fest feiert man in Vilanova del Penedès.

**Gute Reisezeit**

Es bleibt warm, aber der Besucheransturm ist vorbei, die Strände leeren sich wieder.

JUL | AUG | SEP | OKT | NOV | DEZ

**Ende September: La Mercè in Barcelona**

Mit einer riesigen Fiesta verabschiedet die Metropole den Sommer. Die Festwoche bietet für jeden etwas: Umzüge, Konzerte, zahlreiche Veranstaltungen …

**Menschentürme**

Am ersten Sonntag des Oktober in geraden Jahren findet ein spektakulärer Wettbewerb der Castells in Tarragona statt.

**Beginn der Winterpause**

Saisonende für viele Hotels und Campingplätze, sie schließen und gehen in die Winterpause bis etwa kurz vor Ostern

## LEGENDE

- Winter
- Frühling/Herbst
- Sommer/Frühherbst

# Zehn Orte zum Staunen und Entdecken

812cb sm

### Cap de Creus | 55

Eine bizarr-schöne Landschaft ist dieses Cap de Creus und zugleich der östlichste Punkt von Festland-Spanien. So erreichen hier jeden Morgen die ersten Sonnenstrahlen das spanische Festland. Eine faszinierende Szenerie mit wilden und tiefen Einschnitten sowie steil abfallenden Felsen. An der Spitze steht ein Leuchtturm und hier betreibt ein Brite seit Jahren ein Lokal.

813cb sm

### Ruïnes d'Empúries | 88

Die antike Stadt Empúries direkt am Meer war zunächst von den Griechen und später den Römern besiedelt. Beide Kulturen haben, klar voneinander getrennt, Spuren hinterlassen. In der griechischen Zone stehen Tempel, die Statue einer Gottheit und Grundreste früherer Häuser. Im römischen Teil beeindrucken einige sehr schöne Bodenmosaike, zudem steht etwas am Rande ein Amphitheater.

814cb sm

### Dalí-Museum in Figueres | 75

Ein Urlaub an der Costa Brava ohne Dalí? Kaum vorstellbar! Zumindest sein Museum in Figueres sollte sich niemand entgehen lassen. Das „Teatro-Museo" ist keine trockene Sammlung von Kunstwerken, sondern eher eine Show. Auf dem Dach riesige Eier, vor dem Eingang eine nachdenkliche Figur und drinnen setzt sich das Staunen fort, während man durch Dalís surrealistische Welt schlendert.

815cb sm

### Medes-Inseln vor L'Estartit | 107

1 km vor dem Urlaubsort L'Estartit liegen die sieben felsigen Medes-Inseln, Nistplatz vieler Vögel und unter Naturschutz. Besucher können nahe heranfahren, auch schnorcheln oder tauchen, nicht jedoch die Inseln betreten. Unter Wasser bildeten sich Naturhöhlen im felsigen Gestein, Lebensraum für farbenfrohe Fische, die man durch die Taucherbrille oder ein Glasbodenboot betrachten kann.

807cb sm

### Peratallada | 114

Noch ein Dorf, das Chancen hätte, als schönstes gekürt zu werden. Es liegt etwas im Hinterland, weshalb die Häuser nicht weiß gekalkt, sondern sandsteinfarben sind. Alles hier strahlt mittelalterlichen Charme aus. Die Häuser sind schmuck, die verwinkelten Gassen fotogen, die Stadtmauern wuchtig und die erhaltenen Wehrtürme trutzig. Passend dazu sind die Hotels und Restaurants gestaltet.

# an der Costa Brava

### Tamariu | 140

Der winzige Ort versteckt sich in einer kleinen Strandbucht, wo früher bestenfalls ein paar Fischer ihre Netze trockneten. Heute ziehen sich helle, leicht gedrungene Häuser den Hügel hoch, während unten an der kurzen Strandpromenade ein knappes Dutzend Restaurants liegen. Alle haben eine Terrasse, manche sogar direkt am Strand. Ein idealer Ort zum Träumen bei leichtem Wellenrauschen.

809cb sm

### Gärten von Blanes | 214

Blanes dürfte der quirligste Ferienort der ganzen Costa Brava sein. Ruhe sucht hier kaum jemand – und doch kann man sie finden, sogar in Fußdistanz. Hoch oberhalb der Küste liegt außerhalb vom Ort eine Oase der Ruhe, der Garten Mar i Murtra: absteigende Terrassen, gerade Wege, Blickachsen bis zum Meer und verschwiegene Sitzecken zum Träumen beim leisen Plätschern eines Teichs.

817cb sm

### Jüdisches Museum in Girona | 160

Nicht nur in Girona gab es im Mittelalter eine große jüdische Gemeinde, doch im Jahr 1492 wurden die Juden aus ganz Spanien vertrieben. In Girona lebten Juden in ihrem eigenen Viertel über 600 Jahre lang. Das hochinteressante Museu d'Història dels Jueus beleuchtet sehr eindrucksvoll die religiösen Riten und das alltägliche jüdische Leben von damals.

818cb sm

### Keramikstadt La Bisbal | 118

La Bisbal gilt als eines der wichtigsten Zentren der Keramikproduktion in Katalonien. Das Handwerk hat hier eine jahrhundertealte Tradition und Keramik aus La Bisbal hat ein eigenes Gütesiegel. Heute bildet sogar eine spezielle Ausbildungsstätte angehende Töpfer aus. Entlang der Hauptstraße im Ort liegen mehrere große Läden, die Keramikwaren jeglicher Art verkaufen.

819cb sm

### Bucht von Sa Riera | 132

Unweit vom keinen Ort Begur liegen an der felsigen Küste mehrere stille, kleine und vor allem äußerst malerische Buchten. Zu erreichen sind sie nur über eine gewundene, recht schmale Straße. Die vielleicht schönste Bucht ist Sa Riera. Unten öffnet sich ein kurzer Strand mit ein paar Lokalen, links und rechts davon wachsen steile Felswände empor. Am Hang kleben einige Häuser.

820cb sm

# Zehn Orte zum Staunen und Entdecken

cd004 jf

### Siurana, ein Dorf wie ein Adlerhorst | 362

Wie ein fernes Adlernest liegt das winzige Dörflein Siurana hoch oben auf einem Felsplateau. Steil fallen die Felshänge nach unten ab, wo sich ein Wasserlauf durchs Bild schiebt. Eine schmale Straße windet sich in unzähligen Kehren hoch. Ganz dicht drängeln sich noch heute die wenigen historischen Häuser um die kleine Kirche, bilden ein optisches Ensemble, wie aus der Zeit gefallen.

cd008 jf

### Reus, Stadt des Modernismus | 358

Eine architektonische Schatztruhe ist diese mittelgroße Stadt, denn hier stehen die meisten modernistischen Häuser nach Barcelona. Mitten im Stadtzentrum sind sie zu finden, diese schicken, markant gebauten Gebäude, alle mit einer sehr eigenen Note, die sie unverwechselbar machen. Erschaffen von namhaften Architekten, die auch in Barcelona großartige Werke schufen.

https://stock.adobe.com © Alexey Fedorenko

### Montblanc, zurück ins Mittelalter | 367

Eine Kleinstadt, die noch fast vollständig von einer mittelalterlichen Stadtmauer eingeschlossen ist, wie man sie für jeden anständigen Ritterfilm gebrauchen könnte. Auch das Ortsbild im Inneren aus dem 14. Jh. hat sich weitestgehend noch erhalten mit gedrungenen Häusern aus grobem Stein, Kopfsteinpflasterstraßen, einer leicht windschiefen Brücke und einer stolzen Kirche aus dem 13. Jh.

cd009 jf

### Das Ebro-Delta, Spaniens Reiskammer | 406

Wie eine riesige Pfeilspitze schiebt sich das Mündungsgebiet von Spaniens zweitlängstem Fluss ins Meer. Mittig fließt der mächtige Strom Ebro, an den Rändern haben sich kilometerlange Strände gebildet und im Hinterland ein riesiges Feuchtgebiet, gespeist aus zahllosen Stickkanälen mit Ebro-Wasser. Hier nisten und brüten Tausende von Vögeln.

cd010 jf

### Museo Pau Casals, El Vendrell | 322

Genau so sollte ein Museum sein! Kurzweilig, informativ und als Begleitung durch ein künstlerisches Leben gestaltet, dazu von *Pau Casals* eigener Musik untermalt, diesem großartigen Cellisten. Ein kurzer Film erzählt wichtige Abschnitte aus Casals langem Leben, dazu gibt es jeweils passende Ausstellungsstücke. Obendrein liegt das Museum direkt am Strand, wo man hinterher entspannen kann.

# an der Costa Daurada

### Templerburg Miravet | 399

Hoch oberhalb des Ebro-Flusses thront diese Burg in nahezu uneinnehmbarer Lage. Ursprünglich von den Mauren erbaut, residierten hier lange die Ritter vom Templer-Orden. Sie nahmen diese Burg als bauliches Vorbild für viele weitere Schutzburgen, richteten hier einen wichtigen Stützpunkt ein. Wer heute über die Mauern hinabschaut, genießt einen fantastischen Fernblick.

cd007 jf

### Kloster Santa Maria de Poblet | 369

Das Kloster Poblet ist das größte und bedeutendste Zisterzienserkloster in Katalonien und zählt heute zum UNESCO-Weltkulturerbe. Es hat alle geschichtlichen Stürme überlebt und der eigentliche Klosterbereich ist baulich hervorragend erhalten. Die wichtigsten Räumlichkeiten mit der Klosterkirche liegen um den großen Kreuzgang, der alleine schon eine bauliche Pracht darstellt.

cd011 jf

### Römische Bauten in Tarragona | 343

Tarragona ist eine Stadt voller Historie und einen geschichtlichen Meilenstein hinterließen die Römer. Sie bauten die Stadt Tarraco mit großem Amphitheater, Forum, Zirkus und, etwas außerhalb, kilometerlangem Aquädukt. Ein Großteil dieser 2000 Jahre alten Bauwerke steht noch heute wie selbstverständlich und zum Teil sehr gut erhalten mitten in der Großstadt Tarragona.

cd012 jf

### Cava-Testen in Sant Sadurní d'Anoia | 306

Was dem Franzosen der Champagner, ist dem Katalanen der Cava, ein himmlisch schmeckender Schaumwein. In Sant Sadurní d'Anoia liegen viele Bodegas, auch zwei der berühmtesten Cava-Produzenten, Freixenet und Codorníu, haben hier riesige Produktionsstätten, die besichtigt werden können. Was natürlich immer auch mit einer kleinen Verkostung verbunden ist, ist ja klar …

cd013 jf

### Altafulla, charmante Altstadt mit Strandanschluss | 332

Eben noch am Strand gelegen, und nun einen Spaziergang durch die Vergangenheit machen, das ist in Altafulla möglich. Nicht weit entfernt vom Strand liegt diese zauberhafte Ortschaft, geschützt durch eine wehrhafte Mauer. Viel ist noch aus alten Tagen erhalten, historische Häuser und eine Kirche aus dem 18. Jh., Reste einer noch viel älteren Burg und das Ganze wird abends dezent ausgeleuchtet.

https://stock.adobe.com © miquelrc

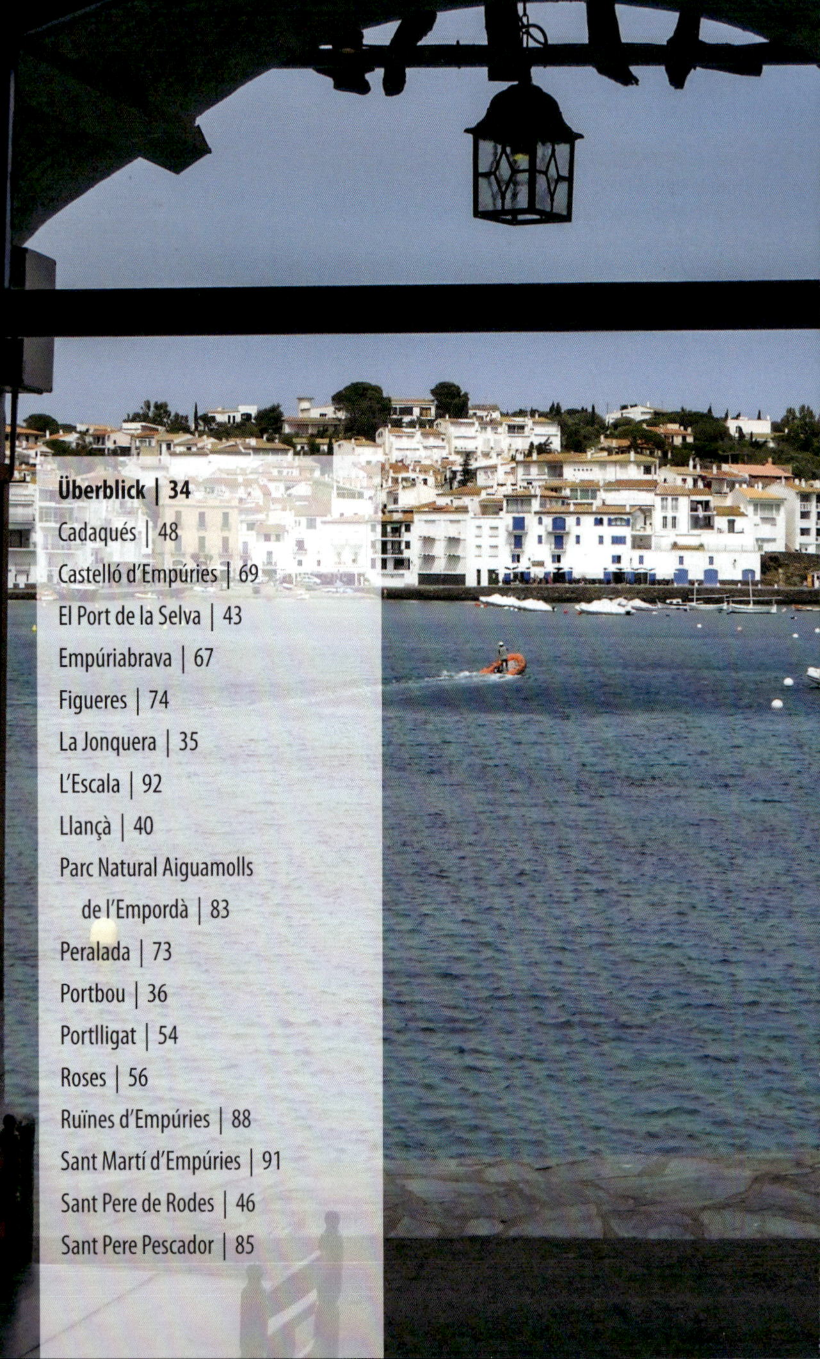

510cb sm

# 1 Nördliche Costa Brava

**»Schöne Strände und einsame Buchten finden sich hier gleichermaßen. Ganz oben versinken die Pyrenäen so langsam im Meer, sorgen für eine bizarre, zerrissene Küste. Weiter südlich beruhigt sich die Landschaft, rollt kilometerlange Sandstrände aus. In diesem Spannungsfeld schuf Salvador Dalí seine surrealistischen Meisterwerke, die in zwei Museen ausgestellt sind.**

< Lokal mit Meerblick in Cadaqués

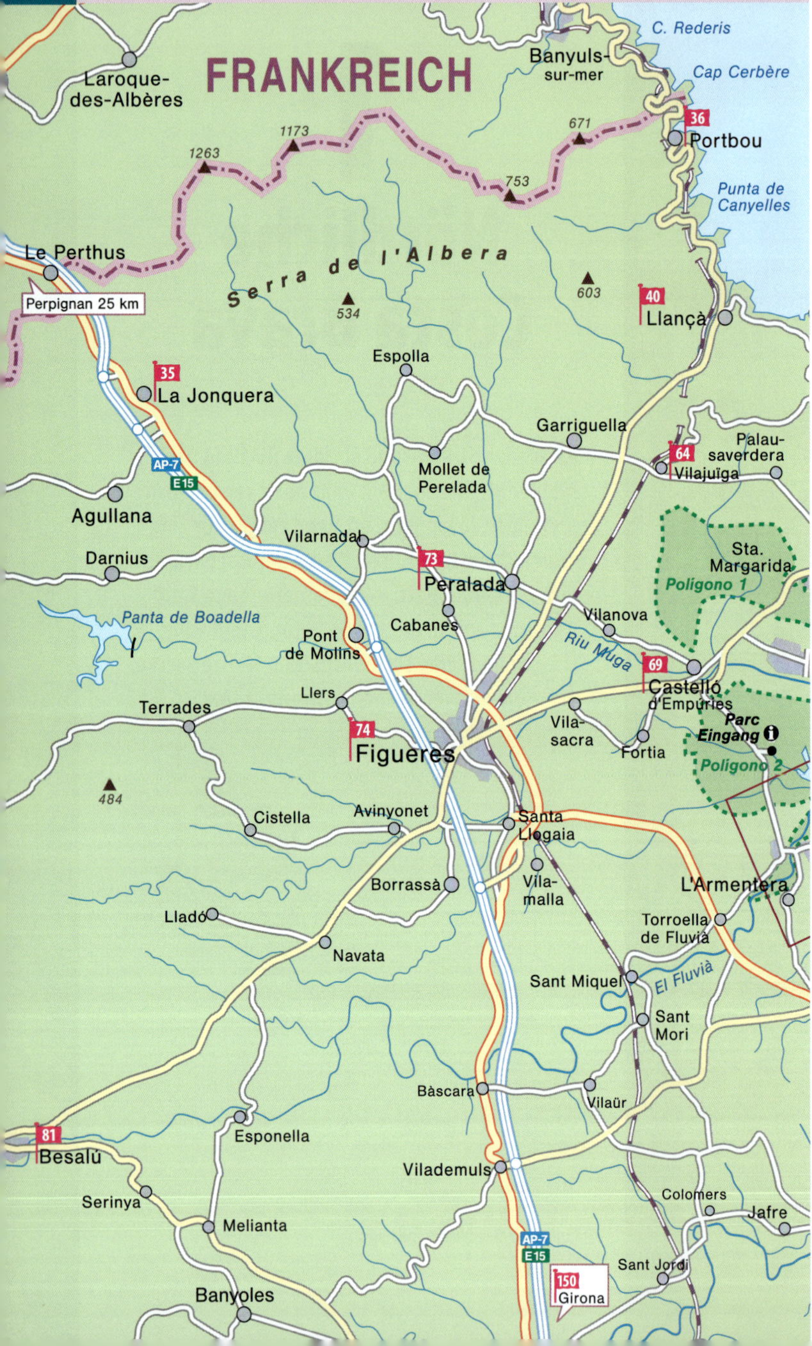
0 4 km
FRANKREICH
C. Rederis
Cap Cerbère
Banyuls-sur-mer
Laroque-des-Albères
36 Portbou
Punta de Canyelles
1263
1173
671
753
Le Perthus
Perpignan 25 km
Serra de l'Albera
534
603
40 Llançà
Espolla
35 La Jonquera
Garriguella
Palau-saverdera
64 Vilajuïga
Mollet de Perelada
AP-7
E15
Agullana
Vilarnadal
Sta. Margarida
Polígono 1
Darnius
73 Peralada
Panta de Boadella
Cabanes
Vilanova
Pont de Molins
Riu Muga
69 Castelló d'Empúries
Llers
Terrades
Vila-sacra
Parc Eingang
74 Figueres
Fortia
Polígono 2
484
Cistella
Avinyonet
Santa Llogaia
Vila-malla
Borrassà
L'Armentera
Lladó
Torroella de Fluvià
Navata
Sant Miquel
El Fluvià
Sant Mori
Bàscara
Vilaür
81 Besalú
Esponella
Vilademuls
Serinya
Colomers
Jafre
Melianta
AP-7
E15
150 Girona
Sant Jordi
Banyoles

# NÖRDLICHE COSTA BRAVA

## WILDE KÜSTE UND WEITE STRÄNDE

Ihrem Namen („Wilde Küste“) wird die Costa Brava im nördlichen Abschnitt gerecht, wo eine felsige Küstenlinie einsame Buchten verbirgt – ideal für Taucher und Wanderer. Orte wie Cadaqués oder El Port de la Selva erinnern mit ihren schneeweißen Häusern an andalusische Dörfer. Weiter südlich folgen dann die Strände – kilometerlang und feinsandig. Etwas im Hinterland liegt Figueres, die Hauptstadt der Region: ein ruhiges Städtchen mit netten Geschäften und Lokalen sowie dem wohl einmaligen Dalí-Museum.

## NICHT VERPASSEN!

- **El Port de la Selva,** bezaubernd an einer weiten Bucht gelegen | 43
- **Cadaqués,** ein schneeweißes Dorf am Meer | 48
- Das **Dalí-Museum** in Figueres | 75
- Der schöne **Strand von Sant Pere Pescador** – immerhin gute sechs Kilometer lang | 85
- Das Erbe der Römer und Griechen in den **Ruïnes d'Empúries** | 88

**Diese Tipps erkennt man an der gelben Markierung.**

# Überblick

Das hier beschriebene Gebiet deckt sich mit den Grenzen der Comarca (etwa: Landkreis) **Alt Empordà,** erstreckt sich von der Grenze bis zum südlichen Ende der weit geschwungenen Bucht von Roses. Ein großes Areal, das symptomatisch für die gesamte Costa Brava ist – mit einer abwechslungsreichen Landschaft, geschichtsträchtigen Orten und variablem Klima.

Zunächst dominieren noch die **Pyrenäen.** Sie ziehen sich mit ihren Ausläufern bis zu einem markanten Punkt in der Nähe von Roses. Dort beim Cap de Creus endet dieses gewaltige Gebirge. In seinen Randgebieten versteckten sich in früheren Jahren etliche Dörfer, die heute noch ihren idyllischen Charme in einmaliger Lage versprühen. Der Tourismus hat hier kaum Fuß fassen können, dafür fehlt es wohl auch an genügend Traumstränden. Gleichwohl, Orte wie Cadaqués oder El Port de la Selva fallen getrost unter das Etikett „Malerischer Küstenort". Hier dominieren die Berge, die meistens steil ab ins Meer fallen, sodass der Name Costa Brava, „Wilde Küste", zu Ehren kommt.

Südlich der Ortschaft Roses ändert sich das Bild. Die Berge sind verschwunden, das Land wird flach und fruchtbar, eine **kilometerweite Bucht** öffnet sich. Schon vor 2500 Jahren erkannten die Griechen, dass diese Lage von hohem militärischem und landwirtschaftlichem Nutzen sei, die expansionsfreudigen Römer folgten 500 Jahre später an gleicher Stelle – noch sichtbar in den Ruïnes d'Empúries. Heute dominiert hier aber der Tourist. Roses, Sant Pere Pescador und in kleinerem Maßstab L'Escala haben das, was den Touristen anzieht und was den Küstenorten in den Pyrenäen fehlt: kilometerlange Strände. Hier entstanden alle nötigen Infrastrukturen, mit Ausnahme von Roses hält sich aber alles noch im Rahmen. Und selbst dort wurden die großen Neubauten hauptsächlich in Randlagen gebaut.

Und im **Hinterland** liegen dann so nette Ortschaften wie Peralada, Castelló d'Empúries oder Figueres.

**Fazit:** Der nördliche Teil der Costa Brava eignet sich hervorragend, die Pyrenäen und ihre hübschen Dörfer ein wenig kennenzulernen, Einblicke in die Historie zu nehmen und sich gleichzeitig an einem kilometerlangen Strand zu erholen.

# La Jonquera

Dieser Ort wird von den wenigsten Reisenden wahrgenommen. Kein Wunder, fahren doch die allermeisten bei La Jonquera über die **Grenze** und beachten das Städtchen überhaupt nicht. Wer über die Autobahn nach Spanien einreist, wird vielleicht einen flüchtigen Blick auf die wildromantische Bergwelt der Pyrenäen werfen, „toll" murmeln und weiterfahren. Eine ungewöhnliche Sehenswürdigkeit ist ihm dann aber schon entgangen.

Um diese wahrzunehmen, muss man die Autobahn vor dem Grenzübergang verlassen und auf die französische Fernstraße D-900 wechseln. Diese verläuft beinahe in Sichtweite zur Autobahn ebenfalls über die Grenze, und an dieser Stelle liegt der Reiz. Der exakte Grenzort heißt **Le Perthus** und liegt knapp nördlich von La Jonquera, und die Hauptstraße gehört zur Hälfte nach Frankreich, zur anderen Hälfte liegt sie auf spanischem Territorium. Von Frankreich kommend liegen die Häuser auf der linken Seite auf spanischem Gebiet und die auf der rechten Seite sind französisch. Der spanische Teil gehört zur Gemeinde La Jonquera.

◁ Malerisch: Gassen in Cadaqués

Die **Teilung** geht auf einen Friedensvertrag aus dem 17. Jh. zurück, der die heutige spanisch-französische Grenze in den Pyrenäen festlegte. Im Jahr 1866 wurde schließlich die genaue Grenzlinie zu Andorra fixiert und dabei legte man auch den Grenzverlauf bei Le Perthus (auf Katalanisch: El Pertús) fest: Ein kleiner Bach markierte damals die Grenze. Irgendwann wurde er jedoch zugeschüttet, ein Weg entstand, erste Häuser wurden errichtet und schließlich wurde der Administration bewusst, dass die Grenze genau auf der Straße verläuft und das Dorf teilt. So gilt es bis heute.

Die Hauptstraße heißt auf französischer Seite Avennue de France, auf spanischer Avenida de Cataluña bzw. auf Katalanisch Avinguda de Catalunya. Wer will, parkt sein Auto in Frankreich und steigt in Spanien aus. Dort stehen auch die Parkscheinautomaten. Außerdem spanische Banken und Tabakgeschäfte, denn Tabak war schon immer billiger in Spanien als in Frankreich – genau wie Alkohol übrigens. Entsprechend mangelt es auf spanischer Seite nicht an Geschäften.

Doch auch ein interessantes Museum hat La Jonquera zu bieten: Das **Museu Memorial de l'Exili (MUME)** erinnert an die schlimme Zeit, als viele Menschen aus Spanien auf der Flucht vor dem Franco-Regime ins Exil gingen. Die gut gemachte Dauerausstellung wird durch temporäre Ausstellungen zum gleichen Themenkomplex ergänzt.

■ **Museu Memorial de l'Exili,** Carrer Major 43–47, Tel. 972556533, www.museuexili.cat, Juni bis Sept. Di–Sa 10–19, So 10–14 Uhr, Okt. bis Mai Di–Sa 10–18, So 10–14 Uhr, 4 €.

# Portbou

- **Einwohner:** 1300
- **Entfernung nach Barcelona:** 170 km
- **Touristeninformation:** Passeig de la Sardana 11, Tel. 972390284, www.portbou.cat.

Portbou ist ein Städtchen mit ruhiger, angenehmer Atmosphäre und einem kleinen Strand. Ein **Grenzort,** sehr malerisch in den Pyrenäen „eingeklemmt", der seine Existenz im Wesentlichen der Eröffnung der grenzüberschreitenden Eisenbahnlinie im Jahre 1872 verdankt. Der große **Bahnhof,** 1929 erbaut, dominiert noch heute; besonders prägnant kann dies von der Straße nach Colera beobachtet werden, da sich diese in engen Serpentinen vom Ort in die Bergwelt windet.

Wer mit der Bahn von Frankreich nach Spanien reist (und umgekehrt natürlich auch), muss in der Regel **in Portbou umsteigen.** Der Grund: Die Spanier haben ein Schienennetz, dessen Spurbreite größer ist als die der restlichen europäischen Strecken. Einige wenige Züge ersparen den Fahrgästen diesen Umzug, sie haben Achsen, die sich strecken lassen. Außerdem gibt es inzwischen eine weitere Alternative: Ein Hochgeschwindigkeitszug verbindet Paris mit dem spanischen Norden auf einem eigenen Gleis nach internationaler Spurbreite. Damit verkehren jetzt Züge direkt zwischen Paris und Barcelona, die für die Fahrt knapp 6½ Stunden benötigen.

Portbou vor den Ausläufern der Pyrenäen

505 cb sm

Übersichtskarte S. 32

## Die Strände

Zum Entspannen reicht's allemal, aber übermäßig attraktiv sind sie dann doch nicht, die drei kleinen **Strandbuchten im Ortskern.** Kieselig, leicht gräulich und vor einer Felswand gelegen sowie von einer vorbeiführenden Straße begrenzt. Entlang dem Hauptstrand verläuft eine verkehrsberuhigte Promenade, die nett gestaltet ist mit einigen Lokalen. **Parkplätze** gibt es in größerer Zahl bei der Marina.

## Sehenswertes

Nicht viel; ein geruhsamer Spaziergang durch die **Straßen** macht vor allem eins deutlich, dass die Stadt vom Preisgefälle der Alkoholika, sowie von Lederwaren, Bekleidung und Tabak zwischen Spanien und Frankreich lebt. Aber auch Souvenirs, Tonwaren und Paellapfannen werden in den parallel zur Strandbucht verlaufenden Straßen Carrer Colom und Carrer del Pou angeboten.

1879 begann man mit dem Bau der neugotischen Kirche **Església de Santa María de Portbou,** und nur zwei Jahre später wurde sie eingeweiht. Sie misst 33 m Länge, ihr Glockenturm erreicht immerhin 36 m Höhe. Im Inneren befindet sich ein Bildnis der Jungfrau Maria, erschaffen von *Frederic Marès,* der hier im Ort geboren wurde. Der Bauherr der Kirche, *Joan Martorell Monteis* (1833–1906), war übrigens Chef der Bahnlinie Tarragona-Barcelona-Frankreich und deshalb, so wird jedenfalls immer wieder gerne erzählt, findet man auch noch an den Kirchenwänden Steine mit dem Kürzel TBF.

500 cb sm

Eine wichtige Sehenswürdigkeit von Portbou hat einen traurigen Hintergrund, es handelt sich um das **Grab von Walter Benjamin.** Der berühmte deutsche Philosoph aus jüdischer Familie

Das Memorial „Passatges" im Gedenken an Walter Benjamin

flüchtete vor den Nationalsozialisten mit anderen Emigranten über die Pyrenäen in Richtung Spanien. Im Grenzort Portbou verweigerte man ihm die Einreise – er starb in derselben Nacht, vermutlich setzte er seinem Leben mit einer Überdosis Morphium ein Ende, manche halten auch einen Mord für möglich.

Die Grabstätte liegt hoch oben über der Stadt auf dem örtlichen Friedhof, keine zehn Minuten zu Fuß vom Hafen. Von der Durchgangsstraße N-260 zweigen Treppen zur steil ansteigenden Pujada del Mirador ab. Diese führt zum Memorial und zum Friedhof sowie zur Kirche. Dort passiert man eine Kachelwand in der Größe von zwei mal einem Meter, die *Picassos* Antikriegsbild „Guernica" darstellt. Dort oben befindet sich auch das symbolträchtige Denkmal, genannt **Passatges,** geschaffen vom israelischen Künstler *Dani Karavan.*

# Praktische Tipps

## Unterkunft

- **Hotel La Masia**②, Pg. de la Sardana 1, Tel. 972390372, www.hotellamasiaportbou.com. Ein nettes Haus (14 Zimmer) in zentraler Lage, das einzige übrigens, das ganzjährig geöffnet ist. Auffällig ist der gewaltige Baum, der mitten im Restaurant regelrecht durch die Decke nach draußen wächst. Die Zimmer sind nicht besonders groß und etwas schlicht eingerichtet.
- **Hotel Comodoro**②, c/Méndez Nuñez 1, Tel. 609471504, www.hotelcomodoroportbou.es, an der Zufahrtsstraße gelegen. Ein kleineres und familiäres Haus mit insgesamt nur 16 Zimmern. Eher günstig, allerdings nur von Juni bis September geöffnet.

## Essen und Trinken

- **L'Àncora,** Passeig de la Sardana 3, Tel. 972390 025, Di Ruhetag. Familienrestaurant mit Schwerpunkt auf Fischgerichten. Das Lokal hat eine Terrasse, von der die Gäste aufs Meer schauen können.
- **España,** Passeig de la Sardana 4, Tel. 972390 008, https://restaurantespana.cat, Mo Ruhetag. Wenn ein Lokal dieses Namens und in spanischer Schreibweise (nicht auf Katalanisch) hier existiert, dann darf vermutet werden, dass es sich hauptsächlich an Touristen wendet. Trotzdem serviert es gute Küche, die Paella beispielsweise wird hochgelobt. Es gibt Tapas, Fisch, Fleisch und Meeresfrüchte und insgesamt eher eine Küche aus der katalanischen Region Empordà – trotz des spanischen Namens. Bei schönem Wetter von Vorteil: Das Lokal verfügt über eine sehr große Terrasse.

## Feste

- **25. Juli:** Festa Major, das wichtigste Stadtfest zu Ehren von Sant Jaume wird mit allem gefeiert, was daugehört: Sardanas, Menschentürme, Konzerte etc.
- **Zweiter Sonntag im August:** Sardana-Aufführung.
- **Dritter Samstag im August:** Festa de la Petanca, u. a. mit Habaneras.

## Markt

- **Markthalle:** Pg. d'Enric Granados 1, Mo–Sa 8–13.30 Uhr.
- **Wochenmarkt:** Fr neben der Markthalle, hauptsächlich Früchte und Gemüse.

# Walter Benjamin

Walter Benjamin wurde am 15. Juli 1892 geboren. Nach einem Philosophiestudium in Freiburg, Berlin, München und Bern wandte er sich schon frühzeitig dem Schreiben zu. Er war Mitarbeiter der „Literarischen Welt", wurde als Essayist hochgeschätzt, verfasste philosophische Schriften und Übersetzungen.

1933 ging Benjamin, der aus einer jüdischen Familie stammte, vor dem Aufziehen des Nationalsozialismus ins Exil nach Paris, bis die Nazis auch hier einmarschierten und er in Frankreich nicht mehr sicher war.

Mit einer Gruppe von Flüchtlingen wollte er über Spanien nach Lissabon reisen, um von dort weiter nach Amerika zu emigrieren. Max Horkheimer hatte ihm ein Visum für die USA vermittelt. Am 25. September 1940 überquerte die Gruppe die französisch-spanische Grenze und erreichte Portbou. Die spanischen Grenzer wollten Benjamin nicht einreisen lassen, da ein Ausreisestempel der französischen Polizei fehlte. Nur für eine Nacht erlaubte man ihm den Aufenthalt, am nächsten Morgen sollte er wieder nach Frankreich zurückkehren. Benjamin war verzweifelt, ihm drohte die Auslieferung an die Gestapo. In der Nacht zum 26. September beging er daraufhin Selbstmord durch eine Überdosis Morphiumtabletten – zumindest gehen die meisten Forscher davon aus, dass er auf diese Weise gestorben ist. Die anderen Mitglieder der Gruppe konnten am nächsten Tag weiterreisen.

Benjamin wurde auf dem Friedhof von Portbou in der Grabnische Nr. 563 beigesetzt. Jahrelang geriet sein Grab in Vergessenheit, bis anlässlich seines 50. Todestages eine Gedenktafel errichtet wurde.

501cb sm

Später sollte ein symbolträchtiges Denkmal dazukommen, der Bundespräsident gab die Anregung, und ein israelischer Künstler entwickelte ein Konzept. Kernstück war eine stählerne Treppenpassage, die vom Friedhof zum Meer hinunterführte. Unten, am letzten Absatz, sollte in eine Glasplatte ein Benjamin-Zitat eingelassen werden. Um dieses Denkmal gab es dann ein heftiges Gerangel, die Boulevardpresse sprach von „Verschwendung von Steuergeldern", und der Zank führte schließlich dazu, dass das Außenministerium den Auftrag stornierte.

Trotz dieser unschönen Angelegenheit wurde die Passage – das Denkmal **Passatges** – schließlich doch gebaut. Direkt vom Friedhof führt sie zum offenen Meer hinunter, vielleicht ein Symbol für den Weg in die Freiheit, der Benjamin versperrt blieb. Unten eröffnet sich ein Blick auf „tosende Wasserwirbel, deren Kommen und Gehen das Meer mit elementarer, rhythmischer Gewalt durchwühlt", wie die FAZ schrieb.

In Portbou wurde eine ausgeschilderte **Ruta Walter Benjamin** eingerichtet, auf der die vier wichtigsten Stationen aufgeführt sind. Angefangen vom Bahnhof, wo er festgenommen wurde, über das Hostal Francia, in dem er seine letzte Nacht verbrachte, bis hoch zum Friedhof und dem dortigen Memorial.

# Llançà

- **Einwohner:** 4800
- **Entfernung nach Barcelona:** 157 km
- **Touristeninformation:** c/Camprodón 16–18, Tel. 972380855, www.visitllanca.cat.

Llançà zeigt sich groß, weitläufig und dreigeteilt. Etwas außerhalb, gewissermaßen am äußeren Rand die **Urbanización Canyelles** mit diversen Neubauten, wo die meisten Ferienapartments liegen. Dann folgt der eigentliche Ort, **Llançà Vila,** den es bereits im 10. Jh. gab unter dem damaligen Namen *Villa Lancio,* seinerzeit zugehörig zum Kloster Sant Pere de Rodes. Schließlich der **Ortsteil Port** (Hafen) mit dem weitgeschwungenen Strand. Der alte Ort liegt fast zwei Kilometer vom Strand entfernt, über die Avinguda Europa sind beide Viertel verbunden, wenngleich man kaum eine trennende Grenze wahrnehmen kann. Die beiden Ortsteile gehen ineinander über.

Llançà gilt als der erste Ort nach dem Passieren der französischen Grenze (12 km entfernt), der einen Teil vom touristischen Kuchen abbekommen hat. Das lag zumindest früher auch daran, dass es einer der ganz wenigen Orte der Costa Brava war, die per Bahn erreicht werden konnten (seit 1887). Dies spielt heute keine große Rolle mehr, doch noch vor einer Generation war es eben nicht selbstverständlich, dass fast jede Familie ein Auto hat. Gleichwohl geht's hier noch recht verhalten zu, mehrheitlich wohnen die **Urlauber** in Apartments, die wenigen Hotels sind noch Familienbetriebe. Alles bleibt überschaubar, wahrscheinlich verhindert der kieselige Strand letzten Endes dann doch ein höheres touristisches Aufkommen. Trotzdem gibt es mehrere gute Fischrestaurants, die teilweise schon Jahrzehnte existieren, was für ihre Qualität spricht. Wer sich mit diesen Gegebenheiten anfreunden kann, wird in Llançà sicher ein paar angenehme Tage verbringen können.

## Die Strände

Über die Avinguda Europa erreicht man den Hafen sowie die **Strandpromenade.** Letztere schwingt sich ganz nett um den etwa 400 m langen Hauptstrand, der sich obendrein ziemlich breit präsentiert. Sowohl direkt an der Promenade als auch in der ersten Straße dahinter liegen **einige Lokale.** Das Ganze wirkt durchaus harmonisch, vor allem durch die zumeist hellen Häuser.

Etwas außerhalb liegen noch weitere **Strandbuchten** wie Grifeu, Canyelles oder La Farella, die alle nicht groß sind, einen leicht steinigen Untergrund haben (Grifeu mehr Sand).

## Sehenswertes

In der ruhigen **Altstadt** mit eher nicht touristisch geprägten Geschäften für Dinge des täglichen Bedarfs sticht der nette Hauptplatz **Plaça Major** hervor. Dort wächst in der Mitte ein gewaltiger Baum, der auf Katalanisch auch **Arbre de la Llibertat** („Baum der Freiheit") genannt wird, er wurde bereits 1870 gepflanzt. Unten am Fuß befindet sich das Stadtwappen mit der Jahreszahl 1684. Unweit hiervon erhebt sich der Turm **Torre romànica,** der einst zur nicht mehr existierenden Kirche gehörte. Nicht weit entfernt steht die barocke Kirche **Església de Sant Vicenç** aus dem 18. Jh. Sie überragt mit ihrem schlanken Glockenturm die meisten Häuser der Altstadt, eignet sich also auch gut als Orientierungspunkt. Eine breite Freitreppe führt hoch zum ornamentenreichen Hauptportal.

Das **Museu de l'Aquarel·la** am Plaça Major ist ein kleines, seit vielen Jahren liebevoll betreutes Aquarell-Museum, nach eigenen Angaben sogar das einzige in ganz Spanien! Es zeigt Bilder von *Josep Martínez Lozano*, aber auch von anderen lokalen Künstlern und liegt im ersten Stock des Kulturhauses („Casa de la Cultura").

■ **Museu de l'Aquarel·la,** Plaça Major 1, Tel. 972 121470, www.mda.cat, Mo 9–13, Di–Fr 9–13 und 17–20, Sa 10.30–13 und 17–20, So 10.30–13 Uhr, Eintritt frei.

Der **Hafen** von Llançà ist recht groß; neben diversen Sportbooten dümpeln hier immer noch einige Fischerboote. Rechts vom Hafen in Blickrichtung zum Meer erhebt sich ein kleiner Hügel mit Namen **El Castellar.** Ein Weg schlängelt sich hoch zur Spitze, von wo man einen schönen Blick entlang der Küste und über den Ort samt Hafen genießt. Dies war einmal eine eigene kleine Insel, die mittlerweile mit dem Festland verbunden ist.

☐ Der Sportboothafen von Llançà

506 cb hf

# Praktische Tipps

## Unterkunft

■ **Hotel Grimar**④, Carretera N-260, Km 16,5, Tel. 972380167, www.hotelgrimar.com. Dieses Haus liegt etwas außerhalb und bietet 45 gute Zimmer. Außerdem Tennisplatz, einen 3000 $m^2$ großen Garten, Pool und ein Restaurant. Nur 500 m entfernt liegt eine Tauchstation.

■ **Hotel Carbonell**③, c/Major 19, Tel. 972380 209, https://hotelcarbonell.com. Ein nicht allzu großes Haus mit 31 korrekten Zimmern, das sehr zentral bei der Kirche liegt.

■ **Campingplatz L'Ombra,** Carretera Nacional 260 am Km 16,5, Tel. 972380335, https://camping-lombra-llanca.com, ganzjährig geöffnet, liegt etwas außerhalb, beim Hotel Grimar landeinwärts von der C-260 abfahren. Knapp 130 Parzellen etwa 200 m vom Strand entfernt. Die Bahnlinie führt direkt vorbei.

## Essen und Trinken

■ **Restaurante Can Narra,** c/Castellar 37, Tel. 972380178, https://restaurantcannarra.com, Mo Ruhetag. Familiäres Lokal, das seit den 1950er Jahren besteht. Hervorragende Fischgerichte, direkt von der örtlichen Fangflotte. Spezialität des Hauses: *el suquet*. Überschaubare Karte, nicht ganz billig. Nette Terrasse zum Meer hinter Glas. Maritime Einrichtung, gute Weinauswahl.

■ **Els Pescadors,** c/Castellar 41, Tel. 972380125, http://www.restaurantelspescadors.com. Fischlokal am oberen Ende vom Hafen mit offener Terrasse. Auch nicht direkt billig zu nennen, aber insgesamt doch mit einem guten Preis-Leistungs-Verhältnis. Unter anderem gibt es spezielle Menüs für zwei Personen.

■ **El Racó del Port,** Plaña del Port 3, Tel. 972380 098. Kleine Tapasbar mit windgeschützter Terrasse, liegt am Ende des Hafens unterhalb des Berges. Angeboten werden kalte und warme Tapas, kleine Gerichte, auch Sandwiches.

■ **Can Quim,** Plaça Catalunya 3, Tel. 072380537, Mi geschlossen. Das Lokal liegt im Ortskern und hat eine schön begrünte Terrasse. Auf der Karte stehen viele Fischgerichte, doch insgesamt ist das Angebot überschaubar, was ja meist nicht gerade ein schlechtes Zeichen ist.

■ **El Vaixell,** c/Castellar 62, am Hafen, Tel. 972380 295, www.elvaixell.com, Mo Ruhetag. Traditionshaus in dritter Generation, serviert Fischgerichte sowie Meeresfrüchte, bietet auch ein Probiermenü.

## Aktivitäten

■ **Tauchen:** Centre d'Immersió Cap de Creus, c/Pintor Martínez Lozano 9, Tel. 972120000, www.cicapcreus.com.

■ **Kayak-Vermietung:** Passeig Marítim 4, www.kayakcostabrava.com. Liegt unübersehbar am Strand vor der Promenade, es wird auch Unterricht angeboten.

## Feste

■ **16. Juli:** Fiesta zu Ehren der Verge de Carme; wird in allen Küstenorten Spaniens gefeiert, in den jeweiligen Häfen mit einer farbenfrohen und sehr eindrucksvollen Meeresprozession.

■ **dritte Augustwoche:** das Sommerfest mit Tänzen, Sardanas und Gemäldeausstellungen, aber auch Wettkämpfe im Mastenklettern.

## Markt

■ **Termin:** Mi an der Carrer Requenes.

▷ Am Hafen von El Port de la Selva

# El Port de la Selva

- **Einwohner:** 970
- **Entfernung nach Barcelona:** 164 km
- **Touristeninformation:** Carrer Llançà 3, Tel. 972387122, www.elportdelaselva.cat.

Vom Urwald *(selva)* kann man nun nicht mehr sprechen, aber eine hügelige und teils **waldreiche Landschaft** schließt sich schon an El Port de la Selva an. Wer sich dem Dorf nähert, befährt auf den letzten Kilometern eine **Straße,** die unmittelbar am Meer verläuft und direkt ins Zentrum am Hafen führt. Dort sind genügend Parkplätze zu finden, am besten hier parken und zu Fuß weiter. Die Straße schlängelt sich am Hafen vorbei, wird deutlich schmaler und verlässt El Port auf der anderen Seite wieder.

Der Ort besteht aus kaum mehr als dem Hafen *(Port),* schmiegt sich an die aufstrebenden Hügel und zieht sich um eine weit geschwungene Bucht. El Port de la Selva ist ein **bezauberndes Dorf** mit vielen hübschen Häusern. Die meisten wurden weiß gestrichen, die roten Dachziegel kontrastieren aufs Angenehmste und werden durch das Grün der Bepflanzungen ergänzt. Eine **Promenade** führt entlang der Bucht an ein paar Restaurants vorbei zum kleinen Hafen. In der Lonja am Hafen findet ab etwa 18 Uhr täglich die **Fischversteigerung** statt.

Der Ort zählt wohl neben Cadaqués zu den hübschesten dieser Costa. Entstanden aus einem abgelegenen und bescheidenen Fischerdörflein hat sich nun ein Ort mit – immer noch bescheidenem – Tourismus entwickelt, wofür der gar nicht so kleine **Sportboothafen** ein sichtbarer Ausdruck ist.

Aus dem Häusermeer ragt **Santa Maria de les Neus** (18. Jh.); ihr wertvollster Kirchenschatz ist die Skulptur zu Ehren von Sant Pere aus dem 15. Jh., die aus dem nahen Kloster Sant Pere de Rodes stammt.

MEIN TIPP: Eine Besonderheit des Ortes ist seine Lage – er ist grob nach Westen ausgerichtet. Aus diesem Grund gehört El Port de la Selva zu den ganz wenigen Küstenorten am Mittelmeer, in denen sich der **Sonnenuntergang** beobachten lässt. Zwar nicht mit im Meer versinkendem rotem Feuerball, aber immerhin mit der auch sehr hübschen Reflektion der versinkenden Sonne auf der Wasseroberfläche.

## Die Strände

Wer sich dem Ort nähert, passiert auf einer breiten Promenadenstraße eine **weit geschwungene Strandbucht.** Der Sand ist gelbgrau, etwas kieselig, teilweise sogar steinig. An der Promenade ist am Ortseingang eine große Parkfläche vorhanden. Hinweis: Hier weht vereinzelt ein so starker **Wind,** dass Windsurfer von weit anreisen und durch die Bucht sausen.

Wer am Wasser durch den Ort geht und den Sportboothafen hinter sich lässt, erreicht eine ziemlich zerklüftete Zone. Dort führt ein rustikaler Weg durch die Felsen zu einigen sehr kleinen **Buchten.** Der Boden ist zwar steinig, doch kann man hier wunderbar weltvergessen dem Geräusch der Wellen auf den Kieseln lauschen und auch baden.

## Praktische Tipps

### Unterkunft

■ **Hotel Porto Cristo**④, Carrer Major 59, Tel. 972 387062, www.hotelportdelaselva.com, Nov. bis März geschlossen. Mit 50 Zimmern, das erste Haus am Platze, liegt in der ersten Querstraße hinter der Promenade, also ruhig, aber doch zentral. Es gibt ein Restaurant, eine Dachterrasse und einige Zimmer mit Meerblick.

■ **Hotel-Spa Cap de Creus**④, c/Illa 10, Tel. 972 388107. Schickes Hotel mit größerem Spa-Bereich und vielen Meerblick-Zimmern. Die Einrichtung ist hell, äußerst komfortabel und zugleich sehr zweckmäßig.

■ **Hostal La Tina**③, c/Major 15, Tel. 972387149, www.hostallatina.cat. Kleine, korrekte Pension in der ersten Parallelstraße zum Meer, mitten im Ortskern. Ein Restaurant mit Schwerpunkt auf Fischgerichten ist angeschlossen und ausgesprochen urig im Gewölbekeller eines ehemaligen Weinlagers untergebracht.

■ **Camping Port de la Selva,** Carretera Cadaqués Km 1, Tel. 972387287, www.campingportdelaselva.com, Mitte Mai bis Mitte Sept. Der Platz liegt etwa 1000 m vom Ort entfernt an der Straße nach Cadaqués und damit schon ganz nett im Grünen, aber eben auch 1000 m vom Strand entfernt, hat dafür einen größeren Pool.

### Essen und Trinken

■ **Monterrey,** c/Platja 2, Tel. 646690811, durchgehend ab 10 Uhr geöffnet. Fischspezialitäten vom vor Ort gefangenen Fisch, außerdem stehen auf der Karte vor allem Meeresfrüchte und Reisgerichte.

■ **Café de la Marina,** c/Illa 35, Tel. 972387063. Hat eine Terrasse unter Glas mit schönem Meerblick. Die Speisekarte bleibt überschaubar, bietet neben Fisch auch Fleischgerichte.

■ **Cala Paquita,** c/Moll d'en Balleu 3, Tel. 972387 092. Ein Fischrestaurant im ersten Stock direkt bei der Fischauktionshalle gelegen – kann es noch frischer gehen? Ist etwas teurer als andere. Mit schöner Aussicht aufs Meer.

■ **Llevantina,** c/Illa 6, Tel. 972387066. Kleines Lokal mit Hafenblick-Terrasse, bietet neben Menüs auch Tapas. Gut und recht günstig, weswegen auch regelmäßig ausländische Residenten kommen.

■ **Bellavista,** c/Platja 3, Tel. 972387050. Hier wird katalanische Küche geboten und auf einer nicht gerade kleinen Terrasse serviert, wo die Gäste den übersetzten Namen des Lokals, „schöne Aussicht", auch tatsächlich genießen können.

### Verkehrsverbindungen

■ **Busterminal:** Carrer de la Platja 13, unmittelbar an der Strandpromenade, dort halten die Busse der Gesellschaft Sarfa.

508cb sm

507cb sm

In El Port de la Selva wird nichts dem Zufall überlassen: „Best point to take a picture" – und tatsächlich, Kirche und Ort sind gut zu sehen

### Feste

- **18.–20. Mai:** Fest zu Ehren des Schutzpatrons Sant Baudilio mit Sardanas, Umzügen, Feuerwerk, Konzerten.
- **5. August:** Sommerfest mit Tanz und heiliger Messe.

### Markt

- **Termin:** am Freitag entlang der Avda. Josep Vicenç Foix, die mitten im Ort in U-Form am Wasser verläuft, vor dem Hotel Cap de Creus.

## Ausflüge

### Cap de Creus

Wer diese **äußerste Spitze der zerklüfteten Küste** von Port de la Selva aus erreichen will, muss gut zu Fuß sein, immerhin handelt es sich um einen vierstündigen Fußweg. Ausgangspunkt ist der Hafen, wo bereits der Fernwanderweg GR-11 ausgeschildert ist, der bis zur Spitze beim Cap de Creus führt. Zunächst folgt man ein kurzes Stück der

https://stock.adobe.com © borisb17

aus dem Ort herausführenden Straße, bis der Wanderweg dann durch die zerklüftete Felsenlandschaft führt. Das letzte Stück geht man erneut auf einer Straße, und zwar auf jener, die aus Portlligat kommt. Wer lieber fahren will, kann die Straße an der Südküste benutzen (→ Portlligat).

### Wanderung nach Llançà

Auch eine Wanderung entlang der pittoresken Küste hinüber zum Nachbarort Llançà lohnt sich. Während sich die Straße durch die Falten des 425 m hohen Puig Vaguer schlängelt, geht der Wanderer ziemlich flach **direkt am Wasser** auf einem klar erkennbaren Weg. Dieser ist obendrein mit dem rot-weißen Zeichen des Fernwanderweges GR-92 markiert – zumindest bis zum Strand Platja de la Vell, der unterhalb eines kleinen Campingplatzes liegt. Danach wird es zwar etwas rustikaler, doch insgesamt noch immer gut begehbar. Man passiert den Leuchtturm **Far de S'Arenella** und einige Strandbuchten, bis schließlich das erweiterte Siedlungsgebiet von Llançà erreicht ist. Dauer: etwa 2½ Stunden.

## Sant Pere de Rodes

Sant Pere de Rodes ist ein in traumhafter Landschaft liegendes ehemaliges Kloster, das in etwa 600 m Höhe zu finden ist. Das Kloster wurde im Jahre 879 **erstmals dokumentiert,** im Jahre 934 errang es eine unabhängige Stellung. Schon damals beschrieben die ersten Chronisten es als „sehr alt".

Mit der Unabhängigkeit begann auch der **Aufstieg des Klosters.** Der Bau wurde erweitert und verschönt, wichtige Persönlichkeiten kamen daraufhin als Pilger und gaben großzügige Spenden, das Kloster konnte sich nun große Ländereien und Kostbarkeiten leisten. Diese Entwicklung übertrug sich auf die ge-

⌃ Die Anlage Sant Pere de Rodes

samte nähere Umgebung, das Kloster benötigte Bedienstete, die umliegenden Dörfer wuchsen mit. Da das Kloster mit seinen Einnahmen nicht sonderlich sparsam umging, florierte der gesamte Handel der Grafschaft.

Doch je besser es den Mönchen ging, desto nachlässiger handhabten sie ihre religiösen Pflichten. In den Dokumenten ab etwa 1300 ist häufig recht deutlich vom **Sittenverfall der Mönche** die Rede – aus diesem Grund blieben die wohlhabenden Pilger dem Kloster nun fern. Auch **Überfälle** wurden immer häufiger, die gesammelten Reichtümer der Mönche hatten sich herumgesprochen. Viele dieser Schätze wurden schlicht geraubt, ein besonders wertvolles Beutestück befindet sich zum Ärger der Spanier noch heute in der Nationalbibliothek von Paris, eine original romanische Bibel.

Der **Verfall** des Klosters nahm seinen Lauf, und mit der Verarmung der Mönche litt auch die gesamte Grafschaft. Ganze Dörfer wurden von den erwerbslos gewordenen ehemaligen Bediensteten verlassen. 1788 wurde das Kloster endgültig aufgegeben, die restlichen Schätze lagen bereit für Plünderer.

Nach langen Jahrzehnten des Verfalls wurde die eher einer Burg ähnliche Klosteranlage restauriert. Die **traumhafte Lage,** die karge Umgebung, die Einsamkeit, die teils restaurierten, teils halb verfallenen Gebäude mischen sich zu einem eindrucksvollen Ganzen. Selbst wer sich nicht viel aus dem kulturellen Erbe macht, kann einen Ausflug zum Kloster mit Gewinn unternehmen – der Ausblick aufs Meer ist einfach herrlich.

Wer die **Anlage** besichtigt, muss sich mit Detailbeobachtungen zufrieden geben, Kostbarkeiten und Schätze sind nicht zu finden. Außerdem sind etliche Räumlichkeiten noch nicht wiederhergestellt worden, vor allzu großen Erwartungen muss deshalb also gewarnt werden. Die Anlage erstreckt sich über mehrere Niveaus, beinhaltet eine Kirche, Unterkünfte der Mönche, Kapelle, Speisesaal sowie eine Küche.

Nach dem Passieren des Portals erreicht man den **Innenhof,** wo links eine Treppe, die zur Kirche führt, zu finden ist. Beim Hinabsteigen kann man ein interessantes Detail wahrnehmen: Im unteren Torbogen ist etwa in der Mitte der Kopf einer Frau erkennbar, angeblich wurde diese zu Zeiten vor den Mönchen als Göttin angebetet.

Die **Kirche** stammt aus dem 11. Jh., auffällig sind die verschnörkelten Säulen mit detailgenau herausgearbeiteten Figuren. Das Gotteshaus misst etwa 25 m, das Querschiff ca. 13 m. Im Innenhof befindet sich ein Brunnen, der eine Verbindung zur Zisterne hatte, somit war die Wasserversorgung gesichert. Eine Treppe führt hinunter zur Krypta, Gräber liegen im Felsen. Weiterhin gibt es einen Kreuzgang und einen Glockenturm.

■ **Klosteranlage Sant Pere de Rodes,** Mai bis Sept. Di–So 10–20 Uhr; Okt. bis April Di–So 10–17.30 Uhr, Mo geschlossen, 6 €, ermäßigt 4 €. Anfahrt: Von El Port de la Selva auf sehr schöner, asphaltierter, aber stark gewundener Straße, das Kloster ist ausgeschildert, ein Parkplatz liegt etwa 300 m entfernt. Der andere Weg zweigt von der Straße Figueres – Llançà im Dorf Vilajuïga ab und klettert ebenfalls über eine schöne Serpentinenstrecke hoch zum Parkplatz vor dem Kloster. Aber Achtung: Der erste unbewachte Parkplatz liegt einen guten Kilometer vom Eingang entfernt.

# Cadaqués

- **Einwohner:** 2700
- **Entfernung nach Barcelona:** 170 km
- **Touristeninformation:** Carrer Cotxe 1, Tel. 972 258315, www.visitcadaques.org.

„Die letzte echte Perle unter den vielen glitzernden Orten der Costa Brava", so beschrieb ich Cadaqués mal im Jahr 1989. Alles fließt, aber Cadaqués bleibt Cadaqués, womöglich schon seit *Dalís* Zeiten. Es dürfte selbst kritischen Geistern standhalten, **einer der schönsten Orte der Costa Brava** bleibt Cadaqués allemal.

Wer den mühevollen Weg durch die Berge fast geschafft hat, wird etwa vier Kilometer vor dem Ort mit einem schönen **Panoramablick** belohnt, bestens, um einen ersten Eindruck zu erhaschen. Verwoben mit Cadaqués ist mittlerweile Portlligat, ein winziges Dorf, kaum der Erwähnung wert, wäre dort nicht die Residenz von *Salvador Dalí*.

## Die Strände

Niemand fährt nach Cadaqués der Strände wegen, die sind nämlich keine Offenbarung. Die Strandbuchten sind alle sehr klein und meist steinig. Zum kurzen Verschnaufen eignen sie sich natürlich, aber der Spaß wird schon dadurch gestört, dass sich eine enge, aber gleichwohl stark befahrene Straße vor dem Meer durch den Ort windet. Richtung Norden nach Portlligat schließen sich **weitere vier Strandbuchten** an, die aber weder sonderlich reizvoll sind, noch atmosphärisch eine Erwähnung lohnen.

In Cadaqués möglich: Speisen direkt am Strand

824cb sm

## Sehenswertes

Cadaqués ist geprägt von **weißen Häusern,** die sich entlang einer **Bucht** vor einem steil aufragenden Gebirgszug aneinander schmiegen. Dieser **Gebirgszug** steigt ein paar Kilometer im Hinterland bis auf eine Höhe von 605 m an, eine weitere Gebirgskette mit Höhen von knapp 200 m schirmt den Ort nach Norden ab, schützt ihn so vor den unangenehmen Nordwinden. Die Straße zum nächsten Ort, nach Roses, windet sich über 15 bis 20 km in zahlreichen – oft engen – Kurven durch dieses Gebirge.

Früher war der Weg von bzw. nach Cadaqués eine sehr mühsame Angelegenheit, was bedeutete, dass die wenigen Bewohner äußerst **einsam** lebten. Geschichtlich ist deshalb auch nicht sehr viel überliefert. Schon im 9. Jh. wurde ein kleiner Militärposten oberhalb vom heutigen Dorf gebaut, aber das half auch nicht viel. 1543 wurde dieses Bauwerk von Piraten zerstört – doch ob sie eine große Beute gemacht haben? Wohl eher nicht, bei den armen Fischern war sicher nicht viel zu holen.

In der Zeit um 1910 bis 1920 erlebte Cadaqués dann doch einen ungeahnten **Aufschwung,** als eine Gruppe von Künstlern genau diese Einsamkeit suchte. Unter ihnen waren so bekannte Namen wie *Pablo Picasso, Santiago Rusiñol, Modest Urgell* und natürlich auch *Salvador Dalí,* der von *Federico Garcia Lorca* und *Luis Buñuel* begleitet wurde.

Diese **künstlerische Note** inspiriert noch immer, denn es kommen auch heute nicht nur Touristen, um das Dalí-Haus in Portlligat zu besuchen. Auch viele Intellektuelle, Künstler und sonstige Freigeister lassen sich zumindest zeitweise hier nieder. Sie alle geben dem Ort eine sehr spezielle Atmosphäre mit einer kunstsinnigen Note, etwas, das man sonst so gut wie nirgends an der Costa Brava findet. Das kann man ganz besonders am Abend spüren, wenn die Touristen verschwunden sind und sich die Terrassen der Lokale am Meer füllen.

Doch auch tagsüber macht es Spaß durch Cadaqués zu schlendern und das Stadtbild auf sich wirken zu lassen. Und dieses zeigt sich vor allem **eng und verwinkelt** – also lieber gleich den Wagen auf dem großen Parkplatz am Ortseingang stehen lassen. Die Straßen und Gassen verlaufen in wilden Winkeln, schlagen Haken, steigen steil an oder enden urplötzlich. Treppen, Kopfsteinpflaster und hohe Absätze dominieren, aufpassen also, wo man hintritt!

Einige Häuser fallen speziell auf, es sind **prächtige Gebäude,** die sich zurückgekehrte Amerika-Auswanderer bauten. *Indianos* wurden diese Menschen genannt, da sie um 1900 (oder etwas früher) aus ihren zumeist eher bescheidenen Verhältnissen nach Amerika auswanderten, hauptsächlich nach Kuba. Damals wurde der amerikanische Kontinent in Spanien immer noch *Nuevas Indias* (Neu-Indien) genannt, den historischen Irrtum von Kolumbus aufgreifend, der sich damals ja in Indien wähnte. Und von diesem *Nuevas Indias* leitet sich die Bezeichnung *Indianos* ab.

Zu den besonderen Häusern zählt die **Casa Serinyana** (c/Riba des Poal 11), erbaut 1910 bis 1913 im modernistischen Stil. Auffällig ist auch die **Casa Pont** (Passeig 6), die der Händler Antoni Pont 1910 direkt an der Promenade errichten ließ. Das Haus hat fast einen wehrhaften Charakter mit zwei auffälligen ovalen

Fensterbögen. Die **Casa Rahola** (Plaça Frederic Rahola 3) wurde im 19. Jh. im neoklassischen Stil erbaut von *Frederic Rahola.* Er war kein Auswanderer, sondern ein Mittler zwischen Spanien und Südamerika, außerdem Gründer einer lateinamerikanischen Zeitschrift, des „Mercurio".

Das **Museu de Cadaqués** hingegen ist in einem relativ unscheinbaren Haus untergebracht, allerdings eröffnet sich innen ein erstaunlich modern gestalteter Ausstellungsbereich. Hier finden Wechselausstellungen statt, mal zu *Dalí,* mal zu anderen katalanischen Künstlern bzw. zu Künstlern, die einen Bezug zu Cadaqués haben, auch durch Fotos vom früheren Cadaqués dargestellt.

■ **Museu de Cadaqués,** c/Narcís Monturiol 15, Tel. 972258877, Do–Mo 10.30–17.30, Mi 10.30–14 Uhr, im Sommer längere Öffnungszeiten, 4 €.

Am höchsten Punkt des Ortes steht die **Església de Santa Maria de Cadaqués;** vom Vorplatz hat man eine schöne Fernsicht über Cadaqués. Die spätgotische Kirche wurde im 16. Jh. erbaut, doch Teile entstanden später, da die Kirche 1543 bei einem Piratenüberfall beschädigt wurde. Den Neuaufbau durften die Fischer selbst bezahlen – mit dem Ertrag aus Fängen, die sie an Tagen machten, an denen sie eigentlich ruhen sollten, also vornehmlich am Sonntag. Im Inneren der Kirche befindet sich ein prächtiger, 23 m hoher gotischer Altaraufsatz, der der *Verge de Esperança* (Jungfrau der Hoffnung) gewidmet ist. Obendrein gibt es noch neun kleinere Seitenaltäre. Die Orgel wurde zwischen 1689 und 1691 erbaut und gilt damit als eine der ältesten von Katalonien.

■ **L'Església de Santa Maria de Cadaqués,** die Kirche ist generell tagsüber außerhalb der Messen (Sa 20, So 10 Uhr) zu besichtigen.

## Praktische Tipps

### Unterkunft

**16 Hotel Playa Sol**④, Riba es Pianc 3, Tel. 972258 100, www.playasol.com. Liegt etwas links am Rande der Bucht (Blickrichtung zum Meer) und damit auch ein wenig ruhiger. Von den Balkonen einiger Zimmer tadelloser Meerblick, zur anderen Seite schaut man auf Garten und Pool. Moderne und funktionale Einrichtung, nette Terrassenbar, Restaurant, Tennisplatz. Keine Haustiere erwünscht.

**10 Hotel Octavia**③, c/St. Vicenç 11, Tel. 972159 225, www.hoteloctavia.eu. Ein 41-Zimmer-Haus, vielleicht 100 m vom Strand entfernt, mit winzigen Balkonen und funktionaler Einrichtung.

**2 Hotel Llané Petit**④, c/Dr. Bartomeus 37, Tel. 972251020, www.llanepetit.com. Das Hotel liegt etwas am Ortsrand, aber direkt am Meer. Von vielen Balkonen hat man einen tadellosen Meerblick, diese Zimmer sind eine Spur teurer. Alle Zimmer sind hell und freundlich eingerichtet. Es gibt einen Pool.

**1 Hotel Nou Estrelles**③, c/Sant Vicenç s/n, Tel. 972259100, www.hotelnouestrelles.com, am Ortseingang vor dem Parkplatz, ein etwas unscheinbares, aber funktionelles Haus mit 15 Zimmern.

**8 Hostal Cristina**③, Riera Sant Vicenç 1, Tel. 972 258138, www.hostalcristina.eu. Sehr zentral gelegenes Haus. Von den gar nicht so kleinen Balkonen schaut man leicht seitlich aufs Meer, in diesen Genuss kommen allerdings nicht alle Gäste. Der Namenszug des Hotels ist schwungvoll-künstlerisch gehalten, die Innenausstattung teilweise auch. Die 24 Zimmer sind zwar etwas schlicht, aber korrekt möbliert. Es gibt auch Räume mit einer größeren Terrasse.

11 **Hotel La Residència**③, Av. Caritat Serinyana 1, Tel. 972258312, www.laresidencia.net. Kleines Hotel mit 14 Zimmern, das eingerichtet ist wie ein Museum – es werden Kopien von Dalí-Werken gezeigt und auch sonst hat die Einrichtung des Hauses einen museal-künstlerischen Touch. Die Zimmer sind schlicht, aber völlig korrekt möbliert. Von etlichen Zimmern genießen Gäste Meerblick.

13 **Camping Cadaqués,** liegt mehr im Ort Portlligat, deshalb findet sich die Beschreibung dort.

502cb sm

## Essen und Trinken

5 **Sa Gambina,** Riba Nemesi Llorenç s/n, Tel. 972 258127, https://restaurantsagambina.com. Gute katalanische Fischküche, aber es gibt auch Reis- und Fleischgerichte. Das Lokal mit einer kleinen Meerblick-Terrasse ist seit Jahren ein Klassiker am Ort. Innen gibt es einen größeren Speiseraum mit einem kleinen, fast höhlenartigen Nebenraum.

14 **Can Rafa,** Plaça del Passeig 7, Tel. 972159401. Ist eines von knapp einem halben Dutzend Lokalen, die unweit vom Strand, aber in der zweiten Reihe liegen. Gute Fischküche, wird von den lokalen Fischern beliefert.

6 **Es Baluard,** Riba Nemesi Llorenç s/n, Tel. 972 258183, https://esbaluard-cadaques.net. Liegt in der ersten Etage eines kleinen Hauses knapp vor dem Strand. Von einigen wenigen Tischen genießen die Gäste direkten Meerblick. Serviert wird vorwiegend lokaler Fisch.

4 **Bar L'Estable,** Riba Pitxot s/n, Tel. 972258580. Kleine, urige Bar mit breiter Auswahl an Tapas, doch es gibt auch Fisch- und Fleischgerichte. Drinnen schaut's ein wenig aus wie in einer Höhle mit weiß geschlämmten Wänden, draußen gibt es eine kleine Terrasse an der Straße oberhalb des Wassers.

15 **Bar Marítim,** Passeig Marítim 18. Traditionsreiches Lokal mit Terrasse zum Meer.

7 **Bar Casino,** Plaça Dr. Trèmols 1, Tel. 972258 137. Liegt unübersehbar direkt neben dem kleinen Kanal und ist so etwas wie ein Treff für alle, vom hängengebliebenen Künstler bis zum alteingesessenen Fischer.

> Stillleben in Cadaqués

< Gasse mit Ausblick aufs Meer

511cb sm

**3** **Café La Habana,** c/Dr. Bartomeu 2, Tel. 972258 689. Das Lokal trägt den Namen der kubanischen Hauptstadt und liegt ein wenig am Rande des Geschehens. Ist ein beliebter Treffpunkt vieler Individualisten. Einrichtung und Stil des Lokals sind eine Hommage an die unzähligen Auswanderer, von denen viele ihr Glück auf Kuba suchten. Häufig wird hier Livemusik gespielt, gerne auch karibische Musik oder Habaneras. Mi–So ab 19 Uhr geöffnet.

**12** Eine wahre Kneipenmeile ist die schmale **Straße Miquel Roser,** dort reiht sich ein Tresen an den anderen.

**9** **Compartir,** Riera de Sant Vicenç s/n, Tel. 972 258482, www.compartircadaques.com, Di–So 13–15, 20–22 Uhr, Mo Ruhetag. Ein Top-Lokal, betrieben von drei Köchen, die im legendären El Bullí nahe Roses ihr Können erlernten. Heute bieten sie, ähnlich wie damals im El Bullí (das von *Ferran Adrià* geführte Restaurant schloss 2011), viele kleine Portionen an, die ein einmaliges Geschmackserlebnis versprechen und die man möglichst auch teilen soll, denn *compartir* heißt „teilen". Nicht günstig, aber wohl weit und breit einmalig. Das Lokal ist hübsch eingerichtet, mit viel Holz und Stein, außerdem locken ein halboffener Innenhof sowie eine Terrasse.

## Verkehrsverbindungen

- **Busterminal,** Carrer de Sa Tarrongeta 29, Tel. 972258713. Die Gesellschaft Sarfa bietet Verbindungen nach Figueres, Girona und Barcelona an.

## Feste

- **1. Januar:** El Aplec del Sol Ixent (Treffen mit der aufgehenden Sonne), am frühen Neujahrsmorgen gegen 7 Uhr versammeln sich viele Menschen beim Leuchtturm am Cap de Creus, um gegen 8.15 Uhr die aufgehende Sonne zu begrüßen. Dieser Punkt ist nämlich der östlichste Ort auf der Iberischen Halbinsel, wo man entsprechend als erstes den Sonnenaufgang sehen kann. Dazu wird Sardana getanzt und kostenlos heiße Schokolade ausgeschenkt.
- **um den 23. April:** Setmana Cultural, die Kulturwoche, mit umfangreichem Kulturprogramm.
- **Anfang Juni:** Fira d'Indians, ein Fest zu Ehren der vielen Auswanderer. Cadaqués im 19. Jh. wird nachgespielt, junge Leute in historischer Tracht bereiten sich auf die Überfahrt nach Amerika vor. Zur Einstimmung gibt es karibische Musik, Getränke, Speisen und Tänze.
- **16. Juli:** Fest zu Ehren der Verge de Carme, Schutzpatronin des Meeres.
- **August:** Internationales Musikfest, bei dem die unterschiedlichsten Genres gepflegt werden. www.festivaldecadaques.cat
- **8.–10. September:** großes Sommerfest, Sardanas, Habaneras, Umzug von Giganten.
- **18. Dezember:** Fest zu Ehren Ntra. Senyora de Esperança, u.a. Messe, Sardanas und Schachwettkämpfe.
- **jeden letzten Sonntag im Monat:** Antiquitätenmesse an der Promenade.

410c sm

# Portlligat

Eigentlich ist Portlligat kaum mehr als ein Anhängsel von Cadaqués, wenngleich es den Status eines eigenständigen Dorfes hat. Ab Cadaqués erreicht man Portlligat nach wenigen Kilometern auf einer kurvigen und am Ende engen Straße.

Das Dalí-Haus in Portlligat

## Sehenswertes

Es gäbe kaum einen Grund, hierher zu fahren, läge nicht in Portlligat das **Haus von Dalí.** Hier lebte und arbeitete der Meister lange Jahre und fand seine Inspirationen. Das Haus liegt direkt am Meer und die schon aus Figueres bekannten Eier auf dem Dach blitzen durch. Wer zu dem Haus möchte, folge dem holprigen und engen Weg um das Hotel Port Lligat herum hinunter zum Meer. Dort kann man parken und einen kleinen Spaziergang zum Haus unternehmen. So bizarr das Leben des Meisters war, so skurril zeigt sich auch sein Wohnhaus, damit beinahe so, wie man es von einem Genie erwartet. Am Eingang steht beispielsweise ein Eisbär! Weitere bizarre Gegenstände liegen in einem Labyrinth mit einer Vielzahl von ungewöhnlichen Einrichtungsgegenständen, vermengen sich mit seltsamen Objekten ganz im surrealistischen Sinne. Selbst der Swimmingpool fällt mit seiner Phallusgestalt aus dem Rahmen, Dalí-like eben.

■ **Casa-Museu Salvador Dalí,** Tel. 972251015, www.salvador-dali.org, 12.2.–14.6. und 16.9.–6.1. 10.30–18 Uhr, 15.6.–15.9. 9.30–21 Uhr, Nov. bis Mitte März Mo geschlossen, 14 €, ermäßigt 8 € (unter 16 und über 65 Jahre, Studenten), unter 8 Jahre Eintritt frei. Ein Besuch ist nur nach Voranmeldung möglich. Es werden immer nur relativ kleine Gruppen (8 Personen alle 10 Minuten) ins Museum gelassen, da die Räumlichkeiten doch etwas beengt sind. Dauer: 50 Minuten. Voranmeldung online, per Mail oder telefonisch möglich.

## Praktische Tipps

### Unterkunft

■ **Hotel Port Lligat**④, c/Salvador Dalí s/n, Tel. 972258162, www.port-lligat.net/hotel. Ein Haus, das wohl von der Nachbarschaft zu *Dalí* inspiriert wurde, bereits beim Empfang findet sich eine kleine Bilderausstellung. Es hat einen Pool und bietet einen tollen Blick aufs Meer, entweder von der gemeinsamen Terrasse oder vom eigenen Zimmerbalkon.

■ **Hotel Calina**③-④, c/Salvator Dalí 33, Tel. 972 258851, www.hotelcalina.com. Das Haus liegt sehr nahe zum Meer und zum Dalí-Haus, hat 22 Zimmer mit Balkon und ist geöffnet von März bis Oktober. Dazu gehören ein Restaurant und zwei Pools nebst Sonnenterrasse. Es gibt Doppelzimmer und größere Studios, die Platz für bis zu vier Personen bieten.

■ **Camping Cadaqués,** Av. Salvador Dalí 23, Tel. 972258126, www.campingcadaques.com, Mitte Juli bis Ende Sept. Liegt an der schmalen Straße zwischen Cadaqués und Portlligat. Kleines, durch Terrassen unterteiltes Gelände.

## Ausflug zum Cap de Creus

Cap de Creus (→ El Port de la Selva) ist der östlichste Punkt der Iberischen Halbinsel und damit auch der erste Festlandort Spaniens, den die morgendlichen Sonnenstrahlen erreichen. Genau deswegen versammeln sich hier in der **Neujahrsnacht** ganz früh morgens immer viele Menschen, um das erste Tageslicht des neuen Jahres zu begrüßen. Eine **wilde, einsame Landschaft** mit tiefen Einschnitten und steil abfallenden Felswänden präsentiert sich hier.

In früheren Zeiten siedelten Menschen hier, das wurde durch Dolmenfunde belegt. Heute ist es völlig einsam, einige Vögel haben deshalb dieses Gebiet als Nistplatz auserwählt. Das Cap de Creus ist 1998 zum schützenswerten **Naturpark** deklariert worden, was u. a. bedeutet, dass hier nicht mit Netzen gefischt werden darf. Es ist zugleich der einzige Naturpark Spaniens, der sowohl landseitig als auch wasserseitig unter Schutz gestellt wurde.

Von Cadaqués führt eine asphaltierte Straße über 9 km bis zum Parkplatz beim Leuchtturm. Dieser stammt aus dem Jahr 1847 und sendet alle 10 Sekunden ein weißes Licht aus. Er erhebt sich auf den Klippen 67 m über dem Meer. Dort zeigt auch eine kleine Ausstellung im **Espai Cap de Creus** Fotos, Grafiken und Multimedia-Objekte zum Naturpark. Außerdem befindet sich an der Spitze die einzige Bar weit und breit. Von der Terrasse hat man einen tollen Blick. Genau dorthin hat es den Briten Chris Little verschlagen und er kocht für seine wenigen Gäste vor allem indische Gerichte oder frischen Fisch täglich so ab 11 Uhr.

513cb hf

## Essen und Trinken

- **Restaurante Cap de Creus,** Tel. 972199005, https://restaurantcapdecreus.com. Neben vorzüglichen Gerichten wie dem indischen Curry oder der gehaltvollen Fischsuppe präsentiert der Betreiber *Chris Little* auch regelmäßig Konzerte. Obendrein genießt man von der Terrasse einen fantastischen Ausblick auf die Küste. Die Zufahrt in dieses Naturreservat per Auto ist eingeschränkt, aber es gibt einen Shuttle-Bus von Cadaqués (8 €) hin und zurück alle 20 Min.

Eine wahrlich wilde Küste am Cap de Creus

# Roses

- **Einwohner:** 19.500
- **Entfernung nach Barcelona:** 152 km
- **Touristeninformation:** Av. de Rhode 77–79, Tel. 902103636, http://de.visit.roses.cat.

Roses ist der erste Ort nach dem Passieren der Grenze, der zu den touristisch ganz großen Zentren gezählt werden darf. Die **weit geschwungene Bucht** gleichen Namens (Badia de Roses) misst insgesamt gute 15 km, an ihrem nördlichen Zipfel liegt der Ort Roses. Im Hinterland sind gerade noch die allerletzten Ausläufer der Pyrenäen sichtbar, weiter südlich wird das Land völlig flach. Das schafft dann Platz für weite Strände, und davon hat Roses wirklich genügend.

Wer sich **der Stadt nähert,** befährt zunächst eine breite Straße, passiert mehrere Hotelanlagen und Campingplätze, bevor sich die Straße in Höhe der nicht übersehbaren Festung stark verengt. Nun wird die Altstadt erreicht, die Straße verläuft daran vorbei, streift den Hafen und zieht sich über die hügeligen Nachbarviertel wieder raus aus Roses.

Der ursprüngliche **Kern der Stadt** mit seinen verwinkelten Gassen hat sich stark auf die touristischen Bedürfnisse eingestellt, aber nicht völlig ergeben. Es genügen ein paar Schritte und man steht vor einer spanischen Bar. Am Abend schlendern alle, Urlauber und Einheimische, einträchtig durch die Gassen.

Die großen Hotels und Apartmentanlagen sind außerhalb der Altstadt zu finden, eine mehrere Kilometer lange Promenade verbindet die beiden Viertel. Dort, im **Viertel Santa Margarida,** sind dann auch mehrere Campingplätze zu finden.

## Die Strände

Der **Strand im Stadtbereich von Roses** wird von zwei markanten Punkten begrenzt, rechts (Blickrichtung zum Meer) vom Zufluss des Canal de Río Grau und links vom Hafen. Zwischen diesen beiden Polen erstreckt sich über insgesamt 2,5 km ein durchgehender Sandstrand. Eine nett gestaltete **Promenade** verläuft ebenfalls über die gesamte Distanz, ausgehend vom Hafen bis zum Endpunkt am Kanal, wo ein zweiter, aber wesentlich kleinerer Hafen liegt. Der Strand besteht aus weichem, hellem Sand und ist durchschnittlich etwa 45 m breit, im Bereich der Altstadt verjüngt er sich. Etwas außerhalb liegen noch drei kleinere Strandbuchten vor den dortigen Apartmentanlagen.

Am Strand von Roses

001kk sm

## Sehenswertes

Zunächst die **Altstadt,** trotz der Massen, die sich zeitweise hier durchschieben. Wer sich die Mühe macht, einmal in die Nebengassen auszuweichen, wird immer noch stille Ecken entdecken. Nicht ungemütlich ist auch die Plaça Sant Pere, unweit vom Hafen gelegen, wo einige nette Lokale mit Terrasse zum Gucken und Gesehenwerden einladen.

Die Altstadt besteht aus engen, unregelmäßig verlaufenden Gassen, in denen sich heute zahlreiche Geschäfte, Restaurants und Bars befinden. In der Altstadt steht auch die Kirche **L'Església de Santa Maria,** die ab 1792 im neoklassizistischen Stil erbaut und 1796 geweiht wurde. Doch erst 1852 beendete man die Arbeiten. Schon ein Jahr später begann man erneut zu bauen, um das Gotteshaus zu vergrößern, was elf Jahre dauerte. Die dreischiffige, schmucklos wirkende Kirche ersetzte eine frühere, zerstörte Kirche des ehemaligen Klosters gleichen Namens, das im Inneren der Ciutadella stand; heute sind nur noch Reste zu erkennen.

Der Baustil des Modernismus ist in Katalonien weit verbreitet, auch in Roses befindet sich mit der Casa Mallol, dem heutigen **Rathaus,** an der Plaça Catalunya ein schönes Beispiel. An der Plaça del Pau („Friedensplatz") steht ein Denkmal zu Ehren der Opfer des spanischen Bürgerkrieges.

Einzige klassische Sehenswürdigkeit innerhalb der Ortschaft ist die **Ciutadella,** nicht weit vom Touristenbüro entfernt. Die Festung wurde im 16. Jh. unter König *Carlos I.* erbaut, sie fiel recht groß aus für diesen Ort, der damals noch keine überragende Bedeutung hatte. Ursprünglich befand sich einmal an dieser Stelle die griechische Siedlung Rhodes, die schon 776 v. Chr. hier gegründet wurde. Beim Bau der Ciutadella waren der pentagonale, sternförmige Grundriss und die dreieckigen Ausbuchtungen neu, allerdings sind davon nur noch drei erhalten. Die Festung ist noch heute von einem Graben umgeben, der konnte früher sogar im Notfall geflutet werden.

002kk sm

> An der Ciutadella

< Die Kirche Santa Maria

Im Inneren der Festungsanlage sind Überreste aus verschiedenen Epochen zu finden. So beispielsweise einige wenige Funde aus der griechischen Gründungsphase (3. bis 4. Jh. v. Chr.), aber auch aus der römischen Epoche (2. Jh. v. Chr. bis 6. Jh.). Einigermaßen gut erhalten ist auch das kleine romanische Kloster Santa Maria aus dem 11. Jh. und nicht zuletzt ebenfalls noch Reste der mittelalterlichen Stadtmauer.

Ein interessantes **Museum** erklärt in sechs thematischen Blöcken die wechselvolle Geschichte: die Ursprünge, die griechische Kolonie, das römische Imperium und den Niedergang, Roses im Mittelalter und schließlich das moderne Roses. Ergänzend werden Eindrücke von den früheren Seefahrern im Golf von Roses vermittelt.

■ **Ciutadella und Museum,** Juni bis Sept. tägl. 10–20 Uhr, Okt. bis Mai Di–Sa 10–17, So 10–14 Uhr, 4 €, unter 16 und über 65 Jahre frei.

Etwas außerhalb, bei der Urbanización Puig Rom, liegen der **Leuchtturm** aus dem Jahr 1864 und gleich daneben das **Castell de la Trinitat** aus dem Jahr 1544. Hier bietet auch der Mirador del Puig-Rom eine grandiose Aussicht.

Die Festung entstand als Ergänzung zum im Ortskern liegenden Castell, schön erhöht liegend oberhalb vom Leuchtturm. Von hier sollte der Hafen verteidigt werden. Sie wurde in Form eines fünfeckigen Sterns erbaut und ihre Mauern sind 2 m dick.

■ **Castell de la Trinitat,** 1.10.–31.5. Sa 11–17, So 11–15 Uhr, 1.6.–30.9. tägl. 17–21 Uhr, 2,50 €.

003kk sm

# Praktische Tipps

## Unterkunft

**11 Hotel Terraza**④, Av. de Rhode 34, Tel. 972 256154, www.hotelterraza.com. Tadellose Lage direkt am Strand in Höhe der Ciutadella und damit auch nicht weit von der Altstadt entfernt. Die meisten der 112 Zimmer des Hotels gewähren Meerblick, unten befinden sich ein nettes Café sowie ein Garten mit Liegestühlen und außerdem ein exklusiver Spa-Bereich.

**6 Hotel Marian Platja**③, Passeig Marítim s/n, Tel. 972256112, www.hotelmarian.es. Ein fünfstöckiges Haus direkt am Strand, wenn auch nicht jedes Zimmer Meerblick gewährt, Sackgassenlage, alle Zimmer mit Balkon, insgesamt ein sehr familiäres Haus. Mit Bar, Sonnenterrasse, Tennisplatz, zwei Pools.

**9 Hotel Ciutadella**③, c/Tarragona 7, Tel. 972 257009, www.hotelciutadella.com. Ein kleines Haus mit 56 Zimmern, etwas abseits gelegen, nur wenige Schritte von der Ciutadella entfernt und 100 m vom Strand. Insgesamt sehr familiär, alle Zimmer mit Balkon.

**7 Hotel Mediterrà**③, c/Quevedo 9–17, Tel. 972256300, www.hotelsmediterraneo.com, die Anlage liegt ein wenig außerhalb vom Zentrum (ca. 1,5 km), aber direkt am Strand. Sie besteht aus drei Gebäuden, die u.a. drei Pools, Sauna, Jacuzzi und einen Sportbereich aufweisen.

Drei der vier **Campinglätze** von Roses liegen ziemlich zentral, zählen aber nicht zur Spitzenkategorie. Sie sind alle recht klein, wenn's voll wird, steht man schon etwas beengt.

**2 Camping Rodas,** Punta Falconera 64, Tel. 972 257617, www.campingrodas.com, ganzjährig. Ein Platz am Ortsrand beim Supermarkt Caprabo, durch Pinienbewuchs abgeteilte Standplätze, sodass jeder „seinen" Platz hat. Kleine Bar, Pool.

**8 Camping Joncar Mar,** c/Bernat Metge 9–10, Tel. 972256702, www.campingjoncarmar.com, ganzjährig. Der Platz liegt links und rechts dieser winzigen Straße, die zum Strand führt, er ist nicht groß, aber keine 100 m vom Strand entfernt.

**3 Camping Salatà,** c/del Port de Reig 44. Tel. 972256086, www.campingsalata.com, Mitte März bis Mitte Okt. Der Platz liegt mitten zwischen den Apartmentanlagen. Nicht zu großes Gelände, mit Pool, Spa-Bereich, Pizzeria, Sportzone und Mietbungalows.

## Essen und Trinken

In der Fußgängerzone c/Sant Sebastià liegen etliche Lokale, praktisch alle haben eine Terrasse.

**19** An der **Plaça Sant Pere** liegen mehrere Restaurants mit Freiluftterrassen.

**22** **L'Ancora,** Av. de Rhode 62, Tel. 972256386. Liegt unmittelbar am Strand mit einer Terrasse, von der man wunderbar aufs Meer blickt. Im Angebot sind Fisch, Meeresfrüchte, Tapas sowie einige Fleischgerichte.

**16** **Sí Tapas Lounge,** Av. de Rhode 199, Tel. 972 150093, Mi Ruhetag. Hat eine auffällige Terrasse zur Straße. Wie der Name verspricht, gibt es eine Vielzahl von Tapas und auch ganze Tapas-Menüs.

**13** **Gaia,** Plaça Catalunya 11, Tel. 972256076. Das Haus wirkt von außen ziemlich unscheinbar, man läuft leicht daran vorbei, denn das charmante Lokal liegt im Innenhof. Es gibt ein günstiges *menú del día,* ansonsten mediterrane Küche. Die Einrichtung ist stilvoll-schick, hin und wieder gibt es auch Livemusik zu hören.

17 **La Sirena,** Plaça Sant Pere 7, Tel. 972257294, ganztägig geöffnet, Di Ruhetag. Hat eine große Terrasse mit Blick zum Meer über eine Straße und liegt nett unter Bäumen. Es gibt gute Küche mit Produkten vom Markt sowie Fischgerichte und Tapas.

18 **La Barretina,** c/del Cap Norfeu 29, Tel. 972 255699, Di Ruhetag. Frischer Fisch und Meeresfrüchte von Fischern aus Roses, „Preis je nach Verfügbarkeit und Marktlage" heißt es deshalb auch, was einen gewissen Überraschungseffekt bietet.

15 **Casa Paco,** c/de les Olles 8, Tel. 972150768, Mo Ruhetag, sonst 11–15 und 19–23 Uhr. Liegt in einer engen Gasse (ca. 2 m breit) und hat dennoch eine schmale Terrasse. Innen ist es hell eingerichtet, es gibt Menüs, Paella, aber auch Burger, allerdings nicht günstig.

14 **Sidrería Txot's,** Plaça Catalunya 20, Tel. 872 096219, www.sidreriatxots.com, tägl. 12–24 Uhr. Es gibt Tapas, auch Montaditos (also kunstvoll gefertigte Tapas), Menüs, Salate, und das Lokal hat eine nette Terrasse unter Bäumen.

## Verkehrsverbindungen

- **Busse:** Sarfa, c/de la Riera Ginjolers 103, Tel. 972150585, hat Verbindungen zu allen größeren Orten.

## Aktivitäten

- **Schiffstouren:** Ausflüge per Schiff und sogar per Katamaran sind möglich entlang der pittoresken Küste bis hoch nach Cadaqués und Portlligat, bis nach Cap de Creus sowie l'Estartit. Eine Piratenfahrt mit Snacks und viel Vino darf natürlich nicht fehlen. Es gibt verschiedene Anbieter:

12 **Els Blaus de Roses,** Tel. 609328177, www.elsblausderoses.com, verkauft Tickets an zwei Stellen: Av. de Rhode 139, gegenüber vom Hotel Mar y Sol, sowie an der c/Sant Elm 5.

Terrassenlokal

004kk sm

**21** Ein anderer Anbieter von ähnlichen Touren per Katamaran ist **Mare Nostrum Excursions.** Das Büro liegt am Sportboothafen (Lokal 12), Informationen erhält man gratis unter Tel. 917907909.

■ Auch Angebote zum **Tauchen** gibt es:

**20** **Roses Sub,** Tauchbasis unter deutscher Leitung, am Hafen, c/Moll de Ribera s/n, Tel. 62898963, www.rosessub.com.

**4** **Poseidon,** Passeig Marítim 86 in Santa Margarida, Tel. 699861977, www.poseidonroses.com. Altbewährte Tauchschule in Santa Margarida beim Hotel Victoria unter deutscher Leitung. Bietet Schnuppertauchen, aber auch komplette Tauchkurse an.

**1** **Gokartbahn: Karting Roses,** Carretera de Palau a Roses, Tel. 972254103, www.kartingroses.com, etwas außerhalb der Ortschaft, doch zu der 850 m langen Gokartbahn (eine kürzere gibt es für Kinder) pendelt regelmäßig ein Gratisbus.

■ **Bähnchenfahrt: Roses Express,** ein sogenanntes Carrilet, also ein Bähnlein auf Rädern, fährt entlang der Küste auf verschiedenen Strecken. Eine Kurztour von 1 Std. Dauer führt durch Roses, während verschiedene andere bis in die nähere Umgebung gehen. Die weiteste Fahrt dauert immerhin 2½ Std. und erstreckt sich über 30 km. Abfahrt ist vor der Touristeninformation. Hier bekommt man auch die Tickets. Infos: www.trenrosesexpres.com.

## Einkaufen

**10** **Weinhandlung: Roses Wine Palace Cellar,** Av. Gran Vía de Pau Casals 210–216, Tel. 972152 010, tägl. 9.30–20.30 Uhr. Beeindruckt durch seine sehr große Auswahl.

☒ Bummeln in Roses

005kk sm

## Feste

■ **Karneval:** Wird fünf Tage lang gefeiert und gilt als der schönste und wichtigste an der Costa Brava, an dem Tausende teilnehmen. Großartige Umzüge finden am Freitag und am Sonntag entlang der Avinguda de Rhode statt.

■ **29. Juni:** Festa dels Pescadors, Fest der Fischer.

■ **15. August:** Nuestra Senyora de Assumpció, gefeiert wird allerdings vom 9. bis 18.8. – u. a. mit Feuerwerk am 16.8., Sardanas, Konzerten, Habaneras, aber auch Serenaden des Sommers werden vorgetragen.

■ **Juni bis September:** jeden Samstag Sardanas an der Plaça Catalunya.

## Markt

■ **Termin:** am Sonntagvormittag, um den Mercat Municipal.

## Ausflüge

### Aquabrava

Aquabrava ist eine **Badelandschaft** mit diversen Rutschen, Flussfahrten, Wasserschanzen und einem Blackhole (Eintauchen in die Finsternis). Sie liegt außerhalb an der Straße nach Cadaqués.

■ **Aquabrava,** Carretera Roses a Cadaqués, km 1, Tel. 972254344, www.aquabrava.com, Juni bis Mitte Sept. tägl. 10–19 Uhr, 36 €, unter 120 cm Körpergröße oder älter als 65 Jahre 21 €, nach 15 Uhr 30/17 €. Es pendeln regelmäßig Busse ab Roses.

### Megalithkomplex

Knapp außerhalb von Roses liegt an der Straße nach Montjoi ein Megalithkomplex aus der Zeit 3000–2700 v. Chr. Dort befinden sich Überreste der vermutlich ersten Siedler, vor allem handelt es sich um Dolmen, darunter auch der **Creu d'en Corbertella.** Er besteht aus sieben senkrecht stehenden Steinblöcken und wird von einer 18 t schweren Steinplatte bedeckt.

### Vilajuïga

In Vilajuïga ist eine **Bodega** zu finden, die guten Wein und Öle direkt aus riesigen Fässern zu günstigen Preisen verkauft. Die Cooperativa Alt Empordà ist nicht zu übersehen, sie liegt direkt an der Durchfahrtsstraße.

■ **Cooperativa Alt Empordà,** c/Roses 3, Tel. 972 530043, www.empordalia.com, Mo–Sa 9.30–19, So 9–14 Uhr.

### Wanderung entlang der Küste

Am Ortsrand von Roses, bei der benachbarten Siedlung und gleichnamigen Bucht **L'Almadrava,** führt ein Weg klar erkennbar oberhalb der felsigen Küste entlang des Meeres. Als Ziel bietet sich die Bucht **Cala Montjoi** an. Dauer der Tour: mit entsprechenden Guck-Pausen, die sich hier förmlich aufzwingen, wenigstens 2 Stunden pro Richtung. Wer es schafft, kann in ca. 4 Stunden bis zum Cap Norfeu wandern.

Zum Startpunkt fährt man besser, zu Fuß ist es vom Zentrum von Roses zu weit. Kurz nach dem Campingplatz befindet sich ein Parkplatz, dort das Fahrzeug abstellen und noch ca. 500 m der Straße c/Diaz Pacheco ortsauswärts folgen.

Hier erfolgt auch erstmals die Ausschilderung **„Camí der Ronda"** und Fernwanderweg GR-92, dessen Bestandteil dieser Weg ist. Diesem Weg hoch folgen und nach etwa 300 m an der ersten Straße nach rechts abbiegen. Dort steht ebenfalls das **weiß-rote GR-Zeichen.** Hinter dem letzten Haus führt jetzt der ausgeschilderte Weg entlang der Küste.

[>] Auf Wanderung entlang der Küste

Man entfernt sich rasch von der Bebauung und kann dann die Stille so richtig aufnehmen. Der Weg ist klar erkennbar, zusätzlich aber auch ziemlich häufig mit den rot-weißen GR-Zeichen versehen. Tief nach unten blickt man auf das Meer.

Nach etwa einer Stunde führt der Weg recht nah an alten Bunkern vorbei. Man umrundet dabei eine Bucht und sieht in der Ferne schon das **Cabo Norfeu** von dem gesagt wird, dass dort die Pyrenäen ins Meer versinken.

Nach einer weiteren Viertelstunde wird eine Art „Kreuzung" erreicht. Der GR-92 führt weiter geradeaus entlang der Küste, während nach rechts unten eine Piste zur **Font de Lledó** (ausgeschildert) führt.

Ungefähr 20 Minuten später muss ein ziemlich steiles Zwischenstück überwunden werden, das auch noch über recht rutschiges Geröll hinunter in eine Bucht mit Namen **Cala Murta** führt. Dort läuft man nicht mal 50 m über groben Kiesel, lauscht den sich brechenden Wellen und kann sich an einer Infotafel über die Bucht informieren. Genau daneben steigt der Wanderweg wieder aus der Bucht hinaus nach oben. Jetzt passiert man ein Waldstück und kann bereits die Bucht **Cala Montjoi** erkennen.

## Radtour

Wie wäre es einmal mit einem Trip nach **Figueres,** aber per Fahrrad? Eine ausgeschilderte Route von 22 km führt ab Ciutadella auf einer leicht zu bewältigenden Strecke direkt in die Stadt des Dalí-Museums.

515cb sm

# Wein von der Costa Brava

Wein aus Spanien ist längst nicht so bekannt wie französischer oder italienischer. Zu Unrecht, denn spanische Winzer achten schon seit den 1920er Jahren auf hohe Qualität. In jener Zeit entstand nämlich ein System der Herkunftsbezeichnung, das strengen Kriterien unterliegt. Eine sogenannte Denominación de Origen gilt für bestimmte Anbaugebiete, in denen jeweils regionale Vorschriften eingehalten werden müssen. Momentan existieren etwa 60 Denominaciones in ganz Spanien, für das Gebiet der Costa Brava gibt es nur ein einziges: Empordá.

Festgelegt werden beispielsweise, welche Rebsorten verwendet werden dürfen, in welchem Gebiet angepflanzt wird und gegebenenfalls wird sogar eine Höchstmenge festgesetzt. Weiterhin wird die Lagerzeit bestimmter Weine festgelegt.

Die Einhaltung all dieser Vorgaben überwacht ein unabhängiges Gremium und vergibt dafür ein Gütesiegel. Jedes Gebiet der 35 Denominaciones hat sein eigenes Gütesiegel.

Obendrein erhalten die Weine eine Nummer, sodass sich eventuelle Unregelmäßigkeiten genau zurückverfolgen lassen.

Das Gebiet der **Denominación von Empurdá** liegt etwa in einem Streifen, der von Roses im Süden und der französischen Grenze im Norden bis knapp hinter der Autobahn verläuft. Eines der Weinanbaugebiete liegt bei Vilajuïga, unweit von Roses, wo man auch Wein direkt vom Erzeuger erwerben kann.

Charakteristisch sind die Traubensorten Macabeo und Xarello, die für Weißwein gewählt werden, für Rotwein nimmt man Cariñena und Garnacha. Weißweine und Rosadoweine müssen wenigstens ein Jahr, Rotweine zwei Jahre gelagert werden, ein Jahr davon im Fass. Auf den Etiketten der Flaschen müssen diese Traubenbezeichnungen neben dem Herkunftssiegel und der fortlaufenden Nummer erscheinen.

Hier gibt's (unter anderem) leckeren Wein

041kk jf

# Empúriabrava

- **Einwohner:** 7100
- **Entfernung nach Barcelona:** 143 km
- **Touristeninformation:** Av. Pompeu Fabra s/n, Tel. 972450802, www.castelloempuriabrava.com.

Bekannt ist der Ort für seine große Marina, gibt es hier doch 5000 Liegeplätze, die in einem gleichmäßigen Netz von Kanälen zu finden sind. Entstanden ist eine wahrlich riesige Urbanización, die von diversen Kanälen durchzogen ist.

Man biegt von der Verbindungsstraße Figueres – Roses ab und fährt zwei, drei Kilometer entlang der **Hauptstraße,** die schließlich am Strand endet.

Der ganze Ort wurde in Parzellen unterteilt, und dort finden sich **Hunderte von Ferienwohnungen.** Ein Großteil der FeWos liegt an einem der zahlreichen Kanäle, sodass man sein mitgebrachtes Boot vor der Tür dümpeln lassen kann. Über das verzweigte Kanalnetz erreichen die Freizeitkapitäne auch das offene Meer. Hochhausriesen wurden nicht errichtet, nur kleine Einheiten sind zu finden.

## Die Strände

Empúriabrava ist klar begrenzt von zwei Flüssen, dem Ríu la Muga und dem Rec els Salins, dazwischen erstreckt sich die **Platja d'Empúriabrava** über 1,6 km Länge. Die Breite beträgt stattliche 90 m, und der Sand zeigt sich hell und weich. Hier herrschen vereinzelt starke Winde und Strömungen vor.

Ein weiterer schöner Strand, **Platja la Rubina,** schließt sich nach links an (Blickrichtung Meer), beginnt aber jenseits des Kanals, ist also etwas umständlich zu erreichen. Der Strand verläuft über 1,7 km und endet praktisch an der Stadtgrenze von Roses am Canal del Riu Grau. Das Hinterland zählt zum Naturreservat Aiguamolls de l'Empordà, bis auf ein paar Campingplätze existieren keine Ansiedlungen.

**Platja Can Comes** ist ein 4 km langer Strand mit einer mittleren Breite von 65 m. Der Strand liegt rechts von Empúriabrava (Blickrichtung Meer) und hat in seinem Rücken den Naturpark Aiguamolls de l'Empordà. Dadurch ist die Zufahrt etwas erschwert, was dazu führt, dass dieser schöne Strand mit feinem Sand schwach besucht ist. Zwei Campingplätze (Almatà und Laguna) sind hier zu finden.

## Praktische Tipps

### Unterkunft

Über das Touristenbüro erhält man eine lange Liste der **Anbieter von Ferienwohnungen,** die Liste ist über die Homepage von Empúriabrava abrufbar (→ oben). Auch deutschsprachige Vermieter sind aufgeführt.

- **Hotel Port Salins**③, Sector Salins, Av. de Climent 10–15, Tel. 972456640, www.hotelportsalins.com. Das bestens ausgestattete Haus liegt kaum 5 Gehminuten vom Strand entfernt und hat 42 Zimmer.
- **Aparthotel Xon's Platja**②-③, Av. Pompeu Fabra s/n, Tel. 972450136, www.xonshotels.com. Fast am Strand gelegenes Haus mit beachtlichen 210 Zimmern, das als Aparthotel arbeitet und deshalb auch Räume für bis zu 8 Personen hat, jeweils mit eigener Küche.

Die folgenden **Campingplätze** liegen bei der Platja La Rubina:

- **Camping Castell Mar,** Tel. 972450822, www.camping-castellmar.com, Anfang Mai bis Ende Sept. 300 Parzellen mit Grasboden, Baumbestand und allen nötigen Einrichtungen. Großes Programm speziell für Kinder und sportbegeisterte Gäste, eigener Pool für Kinder.
- **Camping Rubina Resort,** Tel. 972450507, www.rubinaresort.com, April bis Mitte Okt., direkt neben Empúriabrava gelegen, nur durch einen Kanal getrennt. 600 Parzellen mit Grasboden und allen notwendigen Serviceeinrichtungen, auch einem großen Pool und Bungalowvermietung, Bar, Restaurant und Tennisplätzen.

## Essen und Trinken

- **Marisquería Casa Gallego,** Av. Joan Carles I. 16, Tel. 972454647. Liegt ca. 400 m vom Strand entfernt an einer der Hauptzufahrtsstraßen. Rustikal-gemütliche Aufmachung mit guter Fischküche aus Galicien, etwas höherpreisig.

516cb hf

## Aktivitäten

- **Los Barkitos,** www.losbarkitos.com (Kontakt nur online). Angeboten werden Touren zum Kennenlernen der Marina-Anlage, Ausflüge durch die Bucht von Roses, und es werden auch Boote verliehen, mit denen man selbst einmal die Hauptkanäle erkunden kann.

## Feste

- **7.–10. August:** Fest zu Ehren von Sant Llorenç.
- **16. Juli:** Diada del Carme (Meeresprozession).

## Markt

- **Termin:** Sa 9–14 Uhr am Passeig Marítim.

☒ Unterwegs auf den Kanälen von Empúriabrava

# Castelló d'Empúries

- **Einwohner:** 10.800
- **Entfernung nach Barcelona:** 137 km
- **Touristeninformation:** Plaça dels Homes 1 (Mühle), Tel. 972156233, www.castelloempuriabrava.com.

Diese nette Kleinstadt blickt auf eine **lange Tradition** zurück. Bereits zur Zeit der Römer gab es hier eine Siedlung, später, so im 12. Jh., kamen Kloster und Kirche hinzu, eine Ortschaft entstand. Eine Festungsmauer umschloss den inneren Kern, heute sind nur noch Reste davon erhalten. Die **Altstadt** dagegen ist durchzogen von engen Gassen und mittelalterlichen Häusern, ein Besuch kommt einem Sprung in vergangene Jahrhunderte gleich.

**Parkplätze** sind ausgeschildert, durch enge Gassen gelangt man zu einem recht kleinen Platz vor der Kathedrale, deshalb lieber außerhalb der Altstadt parken, wo es genügend Plätze gibt.

## Sehenswertes

Die **Altstadt** von Castelló d'Empúries ist an sich sehenswert. Am besten ziellos durch die Gassen bummeln und den Stadtplan wegstecken. In dem Gassengewirr findet man sich sowieso kaum zurecht. Also, eintauchen in die Gassen, die alten Häuser betrachten, die Atmosphäre vergangener Zeiten einatmen und zufällig auf historische Details stoßen.

Die **Basílica Santa María** gilt nach der Kathedrale von Girona als nächst wichtiges Gotteshaus. Mit dem Bau wurde bereits 1007 begonnen, im 14. Jh. kam es zur ersten Renovierung. Bereits der Eingang zeigt die Detailversessenheit, mit der über diesen langen Zeitraum gearbeitet wurde. Links und rechts der Pforte sind die zwölf Apostel aus Stein gemeißelt worden, leider stört die Metalltür ein wenig den Gesamteindruck. Im Inneren fallen sofort die schönen **Glasmalereien** auf und der kunstvoll verschnörkelte Altar aus Alabaster, er stammt aus dem 15. Jh. Die Kirche gilt als gotisches Bauwerk, da die entscheidenden Arbeiten im 14. und 15. Jh. erfolgten, nur der Glockenturm erinnert in seiner Form an die romanischen Ursprünge. Im Zentrum der Basilica thront das Bildnis der Maria, auch dieses stark verziert.

Direkt neben der Basílica kann das **Museu Parroquial** besichtigt werden, ausgestellt sind Goldschmiedearbeiten sowie liturgische und religiöse Kunstwerke.

■ **Museu Parroquial,** Fr, Sa 10–13, 15–18 Uhr, So 10–11, 12–14, 15–18 Uhr, Juli/Aug. tägl. 10–14, 16–20 Uhr, 2 €.

Vor der Kirche liegt der ruhige Platz **Plaça Jacint Verdaguer,** wo Sie gut verschnaufen und die Kirche in ihrer vollen Pracht betrachten können. Danach sollte aber noch ein zielloser Bummel durch diesen **mittelalterlichen Ortskern** folgen, denn das historische Zentrum ist noch weitestgehend so erhalten, wie es einst angelegt wurde. Die Plätze und Straßen benannten bereits die ersten Bewohner jeweils nach dem dort ausgeübten Gewerbe. So gibt es die Straße der alten Fischhändler (c/Peixateries Velles) und den Platz der Geldwechsler (Plaça de la Moneda), der Weinhändler (Plaça del Vi) sowie des Scharfrichters (Plaça del Botxi) – der liegt allerdings außerhalb.

**An der Plaça Jaume I.** befindet sich das alte Stadtgefängnis aus dem 14. Jh., dessen zwei vergitterte Fenster auf die frühere Funktion hinweisen, im Inneren sind sogar noch alte Zellen erhalten. Das zweite Gebäude, die sogenannte *cúria*, war das Gerichtsgebäude der Kirche. Heute zeigt hier das **Museu d'Història medieval de la Cúria-Presó,** wo im Mittelalter kirchliches und auch königliches Recht gesprochen wurde, die Gefangenen untergebracht waren und sich später Verwaltungssitz und Stadtarchiv befanden.

■ **Museu d'Història medieval de la Cúria-Presó,** Plaça de Sant Jaume I., Tel. 972250859, April bis Juni, Sept. Di–So 10–19, Juli/Aug. tägl. 10–19, Okt.–März Do–So 10–16 Uhr, 3 €.

Das ehemalige **Judenviertel** zählte bis zur Vertreibung der Juden 1492 immerhin 300 Anwohner und ist zwischen den Straßen Carrer del Cal und Carrer dels Jueus zu finden. Speziell hier sind auch einige Gassen immer noch so unregelmäßig angelegt, wie einst im Mittelalter.

Die alte Getreidemühle an der Carrer Sant Françesc 5–7 wurde zum **Ökomuseum „Ecomuseu Farinera“** umgestaltet und zeigt jene Verfahrensweisen, mit denen früher Getreide zu Mehl verarbeitet wurde.

■ **Ecomuseu Farinera,** c/Sant Francesç 5–7, Tel. 972250512, www.ecomuseu-farinera.org, Juli/Aug. tägl. 10–14, 17–20 Uhr, April bis Juni und Sept.

▷ Basílica Santa María de Castelló d'Empúries

116cb PTCBG_Antonio_Garrido

Mo–Sa 10–14, 16–19, So 10.30–13.30 Uhr, sonst eingeschränkte Zeiten, meist Di–So 10–14 Uhr, aber mit Abweichungen, 3,70 €.

Im östlichen Bereich der Altstadt liegt neben dem alten **Stadttor Portal de la Galarda** und den Resten der alten Stadtmauer aus dem 14. Jh. das Haus des Grafen von *Castelló,* la Casa Gran, ebenfalls aus dem 14. Jh. Das „große Haus", so die Übersetzung, wirkt eher schlicht von außen, was aber verständlich erscheint, denn durch seine exponierte Lage an der Stadtmauer hatte es auch eine wehrhafte Bedeutung, weshalb man wohl auf äußeren Schmuck verzichtete.

**Zwei Klöster** waren im 13. bzw. 14. Jh. außerhalb der Stadtmauer angesiedelt, beide zogen später in die innere befestigte Stadt. Die Dominikaner kamen bereits im 14. Jh., ihnen wurde das Haus des *Conde Pare I.* überlassen, das daraus resultierende Convent de Sant Doménec liegt bei der Plaça Catalunya. Die Augustiner zogen im 17. Jh. nach, das Gebäude, in dem das Convent de Sant Augusti untergebracht war, liegt unweit der Plaça Jaume I. und ist heute Privateigentum.

Schon etwas außerhalb der Ortschaft überspannt die immer noch fotogene **alte Brücke** *(pont vell)* aus dem 14. Jh. den Fluss Ríu Muga.

## Praktische Tipps

### Unterkunft

- **Hotel de la Moneda**④, Plaça de la Moneda 8–10, www.hoteldelamoneda.com. Geschmackvolles Haus mit 11 Zimmern, das unweit der Kathedrale in einem alten Herrenhaus des Marqués de Dosaigües aus dem 17. Jh. installiert wurde. Die Zimmer sind mit einer Mischung aus modernen und verspielten Elementen eingerichtet und mit kräftigen Farben ausgestaltet. Außerdem bietet das Hotel den Gästen eine eigene Garage, eine Sonnenterrasse und einen Pool. Das Haus war bei Drucklegung dieses Buches vorübergehend geschlossen.
- **Hostal Emporium**③, Sta. Clara 31, Tel. 972250 593, www.emporiumhotel.com. Liegt am Ortsrand an der Straße nach Peralada, hat 42 Zimmer auf drei Etagen und unten ein Restaurant. Ins Zentrum sind es 10 Gehminuten.
- **Hotel Canet**③, Pl. Joc de la Pilota 2, Tel. 972 250340, www.hotelcanet.com. Ein Haus, das im 17. Jh. erbaut wurde und mitten in der Altstadt beim Rathaus liegt. Drei Stockwerke groß, 21 Zimmer, hellgelb gestrichen und modern eingerichtet. Mit Restaurant und Pool.
- **Camping La Laguna,** Tel. 972450553, www.campinglaguna.com, Anfang April bis Ende Okt., direkt am Meer beim Strand Platja Can Comes gelegener Platz mit 780 Parzellen und Grasboden. Der Platz ist durch eine Lagune zweigeteilt. Breites Angebot, u. a. Fahrradverleih.
- **Camping Nàutic Almatà,** Tel. 972454477, www.almata.com, Anfang Mai bis Mitte Sept., liegt an der Straße Castelló d'Empúries – Sant Pere Pescador (GIV 6216), km 2,3. Ein großer Platz mit 1100 Parzellen, der am Naturpark Aiguamolls liegt. Breites Angebot, u. a. drei Bars, Restaurant, ein Kanal, der zum Meer führt, und eine direkte Lage am Strand Can Comes. Im Eingangsbereich gibt es Tennisplätze und ein Fußballfeld, weiterhin zur Verfügung stehen ein Kinderpool, eine Disco, Reitmöglichkeiten, Minigolf, Tauchangebote.

### Essen und Trinken

- In der **Straße Carrer Alfons XIII.** liegen etliche Bars und Geschäfte nebst einigen kleinen Restaurants mit Terrassen.
- **Restaurant Canet,** Plaça de la Pilota 2, Tel. 972250340. Es handelt sich um das Restaurant des gleichnamigen Hotels, in dem gute, lokale Gerichte serviert werden.

### Feste

- **23.–24. Juni:** Sant Joan mit Tanz und Sardanas.
- **10. August:** Patronatsfest zu Ehren Sant Llorenç.
- **11. September:** Terra de Trobadors, Festspiele der Troubadoure, eine Zeitreise zurück ins Mittelalter, bei der Gaukler, Ritter und Händler den Charme längst vergangener Zeiten in der Altstadt von Castelló aufleben lassen.

### Markt

- **Termin:** Di 9–14 Uhr an der Plaça Joan Alsina, Lebensmittel, Blumen und auch Bekleidung.
- **Ökomarkt:** jeden ersten So im Monat 9–14 Uhr auf der Plaça dels Homes.

# Peralada

Peralada ist ein **kleiner Ort** von knapp 1000 Einwohnern mit einem recht ansehnlichen Ortskern, der allerdings nicht allzu groß ausfällt. Die Straßen sind teilweise so eng, dass eben noch ein Auto durchpasst, deshalb lieber den Hinweisschildern folgen und außerhalb des „casc urbà“ **parken,** dort befindet sich ein größerer Parkplatz.

## Sehenswertes

Die Gassen im **Ortskern** sind nicht nur schmal, sondern auch kurz, viele Torbögen verbinden die Häuser links und rechts und verwinkelte Treppen führen um die Ecke. Alle Häuser sind in einem grau-braunen Farbton gehalten, tragen schmiedeeiserne Gitter vor den Fenstern, recken einen winzigen Balkon hervor. Einfach bummeln und das Panorama und die Atmosphäre wirken lassen.

Dominierend erhebt sich das **Castillo** mit seinen zwei markanten Türmen über den Ort. Erbaut im 14. Jh. lebten hier einst Mönche des Karmeliterordens. Dennoch macht das Gebäude einen wehrhaften Eindruck, denn es stand ursprünglich außerhalb der Stadtmauer. Erst viel später, im 16. und 17. Jh., baute man weitere Räume und sogar einen kleinen Palast an, was dem Gebäude ein wenig seinen „Trutzburg-Charme“ genommen hat.

Heute sind hier ein **Spielkasino** sowie **mehrere interessante Museen,** die auf eine Privatsammlung zurückgehen, untergebracht. So gibt es eine eindrucksvolle Bibliothek von 80.000 Bänden, eine Keramiksammlung von annährend 1000 Einzelteilen und eine Glaskunstausstellung, die rund 2500 wertvolle Teile umfasst.

Weiterhin gibt es ein Weinmuseum in den historischen Kellergewölben. Wer möchte, kann übrigens auch hier unten eine gesonderte Weinprobe vereinbaren, ist eine urige Sache, habe es mal mitgemacht.

■ **Castillo,** Di–So nach Voranmeldung verschiedene Besichtigungstouren mit anschließender Verköstigung. Die einfache Tour (20 €) dauert 1½ Stunden und endet mit einer kleinen Verköstigung von drei Produkten. Bei der dreistündigen Tour (30 €) werden auch Weinanbau, Museum sowie Weinkeller besucht. Reservierungen: Tel. 972 538011.

Ein weiterer **Spaziergang** durch den kleinen Ort ist wie ein Besuch im vergangenen Jahrhundert, fast automatisch gelangt man auch zu den wenigen Sehenswürdigkeiten, spannender aber ist die Atmosphäre an sich.

Der **Convent del Carme** stammt aus dem 13. Jh. und gehörte einst zum Karmeliterorden, er befindet sich schräg gegenüber vom Castillo vor der Plaça del Carme. Ein kleines Stückchen weiter wird die Plaça Gran erreicht, wo das historische Rathaus mit seinen fotogenen Arkadengängen steht.

An der sehr pittoresken **Plaça Major** steht die barocke Esglèsia de Sant Martí aus dem 18. Jh. Und abschließend sei auch noch das Kloster Sant Domènec aus dem 12. bis 13. Jh. erwähnt, in dem Dominikanermönche bis zum Jahr 1835 lebten.

# Figueres

- **Einwohner:** 46.000
- **Entfernung nach Barcelona:** 127 km
- **Touristeninformation:** Plaça de L'Escorxador 2, Tel. 972503155, www.turismefigueres.com.

Figueres ist eine durchaus geschäftige Kleinstadt mit einer ansprechenden Altstadt und einer der größten Sehenswürdigkeiten Kataloniens, dem **Museum zu Ehren Salvador Dalís.** Ein Besuch von Figueres gilt beinahe als Pflichtübung, von jedem Ort an der Küste aus werden Exkursionen angeboten. Kein Wunder, dass die Stadtverwaltung irgendwann beschlossen hat, ein eigenes Parkhaus ganz in der Nähe des Dalí-Museums zu errichten. Wer mit dem eigenen **Pkw** kommt, findet normalerweise auch einen Stellplatz, genügend Hinweisschilder stehen an der Durchgangsstraße.

518cb sm

Figueres liegt nicht nur im Zentrum der Comarca Alt Empordà, es fungiert auch als **Hauptstadt dieses Landkreises.** So verlaufen die wichtigsten Straßen durch die Kapitale und auch die Eisenbahn legt hier einen Stopp ein auf dem Weg von der Grenze nach Barcelona.

Die **Geschichte der Stadt** begann bereits im Mittelalter, als die damals kleine Siedlung dem mächtigen Kloster Sant Pere de Rodes unterstand. *König Jaume I.* verlieh Figueres 1267 die Stadtrechte und sogar den Zusatz „Königsstadt“. Das störte allerdings den Grafen von *Empúries,* der daraufhin 1274 die Stadt in Brand setzte, er wollte sich nicht so einfach eine Ortschaft „wegnehmen“ lassen. Jahrhundertelang blieb Figueres im Dunkel der Geschichte, bis im 18. Jh. so langsam durch Mais- und Weinanbau Wohlstand und damit Bedeutung einzog. In dieser Phase wurde auch die sternförmige Festungsanlage Castell de Sant Ferran gebaut. *Salvador Dalí,* der hier geboren wurde und im hohen Alter auch starb, verbreitete den Namen seiner Geburtsstadt schließlich weit über Spaniens Grenzen hinaus, sein Teatro Museu Dalí genießt Weltruhm.

Eier allerorten:

[>] Das berühmte Teatro Museu Dalí

[<] Skulptur vor dem Museum

517cb sm

## Sehenswertes

Im ganzen Ort ist das **Teatro Museu Dalí** ausgeschildert, ein Schildchen mit einer vernetzten Weltkugel weist den Weg. Hat man das Gebäude erreicht, wird sofort klar, warum. Besagte Kugel thront überdimensional groß auf dem Dach. Schon der Haupteingang fällt aus dem Rahmen, zeigt sich Dalí-würdig. Mehrere güldene, schlanke Figuren grüßen die Gäste vom Dach aus, eine verschnörkelte Figur mit einem Ei als Kopf blickt nachdenklich vom Vorplatz herab – die wartenden Besucher blicken meist genauso ratlos zurück. Fast schon ein Erkennungsmerkmal *Dalís* sind die Eier, die auf dem Museumsdach stehen, so ähnlich sieht es auch auf seinem Haus in Portlligat aus. Schon dieser erste Kontakt verdeutlicht, warum dieses Museum den Zusatz „Theater" führt – eben nicht nur, weil die Kathedrale des Surrealismus, wie ein Bewunderer einst formulierte, tatsächlich in einem ehemaligen Theater errichtet wurde.

Das Teatro Museu zählt zu den meistbesuchten Museen von Katalonien. 1974 wurde es eröffnet, in späteren Jahren dann erweitert mit dem **Torre Gorgot** (Gorgot-Turm), der von *Dalí* zu Torre Galatea umgetauft wurde. Unter diesem Namen ist der Bau mit den Eiern noch heute bekannt – zweifelsohne wählte *Dalí* den Namen mit Bezug auf seine Frau *Gala (Gala-tea)*. Der Turm zählte einst zur Stadtmauer und ist der einzige erhaltene von ehemals 16 Türmen. Die Stadtmauer wurde im 16. Jh. teilweise abgebaut. Im 19. Jh. wurde der Turm Teil eines Militärkomplexes und ab 1930 war

# Salvador Dalí

Am 11.5.1904 wurde Dalí in Figueres geboren. Bereits sein Vater, ein wohlhabender Notar, war sehr kunstinteressiert. So war es kein Wunder, dass Dalí zunächst die Kunstschule in Figueres, später die Akademie der Schönen Künste in Madrid besuchte. Schon damals, Anfang der 1920er Jahre, kultivierte er einen exzentrischen Lebensstil, als Konsequenz musste er die Kunstakademie verlassen.

Eine bleibende Arbeit war der 1928 erstellte Film „Ein andalusischer Hund", der von dem Regisseur *Buñuel* gedreht wurde und an dem Dalí mitwirkte. Ende der 20er Jahre wandte er sich in seiner Malerei vollständig dem Surrealismus zu. Neben klassischen Kunstwerken fertigte er Entwürfe für Möbel und Schmuck, womit ihm ungeteilte Aufmerksamkeit zuflog.

In dieser Zeit lernte Dalí seine spätere Frau kennen, *Gala*, die dann als sein Modell und seine Muse Teil der Inszenierung wurde. *Helena Deluwiana Diakonoff*, so ihr bürgerlicher, russischer Name, organisierte ihm auch recht schnell die Alltagsgeschäfte. Auf vielen Bildern ist sie später Mittelpunkt, kaum jemanden malte er öfter und unter fantasievolleren Motiven. „Gala erhöhte mich, sie adoptierte mich, ich war ihr Letztgeborener, ihr Kind, ihr Sohn, ihr Liebhaber". So skizzierte Dalí einmal sein Verhältnis zu Gala.

1929–30 reüssierte Dalí in Paris und 1934–36 arbeitete er in den USA. Dorthin hatte ihn Hollywood gelockt, was prompt in der Heimat die Neider hervorrief. Sein Name wurde zu „Avenida. Dollars", zum Dollar-Boulevard verhunzt. In der Zeit entstanden einige seiner besten Werke, wie „Zerrinnende Zeit" oder „Brennende Giraffen". Er war sich seiner Kunst so sicher, dass er den Stil schlicht Dalíismus nannte.

Der weitere Weg führte ihn dann für drei Jahre nach Italien und 1939 erneut in die USA, wo er mehrere Ausstellungen hatte und auch anlässlich der Weltausstellung in der Metropolitan Opera inszenierte. Seine Exzentrik brachte ihm image- und verkaufsfördernde Schlagzeilen in der US-Presse wie: „Das Recht des Menschen auf seine Verrücktheit".

1948 ging er nach Katalonien zurück in ein winziges Dorf namens Portlligat, derweil regierte Franco. Der konnte mit dem weltberühmten Dalí nicht viel anfangen, stellte Portlligat angeblich sogar im nationalen Interesse unter Naturschutz.

Seine Fantasie ließ aber auch aus dieser dörflichen Idylle fantastische Arbeiten entstehen, besonders die 60er Jahre zeigen seine geniale Schaffenskraft. Er arbeitete an Plastiken, fertigte Schmuck, entwarf Hemden und beschäftigte sich mit Inneneinrichtung, und immer zielte sein Wirken auf Anerkennung. Mittlerweile war er ein Großverdiener, der immer nur ein Produkt verkaufte, sich selbst. Ausstellungen trugen seinen Ruhm um die Welt, sodass schließlich in seiner Heimatstadt Figueres 1974 ein Dalí-Museum eingeweiht wurde. 1988 kam es sogar zu einer Ausstellung in Moskau.

Am 10. Juni 1982 starb Gala, einen Monat später wurde Dalí vom spanischen König geadelt, aber sein Lebensmut schien mit Galas Tod erloschen. Er zog sich völlig zurück, entging 1984 nur knapp dem Feuertod. Die letzten Jahre waren eine bittere Zeit. Dalí wurde krank, währenddessen wurde um seinen Millionenbesitz und vor allem um die Rechte an Nachdrucken heftigst gestritten. Eine letzte künstlerische Arbeit waren 25 Grafiken zum Thema Europa, die er dem Madrider Bürgermeister gab, der sie wiederum an die Verantwortlichen für Spaniens EG-Beitritt überreichen sollte.

Am 23.1.1989 starb „der letzte Großkünstler des zwanzigsten Jahrhunderts" (Süddeutsche

825cb sm

Zeitung). Beerdigt wurde er in seinem eigenen Museum, dem Teatro-Museo-Dalí in Figueres.

Nach Galas Tod hatte er sein Testament geändert und seinen Besitz, der auf ca. 130 Millionen Euro geschätzt wurde, dem spanischen Staat vermacht. Das forderte sofort Streit heraus, denn der Staat, das war Madrid und keineswegs Katalonien, des Maestros Heimat. Madrids Kulturminister Semprún zeigte sich aber verständnisvoll und erklärte sich bereit, das Erbe zu teilen. Wenngleich er betonte, dass Madrid einige der besseren Stücke sehr wohl für sich behalten wolle. Die Rechte an den Nachdrucken und die Verwaltung seiner Häuser in Portlligat und Pubol übernimmt die Gala-Dalí-Stiftung. Heute ist das Dalí-Dreieck fertiggestellt, das Museum in Figueres, sein Wohnhaus in Portlligat und das Schloss von Gala in Púbol.

er nach einem Umbau Bestandteil eines Hauses der Familie *Gorgot*. 1983 kaufte schließlich die Stadt diesen Turm und integrierte ihn ins Dalí-Museum.

Staunend schlendert man dann durch *Dalís* surrealistische Welt, bewundert Gemälde, Skulpturen, Zeichnungen und Groß-Installationen wie das ertrunkene Auto im Hof oder die Hommage an Mae West. Zu bewundern sind sowohl spektakuläre Motive als auch schlichte Alltagsszenen, die sich in Dalís überschäumender Fantasie ebenfalls in surrealistischem Design ausdrücken. Neben den eigenen Werken des Meisters sind auch einige Bilder aus *Dalís* privater Gemäldesammlung zu sehen.

Das Museum unterteilt sich in zwei Bereiche. Der erste mit den Räumen 1 bis 18 entspricht dem ehemaligen Theater, wo auch der große Kuppelbau mit der Bühne und einem riesigen Gemälde die Besucher begrüßt. Die Räume 19 bis 22 gehören zum Erweiterungsbau.

■ **Teatre-Museu Dalí,** Plaça Gala-Salvador Dalí 5, Tel. 972677500, www.salvador-dali.org, tägl. 10.30–18, Juli/ Aug. 9–20 Uhr, außerhalb der Sommerzeit Mo geschlossen, Eintritt (mit Ausstellung Dalí Joies): 14 €, erm. 10 € (Studenten, Rentner).

Im gleichen Gebäude, aber durch einen Nebeneingang zu betreten, befindet sich die Sonderausstellung **Dalí Joies** zum Thema **Schmuckstücke des Meisters.** 39 Originale sowie eine Reihe von Zeichnungen, die *Dalí* als Entwürfe anfertigte, sind ausgestellt.

■ **Dalí Joies,** Carrer Maria Àngeles Vayreda, Ecke Pujada al Castell, Juli bis Sept. tägl. 9.30–18, sonst Di–So 10.30–15 Uhr, 14 € mit Dalí-Museum.

# Figueres

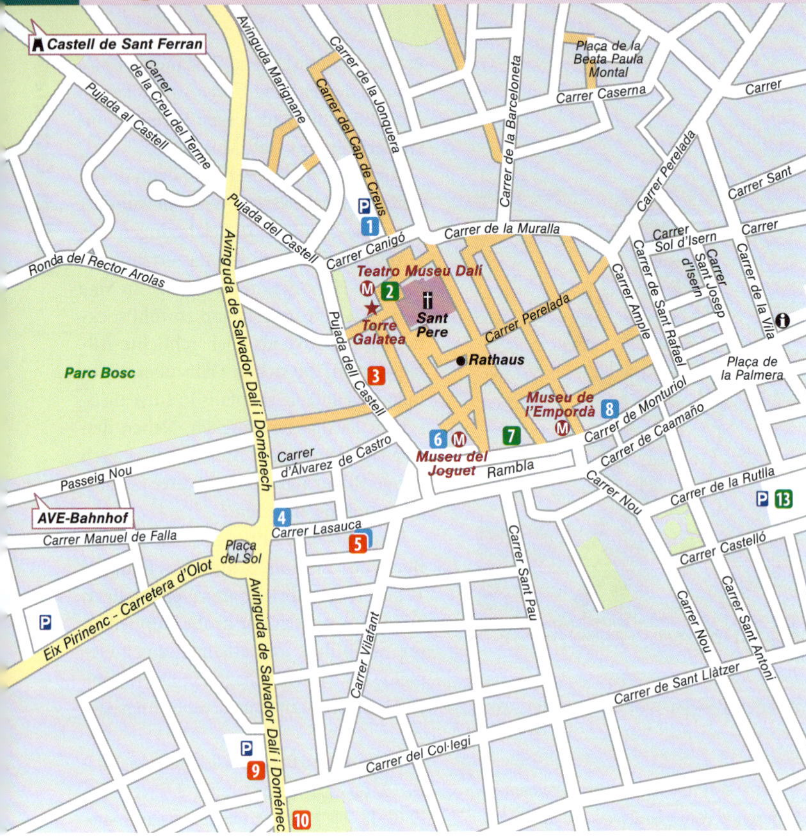


Bereits im Jahr 1946 wurde das **Museu de l'Empordà** gegründet, doch erst seit 1971 residiert es in den jetzigen Räumen. Die Exponate befinden sich auf drei Etagen. Verglichen mit dem doch etwas trubeligen Dalí-Museum ist dieses ein stilles Haus, in dem man die Werke in Ruhe auf sich wirken lassen kann. Ausgestellt sind Arbeiten katalanischer Künstler, hauptsächlich aus der Zeit vom späten 19. und frühen 20. Jh. Außerdem gibt es temporäre Ausstellungen mit zeitgenössischen Künstlern, aber auch archäologische Funde der Region werden gezeigt.

■ **Museu de l'Empordà,** Rambla 2, Tel. 972502 305, www.museuemporda.org, Mai–Okt. Di–Sa 11–20, So 11–14 Uhr, Nov. bis April Di–Sa 11–19, So 11–14 Uhr, Eintritt: mit einem Ticket vom Dalímuseum frei, sonst 4 €.

Das **Museu del Joguet,** das **Spielzeugmuseum,** ist eine Sammlung, die den Bogen spannt von den Anfängen des 19. Jh. bis in die vierziger Jahre. Insgesamt sind etwa 4500 Exponate zum Thema Kinderspielzeug ausgestellt im ehemaligen Hotel Paris, dessen Schriftzug noch erkennbar ist neben einer bunten

Palette von Figuren, die an der Fassade angebracht ist.

■ **Museu del Joguet de Catalunya,** Carrer de Sant Pere 1, Tel. 972504585, www.mjc.cat, Di–Fr 10–18, Sa 10–19 Uhr, 7 €, Kinder (6–16 Jahre) und Senioren über 65 Jahre 5,60 €.

Die **Rambla de Figueres** ist eine sehenswerte Allee. Allzu lang ist sie nun gerade nicht, aber als Flanierstraße, von der die Gassen in die Altstadt abzweigen, zeigt sie katalanischen Stolz. Irgendwie, so scheint es, muss jeder hier irgendwann mal am Tag vorbei. So herrscht ein ständiges Kommen und Gehen.

Auf halbem Weg zwischen Rambla und Dalí-Museum steht die **Església Sant Pere.** Die Ursprünge gehen auf eine erste einfache Kirche aus dem Jahr 1020 zurück. Aus jener Phase stammt nur noch ein Teil des Mauerwerkes an der Nordseite. Im 14. Jh. wurde mit dem Bau einer neuen, größeren Kirche an gleicher Stelle begonnen, im 18. und 19. Jh. erneuerte man dann große Teile des Gotteshauses. Leider erlitt die Kirche im Bürgerkrieg schwere Schäden, sie wurde geplündert und angezündet. Zwischen 1941 und 1948 rekonstruierte man sie dann in ihrem ursprünglichen gotischen Stil.

In der Altstadt liegt auch das **Rathaus** mit der Plaça Ajuntament. Von alters her enden hier vier wichtige Straßen, die aus umliegenden Ortschaften herführten und heute noch die Namen ihrer ursprünglichen Herkunft führen: La Jonquera, Girona, Perelada, Besalú.

Eine spezielle Sehenswürdigkeit liegt etwas außerhalb hoch oberhalb der Stadt. Das **Castell de Sant Ferran** ist eine militärische Festung aus dem Jahr 1753, die die wohl längste Festungsmauer überhaupt besitzt: 5 km! Ein Luftbild verdeutlicht erst die Größe des Komplexes, dessen doppelte Mauern mit vielen Zacken und Ausbuchtungen gebaut wurden. Man sparte damals an nichts, angeblich konnten sich 8000 Männer und 200 Pferde zwei Jahre lang hier halten, die Zisternen hatten ein Fassungsvermögen von 40 Mio. Litern.

■ **Castell de Sant Ferran,** Ende Okt. bis Ende März 10.30–15, Sommer tägl. 10.30–20, restliche Jahreszeit Di–So 10.30–18 Uhr, 4 €. Besucher bekommen einen „autoguía", eine Art elektronischen Reiseführer, der Erklärungen (auch auf Deutsch) zu 14 herausragenden Stationen auf einem Rundgang innerhalb der Festung gibt. Dauer: 45–60 Minuten. Angeboten werden auch geführte Touren per Jeep durch die Anlage.

## Praktische Tipps

### Unterkunft

5 **Hotel Durán**③, c/Lasuaca 5, Tel. 972501250, www.hotelduran.com, unweit der Rambla gelegen, bietet dieses Hotel mit seinen 63 Räumen eine zentrale Lage und alten Glanz. Die Zimmer sind zweckmäßig ausgestattet in klaren Farben und Formen.

10 **Hotel Pirineos**③, Av. Salvador Dalí 68, Tel. 972 500312, www.hotelpirineospelegri.com. Größeres Haus mit 56 Zimmern unweit vom Zentrum an der Durchgangsstraße. Die Räume sind modern gehalten, wobei sich in einigen Zimmern auch Möbelstücke finden, die einen antiquarischen Touch haben und dabei sehr gut ins Gesamtbild passen. Ansonsten hat das Haus modernste Einrichtungen mit Flachbild-TV.

9 **Hotel Europa**②-③, Av. Salvador Dalí 101, Tel. 972500744, www.hoteleuropafigueres.es. Kleineres Haus mit 28 Zimmern an der gleichen Durchgangsstraße und ca. 200 m von der Touristeninformation entfernt gelegen. Es gibt auch Zimmer für 3 Personen.

3 **Hotel Plaza Inn**②-③, Pujada al Castell 14, Tel. 972514540, https://plazainn.es. Das Haus fällt auf, denn fast jeder Balkon ist mit Figürchen geschmückt (Kühe, Pferde, Schmetterlinge), der Hotelname ist sogar auf Chinesisch und Russisch angeschrieben. Sehr zentrale Lage in unmittelbarer Nachbarschaft zum Dalí-Museum. 29 Zimmer, praktisch alle sind künstlerisch und originell dekoriert, teilweise mit Balkon.

### Essen und Trinken

5 **Restaurant Durán,** c/Lasauca 5, Tel. 972501 250 (im gleichnamigen Hotel). Klassisches Ambiente, reichhaltige Mengen bei etwas höheren Preisen, und zum Abschluss unbedingt die hausgemachten Desserts probieren!

6 **Café París,** Rambla 10, Tel. 972500713, Mi Ruhetag. Modern eingerichtete Bar, kleine Snacks, Cocktails, mit Terrasse zur Rambla. Einer der Treffpunkte für alle. In der oberen Etage sind die Fenster mit Porträts von *Dalí* bestückt.

1 **Ristorante La Tagliatella,** c/Cap de Creus 2, Tel. 972516333, www.latagliatella.es. Italienische Küche (Pizza, Pasta) in einem Lokal auf zwei Etagen, das unterhalb vom Dalí-Museum direkt vor dem großen Parkplatz liegt.

4 MEIN TIPP: **Txot's Sidreria,** Av. Salvador Dalí 114, Tel. 972678523, www.sidreriatxots.com, ab 12 Uhr geöffnet. Knapp oberhalb vom Dalí-Museum gelegene baskische Tapasbar. Hier werden sehr fantasievoll „montierte" Tapas (deshalb auch „montaditos" genannt) serviert, die unter Glas am Tresen stehen. Insgesamt überraschend günstig. Obendrein gibt es hier *Sidra*, spanischen Apfelwein.

8 **Lizarran,** c/Monturiol 3, Tel. 972506667, ab 9 Uhr durchgehend geöffnet. Ähnliches Prinzip wie bei Txot's. Diese Bar ist Teil einer landesweiten Kette, innen ist die Einrichtung immer etwas rustikal-gemütlich gehalten, die Tapas sind vorzüglich.

### Verkehrsverbindungen

- **Bahnhof:** Plaça Estació, nur 10 Minuten Fußweg vom Zentrum. Der Bahnhof für den Hochgeschwindigkeitszug AVE heißt Figueres-Vilafant und liegt außerhalb der Stadt.
- **Bus:** c/Joan Reglà, gleich nebenan.

> Viel Auswahl in der Markthalle von Figueres

826cb sm

## Einkaufen

**7 Ceramiques Fabrega,** Rambla 9, Tel. 972500 021, ein Geschäft mit hübschen Keramikartikeln, die sich von dem Angebot in vielen Geschäften der Urlaubsorte unterscheiden.

**2 Llibreria Surrealista,** Plaça Gala-Salvador Dalí 7, Tel. 972507070. Liegt direkt vor dem Haupteingang zum Dalí-Museum. Hier werden nicht nur Bücher, sondern auch spezielle, nicht alltägliche Souvenirs verkauft, außerdem Kunstgegenstände und Kunstdrucke, Schmuck, Parfüm – und so ziemlich alles steht in Verbindung mit *Dalí*.

**11 Wine Palace,** c/de Ricard Giralt 1, Tel. 972 678579, Mo–Sa 10–20.30 Uhr. Großes Geschäft mit riesiger Wein-Auswahl.

## Feste

- **Anfang Mai:** Festa de Santa Creu, vielfältige Aktivitäten wie Theater, Umzüge, Feuerwerk, Sardanas, Habaneras, Attraktionen für Kinder und „baile al anochecer", also: abendliches Tanzvergnügen.
- **Mai:** Festa de San Baldirio.

## Markt

- Di, Do und Sa auf der **12 Plaça del Gra** und in der **13 Markthalle** Carrer d'En Blac 1.
- Jeden dritten Sa im Monat 10–20 Uhr **Flohmarkt** auf der Rambla.

# Ausflug nach Besalú

1966 wurde der gesamte Altstadtbereich dieses 2000-Einwohner-Ortes zum schützenswerten Kulturgut erklärt. Und das vollkommen zu Recht. Besalú hat sich einen **einzigartigen historischen Kern** erhalten können. Herausragendes Wahrzeichen ist die Brücke Pont Fortificat, die den Riu Fluvià überspannt und abends zauberhaft angeleuchtet wird. So viel Schönheit lockt und an manchen Tagen tummeln sich Hunderte von Besuchern in den wenigen Gassen. Die meisten müssen aber abends wieder in ihren Hotels an der Küste sein. Die besinnlichste Zeit ist also früh morgens oder abends.

006kk sm

Der Ort ist ein **Gesamtkunstwerk,** gleichwohl ragen einige Gebäude heraus. **Pont Fortificat** heißt das Wahrzeichen von Besalú, die steinerne, 105 m lange Brücke wurde im 11. Jh. erbaut. Sie hat eine auffällig winkelige Form, da man natürliche Felsen im Wasser als Fundament für die Pfeiler nutzte. Während des Mittelalters wurde hier eine Art Maut erhoben für jeden, der die Brücke nutzte. Im spanischen Bürgerkrieg wurde sie zerstört, später aber wieder originalgetreu aufgebaut.

Unmittelbar nach dem Passieren der Brücke liegt auf der linken Seite unten die **Mikwe,** ein 1964 zufällig entdecktes jüdisches Bad. Es ist das einzige seiner Art in ganz Spanien. Die Mikwe ist ein Tauchbad, das den jüdischen Gläubigen zur rituellen Reinigung diente. Es bestand aus einem Raum mit Wasserbecken, der etwas tiefer gelegt war, sodass Wasser aus dem Fluss ohne Rohrleitungen fließen konnte. Nebenan stand auch die 1264 urkundlich erwähnte Synagoge.

Die **Plaça de la Llibertat** ist ein schöner Platz mit Arkadenbögen aus dem 16. Jh. Früher lag hier der Marktplatz, strategisch günstig an der Kreuzung zweier wichtiger Fernstraßen.

Das im Jahre 977 gegründete Benediktinerkloster **Monastir de Sant Pere** existiert heute nicht mehr, erhalten geblie-

Pont Fortificat, das Wahrzeichen von Besalú

ben ist nur noch die Kirche aus dem Jahr 1003. Für eine romanische Kirche ist sie recht groß geraten (44 m Länge, 16 m Höhe) und lichtdurchflutet, denn die Kirchenfenster sind zur Sonnenseite ausgerichtet. Allein die Größe bezeugt die Bedeutung von Besalú im Mittelalter. Da der Ort zu weit vom Meer entfernt war, um ein wirkliches Handelszentrum zu werden, wollte man wenigstens ein religiöses Zentrum erschaffen. Und tatsächlich war der kleine Ort damals ein **Pilgerziel,** da hier Reliquien von mehreren Heiligen aufbewahrt wurden. Eine Besonderheit und Ziel der Pilger war auch der Chorumgang mit seinen reich geschmückten Säulen. Für die Versorgung dieser Pilger existierte bereits im 12. Jh. das Hospital Sant Julià, von dem noch Reste erhalten sind. Im Mittelalter lebten 1000 Einwohner hier (heute 2000), was für die damalige Zeit sehr viel war, und die Stadt besaß immerhin sieben Kirchen (heute zwei).

Die Kirche **Esglèsia de Sant Vicenç** liegt unweit der Fernstraße Olot-Girona. Ebenfalls 977 gegründet erlebte sie reichlich viele Restaurierungen, sodass nur ihre romanische Struktur erhalten blieb. Hier wird das Bildnis der Ortspatronin La Vega dels Dolors aufbewahrt.

### Essen und Trinken

- **El Pont Vell,** c/Pont Vell 24, Tel. 972591027, www.restaurantpontvell.com, Mo und Di Ruhetage. Kann nicht verfehlt werden, liegt unmittelbar nach dem Passieren der Brücke auf der linken Seite. Sehr schöner Blick auf die Brücke von der Terrasse.
- **Can Quei,** c/de Olot 20, Tel. 972590085. Traditionelle katalanische Küche, jahreszeitlich wechselnde Gerichte, liegt mitten in der Altstadt.

# Parc Natural Aiguamolls de l'Empordà

Neben dem Ebro-Delta zählt der Parc Natural Aiguamolls de l'Empordà zu den größten Feuchtgebieten Kataloniens. Angesiedelt ist der Naturpark zwischen Roses und den Ruinen von Empúries. Dieses **natürliche Feuchtgebiet** war Ende der 1970er Jahre in Gefahr zu verschwinden. Da zog die katalanische Regierung schließlich nach heftigen Protesten die Notbremse und erklärte das Gebiet 1983 zum schützenswerten Naturpark. Da war zwar zwischenzeitlich schon der Grundstein gelegt worden für die Retortenstadt Empúriabrava, doch das Gesetz griff noch rechtzeitig, um das Gebiet zu erhalten.

Heute ist der 4783 ha große Park **in drei sogenannte Polígonos unterteilt.** Polígono 1 befindet sich zwischen Empúriabrava, Roses und Castelló d'Empúries, Polígono 2 zwischen Empúriabrava und dem Fluss Ríu Sirvent. Teil drei zieht sich entlang der Küste bis St. Martí d'Empúries.

Am einfachsten lässt sich der Park auf einem Rundgang besichtigen, der im Polígono 2 liegt. Zu erreichen ist der Ausgangspunkt über die Verbindungsstraße Roses – Sant Pere Pescador, etwa fünf Kilometer vor Sant Pere geht es links ab zum **Parkeingang.** Dort muss der Wagen gegen eine geringe Gebühr geparkt werden, und im angeschlossenen Informationszentrum werden alle Fragen beantwortet.

## Sehenswertes

Sehenswert ist der Park wegen seiner **einmaligen Landschaft** (Reisfelder, Wanderdünen, Salzböden), aber vor allem wegen der **Vögel,** die regelmäßig hierher zum Überwintern kommen. Die Zeit der Zugvögel liegt im Frühjahr und Herbst. Damit wird klar, dass es während der Haupturlaubsmonate im Sommer eigentlich wenig zu sehen gibt, wie die Dame im Informationszentrum mit Bedauern erklärte.

Ein etwa vierstündiger **Rundgang** in einem Teil dieses Parks zeigt alle Facetten des Feuchtgebietes. Zunächst führt er vom Besucherzentrum in Richtung Küste und passiert dabei kleine Unterstände, aus denen die Vögel auf der Lagune beobachtet werden können. Weiter geht es durch Reisfelder bis zum Strand, dort biegt der Weg ab, bis die letzte der fünf Lagunen erreicht wird. Die Laguna La Roquera ist Nistplatz u. a. für Flamingos. Der restliche Weg beschreibt einen weitläufigen Bogen und führt schließlich zum Informationszentrum zurück.

Der **Park** ist täglich von 9 Uhr bis zum Sonnenuntergang geöffnet, der Eintritt ist frei, lediglich für den Parkplatz wird eine Gebühr von 5 € erhoben – und auch das nur im Sommer und an den meisten Wochenenden.

■ **Informationszentrum,** El Cortalet, Carretera de Sant Pere Pescador a Castelló d'Empúries (GIV 6216, km 13), Tel. 972454222, https://aiguamollsdelemporda.cat, Besucherzentrum geöffnet Jan., Feb. 9–16, März bis Okt. 9–18.30, Nov. bis Dez. 9–17.30 Uhr.

Storch und Co. im Parc Natural Aiguamolls de l'Empordà

https://stock.adobe.com © Xevi Vilaregut

# Sant Pere Pescador

- **Einwohner:** 2100
- **Entfernung nach Barcelona:** 170 km
- **Touristeninfo:** Carretera de la Platja s/n, Tel. 972520535, www.visitsantpere.com.

Nimmt man den Verkehrsfluss, der sich tagtäglich durch die engen Straßen dieser kleinen Ortschaft wälzt, als Maßstab, könnte der Eindruck entstehen, dass sich hier ein touristisches Highlight befindet. Dem ist auch so, jedoch nicht im **Ort** selbst. Der zeigt sich ganz nett, ein Bummel durch die wenigen Straßen ist allerdings schnell gemacht.

Die **Església Parroquial** ist dem heiligen Peter (Sant Pere) gewidmet und wurde 1682 an Stelle einer früheren romanischen Kapelle gebaut. Überreste dieser Ur-Kirche befinden sich an der nördlichen Seite. Die einschiffige Kirche hat mehrere Seitenkapellen und eine Apsis, sie ähnelt damit noch ein wenig einer typischen romanischen Kirche.

Nördlich der Kirche steht die auffällige **Casa Caramany,** die in mehreren Bauphasen zwischen dem 16. und 19. Jh. entstand. Am Haupteingang befindet sich das große Wappen der Hausbesitzer, der Familie *Caramany.*

Doch der Bummel durch den Ort ist wohl kaum der Hauptgrund für seine Beliebtheit. Warum also treffen sich hier so viele Menschen? Die Antwort befindet sich ganz in der Nähe, denn nur 600 m entfernt liegt **einer der schönsten Strände der Costa Brava!** Dorthin zieht es an Wochenenden die Bevölkerung aus Figueres und Girona und im Sommer kommen die Urlauber aus Nordeuropa.

## Der Strand

Wenn es so viele Menschen an den **Strand** zieht, muss das seine Gründe haben, und die sind wirklich bestechend. Über insgesamt 6400 m zieht sich ein 90 m breiter Strand aus feinem, hellem Sand dahin. **Begrenzt** wird er von zwei Flüssen, dem Ríu Fluvià, der an Sant Pere Pescador vorbeifließt, und dem schmalen Ríu Vell, unweit der Ruinen von Empúries. Dazwischen ein langes, breites Band von weichem Sand. Die offene See lockt **Wind- und Kitesurfer** an, das zeigt, wie heftig der Wind wehen kann. Die Surfer treffen sich hier am frühen Nachmittag, wenn der Wind auffrischt, in Höhe der Campingplätze Aquarius und La Ballena Alegre.

## Praktische Tipps

### Unterkunft

**1 Hotel El Molí**③, Ctra. de la Platja 3, Tel. 972 520069, https://hotelelmoli.com. 26 Räume bietet dieses nette, hellfarbige, etwas außerhalb gelegene Haus, ein Pool ist vorhanden. Das Hotel ist nur von März bis September geöffnet.

Insgesamt **sieben Campingplätze** liegen am Strand von Sant Pere, sie sind alle im Ort ausgeschildert, sobald der Fluss überquert ist (Schilder: „Platja" bzw. „L'Escala"). Den Ríu Fluvià überqueren und gleich scharf links abbiegen. Die Straße führt dann an den ersten Plätzen vorbei und gabelt sich später. Rechts geht es auf einer nicht überall eingezeichneten Straße nach Sant Martí

mit weiteren Plätzen. Alternativ kann man nach links abbiegen, wo ebenfalls noch Plätze warten.

**2 Camping El Ríu,** Tel. 972520216, www.campingriu.com, Mitte März bis Mitte Sept., liegt nur 200 m vom Ort, aber gute 2 km vom Strand entfernt. Recht kleiner Platz mit unterschiedlich großen Parzellen unter Bäumen. Bar, Pool und Spielplatz sind vorhanden.

**7 Camping Aquarius,** Tel. 972520003, www.aquarius.com, Mitte März bis Ende Okt. Der Platz ist hübsch begrünt, u. a. mit Palmen, und wurde von einem Architekten gestaltet, was man auch an der gelungenen Bauweise der Häuser sieht. Breites Serviceangebot, u. a. Mietsafe, Hundedusche und Geldautomat. Außerdem gibt es ein Restaurant, einen Supermarkt sowie Sport- und Spielangebote.

**5 Camping L'Àmfora,** Avinguda Josep Tarradellas 2, Tel. 972520540, www.campingamfora.com, Mitte April bis Ende Sept. Dieser Platz hat Stellplätze von 90 $m^2$ bis 180 $m^2$, einige davon mit eigenen Sanitäranlagen, auch kleine Bungalows und Apartments oder Mobilhome-Angebote. Ein breites Angebot wie Pool, diverse sportliche Aktivitäten, Tennis, Reiten, Disco, Segeln, Angeln. Deutschsprachig.

Ein anderer Weg führt vom oben genannten Kreisverkehr ebenfalls zum Strand, dort liegen zwei weitere Plätze.

**4 Camping Las Palmeras,** Tel. 972520506, www.campinglaspalmeras.com, Anfang April bis Mitte Okt. Ein kleiner Platz unter Palmen, ca. 500 m vom Meer entfernt. An Serviceleistungen gibt es u. a. einen klimatisierten Pool, Kinderbetreuung und Sportangebote.

**3 Camping La Gaviota,** Tel. 972520569, www.lagaviota.com, Anfang April bis Ende Okt. Dieser kleine Platz liegt direkt am Meer unter Bäumen. An Serviceeinrichtungen gibt es u. a. Pool, Kinderspielplatz, Restaurant, Supermarkt.

Wer der Straße nach St. Martí folgt, passiert nach 3 bzw. 5 km zwei weitere gute Campingplätze.

**8 Camping Les Dunes Costa Brava,** Tel. 972 521717, www.campinglasdunas.com, Mitte Mai bis Mitte Sept. Insgesamt stehen etwa 1800 Parzellen zur Verfügung, die teilweise unter Bäumen liegen. Umfangreiches Serviceangebot wie Pool, ärztliche Betreuung, sportliche Aktivitäten, Disco, WiFi und sogar ein eigenes Internetcafé. Die Stellplätze sind unterschiedlich groß (mindestens 75 $m^2$) und einige haben einen eigenen Wasseranschluss.

Kitesurfer am Strand von Sant Pere Pescador

**9 Camping La Ballena Alegre,** Tel. 972520302, www.ballena-alegre.com, Mitte Mai bis Mitte Okt. Schon von Weitem wird diese riesige Anlage mit 1800 Stellplätzen und kleinen Bungalows angekündigt. Im weitläufigen Eingangsbereich liegen mehrere Pools sowie Supermarkt, Restaurant, Tischtennisplätze, Tennisanlagen, Self-Service und Kinderspielplatz. Außerdem sind Fahrradverleih, Arztservice, Geldautomat und Schließfächer vorhanden. Sogar an die Hunde haben die Betreiber vom „fröhlichen Wal" gedacht, es gibt eigene Hundeduschen. Ein breites sportives Angebot und eine schalldichte Disco stehen den Gästen ebenfalls auf dem Gelände zur Verfügung.

## Essen und Trinken

**6 Mas Gusó,** Av. d'Empúries s/n (Straße nach Sant Martí), Tel. 972550610, ab 12.30 Uhr durchgehend geöffnet, Mo Ruhetag. Größeres Lokal, zweigeteilt in Tapa-Bar und Restaurant, das Speisenangebot ist regional ausgerichtet und überschaubar, Tische stehen auch draußen auf der Terrasse. Das Mas Gusó ist sehr beliebt, eine Reservierung sinnvoll. Es gibt auch eine Vinothek, die eine gute Auswahl vor allem an regionalen Weinen, die direkt aus dem Fass abgefüllt werden, bietet.

## Verkehrsverbindungen

- **Busterminal:** Carrer Delicies, Ecke Carrer Comtessa de Molius, vom Terminal erreicht man das Zentrum in drei Minuten, immer auf die Kirche zuhalten.

## Aktivitäten

- **Kite Experience,** Platja Camping La Gaviota, Tel. 637374275, http://kiteexperience.com. Kurse im Wind- und Kitesurfen.

## Feste

- **20. Januar:** Fiesta zu Ehren von Sant Sebastià mit Feuerwerk, Sardanas, Umzügen und nächtlichem Tanz.
- **29. Juni:** Fiesta zu Ehren von Sant Pere.

## Markt

- **Termin:** Mi Camí de la Mota, Parkplatz El Molí.

# Ruïnes d'Empúries

Zwischen L'Escala und Sant Martí d'Empúries liegen die **Ruinen der antiken Stadt Empúries,** die zunächst von den Griechen, später von den Römern besiedelt war. Ein Besuch kann hier sehr angenehm gestaltet werden, da direkt bei den Ruinen sehr **schöne Strände** zum anschließenden Sonnenbaden einladen. Die Ruinenanlage zählt zu den wichtigsten archäologischen Fundstätten Spaniens. Sie ist sehr weitläufig und noch nicht restlos freigelegt, man begann 1908 mit den Ausgrabungen.

Zunächst gründeten die **Griechen** hier im 6. Jh. v. Chr. ein Dorf namens Paleapolis. Der damalige Hafen ist heute völlig versandet und nicht mehr erkennbar. Ein Jahrhundert später wurde eine andere Kolonie gegründet, Neápolis (Neu-

528cb sm

527cb sm

stadt). Aus dieser Zeit werden heute noch die wichtigsten Ausgrabungen und Funde gemacht. Die Stadt entwickelte sich dank des günstig gelegenen Naturhafens sehr schnell.

Im Jahre 218 v. Chr. eroberten die **Römer** den Ort und veränderten ihn entsprechend ihrer Kultur, die einstige griechische Siedlung verschmolz so langsam mit der neuen römischen. Der Ort hieß nun Emporiae, allerdings erreichte er nicht die Bedeutung anderer römischer Städte wie etwa Barcino (Barcelona) oder Gerunda (Girona), die beide nicht so weit entfernt waren. Der Ort entvölkerte sich sogar allmählich und war im 3. Jh. völlig verlassen. Die verbliebenen Menschen siedelten nun etwas weiter entfernt im heutigen Sant Martí d'Empúries und bedienten sich beim Hausbau einfach von den Steinen des alten, nun verlassenen Emporiae.

Der historische Ort geriet in den folgenden Jahrhunderten in Vergessenheit, im 16. Jh. wurde etwas weiter südlich die Kleinstadt L'Escala gegründet. 1908 schließlich erinnerte man sich an die Ruinenanlage und seitdem wird sie erforscht und freigelegt. Allerdings sind bis heute vielleicht gerade mal 25 % ausgegraben worden.

## Sehenswertes

Für Laien ist es nicht ganz einfach, die Ausgrabungen der römischen bzw. der griechischen Epoche zuzuordnen. Grob lässt sich sagen: Auf dem Plateau parallel zur Küste befindet sich die **griechische Ausgrabungsstätte.** Hier sind zwei griechische Tempel (gut zu erkennen an den Säulen), die Statue des Gottes Asklepios und der versandete Hafen zu finden. Weiterhin sind viele Gebäude in den Grundresten erkennbar, der Prospekt, den jeder Besucher am Eingang bekommt, listet alle Details auf.

Etwa in der Mitte der Anlage befindet sich ein kleines **Museum,** in dem noch einmal Fundstücke ausgestellt sind, zum Beispiel herrliche Mosaike und Fundamente von Häusern, aber auch Fotos

◁ ◠ Die weitläufige Ausgrabungsstätte der Ruïnes d'Empúries

und Landkarten, die über Details informieren. Etwa 100 m entfernt lockt dann eine kleine Bar zum Verschnaufen.

Auf dem weiteren Feld hinter dem Museum liegt die **römische Ausgrabungsstätte.** Dort sind die Bodenmosaike einiger römischer Häuser besonders eindrucksvoll. Etwas am Rande des ganzen Feldes befinden sich ein Amphitheater aus dem 1. Jh. n. Chr., wo seinerzeit noch Gladiatoren kämpften, und ein Überbleibsel der ehemals wuchtigen Stadtmauer mit dem Haupttor.

■ **Ruïnes d'Empúries,** c/Puig i Cadafalch s/n, Tel. 972770208, 1.10.–15.11. und 16.2.–31.5. tägl. 10–18, 16.11.–15.2. Di–So 10–17, 1.6.–30.9. tägl. 10–20 Uhr, 6 €, ermäßigt 4 € (Studenten und Pers. über 65 Jahre), erster So im Monat zwischen Okt. und Juni freier Eintritt. Anfahrt: Die Ruinen sind ausgeschildert. Sie liegen kurz vor Sant Martí d'Empúries. Genügend Parkraum ist vorhanden, nach dem Bezahlen der Gebühr, direkt vor den Ruinen.

Ohne eigenes Fahrzeug kann man die Ruinen auch zu Fuß erreichen: **von L'Escala** auf einem sehr schön gestalteten Weg immer am Strand entlang, teilweise sogar unter Pinien. Direkt an diesem Weg liegt auch ein Nebeneingang, der aber nur in der Hauptsaison geöffnet ist. Ansonsten muss man hinter dem Hotel Spa Empúries die Strandpromenade verlassen und auf einem schmalen Pfad bis zur Zufahrtsstraße und dem Haupteingang gehen.

[>] Restaurant in Sant Martí d'Empúries – Entspannung auf der Terrassse

[v] Das Museum von Empúries

526cb sm

529cb sm

# Sant Martí d'Empúries

Sant Martí d'Empúries ist ein winziges, aber sehr **attraktives Dörflein mit einer mittelalterlichen Atmosphäre,** ganze 520 m von den Ruinen entfernt. Eine Promenade führt von L'Escala an den Ruinen vorbei direkt bis in dieses Dorf, wer also die Ruïnes besucht und sich anschließend am Strand erholt hat, kann jetzt zum Mittagessen nach Sant Martí spazieren. Dort liegen nämlich mehrere **kleine Restaurants** mit Terrasse ganz gemütlich im Zentrum. Da der Ort sowieso nur aus einer Handvoll Gassen besteht, kann sich niemand verlaufen. Alle Häuser sind einheitlich in sandfarbenem Ton gebaut und strahlen antiken Charme aus.

Die kleine **Kirche** wurde im gotischen Stil aus Steinblöcken errichtet, in ihr finden in den Sommermonaten vereinzelt Konzerte statt. Vom etwas höher gelegenen Platz hinter der Kirche hat man einen sehr schönen Blick über die Bucht.

Entlang des Weges vor den Stränden verkehrt in unregelmäßigen Abständen eine **touristische Bahn auf Straßenrädern,** die einzige Transportmöglichkeit, um von L'Escala vorbei an den Ruinen von Empúries zu den Stränden und nach Sant Martí zu gelangen. Es sei denn, man will zu Fuß gehen, was auch möglich und gar nicht so weit ist (ca. 2 km).

## Der Strand

Direkt vor den Ruinen der Griechen und Römer verläuft ein heller, feinsandiger Strand bis hinüber zum Mini-Ort Sant Martí. Ideal also, um nach einem anstrengenden Besuch in der Antike erst mal am Strand zu relaxen, bevor es dann zum Mittagessen in eines der Terrassenlokale von Sant Martí geht.

Eine nett gestaltete **Promenade** verläuft oberhalb des Strandes und führt, teilweise unter schattigen Pinien, bis nach L'Escala.

## Praktische Tipps

### Unterkunft

- **Hostal Spa Empúries**④, Platja del Portixol s/n, Tel. 972770207, www.hostalempuries.com. Das Haus liegt am Strand unmittelbar vor der Ruinenanlage, und das schon seit knapp über 100 Jahren. Ursprünglich mal gedacht als Unterkunft für die Archäologen, die in Empúries Ausgrabungen durchführten, hat es sich zu einem schicken, kleinen 19-Zimmer-Hostal entwickelt. Zimmer mit eigener Meerblick-Terrasse oder mit Terrasse zum Garten. Außerdem hat das Haus einen Spa-Bereich.

### Essen und Trinken

- **Restaurant Esculapi,** Plaça Major 1, Tel. 972 770053, www.lesculapi.com, tägl. 13–23 Uhr. Das nett gelegene Lokal im Ortskern war mal eine einfache Bar, doch nach Ankunft der Fackel mit dem Olympischen Feuer 1992 begann in der Gegend ein touristischer Aufschwung, der auch die Bar zu einem gut besuchten Restaurant mit Terrasse wachsen ließ. Serviert werden Pizza, Pasta, Grillfleisch, Fischgerichte sowie auch Tapas.
- **Mesón del Conde,** Plaça Major 4, Tel. 972770 306, www.mesondelconde.com, Di–Fr, So 10–18, Sa 10–23 Uhr. Historisches Haus aus dem 19. Jh., in dem klassische katalanische Küche gekocht wird, darunter auch viele Reis-, Fisch- und Fleischgerichte, außerdem gibt es hausgemachte Desserts.

# L'Escala

- **Einwohner:** 11.000
- **Entfernung nach Barcelona:** 158 km
- **Touristeninformation:** Plaça de les Escoles 1, Tel. 972770603, www.visitlescala.com.

Ein **großer, lang gezogener Ort,** der den südlichen Rand der weit geschwungenen Bucht von Roses markiert. Wer vom Hafen bis zum Altstadtviertel läuft, der hat gute 3 km zurückgelegt. Und eigentlich erstreckt sich der Ort noch weiter, im Süden bis zur Cala Montgó, im Norden bis fast zu den Ruinen von Empúries. Die Stadt lebte ursprünglich stark vom Fischfang. Noch heute ist der **Hafen** der drittgrößte der Region Girona, also der Costa Brava.

Heute dominieren hier, zumindest im Sommer, die **Touristen,** wenngleich sie nicht unbedingt im Ortszentrum wohnen müssen. Eine schier unübersichtliche Anzahl von FeWos liegt in den äußeren Zonen, teilweise wirklich schön im Pinienwald, teilweise in einer riesigen Urbanización. Sechs Campingplätze und einige Hotels bieten ebenfalls ihre Dienste an.

Die Stadt weist eine **geschäftige Atmosphäre** auf, am Hafen sowieso und ebenfalls im Altstadtviertel. Zwischen Altstadt und Hauptstrand liegen einige Hotels, aber auch ein Campingplatz, außerdem verläuft eine Promenade entlang der Küste, die dort keinen Strand hat.

L'Escala ist übrigens berühmt für seine **Anchovis,** diese kleinen Fische werden hier auch heute noch in großen Mengen verarbeitet. Die Anchovis werden dazu in kleine Fässer gesteckt, mit einer Schicht Salz und Pfeffer darüber. Anschließend werden sie mit Steinen beschwert, so gewinnen sie ihren salzigen, durstmachenden Geschmack. Probieren!

## Die Strände

L'Escala weist einen lang gezogenen Strand und zwei kleinere Buchten auf, die beide im Bereich der Altstadt zu finden sind.

**Platja de Riells** ist der Hauptstrand von L'Escala. Über insgesamt 725 m verläuft er in leicht geöffneter U-Form, bis am südlichen Ende die Marina des drittgrößten Hafens der Costa Brava dominiert. Der Sand zeigt sich hell und fein, er wird ständig gepflegt. Eine Promenade mit Shops, die Strandutensilien verkaufen, und mit vereinzelten Lokalen zieht sich Richtung Hafen, bis dorthin wäre es aber ein ziemlich weiter Weg.

Etwa 2 km südlich liegt die kleine, nette Strandbucht **Cala Montgó** vor einem Pinienwald. In der Umgebung haben sich viele Menschen Ferienhäuser gebaut, auch ein Campingplatz ist zu finden, nebst ein paar kleineren Bars.

## Sehenswertes

Klassische Sehenswürdigkeiten kann L'Escala nicht bieten. Die kleine Altstadt wird von etlichen schmalen Gassen geprägt und hier findet sich auch die **Església de Sant Pere.** Die heutige Kirche wurde zwischen 1701 und 1739 erbaut, nachdem ein Vorgängerbau 1700 einem Feuer zum Opfer gefallen war. Die Fassade wurde sogar erst 1761 vollendet. Das Kircheninnere ist einschiffig mit Seitenkapellen und es wirkt ziemlich schlicht, auch der Altar ist ganz einfach gehalten. Insgesamt entsteht der Eindruck von Größe durch die schlanken, hohen Wände. Die Decke besteht aus einem Kreuzrippengewölbe und erhöht angebrachten Fenstern mit Glaskunstbemalung.

Da L'Escala in ganz Spanien bekannt ist für die Verarbeitung von Anchovis, die hier seit Jahrhunderten eingesalzen und in Konserven verkauft werden, wundert es nicht, dass ein Museum sich dem Thema widmet. Das kleine **Museu de L'Anxova i de la Sal** zeigt die Geschichte des Fischfangs und den Prozess der Anchovis-Verarbeitung seit dem 16. Jh. bis heute.

■ **Museu de L'Anxova i de la Sal,** Avinguda Francesç Macià 1, Tel. 972776815, www.anxova-sal.cat, 15.3.–15.10. Mo–Sa 10–13, 17–20, So 10–13 Uhr, 16.10.–14.3. Di–Sa 10–13, Fr/Sa 17–20 Uhr, 2,50 €.

Sehr reizvoll ist auch ein Spaziergang von der Altstadt entlang der **Küste.** An der Straße liegen ein paar Lokale, einige urig, andere edler. Fast alle haben eine Terrasse, von der man schön aufs Meer gucken und sich von der Atmosphäre einnehmen lassen kann.

Die weiterführende **Promenade** entlang der steinigen Küste bis hinüber zum Strand Riells ist sehr nett gestaltet mit Ruhebänken und einem guten Fahrradweg. An dieser Strecke stehen einige auffällige **Skulpturen.** So beispielsweise eine für die „Männer des Meeres", eine Stele mit einem markanten Seemannskopf. Ein Stückchen weiter steht in Höhe vom Restaurant Roser 2 eine Figurengruppe von Sardana-Tänzern, in deren Mitte eine Melodie schwingt. Ganz besonders

531cb hf

eindrucksvoll ist die Musikgruppe aus Bronze in Höhe des Hotels Rallye, die eine *Cobla* darstellt, eine Musikgruppe, die zu Sardana-Tänzen aufspielt. Ganz links sitzt der Leiter, erkennbar an der kleinen Einhandflöte, der *flaviol.*

Von der Altstadt in die andere – nördliche – Richtung führt ein Weg von L'Escala zu den Ruinen von Empúries. Er bietet tolle Blicke auf die Küste, führt durch eine ruhige Zone und passiert ein **Monument zur Erinnerung an die 25. Olympischen Spiele** in Barcelona im Jahr 1992.

⌃ Eine Cobla aus Bronze spielt auf zum Sardana-Tanz

› Kleine Bucht im Herzen von L'Escala

## Praktische Tipps

### Unterkunft

■ **Hotel Nieves Mar**④, Passeig Marítim 8, Tel. 972770300, www.hotelnievesmar.es. Das Haus liegt nur 50 m vom Meer entfernt, hat 75 gut eingerichtete Zimmer mit Balkon und überwiegend Meerblick auf 5 Etagen und ist seit über 100 Jahren in Familienbesitz. Mit Pool und einem guten Restaurant.

■ **Hotel Rallye**③, Av. Ave María 1, Tel. 972 770245, www.rallyehotel.es. Kleines, zweistöckiges Haus, einfach, aber zentral 20 m vom Meer entfernt gelegen. Das Haus hat 16 Zimmer, die ohne Schnörkel, aber völlig ausreichend eingerichtet sind. Kleine Balkone, mit etwas Halsverrenken Blickkontakt zum Meer. Der Besitzer war früher ein Rallyefahrer, der sogar einmal eine Etappe der Rallye Monte Carlo gewann.

■ **Hotel Can Miquel**③-④, Tel. 972771452 www.canmiquel.com, geöffnet 1.3.–16.11. Dieses kleine Haus mit 33 Zimmern liegt an der Cala Montgó und ist modern und schick in hellen Farben eingerichtet. Tagsüber mag es ein bisschen unruhig sein durch die vielen Tagesgäste, die zum Strand kommen, aber abends, wenn sie alle wieder die Bucht verlassen haben, senkt sich eine herrliche Ruhe über die Cala Montgó.

■ **Camping L'Escala,** Camí Ample 21, Tel. 972 770084, Ende April bis Ende Sept. Ein kleiner Platz von gut 140 Stellplätzen, mitten im Ort gelegen. Der Platz ist von einer hohen Mauer umgeben und liegt relativ ruhig. Zum Meer sind es nur ein paar Schritte, zum Strand Platja Riells aber dann doch noch gut 500 m.

■ **Camping Cala Montgó,** Avinguda Montgó s/n, kurz vor der Bucht Cala Montgó ab der Zufahrtsstraße gelegen, Tel. 972770866, www.betsa.es, Mitte März bis Ende Sept. Eine riesige Anlage, die zweigeteilt links und rechts von der Zufahrtsstraße liegt. Insgesamt stehen fast 800 Stellplätze zur Verfügung, die meisten unter Schatten spendenden Bäumen. Kleine Bungalows werden zusätzlich vermietet. Breites Serviceangebot wie Restaurant, Bar, ärztliche Betreuung, Animation, Kinderspielplatz, großer Pool mit Liegewiese. Abends finden gelegentlich Veranstaltungen statt, zur Bucht Cala Montgó sind es 300 m.

■ **Camping Resort Illa Mateua,** Avinguda Montgó 260, auch an der Zufahrtsstraße zur Cala Montgó gelegen, Tel. 972770200, www.campingillamateua.com, Anfang Mai bis Mitte Okt. Dieser etwas kleinere Platz liegt ebenfalls unter Pinien und noch dichter zum Strand. Alle notwendigen Einrichtungen inklusive eines Pools sind vorhanden. Es werden auch unterschiedlich große Ferienwohnungen vermietet.

## Essen und Trinken

■ **Restaurant Marísqueria a l'Avi Freu,** Passeig Marítim 7, Tel. 972771241, http://restaurant-avifreu.com, tägl. 10–23 Uhr, *cuina catalana,* katalanische Küche mit dem Schwerpunkt auf Fisch und Reisgerichten.

■ **Restaurant El Roser 2,** Passeig Lluís Albert 1, Tel. 972771102, Mi Ruhetag. Gute maritime Küche, die zum Besten weit und breit zählt, toller Ausblick aufs Meer. Es gibt verschiedene Menüs, einige davon durchaus höherpreisig, sie sind aber etwas Besonderes.

■ **Restaurant Miryam,** c/Ronda del Perdo 4, Tel. 972770287, http://restaurantmiryam.com, So

534cb hf

042kk jf

abends und Mo geschlossen. Im besten Sinne klassisch eingerichtet, bietet das Miryam eine gute Fischküche und Meeresfrüchte sowie hausgemachte Desserts, die auf einem eigenen Wägelchen gebracht werden, ganz alte Schule.

## Verkehrsverbindungen

- **Busterminal:** Sarfa-Busse fahren nach Figueres und Barcelona (von der Plaça de les Escoles, vor der Touristeninformation).
- **Carrilet:** Im Sommer verkehrt zwischen dem 15. Juni und dem 30. Sept. ein Straßen-Bähnchen (auf katalanisch *carrilet*) von 8 bis 24 Uhr von L'Escala zur Cala Montgó. Ausgangspunkt ist die Plaça de les Escoles.

## Aktivitäten

- **Bootsausflüge:** Mare Nostrum, c/Maranges 3, Tel. 972 773797, http://creuers-marenostrum.com. „Mare Nostrum" heißt das Boot mit Glasboden, das sowohl vom Hafen als auch von der Strandbucht La Platja in See sticht. Verschiedene Fahrten werden angeboten, zu den Inseln Illes Medes vor L'Estartit, zum Markt nach Cadaqués, zum Schnorcheln oder zum Erkunden der Unterwasserwelt.

## Feste

- **Mai:** Triumvirat Mediterrà, das vergangene Leben der Griechen und Römer lebt wieder auf mit Gladiatorenkämpfen, einem historischen Markt und Handwerkern, die nach uralten Techniken arbeiten. Infos: www.triumviratmediterrani.org
- **16. Juli:** Verge de Carme. Mit einer eindrucksvollen Meeresprozession, bei der die Heiligenfigur übers Meer zum Ort gebracht wird.
- **Anfang September:** Treffen von Gegants in L'Escala. Gegants feiern wohl auf jedem katalanischen Fest mit, aber dass diese Riesenfiguren auf Reise gehen, sozusagen zu einem Giganten-Treffen, das ist schon ungewöhnlich. Aus L'Escala sind Sant Pere und Santa Máxima dabei.
- **2.–5. September:** Das wichtigste Fest von L'Escala, mit Sardanas, Feuerwerk, Umzügen und einem Programm für Kinder. Das Fest wird zu Ehren der Ortspatronin Santa Máxima gefeiert.
- **Erster Sonntag im Oktober:** Festa de la anxoa, zu Ehren der Anchovis, sozusagen dem örtlichen Nationalheiligtum.

## Markt

- **Termin:** am So am Passeig Marítimo beim Strand Riells und an der Plaça de l'Univers.

Radweg in L'Escala

## Ausflug zur Cala Montgó

Die Cala Montgó zählt bereits zum Gebiet von Torroella, und damit dies auch klar dokumentiert ist, führt ein Weg, der leidlich ausgeschildert ist (L'Estartit), über den Bergrücken **La Muntanya Gran.** Die Carretera de L'Escala a L'Estartit führt am Campingplatz Cala Montgó vorbei. Dieser Weg, der nur auf den ersten Kilometern asphaltiert ist, windet sich durch einen Wald, weit und breit steht kein Haus, bis urplötzlich eine kurze, steile Abfahrt nach L'Estartit hinabführt. Wer diesen Weg fährt, spart keine Zeit, kann aber dafür eine schöne grüne Landschaft mit vereinzelt tollen Ausblicken auf die Küste genießen.

533cb sm

Auf dem Wanderweg zu den Ruinen von Empúries

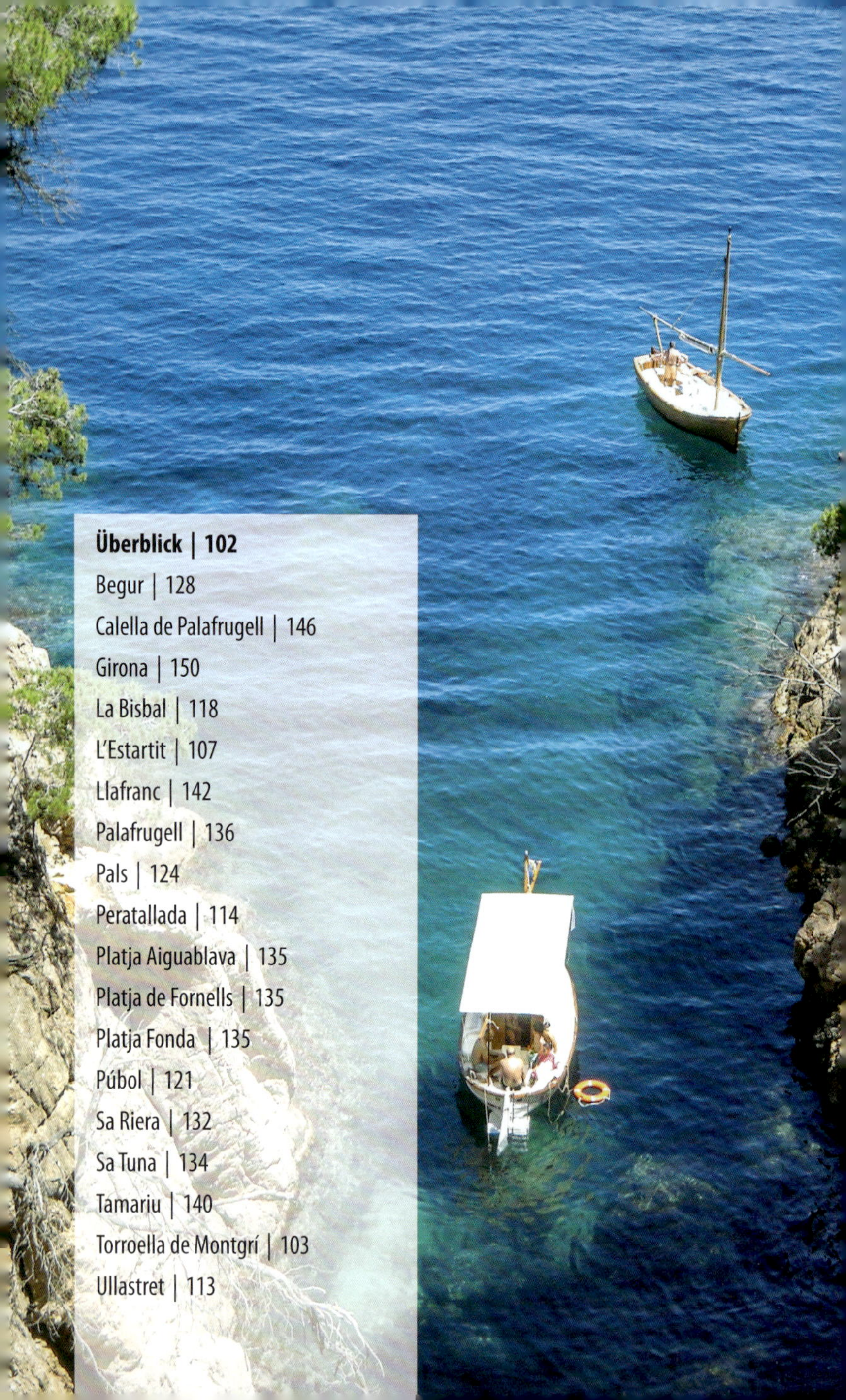

# 2

# Zentrale Costa Brava

**» Hier macht die Costa Brava ihrem Namen alle Ehre! Wild und schroff zeigt sie sich, verziert mit malerischen Buchten, die von steil aufragenden Felswänden begrenzt werden. Gewundene Wege führen in unzähligen Kehren in diese kleinen Buchten. Charmante Dörfer liegen dort, Orte zum Entschleunigen.**

‹ Einsame Bucht zwischen Llafranc und Tamariu

# ZENTRALE COSTA BRAVA

## SCHROFFE FELSEN UND MALERISCHE BUCHTEN

Ein wenig wird noch immer gestritten, wo genau dem katalanischen Journalisten *Ferran Agulló* die Erleuchtung kam, diese Küste auf den Namen „Costa Brava" zu taufen. Dass er es tat, ist unstrittig: Am 12. September 1908 tauchte der Name erstmals in einer Zeitung in einem seiner Artikel auf. Aber wo genau holte sich *Agulló* die Inspiration? Im etwas weiter südlich gelegenen Sant Feliu de Guíxols behaupten einige. Nein, sagen andere, es war hier an der Küste bei Begur. Letzteres wäre nachvollziehbar, denn genau dort ist die Küstenlinie wild, rau, zerklüftet. Durchsetzt mit winzi-

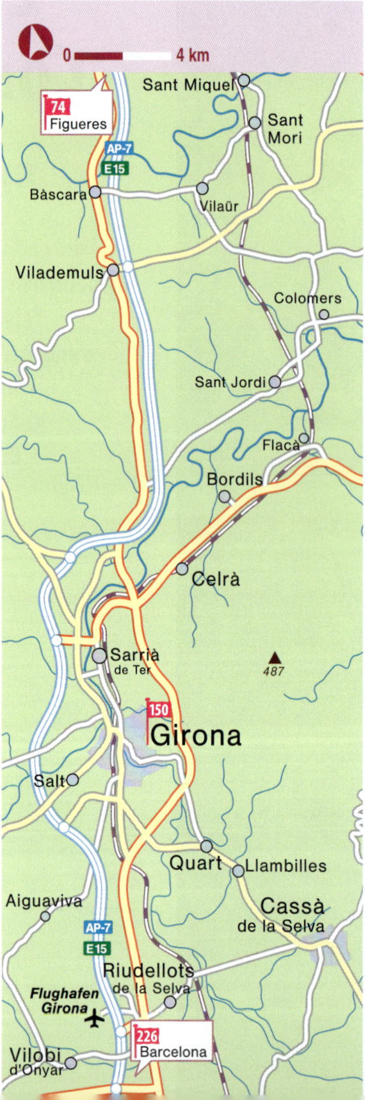


## NICHT VERPASSEN!

- **Peratallada:** ein Dorf mit gut erhaltenem mittelalterlichen Kern | 114
- Ein Spaziergang durchs Mittelalter in **Pals** | 124
- **Tamariu,** ein winziges Örtchen an einer malerischen Bucht mit tollen Restaurants | 140
- **Calella de Palafrugell,** einer der schönsten Orte der Region | 146
- **Girona** mit seiner einzigartigen historischen Altstadt | 150

**Diese Tipps erkennt man an der gelben Markierung.**

gen Buchten. Früher nur von Fischern bewohnt, stehen dort heute Apartments für Urlauber, und es gibt hervorragende Restaurants. Alles für Liebhaber von ruhigen Ecken, Massentourismus findet hier nicht statt. Und wer unbedingt einen kilometerlangen Strand braucht, wird im nördlichen Bereich dieses Abschnitts – bei Pals und L'Estartit – auch fündig. Aber die „echte" Costa Brava, die findet sich in den schmalen Buchten.

# Überblick

Der Bereich der zentralen Costa Brava fällt geografisch auf einen relativ kleinen Küstenabschnitt, der sich aber durch eine große landschaftliche Vielfalt auszeichnet. Im oberen Teil, bei L'Estartit und Pals, zeigt sich die Küste noch mit ausgedehnten **Sandstränden.** Dort fand dann auch die beinahe schon zwangsläufige touristische Entwicklung statt, die sich vor allem in L'Estartit mit vielen Hotels und Ferienwohnungen bemerkbar macht. Doch der Strand zieht sich über mehrere Kilometer hin, es bleibt Platz für ruhige und einsame Ecken.

In seinen südlichen Ausläufern löst eine **felsige Küstenlandschaft** den flachen Sandstrand ab, und hier zeigt sich die „wilde Küste" mal wieder ihres Namens vollends würdig. Vorwitzig reckt sich eine felsige Küste ins Mittelmeer, ausgefranst und zerhackt an den Rändern zeigt sie sich, gleitet unsanft ins Meer. Wild und schroff stellt sie sich dar, ungezählte Buchten öffnen sich, begrenzt von steil aufragenden Felswänden. Schmale Straßen schlängeln sich über leichte Erhebungen von 200 bis 300 m, fallen in engen Kurven ab in die nächste Bucht. Im Gegensatz zur nördlichen Costa Brava, wo die Küstenlinie eine Fortsetzung der Pyrenäen darstellt, setzt sie sich hier nicht allzu weit ins

535cb sm

Hinterland fort. Die Landschaft flacht schnell ab, das macht eine Annäherung leichter möglich.

Insgesamt dürfte die zentrale Costa Brava aus touristischer Sicht zu den ruhigen Ecken zählen, auch wenn mit **L'Estartit** einer der zentralen Orte der Ferienindustrie hier liegt. Alle anderen Orte sind dagegen weniger bekannt und haben sich teilweise ihren alten Charme erhalten können. Die **ruhigen Küstenorte im Süden** liegen in einer ungemein reizvollen Gegend, die schon immer wohlhabende Leute von außerhalb angelockt hat. Ursprünglich lebten hier nur Fischer, später kamen Städter aus Girona und Barcelona dazu, die sich Häuser an den Klippen hinstellten – mit Ausblicken, die einfach unglaublich sind. Zögerlich folgten Hotels, mochten diese doch nicht so recht an den Charme der Landschaft glauben, es fehlte einfach der obligatorische Sandstrand. Dabei weisen alle Buchten durchaus ihre **Strände** auf, aber eben nur in der Größe von ein paar Hundert Metern. Leicht verschlafen, gemütlich, mit teilweise mediterranem Charme zeigen sich diese ehemaligen Fischerdörfer. Hier ticken auch die touristischen Uhren anders. Gäste müssen erst wieder die Langsamkeit entdecken. Und die Ruhe, denn ein flottes Nachtleben findet hier selten statt. Die Küstenorte sind durchweg klein geblieben, hierher kommen deshalb auch zumeist nur Liebhaber von ruhigen Flecken.

‹ Ein weiteres Highlight der zentralen Costa Brava: Girona, hier in der Dämmerung

# Torroella de Montgrí

- **Einwohner:** 11.600
- **Entfernung nach Barcelona:** 140 km
- **Touristeninformation:** Carrer d'Ullà 27–31, Tel. 972755180, www.visitestartit.com.

Torroella liegt am Schnittpunkt wichtiger Straßen, aber 6 km vom Meer entfernt. Der Ort kann auf eine **lange Geschichte** zurückblicken. Bereits im Jahr 888 wurde eine erste Siedlung urkundlich erwähnt, sie entstand im Schutz eines Berges und in fruchtbarer Landschaft. Seinerzeit hatte man keinen Blick für den Strand übrig, es war wichtiger, eine Lage zu finden, die keine Piraten anlockte. Ende des 13. Jh. war Torroella Sitz der katalanisch-aragonesischen Könige, aus diesem Grund wurde die Burg auf dem Berg Montgrí errichtet. Im 15. Jh. attackierten dann doch Piraten die Ortschaft, zerstörten sie nachhaltig. Es dauerte lange, bis Torroella sich davon erholte, aber im 17. und 18. Jh. kehrte dann Ruhe und später auch ein wenig Wohlstand ein, aus dieser Zeit stammen noch einige Häuser.

## Sehenswertes

Markantes Merkmal und weithin sichtbar ist die **Burg Castell de Montgrí** auf dem Berg Montgrí, der 300 m hoch aufragt. Ein etwa einstündiger Wanderweg führt hinauf, teilweise über ziemlich unebene Strecken. Allzu viel gibt es nicht zu besichtigen, aber die Aussicht ist einfach phänomenal.

1272 begannen die Streitereien der Herrscher von Montgrí mit ihren Nachbarn, der Grafschaft Empúries. König *Jaume II.* ließ deshalb 1294 eine Burg auf einem sicheren Platz bauen, nahe an der Grenze zu den verfeindeten Nachbarn. Noch gute 30 Jahre bekriegte man sich, dann war Schluss. Die Burg wurde aber auch nie richtig fertig gestellt, es wurden nämlich nur die Außenmauern errichtet. Diese wirken äußerst imposant, auch heute noch, aber eben nur von außen, der Innenraum blieb leer. So entstand oben auf dem Berg ein Burgviereck von 31 m Seitenlänge und vier gewaltigen Rundtürmen an den Ecken. Die Mauern zog man bis auf eine Höhe von 13 m, genügend Abschreckungspotential also. Da die feindlichen Nachbarn sich schließlich vertrugen, überließ man die Burg ihrem Schicksal, woraufhin sie langsam verfiel. 1989 wurde die Burg gründlich restauriert, das gesamte Baumaterial musste per Hubschrauber auf den Berg transportiert werden, Straßen gibt es bis heute nicht.

■ **Burg Castell de Montgrí,** Anfahrt: Die Burg ist ausgeschildert, beim zentralen Kreisverkehr den Schildern folgen.

Das **Montgrí-Gebirge,** wo auch die Burg steht, ist ein ziemlich großes Karstmassiv (4763 ha) mit mehreren Erhebungen von knapp über 300 m. Es beginnt unmittelbar neben Torroella und auch unmittelbar am Hafen von L'Estartit und verläuft bis hinüber zur Cala Montgó (südlich von L'Escala gelegen) über gute 10 km. Die Küstenlinie fällt abrupt ins Meer, Strände gibt es nicht, nur vereinzelte kleine Buchten. Von der Burg führt der Fernwanderweg GR-92 hinüber bis zur Cala Montgó und weiter bis L'Escala, bis dort dauert die **Wanderung** etwa 6 bis 8 Stunden. Von L'Escala führt auch eine für Kraftfahrzeuge zugelassene **Piste** durch diese Landschaft – bis hinüber nach L'Estartit.

Die zentrale Achse von Torroellas Altstadt bilden die Straßen **Carrer Major** und die **Carrer de l'Església.** In der c/Major befinden sich mehrere **historische Häuser,** darunter vier Gebäude aus dem 16. und 17. Jh. Zu finden unter den Hausnummern 22, 24, 26, 30. Auch in der Verlängerung dieser Straße, der c/de l'Església, stehen zwei Häuser (Nr. 19, 31) aus dieser Epoche.

Die Carrer de l'Església führt zur **Pfarrkirche Església de Sant Genís,** die bereits im 14. Jh. erbaut wurde. Innen zeigt sich die Kirche relativ schmucklos; Licht fällt durch mehrere hübsche Glaskunstfenster. Auch der Altar wird nur von einer Heiligenfigur geschmückt. Direkt vor der Kirche befindet sich ein kleiner Park, wo ein paar Bänke zum Verschnaufen einladen. Hier beim Park liegt auf der linken Seite ein Aussichtsturm, er stammt noch aus der Zeit, als der königliche Palast hier thronte.

Der Kern der Altstadt ist recht kompakt und von **schmalen Gassen** und reizvollen Häusern geprägt. Unweigerlich stößt man bei einem Rundgang auch auf den eher schlichten Rathausplatz **Plaça de la Vila,** auf dem montags der Wochenmarkt stattfindet. Auffällig ist hier die **Sonnenuhr,** die Sie gemütlich von der Terrasse einer Bar unter den Arkadenbögen betrachten können.

Hinter dem Namen **Can Quintana** verbirgt sich ein sogenanntes „offenes Museum des Mittelmeerraumes", das in einem eindrucksvollen Haus aus dem

16. Jh. mit Exponaten zum Anfassen und Experimentieren über das Leben der Mittelmeerkulturen informiert. Mit einer Vielzahl an audiovisuellen Medien vermittelt die Ausstellung ein lebendiges Bild regionaler Historie und Kultur.

Außerdem ist hier das Touristenbüro untergebracht.

■ **Museu de la Mediterrània,** Carrer d'Ullà 31, Tel. 972755180, www.museudelamediterrania.cat, Juli und Aug. Mo–Sa 10–14 und 17–21, Sept. bis Juni Mo–Sa 10–13.30 und 17–20, So 10–14 Uhr, Eintritt frei.

**Reste der alten Stadtmauer** sind noch erkennbar, sie liegen an der Hauptdurchgangsstraße nach L'Escala hinter der Kirche. Dort in der Nähe steht auch unübersehbar der 12 m hohe **Torre de les Bruixes** (Hexenturm), um den sich allerlei Legenden ranken.

## Praktische Tipps

### Unterkunft

■ **Palau lo Mirador**④, Passeig de l'Església 1, Tel. 972755853, www.palaulomirador.com. Schmuckstück, mitten in der Altstadt gegenüber der Kirche gelegen. 10 Zimmer in gotischem Palast aus dem 14. Jh., perfekt der historischen Umgebung angepasst. Mit Pool, Garten und Dalí-Gemälden.

■ **Hotel GR 92**②-③, c/Fátima 2, Tel. 972010116, www.hotelgr92.com. Das Haus liegt am großen Kreisverkehr, mit Parkplatz und Pool. Wie es der neue Name schon andeutet, richtet sich das Hotel an Wanderer, denn der Küstenwanderweg GR 92 führt praktisch am Haus vorbei. Die Zimmer sind in Ordnung, wenn auch ohne großen Luxus.

■ **Camping El Delfín Verde,** Carretera Torroella de Montgrí a Palafrugell, km 4, bzw. c/Rossinyol 1, Tel. 972758454, www.eldelfinverde.com, Mitte Mai bis Ende Sept. Der Platz liegt ein paar Kilometer außerhalb von Torroella in Richtung Palafrugell, also südlich des Flusses Río Ter. Ein breites Angebot von Aktivitäten, mehrere Lokale, darunter eine Pizzeria, medizinische Betreuung und Sportplätze, Pool. Im Hochsommer sind keine Hunde erlaubt. Der kilometerlange Strand Platja Fonollera liegt vor der Tür.

536cb sm

□ Auf dem Markt von Torroella

## Essen und Trinken

- **Fonda Mitjà,** c/de la Església 14, Tel. 972758 003, www.fondamitja.cat, So Ruhetag. Altehrwürdiges Restaurant, klassisch eingedeckte Tische wie nach alter Schule. Katalanische Küche, auch ein günstiges Mittagsmenü.
- Am **Rathausplatz**, der Plaça de la Vila, sitzt man ganz nett und ohne Autoverkehr, beispielsweise im Café de la Plaça. Nur am Markttag gilt dies nicht …

## Verkehrsverbindungen

- **Busterminal,** Carretera de l'Estartit 46, am großen Kreisverkehr an der Hauptdurchgangsstraße Richtung L'Estartit direkt vor der Altstadt. Verbindungen nach L'Estartit und Girona mit der Gesellschaft AMPSA.

## Feste

- **18. August:** Festa Major, Tanz, Sardanas und Habaneras.
- **25.-28. August:** Festa Major de Torroella (San Ginés) u. a. mit einem gemeinsamen, öffentlichen Abendessen.
- **Ende Juni bis Ende August:** Internationales Musikfestival in Torroella, ein echter Tipp für Musikliebhaber. Die Künstler treten entweder in der Kirche auf oder auf einem Podium vor dem Rathaus. Ein Programm und Eintrittskarten können über folgende Adresse bestellt werden: http://festivalesdemusicaclassica.com.

## Markt

- **Termin:** Mo 9–14 Uhr, hauptsächlich vor dem Rathaus, aber auch in den Seitenstraßen im historischen Zentrum.
- **Ökomarkt,** am letzten Sa vormittags im Monat im Ortskern an der Plaça de Quintana i Combis.

537cb sm

Am Strand von L'Estartit

# L'Estartit

- **Einwohner:** 3500
- **Entfernung nach Barcelona:** 145
- **Touristeninformation:** Passeig Marítim 47–50, Tel. 972751910, www.visitestartit.com.

L'Estartit war **in früheren Jahrhunderten** nichts weiter als ein Anhängsel von Torroella de Montgrí, das damals immerhin Königssitz war. Dort wurde Politik gemacht, an der Küste dagegen existierten nur ein paar Fischer.

Das hat sich gründlich geändert, heute spielt L'Estartit die erste Geige und für Torroella bleibt nur der Tagesbesuch, obwohl beide Gemeinden verwaltungstechnisch zusammengehören. L'Estartit profitiert von seiner **Lage am Meer** und vor allem vom kilometerlangen Strand.

Immer mehr Menschen kamen, zahlreiche Apartments und Hotels entstanden, die **Stadt dehnte sich weiter aus.** Kleine, enge Gassen sind heute nur noch unterhalb des Hügels Rocamaura und beim Hafen zu finden. Die neueren Bauten beanspruchen Platz, und der war nur im südlicheren Bereich vorhanden. Ein kleiner unbebauter Bereich, der Parque Natural del Ter Vell, ein kleines Feuchtgebiet, markierte lange Zeit die Grenze, aber dann wurden zwei weitere Urbanizaciónes dahinter errichtet, die Urbanización Els Griells und die Urbanización Plantera, in beiden Siedlungen werden Ferienwohnungen vermietet.

L'Estartit hat sich einen Ruf gemacht als **Tauchzentrum der Costa Brava.** Mehrere Anbieter haben hier ihren Sitz und unternehmen Tauch- sowie auch Schnorcheltrips zu den Medes-Inseln.

Der Stadt nähert man sich über eine **Zufahrtsstraße,** wo ein Supermarkt und eine Tankstelle unübersehbar liegen, außerdem werden hier die Campingplätze ausgeschildert. Schließlich folgen die ersten Apartmentblocks und dann wird ein größerer Kreisverkehr erreicht, das Zentrum liegt direkt dahinter.

## Die Strände

Die **Platja de L'Estartit** ist einer der beeindruckendsten Strände der Costa Brava, gute 3 km lang, vom Hafen in L'Estartit bis zur Mündung des Río Ter gemessen. Und würde man diese kurze Unterbrechung ignorieren und die folgenden beiden Zonen einbeziehen, entstünde ein Strandgebiet von gut 12 km Länge! Die durchschnittliche Breite liegt bei 65 m, aber an einigen Stellen bei deutlich mehr. Dort wurde Parkraum geschaffen und Sand planiert. Wer sich von L'Estartit wegbewegt, erreicht bald die Urbanización El Griells und den dahinter liegenden Campingplatz El Molino. Danach wird es leerer, und wer sich die Mühe macht, so weit zu laufen, hat noch gute drei einsame Kilometer bis zum Río Ter. Der Strand ist durchgängig weich und hellsandig, teils gibt es sogar kleine Dünen.

## Sehenswertes

Etwas mehr als 1 km von der Küste entfernt liegen die **Illes Medes,** insgesamt sieben kleine **Inselchen:** Meda Gran (182.530 m²), Meda Xica (25.850 m²), El Carall Bernat (2985 m²), Els Tascons Grossos (1885 m²), Els Tascons Petits (510 m²), El Medallot (550 m²) und Les

Ferranelles (390 m²). 1990 wurden die Medes-Inseln zum Naturpark erklärt. Die Inseln sind heute unbewohnt, nur ein Leuchtturm aus dem Jahre 1866 steht hier auf dem Dach des Hauses, in dem einst der Inselwärter lebte. 1930 wurde ein neuer Leuchtturm gebaut, der mit Solarenergie betrieben wird.

Besucher dürfen sich den Inseln nähern, können tauchen oder schnorcheln und die Vogelwelt aus der Distanz beobachten. Die Meda Gran darf zu bestimmten Zeiten betreten werden (während der Brutzeit von März bis Juni allerdings niemals), dazu gibt es eine kleine Mole auf der Westseite.

Die Vegetation ist eher spärlich, bedingt durch die salzige Luft, hingegen ist die Meda Gran ein idealer, weil ruhiger und nahrungsreicher Platz für Vögel. Weißkopfmöwen, Kormorane und Graureiher dominieren neben diversen Zugvögeln, insgesamt 60 Vogelarten nisten hier.

**Wassersport**
2 eoliskite Kite School
3 Tauchcenter Calypso Diving
8 Estació Naùtica
12 Tauchcenter Les Illes
13 Núria Schiffstouren
14 Nautilus Schiffstouren
15 Medaqua Schnorcheltrips
16 Tauchcenter Unisub Estartit

**Sonstiges**
15 Medaqua Fahrräder
17 Markt

Durch Strömungen und den kalkhaltigen Untergrund entstanden etliche Naturhöhlen, ein herrliches **Tauchrevier!** Farbenfrohe Fische, Algenmeere, deren Farben von Grün zu Schwarz changieren; Krebse, Schnecken und Muscheln sind zu beobachten, um die auffälligsten zu nennen.

Die Boote legen an der Westseite der Meda Gran an, während die besten Tauch- und Schnorchelgebiete auf der Ostseite liegen. Wer sich nicht selbst auf eine Unterwasserexkursion einlassen möchte, kann auch mit einem der vielen Glasboden-Boote eine Erkundungstour unternehmen.

Der **Hafen** fällt relativ groß aus, etliche Segelboote dümpeln hier und eine Reihe von Glasboden-Booten, die Exkursionen entlang der felsigen Küste anbieten. Selbst wer nicht tauchen oder schnorcheln möchte, sollte eine derartige Tour machen, sind doch die meisten Buchten vom Land gar nicht erreichbar. Außerdem erhält man erst vom Meer aus den richtigen Eindruck von der wirklich „wilden Küste" zwischen L'Estartit und L'Escala.

Ein Spaziergang entlang des Hafens führt an ein paar netten Lokalitäten vorbei und endet an einem Felsvorsprung, dem **Punta El Molinet.** Die Küste dahinter fällt schroff und steil ins Meer, das Wasser brandet mit starker Strömung an, also keine Stelle zum Baden oder Schnorcheln.

Ein Fußweg führt bis in die einsame **Cala Calella,** die etwa 1 km entfernt liegt. Auf einem ausgeschilderten Pfad gelangt man in etwa 30 Min. ab der c/de les Illes dorthin.

Die **Fußgängerzone Carrer de Santa Anna** stellt das pulsierende Herz von

L'Estartit dar, dort spaziert und flaniert jeder einmal durch, legt einen Stopp in einer der Bars oder einem der Shops ein, und dann geht's wieder zum Strand. Heute ist diese Straße die touristische Hauptmeile, kommerzielles Zentrum des kleinen Ortes war sie schon immer. Ganz früher führten auch die religiösen Prozessionen hier entlang hoch zur **Església de Santa Anna,** die der Stadtpatronin geweiht ist. Erbaut wurde die Kirche im 18. Jh. und Anfang des 20. Jh. renoviert.

# Praktische Tipps

## Unterkunft

**10 Hotel Cal Tet**③-④, c/Santa Anna 38, Tel. 972 751179, www.caltet.com. Ein Hotel mit nur 11 Zimmern im Gebäude einer schon seit Jahrzehnten existierenden Marisquería. Familiäres Ambiente, moderne Zimmer im klaren Stil, u. a. mit LCD-TV, Internetzugang und kleiner privater Terrasse.

**12 Hotel Les Illes**③, c/de les Illes 55, Tel. 972 751239, www.hotellesilles.com. Zentral gelegenes Haus mit 63 Zimmern, sehr beliebt bei Tauchern. Einfache Zimmer, die zum Meer weisenden bieten einen tollen Blick, sind aber unruhiger.

**9 Hostal Dalfó**②-③, Carrer del Port 10, Tel. 972751 032, www.hostaldalfo.com. Kleines, preiswertes Haus mit 10 Zimmern, mitten im Zentrum, unweit vom Hafen.

**5 Camping L'Estartit,** c/Primavera 12, Tel. 972 751909, www.campingestartit.com, Anfang April

Die felsige Küste bei L'Estartit

538cb sm

bis Ende Sept. Eine zentrale und doch ruhige Lage zeichnet diesen kleinen Platz aus, er liegt in einer Nebenstraße unter Pinien, nicht weit vom Zentrum entfernt. Ein Pool ist vorhanden. Zudem gibt es ein Restaurant und eine Bar.

Im Westen von L'Estartit liegen **mehrere Campingplätze:**

1 **Camping El Molino,** Carrer Tulipa, Urbanización Els Griells A.L. 39, Tel. 972750629, www.campingelmolino.es, April bis Mitte Okt. Liegt etwas außerhalb. Die Zufahrt erfolgt kurz vor dem Ortseingang. Der Platz ist zweigeteilt, ein größeres Gelände befindet sich direkt am Meer, der kleinere Teil unter Laubbäumen im Hinterland bei der Windmühle, die dem Platz den Namen gab.

1 **Camping Castell Montgrí,** Ctra. Toroella, km 4,7, Tel. 972751630, www.campingparks.com, Anfang Mai bis Ende Sept. Ein großer Platz gute 2 km vom Meer entfernt. Bungalows werden auch vermietet, ein Teil der Parzellen liegt unter Bäumen. Viele Einrichtungen wie Pool, Bar, Restaurant, Waschmaschinen, Pool für Kinder, Disco, Minigolf. Ärztliche Betreuung vorhanden.

1 **Camping Les Medes,** Paratge Camp de l'Arbre, Tel. 972751805, www.campinglesmedes.com, ganzjährig geöffnet. Anfahrt wie El Molino, liegt ebenfalls gut 1 km vom Ort entfernt, aber auch dieselbe Distanz zum Meer. Ein relativ kleines Gelände ohne allzu viel Schatten, aber weitestgehend ruhige Lage. Interessant: ein überdachtes, beheiztes Schwimmbad für die manchmal doch vorkommenden kühleren Tage.

## Essen und Trinken

10 **Restaurant Cal Tet,** Carrer de Santa Ana 38, Tel. 972751179, www.caltet.com. Ein seit gut vier Jahrzehnten sehr geschätztes Lokal mit Fisch und Meeresfrüchten, die sowohl aus dem nahen Mittelmeer als auch aus dem nordwestspanischen Galicien stammen, was schon ziemlich ungewöhnlich ist. Außerdem werden auch gute Tapas serviert.

11 **Can Falet,** c/de les Illes 33, Tel. 657708151, ab 18 Uhr, Di Ruhetag. Ein Lokal mit über 50 Jahren Tradition, das am Hafen an einer der ältesten Straßen von L'Estartit liegt. Beste Fischgerichte und hausgemachte Nachtische.

7 **Restaurant Santa Anna,** Carrer Santa Ana 55, Tel. 972751326. Recht große Auswahl an Menüs sowie an Fisch- und Reisgerichten. Auch dieses Lokal ist ziemlich geräumig.

6 **Café Alba,** Plaça de l'Església 2, Tel. 972751 422. Das Lokal mit seiner großen Terrasse liegt am Platz vor der Kirche. Es gibt Gerichte wie Salat, Fisch, Fleisch, aber auch Tapas.

4 **Les Corones,** Av. Roma 50, Tel. 972750099, https://lescorones.cat. Hier gibt es gegrillten Fisch auf baskische Art, was in Katalonien schon ungewöhnlich ist; die Betreiber stammen aus dem kleinen baskischen Ort Getaria. Vor der Zubereitung wird der Fisch den Gästen präsentiert. Wer möchte, bekommt auch gegrilltes Fleisch.

## Verkehrsverbindungen

■ **Busterminal:** Plaça Dr. Fleming s/n, Sarfa fährt nach Barcelona, Figueres und Palafrugell, während AMPSA eine stündliche Verbindung nach Torroella unterhält.

## Aktivitäten

**Schiffstouren:** Die Anbieter sind alle am Passeig Marítim sowie an der Hafenmole direkt nebeneinander liegend zu finden. Sie haben kleine Bürokioske und an der Hafenmole liegen ihre Schiffe. Eine Tour entlang der bizarren Küste kostet etwa 20–25 €. Die meisten Gesellschaften bieten auch längere Touren entlang der spektakulären Küstenlinie an, aber nur bei ruhiger See!

14 Die großen, gelben Schiffe von **Nautilus,** Passeig Marítim 23, Tel. 972751489, www.nautilus.es, sind kaum zu übersehen. Verschiedene Touren zu

den Medes-Inseln oder entlang der Küste werden angeboten.

13 Auch mit **Núria,** Passeig Marítim 26, Tel. 972 750643, www.barcanuria.com, kann man fahren. Die „Núria" ist eine katalanische Feluke, ein kleines, offenes Boot mit Glasboden, ein ehemaliges Fischerboot, das wegen seiner bescheidenen Größe auch in Höhlen fahren kann.

8 **Wassersport: Estació Naùtica,** c/de la Platja 10–12, Tel. 972750699, www.enestartit.com. Dies ist eine Art Dienstleister für Urlauber, die sich für mehrere Sportarten interessieren, aber nicht alle Anbieter einzeln ansprechen möchten. Die nautische Station bietet eine Vielzahl von Möglichkeiten, Wassersport und andere Sportarten auszuüben. Gleichzeitig kann man hier auch seine Unterkunft buchen. Deutschsprachig.

**Tauchen:** Anfängerkurse und Tauchgänge für Erfahrene bieten an:

12 **Les Illes,** Hotel Les Illes, c/de Les Illes 55, Tel. 972 751239, www.hotellesilles.com;

3 **Calypso Diving,** c/Cala Pedrosa 1, Tel. 609302 201, www.calypsodivingestartit.com.

16 **Unisub Estartit,** Pg. Marítim 10, Tel. 972751 768, www.unisub.es.

15 **Schnorcheln: Medaqua,** Passeig Marítim 13, Tel. 972752043, www.medaqua.com, organisiert zweistündige Schnorcheltrips.

2 **Kitesurfen**: **eoliskite,** c/Romaní s/n, Urbanizació Els Griells, Tel. 663884868, www.eoliskite.com. Kleine Kite- und Windsurf School, die Kurse (1–4 Tage) anbietet, außerdem kann man Stand-up-Paddling lernen und auch Bretter ausleihen.

15 **Fahrradvermietung: Medaqua,** Pg. Marítim 13, Tel. 972752043.

## Feste

- **26. Juli:** Fest zu Ehren von Santa Anna.

## Markt

- Do 8–15 Uhr am 17 **Passeig Marítim** und an der **Avinguda de Roma.**

539cb sm

# Ullastret

Ullastret ist ein *Poblat Ibèric,* also eine Siedlung aus den Tagen der Iberer, die etwa im 6. Jh. v. Chr. hier siedelten. Ullastret gilt als **wichtigste iberische Fundstätte in Katalonien.** Die Siedlung wurde etwa 400 bis 500 Jahre bewohnt, erst als die Römer im Jahr 218 v. Chr. in Empúries Fuß fassten, zogen die Iberer weiter.

Die Siedlung liegt auf dem Hügel Puig de Sant Andreu. Ehemals war der **Hügel von einem großen See umgeben.** Der See wurde allerdings vor knapp einem Jahrhundert trockengelegt. In Zeiten sehr starker Regenfälle kommt es auch heute manchmal noch vor, dass sich das Becken mit Wasser füllt, so wie es 1959 und 1977 der Fall war (Bilder im Museum belegen dies). Wenn das passiert, ragt Ullastret mit seinen 54 m über dem Meeresspiegel wieder wie in vergangenen Jahrhunderten als Festung aus dem Wasser empor.

Diese Lage war sowohl strategisch als auch wirtschaftlich äußerst günstig: Die Siedlung war gut geschützt, da die Anhöhe zum Wasser hin steil abfällt. Nur die Ostseite (da wo der Eingang heute liegt) hatte einen seichten Anstieg, deshalb sind an dieser Stelle auch die starken Befestigungsmauern zu finden. Das **Wasser** war auch wirtschaftliche Grundlage des Ortes, zum einen für die Bewässerung der Felder, und zum anderen für die Anbindung zum Meer über den damals schiffbaren Fluss Río Daró.

Die günstige Lage zog schon immer Siedler an, die frühesten Funde verweisen auf den Beginn der Eisenzeit (700 v. Chr.). Die ersten Funde der Ibererzeit stammen aus dem 6. Jh. v. Chr. Als typische Zeugnisse fand man spezielle Keramiken und die rechteckig behauenen Steinquader, die zum Bau von Häusern und der Befestigungsmauer dienten.

## Sehenswertes

Die **Mauer** umgibt die gesamte Anlage, aber an der Ostseite ist sie am besten erhalten. Durchsetzt war diese Mauer mit Aussichtstürmen, heute nur noch an den Ausbuchtungen zu erkennen. Die Anlage ist unterschiedlich gut erhalten. Ein Teil ist mit grob behauenen Treppen, Zisternen und Fundamenten von Häusern besonders eindrucksvoll (rechts vom Eingang).

An der Stelle der Akropolis befindet sich heute das **Museum.** Dort sind Fundstücke, vor allem Keramiken, aber auch Landkarten und Photos der Anlage zu besichtigen. Interessant ist auch die Folie mit Schriftzeichen. Bekannt ist, dass die iberische Schrift aus 28 Zeichen bestand, jedoch konnte sie bislang nicht entschlüsselt werden. Vieles ist noch rätselhaft, so auch die Herkunft der Iberer. Im 2. Jh. gaben sie die Siedlungsanlage auf, sie wurden von der immer stärker werdenden Siedlung Empúries verdrängt.

■ **Ullastret,** c/Afores s/n, Puig de Sant Andreu, Tel. 972179058, www.mac.cat, Juni bis Sept. Di–So 10–20 Uhr, Okt. bis Mai Di–So 10–18 Uhr, 5 €, erster Sonntag im Monat freier Eintritt. Parkplätze: am Kassenhäuschen oder vor der Anlage nach dem Bezahlen. Anfahrt: an Straße GI-644 gelegen, von La Bisbal über den Ort Ullastret fahren, ca. 1 km dahinter zweigt ein Weg rechts ab.

☐☐ Peratallada:
Szenen aus einem mittelalterlichen Dorf

# Peratallada

Peratallada ist **eines der hübschesten Dörfer der gesamten Provinz.** Und ein kleines Schildchen, schön erstellt auf einer Kachel, sagt es ganz genau: „*Villa de Peratallada* (Dorf), *Partido* (Teilgebiet) *de la Bisbal, Provincia* (Provinz) *de Gerona*". Wahrscheinlich lässt man hier die spanische Schreibweise noch einmal durchgehen, weil die Kachel einfach optisch zu gut gelungen ist, da wagen nicht einmal katalanische Nationalisten ans Werk zu gehen und diese zu „verbessern".

Peratallada zeigt sich als **mittelalterliches Dorf,** allerdings handelt es sich nicht um ein Museumsdorf. Die Bewoh-

543cb sm

542cb sm

ner haben aus ihren eigentlich alten Häusern ein optisch gelungenes Gesamterscheinungsbild gemacht, das einfach gefällt. Die Straßen bestehen noch aus holprigem Kopfsteinpflaster, die Gassen sind eng, biegen scharf um Ecken, verlaufen verwinkelt. Torbögen verbinden zwei Häuser, abends wird die Gaslaterne entzündet. Nun, das wohl dann doch nicht, aber kein Besucher würde sich wundern, käme jetzt ein Ritter auf seinem Pferd dahergeritten, fast möchte man schon das Hufgetrappel hören ...

Der Ort wird von **Resten einer Stadtmauer** aus dem 12. und 13. Jh. umgeben, die später erneuert wurde. Wichtigstes Bauwerk ist das **Castillo,** es trägt ein würdiges Alter, denn es ist aus dem Jahre 1065. Aus diesen fernen Anfängen ist kaum noch etwas erhalten, mehrere Anbauten und Restaurierungen veränderten die Form entscheidend. So beispielsweise die 1745 erneuerte Hauptfassade. Die ältesten Teile sind der **Torre de Homenaje** (Ehrenturm) und die Kapelle. Heute befindet sich in dem Gebäude ein Hotel mit einer der Historie angepassten Möblierung und Dekoration.

Zentraler Punkt ist der Hauptplatz **Plaça Major,** der an einer Seite von einem Arkadengang begrenzt wird. In den schönen historischen Häusern ringsherum sind heute etliche Restaurants zu finden. Hier werden gegen Mittag Tische und Stühle nach draußen gestellt und der Platz füllt sich allmählich. Wer also einen unverfälschten Blick genießen möchte, sollte früh kommen.

Im Ortskern stehen mehrere **Türme:** Gegenüber dem 10 m hohen, quadratischen Torre del Homenaje erhebt sich der **Torre de les Hores**, der immer noch die öffentliche Uhr trägt. Das spielt heute natürlich keine große Rolle mehr, früher hingegen bot der „Uhrzeitturm" für die einfache Bevölkerung neben dem Sonnenstand eine der wenigen Möglichkeiten, sich zeitlich zu orientieren.

Eines der Stadttore ist noch erhalten, das **Portal de la Verge,** das neben dem Nordtor zu finden ist. Oberhalb des Torbogens befindet sich eine Öffnung, wo die Skulptur der Verge (Jungfrau Maria) stand. Unmittelbar vor dem Tor verläuft noch der Rest eines Buggrabens, der eine Tiefe von bis zu sieben Metern hatte.

Ein paar **Geschäfte,** die sich mit ihrem Angebot an Touristen richten, gibt es auch schon, sie haben sich aber der Umgebung angepasst; angeboten werden vor allem Kunsthandwerk und Keramiken.

Besucher müssen gegen Gebühr ihren Wagen draußen vor dem Ort **parken.** Die Straßen sind sowieso zu eng und nur durch einen Spaziergang wird man die Atmosphäre genießen können. Zwei Parkplätze sind ausgeschildert, liegen nur ein paar Minuten Fußweg entfernt.

Außerhalb der Stadtmauer liegt jenseits der vorbeiführenden Straße in knapp 300 m Entfernung die romanische Kirche **Església de Sant Esteve** aus dem 13. Jh. Sie wurde zweischiffig erbaut, was für romanische Kirchen eher ungewöhnlich ist. Leider ist die Kirche meist verschlossen, so war es zumindest bei meinen Besuchen.

# Praktische Tipps

## Unterkunft

■ **Hotel El Cau del Papibou**③-④, c/Major 10, Tel. 972634716, http://hotelelcaudelpapibou.com. Kleines, sehr schönes historisches Haus aus dem 12. Jh. (8 Zimmer) mit hübschem Innenhof. Stilvoll und gemütlich. Mit gutem Restaurant.

■ **Hostal La Riera**②, Plaça Les Voltes 3, Tel. 972 634142, www.lariera.es. Das Herrenhaus aus dem 15. Jh. liegt am Hauptplatz. Die insgesamt 8 Zimmer sind unterschiedlich mit historischen Möbeln eingerichtet und die Decke wurde mit Kacheln aus La Bisbal dekoriert. Mit angenehmem Restaurant.

Die Església de Sant Esteve

545cb sm

## Essen und Trinken

■ **Restaurant Can Bonay,** Plaça Les Voltes 13, Tel. 972634034, http://www.restaurantbonay.com, Mo Ruhetag. Familiäre Atmosphäre im gemütlichen Rahmen eines Hauses aus dem 17. Jh., gutes Preis-Leistungs-Verhältnis. Serviert wird ausschließlich Küche der Region Empordà, eine Spezialität des Hauses ist gegrillte Gans. Im Obergeschoss befindet sich der Speiseraum mit Platz für 80 Personen. Man kann aber auch im sogenannten „Weinmuseum" (Museu del Vi) speisen, wo eine außergewöhnliche Sammlung von Flaschen und Gerätschaften zur Weinherstellung zu bewundern ist.

■ **Arc Vell,** Plaça Castell s/n, Tel. 972634000, http://arcvell.com, Di Ruhetag. Das Restaurant bietet neben einem täglichen Menü auch Fischtapas bzw. ein *menú de tapas* sowie Fisch- und Fleischgerichte, Paella und eine Kinderkarte. Mit schöner Gartenterrasse.

■ **Restaurant im Hotel El Cau del Papibou,** c/Major 10, Tel. 972635030. Originell und farbenfroh eingerichtet. Serviert werden traditionelle und lokale Gerichte sowie einige tropische Speisen. Außerdem werden *tastets* zum Probieren angeboten, also relativ kleine Mengen auf kleinen Tellern zum Durchprobieren von verschiedenen Speisen.

■ **Restaurant im Hostal La Riera,** Plaça Les Voltes 3, Tel. 972634142. Restaurant mit angenehmer Terrasse. Auf der Karte findet sich eine Auswahl an katalanischer Küche mit einem Schwerpunkt auf Fisch. Es gibt auch ein Probiermenü *(menú de degustación)*.

## Feste

■ **Erstes Wochenende im Oktober:** Mittelaltermarkt. Wenn nicht hier, wo dann kann man einen typischen Markt aus der Zeit des Mittelalters nachstellen? Geboten wird eine Menge: Händler tragen historische Trachten, es treten Gaukler, Komödianten, Puppenspieler und Sänger auf.

# Ausflug nach Palau Sator

Nicht weit von Peratallada entfernt liegt ein weiteres Dorf mit **mittelalterlichem Charme.** Knapp 300 Menschen wohnen heute in Palau Sator. Ob es früher mehr waren, darüber kann nur spekuliert werden, doch denkbar ist es. Immerhin fanden sich archäologische Überreste, die vermuten lassen, dass hier bereits zur Zeit der **Römer** eine Siedlung existierte. Ein schriftliches Zeugnis aus dem Jahr 878 benennt einen „Palatii Murorum", was auf einen ummauerten Palast oder eine Burg hindeutet.

Heute zeigt sich der Ortskern noch immer mit schmalen Gassen und vielen älteren Häusern. Historisch kommen noch Reste der alten Stadtmauer sowie ein Uhrenturm dazu – und die **Església de Sant Pere** stammt aus dem 12. Jh.

Ein kleines **Museum** stellt Maschinen, Fahrzeuge und Werkzeug der landwirtschaftlichen Betriebe der Umgebung aus. Ergänzt wird die Ausstellung durch audiovisuelle Darstellungen landwirtschaftlicher Tätigkeiten. Hier findet sich auch ein Geschäft mit Produkten aus der Region und das gute Restaurant Mas Pou mit Barservice.

■ **Museu Rural,** c/Extramurs 1, Tel. 972635006, Di–So 12–23 Uhr.

## Essen und Trinken

■ **Restaurant Sa Torre,** Plaça de la Mota 6, Tel. 972634118, www.restaurantsatorre.com, Mi Ruhetag. Mitten im Ort gelegenes Lokal mit einem Sonnengarten. Serviert wird katalanische Küche, besonders Reis- und Fischgerichte, doch auch die hausgemachten Würste schmecken gut.

# La Bisbal

- **Einwohner:** 10.200
- **Entfernung nach Barcelona:** 123 km
- **Touristeninformation:** c/L'Aigüeta 17, Tel. 972645500, www.visitlabisbal.cat.

La Bisbal genießt einen hervorragenden Ruf wegen der hier in großem Stil hergestellten **Keramikwaren.** Darüber hinaus zählt La Bisbal aber auch **zu den ältesten Siedlungen des Landes,** denn der Festungsturm Castell-Palau de la Bisbal datiert immerhin aus dem 12. Jh. Jüngeren Datums ist der alte Kern von La Bisbal, der zeigt, wie es in manchen spanischen Städten außerhalb der touristischen Zonen in der Altstadt aussieht.

In den Arkadengängen an der Hauptstraße von La Bisbal

## Sehenswertes

Die Hauptdurchgangsstraße trägt den Namen Carrer de l'Aigüeta, später, nach dem Passieren des Flusses, wechselt der Name zu Avinguda de les Voltes. Wer aus Richtung Girona kommt, befährt zunächst die „Keramikstraße", das ist die l'Aigüeta, dort liegen bereits mehrere Geschäfte. Obwohl sie alle vergleichbare Waren anbieten, ragen vereinzelt ausgefallene Stücke doch heraus. Praktisch alle Geschäfte locken die Besucher förmlich in die Verkaufsräume, platzieren sie doch ihre schönsten Stücke schon draußen auf dem Bürgersteig. **Keramikwaren** aller Art sind zu finden, glasiert oder roh, feine Kachelmalereien oder meterhohe Amphoren, Blumenschmucktöpfe, Geschirr, einfach alles ist im Angebot.

La Bisbal gilt als eines der wichtigsten Zentren für Keramikproduktion in Katalonien. Bereits 1511 wurde eine ent-

546cb sm

sprechende Handwerkertätigkeit dokumentiert und spätestens seit dem 18. Jh. hatte sich eine kleine Industrie herausgebildet. Grund hierfür ist wohl vor allem die sehr tonhaltige Erde, die es hier gibt. Handwerk und Kunst entwickelten sich gleichermaßen. Die einen stellten Gebrauchsgegenstände her, die anderen Schmuckkeramik. Keramikware aus La Bisbal ist heute durch das Markenzeichen „Ceràmica de la Bisbal" geschützt. Im Ort gibt es sogar eine eigene **Escola de Ceràmica**, eine Ausbildungsstätte, an der die alten Techniken des Töpferns gelehrt werden.

Direkt hinter dem Fluss schließt sich der **alte Stadtkern** von La Bisbal an, allerdings keiner, der für Touristen herausgeputzt wurde. Nein, es handelt sich um ein lebendiges Viertel, jedoch mit alten Häusern, teils arg marode, teils renoviert, vielen winzigen Läden, einigen Bars. Auf den kleinen Balkonen steht die Ersatzgasflasche und es hängt ein Bastrollo darüber zum Schutz gegen die Sonne. Ein alter Mann schlurft um die Ecke. So sieht es noch in etlichen spanischen Vierteln aus, in Madrid habe ich selbst einst in so einem Barrio gewohnt.

La Bisbal zählt zu den ältesten Ortschaften in der Empordà-Region. Bereits im 8. Jh. existierte eine Siedlung, die dem Bischof von Girona unterstand. Mit dem Bau des Castell Palau de la Bisbal und der Església de Santa Maria wurde hier dann jeweils auch die Macht zementiert. Heute zeigt sich im **Altstadtkern** ein breites architektonisches Erbe, ausgeprägt durch enge Gassen und einige historische Häuser. Zu finden ist dieses Viertel rechts der Hauptstraße Avinguda de les Voltes, gleich nach dem Queren des Flusses (aus Richtung Girona).

Der Fluss Riu Daró wird von einer modernen Brücke überspannt, über die der alltägliche Verkehr fließt. In Blickweite gibt es auch noch eine alte Brücke, auf Katalanisch: **Pont Vell,** errichtet im Jahr 1605. Die Straße führte von Girona in die ummauerte Stadt, weshalb die Brücke mit Eingangstoren geschützt wurde.

Direkt nach dem Passieren der neuen Brücke über den Fluss verläuft die Straße **Avinguda de les Voltes** durch die Stadt. Hier steht eine Gruppe von Häusern mit Arkaden, die 1854 im neoklassizistischen Stil erbaut wurden. Auftraggeber war ein in den amerikanischen Kolonien reich gewordener Auswanderer. Heute befinden sich hier etliche Geschäfte und auch ein paar Lokale, deren kleine Terrassen direkt in den Arkaden liegen.

Das **Castell Palau de la Bisbal d'Empordà** wurde am Übergang vom 11. zum 12. Jh. durch den Bischof von Girona im romanischen Stil errichtet. Im 14. Jh. wurde das Gebäude vergrößert und im 16./17. Jh. die Fassade verändert. Im Inneren besteht es aus drei Ebenen, auf der oberen befindet sich eine kleine Kapelle, diese Ebene ist aber nicht zur Besichtigung freigegeben. Die Räume liegen um einen kleinen Innenhof, u. a. mit einem Kerker im Untergeschoss. Die darüber liegende Etage war den Herrschenden vorbehalten.

■ **Castell Palau,** Plaça del Castell s/n, Tel. 972 645166, Sommer Di–Fr 9.30–20, Sa 10–14, 16.30–20, So 10–14 Uhr, Winter Do 17–20, Fr/Sa 10–13, 17–20, So 10–14 Uhr, 5 €.

Bereits 904 weihte der Bischof von Girona eine kleine Kirche, die auch mehrere Jahrhunderte überstand, dann aber

1701 abgerissen und durch die aktuelle **Església de Santa Maria** ersetzt wurde. Die einschiffige Kirche ist im Barockstil erbaut.

Vor der Kirche liegt der Hauptplatz Plaça Major, von dem die Straße Carrer de Sant Jaume abzweigt. Von dieser wiederum geht die schmale **Carrer del Call** ab, wo einst das jüdische Viertel mit seinen engen, schattigen Gassen lag. Die Existenz des Viertels ist bis ins 13. Jh. belegt, heute ist nur noch diese eine Straße übrig geblieben.

In dem kleinen **Terracotta Museu** mitten in der historischen Altstadt wird die jahrhundertealte Technik der Keramikherstellung gezeigt. Die Kollektion umfasst mehr als 6000 Exponate, wovon die meisten aus La Bisbal stammen. Ergänzend sind etwa 2000 Stücke ausgestellt, die aus allen Teilen Spaniens kommen.

■ **Terracotta Museu,** c/Sis d'Octubre 99, Tel. 972 642067, Juli/Aug. Mo–Sa 10–14 und 16.30–20, So 10–14 Uhr, Sept. bis Juni Di–Fr 10–13 und 16–19, Sa 10–14 und 16.30–20, So 10–14 Uhr, 5 €.

In der Keramikstadt La Bisbal

# Praktische Tipps

## Essen und Trinken

■ **Restaurant La Cantonada,** c/del Bisbe 6, Tel. 972643413, https://lacantonada.cat. Das Lokal liegt im Herzen der Altstadt und bietet lokale Küche in einem dezent-schicken und zugleich modernen Ambiente. Di geschlossen.

MEIN TIPP: **L'Escut,** Av. de les Voltes 11, Tel. 972 640102, tägl. 9–23 Uhr. Katalanische Küche und Fischgerichte. Der Fisch kommt täglich frisch von der Fischversteigerung in Palamós, hat also eine sehr gute Qualität. Das Lokal liegt an der Hauptstraße, was aber nicht weiter stört. Es ist schon etwas betagt, die Einrichtung eher klassisch. Über dem Tresen steht auf den Kacheln als Schmuckband ein katalanischer Satz: „Un poble es ric i gran si els fills ho volen" („Ein Volk ist reich und groß, wenn die Kinder es wollen"). Weitere Spruchweisheiten zieren die Wände.

## Verkehrsverbindungen

■ **Busterminal,** Av. de les Voltes 10 (mitten im Zentrum an der Hauptdurchgangsstraße). Verbindungen nach Barcelona, Pals, Palamós.

## Einkaufen

■ **Ceramica Bosch,** c/L'Aigüeta 47, Tel. 972641 200. Zwar liegen mehrere Keramikgeschäfte hier an der Durchgangsstraße, doch dieses bietet viel Auswahl und ist jeden Tag 10–20 Uhr durchgehend geöffnet.

■ **Bodega Matias,** c/Aigüeta 26, Tel. 972640066, Mo–Sa 10–13.30 und 16.30–20, So 11–14 Uhr. Die Weinhandlung unweit der Brücke an der Hauptstraße verkauft Wein in Flaschen, aber auch direkt aus dem Fass – daher der leicht betörende, verführerische Duft aus dem Eingangsbereich.

## Feste

- **15. Juni:** Reunión la Sardana, Tanz u. Sardana.
- **22. Juli:** Festa de Sant Pol, Habaneras und Sardanas.
- **14.–18. August:** Festa Major, das Haupt- und Sommerfest mit Sardanas, Castellers, Feuerwerk, Theateraufführungen, *correfocs* und einem Wettbewerb im Töpfern.
- **5. Oktober:** Festa de Remei, Sardanas und spezielle Attraktionen für Kinder.

## Markt

- Der Markt findet freitags im historischen Zentrum des Ortes statt, bei der Plaça del Castell und der Plaça Major sowie auch in deren Seitenstraßen.

# Púbol

In diesem winzigen Dorf mit 60 Einwohnern liegt eine von drei Dalí-Kultstätten, und zwar keine geringere als die **Casa Museu Castell Gala Dalí.** Das ist ein Schloss, welches *Salvador Dalí* seiner Frau *Gala* 1970 schenkte oder – wie er es ausdrückte – „als Opfergabe an seine verehrungswürdige Muse darbot". Kurios genug war, dass er ohne ihre Erlaubnis das Schloss nicht betreten durfte. *Dalí* soll über seine Liebe zu *Gala* gesagt haben: *„Amo a Gala más que a mi madre, más que a mi padre, más que a Picasso y más que al dinero."* „Ich liebe

547cb sm

827cb sm

Gala mehr als meine Mutter, mehr als meinen Vater, mehr als Picasso und mehr als Geld." Nach ihrem Tod wurde sie in der Krypta dieses aus dem 11. Jh. stammenden Gebäudes beerdigt.

Ein schönes, altes Haus mit einem nett gestalteten Garten, so der erste Eindruck. Im Gegensatz zu Figueres und Portlligat trägt das Schloss keine Dalí-typischen Elemente wie beispielsweise die überdimensionierten Eier auf dem Dach. Garten und Schloss bilden eine Einheit, sind mit dem Dorf verwachsen. Doch trotzdem dringen typische Werke des Surrealisten durch, erheben im Garten drei stelzbeinige Elefanten ihren Rüssel, möglicherweise zum morgendlichen Gruß – wer weiß? Dann fallen noch die vielen Wagnerskulpturen am kleinen Springbrunnen auf. Dies sind nicht allzu viele Hinweise auf das Genie. Auch im Inneren wird der Besucher nicht viel mehr vorfinden, ausgestellt sind nämlich mehrheitlich Originalgegenstände und -möbel des Ehepaares, kaum Kunstwerke. Eigentlich wirkt die Einrichtung relativ normal, lange nicht so extravagant, wie man vielleicht von einem Genie erwartet hätte.

Die Decke des Raumes, in dem *Galas* Thron steht, wurde von *Dalí* persönlich bemalt, „damit sie, wenn sie mal den Kopf hebt, immer ihn in ihren Himmel sehen solle." Als nächstes kommt der Sala de piano und die Bibliothek, dann der türkisfarbene Raum, in dem Dalí zum Schluss lebte und wo auch das Feuer ausbrach, in dem er fast starb. Gegenüber befinden sich das Gästezimmer, die Küche, das Esszimmer und eine Terrasse. Insgesamt wirkt die Einrichtung eher nüchtern. Im oberen Stockwerk befindet sich noch eine Ausstellung von *Galas* Kleidern, die in einem geschickt ausgeleuchteten dunklen Raum platziert sind. Einige wurden von *Dalí* entworfen, andere stammen von weltberühmten Designern.

⌃ Das kleine Dorf Púbol

〉 Bummel durch Púbols Gässchen

■ **Casa Museu Castell Gala Dalí,** Plaça Gala Dalí, Tel. 972488655, www.salvador-dali.org, wechselnde Öffnungszeiten → Website, 9 €, ermäßigt 7 €. Anfahrt: Zu finden an der Straße C-255 (Girona – Palamós, etwa 7 km vor La Bisbal, aus Richtung Girona kommend).

## Wanderung nach Púbol

Eine schöne Wanderung führt vom kleinen Ort **Flaça** (Bahn- und Busstation) nach Púbol. Vom Vorplatz des Bahnhofs, wo auch der Bus nach La Bisbal hält, überquert man die Hauptstraße Carrer Comerç und geht dann weiter geradeaus durch die Travessera Sant Josep ortsauswärts. Nach 300 m ist die Fernstraße C-66 erreicht, die auch überquert werden muss. Danach geht es auf einem asphaltierten Weg hinein in die Natur und immer geradeaus dieser Straße folgend bis Púbol. Zunächst läuft man durch ein Wäldchen, danach durch Wiesen und Weiden, passiert auch ein winziges Dörflein und erreicht schließlich nach 5 km Púbol. Hier kann man *Dalís* Haus besichtigen und sich im Restaurant Can Bosch stärken, bevor es auf demselben Weg zurück geht.

# Pals

- **Einwohner:** 2500
- **Entfernung nach Barcelona:** 138 km
- **Touristeninformation:** Carrer de l'Hospital 22, Tel. 972637380, www.visitpals.com oder www.pals turisme.com.

Pals besitzt **einen der schönsten altertümlichen Ortskerne der ganzen Region.** Die *vila vela* ist relativ klein, die moderne Stadt liegt unterhalb dieses Kerns, dort sind auch die Parkplätze zu finden.

Die **Geschichte** des Ortes begann sehr früh, als sich die ersten Bewohner auf den aus einem Sumpfgebiet herausragenden Hügeln niederließen. *Palos* war denn auch der ursprüngliche lateinische Name für dieses „Sumpfgebiet", daraus wurde später *Pals.* Die Trockenlegung wurde Ende des 19. Jh. durchgeführt, dann konnten die Bauern endlich das fruchtbare Land bepflanzen, vor allem mit Reis.

Im Jahr 889 wurde erstmals ein Ort namens Pals urkundlich erwähnt. Bis zum 13. Jh. bestand die kleine Siedlung aus wenigen Häusern auf einem Hügel, die Kirche und eine Burg ragten wie so oft heraus. Im Jahr 1293 wurden dem Ort Marktrechte gewährt, was zu einem bescheidenen Aufschwung führte. Deshalb wurde auch der besiedelte Bereich durch eine Mauer geschützt. 1401 erfolgte eine weitere Befestigung mit insgesamt sechs Wehrtürmen, von denen noch vier erhalten sind.

> Wunderschön ist der Ortskern von Pals

Friedliche Morgenstimmung am Strand von Pals

548cb hf

☐ Übersichtskarte S. 100

## Die Strände

Die **Platja de Pals** liegt gut 4 km entfernt. Auch dieser Strand besticht durch seine Größe, er misst 4,2 km und hat eine durchschnittliche Breite von 60 m. Strandläufer können bis zum Mündungsgebiet des Río Daró im feinen, weichen Sand laufen. Eine unspektakuläre Promenade begleitet den Strand, an dessen Ausläufern sich sogar einige Dünen gebildet haben. Nur wenige Hotels finden sich hier, ansonsten eher Ferienwohnungen, doch generell wurde bei der Bebauung Augenmaß bewiesen – die Küste ist nicht verschandelt.

043kk jf

## Sehenswertes

Das historische Viertel von Pals trägt offiziell den Namen **Barrio del Pedró** – und so ist es auch gelegentlich ausgeschildert. Es ist ziemlich kompakt und übersichtlich und zugleich eines der am besten erhaltenen mittelalterlichen Ortskerne von ganz Katalonien. Die **Altstadt ist ein Gesamtkunstwerk.** Einfach drauflosbummeln durch die engen, verwinkelten Gassen, durch Torbögen schreiten und über Kopfsteinpflaster wandern. Selbst Garagentore passen sich dem rauen Stil der Häuser an, die aus wuchtigen sandsteinfarbenen, mit Holz durchsetzten Blöcken bestehen. Gaslaternen werfen ein diffuses Licht durch ihr dunkelgelbes Glas, schmale schmiedeeiserne Balkone recken sich vorwitzig und blumenberankt empor. Ein paar Details:

Am nördlichen Ende steht der Aussichtspunkt **Mirador Josep Pla** zu Ehren des aus dem nahen Palafrugell stammenden Literaten *Josep Pla.*

Das **Castillo** stammt aus dem 9. Jh., die Burg war aber im 15. Jh. derart verfallen, dass die Bewohner die Erlaubnis erhielten, aus den Steinen eine Kirche zu bauen. Deswegen stehen nur noch der Hauptturm **Torre del Homenaje** und das Fundament, auf dem eine Kapelle errichtet wurde. Heute befindet sich hier ein Privathaus.

Ab 994 wurde an einer Kirche gebaut, der **Església de Sant Pere,** die Fertigstellung dauerte sehr lange, sodass mehrere Baustile erkennbar sind. Im 15. Jh. wurde die Kirche stark beschädigt und danach erneuert. Sie hat ein Kreuzrippengewölbe und drei Seitenkapellen, ein Fenster ist auffällig bemalt. Im Inneren ist die Gestaltung eher schlicht.

Nennenswert ist auch das Gebäude **Cala Pruna** aus dem 15. bis 16. Jh., wo heute kulturelle Veranstaltungen stattfinden, im Sommer Ausstellungen zu Kunst und auch zur Archäologie.

■ **Cala Pruna,** c/Creu 7, Tel. 972636833, Juli/Aug. Di–So 10.30–13.30 und 18–21 Uhr, Eintritt frei.

Von den ursprünglichen Gebäuden blieb nur ein Turm aus dem 11. Jh. erhalten, er wurde an die Kirche als Glockenturm angeschlossen. Seitdem heißt er **Torre de les Hores,** „Stundenturm“, da eine kleine Glocke aus dem 16. Jh. jede Viertelstunde schlägt und eine größere aus dem Jahr 1701 zu jeder vollen Stunde. Mit seinen 15 m ist er ein weithin sichtbares Wahrzeichen von Pals. Eine tolle Aussicht über das flache Land genießt jeder, der bis zum höchsten Punkt hinaufmarschiert.

Die **Plaça Major** liegt beim Hauptportal der Stadtmauer, wo einst ein Markt stattfand. Heute befinden sich hier einige wenige Geschäfte sowie auch der Sitz der Gemeindeverwaltung, ebenfalls in einem historischen Gebäude aus dem 13. Jh. untergebracht.

Die **Stadtmauer** mit den vier rechteckigen Türmen aus dem 12. bis 14. Jh. existiert auch noch. Wer von unten an ihr hochschaut, erhält eine Ahnung, wie gut die Siedlung einst geschützt war.

## Praktische Tipps

### Unterkunft

Direkt in Pals zu wohnen mag seinen Reiz haben, die attraktiveren Unterkünfte liegen außerhalb in unmittelbarer Nähe zum Strand.

■ **Aparthotel Golf Beach**④, an der Straße zum Strand, Tel. 972636063, www.aparthotelgolfbeach.com. Eine großzügige Anlage, die 118 Studios und Apartments sind auf drei Etagen verteilt, das Haus wurde in L-Form gebaut, es locken ein Pool und eine Liegewiese, zum Strand sind es ca. 500 m.

In diesem Gebiet werden sehr viele **Ferienwohnungen** angeboten, einige wurden in traumhafter Lage hoch über den Felsenklippen gebaut, andere liegen zurückgesetzt unter Pinien. Allzu weit ist es jedenfalls nie zu den Stränden.

■ **Hostal Barris**②-③, c/Enginyer Algarra 51, Tel. 972636702, www.hostalbarris.com. Ein kleines Haus mit 15 angenehmen Zimmern, am Ortsrand von Pals gelegen; Kühlschrank.

■ **Camping Sandaya Cypsela Resort,** c/Rodors 7, Tel. 912158931, www.syndaya.es, Mitte Mai bis Mitte Sept. Einer der wenigen 4-Sterne-Plätze an der Costa Brava. Der Ort Pals liegt 3 km entfernt, der Strand 1,5 km, die Anlage wird straff geführt und bietet viel Platz auf knapp 1200 Parzellen. Das Serviceangebot übertrifft sogar manches Hotel, hier die wichtigsten Punkte: mehrere Restaurants, Tapasbar, Pool, Sportbereich, mehrere Sanitärgebäude, Wäscheservice, Animation, FeWos, Kinderwaschräume, Tischtennis, Kinderspielplatz, Supermarkt, Fahrradverleih, abendliches Programm, Shuttlebus zum Strand. Der Platz liegt komplett unter Pinien, zu erreichen ist er über die Zufahrtsstraße von Pals zur Platja de Pals.

■ **Camping Neptuno,** c/Rodors 23, Tel. 972636 731, www.campingneptuno.com, Anfang Mai bis Mitte Sept. Dieser kleinere Platz liegt etwa 500 m hinter dem Campingplatz Cypsela in einem Waldgebiet. Er bietet den notwendigen Service sowie diverse sportive Angebote und einen großen Pool. Vermietet auch kleine Holzbungalows. Hunde sind nicht erwünscht.

■ **Camping Playa Brava,** Av. del Grau 1, Tel. 972 636894, www.playabrava.com, Mitte Mai bis Mitte Sept. Dieser Platz liegt direkt am Meer und in unmittelbarer Nachbarschaft zu Basses d'en Coll, einer Süßwasserlagune, die in den Mündungsbereich des Río Daró fließt. Der Campingplatz bietet 500 Stellplätze, zum Teil schattenlos, aber ein breites Serviceangebot, sogar, trotz der Nähe zum Meer, einen Pool. Pals liegt 4 km entfernt, Anfahrt in Richtung Platja de Pals, dann der Ausschilderung folgen. Hunde sind nicht erwünscht.

550cb sm

■ **Camping Interpals,** Av. Mediterrània, km 4,5, Tel. 972636179, www.interpals.com, Mitte April bis Ende Sept. Der Platz liegt nur 300 m vom Strand entfernt und hat 625 Parzellen, die im Pinienwald angenehm im Schatten liegen. Alle notwendigen Serviceeinrichtungen, Kinderpool.

## Essen und Trinken

■ **Bona Vista,** c/Muralla 5, Tel. 972668144, liegt mitten in der Altstadt, ist mehr eine Bar, aber von der Terrasse genießt man tatsächlich eine „gute Sicht", wie der Name des Lokals verspricht. Serviert werden Reis-, und Fleischgerichte, aber auch sättigende Bocadillos.

■ **Restaurant El Pedró,** Carrer de les Placetes 29, Tel. 972636983, https://elpedropals.com. Geboten wird katalanische Küche, Grillfleisch und -fisch.

■ **Ca la Pruna,** Plaça Ca la Pruna, Tel. 680945051. Liegt etwas am Rande vom Ort und hat eine große Terrasse. Die Karte ist ein wenig mehr touristisch ausgerichtet mit Pizza, Pasta, Toast und Ähnlichem, aber man sitzt dort wunderbar.

■ **Sol Blanc,** Barri Molinet 14, Tel. 972667365, www.restaurantsolblanc.com, Di/Mi Ruhetage. Etwas außerhalb vom Ort gelegenes historisches Bauernhaus mit angenehmem Garten. Frische, saisonale katalanische Küche mit regionalen Produkten.

⌃ Blick auf Pals mit seinem markanten Turm

## Verkehrsverbindungen

■ **Busterminal,** Av. Paul Companyó. Liegt knapp außerhalb und knapp unterhalb von Pals (wegen der erhöhten Lage des Ortes auf einem Hügel).

## Einkaufen

■ **Ceràmica Planas,** Plaça Major 9, Tel. 972636 402. Breite Auswahl an Gebrauchs- und Schmuckkeramik, meist in fröhlichen Farben gestaltet.

## Feste

■ **Februar:** Karneval.

■ **4.-6. August:** Festa Major, Tanz, Sardanas und sportive Veranstaltungen.

## Markt

■ **Wochenmarkt:** Di 9–13 Uhr, Passeig Europa.

# Begur

- **Einwohner:** 4000
- **Entfernung nach Barcelona:** 126 km
- **Touristeninformation:** Oficina Municipal de Turisme, Avinguda 11 de Setembre 5, Tel. 972624 520, www.visitbegur.cat.

Begur liegt inmitten einer **hügeligen Landschaft,** aber nur ein paar Kilometer von der Küste entfernt, und ist von etlichen *Puigs* (Berge oder Hügel) im Bereich von etwas über 200 Höhenmetern umgeben. Dementsprechend zeigt sich die **Küste** meist durch steil abfallende Felswände, die nur vereinzelt kleine Einschnitte freigeben. Diese sind dann allerdings äußerst malerisch und haben im Laufe der Zeit etliche Großstadtflüchtlinge angezogen. Es gibt genügend Liebhaber solch kleiner, fast schon verspielter Buchten und deshalb finden sich dort auch Apartments, (relativ kleine) Hotels und auch einige schicke Villen. Auch der Ort Begur hat seinen Reiz, die kleine Altstadt zeigt sich durchsetzt mit etlichen Häusern, die zurückgekehrte Auswanderer bauten.

## Die Strände

Die Küstenszenerie bei Begur zählt mit zum Schönsten, was die Costa Brava zu bieten hat. Kaum ein anderer Abschnitt, an dem sie so eindrucksvoll ihren Namen **„Wilde Küste"** bestätigt. Steil abfallende Felsen mit tief eingeschnittenen Buchten, in denen sich winzige Strände verstecken, so in etwa zeigen sich die meisten Orte. Wobei der Begriff „Orte" hier eigentlich nicht recht zutrifft, denn zumeist handelt es sich nur um kleine Siedlungen mit wenigen Häusern. Allerdings findet man auch ein paar exzellente Hotels.

Die Burg überragt die Stadt

044kk jf

## Sehenswertes

Hoch über der Stadt thront die **Festung** auf der Spitze eines Hügels, heute noch sind die Zinnen der runden Befestigungsmauer deutlich zu erkennen. Aus dem Ortszentrum unweit der Kirche führt die Carrer del Castillo hoch zur Burg. Die Anwohner dieser Straße waren in früheren Zeiten verpflichtet, den ermatteten Feudalherren Wasser anzubieten, wenn diese hier vorbeiritten. Das war so eine Art Vasallenpflicht.

Schon zu Beginn des 11. Jh. wurde der Bau einer Festung in Auftrag gegeben vom damaligen Fürsten *Arnust de Begur*. Dann begann eine wechselvolle Geschichte, Eroberer zogen siegreich ein und mussten schmählich abtreten. Nach so viel Zerstörung blieb nicht allzu viel erhalten, deshalb gilt die Aussicht von dort als das Bemerkenswerteste.

Aus jenen kriegerischen Tagen stammen auch noch die **Wehrtürme,** die über die Stadt verstreut zu finden sind. Von einigen existieren nur noch die Fundamente, andere dagegen erheben sich noch in voller Größe. So steht der besterhaltene Turm Mas Pinc, auch als Mas Carmen Amaya bekannt, außerhalb des Ortes. Während des 16. Jh. wurde er als Beobachtungs- und Wehrturm erbaut, mit der Besonderheit, dass es keine Eingangstür gibt. Wer den Turm besteigen wollte, musste über eine Leiter in die erste Etage klettern. 1986 wurde hier ein Kulturzentrum zu Ehren der Flamencotänzerin *Carmen Amaya* eingerichtet. Zwei Türme stehen im Stadtzentrum, Can Pi in der Carrer de Sant Ramon, die zum Castillo führt, und Can Marquès an der Plaça del Pedró.

Neben diesen herausragenden Monumenten zeigt sich das **Ortsbild** als gewachsene Einheit. Rings um die Kirche am zentralen Platz liegen etliche Bars; einige Gassen, die teilweise zu Fußgängerzonen erklärt wurden, führen vorbei und laden zum Bummeln ein. Dort stehen auch einige **historische Häuser,** die überwiegend aus dem 19. Jh. stammen und nicht selten von *Indianos* gebaut wurden, also von zurückgekehrten Auswanderern, die ihr Glück in Amerika gemacht hatten und dies nun auch durch entsprechende Häuser darstellen wollten. *Indianos* wurden sie genannt, weil sie in „Neu-Indien“, wie der amerikanische Kontinent auch genannt wurde, ihr Vermögen machten.

Es sind generell ziemlich große und auffällige Gebäude, nicht selten mit karibischen Stilelementen gebaut, da viele der Auswanderer ihr Geld auf Kuba machten. Einige Häuser haben einen Garten, in denen dann möglichst auch eine Palme wachsen musste.

Unter anderem stehen solche Häuser in der **Carrer Bonaventura,** benannt sind sie immer nach ihren Erbauern:

**Nummer 16:** Casa Vincenç Ferrer Ballester, 1887 erbaut von Ferrer Ballester, der 1856 auswanderte nach Kuba und sein Geld im Tabakgeschäft verdiente.

**Nummer 18:** Casa Pi von einem nach Kuba ausgewanderten Lebensmittelhändler, der auch im Korkgeschäft tätig war.

**Nummer 7:** Casa Pere Roger, 1859 gekauft von einem Tabakfabrikanten, der ebenfalls auf Kuba tätig war.

**Nummer 13:** Mas Cerveras, erbaut von einem Industriellen, der auf Kuba reich wurde.

Ein kurzer Fußweg von vielleicht 300 m führt von der Kirche zu einem ausgeschilderten **Aussichtspunkt** *(Mirador)*. Dieser liegt etwas erhöht vor einer winzigen Kirche und erlaubt einen sagenhaften Blick bis nach L'Estartit und sogar bis Roses. Eine auf Kacheln gezeichnete Reliefkarte erklärt, was man sieht und wie weit jeder Ort entfernt ist.

Eine weitere Aussichtsplattform ist oben beim kleinen Busterminal zu finden. Dort überblickt man den ganzen Ort, die Kirche, die Burg und erkennt auch die Küste. An diesem Platz steht ein Denkmal zu Ehren der 1963 in Begur verstorbenen und sehr populären Flamenco-Tänzerin *Carmen Amaya.*

553cb sm

# Praktische Tipps

## Unterkunft

- **Hotel Rosa**③, c/Pi i Ralló 19, Tel. 972623015, www.hotelrosabegur.com, liegt mitten in der Altstadt, ist familiär, zweckmäßig eingerichtet und hat 21 Zimmer sowie eine urige Bar mit Gewölbedecke und eine nette Terrasse.
- **Hotel Spa Classic Begur B&B**③, c/Pi i Ralló 3, Tel. 685976199, www.hotelclassicbegur.com. Kleines Haus aus dem Jahr 1857 mit 12 Zimmern, das mitten in der Altstadt in einer Fußgängerzone unweit der Kirche liegt. Die Zimmer sind unterschiedlich eingerichtet und statt Zimmernummern tragen sie Jahreszahlen, die einen Bezug zu Begur oder zum Haus haben. Außerdem gibt es einen Spa-Bereich, u.a. mit einem türkischen Dampfbad und Massagen.
- **Camping Begur,** Carretera d'Esclayà 2, liegt an der Straße nach Palafrugell, etwa 1,5 km außerhalb. Tel. 972623201, www.campingbegur.com, Ostern bis Ende Sept. Knapp 200 Parzellen und alle notwendigen Einrichtungen sind vorhanden, inklusive eines Pools, außerdem dichter Baumbestand.

## Essen und Trinken

Die **Carrer de Pi i Rello** gilt als so etwas wie die Kneipenstraße von Begur, hier liegen etliche nette Lokale.

- **Can Torrades,** c/Pi i Tató 3, Tel. 972622881, man kann sowohl drinnen in uriger Atmosphäre als auch nett draußen sitzen. Serviert werden einfache, aber beste Mahlzeiten und frischer Fisch. Mo geschlossen.
- **Can Nasi,** Camí del Mar 5, Tel. 972623411, www.cannasi.com. Zentral gelegenes Lokal mit

Charmante Gasse in Begur

größerer, netter Terrasse. Hier genießt man gute und kreative katalanische Gerichte. Insgesamt etwas höherpreisig, Mo mittags geschlossen.

- **Can Pere,** c/Creu 3, Tel. 97262 749. Kleines Lokal mit eng gestellten Tischen; das Ganze hat ein wenig den Charme einer Höhle. Bietet ein bei Handwerkern beliebtes Mittagsmenü, was auf gute und reichhaltige Portionen hindeutet – kann der Autor bestätigen. Außerdem gibt es hier Grillhähnchen, Paella, Pasta und weitere katalanische Gerichte. Zuletzt war das Lokal nur zur Mittagszeit geöffnet.
- **Restaurant Pati Blau,** c/Concepció Pi i Tató 3, Tel. 972623505, https://patiblaubegur.com. Das Lokal hat nach hinten einen netten Garten und bietet eine Küche mit Produkten aus der Region, allerdings auch internationale Speisen wie Pizza.
- **Turandot,** Avda. Onze de Setembre 27, Tel. 972 622608, www.turandot.es, Fr–Di 13–15.30, 20–22.30, Mi/Do 20–22.30 Uhr. Kreative, ja sogar originelle Küche, die traditionelle Gerichte leicht abgewandelt. Es gibt Menü-Vorschläge, aus denen man auswählt.
- **Galena Mas Comangan,** c/ Ramon Llull 1, Tel. 972623210, www.mascomangau.com, Di Ruhetag. Regionale und mediterrane Küche, geboten in einem historischen, urigen Landhaus (Masía), das zugleich auch ein Hotel ist.

## Verkehrsverbindungen

- **Busterminal,** Plaça Forgas 6, Sarfa-Busse nach Girona, Barcelona und Palafrugell starten von hier, außerdem regelmäßige Verbindungen im Sommer zu den Strandbuchten von Aiguafreda, Sa Tuna, Sa Riera und Aiguablava.

## Feste

- **28.–30. Juni:** Sant Pere mit heiliger Messe, Sardanas, Theateraufführungen, Attraktionen für Kinder und Habaneras.

045kk jf

- **Anfang September:** Fira d'Indians, ein Fest zu Ehren der früheren Auswanderer nach Mittelamerika. Es gibt einen Markt mit Produkten der Karibik und Mittelamerikas, Musik und Handwerk aus Übersee und es wird in Sequenzen die damalige Auswanderung nachgespielt, beispielsweise wie Neugierige angeworben wurden.
- **Dritter Sonntag im September:** Santa Reparada mit heiliger Messe, Sardana, Habaneras und kulturellen Aktivitäten.

## Markt

- Mi 8–14 Uhr, rund um die Kirche.

⌃ Wehrturm

# Sa Riera

Von Begur windet sich eine Straße durch ziemlich enge Kurven hinunter in diese **ansprechende kleine Bucht.** Entlang des Weges stehen etliche Häuser, teils dauerhaft bewohnt, teils als Zweitwohnsitz genutzt, teils auch als Ferienhaus zu mieten. Unten angekommen endet die Straße vor einem Platz, an dem auch die Kleinbusse ihre letzte Station haben. Größere Busse hätten sowieso Schwierigkeiten, es bis nach unten zu schaffen. Ein kurzer Weg von weniger als 100 m führt dann bis zum Strand. Vor dem Strand verläuft eine recht kurze Promenade ausschließlich für Fußgänger. Eine gewisse touristische Infrastruktur ist hier durchaus schon entstanden, doch es hält sich alles noch in einem bescheidenden Rahmen. Zwei Hotels gibt es, einige Ferienwohnungen und auch eine Handvoll Lokale, das war es eigentlich. Links und rechts wird die Bucht von steil aufragenden Felsen begrenzt. Viel ist hier nicht los und außerhalb der sommerlichen Hauptreisezeit dürfte es ganz außergewöhnlich ruhig sein.

Auf den umliegenden Hügeln schlängeln sich Straßen zu einer ganzen Reihe von Ferienhäusern, deren Bewohner kommen gern mal auf einen Schwatz runter in die paar Lokale von Sa Riera. Abends ziehen sich aber alle wieder zurück und man hat die wenigen Straßen für sich allein.

☒ Der Strand von Sa Riera

## Der Strand

Etwa 200 m lang und gute 30 m breit ist der helle Kiesstrand an der **Platja de Sa Riera,** an der rechts ein paar Fischerboote dümpeln. Begrenzt wird die Bucht links wie rechts durch aufsteigende Felsgruppen. Am Ende des Strandes führt ein schmaler Fußweg, teilweise über Treppen, bis zu den Stränden von Pals.

## Praktische Tipps

### Unterkunft

- **Hotel Sa Riera**③-④, Tel. 972623000, www.sariera.com, insgesamt 47 Zimmer werden angeboten, eine nett gestaltete Anlage mit zwei Etagen, vom Balkon teilweise Meerblick. Ein kleiner Pool ist vorhanden. Das Haus liegt etwas erhöht in der zweiten Reihe und ist aus dunklem Feldstein gebaut. Im Winter geschlossen.
- **Pension Es Bas**③, Tel. 972622228, www.esbas.cat, liegt etwa 30 m vom Strand entfernt, ein zweckmäßiges, zweistöckiges Gebäude, zwar ohne besonderen Flair, aber teilweise mit Meerblick. Oktober bis Ende April geschlossen.
- **Camping El Maset,** Tel. 972623023, www.campingelmaset.com, Anfang Mai bis Ende Sept. Insgesamt 107 Parzellen bietet dieser Platz, der 300 m vom Strand entfernt liegt, auf der rechten Seite der Zufahrtsstraße. Der Platz ist terrassenförmig angelegt, die Zufahrt allerdings für größere Gespanne nicht empfehlenswert.

### Essen und Trinken

- **Restaurant Es Bas,** Tel. 972622228, geöffnet von Ostern bis Ende Sept. Liegt direkt am Meer und bietet Reis- und Fischgerichte bei etwas schlichter Einrichtung.

■ **Restaurant Costa Brava,** Tel. 972622093, zuletzt nur am Sa/So 9–16.30 Uhr geöffnet. Mediterrane Küche, überwiegend mit Fisch, wobei viele lokale Produkte verwendet werden. So kommen beispielsweise die Anchovis aus L'Escala und die Gambas aus Palamós. Existiert seit 1961.

## Aiguafreda

Aiguafreda ist eine **tief eingeschnittene Bucht,** an deren Hängen einige Häuser kleben. Die Platja de Aiguafreda verdient hier kaum den Namen Strand, zeigt sie sich doch sehr klein, vielleicht 20 m, und äußerst steinig.

Eine kurvenreiche Straße führt zur Bucht, dort liegt das empfehlenswerte **Restaurant Sa Rascassa.** Ein bewachter Parkplatz befindet sich vor dem Eingang. Die ganze Lage ist äußerst einsam, sodass man hier nach einer Mahlzeit noch etwas Siesta halten kann.

### Unterkunft, Essen und Trinken

■ **Hostal und Restaurant Sa Rascassa**④, Tel. 972622845, www.hostalsarascassa.com. Zwar nur fünf Zimmer, die aber dafür mit tollem Meerblick. Sie sind gut eingerichtet und insgesamt bleibt es ruhig, die Betreiber sagen mit Stolz: „Im Umfeld von drei Kilometern gibt es keine Disco und keine Bar." Nur ihr eigenes kleines Restaurant mit toller Terrasse und guter Fisch- sowie Reisküche. Laut Homepage abends keine Kinder, die jünger als 12 Jahre sind.

554cb hf

555cb sm

# Sa Tuna

Eine ziemlich kurvige Straße mündet schließlich in dieser **kleinen Bucht** mit einigen Häusern, die sich um den kleinen Strand drängen. Hinter den Häusern wächst ein dichter **Pinienwald,** nur vereinzelt unterbrochen von einigen Ferienhäusern mit sagenhafter Aussicht. Die Mini-Bucht wird links und rechts von steil aufragenden Felsen begrenzt. Nach rechts führt ein Weg zur nächsten sehr kleinen Bucht S'Eixugador, während nach links ein Wanderweg entlang der Küste auf relativ flachem Gelände hinüber zur Bucht Aiguafreda geht.

## Der Strand

Die **Platja de Sa Tuna** ist etwa 80 m lang. Der Sand wirkt kieselig, das Wasser blitzt in der Abenddämmerung so dunkelblau, dass der große katalanische Dichter *Josep Pla* zu erkennen glaubte, dass es dick und schwer sei. Etwa 200 m vor dem Strand liegen auch bewachte Parkplätze.

## Praktische Tipps

### Unterkunft

- **Hostal Sa Tuna**③-④, Passeig de l'Àncora 6, Tel. 972622198, www.hostalsatuna.com, geöffnet zwischen Ostern und Ende Sept. Kleines, helles Haus direkt am Strand mit fünf guten Zimmern, deren Balkone zum Meer ausgerichtet sind. Das Haus hat auch ein keines Restaurant (viel Fisch, Tapas) mit einer tollen Terrasse zum Meer.

⌃ In der kleinen Bucht Sa Tuna

› Einsamkeit pur: Nur per Boot zu erreichen

### Essen und Trinken

- **Restaurant Es Furió,** am Strand, Tel. 972620 036, https://esfurio.com. Liegt nahe am Wasser und hat ebenfalls eine hübsche Terrasse. Serviert werden Fischgerichte und *platos combinados.*

# Platja Fonda, Platja de Fornells und Platja Aiguablava

Diese drei – sehr unterschiedlichen – Strände liegen in unmittelbarer Nachbarschaft etwa 8 km von Sa Tuna entfernt nahe der Urbanización bei Aiguablava.

## Platja Fonda

Diesen Strand in der Urbanización bei Aiguablava kann man **nur zu Fuß erreichen.** Der Weg führt durch eine Ansammlung von teilweise luxuriösen Anwesen und endet an einer steilen Treppe. Diese führt über gut 30 m hinunter in die **Bucht,** in der die grausandige, 150 m lange Platja Fonda eingezwängt liegt. Direkt hinter dem Strand erhebt sich eine wohl 100 m hohe Felswand, und dort oben befindet sich ein Haus an den Klippen mit traumhaftem Ausblick.

## Platja de Fornells

Dieser Strand ist eigentlich keiner, jedenfalls nicht in unserem Wortsinn. Fornells soll dennoch hier aufgenommen werden, weil in dieser Bucht **eines der besten Hotels der Costa Brava** liegt.

556cb sm

Wie gesagt, ein Strand ist nicht zu finden, nur eine felsige Bucht, in der aber immerhin einige Liegeflächen für die Gäste des Hotels Aiguablava geschaffen wurden.

### Unterkunft

- **Hotel Aiguablava**④, Tel. 972622058, www.aiguablava.com. Dieses Haus direkt am Meer ist abgestuft gebaut, sodass etliche Zimmer eine Terrasse mit Blick aufs Meer haben. Aber auch die 85 Zimmer in dem hinteren Gebäude bieten hohen Komfort und einen Blick in den weitläufigen Garten von 15.000 m². Aber keine Frage, die „Sahnestücke"-Zimmer zeigen zum Meer, wo man den Sundowner auf der eigenen Terrasse genießen kann und über ein paar Treppen schnell das Meer erreicht.

## Platja Aiguablava

Platja Aiguablava ist eine kleine Bucht mit einem 100 m langen **Sandstrand,** der relativ belebt ist. Direkt dahinter steigt eine Felswand gute 50 m hoch, und dort oben thront ein Parador Nacional. Dieses staatliche Hotel glänzt nicht gerade durch Schönheit, aber die Lage und damit der Ausblick sind in der Tat hervorragend.

### Unterkunft

- **Parador Nacional Aiguablava**④, Tel. 972622162, www.parador.es. Ein relativ schmuckloser Kasten von außen, von innen natürlich mit allem Komfort, den die Parador-Kette verspricht und hält. Obendrein liegt die Anlage traumhaft, umgeben von einem dichten Pinienwald und mit schönem Blick aufs Meer und das Hotel Aiguablava.

# Palafrugell

- **Einwohner:** 23.000
- **Entfernung nach Barcelona:** 119 km
- **Touristeninformation:** Av. Generalitat 33, Tel. 972300228, www.visitpalafrugell.cat.

Ein bisschen schwer hat es diese Kleinstadt schon. Dabei genießt sie den Status einer Hauptstadt der **Comarca Baix Empordà.** Ihre Lage ist typisch für viele Siedlungen des Mittelalters unweit der Küste. Man bevorzugte eine gewisse Distanz zur Küste und eine möglichst etwas versteckte Lage, um sich vor der damals allgegenwärtigen Piraterie zu schützen. Auch deswegen wurde eine Festung gebaut, unter deren Schutz sich der kleine Ort sicher fühlen und etwas entwickeln konnte. Einen ziemlichen wirtschaftlichen Schubs gab es im 18. Jh. mit der Entwicklung der Verarbeitung von Kork, der abgeschälten Rinde von Korkeichen.

Immerhin, möchte man da sagen, doch gleichwohl verbleibt Palafrugell touristisch in der zweiten Reihe, zu reizvoll sind die nahen Orte am Meer. Dort vergnügt und entspannt man sich, hier in Palafrugell wird gearbeitet, ehemals vor allem in der Korkindustrie. Dieses Geschäft ist zwar nicht gänzlich eingestellt, dominiert aber auch nicht mehr. Zur Er-

☒ Die schöne Bucht Aiguablava

innerung wurde ein eigenes **Korkmuseum** geschaffen. Außerdem lebte in Palafrugell der große **katalanische Literat Josep Pla.**

Die **nächsten Strände** sind über eine autobahnähnliche Straße schnell zu erreichen und liegen nur 4 km entfernt.

## Sehenswertes

Eine Umgehungsstraße führt großzügig um die Stadt, wer ins Innere vordringen will, sollte aber nicht zu weit hineinfahren und lieber auf einem ausgeschilderten Parkplatz den Wagen abstellen. Im Straßengewirr der **Altstadt** ist es besser, zu Fuß zu gehen.

Der **Kern des alten Viertels** liegt zwischen Plaça Nova und der gotischen Kirche Sant Martí aus dem 15. Jh. Eigentlich kann diese Zone nicht verfehlt werden, denn die Häuser werden immer älter, die Straßen immer enger, einige sind zu Fußgängerzonen erklärt worden. Hier finden sich aber auch teilweise sehr gut erhaltene Jugendstilhäuser, die aus der Epoche stammen, als einige Bürger zu Wohlstand gekommen waren.

Die **Plaça Nova** fällt relativ groß aus, ein paar Cafeterias und Tapas-Bars liegen hier neben Häusern aus der Jahrhundertwende mit teilweise genauso alten Läden. Nur ein paar Schritte weiter ist die **Kirche Sant Martí** erreicht, ein wuchtiger Bau mit beeindruckendem Turm. Sie ist durch einen Anbau teils gotischen (15. Jh.), teils barocken (18. Jh.) Stils. Im Bürgerkrieg brannte das Gotteshaus, wurde aber später wieder restauriert, aus der Zeit stammen auch die hübschen Wandmalereien im Inneren.

Die **Fundación Josep Pla** (1897–1981) liegt in einem Gebäude direkt neben dessen Geburtshaus Nr. 49. In diesem Kulturinstitut sind 5000 Bücher untergebracht, die einstige Bibliothek des Literaten, Originalmanuskripte und Erinnerungsstücke. Außerdem gibt es eine

https://stock.adobe.com © nachosuko

## Die Korkindustrie von Palafrugell

Erst im 18. Jh. wurde Kork in etwas größerem Stil verarbeitet, nämlich mit dem Aufkommen der Sektindustrie, für die man Flaschenkorken benötigte. Und so nahmen die Dinge ihren Lauf: 1797 soll es 21 kleine Betriebe im Großraum Palafrugell gegeben haben, die Kork geschält und zu Korken verarbeitet haben. Knapp 100 Jahre später arbeiteten etwa 1000 Personen in den Korkfabriken. Dann kam der Kork-Boom, sodass 1913 schon 3500 Menschen beschäftigt waren, die Region hatte somit einen wichtigen Wirtschaftszweig. Mit der Einführung der Dampfmaschine wurden allerdings wieder etliche Arbeiter überflüssig.

Die Korkindustrie dominierte noch viele Jahre, bevor in den 1950er Jahren der Tourismus begann zu einem noch größeren Wirtschaftszweig aufzusteigen. Palafrugell gilt aber auch heute noch als wichtigster Produktionsstandort der Korkindustrie in Katalonien, kein Wunder, dass ein eigenes Museum diesem Thema gewidmet wurde, das einzige in ganz Spanien.

Wer heute eine Flasche spanischen Sekt öffnet, hält in der Regel einen Cava in der Hand, einen Schaumwein aus Katalonien. Und diese sind in ihren Qualitätsnormen genauso strikt wie die Champagnerhersteller aus Frankreich. Ein Detail zeigt dies deutlich, denn der Korken trägt markante Merkmale. Wenn auf seiner Unterseite ein Stern abgebildet ist, handelt es sich um Cava nach traditioneller Herstellung. Trägt der Korken hingegen einen Kreis, wurde die Fermentierung in großen Behältern außerhalb der Flasche vorgenommen.

Dauerausstellung zum Leben von *Josep Pla* sowie auch thematisch wechselnde Expositionen.

■ **Fundación Josep Pla,** c/Nou 51, Tel. 972305 577, www.fundaciojoseppla.cat, Sommer Di–Sa 9–13 und 17–20.30, So 10–13 Uhr, sonst Di–Fr 9–14 und 16–18.30, Sa 10.30–14 und 16–19, So 10.30–14 Uhr.

**Das Museu del Suro,** das Korkmuseum, thematisiert die gesamte Bandbreite des Produktes Kork, vom Anbau über die Ernte bis hin zur Verarbeitung. Vorgestellt werden auch die diversen Endprodukte, die Vielfalt der Korken und weitere überraschende Alltagsdinge wie z. B. Korkpapier. Ausgestellt sind auch verschiedene Maschinen zum Pressen und Verarbeiten des Rohmaterials und etliche historische Fotos geben Einblick in die damalige Schwerstarbeit. Es handelt sich übrigens um das einzige Museum seiner Art in ganz Spanien.

■ **Museu del Suro,** Plaça del Museu s/n, Tel. 972 307825, www.museudelsuro.cat, Juli/Aug. Mo–Sa 10–14 und 17–20, So 10–14 Uhr, sonst Di–Fr 10–13 und 16–19, Sa 10–14 und 17–20, So 10–14 Uhr, 3 €, ermäßigt 1,50 €.

☒ Palafrugell war einst eine Hochburg der Korkindustrie

# Praktische Tipps

## Unterkunft

Eine Vielzahl von netten Häusern am Meer ist in den nahen Küstenorten zu finden, deshalb hier nur zwei Vorschläge im Stadtgebiet:

- **Hostal Plaja**②-③, c/Sant Sebastià 34, Tel. 972300526, http://hostalplaja.com. 16 einfache Zimmer zählt dieses Haus, das wohl trotzdem die erste Wahl von Palafrugell darstellt und recht nahe an der zentralen Plaça Nova liegt.
- **Fonda L'Estrella**②-③, c/de Quatre Cases 13–17, Tel. 972300005, www.fondaestrella.cat. Neun Zimmer hat dieses kleine, weiße Haus, das in einer Seitenstraße liegt. Diese sind einfach, aber schmuck eingerichtet, einige allerdings nur mit Gemeinschaftsbad. Angeschlossen ist im Patio eine gemütliche Wermut-Bar.

## Essen und Trinken

- **Restaurant La Xicra,** c/de Sant Antoni 17, Tel. 972305630, http://www.restaurantlaxicra.eu, Mi geschlossen. Die Karte bietet Gerichte aus „Mar y Muntanya", also sowohl Fisch als auch Fleisch. Obendrein präsentiert der Koch für die Region typische und der Jahreszeit entsprechende Menüs.

https://stock.adobe.com © JAH

## Verkehrsverbindungen

- **Busterminal:** c/Lluís Companys 2, Tel. 072301 835, Verbindungen nach Barcelona, Platja d'Aro und umliegende Orte, aber auch nach Girona und Tamariu sowie Calella.

## Einkaufen

- **Vins i licors Grau,** c/Toroella 163, Tel. 972801 835, Mo–Sa 9–13 und 16–20.30, So 10–13.30 Uhr. Eine Weinhandlung, die zu den größten weit und breit zählt und eine überwältigende Auswahl anbietet.

## Feste

- **Pfingstsonntag:** Frühlingsfest, karnevalistisches Fest mit Umzügen.
- **20.–21. Juli:** Santa Margarida, Co-Patronin des Ortes, mit Tanz, Theater, Konzerten, Sardanas und Attraktionen für Kinder.
- **11. November:** die sogenannte Fiesta Pequeña, kleine Feierlichkeit mit Ausstellungen, Tanz und einem Wettbewerb von Kinderzeichnungen.

## Markt

- Ein Markt findet Di–Sa zwischen 8 und 13 Uhr in der c/Pi i Margall unweit der Plaça Nova statt. Angeboten werden hauptsächlich Gemüse, Früchte, Fleisch und Fisch.

Sonntag zwischen 8 und 14 Uhr in der c/Pi i Margall, neben Lebensmitteln werden hier u.a. auch Bekleidung und Spiele gehandelt.

# Tamariu

- **Einwohner:** knapp 300
- **Entfernung nach Barcelona:** 123 km
- **Touristeninformation:** Carrer de la Riera s/n, Tel. 972620193.

Ein Kleinod muss es früher mal gewesen sein, dieses Tamariu. So etwas, was man als Reisender immer sucht und sehr selten findet. Marke: **Winziger Ort,** malerisch vor einer kleinen Strandbucht gelegen, die von Felsen eingerahmt wird. Und die vor allem wenig bekannt ist. Hauptsächlich Letzteres hat sich heute erledigt, aber es steht außer Frage, dass Tamariu immer noch seinen ureigenen Charme hat. Ein Teil dieses Ortes hat sich dem Tourismus geöffnet, hauptsächlich der Bereich beim Strand. Dort liegt alles recht kompakt, ein paar Restaurants, Geschäfte, einige wenige Hotels und eben die auch nicht allzu große Strandbucht. Der Ort zieht sich vom Wasser die aufsteigenden Hügel hoch, verliert sich schließlich in den Gassen. Vereinzelt werden hier FeWos angeboten, aber meist handelt es sich um Immobilien von wohlhabenden Katalanen. An Abwechslung wird man in Tamariu nicht viel finden; wer ein breites Angebot sucht, dürfte hier falsch sein.

## Der Strand

Die kleine **Platja de Tamariu** mit hellem und weichem Sand misst 180 m und wird von Felswänden eingerahmt. Eine kleine Straße schließt den Strand ab, dahinter liegen auch gleich die ersten Geschäfte und Lokale.

## Sehenswertes

Als lokale Pflichtstation kann der **Leuchtturm von Sant Sebastià** bezeichnet werden, der etwa eine Stunde Wegstrecke außerhalb von Tamariu liegt. Ein Wanderweg führt dorthin, und die Mühe lohnt, denn vom Faro (so die verkürzte Ausschilderung, *faro* = Leuchtturm) genießt man einen schönen Blick auf das umliegende Panorama. Im 18. Jh. wurde hier auch eine kleine Kapelle errichtet.

Der Weg führt immer entlang der Küste durch einen Pinienwald, hinab in eine einsame Bucht und auch wieder hinaus und endet schließlich hoch oben am Leuchtturm, wo zur Belohnung auch noch ein Lokal mit Terrasse auf erschöpfte Wanderer wartet.

Der Weg ist mit den rot-weißen Markierungen des Fernwanderwegs GR-92 ausgeschildert, allerdings ist es schon ein mühseliger Weg, der auch im letzten Teil ziemlich ansteigt. Einfacher wäre es, ihn umgekehrt zu gehen, also zum Leuchtturm zu fahren (eventuell per Taxi) und von dort Richtung Tamariu zu laufen (→ Llafranc).

## Praktische Tipps

### Unterkunft

- **Hotel Tamariu**④, Passeig del Mar 2, Tel. 972 620031, www.tamariu.com, Mitte Feb. bis Okt. Ein zweistöckiges weißes Haus, Zimmer mit Balkon und Blick in die Bucht, unten befindet sich ein Restaurant. Die Zimmer sind klar und hell gehalten, die Einrichtung sehr zweckmäßig.
- **Hotel Hostalillo**④, c/de la Bellavista 22, Tel. 972620228, www.hotelhostalillo.com, Mitte März bis Ende Okt. Dieses Haus mit immerhin 70 Zim-

828cb sm

mern liegt hervorragend an der rechten Seite der Bucht (mit Blickrichtung Meer) etwas erhöht auf den Felsen, man genießt dadurch einen traumhaften Blick aufs Meer.

- **Hotel Es Furió**③, c/del Foraió 5–7, Tel. 972 620036, www.esfurio.com. Ein kleines Haus (8 Zimmer) mit einer angeschlossenen Bar, keine 30 m vom Strand entfernt. Die Zimmer sind liebevoll eingerichtet mit z. T. antiquarischen Möbeln.
- **Camping Tamariu,** c/de Costa Rica 2, Tel. 972620422, Mai bis Sept. Der Platz befindet sich nur 500 m vom Strand entfernt, die etwa 170 Parzellen liegen zumeist unter Pinien. Alle notwendigen Einrichtungen sind vorhanden.

Auf dem Weg von Tamariu zum Leuchtturm

## Essen und Trinken

- **Restaurant El Palanquí,** Passeig del Mar 19, Tel. 972620044, im Sommer tägl. geöffnet. Hat eine schöne Terrasse und ist deswegen wohl auch sehr beliebt. Einige Gerichte sind höherpreisig, aber die Leute kommen gerne, stehen sogar Schlange, um auf einen freien Tisch zu warten. Serviert werden vor allem Fisch und Meeresfrüchte, sowie Gerichte mit Produkten der Region.
- **Restaurant Es Dofí,** Passeig del Mar 21, Tel. 972620043, im Sommer tägl. geöffnet. Bietet viel Fisch, auch einen Tagesfang *(pescado del día)*. Außerdem gibt es gegen den kleinen Hunger Kleinigkeiten unter dem Stichwort *pica-pica*.

## Verkehrsverbindungen

- **Busterminal:** Carrer de la Riera, die kleine Bushaltestelle liegt vielleicht 100 m entfernt von der Bucht am Kreisverkehr bei der Hauptzufahrtsstraße. Verbindungen nach Palafrugell.

## Aktivitäten

- **Tauchen:** Centro de bucco Tamariu Stolli's, Passeig del Mar 26, Tel. 972620035, www.stollis-divebase.de. Das deutschsprachige Tauchzentrum gibt es schon seit 1971, der Anlegesteg liegt nur 30 m von der Basis entfernt. Getaucht wird an einem Hausriff sowie an elf anderen Plätzen.

## Feste

- **15. August:** Festa Major mit Messe, Sardanas und abendlichem Tanzvergnügen.
- **Erster Samstag im September:** Habanera singen.

# Llafranc

- **Einwohner:** 300
- **Entfernung nach Barcelona:** 121 km
- **Touristeninformation:** Passeig Cypsela s/n, Tel. 972305008, www.visitpalafrugell.cat.

Eine zweispurige **Straße** führt von Palafrugell an die Küste, bringt den eiligen Erholungssuchenden schnellstens zum Meer. Da mag man einen großstädtischen Ort vermuten, wenn schon eine derartige Straße gebaut wurde, aber weit gefehlt. Llafranc zählt, genau wie Tamariu, zu den **kleineren, aber netten Orten,** die in einer malerischen Bucht liegen.

Der Ortskern befindet sich unten an der Strandbucht, wo auch die wenigen Hotels und eine Handvoll Restaurants nebst jeweiliger Terrasse zu finden sind. Links und rechts erhebt sich die felsige und teilweise mit Pinien bewachsene

⌵ Hochsommer in Llafranc

559cb sm

Küste. In der zweiten und dritten Reihe stehen weitere Häuser, doch überwiegend sind sie recht klein und selbst die Apartmentblocks sind keine Hochhausmonster. Die Gäste flanieren auf der Promenade, dösen am Strand und irgendwann landen alle in einem der Terrassenlokale. Im Hochsommer ist hier schon ziemlich viel los, außerhalb dieser kurzen Zeit bestenfalls noch am Wochenende.

Nach einem halbstündigen Spaziergang hat man den Ort erkundet. Gut, eine Spur größer als der Nachbar Tamariú ist dieses Llafranc schon. Hat mehr Häuser, auch eine größere Auswahl an Hotels und Lokalen. Selbst die **Strandpromenade** zieht sich über einige hundert Meter vor dem weitgeschwungenen Strand. Und ein leichter Hauch von schickem Ambiente durchweht den Ort, ohne dass dieser nun übertrieben mondän wirkte. Nett ist es allemal dort!

## Der Strand

Die **Platja de Llafranc** wirkt größer als die offiziellen 360 m, das mag an der Breite und der kleinen Promenade liegen. Zur rechten Seite (Blickrichtung Meer) erhebt sich eine Felswand, an der ein paar Häuser mit unschlagbarem Ausblick liegen. An der linken Seite stehen noch ein paar alte Fischerhäuschen, der Hafen begrenzt den Strand.

## Sehenswertes

Wie schon bei Tamariu erwähnt, bleibt ein kleiner Fußmarsch zum **Cap de Sant Sebastià** der lokale Pflichtbesuch. Vom dortigen Leuchtturm hat man eine tolle Aussicht. Es lohnt auch einmal den Weg rechts (Blickrichtung zum Meer) hochzusteigen, am Hotel Casamar vorbei und weiter in den **Pinienpark** hineinzugehen. Der Weg schlängelt sich dort hoch oberhalb der Küste entlang und liefert fantastische Ausblicke auf den Ort und den Strand.

Der Wanderweg zum Leuchtturm und nach Tamariu hingegen beginnt links der Bucht (Blickrichtung Meer) und ist als Teil des GR-92 mit rot-weißen Zeichen markiert (→ Tamariu). Zunächst läuft man wenig idyllisch auf einer Straße, die sich hoch oberhalb der Küste (tolle Ausblicke!) bis zum Leuchtturm schlängelt. Von dort genießt man einen ganz besonders schönen Fernblick und hier beginnt der eigentliche Wanderweg. Er führt buchstäblich über Stock und Stein, zunächst recht wild hinab, teilweise führt die Strecke aber auch über Holztreppen. Hat man den Einstieg hinter dem **Leuchtturm** gefunden, kann man dem Weg ganz gut folgen. Unten angekommen, geht es dann alsbald über ein Feld und danach hinunter über Treppen und durch ein Pinienwäldchen in die Bucht **Cala Pedrosa.** Dort unten gibt es einen sehr steinigen Strand und zumindest an Sommerwochenenden ist die Bar geöffnet. Weiter geht es auf der linken Seite (Blickrichtung zum Meer) über Treppen steil nach oben und schließlich durchquert man oben einen Pinienwald. Zum Schluss, schon in Sichtweite von Tamariu, führt der Weg über Felsen, die dem Strand vorgelagert sind.

Je nach Ausdauer und eingelegten Pausen benötigt man zwischen eineinhalb und knapp zwei Stunden für die einfache Strecke. Man sollte unbedingt festes Schuhzeug tragen und nicht mit Badeschlappen oder Ähnlichem losgehen, wie auch schon gesehen, denn die Strecke führt zumindest teilweise durch ziemlich urwüchsiges Gebiet.

# Praktische Tipps

## Unterkunft

- **Hotel Terramar**④, Passeig de Cípsela 1, Tel. 972300200, www.hterramar.com, April bis Ende Okt., liegt direkt an der Promenade, und von einigen der 53 Zimmer hat der Gast einen tollen Ausblick aufs Meer. Die Zimmer sind hell und sehr zweckmäßig und insgesamt mit einem gewissen Chic eingerichtet.
- **Hotel Llevant**④, c/de Pere Pascuet 3, Tel. 972 300366, www.hotel-llevant.com, liegt ebenfalls direkt an der Promenade, keine 5 m vom Strand entfernt, bietet 24 angenehme Zimmer. Es gibt unterschiedliche Preise, je nach Lage der Zimmer (Meerblick, Innenhof, Seitenstraße). Die Zimmer sind hell, fast luftig-leicht und sehr zweckmäßig eingerichtet.
- **Hotel Llafranch**④, Plaça Promotori 2, Tel. 972 300208, www.hllafranch.com. Ein weiteres kleines Haus mit nur 28 Zimmern und einem guten Restaurant. Einige Zimmer haben Blick aufs Meer. Auch hier folgt man einem hellen, klaren Konzept, möbliert die Zimmer zwar sparsam, aber überaus zweckmäßig. Ganzjährig geöffnet.
- **Far de Sant Sebastià**④, Muntanya de Sant Sebastià s/n, Tel. 972301639, www.hotelelfar.com. Ein kleines Schmuckstück ist dieses Haus mit nur 9 Zimmern, das etwas außerhalb in einem Gebäude aus dem 18. Jh. liegt. Luxuriöse und stilvolle Einrichtung mit unschlagbarem Meerblick, allerdings je nach Saison 200–250 €, im Hochsommer sogar noch darüber.
- **Casamar**③-④, c/del Nero 3, Tel. 972300104, www.hotelcasamar.net. Kleines, familiäres Haus mit 20 Zimmern und netter Terrasse. Auch hier gibt es Zimmer mit Meerblick, aber auch welche mit Seitenausblick bzw. die zum Innenhof liegen. Einige haben sogar eine eigene Küche. Januar bis Ende März geschlossen. Das angeschlossene Restaurant Casamar wird weithin geschätzt!
- **Kim's Camping,** Camí de la font d'en Xeca 1, etwa 500 m außerhalb des Ortes, Tel. 972301156,

561cb sm

www.campingkims.com, Mitte März bis Ende Sept. Die 350 Parzellen liegen unter Pinien. Bungalows können auch gemietet werden. An Serviceeinrichtungen gibt es neben dem Supermarkt eine Bar, ein Restaurant, einen Kinderpool und einen Spielplatz.

## Essen und Trinken

- **Restaurant Terramar,** Passeig de Cípsela 1, Tel. 970300200. Liegt sehr schön an der Strandpromenade und hat eine große Terrasse unter Pinien. Die Speisekarte ist umfangreich, beinhaltet auch ein Tagesmenü sowie Kleinigkeiten wie Tapas oder Sandwiches.
- **Restaurant La Llagosta,** c/Francesç de Blanes 24, Tel. 972300115, www.hostallallagosta.com, im Sommer tägl. geöffnet. Hauptsächlich Fisch wird serviert, auch als Vorspeise, insgesamt eine eher überschaubare Karte. Nette Terrasse zum Meer.
- **Restaurant la Bella Costa,** c/Francesç de Blanes 8, Tel. 972199482, www.bellacostallafranc.com, tägl. 10–18 Uhr. Hat auch eine Meerblick-Terrasse und bietet eine überschaubare Speisekarte mit wenigen Fleischgerichten, dafür vermehrt Fisch und Meeresfrüchte und vor allem Menüs. Es gibt auch *Raciones,* also mittelgroße Tellergerichte, und gegen den kleinen Hunger halbe *Raciones.*
- **Bar La Sirena,** Passeig de Cípsela 31, Tel. 972 301138. Liegt am oberen Ende der Promenade, ist relativ einfach gestrickt und ein wenig das Gegenstück zu den meist etwas schickeren Restaurants an der Promenade. Serviert werden Tapas oder Gerichte à la carte – bei einer nicht allzu großen Auswahl. Es gibt eine kleine Terrasse.
- **Chez Thomas,** c/Lluís Marquès Carbó 2, Tel. 972306215, https://chez-tomas.business.site, Di Ruhetag, sonst 20–24, Sa/So auch 13–16 Uhr. Ruhig gelegenes Lokal mit angenehmer Terrasse. Mediterrane Küche, aber auch lokale Gerichte.

046kk jf

▷ Schnorcheln bei Llafranc

◁ Auf der Wanderung von Llafranc nach Tamariu reizt ein Zwischenstopp in der Bucht Cala Pedrosa

## Aktivitäten

- **Tauchen:** Diving Centre Tritón, Plaça dels Pins, Tel. 620530036, www.tritonllafranc.com, bietet Tauchgänge und Schnupperkurse an.

## Feste

- **Erster Samstag im August:** Am Strand werden Habaneras gesungen.
- **19.–21. August:** Festa Major de Santa Rosa, traditionelles Fest mit Messe, Habaneras, Sardanas.

# Calella de Palafrugell

- **Einwohner:** 780
- **Entfernung nach Barcelona:** 129 km
- **Touristeninformation:** c/de les Voltes 6, Tel. 972614475, www.visitpalafrugell.cat.

Ein weiterer angenehmer Ort mit einem **teils gemütlichen, teils lebendigen Kern.** Das mag nach Widerspruch klingen, bei näherem Hinsehen löst er sich dann jedoch auf. Calella war schon immer ein winziges Fischerdorf, die **Häuser der Fischer** drängten sich direkt am Wasser, immer in Sichtweite zu den Booten. Spätere Nachzügler mussten in der zweiten Reihe bauen, und dort entstand dann auch die örtliche Kirche.

Insgesamt **vier kleine Buchten** sind zu finden, alle mit den beschriebenen Häusern, die direkt am Wasser bzw. Strand stehen. Mag sein, dass früher hier nicht allzu großer Wohlstand geherrscht hat, denn so manchem Haus sieht man die einfache Struktur an. Dann kam der **Tourismus,** Ferienwohnungen und Hotels entstanden, und aus etlichen Häusern der ersten Reihe wurden Restaurants in mit einem Mal traumhafter Lage. Calella hat seinen Charme erhalten können, später errichtete Bauten passten sich dem ursprünglichen Kern an, der Gesamteindruck ist, wie gesagt, durchaus angenehm.

⊡ Die Häuser von Calella de Palafrugell wachsen dem Meer förmlich entgegen

## Die Strände

Vier kleine Buchten liegen im Ortsbereich, von denen die Hauptbucht **Platja de Canadell** mit 250 m die größte ist. Der Strand zeigt sich teils fein-, teils grobsandig, leider schlängelt sich direkt dahinter eine Straße vorbei. Unmittelbar am Strand liegen aber auch einige Lokale mit sehr netten Meeresblickterrassen.

## Sehenswertes

Wie so mancher **alter Fischerort** an der Costa Brava kann auch Calella als Gesamtkunstwerk bezeichnet werden, wobei keine übermäßigen Erwartungen geweckt werden sollen. Der Charme des alten Fischerdorfes bleibt zweifellos in Wassernähe spürbar, aber in der Umgebung entstanden viele moderne Bauten. Die maritime Atmosphäre und das Erbe der Fischer werden im Juli gefeiert, wenn das Festival der Habaneras abgehalten wird. In diesen Tagen versammeln sich die besten Habanera-Gruppen zum Gesangswettstreit am Hafen.

Die örtliche **Kirche** ist von beinahe jedem Punkt des Dorfes aus erkennbar. Nähert man sich dem Gotteshaus, fällt sie dann doch gar nicht so groß aus, eher dem Ort angemessen, sowohl in der Farbe als auch in den Ausmaßen.

Der sehenswerte **Botanische Garten** (Jardí Botànic de Cap Roig) entstand auf Grund einer Privatinitiative bereits im Jahr 1927. Ein russisch-englisches Paar ließ sich seinerzeit an der Costa Brava nieder und legte über Jahre diesen Garten an. Seit 1969 betreut die Bank Caixa de Girona den Park, daher auch der Zusatzname auf den Hinweisschildern.

Der Garten erstreckt sich über verschiedene Terrassen in Richtung Meer, ausgehend von der Burg oben. Die ganze Anlage ist gärtnerisch-architektonisch nach Themen gestaltet. Im unteren Bereich befinden sich beispielsweise ein Frühlings- und ein Kakteengarten sowie ein Geranienweg.

■ **Jardí Botànic de Cap Roig,** Paraje de Cap Roig s/n, Tel. 972614582, April bis Sept. tägl. 10–20 Uhr, Okt. bis Dez. und März tägl. 10–18 Uhr, Jan., Feb. nur Sa/So 10–18 Uhr, 10 €, ermäßigt 5 € (Rentner, Studenten). Im Sommer schließt der Park an Konzerttagen während des Musikfestivals.

Empfehlenswert ist eine **Wanderung zum Nachbarort Llafranc,** die eigentlich eher ein Spaziergang ist. Hinter der letzten Strandbucht schlängelt sich ein ausgezeichnet zu begehender Weg entlang der Küste hinüber nach Llafranc. Er ist überwiegend flach, relativ breit und bietet sehr schöne Ausblicke aufs Meer. Man geht oberhalb vom Meer, teilweise ganz wunderbar im Schatten. Gleich zu Beginn passiert man die Bar „Tres Pins“, deren Terrasse einen fast magisch anzieht ...

## Praktische Tipps

### Unterkunft

■ **Hotel Sant Roc**④, Pl. de l'Atlàntic 2, Tel. 972 614250, www.santroc.com. Das Haus besticht durch seine hervorragende Lage etwa 25 m auf einem Felsvorsprung über dem Meer, was einen traumhaften Blick erlaubt. Eine Treppe führt zu einem eigenen kleinen Strand hinunter. Das Hotel hat eine sehr schöne Gemeinschaftsterrasse. Außerdem gibt es insgesamt 47 Zimmer unterschiedlichster Ausstattung und Lage, die in der Saison nur mit

562cb sm

# Habaneras

Auf den wichtigsten Festen Kataloniens werden sie vorgetragen, Habaneras, aber nirgends spielen sie eine derartige Rolle wie in Calella.

Das Wort Habaneras stammt ab von La Habana, wie die kubanische Hauptstadt auf spanisch heißt. Kaum zu glauben aus heutiger Sicht, lange Jahrzehnte galt Kuba neben Venezuela als Auswanderer-Paradies für Spanier. Tausende machten sich auf, um in Übersee Geld zu verdienen und im hohen Alter, nach teilweise 40 Jahren in der Fremde, zurückzukehren. Indianos wurden diese „Gastarbeiter" auch genannt, weil sie in Las Indias arbeiteten. Mit „Indien", so die Übersetzung, war natürlich nicht der asiatische Sub-Kontinent gemeint, sondern Las Nuevas Indias (Neu-Indien), wie Kolumbus die neuentdeckte Welt einst nannte.

Eine Mischung aus Heimweh, Sehnsucht, Schwermut, gepaart mit Alkohol, ließ die Ausgewanderten in ihren Kneipen von Havanna traurige Lieder anstimmen, Habaneras eben. Dies setzte sich später in Katalonien fort, nach der Rückkehr der Indianos. Wenn das Wetter zu schlecht war, als dass die Fischer rausfahren konnten, traf man sich in der Taverne, saß traurig herum, ein Glas in der Hand, und stimmte Lieder an – Fernsehen gab's noch nicht.

In Calella de Palafrugell bildete sich schon frühzeitig eine rührige Vereinigung, die dieses Liedgut pflegte. Ein dreistimmiger Chor (Tenor, Bariton und Bass) bildete die Grundeinheit, begleitet von Gitarren und Akkordeon.

Habaneras gehörten in die Kneipen, so die vorherrschende Meinung. Dann kam der Tourismus und das Bild wandelte sich langsam. So wurden irgendwann Habaneras zu festen Zeiten gesungen, aber immer noch in einer Taberna. 1967 fand dann in Calella erstmals ein Gesangsabend öffentlich auf einer Bühne statt. Das gefiel längst nicht allen, aber der Stein rollte und konnte nicht mehr gestoppt werden. Heute finden Auftritte von sehr professionellen Habanerasgruppen in Calella de Palafrugell statt, die viele Zuhörer anlocken; aus den ehemaligen Kneipengesängen von Auswanderern wurde eine touristische und ökonomische Größe.

Halbpension buchbar sind, wodurch der Preis schnell auf über 200 € steigt.

■ **Hotel Mediterráni**③-④, c/de Francesc Estrabau 55, Tel. 972614500, www.hotelmediterrani.com, April bis Ende Sept. Dieses Hotel befindet sich in einem dreistöckigen Gebäude und bietet 43 Zimmer. Es liegt direkt oberhalb einer kleinen Strandbucht, von den meerseitigen Zimmern genießen die Gäste einen tollen Ausblick. Die Zimmer sind luftig, hell und insgesamt schnörkellos eingerichtet, aber doch hübsch im Detail dekoriert.

■ **Hotel Port Bo**③-④, c/d'August Pi i Sunyer 6, Tel. 972614962, www.hotelportbo.net, März bis Sept. Dieses zweistöckige Haus liegt knapp drei Minuten vom Wasser entfernt. Neben 29 Hotelzimmern werden auch 14 Apartments angeboten. Diese sind sowohl mit Küche als auch Terrasse ausgestattet.

[>] Zimmer mit Aussicht

■ **Hotel Garbi**③-④, Av. de Baldomer Gil i Roig 20, Tel. 972614040, www.hotelgarbi.com. Insgesamt 45 Zimmer in familiärer Atmosphäre, alle mit Internet, etwas entfernt vom Meer gelegen und umgeben von einem schönen Garten mit einem Pool. Neben dem Standard-Preis gibt es auch Aktions-Pakete, wie beispielsweise „Gourmet-Wochenenden".

■ **Camping Moby Dick,** Av. de la Costa Verda 16–28, Tel. 972614307, www.campingmobydick.com, Anf. April bis Ende Okt. Der relativ kleine Platz mit 188 Stellplätzen liegt mitten in einem Pinienwäldchen, was für sehr viel Schatten sorgt. Zum Meer sind es nur 100 m.

■ **Camping La Siesta,** c/de Chopitea 110–120 bzw. Av. del Mar, km 2, Tel. 972615116, www.camping-lasiesta.com, Anf. April bis Ende Dez. Großzügiges Gelände, das an der autobahnähnlichen Zufahrt von Palafrugell liegt. Insgesamt 800 Stellplätze verteilen sich auf einem leicht hügeligen und bewaldeten Platz. Gute Serviceeinrichtungen, einschließlich einer schalldichten Diskothek und Pool. Etwa 500 m sind es bis zum Strand. Keine Hunde.

## Essen und Trinken

■ **Sa Jambina,** c/de Bofill i Codina 21, Tel. 972614613, www.restaurantsajambina.com, Mo, Di Ruhetage. Ein Familienbetrieb mit Mini-Terrasse. Es gibt Fischspezialitäten, Tapas und kleine Gerichte in guter Qualität zu angemessenen Preisen.

■ **Puerto Limón,** Passeig Canadell 1, Tel. 972615080. Liegt in der Nachbarbucht nah am Strand. Die Küche bietet Tapas, *Raciones,* Fischgerichte aus einer nicht zu umfangreichen Karte, teilweise mit einer asiatischen Note versehen.

## Aktivitäten

■ **Tauchen:** Poseidon Nemrod, Platja Port Pelegri, Tel. 972615345, www.divecalella.com, deutschsprachig. Die Tauchschule liegt direkt am Meer und hat ein eigenes Tauchschiff. Schnuppertauchen ist möglich, ansonsten gibt es Kurse und auch Strandtauchgänge bis ca. 15 m Tiefe.

605cb sm

007kk sm

## Feste

- **29. Juni:** Sant Pere, Fest des Schutzheiligen mit Sardanas und Habanerasingen.
- **Juli:** Festival de Habaneras, an bestimmten Abenden versammeln sich in Calella die besten Habanera-Gruppen zum Gesangswettstreit. Auf einer Bühne am Meer treten diese Künstler auf, eine sehr beeindruckende Veranstaltung. Die Hauptveranstaltung findet am ersten Samstag im Juli statt.

Cap Roig Festival, hochkarätiges Musikfestival in den Gärten des Botanischen Gartens am Cap Roig, www.caproigfestival.com.

Blick über die Dächer von Girona

# Girona

- **Einwohner:** 102.700
- **Entfernung nach Barcelona:** 99 km
- **Touristeninformation:** Rambla de la Llibertat 1, Tel. 972226575, www.girona.cat/turisme.

Mit knapp über 100.000 Einwohnern zählt Girona zu den größten Städten Kataloniens. Lange Zeit lag die **Provinzhauptstadt** ein wenig im gesellschaftlichen Abseits, das hat sich aber sehr geändert. Sowohl industriell als auch touristisch zählt Girona nun zu den wichtigsten Orten, auch universitär hat sie ihren Stellenwert eingenommen. Neben der modernen Stadt mit Industriebetrieben in den Außenbezirken und breiten Einkaufszonen im Zentrum findet man klar abgegrenzt **ein kompaktes historisches Viertel.** Dort verlaufen schmale Straßen und enge Gassen, stehen etliche

Kirchen sowie Hinterlassenschaften der Römer, Araber und aus jüdischer Zeit.

Die Trennlinie markiert der Fluss **Riu Onyar.** Auf der einen Seite des Flusses liegt der moderne Teil der Stadt, auf der anderen das historische Viertel, auch Barri Vell genannt. Mehrere Brücken führen über den Fluss, lassen den Besucher eintauchen in ein **mittelalterliches Viertel wie aus dem Bilderbuch.** Dieses wird noch heute zum größten Teil von einer Stadtmauer umschlossen, auf der man um das halbe historische Viertel herumspazieren kann.

Tagsüber kommen viele Tagesgäste. Wer es einrichten kann, sollte früh kommen und durch die menschenleeren Gassen stromern und ihren besonderen Reiz aufnehmen. Auch am Abend lohnt ein Bummel, aber dann sind auch viele Nachtschwärmer unterwegs, was ein ganz anderes – jedoch nicht weniger interessantes – Bild vermittelt.

Das historische Viertel kann eigentlich nur zu Fuß durchstreift werden, deswegen lieber gleich seinen Wagen auf dem riesigen Parkplatz vor dem Parc de la Devesa stehen lassen. Man kann auch die ausgewiesenen **Parkplätze außerhalb der Altstadt** benutzen.

## Geschichte

Als die **Römer** spanisches Gebiet besetzt hatten, suchten sie überall nach strategisch günstig gelegenen Orten, um Festungen und Handelsstützpunkte aufzubauen. Vor allem aber sollten ihre Fernstraßen geschützt werden. So fanden sie auch 76 v. Chr. einen Hügel, der **ideal zwischen vier Flüssen** lag (Riu Ter, Onyar, Güell und Galligants). Hier bauten sie einen ersten Stützpunkt, nannten ihn Gerunga. Er entwickelte sich alsbald zu einem wichtigen Posten entlang der Spanien durchlaufenden **Vía Augusta,** die immerhin bis nach Rom führte. Die Vía Augusta verlief mitten durch die Siedlung – entlang der heute noch existierenden Carrer de la Força. Die Siedlung wurde in dreieckiger Form angelegt und passte sich den natürlichen hügeligen Gegebenheiten an. Bei Bedarf vergrößerte man das Areal und verlängerte auch kurzerhand die Schutzmauer. Etwa im 3. Jh. begann der langsame römische Zerfall und 673 war Gerunda dann von einem westgotischen Herrscher erobert, die römische Zeit damit beendet. Was aber danach folgte, bleibt im Dunkeln der Geschichte. **Die Araber** jedenfalls kamen 715 bis nach Girona, konnten sich jedoch nicht lange halten, 785 eroberten christliche Heere die Stadt.

Ein kleiner Zeitsprung: 1137 heiratete **Ramón Berenguer IV.,** der Graf von Barcelona, die Tochter des Königs von Aragón. Somit entstand das Großreich Katalonien-Aragón. Diese Verbindung führte zu einem ersten wirtschaftlichen Aufschwung im 13. und 14. Jh. Im Jahr 1285 besetzten französische Truppen die Stadt und 1348 wütete die Pest. Beide Ereignisse waren schwere Rückschläge für die Entwicklung. 1391 kam es dann in mehreren katalanischen Städten zur Erstürmung jüdischer Viertel, so auch in Girona. 1416 wurde die Grafschaft Girona gegründet, der Herrscher trug den Titel „Prinz von Girona", den der Erbe der spanischen Krone noch heute trägt.

Im 15. Jh. kam es ebenfalls durch eine Heirat zu einer Verschiebung der politischen Gewichte. Die Herrscherhäuser Kastilien und Aragón gingen zusammen

# Girona

0 100 m
©Reise Know-How Kata07 1/23
Übernachtung
2 Hotel Llegendes de Girona Catedral
5 Hotel Ultonia
6 Hotel Ciutat de Girona
10 Hostal Bellmirall
11 Hotel Històric
14 Jugendherberge
22 Hotel Carlemany
Essen und Trinken
3 River Café
4 Rest. El Celler de Can Roca
7 Rest. König 2
8 Rest. El Racó
9 Rest. Boira und weitere Restaurants
12 Rest. Cal Ros
13 Rest. L'Arcada
18 Rest. L'Alqueria
19 Cafetería L'Altell
Einkaufen/Sonstiges
1 Wochenmarkt
15 Mercat de les Flors
16 Fahrradverleih Eat, Sleep, Cycle
17Fira del col·leccionisme
20 Ökomarkt
21 Mercat del Lleó
Autobahn und N-II
Palamós
Riu Ter
Carrer Pont de la Barca
Avinguda de França
Passeig de la Devesa
Pont de Pedret
C. Pedret
C. Sant Pau
Plaça Sant Pere
Passeig Arqueològic
Museu d'Arqueologia de Catalunya
Banys Àrabs
Parc de la Devesa
Pass. Josep
Carrer Berenguer Carnicer
Pont de Sant Feliu
Plaça Sant Feliu
Eglésia de Sant Feliu
Kathedrale
Jardins de la Francesa
Plaça Catedral
Museu d'Història de la Ciutat
Museu d'Art
Torre Gironella
Jardins d'Alemanys
Stadtmauer (La Muralla)
Plaça Sant Domènec
Ehemaliges Jüdisches Viertel & Museu d' Història dels Jueus
Pont d'en Gómez
Ramon Folch
Plaça de la Independència
Pont de Sant Agustí
Gran Via de Jaume I
C. Anselm Clave
C. Hortes
Pont de les Peixateries Velles
Riu Onyar
Casas del Onyar
Museu del Cinema
Teatre Municipal
Rathaus
Pont de Pedra
Rambla de la Llibertat
Carrer Nou
Plaça del Vi
Nou del Theatre
Passeig For
Ronda Ferran Puig
Carrer Tomàs Mieras
C. 20 de Juny de 1808
C. Bernat
Plaça Pompeu Fabra
Passeig General Mendoza
Plaça General Marvà
C. Beates
AVE-Bahnhof, Busterminal
Carrer de Barcelona
Ronda Sant Antoni Ma. Claret
Plaça Reina Sibil la de Fortià
Carrer Juli Garreta
Carrer de Joan Maragall
Carrer Bisbe Lorenzana
Plaça d'Espanya
Bahnhof
Flughafen

und wurden zum mächtigsten Königreich, aus dem später dann Spanien werden sollte. Das kleine Katalonien blieb derweil alleine zurück und geriet mehrfach in die Auswirkungen von kriegerischen Auseinandersetzungen zwischen Spanien und Frankreich. Im Jahr 1492 ordneten die spanischen Könige die Vertreibung der Juden aus ganz Spanien an. So verließ die jüdische Gemeinde die Stadt, das jahrhundertealte Zusammenleben war zwangsweise beendet. 1694 wurde die Stadt Girona von französischen Truppen besetzt und teilweise zerstört. Ein Jahrhundert später wurde sogar gegen Napoleon gekämpft, worauf ein französisches Heer die Stadt sieben Monate lang belagerte, bevor diese am 10.12.1810 aufgab. Weitere Unruhen sollten im 19. Jh. folgen sowie eine heftige Überschwemmung des Riu Galligants. Aber dieses Jahrhundert hatte nicht nur schlechte Nachrichten, eine langsame aber stetige Industrialisierung bescherte Girona wirtschaftliche Vorteile. 1862 wurde die Bahnlinie nach Barcelona eingeweiht, 1878 die Verlängerung nach Frankreich. 1886 war Girona eine der ersten Städte in Katalonien mit elektrischer Straßenbeleuchtung. 1908 veröffentlichte Ferran Agulló einen Artikel in der Zeitung „La Veu de Catalunya“, in der er die Küste „Costa Brava“ nannte, was bis heute als „Erfindung“ dieses Namens gilt.

Diese **Aufschwungphase** unterbrach erst der Bürgerkrieg 1936–1939. Einige Jahre später erholte sich die Stadt wirtschaftlich von den Folgen dieser düsteren Epoche durch langsames Florieren von Textil-, Papier- und Chemieindustrie. In den 1970er Jahren kam der ansteigende Tourismus an die nahe Costa Brava hinzu, außerdem etablierte sich die **Universität von Girona.** Dies führte zur Schaffung von Arbeitsplätzen und zum Ansteigen der Einwohnerzahl. Außerdem wurde die Infrastruktur außerhalb des historischen Viertels verbessert. Der Hochgeschwindigkeitszug AVE verbindet Girona heute mit Barcelona und fährt weiter bis nach Madrid, außerdem gibt es grenzüberschreitende Verbindungen bis nach Paris.

## Sehenswertes

Der historische Kern, der dem Stadtgebiet im Mittelalter entspricht, ist von überschaubarer Größe. Mehrere Epochen und Kulturen haben hier ihre Spuren hinterlassen. Herausragend sind die **Kathedrale** und die umliegenden Gassen, das **ehemalige jüdische Viertel,** die Zone um die **Rambla** und schließlich auch die Stadtmauer, die die Altstadt auf der einen Seite umschließt. Auf der anderen Seite verbinden mehrere Brücken über den Río Onyar das historische Zentrum mit der modernen Stadt Girona.

Die breiteste und älteste Brücke, die **Pont de Pedra** (Steinbrücke, aus dem Jahr 1856), verbindet die Rambla mit der Carrer Nou. Nördlich davon liegt die von der Gesellschaft Gustav Eiffel errichtete Eisenbrücke **Pont de les Peixateries Velles**, die ins ehemalige Handwerker- und Zünfteviertel führt. Die **Pont de Sant Agustí** stammt ursprünglich aus dem Jahr 1877, musste jedoch bis auf den zentralen Stützpfeiler 1973 ersetzt werden und führt hinüber zur weitläufigen Plaça de la Independència.

Weiter oben bleiben noch die **Pont d'en Gómez** (1914 erbaut) mit dem besten Fotoblick und schließlich die **Pont de Sant Feliu,** die zur gleichnamigen Kirche führt. Von allen Brücken genießt man schöne Blicke auf die Stadt, die bunt bemalten Häuser und zur Dämmerung auf die angestrahlte Kathedrale.

Kommt man vom großen Parkplatz vor dem Parc de la Devesa, überquert man den Fluss über die Pont de Sant Feliu. Schon vorher stechen **zwei Kirchtürme** aus der Silhouette der Stadt hervor: von der Kathedrale (rechts) und von Sant Feliu. Auf der Brücke beeindruckt dann der Blick auf die **Casas del Onyar.** Die bunten Häuser sind nicht nur das meistfotografierte Objekt der Stadt, sondern mittlerweile fast so etwas wie ein Aushängeschild. Die Häuser wurden auf der ehemaligen Schutzmauer direkt am Fluss in der Zeit vom 17. bis 20. Jh. gebaut. 1983 folgte eine gründliche Restaurierung mit dem noch heute sichtbaren farbenfrohen Anstrich.

Direkt hinter der Pont de Sant Feliu steht ein Pfahl mit dem **Bildnis einer Löwin,** die diesen Pfahl hinaufkrabbelt. Besucher der Stadt sollen hier möglichst die kleine Treppe hinaufsteigen und der Löwin das Hinterteil küssen, denn nur wer das macht, wird auch in Girona willkommen geheißen. Sagt die Legende.

Nun taucht man ein in die Welt der verwinkelten Gassen, erklimmt steile Treppen und durchschreitet enge Portale. Man kann sich treiben lassen und stößt irgendwann zwangsläufig auf die Sehenswürdigkeiten.

## Església de Sant Feliu

Die Kirche **Església de Sant Feliu** befand sich einst außerhalb der Stadtmauer und wurde deshalb auch wehrhafter gebaut. Die Fertigstellung zog sich vom 12. bis 17. Jh. hin, was zu einem Stilmix führte. So ist die Hauptfassade barock, während der emblematische Glocken-

565cb sm

turm gotische Elemente trägt. Im Kircheninneren finden sich die **Grabstätten des heiligen Felix** (Feliu auf Katalanisch) und des Sant Narcís, des Schutzpatrons der Stadt, sowie sechs weitere frühchristliche Sarkophage aus dem 4. Jh. Herausragend ist auch die Skulptur des liegenden Christus „Crist Jacent“ aus dem 14. Jh.

Die Kirche wirkt im Inneren relativ schlicht und strahlt zugleich eine feierliche Atmosphäre aus. Mit dem Schutzpatron Sant Narcís ist eine Legende verbunden: Als die Franzosen 1285 die Stadt besetzten, stiegen aus seinem Grab Tausende von Insekten auf und vertrieben die Franzosen. Dieses Wunder ist in der Kirche auf einem Gemälde festgehalten und hat später verschiedene Künstler inspiriert, auch den großen *Dalí.* So taucht das Motiv der Fliege erstaunlich oft in der Kunst und Literatur von Girona auf.

■ Pujada de Sant Feliu 29, Tel. 972201407, Mo–Sa 10–18, So 13–18 Uhr, 7 € (gilt auch für die Kathedrale), So freier Eintritt.

## La Catedral de Girona

Die **Kathedrale** ist ein wuchtiger Bau, dessen Wirkung noch durch eine weite, ausladende Treppe, die zum Hauptportal führt, verstärkt wird. Diese besteht aus 90 Stufen und wurde im 17. Jh. erbaut. Wer das Portal erreicht hat, staunt erst mal über die Ausmaße, immerhin über fast fünf Meter erhebt sich das Tor. Links und rechts begrüßen zwei steinerne Figuren den Besucher, der wahrscheinlich die herrlichen Glasmalereien bewundert. Links über dem Haupteingang ist ein Bildnis von *Salvador Dalí* zu erken-

569cb sm

⌃ Die beeindruckende Kathedrale von Girona

‹ Grabstätte in der Església de Sant Feliu

568cb sm

Dalí ist überall – auch an der Kathedrale

Im Kreuzgang der Kathedrale

nen – in seiner typischen Art mit den weit aufgerissenen Augen.

Im Inneren kann anhand von vier Modellen der Baufortschritt über die Jahrhunderte studiert werden. Aus einer kleinen romanischen Kirche aus dem 11. Jh. wurde eine der größten Kathedralen Spaniens – mit 63 m Länge, 23 m Breite und 34 m Höhe ist sie nach dem Petersdom in Rom die größte einschiffige gotische Kathedrale weltweit. Ursprünglich war sie dreischiffig geplant, dann wurde sie doch einschiffig erbaut. Von der ursprünglichen romanischen Kirche sind noch drei Elemente erhalten: die **Capilla de Sant Pere** (Seitenkapelle des heiligen Peter), der **Kreuzgang** und der **Glockenturm.** Der verschnörkelte Kreuzgang stammt aus dem 12. Jh.; geschmückt ist er mit vier Reihen von Galerien und Pfeilern mit kunstvoll gestalteten Kapitelen, die biblische Szenen zeigen.

567cb sm

In der Kathedrale fallen sofort die schönen Glasmalereien auf, die Sonnenstrahlen werfen Muster und Farben auf den Boden. Etliche Skulpturen, die religiöse Szenen darstellen, sind in den Seitenkapellen zu finden. Vom Inneren der Kirche aus kann man das Museum der Kathedrale betreten, das **Museu Capitular de la Catedral.** Über dem Eingang steht ein schlichtes „Claustre-Tresor", und tatsächlich findet der Besucher eine große Sammlung von sakralen Schätzen, wie alte Bibelhandschriften, Wandteppiche (der wertvollste, der Teppich mit der Schöpfungsgeschichte aus dem 12. Jh., befindet sich hinter Glas), Altaraufsätze, Urnen und im Nebengebäude beim Garten eine Sammlung von Umhängen der kirchlichen Würdenträger.

■ Plaça de la Catedral, Tel. 972215814, www.catedraldegirona.org, Mo–Sa 10–18, So 12–18 Uhr, 7 € (mit Església de Sant Feliu), 10 € zusätzlich mit Museu d'Art, So freier Eintritt.

## Els Banys Àrabs

Els Banys Àrabs („Die Arabischen Bäder") sind in einem historischen Gebäude aus dem Jahr 1194 untergebracht und eine Nachbildung. Derartige Bäder waren damals sehr in Mode, aber die arabische Phase in Girona war da schon längst vorbei. Ein knappes Jahrhundert später litt das Bauwerk unter Zerstörungen und blieb danach lange Zeit geschlossen, bevor es ab 1929 erneuert werden konnte.

Im Hauptraum (dem ehemaligem Umkleideraum) befindet sich ein kleines achteckiges Bassin, in das schon viele Leute eine Glücks-Münze hineingeworfen haben. Der Bau besteht aus drei Sälen, die jeweiligen Becken hatten unterschiedliche Wassertemperaturen. Zuerst kommt *frigidarium,* der sogenannte kühle Raum. Der nächste war der *tepidarium* (Ruheraum), und dann kam der *caldarium,* der heiße Raum, der unmittelbar mit einem Ofen verbunden war. Die urigen Räume bildeten übrigens bereits mehrfach das Szenarium für Filmaufnahmen.

570cb sm

■ **Els Banys Àrabs,** c/Ferran el Católic s/n, Tel. 972190797, www.banysarabs.org, Mo–Sa 10–18, So/Fei 10–14, 3 €, ab 65 Jahre 2 €, unter 8 Jahren freier Eintritt.

⌃ In den arabischen Bädern

576cb sm

Die Gässchen rund um die Carrer Força sind schmal und atmen Historie

## Museu d'Arqueologia

Das archäologische Museum ist in einem ehemaligen Benediktiner-Kloster zu Ehren von Sant Pere de Galligants untergebracht. Erbaut wurde die dreischiffige Kirche Anfang des 12. Jh. Sie hat vier Absiden, den Kreuzgang und einen achteckigen Glockenturm. Hier sind archäologische Funde der Regionen Gironès, Baix Empordà und Selva zu finden. Zudem eine ungewöhnliche Sammlung von Grabsteinen, sowohl mittelalterliche als auch moderne nebst einigen jüdischen.

■ **Monestir de Sant Pere de Galligants,** c/Santa Llúcia 8, Tel. 972202632, www.mac.cat, 1.10.–30.4. Di–Sa 10–18, So 10–14, 1.5.–30.9. Di–Sa 10–19, So 10–14 Uhr, 6 €, ab 65 Jahre und Studenten 4 €, erster So im Monat freier Eintritt.

## Museu d'Art

Das Museum befindet sich neben der Kathedrale im ehemaligen Bischöflichen Palast. Hier sind Kunstwerke aus der Provinz Girona ausgestellt, beginnend bei der Epoche der Romanik über Gotik, Renaissance, Barock, Realismus und Modernismus bis hin zu den Anfängen des 20. Jh. Weiterhin gibt es Ausstellungen zur Keramik, Glaskunst und zur religiösen Liturgie. Herausragend sind mittelalterliche Exponate wie der Altar von Sant Pere de Rodes (10. Jh.) oder ein Altar der Kirche Sant Feliu aus Girona. Zudem kann ein Blick in den Garten und ins bischöfliche Gefängnis geworfen werden.

■ **Museu d'Art,** Pujada de la Catedral 12, Tel. 972203834, www.museuart.com, Okt. bis April 10–18 Uhr, Mai bis Sept. 10–19 Uhr, So und Fei immer 10–14 Uhr, Mo geschlossen, 6 €, ermäßigt 4 € (Studenten, ab 65 Jahre), erster So im Monat freier Eintritt für alle.

### Museu d'Història de la Ciutat

Das Museum bietet einen Überblick zur stadtgeschichtlichen Entwicklung von den ersten frühzeitlichen Spuren bis zum Zeitenwechsel von der Franco-Diktatur zur Demokratie. Diese Zeitreise wird ergänzt um Exponate zu thematischen Schwerpunkten wie Gironas Industrie oder der Sozialgeschichte des Sardana-Tanzes und der entsprechenden Musikgruppen.

Im Innenhof des Museu d'Història dels Jueus

573cb sm

■ **Museu d'Història,** c/de la Força 27, Tel. 972 222229, www.girona.cat/museuciutat, Mai bis Sept. Di–Sa 10.30–18.30, So 10.30–13.30 Uhr, Okt. bis April Di–Sa 10.30– 17.30, So 10.30–13.30 Uhr, 4,20 €, unter 16 Jahre, Rentner und erster So im Monat freier Eintritt.

### Das ehemalige jüdische Viertel

Von der Kathedrale die Treppe hinunter gehend erreicht man die **Carrer Força.** Sie ist eine der ältesten Straßen der Stadt und war einst Teil der römischen Fernstraße Via Augusta, die von Rom kommend nach Südspanien führte. Dieser nach links folgend hat man schnell das ehemalige jüdische Viertel, **Call** genannt, erreicht. Seit 1160 war die Carrer

008kk sm

Força die Hauptstraße dieses Viertels. Zunächst lebten dort auch noch Christen, später nicht mehr. Ab dem 15. Jh. durften Juden nicht mehr auf der Westseite wohnen.

In den teilweise sehr engen Gassen spielte sich das Leben der jüdischen Gemeinde ab, deren Mittelpunkt die heute nicht mehr lokalisierbare Synagoge war. Über 600 Jahre existierte die jüdische Gemeinde in Girona, phasenweise war sie 800 Seelen stark und damit eine der größten in Katalonien zwischen dem 13. und 15. Jh. Zum Vergleich: In Barcelona lebten 4000 Juden, in Lleida 500, in Tortosa 300. Die jeweiligen Herrscher boten ihnen Schutz und Unabhängigkeit gegen entsprechende Steuerzahlungen, was bis zum 13. Jh. einigermaßen gut klappte. Aber immer wenn es zu äußeren Schwierigkeiten kam, beispielsweise bei der Pestepidemie, gab man schnell den Juden die Schuld und es kam zu Übergriffen. 1492 wurden die Juden endgültig vertrieben oder sie mussten zwangsweise konvertieren.

Das **Museu d'Història dels Jueus** zeigt sehr eindrucksvoll die jüdische Religion und das jüdische Leben im Katalonien des Mittelalters. Neben einem geschichtlichen Abriss wird viel Hintergrundwissen vermittelt – beispielsweise zur kulturellen Bedeutung von Synagogen, zu Glaubens- und Begräbnisriten. Das damalige alltägliche Leben wird ebenso beleuchtet wie die Verfolgung. Insgesamt erhalten die Besucher einen tiefen und eindrucksvollen Einblick in die jüdische Kultur. Das Gebäude hat einen Innenhof, in dem ein großer Davidstern im Boden eingearbeitet ist.

■ **Museu d'Història dels Jueus,** c/de la Força 8, Tel. 972216761, www.girona.cat/call, Juli/Aug. Mo–Sa 10–19, So 10–14 Uhr, Sept. bis Juni Di–Sa 10–18, Mo, So 10–14 Uhr, 4 €, erster So im Monat freier Eintritt.

Die begehbare Stadtmauer von Girona

## Zwischen Rambla Libertat und Carrer dels Ciutadans

Unmittelbar am Fluss verläuft die stark frequentierte **Rambla de la Llibertat.** Diese Fußgängerstraße verläuft parallel zum Fluss und stellt eine der wichtigsten kommerziellen Straßen der Altstadt dar, wo Banken, Geschäfte und etliche Lokale liegen. Ausgangspunkt ist die Plaça Catalunya, wo am Sonntag Künstler ihre Werke anbieten. Direkt vor dem Touristenbüro quert die bereits 1856 errichtete Pont de Pedra (Steinbrücke) den Riu Onyar. In diesem Bereich der Rambla findet am Samstag ein Blumenmarkt statt. Entlang der Rambla liegen einige Lokale, praktisch alle mit einer Terrasse und teilweise auch unter Arkaden. Die Verlängerung der Rambla heißt dann Carrer Argenteria und auch hier finden sich kleine Geschäfte und einige Lokale.

Die **Carrer dels Ciutadans** war die wichtigste Straße in vergangenen Jahrhunderten, hier residierte der Gironer Geldadel, was zumindest teilweise noch an den Häusern erkennbar ist. Diese Straße endet an der **Plaça del Vi** (Platz des Weins), wo im Mittelalter ambulante Händler ihren *vino* verkauften. Heute steht hier das **Rathaus,** dessen Fassade aus dem 15. Jh. stammt.

Im 19. Jh. wurde das **Teatre Municipal** erbaut, die Dekoration im Innenraum dieses Theaters stammt ebenfalls noch aus dieser Epoche. An der Ecke zur Carrer dels Ciutadans steht die **Casa de la Generalitat** aus dem 16. Jh. und gegenüber vom Rathaus noch ein Haus aus dem 15. Jh., die **Casa Barceló.**

Zwischen der c/dels Ciutadans und der Rambla de la Llibertat liegen die **Barriades gremials,** das sind die ehemaligen Zunftgassen. Es ist ein kleines Labyrinth von schmalen und zumeist recht kurzen Gassen, deren Namen auf die verschiedenen Berufe hinwiesen. Jede Zunft lebte in ihrer eigenen Gasse, deshalb gibt es hier die Gasse der Fischer *(Peixateries)*, Händler *(Mercaders)*, Eisenschmiede *(Ferrereis)*, Silberschmiede *(Argenteria)* sowie weiterer Berufsgruppen.

## La Muralla (die Stadtmauer)

Die Reste der einstigen **Stadtmauer** sind am Rande der Altstadt zu besichtigen. Bereits zur Zeit der Römer gab es eine Mauer, die jedoch kleiner war als die aktuelle. Sie wurde im 9. Jh. erweitert und im 16. Jh. erneut vergrößert.

Direkt hinter der Kathedrale schirmte die Mauer den ursprünglichen Ort gegen Angriffe ab – die Feinde hätten erstmal mühselig die dortige Anhöhe erklimmen müssen. Ursprünglich umschloss die Mauer die Stadt mal bis zum Fluss Riu Onyar, den die Feinde schwerlich überqueren konnten.

Die Stadtmauer ist insgesamt in einem hervorragenden Zustand. Man kann oben einen Spaziergang machen und teilweise spektakuläre Ausblicke über die Stadt genießen, dazu gibt es mehrere Aussichtspunkte. Von der **Torre Gironella** genießt man einen dieser fantastischen Weitblicke.

Für den Spaziergang auf der Mauer gibt es zwei Einstiege: entweder an der Plaça General Marrà unweit vom Fluss oder hinter der Kathedrale (den Hinweisschildern mit der Aufschrift „Passeig arqueològic“ folgen).

571cb sm

Im Laufe des Spaziergangs entdeckt man auch sehr schöne und ziemlich verschwiegene Ecken der Stadt, beispielsweise die Gärten **Jardins de la Francesa,** von wo man einen guten Blick auf die wehrhafte Rückseite der Kathedrale hat. Ein kurzes Stück weiter liegen die **Jardins d'Alemanys,** ebenfalls ein lauschiger, ruhiger Garten - ein schöner Ort auch zum Entspannen. Dort erhebt sich der Aussichtsturm Torre del Telègraf, zu dessen Plattform eine enge Wendeltreppe hinaufführt.

⌃ Im Viertel rund um die Kathedrale finden sich viele Möglichkeiten für ein nettes Päuschen

› An der Plaça de la Independència

## Jenseits des Riu Onyar

### Museu del Cinema

Eine Reise in die Vergangenheit bietet dieses Museum, denn ausgestellt sind jede Menge Exponate aus den Anfängen der Kinowelt. Beispielsweise frühe Projektoren und Abspielgeräte, die die Zuschauer zum Teil auch mal selbst bedienen können.

■ **Museu del Cinema,** c/Sèquia 1, Tel. 972 412777, www.museudelcinema.cat, Sept. bis Juni Di–Sa 10–18, So, Mo 10–14 Uhr, Juli/Aug. Mo–Sa 10–19, So 10–14 Uhr, 6 €, ermäßigt 3 € (Studenten, Rentner), unter 16 Jahre und erster So im Monat freier Eintritt.

### Plaça de la Independència

Jenseits des Flusses liegt auch die beliebte Plaça de la Independència, errichtet Mitte des 19. Jh. Sie ist recht groß und an vier Seiten von Arkaden eingefasst, wo heute fast durchgängig Lokale liegen. Praktisch alle haben eine Terrasse zum Platz und spätestens am Abend nach Ende der Siesta ist hier kaum ein freier Tisch zu kriegen. Es herrscht ein konstantes Kommen und Gehen, denn hier zweigt auch die Carrer Santa Clara ab, eine weitere wichtige Einkaufsstraße mit vielen Modegeschäften.

### Parc de la Devesa

Der mit 40 ha größte innerstädtische Park Kataloniens ist eine echte grüne Lunge, gut zum Verschnaufen nach einem langen Stadtbummel. Dienstags und samstags findet am Vormittag ein großer **Markt** statt, und im Sommer ist hier abends eine Menge los. Viele Kioske öffnen dann, verkaufen Getränke, und zuweilen werden Konzerte abgehalten.

# Praktische Tipps

## Unterkunft

**22 Hotel Carlemany**④, Plaça Miquel Santaló, Tel. 97211212, www.carlemany.es. Haus mit 90 Zimmern und markanter Glasfassade, etwa 15 Min. Fußweg außerhalb vom historischen Viertel. Große, moderne Zimmer, Parkgarage, Restaurant und Bar. Die Zimmer zum Innenhof sind sehr ruhig.

**11 Hotel Històric**④, c/Bellmirall 4, Tel. 972223 583, www.hotelhistoric.com. In einem familiären und historischen Haus gegenüber vom Bellmirall. 8 hübsch gestaltete Räume, die das Flair vergangener Jahrhunderte atmen.

**2 Hotel Llegendes de Girona Catedral**④, Portal de la Barca 4, Tel. 972220905, www.llegendes hotel.com. Das rötlich gehaltene Haus liegt mitten in der Altstadt bei der Kirche Sant Feliu. Es handelt sich um ein historisches Gebäude aus dem 13. Jh., das toll restauriert wurde. In der Einrichtung wurden die verschiedenen Legenden Gironas aufgegriffen. 15 Zimmer.

**5 Hotel Ultonia**④, Gran Vía Jaume I. 22, Tel. 972 203850, http://de.hotelsultoniagirona.com. Größeres Haus, das etwa 10 Gehminuten von der Altstadt und vom Bahnhof entfernt an einer stark befahrenen Straße liegt. Die 118 Zimmer sind modern eingerichtet und recht groß. Es gibt eine schicke Terrassenbar, außerdem ein Café, ein eigenes Parkhaus und eine Abstellmöglichkeit für Fahrräder.

**10 Hostal Bellmirall**③, c/Bellmirall 3, Tel. 972 204009, http://bellmirall.eu. Kleines Haus mit historischem Ambiente und nur 7 Zimmern unweit der Kathedrale. Die Räume sind klein, aber alle unterschiedlich und sehr schick dekoriert, u. a. mit Möbeln, die die Betreiber selbst restauriert haben.

**6 Hotel Ciutat de Girona**③, c/Nord 2, Tel. 972 483038, www.hotelciutatdegirona.com. Liegt am Rande der Altstadt, knapp jenseits vom Fluss und auch nicht sehr weit entfernt von der belebten Plaça Independència. Insgesamt 44 Zimmer auf vier Etagen, die gut und modern gestaltet und eingerichtet sind.

**14 Jugendherberge,** Alberg de Joventut, c/Ciutadans 9, Tel. 972218003, www.xanascat.cat. Liegt

009kk sm

010kk sm

mitten in der Altstadt unweit der Uni. Hat während der Semesterzeit nur eine begrenzte Anzahl an Plätzen, in den Ferien dann steht das ganze Haus zur Verfügung mit Schlafräumen von 2 bis 8 Betten.

## Essen und Trinken

Dass in Katalonien erstklassige Köche arbeiten, dürfte bekannt sein. Viele Jahre galt *Ferran Adrià* mit seinem Gourmet-Tempel El Bulli (3 Michelin-Sterne), in einer kleinen Bucht bei Roses gelegen, als der Superstar unter Spaniens Köchen. El Bulli ist Geschichte. Nun hat Katalonien würdige Nachfolger gefunden:

⌃ Die bunten Häuser am Fluss sind ein Markenzeichen von Girona

› Speisen im Abendlicht

4 Das Restaurant **El Celler de Can Roca** wurde 2013 und 2015 zum weltbesten Restaurant gewählt. Und es steht hier in Girona (c/Can Sunyer 48, Tel. 972222157, https://cellercanroca.com)! Drei Brüder *(Joan, Jordi, Josep Roca)* betreiben dieses Lokal, in dem hauptsächlich katalanische Küche serviert wird, auch sie wurden mit 3 Michelin-Sternen dekoriert. Eine Spur günstiger dürften die folgenden Tipps sein: An der **Plaça Independència** warten mehrere Lokale auf Kundschaft, alle mit Terrasse. Das Preisgefüge spreizt sich von einigermaßen preiswert bis relativ teuer, was man etwa an den Tischdecken im „Boira" ablesen kann:

9 **Boira,** Plaça Independència 17, Tel. 972219605. Etwas höherpreisig, gilt als ein eher „besseres" Lokal. Drinnen liegen die Speiseräume auf zwei Etagen. Es gibt Tapas und katalanische Küche.

12 **Cal Ros,** c/Cort Reial 9, Tel. 972219176, https://calros-restaurant.com, Di geschlossen. Gilt als das älteste Restaurant der Stadt. Rustikal-gemütliche Einrichtung, katalanische Küche, u. a. Reisgerichte, es gibt auch spezielle Menüs. Mo/Di geschlossen.

13 **L'Arcada,** Rambla de la Llibertat 38, Tel. 972 212277. Hier wird unter anderem Pizza serviert, es

gibt auch ein Mittagsmenü. Große Terrasse mitten in einer Fußgängerzone.

**3 River Café,** c/Barca 2, Tel. 972228245, www.rivercafegirona.com. Sehr gute Lage vor der Kirche Església Sant Feliu. Hat eine große Terrasse, bietet ein Mittagsmenü, ein Kindermenü sowie kleinere und auch größere Gerichte. Abends manchmal Livemusik, Frühstück wird ab 9 Uhr serviert.

**7 König 2,** Plaça Independència, Tel. 972202099, www.konig.cat, ab 9 Uhr geöffnet. Große Terrasse, umfangreiche Karte mit vorzugsweise „schnellen" Gerichten – Tapas, Bocadillos, Salate, Burger, Tellergerichte. Trotzdem sehr beliebt und insgesamt gut gemacht.

**19 Cafetería L'Altell,** c/Joan Maragall 3, Tel. 972 424646, www.laltelldegirona.com, Mo–Sa 7–21 Uhr. Kleines Café, das auch ein gutes Mittagsmenü anbietet.

**8 El Racó,** Plaça de la Independència 14, Tel. 972296495, www.elraco.com, tägl. 12.30–23 Uhr. Kleines Lokal mit überschaubarer Terrasse an diesem quirligen Platz, an dem wohl ein gutes Dutzend Lokale liegen. Es gibt eine gute Pizza, wahlweise mit dünnem oder etwas dickerem Boden, die auf einem Brett serviert wird, außerdem Salate, Burger, Risotto, Crepes, Nudeln und Fleischgerichte.

**18 L'Alqueria,** Plaça Poeta Marquina 2, Tel. 972 221882, www.restaurantalqueria.com, Di–So 13–15 Uhr. Reisfans aufgepasst, denn hier werden über 30 verschiedene Reisgerichte und Paellas serviert. Nur zur Mittagszeit.

## Verkehrsverbindungen

- Der **Bahnhof** liegt leider nicht gerade zentral an der Carrer de Barcelona vor der Plaça d'Espanya. Zu Fuß in die Altstadt dauert es etwa 15–20 Min.
- Der **Busterminal** liegt unterirdisch im Nebengebäude vom Bahnhof, wo auch der Hochgeschwindigkeitszug AVE abfährt (eigene Ausschilderung). Von hier verkehren Busse in alle größeren Orte der Provinz sowie bis nach Barcelona. AMPSA hat eine Verbindung nach L'Estartit an der Costa

012kk sm

Brava. SARFA bedient hauptsächlich Orte an der Küste, TEISA fährt zu fast allen näheren Orten, u.a. Vic, Olot, Sant Feliu, Figueres und Barcelona.

■ Der **Flughafen** liegt etwa 15 km südlich von Girona und wird u. a. von Ryanair angeflogen. Regelmäßige Busverbindungen nach Landung des Fliegers in die Stadt und auch bis Barcelona. SARFA-Busse fahren auch nach Fahrplan direkt am Terminal ab.

## Einkaufen

Wer ein wenig im Bereich Mode oder Schuhe stöbern möchte, sollte einmal durch die **Carrer Santa Clara** bummeln, dort liegen zahlreiche kleine Geschäfte. Die **Rambla de la Llibertat** bietet etliche Geschäfte in sehr unterschiedlicher Ausrichtung, vom Eismann bis hin zum traditionellen Anzug-Verkäufer. In Verlängerung der Rambla de Llibertat, **c/Argenteria und c/Ballesteries,** befinden sich auch einige Geschäfte für Keramik. Rund um die **Plaça del Vi** liegen noch immer kleine Shops fürs alltägliche Leben. Die **Carrer de la Força,** die zentrale Achse im ehemaligen jüdischen Viertel, beherbergt einige Geschäfte für Souvenirs, Keramik und antiquarische Bücher.

### Märkte

1 **Wochenmarkt:** Paseo de la Dehesa, Di und Sa jeweils 9–13.30 Uhr. Fast in Sichtweite der Altstadt auf dem breiten Weg, der an dem riesigen Park vorbeiführt, vor dem die vielen Parkplätze liegen.

20 **Mercat productes ecològics** (Ökomarkt): Plaça Salvador Espriu, Do 8.30–14 Uhr.

15 **Mercat de les Flors** (Blumenmarkt): Rambla de la Llibertat, Sa 9–14 Uhr.

17 **Fira del col·leccionisme:** Plaça Catalunya, So 9–14 Uhr, Künstler stellen aus.

21 **Mercat del Lleó:** Plaça Calvet i Rubalcaba 15, Mo–Fr 7–14, Fr 17–20.30, Sa 7–14.30 Uhr. Trödelmarkt, Lebensmittel und Antiquitäten.

011kk sm

047kk jf

## Aktivitäten

**16 Fahrradverleih: Eat, Sleep, Cycle,** c/del Vern 3, Tel. 972649131, www.eatsleepcycle.com, tägl. 9–19 Uhr. Nahe der Plaça Catalunya vermietet der etwas stylishe Laden Fahrräder, außerdem organisierte Touren und Radbekleidung.

## Internet

- **Girona Free Wifi:** Verteilt über die Stadt gibt es 170 in Hellblau markierte Einwählpunkte. Einmal registrieren, Passwort erhalten und es kann losgehen.

## Feste

- **Karfreitag:** Osterprozession am Abend, die ab der Kathedrale durch die Altstadt und zurück führt. Dabei werden wie bei einem Kreuzweg in 12 Szenen die letzten Stationen Christi figürlich dargestellt. Zuvor marschiert eine Truppe römischer Soldaten durch die Straßen. Die Manaies begleiten später auch die Prozession.
- **Zweite Maihälfte:** Temps de Flores. Großes Blumenfest, die Altstadt wird sehr schön mit Blumen geschmückt. Viele Häuser, die übers Jahr Besuchern verschlossen bleiben, öffnen am Sonntag für einen Tag ihre Pforten.
- **Zweite Hälfte September:** Fiesta del Pedal, Radlerfest.

Osterprozession

Bummeln in der Altstadt

118cb hf

# 3 Südliche Costa Brava

**» In dieser Region findet jeder seinen Platz, denn die einzelnen Orte entwickelten sich ganz unterschiedlich. Hier die Camper (Blanes), da die Familien (Sant Antoni), dort wiederum die Nachtschwärmer (Lloret). Und die Strände sind überall gleich schön.**

‹ Auch an der südlichen Costa Brava gibt es malerische Gässchen zum Schlendern, hier in Tossa de Mar

# SÜDLICHE COSTA BRAVA

## SANDSTRÄNDE SO WEIT DAS AUGE REICHT

Dieser Teil der „Wilden Küste" zeigt sich kaum noch wild, die Felsenküste ist eindeutig auf dem Rückzug, die Sandstrände dominieren. Zwischen Palamós und Platja d'Aro liegen noch einmal idyllische kleinere Buchten vor einer steil aufragenden Felswand, eingerahmt ist dieser Abschnitt jedoch von den kilometerlang sich ausbreitenden Stränden von Sant Antoni de Calonge und Platja d'Aro. Allerdings folgt Richtung Süden – wie zur Verabschiedung – noch einmal mit Aplomb eine kurze, aber wahrlich spektakuläre Küstenszenerie mit steil abfallenden Felsen, die im Meer ertrinken. Zu finden zwischen Tossa de Mar und Sant Feliu de Guíxols.

### NICHT VERPASSEN!

- Die guten **Restaurants in Palamós** | 176
- Die abwechslungsreiche **Küstenwanderung zwischen Platja d'Aro und Sant Antoni de Calonge** | 178, 185
- Die grandiosen Ausblicke auf der kurvigen **Küstenstraße zwischen Sant Feliu de Guíxols und Tossa de Mar** | 192
- **Tossa de Mar** mit seiner idyllischen Altstadt | 194

**Diese Tipps erkennt man an der gelben Markierung.**

Ein würdiger Abschiedsgruß der wilden Küste, denn ansonsten heißt es hier überall *vamos a la playa*, und zwar zu endlos scheinenden kilometerlangen Sandstränden. Die Orte dazu haben völlig unterschiedliche Charaktere. Tossa de Mar gilt als Künstlerdorf, in Platja d'Aro tobt das Nachtleben, so auch in Lloret de Mar, hier feiern die Teenager, während sich in Blanes eher Familien und Camper aufhalten. Palamós hingegen ist ein Tipp für Genießer, findet man dort doch eine erstaunliche Vielfalt an sehr guten Restaurants.

# Überblick

Dieses Gebiet umfasst die Küstenregion der Comarca Selva und die südliche Comarca Baix Empordà. Die über die Kreisgrenzen hinweggehende Zusammenfassung hat seinen guten Grund, denn abermals wandelt sich die Costa Brava spürbar. Der **Küstenverlauf** wird grundsätzlich flacher, ruhiger, ist seltener von tief eingeschnittenen Buchten unterbrochen. Sicher, vereinzelt erheben sich noch Felswände aus dem Meer, unterbrechen die Küstenlinie, aber die folgenden Orte weisen alle ziemlich lange Strände auf.

Und die Strände lockten schon in den 1960er Jahren die ersten Neugierigen an. Später dann, in den 1970er Jahren, gab es (vereinzelt nur, glücklicherweise!) kein Halten mehr, **Hotels** wurden regelrecht aus dem Boden gestampft. Es gibt sie, das soll nicht verschwiegen werden, zehnstöckige Hotel-Hochhäuser mit mehr als 400 Betten. Und es kommen auch Besucher, die vor allem Party wollen, die nicht Ruhe suchen, sondern eher das Gegenteil. Die entsprechende touristische Infrastruktur konzentriert sich jedoch hier wie andernorts häufig auch auf einen eng begrenzbaren Raum; der Schwerpunkt liegt in Lloret de Mar. Nur wenige Kilometer entfernt sieht es schon ganz anders aus. So galt Tossa beispielsweise über Jahrzehnte als Künstlertreff, eine gehörige Portion dieses Charmes lässt sich auch noch heute finden. Einige Orte sind denn auch eine Symbiose eingegangen zwischen Öffnung für den Tourismus und Aufrechterhaltung der örtlichen Strukturen – z. B. in Sant Feliu, Tossa und Palamós. Platja d'Aro und Lloret dagegen öffneten sich total. Hier findet der Urlauber das größte touristische Angebot weit und breit, nur eins eher selten, eine kleine spanische Eckbar. Allen Orten gemeinsam ist, dass sie einen hervorragenden Strand aufweisen. Nicht selten verläuft er über mehr als einen Kilometer, wird dann natürlich auch stark frequentiert, vor allem in den Sommermonaten Juli und August, wenn sich halb Europa hier trifft.

# Palamós

- **Einwohner:** 18.000
- **Entfernung nach Barcelona:** 124 km
- **Touristeninformation:** Passeig del Mar 2, Tel. 972600550, www.visitpalamos.cat.

1279 entstand hier ein erster kleiner Fischerhafen, dieses Jahr gilt heute als Gründungsdatum von Palamós. Da der Ort zugleich mit Marktrechten versehen wurde, entwickelte sich die kleine Stadt zu einem durchaus bedeutenden und wohlhabenden Ort. Das lockte Piraten an, 1543 wurde Palamós überfallen und geplündert. Daraufhin wurde der Ort stärker befestigt und sogar eine Zitadelle gebaut. 1694 wurde Palamós trotzdem von französischen Truppen schwer zerstört. Eine Erholung setzte erst im 18. Jh. ein durch die Korkverarbeitung.

Die **Touristen** kamen viel später, und entsprechend entstanden etliche Hotels in Strandnähe. Die gemütliche Altstadt hat es hingenommen, die Fischer sowieso. Die Altstadt sieht heute ein wenig wie an den Rand gedrückt aus. Die Gassen sind recht schmal, ein Hafen schließt sich an und bildet einen ziemlichen

Kontrast zur breiten Promenade und den hoch aufgeschossenen Gebäuden.

## Der Strand

Der hellsandige Hauptstrand zeigt sich rund 50 m breit, er beginnt beim Hafen und verläuft ohne erkennbare Trennlinie bis hinüber zum Nachbarort Sant Antoni de Calonge. Eine recht breite Promenade für Fußgänger begleitet ihn, aber auch eine Autostraße. Lokale bleiben an dieser Meile eher die Ausnahme. Im Bereich vom Hafen wurde eine größere Fläche als Parkraum abgeteilt. Leider stören dann doch einige etwas unschöne Hochhäuser in der ersten Strandreihe den angenehmen Gesamteindruck.

## Sehenswertes

Die **Altstadt** und der **Hafen** zählen zu den interessantesten Zonen der Stadt, wobei beachtenswerte Bauten vor allem in der Carrer Major zu finden sind. Hier flaniert alle Welt entlang, bummelt durch die Andenkenläden, probiert eines der Restaurants und verschnauft in einer der Bars. Die Atmosphäre des einstigen Fischerdorfes wird man hier schwerlich aufspüren, von einer gewissen Gemütlichkeit kann aber allemal gesprochen werden.

Die Altstadt liegt etwas erhöht, wer bei seinem Bummel auf die kleine Plaça Murada stößt, genießt einen tollen Blick auf den Hafen und in der Ferne auf den weitläufigen Strand.

Die **Kirche Santa Maria del Mar** wurde ursprünglich mal im 14. Jh. erbaut, aber bereits im 15. Jh. renoviert. Der gotische Stil dominiert in der dreischiffigen Kirche, die Innendekoration fiel bescheidener aus, allerdings wurde die Kirche auch bei drei tragischen Ereignissen stark beschädigt.

An der kleinen Zone zwischen Altstadt und Hafen liegen **etliche Restaurants und Bars,** sodass sich schon eine kleine Kneipenmeile gebildet hat.

Der **Hafen** beherbergt immer noch die zweitgrößte Flotte des nördlichen Katalonien, die Fischer aus Palamós genießen einen ausgezeichneten Ruf. Kein Wunder, dass zur täglichen **Fischauktion** auch immer Aufkäufer aus fernen Orten kommen oder wenigstens einen Agenten schicken. Die Fischversteigerung beginnt in der Llotja immer um 17 Uhr. Wer als Fischer seinen Fang präsentieren will, muss bis spätestens 18 Uhr im Hafen sein. Die Auktion läuft nach dem holländischen Prinzip ab: Die Ware wird kistenweise aufs Band gestellt, ein anfangs ziemlich hoher Preis auf einer Anzeige ausgewiesen. Dann verbilligt sich der Preis ständig, die Anzeige läuft „rückwärts" ab. Wer als autorisierter Händler als erster mit seiner Fernbedienung drückt, erhält den Zuschlag.

Unmittelbar im Hafen liegt das interessante **Fischfang-Museum.** Das Museu de la Pesca vermittelt tiefe Einblicke ins harte Leben der Fischer. Die Geschichte wird dargestellt, Gerätschaften wie Netze oder Boote sind ausgestellt und unterschiedliche Fangmethoden werden beleuchtet. Zur Einstimmung gibt es im Vorraum einen achtminütigen Film zum Fischfang speziell in Palamós, wo auch gezeigt wird, wie die Fischversteigerung abläuft.

# Palamós

0 100 m
Carrer d'Enric Vincke
Carrer de la Indústria
Carrer de Sant Antoni
Carrer de Santa Marta
Carrer d'Avió
C. de la Mercè
C. Carmel
Carrer de Santa Bàrbara
Avinguda del President Macià
Carrer de López Puigcerver
Carrer Alba
Carrer Orient
Avinguda Onze Setembre
Passeig del Mar
Carrer Miquel de Cervantes
Carrer Prosperitat
Carrer Mn. Jacint Verdaguer
Sant Joan Bta. de la Salle
Carrer Muntaner
Josep Fàbrega i Pou
Carrer Ample
Carrer Dídac Garell i Tauler
Carrer de la Unió
Plaça dels Arbres
Salvador Alber i Pey
Carrer Bateria
Carrer de l'Arc
Carrer Enrajolat
Carrer Quarter
Carrer Nou
Carrer Mal Pas
C. Perill
C. Ave Maria
Carrer les Notaries
Carrer de la Roda
Carrer Major
Carrer Pagès i Ortiz
Carrer d'Adrià Alvarez
Carrer Enrajolat
Carrer Terç de Napolitans
Carrer
Santa Maria del Mar
Carrer Mossèn Miquel Costa
Carrer Pedro
Carrer Espasa
Plaça de l'Església
Carrer Molins
Plaça del Pedro
Avinguda Onze de Setembre
Plaça del Forn
Carrer de la Volta
Carrer Maurì Vilar
Carrer Allada
Carrer Tauler i Servia
Carrer de la Creu
Carrer Voramar
Museu de la Pesca
Plaça de Sant Pere
Carrer del Moll
Carrer Pagès i Ortiz
Carrer d'Adrià Álvarez
Carrer Sardenya
Carrer Còrsega
Carrer del Pedro
Carrer Roger de Flor
Carrer Roger de Lloria
Carrer del Molí Port
Carrer Ametlla de Mar
Carrer Ramòn i Cajal
Carrer Pedro Sota
Mirador de la Pedrera
Carrer Dr. Botet
Carrer Voramar
Carrer Ametlla de Mar
Roca de la Faixa
Cal del Frare Damià
Punta de Molí
Einkaufen
15 Markthalle
16 Fischmarkt
17 Markt

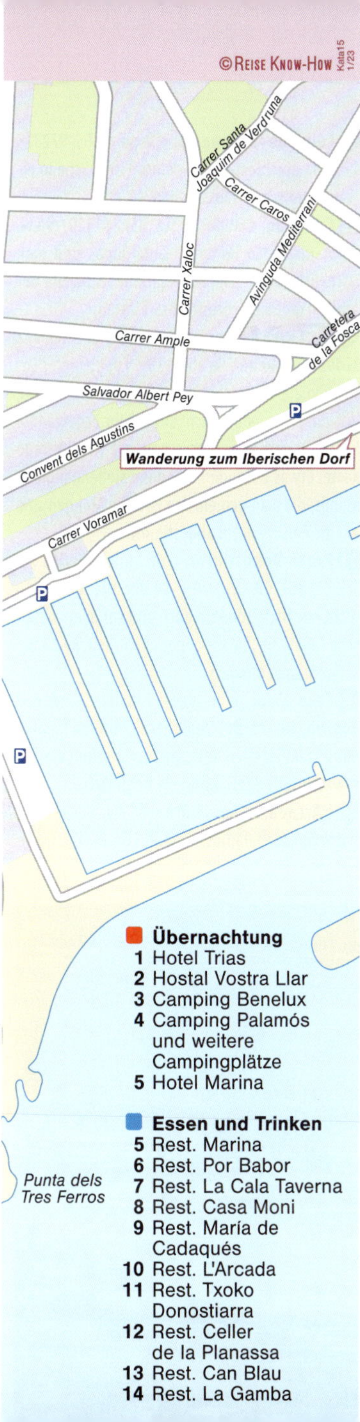


■ **Museu de la Pesca,** Edifici del Tinglado, Port de Palamós, Tel. 972600424, www.museudelapesca.org, Juli/Aug. tägl. 10–14, 16–21 Uhr, Mai/Juni und Sept. Mo–Fr 10–13.30 und 15–19, Sa/So 10–14 und 16–19 Uhr, Okt. bis April Di–Fr 10–13.30 und 15–19, Sa/So 10–14 und 16–19 Uhr, 5 €.

# Praktische Tipps

## Unterkunft

**1 Hotel Trias**④, Passeig del Mar 7, Tel. 972601 800, www.hoteltrias.com. Das achtstöckige Haus hat 81 Zimmer und bietet einen schönen Blick aufs Meer, zur Altstadt ist es auch nicht weit. Vor dem Haus gibt es einen Pool. Die Zimmer vermitteln einen fast luftig-mediterranen Eindruck, zu dem auch eine Art Himmelbett beiträgt.

**5 Hotel Marina**③, c/Onze de Setembre 48, Tel. 972313784, www.hotelmarinapalamos.com. Das 70-Zimmer-Haus liegt sehr zentral, aber auch an einer lebhaften Straße, die zum Strand führt.

**2 Hostal Vostra Llar**③, Av. del President Macià 12, Tel. 972314262, www.vostrallar.com. 45-Zimmer-Haus in relativ ruhiger Lage mit preiswertem Restaurant. Den Blick aufs Meer versperren allerdings 2 Hochhäuser. Großzügige Zimmer mit Holzfußboden und Balkon, bei gutem Wetter kann im Garten gefrühstückt werden.

**3 Camping Benelux,** Paratge del Castell, an der Autovía C-31, Abfahrt *(sortida)* 328, Tel. 972 315575, www.cbenelux.com, Ende März bis Ende Sept. Ungefähr 250 Stellplätze hat dieser Platz, die unter hoch gewachsenen Bäumen liegen; ein kleiner Pool ist vorhanden. Ruhige Lage, zum Strand sind es ca. 500 m, zur Stadt 2 km.

**4 Camping Palamós,** Carretera La Fosca 12, Tel. 972314296, www.campingpalamos.com, Ende März bis Ende Sept. Zur felsigen Badebucht sind es nur wenige Schritte. Der Campingplatz hat zwei größere Pools und es gibt sehr viel Schatten durch einen dichten Baumbewuchs.

## Essen und Trinken

**5 Marina,** Av. Onze de Setembre 48, Tel. 972313 784, www.hotelmarinapalamos.com. Größeres, elegant eingerichtetes Lokal in einem Hotel unweit vom Hafen. Mit überdachter Terrasse. Die Speisekarte ist umfangreich, bietet Tellergerichte und verschiedene Menüs.

**9 María de Cadaqués,** c/Tauler i Servìa 6, Tel. 972314009, www.mariadecadaques.cat. Das Lokal ist minimalistisch in maritimem Blau eingerichtet. Die gute Küche wurde ausgezeichnet. Seit 60 Jahren kocht *María* – allerdings zu mittlerweile gestiegenen Preisen – vor allem Fischgerichte aus der Region, u. a. gibt es ein siebengängiges Probiermenü sowie eine Zusammenstellung von besonderen Tapas. Mo geschlossen.

**14 La Gamba,** Pl. Sant Pere 1, Tel. 972314633, lagambapalamos.com. Traditionelle Küche mit Fischgerichten, nicht billig, aber sehr gut. Eröffnet wurde das Lokal 1976 an der Stelle, wo früher die Fischversteigerung stattfand. Natürlich gibt es Gerichte zur Gamba (Krabbe), aber auch hervorragenden Grillfisch oder *Suquet al estilo pescador,* also eine Art Fischsuppe nach Fischers Art. Hat auch eine nette Terrasse mit Blick zum Hafen. Mi geschlossen.

**12 Celler de la Planassa,** c/Vapor 4, Tel. 972316 496, Mo geschlossen. Exzellente Fischküche in einem historischen Haus aus dem 18. Jh.

**13 Can Blau,** c/Vapor 3, Tel. 657861329, www.canblau.cat, Mo Ruhetag. Gute Tapas und eine Fischküche ohne Schnickschnack mit teilweise beachtlich großen Meeresfrüchte-Platten.

Mein Tipp: **6 Por Babor,** c/Mal Pas 3, Tel. 972 324925, ab 20 Uhr, Sa ab 13 Uhr. Ein kleineres Lokal, von außen unscheinbar, innen ein wenig eng, was die Gäste jedoch nicht stört. Sehr zugewandte Betreiber und eine überschaubare mediterrane Karte. Etwas Besonderes sind die siebengängigen Menüs, die man gemeinsam isst. Die Mengen sind auf die Personenzahl abgestimmt.

**11 Txoko Donostiarra,** c/de Tauler i Servià 23, Tel. 676862708, Di–So 19–24 Uhr. Hier gibt's mal nicht nur Fisch, sondern auch und vor allem baskische Tapas, die Pintxos genannt werden. Keine Reservierungen möglich.

**8 Casa Moni,** c/de Mauri i Vilar 15, Tel. 637 763768, 19–24 Uhr, Do Ruhetag. Älteste Tapabar von Palamós, klein, urig, im historischen Viertel, etwas abseits der Hauptmeile bergwärts.

**10 L'Arcada,** c/Pagès i Ortiz 49, Tel. 972317215, www.larcadapalamos.es, tägl. 10–23 Uhr. Eben-

013kk sm

falls etwas abseits vom Haupttrubel in der Altstadt. Hier bietet man nicht das Übliche, sondern eine ausgewählte, besondere Karte, obendrein eine breite Dessert-Auswahl.

7 **La Cala Taverna,** c/de les Notaries 20, Tel. 601901190, http://lacalataverna.com, Di–So 13–15.15, Mi–So 20–22 Uhr. Hochklassige Küche mit Fisch und Meeresfrüchten, von örtlichen Fischern gefangen, dazu Reis aus dem Ebro-Delta im südlichen Katalonien. Die Rezepte werden teils modern interpretiert, teils wird klassisch gekocht, insgesamt ein Ess-Erlebnis zu angemessenen Preisen.

### Verkehrsverbindungen

- **Busterminal:** c/López Puigcerver 7 (kleines Gebäude in der ersten Parallelstraße hinter der Strandpromenade), Tel. 972600250, Verbindungen entlang der Küste bis Tossa, nach Girona und nach Barcelona mit der Gesellschaft Sarfa.

### Aktivitäten

- **Bootsausflüge:** Mehrere Veranstalter bieten an der Promenade täglich Bootsausflüge entlang der Küste an. Eine tolle Möglichkeit, die Costa Brava mal vom Meer aus zu betrachten.
- **Wanderung:** Es führt ein Weg, ausgehend vom Sportboothafen, immer entlang der Küste durch mehrere benachbarte Buchten über etwa 5 km bis zu den Überresten einer Iberischen Siedlung aus dem 6. Jh. v. Chr., genannt **Poblat Ibèric de Castell,** gelegen auf der Anhöhe Sa Cobertera auf einer Art Halbinsel.

### Feste

- **22.–26. Juni:** Festa Major, Umzug von Gegants, Kinderanimation, heilige Messe, Sardanas, Habaneras, Konzerte und Wettstreit der Fischer.
- **13.–14. Juli:** Festa Major in Calonge, ein Nachbarort, mit Feuerwerk, Umzug von „Giganten".
- **16. Juli:** Verge de Carme, wie üblich mit einer prachtvollen Meeresprozession.
- **August:** Habanera-Festival.

### Markt

17 **Großer Markt:** am Di von 9 bis 13.30 Uhr an der Avinguda de Catalunya zwischen den Straßen Carrer Mercè und Carrer Nàpols.

15 **Markthalle:** Avinguda de Catalunya 6, Mo–Sa 8–13.30 Uhr.

16 **Fischmarkt:** Mo–Fr 16–20 Uhr am Hafen.

# Sant Antoni de Calonge

- **Einwohner:** 3000
- **Entfernung nach Barcelona:** 122 km
- **Touristeninformation:** Av. de Catalunya 26, Tel. 972661714, www.calonge-santantoni.cat.

Der **Strand** bestimmt hier den Rhythmus, hat er doch erst diesen Ort möglich gemacht. Der schöne Strand lockte die Touristen an, so entstand eine Promenade, dahinter dann die ersten **Hotels.** Später kamen weitere Häuser in der zweiten Reihe dazu, dann war irgendwann die Hauptstraße erreicht und erst mal Schluss. „Hinter" der Durchgangsstraße wurde lange Zeit nicht gebaut, nun aber hat sich der Ort dann doch weiter ausgedehnt.

◁ Am Strand von Palamós

Der Strand und im Grunde die ganze Ortschaft **schließen sich nahtlos an Palamós an.** Zwar sind es schon gute 2 km Fußweg, aber die Altstadt und der Hafen von Palamós können in einem längeren Spaziergang erreicht werden, die Promenade verläuft ins Herz des Nachbarortes.

Zur anderen Seite begrenzt eine **Felsenlandschaft** mit dem Torre Valentina den Strand. Aber auch hier können Unternehmungslustige weiterlaufen. Mit ein wenig Ausdauer läuft man in etwa einer Stunde bis zum Nachbarort Platja d'Aro (→ Die Strände).

## Die Strände

Der Strand zieht sich insgesamt über **fast drei Kilometer,** offiziell wird er in drei Abschnitte unterteilt, die sich an Naturgegebenheiten orientieren – drei halbkreisförmige Buchten. Der Strand ist hellsandig, teilweise gute 40 m breit und verläuft von einer **abschließenden Felswand** beim Torre Valentina bis zur Stadtgrenze von Palamós. Allerdings endet dort nicht die Strandherrlichkeit, sondern geht nahtlos in die Playa des Nachbarortes über. Genauso verläuft die Strandpromenade von Sant Antoni bis hinüber zum Hafen von Palamós. Gesäumt wird die Promenade von Hotels, Apartments und Lokalen, aber alles in nicht übertriebenen Maßen. Nach dem Passieren des Torre Valentina reihen sich **noch einige Felsbuchten** auf, die teilweise ausgesprochen idyllisch liegen.

### Küstenwanderung nach Platja d'Aro

Beim Torre Valentina beginnt ein sehr schöner und nicht schwer zu gehender Wanderweg immer entlang der Küste hinüber nach Platja d'Aro. Er schlängelt sich vor den Felsen entlang, es geht durch Tunnel, über Treppen und Brücken, man blickt teilweise aus gut 20 m Höhe runter aufs Wasser. Ständig führen schmale Treppen hinunter, sodass man in einigen versteckten Buchten mit schönem Strand rasten kann. Mehrfach führt der Weg auch direkt über Sandstrände.

Endloser Strand in Sant Antoni de Calonge

586cb sm

Am Zielort endet er unmittelbar vor einem Strandkiosk, was auch nicht schlecht ist. Ausgeschildert ist der Weg mit der rot-weißen Markierung eines Fernwanderweges, hier des GR-92. Einziges Manko: Einen kurzen Teil des Weges – etwa 500 m – muss man oben an der relativ stark befahrenen Straße zurücklegen, da der direkte Weg am Strand durch zwei Hotelkomplexe versperrt ist. Unangenehm zwar, aber dennoch lohnt sich diese kleine Wanderung – die Ausblicke in die vielen kleinen Buchten sind einfach herrlich.

# Praktische Tipps

## Unterkunft

■ **Hotel Reimar**④, Passeig de Torre Valentina s/n, Tel. 972652211, www.hotelreimar.com. Das Haus bietet 49 Zimmer, die sich so verteilen, dass das Hotel trotzdem nicht zu groß wirkt. Es liegt direkt an der Promenade, macht einen angenehmen Eindruck und hat einen Pool.

■ **Hotel Cap Roig**④, Avinguda Andorra 18, Tel. 972652000, https://bravahoteles.com. Dieses Haus hat eine tolle Lage, etwa auf halbem Weg zwischen Sant Antoni und Platja d'Aro über den Klippen der winzigen Bucht Cap Roig. Platz ist für insgesamt 165 Zimmer, darunter auch Dreier- und Familienzimmer, und ein breites Serviceangebot, so zwei Pools, Sauna und Whirlpool. Schön ist der abendliche Blick über die Klippen aufs Meer. WiFi.

■ **Silken Park Hotel San Jorge**④, Avinguda Andorra 28, liegt ebenfalls zwischen Platja d'Aro und Sant Antoni in traumhafter Lage an der Platja de Comtat de Sant Jordi. Tel. 972652311, www.parkhotelsanjorge.com. Das Hotel hat 85 Zimmer, einige liegen in erster Linie zum Meer hoch über den Felsen. Aber auch der Ausblick von der Terrasse oder dem Salon sucht seinesgleichen. Wer nicht hinunter zum Meer will, planscht im hoteleigenen Pool, und abends beim Wein schaut man vom Restaurantfenster über die Küste.

■ **Hotel María Teresa**③, Passeig Josep Mundet 3, Tel. 972651064, http://hotelmariateresa.com, Mitte Mai bis Mitte Oktober geöffnet, liegt an der Promenade und hat nur 29 Zimmer (16 mit Meerblick), die zwar etwas schlicht, aber ausreichend eingerichtet sind.

■ **Hostal Olga**②-③, Passeig Josep Mundet 48, Tel. 972650764, www.hostalolga.com, geöffnet Anfang Juni bis Mitte September. Ein nicht allzu großes Haus direkt an der Strandpromenade. Unten gibt es ein Lokal mit Mittagsmenü im Angebot.

■ **Eurocàmping,** Avinguda Catalunya 15, Tel. 972 650879, www.euro-camping.com, Mitte Mai bis Mitte Sept. Insgesamt 750 Parzellen bietet dieser Platz, der nur knapp 150 m vom Strand entfernt liegt, allerdings muss zuvor eine stark befahrene Straße überquert werden. Alle notwendigen Serviceeinrichtungen, auch ein Pool für Kinder und eine eigene, schalldichte Diskothek.

■ **Camping Internacional Calonge,** Av. Andorra s/n (Carretera 253, km 47), Tel. 972651233, www.intercalonge.com, ganzjährig geöffnet. Die 695 Parzellen liegen auf einem terrassenartigen Gelände unter Pinien. An Serviceeinrichtungen wird alles Notwendige geboten, zum Strand sind es etwa 200 m, man überquert dazu die stark befahrene Straße über eine eigene Brücke.

■ **Camping Cala Gogo,** Av. Andorra 13 (Straße nach Platja d'Aro), Tel. 972651564, www.calagogo.es, Ende April bis Mitte Sept. Dieser große Platz bietet 1100 Parzellen, die hauptsächlich unter Pinien liegen. Der ganze Platz ist terrassenförmig angelegt, hat zwei Pools, mehrere Restaurants sowie Animation, nicht nur für Kinder. Außerdem möglich: Tennis, Minigolf, Wassersport und Discobesuch. Hunde sind von Juli bis August nicht erlaubt. Durch einen kleinen Tunnel geht es zum Strand und zu einem kleinen Teil des Platzes, der unmittelbar am Meer liegt, sodass die verkehrsreiche Hauptstraße nicht überquert werden muss.

■ **Camping Treumal,** ebenfalls zwischen Sant Antoni und Platja d'Aro gelegen, am Km 47,5, Tel. 972651095, www.campingtreumal.com, April bis Sept. Insgesamt 195 Parzellen liegen auf diesem Platz unter Pinien, der mit viel Geschmack nach gärtnerischen Gesichtspunkten gestaltet wurde, sodass mancher schon mit Recht von einem Park spricht. In die nahen Felsbuchten führen steile Treppen. Hunde sind nicht erlaubt.

## Essen und Trinken

■ **Restaurant El Racó,** unterhalb Torre Valentina, am Ende der Bucht, Tel. 972650640, https://restaurantelraco.es. Man sitzt gemütlich direkt am Strand auf einer netten Terrasse. Vielfältige Küche, mit Fisch oder Fleisch, Pizza, Pasta, Reisgerichte und Salate.

■ **Restaurant Refugi de Pescadors,** Passeig Marítim 55, Tel. 972650664, www.refugidepescadors.com, Mo Ruhetag. Das Lokal gibt es seit 1963 und es bietet traditionelle Fischgerichte, die die Fischer schon immer gegessen haben. Fisch und Meeresfrüchte kommen aus der Bucht von Calonge. Gute Qualität zu angemessenen Preisen.

■ **Nautilus,** Passeig Josep Mundet 20, Tel. 972660023, www.nautiluscostabrava.com, Ostern bis Ende Okt. Etwa mittig an der Strandpromenade gelegenes Fischlokal. Neben Fischgerichten auch diverse Reis-Variationen.

## Feste

■ **8.–9. Juni:** Festa Major mit öffentlichem Paella-Kochen, Fischwettbewerbe, Sardanas und Kinderanimation.

■ **Juli und August:** jeden So Sardana-Tänze.

■ **1. September:** Sant Llop, das sommerliche Hauptfest.

■ **1.–3. November:** Winterfest mit Castellers, abendlichem Tanz und einem Kochwettbewerb.

## Markt

■ Mi 9–14 Uhr, Plaça del Bullidors.

583cb sm

# Calonge

Dieser Ort liegt etwa 5 km **von der Küste entfernt** und bildet mit Sant Antoni eine Verwaltungseinheit. Früher war dies, wie so oft hier an der Küste, der Hauptort und nur ein paar arme Fischer lebten am Meer. Das hat sich mittlerweile geändert. Calonge wird heute nur noch als Tagesausflug besucht. Das **Ortsbild** ist ganz nett, herausragend sind zwei Komplexe: das Castell und die Kirche.

## Sehenswertes

Das **Castell** liegt mitten im historischen Kern von Calonge bei der Plaça Major. Die Anfänge dieser Festung reichen weit zurück, bereits im 8. Jh. wurde eine erste Burg erbaut. Diese erweiterte und verstärkte man dann. Von der ursprünglichen Burg ist so gut wie nichts mehr erhalten. Der älteste Teil ist der viereckige Turm Torre del Homenaje („Turm der Ehrerbietung"), außerdem Teile der Befestigungsmauer mit drei weiteren runden Türmen. Bei den Erweiterungen wurde auch ein Garten angelegt und es entstanden weitere Schutzmauern, beides ist heute zu besichtigen. Das Innere ist nur zu besonderen Gelegenheiten für Besucher zugänglich, so beispielsweise beim mittelalterlichen Markt zu Ostern.

065cb hf

[>] Das Castell von Calonge

[<] Auf der kleinen Wanderung vom Torre Valentina in Sant Antoni de Calonge bis nach Platja d'Aro

Die **Església de Sant Martí** ist jüngeren Datums. Sie stammt aus dem 18. Jh. und überragt auch in Calonge die meisten Häuser. Ursprünglich stand hier ein Gotteshaus aus dem 10. Jh., das zeigt, wie alt der Ort bereits ist. Zum ersten Mal soll er 881 erwähnt worden sein, damit würde er zu den ältesten Städten Kataloniens zählen.

Eine Kuriosität soll zum Schluss noch erwähnt werden, die **Gasse Càcul.** Sie liegt unweit der Kirche und misst etwa 50 m, von denen ungefähr 30 m als Tunnel unterhalb von Häusern verlaufen. Hier liegen aber Hauseingänge zu ganz normalen Wohnungen. Ursprünglich sollen es mal Gewölbe gewesen sein und hier soll sich der Haupteingang zum Ort befunden haben. Erst viel später entstanden an dieser Stelle Häuser, die vorhandenen Mauern ausnutzend.

# Platja d'Aro

- **Einwohner:** 11.500 (mit S'Agaró und Castell d'Aro, da diese zur Großgemeinde Castell-Platja d'Aro zählen)
- **Entfernung nach Barcelona:** 118 km
- **Touristeninformation:** Mossèn Cinto Verdaguer 4, Tel. 972817179, www.platjadaro.com.

Manchmal täuscht der erste Eindruck nicht, „eine kilometerlange Shoppingmeile mit Strand", so die spontane Einschätzung bei unserem ersten Besuch. Das war schon 1983 so. Schwer vorstellbar, dass Anfang der 1960er Jahre noch nichts von dem späteren Ferienkomplex erkennbar war. Keine Frage, heute zeigt sich Platja d'Aro touristisch voll durchorganisiert. Der schöne Strand lockt all die Besucher an, und damit sich auch niemand langweilt, entstand ein **touristisches Angebot,** das die Offerten mancher spanischen Kleinstadt übertrifft. Von der Hamburger-Kette bis zu Geschäften mit Mode, Schmuck, Fotoartikeln, Restaurants, Snackbars, Motorradvermietern, Funparks, Pubs, es ist alles zu finden.

Die grobe **Aufteilung des Ortes** sieht so aus: Strand, Promenade, Hotels in mehreren Querstraßen, Hauptdurchgangsstraße mit den eben angesprochenen Geschäften und etlichen Lokalen, von denen einige sehr groß sind, weitere Querstraßen mit vereinzelten Unterkünften, aber auch mit Shopping-Centern, Parkplätzen und weiteren Läden.

**Nachtleben** wird hier natürlich groß geschrieben, viele tagsüber unscheinbare Läden verwandeln sich abends in Discos und Musikbars. Wer einen quirligen Ort mit abwechslungsreicher Unterhaltung sucht, wird sich hier wohl fühlen.

587cb sm

## Der Strand

Der Hauptstrand heißt wie der Ort: **Platja d'Aro,** er wird auch *Platja gran* genannt. Über 2400 m zieht er sich hin, weist eine durchschnittliche Breite von 60 m auf und wird charakterisiert durch feinen, hellen Sand. Teilweise bläst hier ein beachtlicher Wind, was dann auch Windsurfer lockt. Der Strand wird durch eine Promenade begrenzt, an der das übliche Angebot von Bars, Terrassen-Lokalen und Shops zu finden ist. Dahinter erheben sich Wohnblocks mit einer Höhe von bis zu 10 Stockwerken und mehr, nicht alle sind Hotels. Die liegen eher in der zweiten und dritten Reihe, also zwischen Strand und Durchgangsstraße.

## Sehenswertes

Knapp nördlich des großen Strandes liegt die archäologische Ausgrabungsstätte **Pla de Palol** aus dem 1. Jh. n. Chr. (römische Epoche). Gefunden wurden verschiedene Gegenstände des Alltags und die Überreste eines Hauses mit Mosaiken. Experten vermuten, dass hier Getreide und Öl gelagert wurden, möglicherweise auch Wein, und dass diese Waren über einen nahen Hafen verschifft wurden.

Und warum nicht einmal den gesamten Ort als interessantes Objekt betrachten, immerhin entstand hier eine **Ferienmaschine,** die keine Wünsche offenlässt und alljährlich über 100.000 Besucher anzieht. Besonders am Abend zeigt sich Platja d'Aro von seiner glitzernden Seite, eine Costa-Brava-Realität der besonderen Art.

☒ Platja d'Aro: schöner Strand, nicht ganz so schöne Häuser

## Praktische Tipps

### Unterkunft

- **Hotel Costa Brava**③-④, Punta d'En Ramís 17, Tel. 972817070, www.hotelcostabrava.com. Das Haus liegt sehr schön am linken Ende des Strandes (Blickrichtung zum Meer) und zudem noch in einer ruhigen Sackgasse. Es wurde über den Klippen errichtet, die hier den Strand begrenzen, über ein paar Stufen ist das Meer schnell erreicht.
- **Pension Marina**②, c/Ciutat de Palol 1, Tel. 972 817182. Dieses kleine, einfache Haus mit 37 Zimmern liegt in einer ruhigen Seitengasse vor einem Platz, zum Strand sind es gerade mal 50 m. Für Sparfüchse.
- **Hotel Bell Repós**②, c/Vergé de Carme 18, Tel. 972817100, www.hotelbellrepos.com. Das Haus mit 36 Zimmern liegt in einer Seitenstraße nur 5 Minuten vom Strand entfernt. Ein kleiner Garten rundet das positive Gesamtbild ab.
- **Camping Vall d'Or,** Av. Verona Terol 41, Tel. 972817585, www.campingvalldor.es, Mitte März bis Ende Sept. Dieser große Platz mit 495 Parzellen liegt etwa 1 km von Platja d'Aro entfernt in Richtung Sant Feliu direkt am Strand.
- **Camping Riembau,** c/Santiago Rusinyol s/n, Tel. 972817123, www.riembau.com, Ostern bis Sept. Der große Platz mit vielen Parzellen (auch Vermietung von Mobilhomes) liegt etwa 1 km außerhalb und ist durch eine Straße zweigeteilt. Die Betreiber bieten eine Menge an, um die etwas abseitige Lage vergessen zu lassen. Mit Sportanlagen und Pool. Auf dem Gelände durchgehender Baumbestand.

■ **Camping Vall d'Aro,** c/del Camí Vell 63, Tel. 972817515, www.valldaro.com, Anfang April bis Ende Sept. Ein großer Platz, der auch etwa 1 km von Platja d'Aro entfernt liegt. Hoher Baumbestand und ein ebenes Gelände, viele Serviceeinrichtungen wie Fußball, Volleyball, Basketball, Pool, Minigolf.

## Essen und Trinken

■ **Aradi,** im Hotel Costa Brava, c/Punt d'en Ramís 17, Tel. 972817376, www.hotelcostabrava.com. Ein Klassiker! Seit 1962 am Ort. Hervorragende Küche mit Schwerpunkt auf Fisch, doch es gibt auch Fleisch- und Reisgerichte. Außerdem werden jahreszeitlich wechselnde Menüs angeboten. Nicht günstig, jedoch der Qualität angemessen.

■ **Can Poldo,** Punta d'en Ramis s/n, Tel. 972817 070. Das Lokal liegt direkt am Strand. Von der Terrasse blickt man ruhig aufs Meer, der Trubel von Platja d'Aro bleibt weit entfernt zurück. Auf der Karte: Fleischgerichte, aber auch Fisch, der täglich in Palamós eingekauft wird.

■ **Catalina Parrilla,** c/Josep Bas 22, Tel. 972 986645, https://catalinaparrilla.cat, Mi Ruhetag. Nettes, nicht zu großes Lokal abseits der trubeligen Hauptstraße. Argentinisch geprägt bietet das Restaurant gute Fleischgerichte vom Grill.

■ **Feliu,** Av. Reina Fabiola 2, Tel. 972817738, geöffnet zwischen Ostern und Ende Sept. Bekannt für seine guten Fischgerichte und Meeresfrüchte, wobei auch Fleisch und Geflügel sowie saisonale Gerichte angeboten werden. Unprätentiös und schlicht aufgemacht.

## Nachtleben

Speziell im Sommer brennt in Platja d'Aro nachts die Luft, ab frühem Abend werben die großen Discos massiv durch das Verteilen von Flyern um Gäste. Aber es geht erst spät so richtig los, kaum vor Mitternacht. Im Ortskern liegen viele Musikbars im Umfeld des Magic Parks und eines bekannten Hamburger-Ladens. Die großen Discos füllen sich meist erst nach Schließung dieser Bars gegen 3 Uhr.

## Verkehrsverbindungen

■ Der **Busterminal** liegt etwas zurückgesetzt von der Hauptdurchgangsstraße im unteren Ortsbereich Richtung Sant Feliu. Er ist ausgeschildert, die offizielle Adresse lautet: Paratge Els Estanys s/n, Tel. 972826787. Es gibt Verbindungen nach Girona, Palafrugell, Barcelona, Sant Feliu de Guíxols, Sant Antoni de Calonge und Palamós.

## Aktivitäten

■ **Vergnügungsparks:** PP's, Av. S'Agaró 110, Tel. 649962963, www.ppspark.com, Ostern bis Sept. ab 16 Uhr. Großer Freizeitpark mit Fahrgeschäften, Wasserfallfahrten, Hüpfburgen etc. Die Preise liegen je nach Attraktion zwischen 2,80 und 10 €, man erwirbt vorab eine Prepaidkarte.

## Feste

■ **15. August:** Festa Major de Platja d'Aro, mit Strandspielen, Habaneras, Sardanas, Fotowettbewerb und abendlichem Tanz.

■ **8. September:** Festa Major im Nachbarort Castell d'Aro, mit Sardanas, Habaneras, sportlichen Wettkämpfen und Wettbewerb im Wurstherstellen.

■ **Ende September** wird eine Art Bierfest oder Oktoberfest gefeiert, bei der die Hauptstraße teilweise gesperrt ist und diverse Bierzelte und Kioske *cerveza* anbieten.

## Markt

■ Fr 9–14 Uhr c/Ginesta.

# Ausflüge

## Aquadiver

Für alle, denen der Hotelpool und das Mittelmeer nicht genügen, bietet die **Badelandschaft** Aquadiver eine Möglichkeit zum Rumtoben, aber auch zum gemütlichen Entspannen und Picknicken unter Pinien. Etliche verschlungene Rutschen fordern die Mutigen zum Heruntersausen auf, wer es etwas ruhiger wünscht, kann auch auf „harmlosen" Treppenrutschen ins kühle Nass gleiten. Nur fünf Minuten von Platja d'Aro entfernt.

■ **Badelandschaft Aquadiver,** Carretera Circunval·Lació s/n, Tel. 972828283, www.aquadiver.com, Mitte Juni bis Mitte Sept. 10–18.30 Uhr, Eintritt: größer als 120 cm Körpergröße 35 €, zwischen 80 und 120 cm Körpergröße 20 €, Senioren 19 €, unter 80 cm Körpergröße Eintritt frei, Familie 90 €.

## Küstenwanderung nach Sant Antoni de Calonge

Von Platja d'Aro führt ein schöner Wanderweg entlang der Küste nach Sant Antoni de Calonge. Unterwegs liegen idyllische Buchten, die zum Baden und Faulenzen geradezu einladen (↗ Sant Antoni de Calonge). Ausgangspunkt ist die Landzunge Punta d'en Ramis ganz links am Strand (Blickrichtung zum Meer), wo ein Fels in Form eines Monolithen steht, genannt Cavall Bernat de Platja d'Aro.

## Wanderung nach S'Agaró

Dieser Wanderweg wurde bereits zwischen 1949 und 1954 angelegt und heißt Camí de ronda de S'Agaró (gelegentlich so ausgeschildert). Ausgangspunkt ist der Sportboothafen von Platja d'Aro. Dort muss man ein kurzes Stück um die Bucht von Punta Prima herumgehen, anschließend folgt der Wanderweg sehr schön der Küstenlinie. Er ist teilweise mit Granitsteinen ausgelegt und dadurch überwiegend flach und auch recht breit.

Wer will, kann sogar weiterlaufen bis nach Sant Feliu de Guíxols.

048kk jf

▷ Auf dem Küstenwanderweg

# S'Agaró

S'Agaró ist eine **kleine Bucht,** die sich an Platja d'Aro anschließt. S'Agaró war ursprünglich ein malerisches, kleines Viertel, in dem Anfang der 1920er Jahre wohlhabende Familien schicke Häuser bauten. Natürlich mit Meerblick und hübschen Gärten. Bekannte Architekten der damaligen Zeit wurden verpflichtet und so entstanden ausgesprochen stilvolle Häuser. Es bildete sich eine Art Luxus-Urbanisation mit einer eigenen neobarocken Kirche heraus. Später kamen Häuser in der zweiten oder gar dritten Reihe hinzu und auch heute ist der Glanz dieser Zeit teilweise noch spürbar.

Außerdem verläuft ein einfach zu gehender **Wanderweg** direkt entlang der Küste über 1,5 km vom Strand Platja de Sant Pol zur Bucht Cala Sa Conca und führt vorbei an dem schon fast legendären Luxushotel **Hostal de la Gavina.** Der Weg ist mit Granitblöcken der Gegend gebaut, die sich so wunderbar in das Gesamtbild einfügen. Man genießt sehr schöne Blicke über die Küste.

## Der Strand

Die **Platja Sant Pol,** so der offizielle Name des Strandes, misst 870 m und weist eine durchschnittliche Breite von 20 m auf. Er ist von grobem Sand, teils sogar leicht steinig. Hochhausriesen fehlen hier völlig, die wenigen Unterkünfte und Restaurants direkt am Strand sind kleine Häuser. Die Bucht läuft vor einer kleinen Felswand aus, sodass die Strandstraße als Sackgasse endet.

## Praktische Tipps

### Unterkunft

- **Hostal de la Gavina**④, Plaça de la Roserar, Tel. 972321100, www.lagavina.com, ab Ende März geöffnet. Bescheiden kommt es daher, nennt sich „Hostal", was auf eine familiäre Unterkunft hindeutet. Beinahe ist dem auch so, die Gäste der 74 Zimmer wissen ganz genau, was sie erwartet. Sie dürfen mit perfektem Service in luxuriösem Ambiente rechnen, denn das Gavina darf mit Recht von sich behaupten, eines der spektakulärsten Hotels der Costa Brava zu sein. Im Detail: Möbel aus dem 17. und 18. Jh., französische Wandteppiche, vier Restaurants, ein Außenpool mit Meerwasser, zwei Tennisplätze, ein hübscher Garten, ein Spa-Bereich und schließlich ein famoser Blick über die Küste vom Pool aus. Seit 1932 wird dieses Haus konsequent gegen den Massengeschmack betrieben. Das hat seinen Preis: mindestens 250 € pro DZ.
- **Hotel S'Agaró**③-④, Platja de Sant Pol, Tel. 972 325200, www.hotelsagaro.com. Insgesamt 95 Zimmer zählt dieses mittelgroße Haus, das unmittelbar an der Strandstraße liegt. Unten befindet sich ein Restaurant, und das hoteleigene Serviceangebot kann sich sehen lassen, u.a. gibt es eine große Liegewiese mit Pool sowie einen üppigen Spa-Bereich.

▷ Der Küstenwanderweg nach S'Agaró führt an eleganten Häusern in traumhafter Lage vorbei

# Sant Feliu de Guíxols

- **Einwohner:** 21.900
- **Entfernung nach Barcelona:** 115 km
- **Touristeninformation:** Plaça Monestir s/n, Tel. 972820051, www.visitguixols.com.

Die **Ursprünge** von Sant Feliu gehen auf das 10. Jh. zurück, bereits ein Jahrhundert später entstand hier ein Benediktinerkloster, von dem noch Reste am Ortsausgang erhalten sind. Der Ort wuchs im Laufe der letzten Jahrzehnte zu einer gewissen Größe.

Da die Strandbucht von zwei Felsgruppierungen begrenzt ist, konnte nicht in die Breite gebaut werden. Die Folge: Der **Ort verläuft nach hinten** weg, nimmt beinahe die Form eines spitz zulaufenden Dreiecks ein. Die neueren Gebäude, wie FeWos, sind dann auch weiter hinten zu finden, während der alte Kern in Strandnähe liegt.

Sant Feliu hat sich einen **alten Stadtkern mit viel Atmosphäre** erhalten können, der auch trotz eines gewissen Zuspruchs nicht zu sehr von Touristen dominiert wird.

Sant Feliu wurde bis zu den 50er Jahren des 20. Jh. auch „Hauptstadt der Costa Brava" genannt – auf Grund seines großen und damit wichtigen **Hafens.** In heutigen Tagen wechselte diese kommerzielle Wichtigkeit allerdings zum Nachbarort Palamós, eine Hauptstadt der Costa Brava wurde dieser Ort damit jedoch noch lange nicht.

Insgesamt zeigt Sant Feliu eine sehr angenehme Mischung. Die Stadt lebt

588cb hf

eben nicht ausschließlich vom Tourismus, was für etliche andere Orte an der Costa Brava doch gilt. Immerhin entwickelte sich schon lange vor dem Touristenboom eine Kork-Industrie und auch der Fischfang hatte eine Bedeutung. Der Stadtkern zeigt sich nett und so alltagsnormal wie in vielen anderen spanischen Städten, touristische Besucher ergänzen hier das Bild, dominieren es aber nicht. Sant Feliu hat einen schönen Strand, der die Stadt bereichert und durchaus von den Bewohnern angenommen wird, jedoch nicht zu den Erscheinungsformen des Massentourismus geführt hat.

## Der Strand

Direkt in der Stadt liegt der 400 m lange und 30 m breite helle Sandstrand **Platja Sant Feliu.** Links vom Strand befindet sich eine große Marina, in der etliche Boote liegen, und eine kleine Bucht weiter, nur durch einen Felsvorsprung getrennt, befindet sich der Fischereihafen. Der Strand wird von einem netten Park mit vielen Parkplätzen begrenzt und mittendurch verläuft eine breite Straße. Es ist also eher ein Platz zum Verschnaufen und Rastmachen.

## Sehenswertes

Der **Bereich beim Strand** mit der Promenade unter Schatten spendenden Bäumen, dem anschließenden Park und einigen Restaurants mit Terrassen eignet sich perfekt als Ausgangspunkt für einen Bummel. Die Wege sind kurz, hier kann der Wagen geparkt werden und für das leibliche Wohl sorgen diverse Lokale. Hier führt auch die **Strandpromenade** entlang, die trotz ihrer Kürze mehr Flair hat als so manche andere kilometerlange. Sie datiert aus dem Jahr 1834 und ebenfalls aus dem vorigen Jahrhundert stammen einige Gebäude, die hier unübersehbar ihre würdevolle Fassade der Sonne entgegenrecken. So beispielsweise das hellgelbe Casino dels Nois, erbaut 1889, das mit seinen blauweißen Kacheln und den verspielt dekorierten Fenstern ein wenig an arabische Bauweisen erinnert. Sehr schön gestaltet mit einer Sonnenuhr im Stil des Modernismus ist auch das Haus Casa Patxot am Passeig del Mar 40, dort sitzt heute die örtliche Handelskammer. Auffällig ist ebenfalls die Lokomotive, die hier an eine längst stillgelegte Schmalspurbahn erinnert.

Nur wenige Querstraßen weiter stößt man schon auf die **Altstadt** mit etlichen engen Gassen und ein paar Fußgängerzonen.

An der **Plaça del Mercat** liegt auch die **Markthalle.** Sie wurde schon 1929 erbaut. Mitten auf dem Vorplatz befindet sich ein Brunnen, den ein Bürger der Stadt stiftete, als er 1859 nach „Las Américas" auswanderte.

Nur wenige Schritte von der Plaça del Mercat entfernt liegt die **Plaça Monestir,** wo **ehemals das Kloster Monestir de Sant Benet** stand. Von dem Benediktinerkloster ist nicht viel mehr erhalten geblieben als ein Tor, die Port Ferrada aus dem 9. und 10. Jh. mit einer doppelten Arkadenreihe, die sich zu einem Symbol für die Stadt entwickelt hat. Die einschiffige Kirche aus dem 14. Jh. hat drei Apsiden, zwei Türme erheben sich am Gebäude, beide stammen aus dem 11. Jh.

591cb hf

Heute beherbergt der Bau das stadtgeschichtliche Museum. Ausgestellt sind archäologische Fundstücke und Exponate der Seefahrt und auch die Korkindustrie wird thematisiert. Zudem werden wechselnde Ausstellungen zu unterschiedlichen Themen gezeigt. Besucher des Museums können auf einem Rundgang durchs ehemalige Kloster die beiden Türme besichtigen und einen Fernblick über die Altstadt genießen.

■ **Museu d'Història de la Ciutat,** Plaça del Monestir s/n, Tel. 972821575, Di–Fr 10–14, Sa 10–18, So 10–14 Uhr, 2 €.

⌃ Das ehemalige Kloster von Sant Feliu de Guíxols ist heute ein Museum

Im selben Gebäude wurde das **Espai Carmen Thyssen,** ein Ableger des Madrider Kunstmuseums der Baronessa *Carmen Thyssen Bornemisza,* installiert. Die Ortswahl wird damit begründet, dass Sant Feliu ihre bevorzugte Urlaubsdestination gewesen sei. Wie auch immer, die Räume sind hochmodern gestaltet und seit 2012 werden jeweils für einige Monate im Sommer temporäre Ausstellungen gezeigt. Zu sehen sind hauptsächlich Werke katalanischer Künstler, doch auch überregionale Kunst aus dem großen Bestand der beiden Thyssen-Museen in Málaga und Madrid ist vertreten.

■ **Espai Carmen Thyssen,** Plaça del Monestir s/n, Tel. 972820051, www.espaicarmenthyssen.com, Mo–Sa 10–18, So 10–14 Uhr, Eintritt: unterschiedlich, je nach Ausstellung.

Ein kleiner Spaziergang in Richtung Meer durch leicht ansteigende Straßen führt hinauf zum „Gipfel“ Puig Castellar. Hier auf stolzen 99 m Höhe befand sich einst eine Burg, heute steht hier oben nur noch die **Ermita de Sant Elm,** eine Wallfahrtskapelle. Im 13. Jh. wurde an dieser Stelle ein Wachturm errichtet, konnte man doch von diesem Punkt die ganze Bucht überblicken. Das Bollwerk, das im 14. Jh. schließlich mühevoll gebaut wurde, hielt nicht lange stand, es wurde angeblich schon bei einem der ersten Angriffe zerstört. Noch immer lohnt ein Besuch wegen des außergewöhnlichen Ausblicks, als netter Abschluss eines Stadtbummels vielleicht.

Flaniermeile in der Altstadt von Sant Feliu de Guíxols

# Praktische Tipps

## Unterkunft

- **Hotel Montjoi**④, Avda. Sant Elm s/n, Tel. 972 652000, www.bravahoteles.com. Das Hotel liegt leicht erhöht am Ortsrand, es bietet einen tollen Blick aufs Meer und hat etwa 100 gut ausgestattete Zimmer unterschiedlicher Preiskategorien. Weitere Pluspunkte sind der Pool und die nette Terrasse.
- **Hotel Edén Roc**④, Port Salvi 1, Tel. 972320100, https://edenrochotel.com. Das Hotel mit 160 Zimmern liegt etwas außerhalb an der Bucht Port Salvi direkt am Meer auf einer Felsenklippe und ist von einem 12.000 $m^2$ großen Garten umgeben. Hier gibt es auch ein Zentrum für Ayurveda.
- **Hotel Plaça**③-④, Plaça del Mercat 22, Tel. 972325155, www.hotelplaza.org. Liegt im absoluten Zentrum beim Markt und doch nur 100 m vom Meer entfernt. Klein (19 Zimmer), aber modern und komfortabel.

589cb hf

590cb hf

■ **Hotel del Mar②**, c/Sant Ramón 43–45, Tel. 972 320841, www.hoteldelmar.es. Das kleine Haus liegt mitten in der Altstadt und ist zugleich nur 100 m vom Strand entfernt. Es hat 16 Zimmer mit Balkon, vier davon sind für Familien geeignet. Vorhanden sind auch eine Cafetería und eine allgemeine Terrasse.

■ **Camping Sant Pol,** 2. Kat., c/Doctor Fleming 118–134, Tel. 682627900, www.campingsantpol.com, Mitte März bis Anfang Nov. Ein Platz für 390 Personen, am Stadtrand in Richtung Palamós gelegen. 200 m sind es bis zum Strand von Sant Pol in S'Agaró und gut 800 m nach Sant Feliu. Der Platz liegt schattig und ist leicht terrassenartig angelegt. Auch kleine Bungalows werden vermietet. Außerdem gibt es: Pool, Kinderspielplatz und eine Bar.

△ Einladende Strandbar in Sant Feliu de Guíxols

## Essen und Trinken

■ **Cau del Pescador,** c/Sant Domènec 11, Tel. 972324052, www.caudelpescador.com. Kleines, familiäres Fischrestaurant, wer möchte, sucht sich „seinen" Fisch direkt aus. Zusätzlich zum Mittagsmenü bietet eine spezielle Sommerkarte weitere Auswahl. Auch am Abend gibt es eine eigene Menükarte. Eine Spezialität des Hauses sind neben dem überzeugenden Fischangebot auch Pilzgerichte. Das Lokal befindet sich an einer Stichstraße, die von der Promenade abzweigt.

■ **El Dorado,** c/President Irla 15, Tel. 972321818. Ein traditionelles Lokal direkt am Meer, von außen recht einfach. Der Blick von der Terrasse aufs Meer ist großartig. Es gibt Fisch- und Reisgerichte, die als Tellergericht und in Menüform serviert werden.

### Verkehrsverbindungen

- **Busse** der Gesellschaft SARFA fahren zu vielen Zielen in Katalonien, u. a. nach Barcelona. Infos: Tel. 972321187, www.sarfa.com.

Die Gesellschaft TEISA fährt u.a. nach Girona. Infos: Tel. 972200275, www.teisa-bus.com.

Abfahrt für beide Gesellschaften vom **zentralen Busterminal** in der c/dels Enamorats 65–69.

### Feste

- **Sonntag nach dem 16. Juli:** Meeresprozession.
- **Juli und August:** Internationale Musikfestspiele der Porta Ferrada, bereits seit 1963 kommen internationale Künstler, um Klassikkonzerte zu geben.
- **1.–4. August:** Patronatsfest mit Feuerwerk, Sardanas, Correfoc, sportlichen und kulturellen Wettkämpfen.

### Markt

- **Termin:** So vormittags am Passeig del Mar und an der Plaça Mercat.

## Ausflüge

### Radtour in die Berge

Ein Fahrradweg von 39 km Länge führt von Sant Feliu de Guíxols kommend durch Platja d'Aro und weiter bis nach Girona. Von dort verläuft er sogar noch weiter bis nach Ripoll im **Pyrenäenvorland** (Gesamtlänge: 135 km).

Die Strecke führt auf der Trasse einer ehemaligen Bahnlinie entlang, die schon lange nicht mehr existiert, und damit auch **häufig abseits der Autostraßen.** Der Weg ist bestens präpariert und ausgeschildert unter dem Namen Ruta de la Vía del Tren (Route der Bahnstrecke). Infos: www.viasverdes.com.

### Küstenstraße von Sant Feliu nach Tossa

**Eine sehr schöne Strecke** entlang der Costa Brava, die hier ihrem Namen alle Ehre macht und sich wirklich wild zerklüftet zeigt. Zwischen Sant Feliu und Tossa erhebt sich aus dem Meer eine bizarre Felsformation. Die 21,3 km lange Straße, die offiziell Carretera GI 682 heißt, schlängelt sich oben durch endlose Kurven am Rand der Klippen entlang. Grandiose Ausblicke sind garantiert, und damit man sie auch nicht verpasst, sind an besonders markanten Punkten kleine Parkbuchten entstanden. Dort genießt man von einem *Mirador,* einem **Aussichtspunkt,** eine tadellose Sicht auf die Küste, und das ohne beim Autofahren immer hektisch den Blick zwischen Lenkrad und Panorama schweifen lassen zu müssen. Ausgangspunkt ist Sant Feliu.

Eine Straße zweigt beim Km 35 in Richtung Meer ab, nach gut einem Kilometer wird ein Restaurant mit genügend Parkplätzen erreicht. Die davor liegende Bucht ist etwa 200 m lang, der Sand leicht kieselig. Am Km 33 befindet sich ein **Mirador.**

Bei Km 31 liegt die Einfahrt zur Urbanización **Cala Salionç,** einer Neubausiedlung, die sich auf den Felsen rund um eine etwa 80 m lange Bucht erhebt.

Bei Km 29 folgt ein Mirador und bei Km 28 die tief eingeschnittene **Cala Giverola.** In diese Bucht führt eine breite

Sant Feliu de Guíxols
Canyet
Platja dels Canyerets
0 400 m
Platja de la Font
Urbanización Rosa Mar
km 36
Platja del Senyor Ramón
km 35
Platja Vallepregona
km 34
Mirador
km 33
Llagostera
Salionç
Cala Salionç
km 32
km 31
km 30
Cala de Sa Futadera
Mirador
Cap Pentiné
km 29
Cala Giverola
Giverola
km 28
1
Puig l'Agulla
km 27
Mirador
Cala Pola
Cala Bona
Tossa de Mar
km 26
Übernachtung
1 Camping Pola

Straße und hier steht auch ein Hotel, das Clubhotel Giverola.

Eine weitere Bucht liegt einen Kilometer weiter, die **Cala Pola.** Genau hier hat sich der Campingplatz Pola angesiedelt. Nur 500 m weiter kann man von einem Mirador ganz hervorragend auf den Campingplatz schauen.

Am Km 25 folgt ein letzter **Mirador,** der einen tollen Blick auf Tossa ermöglicht; dieser Ferienort wird dann nach zwei weiteren Kilometern erreicht.

### Unterkunft

1 **Camping Pola,** Carretera GI-682, km 27,5, www.campingpola.es, Juli bis Mitte Sept. Alter Baumbestand und terrassenartiges Gelände, einmalig in die wilde Küste eingebettet, mit direktem Zugang zum Strand. Nach Tossa sind es 4 km. Es gibt ein breites Animationsprogramm.

# Tossa de Mar

- **Einwohner:** 6000
- **Entfernung nach Barcelona:** 90 km
- **Touristeninformation:** Av. del Pelegrí 25, Edifici La Nau, Tel. 972340108, www.infotossa.com.

Tossa de Mar ist ein **kleiner Ort,** der durch den Tourismus gewachsen ist, aber glücklicherweise seinen **charmanten Charakter** bewahren konnte.

Es mag Geschmacksache sein, ob Tossa schöner ist als beispielsweise Cadaqués, doch zu den Top Five zählt Tossa allemal! Der Stadtverwaltung nämlich ist es gelungen, den wirklich netten Altstadtkern zu erhalten und dort gleichzeitig Touristen unterzubringen, wenn auch die weitaus meisten Quartiere etwas außerhalb liegen.

So ist heute Tossa in eine **Vila Vella** (Altstadt) und eine **Vila Nova** (Neustadt) unterteilt. Streng genommen müsste man noch einen dritten Stadtteil erfinden, denn vor dem Zentrum erstreckt sich das Gassengewirr einer nicht ganz so alten Altstadt, wo viele Geschäfte, Bars und ein paar Hotels zu finden sind. Die Vila Vella basiert auf einer alten römischen Siedlung, später zog sie Literaten und Künstler an, die sich hier in der Altstadt niederließen. Das trug Tossa den Ruf einer **Künstlerkolonie** ein, so hat beispielsweise *Chagall* den Ort durch seine Arbeiten berühmt gemacht.

## Die Strände

Der Hauptstrand, **Platja Gran,** liegt direkt vor der Altstadt und fällt eher klein aus, er misst vielleicht 500 m. Übermäßig idyllisch sonnt man sich hier auch nicht, denn neben den vielen Urlaubern liegen auch noch etliche Boote am Strand, außerdem legen hier ständig Ausflugsschiffe an, die ihre Ausflügler zu einem Tossa-Kurzbesuch entlassen. Direkt am Strand führt eine Straße vorbei, an der auch etliche Lokale liegen. Viel ruhiger dagegen ist die sehr kleine **Platja del Codolar,** die fast ein wenig versteckt unterhalb der Vila Vella liegt.

▷ Restaurant in der Altstadt von Tossa

## Sehenswertes

Am eindrucksvollsten zeigt sich die beinahe gänzlich von einer Stadtmauer umschlossene **Vila Vella** aus der Distanz, beispielsweise vom Mirador am Kilometer 25 an der Küstenstraße nach Sant Feliu. So offenbart sich dem Betrachter nämlich erst, warum diese **Stadtmauer** aus dem 12. Jh. ein kunsthistorisches Denkmal ist. Immerhin handelt es sich um die einzige am Meer gelegene befestigte mittelalterliche Siedlung von ganz Katalonien.

Die Mauer ist fast komplett erhalten geblieben, von insgesamt sieben **Wehrtürmen** schauten die Wachen früher aufs Meer. Drei Türme sind in zylindrischer Form gebaut, die vier anderen sind größer. Die zylindrischen haben oben Schießscharten, stehen also an exponierter Stelle. Die drei tragen noch heute ihre ursprünglichen Namen: **Torre del Codolar** (wurde auch Torre del Homenaje genannt, unweit vom ehemaligen Palast des Gouverneurs), **Torre de las Horas,** da hier eine öffentliche Uhr angebracht war, er steht nahe am Eingangstor, und **Torre de Joanas,** der auf einem Felsvorsprung am Meer steht. Diese Wehrtürme waren mit Posten besetzt, die sich untereinander mit Blinkzeichen verständigen konnten, um schließlich die Bevölkerung vor einer drohenden Gefahr zu warnen.

Ganz oben am höchsten Plateau von Tossa steht der **Leuchtturm,** der „faro", aus dem Jahr 1917. Heute befindet sich dort eine kleine audiovisuelle Ausstellung zur Technik der Leuchttürme, die es hier an der Küste früher so gab. Ein gut gangbarer Weg führt unter Pinien am Küstenhang hoch. Wer nicht laufen kann/möchte, kann auch mit einem Bähnchen hochfahren. Neben dem Leuchtturm gibt es auch ein Café, von

124cb hf

dessen Terrasse man einen superben Fernblick auf die blaue und zugleich felsige Küste genießt.

Auf einem der höchstgelegenen Punkte der Vila Vella liegen die Reste der kleinen Kirche aus dem 14. Jh. Es handelt sich um die ehemalige **Església de Sant Vicenç,** die im 15. Jh. an wahrlich emblematischer Stelle errichtet wurde. Leider wurde sie Anfang des 19. Jh. durch eine Explosion während der französischen Besatzungszeit völlig zerstört. Dies war so endgültig, dass die Bewohner irgendwann dann auch begannen die Steine der Kirche für ihren eigenen Hausbau zu nutzen.

Noch heute werden etwa 80 **Häuser** in der Vila Vela bewohnt, außerdem findet man bei einem Spaziergang durch die engen Gassen und über etliche steile Treppen so manches gemütliche Lokal.

Etwas am Rande liegt das **Museum,** es soll das älteste Museum für moderne Kunst in Spanien sein. Gezeigt wird Kunst des 19. und 20. Jh. von katalanischen und internationalen Künstlern, die einen Bezug zu Tossa haben oder hatten. Das bekannteste Werk stammt von **Marc Chagall** und heißt „El violinista celeste“ (der himmlische Violinenspieler). In einer anderen Abteilung sind archäologische Fundstücke ausgestellt, die bis auf die römische Zeit zurückgehen. Höhepunkt dürfte das gut erhaltene und restaurierte **römische Mosaik** aus dem 4. oder 5. Jh. sein, in dem man noch heute den Namen des Hausbesitzers lesen kann *(Vitalis)*, auch den der betreffenden Handwerker *(Felies)* sowie den ursprünglichen Ortsnamen *(Turissa)*.

■ **Museu Municipal de Tossa,** Plaça Roig i Soler 1, Tel. 972340709, www.tossademar.com/museu, Juni bis Sept. 10–20, Okt. bis Mai Di–Sa 10–13.30, 15–17, So 10–14 Uhr, 3 €.

Direkt hinter dem Hauptstrand, der Platja Gran, befindet sich das Gassengewirr der **neueren Altstadt,** um es einmal so zu formulieren. Markante Punkte

592cb sm

sind zwei Kirchen, einmal die **Capella dels Socors,** die sich in der ersten Querstraße hinter dem Strand befindet, und dann, etwas weiter „hinten", die Església de Sant Vicenç.

Erstere wurde Ende des 16. Jh. errichtet und erlebte später verschiedene Restaurierungen. Ursprünglich stand sie einmal ziemlich einsam vor dem Ort, heute befindet sie sich sozusagen im Zentrum des Ortskerns.

Die **Església de Sant Vicenç** wurde nach einer Bauzeit von 21 Jahren im Jahr 1755 fertiggestellt, sie ersetzte eine noch ältere Kirche im ummauerten Teil von Tossa. Relativ schlicht **im neoklassizistischen Stil** gebaut sticht das Hauptschiff hervor. Ursprünglich gab es mehrere Barockaltäre von lokalen Künstlern, die aber wurden im Bürgerkrieg zerstört.

Zwischen diesen beiden Gotteshäusern befindet sich die touristische Zone. Eine ganze Reihe von kleinen, schmalen Gassen sowie einigen etwas größeren Hauptstraßen verlaufen hier, teilweise wurden sie zu Fußgängerzonen erklärt. Man findet das **komplette touristische Angebot** – Bars, Restaurants mit Speisekarten in sechs Sprachen (inkl. Russisch), Souvenirshops und dazwischen immer mal wieder einen Gemüsehändler, eine Bäckerei oder einen kleinen Lebensmittelladen. Das ist nämlich das Erstaunliche: Bei aller Öffnung für den Touristen hat sich Tossa nicht völlig den fremden Gästen ergeben. Hier leben unübersehbar noch genügend Katalanen, die ihren Geschäften nachgehen, ihre Läden und Bars besuchen und den ausländischen Feriengast offensichtlich schätzen oder zumindest dulden. Im Winter sind diese sowieso verschwunden, dann gehört Tossa wieder sich selbst, bis die nächste Invasion kommt.

Entlang einer der Zufahrtsstraßen der Av. del Peligrí, etwa 10 Minuten Fußweg von der Altstadt entfernt, liegt die Ausgrabungsstätte **Vila Romana.** Bereits 1914 wurde die Stelle entdeckt, erst später begann man mit systematischen Ausgrabungen. Als herausragendes Fundstück gilt das Mosaik mit dem Namen des Besitzers und der Siedlung (Salvo Vitale Felix Turissa) aus dem 2.–4. Jh. Die Anlage ist zweigeteilt, da hier Reste eines Wohnbereichs und des Lagers für Wein und Öle zu unterscheiden sind. Diese Funde datieren etwa auf die Zeitenwende, also 1. Jh. vor/nach Christus. Kleinteilige Fundstücke sind im städtischen Museum ausgestellt.

[<] [>>] Tossa wie gemalt mit Altstadt und Stränden

637cb sm

638cb sm

# Praktische Tipps

## Unterkunft

**5 Hotel Diana**③-④, Pl. d'Espanya 6, Tel. 972 341886, www.hotelesdante.com, Ende März bis Anfang Nov. 21 Zimmer und eine hervorragende Lage, einerseits zum Platz, wo keine Autos fahren, andererseits zum Strand. Das Haus ist auch schon rein äußerlich angenehm gestaltet, sodass es fast als lokale Sehenswürdigkeit durchgeht. Schicke Einrichtung im Stil des Modernismus mit vielen charmanten historischen Elementen.

**9 Hotel Capri**③, Passeig del Mar 17, Tel. 972340 358, www.hotelcapritossa.com, Anfang März bis Ende Okt. Das Haus liegt am Rande der „neueren" Altstadt, von den meisten der 22 Zimmer genießt man Meerblick. Im Erdgeschoss befindet sich auch ein Restaurant.

**6 Hotel Sant March**②-③, Av. del Pelegrí 2, Tel. 972340078, www.hotelsantmarch.com, Ende April bis Anfang Okt. Kleines Haus mit schönem Innenhof kurz vor der Altstadt. Das Familienhotel (seit 1956) ist mit der Zeit gegangen. Es hat einen kleinen Pool, ist insgesamt etwas über Eck gebaut und hat im Inneren ein helles, freundliches Ambiente. Die 29 Zimmer sind zwar unspektakulär, aber solide eingerichtet.

**8 Hotel Tonet**②, Plaça de L'Església s/n, Tel. 972 340237, www.hoteltonet.eu. Nicht von dem offiziell nur einen Stern abschrecken lassen. Das Haus liegt zentral und ruhig gegenüber der Kirche, wirkt etwas verwinkelt und hat schlichte, nette Zimmer.

**1 Camping Can Martí,** Rambla Pau Casals 44, Tel. 972340851, www.campingcanmarti.net, Mitte Juni bis Ende Aug. Der Platz liegt am Stadtrand, an der Straße nach Llagostera, etwa 800 m vom Strand entfernt. Durchgehend schattiges Gelände mit Pinien. Mit jeweils einem Pool für Kinder und Erwachsene, Animation und allen notwendigen Serviceeinrichtungen.

**2 Camping Tossa,** Ctra. a Llagostera Km 13, Tel. 972 340547, www.campingtossa.com, 1.3.–24.11. Obwohl dieser Platz den Ortsnamen führt, liegt er fast 4 km außerhalb. Die unterschiedlich großen Parzellen liegen zumeist unter Bäumen, zudem werden Bungalows angeboten. Alle notwendigen Serviceeinrichtungen, so ein Pool, Animationsprogramm, Spielplatz, Tennisplatz, Supermarkt, Bar.

639cb sm

## Essen und Trinken

In zwei Straßen verdichtet sich die Anzahl der Lokale:

**10** In der **c/Portal** direkt unterhalb der Altstadt befinden sich viele Restaurants

**7** Durstige finden in der **c/Sant Antoni** mehr Bars und Musikpubs.

MEIN TIPP: **12 Restaurant Castell Vell,** c/Abat Oliba 1, Tel. 972341030. Liegt in der Altstadt gegenüber vom Museum. Es ist ein Familienbetrieb mit ausgezeichneter katalanischer Küche. Das Lokal hat eine sehr gemütliche Terrasse und wer sich traut, möge den Junior-Chef nach dem FC Barcelona fragen. Dann zeigt der vielleicht seine Autogramm-Sammlung.

**13 Restaurant La Cuina de Can Simón,** c/Portal 24, Tel. 972341269, https://cuinacansimon.com, Mo Ruhetag. Das Lokal liegt unweit der Altstadtmauer in einer Straße mit großer Konkurrenz. Kein Problem für den Koch – dank sehr guter Fisch- und Reisgerichte, wofür er auch schon einen Michelin-Stern erhielt. Somit zählt dieses Restaurant mit zu den besten weit und breit.

**11 Santa Marta,** c/Francesc de Paula Aromí 2, Tel. 972340472. Familiäres Lokal in der Altstadt, seit Langem bewährt. Katalanische und mediterrane Küche, mittlere Preislage. Das Lokal hat auch eine kleine Terrasse.

**9 Restaurant Capri,** im gleichnamigen Hotel, bietet eine traditionelle katalanische Küche. Nette Terrasse mit Meerblick.

## Verkehrsverbindungen

- **Busterminal:** Carrer Pintor Sorolla s/n, Tel. 972 340903, Verbindungen in die Nachbarorte wie Lloret und nach Girona und Barcelona (nur im Sommer), aber auch eine Strecke entlang der größten Orte der Costa Brava bis nach Cadaqués.

## Aktivitäten

- **Schiffsexkursionen:** Mehrere Tickethäuschen sind direkt am Strand zu finden, sie bieten alle identische Touren an, entweder Ausflüge mit einem Glasbodenboot und/oder längere Touren entlang der bizarren Küstenlinie bis nach Blanes oder Palamós. Die Glasbodenboote beschränken sich mehr

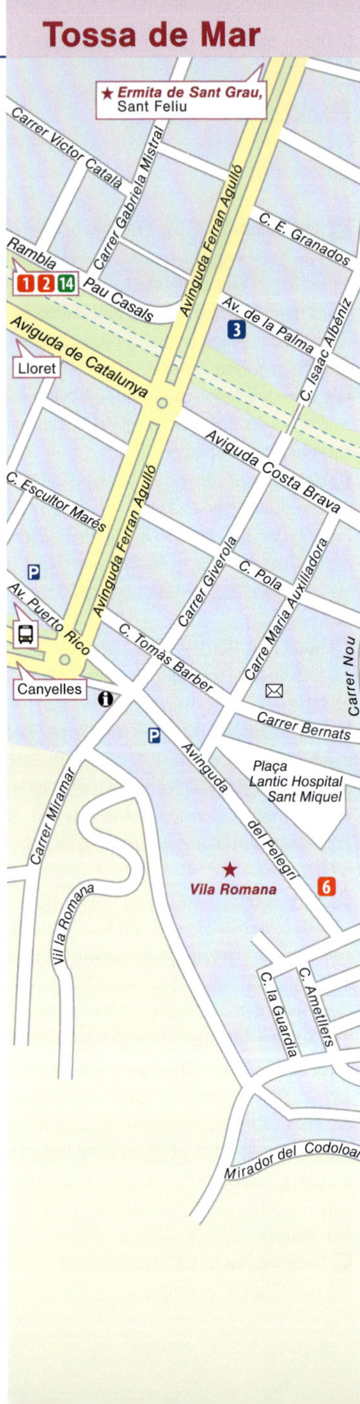

Übernachtung
1 Camping Can Martí
2 Camping Tossa
5 Hotel Diana
6 Hotel Sant March
8 Hotel Tonet
9 Hotel Capri
Essen und Trinken
7 div. Bars
9 Restaurant Capri
10 div. Restaurants
11 Rest. Santa Marta
12 Rest. Castell Vell
13 Rest. La Cuina de Can Simón
Wassersport
3 Tossa Sub
4 Andrea's Diving
Einkaufen
14 Markt
Carrer Nostra Senyora de Montserrat
Carrer Barcelona
Carrer Claudi Girbal
C. Joaquim Esteve Llach
Avinguda Raimon de Penyafort
C. Pintor Fortuny
Carrer Enric Granados
Avinguda de la Palma
Passeig del Mar
Carrer Pola
Carrer Pou de la Vila
C. del Mar
Platja Gran
Plaça d'Espanya
Capella dels Socors
Ausflugsboote
Carrer la Guardia
Carrer Sant Antoni
C. Pau Moreu
Carrer Rosa
Carrer Tarull
Carrer Rissech
Carrer Sant Telm
Carrer Socors
Carrer Estolt
Torre de Joanas
Torre de las Horas
Carrer Portal
VILA VELLA (ALTSTADT)
Museu Municipal de Tossa
Leuchtturm
Torre del Codolar
Església de Sant Vicenç
Carrer Esglesia
Carrer Sant Josep
Torrent d'en Bou
Pomeres
Sot de ses
Platja del Codolar
Es Codolar
Mirador del Codoloar

auf Trips in die zerklüfteten und versteckten Buchten, weil es dort unter Wasser mehr zu sehen gibt.

**3** **Tossa Sub,** Avda. de la Palma 17, Tel. 972343 095, www.tossasub.com. Tauchschule mit langjähriger Erfahrung, bietet auch Schnuppertauchen für Neugierige.

**4** **Andrea's Diving,** Avda. Raimon de Penyafort 11, Tel. 666531136, www.andreas-diving.com. Tauchcenter mit langjähriger Erfahrung, bietet Kurse für Einsteiger und auch zum Master Scuba Diver.

## Feste

- **1. Mai:** La Santa Creu.
- **Erster Sonntag im Juni:** Día del Pescador (Tag des Fischers), das ist ein großes Spektakel rund um den Fischfang am Strand.
- **29. Juni:** Sant Pere, großes Patronatsfest mit Sardanas, Konzerten, Feuerwerk, Attraktionen für Kinder, Kunsthandwerk.
- **Letzter Augustsonntag:** Internationaler Wettbewerb der *Pintura rápida,* der schnell gemalten Bilder.
- **13. Oktober:** Sant Grau, mit heiliger Messe und Sardanas.

## Markt

**14** Do in der Rambla Pau Casals, 9–14 Uhr.

Gegrüßet seien die Nachtschwärmer von Lloret de Mar? Nein, die Statue ist eine Hommage an die Frauen der Fischer und Seefahrer

In Tossa gibt es gute Restaurants

595cb sm

https://stock.adobe.com © golandr

# Lloret de Mar

- **Einwohner:** 38.400
- **Entfernung nach Barcelona:** 70 km
- **Touristeninformation:** Avinguda de les Alegries 3, Tel. 972365788, http://lloretdemar.org.

In Lloret leben etwa 38.400 Menschen, aber in den Sommermonaten soll sich die Anzahl verfünffachen! Das hat seine Gründe, denn Lloret gilt seit Jahren als der **Treffpunkt für junge Leute** an der Costa Brava. Ein Spaziergang durch die Altstadt bestätigt dies, die Straßen sind voll von jungen Urlaubern. Ein Bummel zur einbrechenden Nacht macht jedem jenseits der 30 klar, dass hier eine andere Zielgruppe gefragt ist. An den neuralgischen Punkten versuchen Dutzende von Aufreißern für „ihre" Disco Reklame zu machen und Eintrittskarten an die Frau und den Mann zu bringen.

Die ehemals malerische Altstadt ist völlig auf Tourismus eingestellt, man findet eine nicht enden wollende Kette von Bars, Shops, Fast-Food-Läden, Kneipen und Musik-Pubs, am Abend eine einzige Fiesta-Meile. Die Hotels liegen in einer Art zweiter Reihe um den Altstadtbereich herum, bereits die Anzahl lässt die Ausmaße des Betriebes ahnen: Die Liste der **Unterkünfte** umfasst rund 200 Hotels, Pensionen, Apartments und einige Campingplätze, viel los also in Lloret!

Der **Grundaufbau des Ortes** zeigt sich denkbar einfach: Zuerst wäre da der Strand, davor verläuft die Promenade, dann die Uferstraße, dahinter ein schmaler Flanierpark, und schließlich zweigen etwa 20 Stichstraßen ab, führen in die

Altstadt, werden nach wenigen Hundert Metern wieder gebündelt, münden in breitere Straßen. In diesem Bereich liegen die Lokalitäten und Geschäfte, die Hotels außen rings herum, die meisten Discos wiederum in den Randbezirken.

Nun das Gute: Die feierfreudige Szene fällt hauptsächlich in der Saison in Lloret ein. Außerhalb dieser Zeit wird es schon spürbar ruhiger, allerdings kommen dann auch gerne Partysuchende übers Wochenende aus Barcelona. Und in den umliegenden Buchten kann man auch im Hochsommer immer noch ein ruhiges Fleckchen finden, wenn auch kein völlig einsames.

Um der Beschreibung eine andere Note hinzuzufügen, hier noch der Hinweis, dass an der Promenade etliche **herrliche Häuser** zu finden sind, die sich Rückkehrer aus Übersee von ihrem hart erworbenen Geld in (damals) bester Lage hinsetzten.

## Die Strände

Es gibt einen alles dominierenden Hauptstrand und etliche kleinere Buchten in der Umgebung, zur am weitesten entfernten läuft man immerhin 1,3 km.

Die **Platja de Lloret** ist ganz klar der Treffpunkt aller, spätestens gegen Mittag findet sich auch der letzte nächtliche Heimkehrer hier ein. Platz genug ist ja auch vorhanden, der Strand verläuft immerhin über 1,3 km und ist durchschnittlich 40 m breit, am oberen Ende fast 60 m. Schatten gibt es hier allerdings nicht, also brät alle Welt kollektiv, baut sich aus Handtüchern einen kleinen Sonnenschutz oder läutet die kommende Fiesta so langsam ein. Immerhin liegen hier auch gleich die ersten Strandbars, kleine Tresen mit Kiosk (oder umgekehrt?). Am Strand ist immer was los, nur Ruhe wird man nicht finden, aber wer will das hier schon?

596cb hf

Wer ruhigere Zonen wünscht, muss nach Norden ausweichen, unterhalb der Burg liegen vier kleine Buchten, die über einen Weg vom Ende der Haupt-Strandpromenade zu erreichen sind. Ein **Spaziergang in die Nachbarbuchten** kann problemlos auf einem leicht gangbaren Wanderweg entlang der pittoresken Küste gemacht werden, beispielsweise zur Cala Franes oder zur Cala Trons oder auch zur Playa Fenals. Es sind relativ kleine Buchten, die ein völlig anderes Bild bieten als die Party-Szenerie am Hauptstrand.

## Sehenswertes

Doch, doch, auch in Lloret gibt es ein paar Sehenswürdigkeiten. Zunächst wäre da die **Kirche Sant Romà** zu nennen, die mitten in der Altstadt liegt. Die Arbeit an dem Gotteshaus wurde 1522 fertig gestellt, und 1548 wurde der Altar beendet. Während des spanischen Bürgerkrieges wurde vor allem das Innere schwer beschädigt, und etliche Kunstwerke gingen verloren.

Die **ehemalige Burg** von Lloret, das **Castell de Sant Joan,** liegt auf einem kleinen Felsvorsprung unweit der Platja de Fenals, allerdings ist nicht mehr allzu viel zu erkennen. Erbaut wurde sie im frühen 11. Jh., die Burgkapelle dann im Jahr 1079. Letztere wurde 1356 durch eine Flotte aus Genua zerstört, und das Erdbeben von 1427 ließ die Bauwerke der Burg einstürzen. Nach dem Wiederaufbau kam es zu erneuten Zerstörungen durch ein britisches Kriegsschiff (1805), und schwere Stürme (1840, 1923) taten dann ein übriges. Heute sind neben dem wiederaufgebauten Turm vor allem Fundamente übrig geblieben, Hinweistafeln erklären deren Bedeutung. Von oben genießt man jedenfalls einen formidablen Blick über die Küste.

■ **Castell de Sant Joan,** Punta de Fenals, Okt. bis Juni Sa/So 10–13, Juli bis Sept. tägl. 10–13 und 17.30–19.30 Uhr, 3 €.

Etwa einen Kilometer außerhalb vom Zentrum, unweit des Friedhofs bei der Straße nach Blanes, liegt die kleine **Kapelle Ermita de Sant Quirze.** Die Legende erzählt, dass ein römischer Feldherr christlichen Glaubens namens *Quirze* hier eine siegreiche Schlacht geschlagen hatte und daraufhin ein kleines sakrales Gebäude errichtete. Als im 9. Jh. die Araber über Katalonien herrschten, wurde die Kapelle dann auch prompt zerstört. Ein Jahrhundert später baute man sie wieder auf. In ihrer Umgebung wurden römische Keramiken und Münzen gefunden sowie etliche Grabstätten.

Das **Museu del Mar** ist untergebracht in dem Haus Casa Garriga, das zur Jahrhundertwende von reichen Rückkehrern aus Übersee erbaut wurde. Ausgestellt sind Exponate von Auswanderern, die in Amerika zu Wohlstand kamen, Fotos aus dem alten Lloret, aber vor

☒ Der schöne Strand von Lloret

## Lloret de Mar

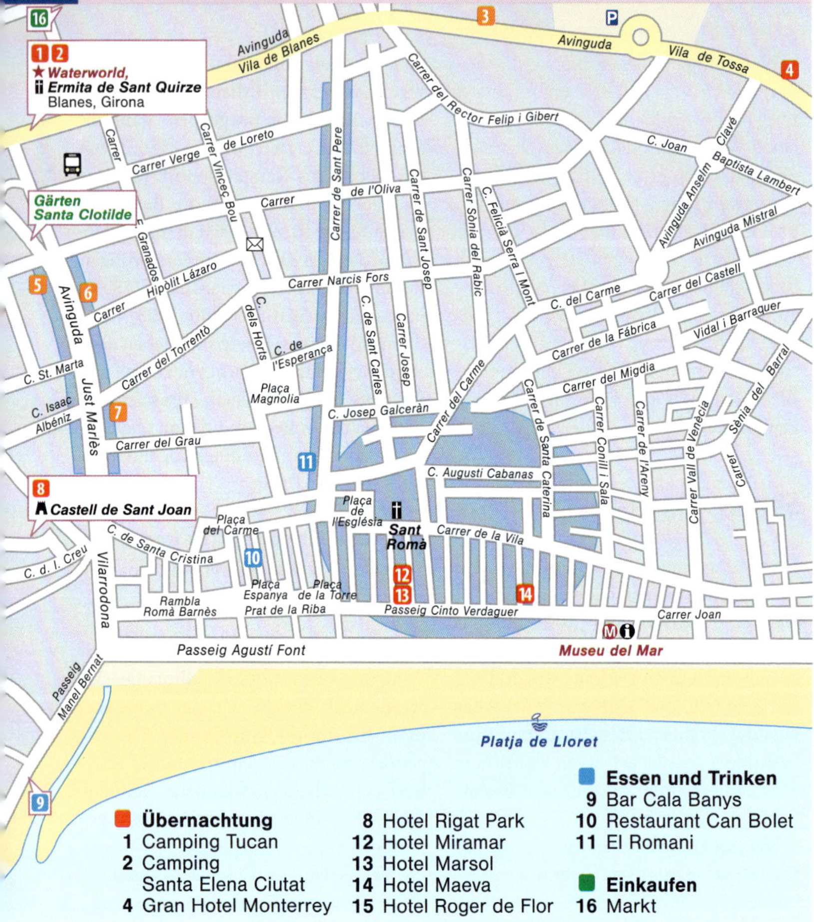


allem eine Sammlung von 150 Schiffsmodellen und Werke von *Joan Llaverias*, einem weiteren Künstler aus Lloret. Die Ausstellung ist toll gemacht! Die Kuratoren haben es geschafft, durch audiovisuelle Medien die Ängste bei einer Auswanderung sehr plastisch darzustellen, aber auch die restlichen Exponate werden prägnant präsentiert.

MEIN TIPP: **Museu del Mar de Lloret,** Passeig Camprodon i Arrieta 1–2, Tel. 972364454, Juni bis Sept. Mo–Sa 10–13 und 16–20, So 10–13 und 16–19 Uhr; Okt. bis Mai Mo–Sa 9–13 und 16–19, So 10–13 Uhr, im Winter Abweichungen, 4 €.

Am Ende der Strandpromenade, wo es in einer leichten Kurve zu den vier benachbarten Buchten geht, befindet sich

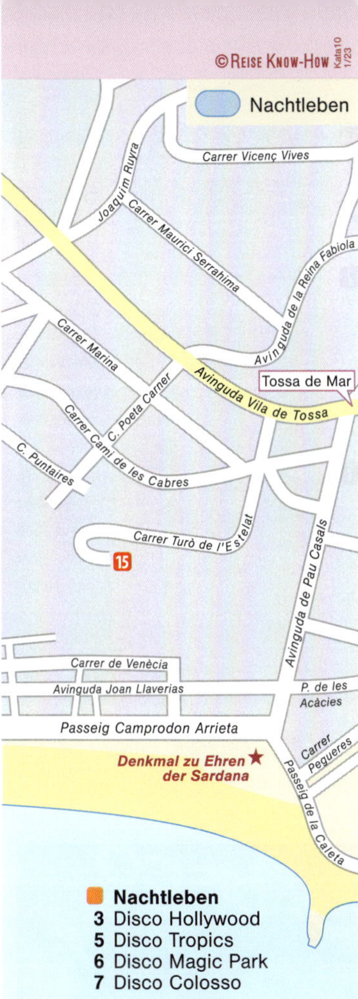


ein kleines **Monumento de la Sardana** (Denkmal zu Ehren der Sardana) mit dem eingravierten Sinnspruch dieses Buches.

Etwas außerhalb befinden sich als ein wahrer Ruhepol die **Gärten von Santa Clotilde.** Sie liegen sehr schön oberhalb vom Meer und wurden 1919 von einem Landschaftsarchitekten für den Marqués *de Roviralta* angelegt – im Stil der italienischen Renaissance mit Blickachsen, übereinander liegenden Terrassen, sich kreuzenden Wegen und verschwiegenen Sitzecken, die durch Skulpturen und kleine Teiche bereichert sind. Besonders schöne Blicke genießt man von den Aussichtspunkten, wobei man teilweise durch die halbe Gartenanlage aufs Meer schaut.

■ **Jardins de Santa Clotilde,** Paratge de Santa Clotilde s/n, Tel. 972370471, April bis Okt. tägl. 10–20 Uhr, Nov. bis März tägl. 10–17 Uhr, 6 €. Kann zu Fuß von Lloret kommend entlang der Küste erreicht werden.

# Praktische Tipps

## Unterkunft

Lloret hat mit weit über 20.000 Betten das **größte Angebot an Unterkünften an der ganzen Costa Brava.** Davon erreichen allein zwei Häuser über 800 Betten, drei weitere haben immerhin Platz für 700 Gäste und so setzt es sich fort. Damit wird klar, dass manche Hotels komplett auf Masse ausgerichtet sind, was speziell bei der Verpflegung zu netten Szenen im Speisesaal führen kann. Selbst mal mitgemacht und selten so gestresste Kellner gesehen.

4 **Gran Hotel Monterrey**④, Av. Vila de Tossa 27 (unweit vom nicht zu übersehenden Casino), Tel. 972346054, www.granhotelmonterrey.com. Eines der traditionsreichsten Häuser von Lloret, das in einem 50.000 m² großen Privatpark liegt. Bietet Tennisplätze, Sauna und einen großen Wellness-Bereich, außerdem eine große Sonnenterrasse mit Pool. Das hauseigene Restaurant *Freu* zählt zum besten von Lloret de Mar.

15 **Hotel Roger de Flor**④, Turò de l'Estelat s/n, Tel. 972346451, www.hotelrogerdeflor.com. Das

nett gestaltete Haus liegt am Ende einer Sackgasse in bevorzugter Umgebung und leicht erhöht. So genießt man eine Aussicht über die Dächer bis zum Meer, trotzdem sind es nur 10 Gehminuten bis zum Strand, einen Pool gibt es auch. Insgesamt bietet das Haus 93 gut gestaltete Zimmer und Suiten mit Blick Richtung Berge oder zum Meer.

**8 Hotel Rigat Park**④, Av. Amèrica 1 (unweit Platja de Fenals), Tel. 972365200, www.rigat.com. Ein Klassiker der Fünf-Sterne-plus-Kategorie seit Jahrzehnten, unweit vom Strand und umgeben von einem 20.000 $m^2$ großen Park in ruhiger Zone mit sehr schöner Meerblick-Terrasse. Die Zimmer sind mit antiquarischen Möbeln ausgestattet.

**12 Hotel Miramar**④, Pg. Verdaguer 6, Tel. 972 374459, www.metropolmiramar.com. Beste Lage in der ersten Reihe mit Blick aufs Meer. 54 korrekte, aber unspektakuläre Zimmer.

**13 Hotel Marsol**②-④, Pg. Verdaguer 7, Tel. 972 365754, www.marsolhotels.com. Liegt gleich nebenan und ist ein klein wenig größer. 114 Zimmer, teilweise mit Meerblick. Es gibt Pool, Sauna und Fitnessbereich sowie eine Terrasse an der Flanierpromenade.

**14 Hotel Maeva**②-③, c/Sant Bartomeu 2–4, Tel. 972 364080, www.hotelmaevalloret.com. Schmales, aber sechsstöckiges Haus mit 31 Zimmern, direkt an der Uferstraße. Mit Glück hat man Meerblick.

**2 Camping Santa Elena Ciutat,** Ctra. de Blanes 168, Tel. 972364009, www.campingsantaelena.com, Mitte März bis Ende Sept. Großer Platz mit vielen Parzellen und Bungalows, größtenteils unter Bäumen; die Anlage ist gefällig gärtnerisch gestaltet. Zum Ort und zum Strand ist es ein guter Kilometer.

**1 Camping Tucan,** Ctra. Blanes a Lloret, Tel. 972369965, www.campingtucan.com, Ende März bis Ende Sept. Insgesamt 200 Parzellen mit allen Serviceeinrichtungen, Pool, Animation sowie einer Entfernung von etwa 500 m zum Platja de Fenals und 1000 m zur Altstadt von Lloret.

⌄ › Das Angebot ist groß – an allem, tagsüber und abends

598cb hf

597cb hf

## Essen und Trinken, Nachtleben

■ Die **Straße Carrer de la Vila,** das ist die erste Parallelstraße nach der Uferstraße, gilt als die Kneipenstraße von Lloret. Hier gibt es wohl alles, u. a. einen Dr. Döner, ein russisches Restaurant und jede Menge deutsches Bier.

■ Die **Av. Just Marlès Vilarrodona** wandelt sich abends zur Discostraße. Nicht nur, dass hier ein paar Tanztempel liegen, alle 30 Meter preist jemand eine Disco an, bemüht sich die Vorbeiflanierenden von einem Besuch durch Freikarten zu überzeugen.

■ Die **Straße Carrer de Sant Pere** bietet ein Wechselspiel von kleinen Shops und Lokalen, ein Tresen folgt dem nächsten, unterbrochen nur von diversen Geschäften; abends flaniert alle Welt hier durch.

10 **Can Bolet,** c/Sant Mateu 6, Tel. 972371237, www.canbolet.com, Mo geschlossen. Gilt als ältestes Lokal von Lloret und wird von einer Familie in dritter Generation geführt. Gute Fischgerichte, aber auch verschiedene Menüs sowie ein Mittagsmenü. Vom Ambiente eher etwas schlichter, sodass die Küche gelegentlich unterschätzt wird.

11 **El Romani,** c/Sant Pere 5, Tel. 972369349, Di Ruhetag. Katalanische Küche, modern interpretiert, als Tapas und Raciones, also größeren Portionen als Tapas.

MEIN TIPP: 9 **Cala Banys,** hoch oberhalb der gleichnamigen Bucht, Tel. 972365515. Nennt sich Cocktailbar, ist aber bereits tagsüber geöffnet und bietet vor allem eine Terrasse mit unschlagbarem Meerblick. Erfordert einen vielleicht 15-minütigen Fußweg vom Hauptstrand, der sich aber lohnt. Man sitzt dort wirklich sehr entspannt unter Palmen bei chilliger Musik. Nicht gerade billig.

3 **Disco Hollywood,** Av. Vila de Tossa 5, seit Langem angesagte Disco, etwas schicker gestaltet und unterirdisch gelegen.

5 **Disco Tropics,** Av. Just Marlés 35. Große Disco mit fünf Tresen, drei Tanzflächen und Terrasse, bei der Platja de Fenals.

7 **Colosso,** Av. Just Marlés Vilarrodona 38, Mega-Disco mit Platz für 1500 Gäste auf mehreren Ebenen, mit einer Bühne. Hat die größte Tanzfläche von Lloret. Legendär sind die Schaumpartys.

6 **Magic Park,** Av. Just Marlés Vilarrodona 44–48, leuchtet nachts ziemlich auffällig, liegt zentral

599cb hf

an der Disco-Straße. Hier gibt's unten auch ein Casino und eine Spielhalle, oben dann Disco mit mehreren Dancefloors.

## Verkehrsverbindungen

■ **Busterminal:** Der mittelgroße Busbahnhof liegt oben an der Durchgangsstraße Avinguda Vila de Blanes 37, unweit der Kreuzung mit der zum Strand führenden breiten Straße Avinguda Just Marlés i Vilarrodona. Ein Weg von etwa 10 Minuten zu Fuß, Tel. 972364295. Verbindungen nach Barcelona, Girona, Tossa und Blanes.

## Aktivitäten

■ **Schiffsausflüge:** Schiffsausflüge entlang der Küste bieten mehrere Veranstalter an, alle haben ein kleines Tickethäuschen am Strand bzw. an der Promenade. Angeboten werden Touren bis Palamós oder kürzer bzw. Fahrten mit einem Glasbodenboot in die bizarre Welt der Costa Brava zwischen Lloret und Sant Feliu.

■ **GoKart:** Karting Formula Lloret, Avinguda de les Alegries 40, Tel. 972367807. Auf zwei Bahnen können sich große und kleine Rennfahrer austoben, die große Bahn misst 625 m, die kleine, *circuito baby* genannt, 200 m. Die Anlage liegt etwa 1 km außerhalb an der Straße nach Vidreres, alle 15 Min. bringt ein Bus Interessierte kostenlos vom Busterminal hin. Gefahren wird jeden Tag von 9.30 bis 18 bzw. 20 Uhr.

⌃ Schöner am Meer sitzen kann man kaum als im Cala Banys oberhalb von Lloret de Mar

### Feste

- **19. Juni:** Fest zu Ehren Sant Quirze, des römischen Feldherren, der die erste Kapelle erbaute.
- **24.–26. Juli:** Sommerfest, mit Habaneras, Sardanas, einer Prozession über das Meer von Lloret nach Santa Cristina sowie dem Baile de Almorratxas, einem Tanz mit arabischem Hintergrund.
- **8. Sept.:** Festa de Les Alegries, Freudenfest.
- **16.–20. Sept.:** Festa Major, mit Feuerwerk, Sardanas, heiliger Messe, Theateraufführungen.
- **18. Nov.:** Festa de Sant Romà.

### Markt

16 Di in der c/dels Mestres in den Sportanlagen.

## Ausflug

### Waterworld

Die **Badelandschaft** hat eine Vielzahl an Rutschen und Wasserspielen. Bei einigen dieser Rutschen saust man, in einem kleinen Schlauchboot sitzend, durch eine Reihe von Kurven, fast wie bei einer Achterbahn auf der Kirmes. Damit auch nichts passieren kann, sind die Rutschflächen mit einem Fangnetz stabil umgeben. Darüber hinaus: Zickzackrutschbahnen, ein Kindersee, Spielplätze, Ruhezonen, ein „wilder Fluss" und eine 200 m lange River-Rafting-Bahn.

- Carretera de Vidreres 2, an der Straße nach Blanes ausgeschildert, Tel. 630043229, www.waterworld.es, Mitte Mai bis Mitte Sept. 10–18 Uhr, Juli/Aug. bis 19.30 Uhr, 35 €, Kinder bis 1,20 m Größe 20 €, Familien 90 €. Von Blanes sowie auch von Tossa aus wird ein Busdienst angeboten.

# Platges de Santa Cristina

Die Strände von Santa Cristina zählen **zu den schönsten Stränden der Umgebung,** sie liegen auf halber Strecke zwischen Blanes (2,5 km) und Lloret (1,5 km). Die Verbindungsstraße GI-682 eilt großzügig daran vorbei, sodass der Abzweiger beim Km 8 leicht übersehen wird. Einen Besuch sollte sich aber niemand entgehen lassen, kann man doch hier einmal halbwegs ungestört ein paar ruhige Stunden verbringen. Natürlich, in völliger Abgeschiedenheit liegen die drei Buchten nicht, aber bis auf die Gäste des Hotels Santa Marta kommen nur einige wenige Tagesausflügler.

## Die Strände

Drei Strandabschnitte gibt es zu entdecken, wobei der namensgebende Strand der wohl schönste ist. Die nicht ganz 400 m lange Bucht öffnet sich wie eine geschwungene Sichel und zeigt sich strahlend weiß und feinsandig. Außer einem Hotel und einem Parkplatz gibt es nicht viel, deshalb ist hier zumeist nicht übermäßig viel los.

## Sehenswertes

Obendrein gibt es hier noch eine lokale Sehenswürdigkeit zu besichtigen, die **Ermita Santa Cristina.** Bereits im Jahre 1376 wurde sie erstmalig erwähnt, aber die heutige Kapelle stammt aus dem

17. Jh. Das kleine, helle Gebäude mit drei Kapellen liegt sehr schön in einem kleinen Wald vor der südlichsten der drei Strandbuchten, der Platja de Treumal. Herausragend im Inneren ist der Altar, der mit Marmor aus den Steinbrüchen von Carrara errichtet wurde. Bei der Ermita liegt ein kleiner botanischer Garten, der **Jardí Botànic Pinya de Rosa,** der von den Betreibern des botanischen Gartens in Blanes betreut wird. 7000 tropische Pflanzen werden hier gehegt, darunter Kakteen, Optunien, Agaven oder auch Yucca.

- **Jardí Botànic Pinya de Rosa,** Camí de Santa Cristina s/n, Tel. 972350689, www.pinya-de-rosa.es, tägl. 9.30–17.30 Uhr (letzter Einlass 16.30 Uhr), 5 €, Studenten 3 €.

## Praktische Tipps

### Unterkunft

- **Hotel Santa Marta**④, Tel. 972364904, www.hotelsantamarta.es. Ein erstklassiges Haus in bevorzugter Lage, schön von begrünten Hügeln umgeben. Die 78 Zimmer sind bestens eingerichtet. Zudem gibt es ein Buffet am Strand, ein À-la-carte-Restaurant und im Sommer wird auf der Terrasse aufgetischt.

# Blanes

- **Einwohner:** 40.300
- **Entfernung nach Barcelona:** 65 km
- **Touristeninformation:** Plaça Catalunya 2, Tel. 972330348, https://blanescostabrava.cat.

Nebenstelle Els Pins: Plaça dels Campings s/n (im Bereich der Campingplätze).

Blanes gilt als das **Eingangstor zur Costa Brava,** der Fluss Río Tordera, der sich südlich vom Ort ins Mittelmeer ergießt, markiert die Grenze. Hier verläuft auch die Provinzgrenze zwischen Girona und Barcelona, alle weiter südlich gelegenen Strände zählen zur Costa del Maresme, auch wenn mancher Reiseveranstalter da großzügig bleibt. Ein Grenzstein zeigt es deutlich: Ab hier beginnt die Costa Brava (zu finden an der Promenade am Hauptstrand vor dem leicht erhöhten Felsen Sa Palomera). Die Stadt hat einen **schönen kilometerlangen Strand** aufzuweisen, einige empfehlenswerte Fischrestaurants – und sie ist verkehrsgünstig erreichbar.

Blanes lebte ursprünglich von der Fischindustrie, der **große Hafen** zeugt noch heute davon. Keine pittoresk dümpelnden kleinen Kutter, sondern mittelgroße Flotten, die industriell auf Fang gehen, liegen an der riesigen Mole. Große Hallen, in denen der Fang umgeschlagen wird, belegen die Effizienz, ein paar Fischrestaurants, die direkt am Hafen liegen, profitieren auch davon.

Dann kam der Tourismus und **Hotels** entstanden. Die baute man aber an den Stadtrand, dort, wo sich der helle Strand räkelt, weit ab vom örtlichen Zentrum und dem Hafen. Den Touristen war es recht, hatten die doch ihren Strand und die Bürger von Blanes ihre Stadt, gegenseitige Kontakte konnten, mussten aber nicht sein.

Und dann kam irgendjemand auf die Idee, zusätzlich **Campingplätze** zu eröffnen. Am äußersten südlichen Stadtrand war noch Platz, also wurde eine Straße verlängert und insgesamt elf Plätze entsanden auf engstem Raum. Nicht schlecht, hatte man doch mit einem Schlag Platz für offiziell 3400 Urlauber geschaffen und das so schlau gelöst, dass die Camper es nur wenige Minuten bis zum Strand und etwa 15 Gehminuten zum Stadtrand hatten. Bis zum Ortskern von Blanes läuft man allerdings schon gute 45 Minuten, aber da pendelt ja auch noch ein Straßenbähnchen.

## Die Strände

Die Platja de Blanes ist trotz des Namens nicht der Hauptstrand des Ortes. Beginnend beim Hafen verläuft der helle Sandstrand über gute 500 m bis zu einem Felsvorsprung mit Namen **Sa Palomera.** Eine kleine Hinweistafel erklärt, dass hier offiziell **die Costa Brava endet.** Der folgende Strand **Platja de S'Abadell** trägt zwar nicht den Namen von Blanes, ist aber ganz klar der Hauptstrand. Über stolze 3,1 km verläuft der helle, feinsandige Strand, der es auf eine durchschnittliche Breite von 60 m bringt. Hier sonnen sich die meisten Urlauber, denn im Hintergrund liegen die größeren Hotels, und ganz weit hinten auch die Camping-

☑ Strand und Hafen von Blanes

049kk jf

plätze. Im Sommer wird es dann schon eng rund ums Handtuch. Wem dies zu viel wird, muss weit laufen. Im oberen Bereich knickt die Strandpromenade ins Hinterland ab. Dort wird es dann etwas ruhiger, an diesem Strandabschnitt sonnen sich auch nur noch die Camper.

## Sehenswertes

Der innerstädtische Bereich sowie das Hafenviertel zeigen sich eher geschäftig und nicht wirklich idyllisch. Die Häuser sowie die Straßenzüge strahlen aber zweifelsohne einen gewissen Reiz aus. Vor allem in drei Straßen gibt es noch **historische Gebäude.** Am Passeig de Dintre steht unter der Hausnummer 26 die Casa Tordera, das Haus eines in Amerika wohlhabend gewordenen Rückkehrers, **im Stil des katalanischen Jugendstils** im Jahre 1908 erbaut. Hier findet auch der tägliche Obst- und Gemüsemarkt statt. Ein Stückchen weiter findet man das Rathaus der Stadt, erbaut Ende des 16. Jh.

In der abzweigenden Carrer Ample folgen weitere **historische Häuser,** etwa die Casa Ruyra (Hausnummer 10), die Casa Oms (Nr. 7) oder auch die Casa Mirabell (Nr. 9). Ebenfalls dort steht ein **gotischer Brunnen** aus dem 15. Jh., ein Geschenk an die Stadt von der Gräfin Cabrera.

Die Carrer Nou beherbergt weitere schöne Gebäude sowie die **Kirche Santa María** aus dem 14. Jh. Aus jenen Tagen konnte nach Schäden im Bürgerkrieg nur der Glockenturm gerettet werden. Einst war die Kirche mit dem Palast des Grafen Cabrera verbunden, aber auch davon sind nur die Außenmauern erhalten.

Der **Jardí Botànic Mar i Murtra** liegt etwas außerhalb, er kann sowohl zu Fuß vom Hafen aus (sehr anstrengend, da steiler Weg) oder mit dem regelmäßig pendelnden gelben Bus von der Plaça Catalunya erreicht werden. Auf einer Fläche von ungefähr 4 ha wachsen etwa 3000 Pflanzen aus drei Lebensräumen: subtropische Zone, gemäßigte Zone und Mittelmeerraum. Gegründet wurde dieser botanische Garten von dem Deutschen *Karl Faust* im Jahr 1921. Zunächst kaufte er nur ein relativ bescheidenes Grundstück, erweiterte es aber im Laufe der Jahre bis auf seine heutige Größe. *Karl Faust* starb 1952 in Blanes. Die botanischen Studien werden heute fortgesetzt, der Garten bleibt für die Öffentlichkeit zugänglich.

■ **Jardí Botànic Mar i Murtra,** Passeig Carles Faust 9, Tel. 972330826, www.marimurtra.cat, tägl. 10–18 Uhr, letzter Einlass um 17 Uhr, 7 €.

Die Burg **Castell i Ermita de Sant Joan** liegt auf einem Gipfel von 166 m Höhe am Rande der Stadt, der Wehrturm

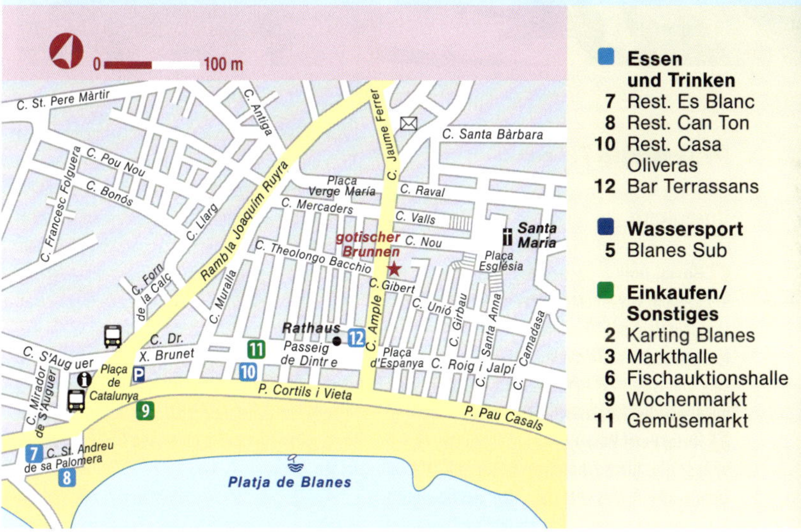


**Torre del Homenaje** ist weithin sichtbar und gilt als **Wahrzeichen der Stadt.** Bereits im 11. Jh. wurde das Gebäude errichtet, heute sind nur noch der Turm, Reste der Mauern und der Kapelle übriggeblieben. Der Weg zur Ermita ist zugegebenermaßen etwas anstrengend. Wer gut zu Fuß ist, kann aber auf einem schönen **Wanderweg** weiterlaufen bis zum botanischen Garten Pinya de Rosa in der benachbarten Bucht Platja de Treumal.

603cb sm

# Praktische Tipps

## Unterkunft

**4** **Hostal Doll**②, Passeig Pau Casals 70–71, Tel. 972330008, www.hostaldoll.com. Schmales fünfstöckiges Haus mit 30 Zimmern gegenüber vom Hafen, von 19 Zimmern direkter Meerblick. Das Familienhotel (seit 1939 betrieben) hat ein Restaurant mit klassischer katalanischer Hausmannskost.

**1** **Hotel Petit Palau**③, c/Lluís Companys 19, Tel. 972331556, https://hotelpetitpalau.com. Mit 60 Zimmern für Blanes eher klein, liegt das Haus etwa 150 m Strand entfernt. Die Zimmer sind ohne viel Schnörkel eingerichtet, es gibt einen Außenpool, einen Spa-Bereich und eine Bar.

Am äußersten Ortsrand liegen insgesamt **elf Campingplätze,** beinahe aufgereiht wie Perlen auf einer Schnur. Sie verteilen sich auf zwei Straßen, die parallel verlaufen. Zwar unterscheiden sie sich in der Größe und auch ein wenig im Serviceangebot, aber allen gemein ist, dass sie recht nah zum Strand liegen. Die Campingplätze El Pinar, Blanes und Bella Terra grenzen direkt an den Strand, vom Camping S'Abanell muss nur einmal die Uferstraße überquert werden. Die anderen Plätze liegen zwischen 200 m und 400 m entfernt. Alle sind in Straßen zu finden, durch die eigentlich nur der Camping-Verkehr fließt. Ausgeschildert sind in Blanes keine einzelnen Plätze, sondern lediglich der gemeinsame Hinweis „Camping". Da alle Plätze so dicht zusammen liegen und meiner Meinung nach außer der Lage zum Strand keine substantiellen Unterschiede erkennbar sind, sollen hier keine einzelnen Beschreibungen folgen.

## Essen und Trinken

**8** **Can Ton,** Sant Andreu de Sa Palomera 4, Tel. 972355093. Sehr schöne, ruhige Lage an der Strandpromenade vor dem emblematischen Felsen. Hat natürlich eine kleine Terrasse. Hochgelobte

^ Im botanischen Garten Mar i Murtra

Fischgerichte, auch Paella und andere Reisgerichte wie *arroz negre* (schwarzer Reis).

7 **Es Blanc,** Mirador de s'Auger 26, Tel. 972330 049. Dieses Lokal fällt auf! Es ist so etwas wie eine Mischung aus Café, Lounge Bar und Restaurant in einer exponierten Lage an der Promenade, etwa in Höhe des Felsens. Insgesamt sehr schick aufgemacht, auf der Terrasse stehen sehr gemütliche Korbsessel und sogar Sofas, es erklingt ruhige, chillige Musik.

10 **Casa Oliveras,** Passeig de Dintre 10, Tel. 972 357511. Auffälliges Café, untergebracht in einem Haus von 1890. Kleine Terrasse zur Meerseite, auch eine Dachterrasse gibt es. Innen sieht es ein wenig aus „wie früher" – mit Holzstühlen und kleinen Bistrotischen. Es gibt Tapas, katalanische Küche, aber auch schon Frühstück.

12 **Bar Terrassans,** Passeig del Dintre 31, Tel. 972330081. Eine alte, spanische Bar, mitten in der Altstadt, wo es leckere Tapas gibt.

## Verkehrsverbindungen

- **Bahnhof:** Der Bahnhof liegt einen guten Kilometer außerhalb an der Avinguda de L'Estació, viel zu schlecht erreichbar, um zu Fuß hinzugehen. Stadtbus Nr. 4 fährt alle 30 Minuten hin. Für Blanes-Urlauber eine interessante Möglichkeit, Barcelona zu besuchen.
- **Busterminal:** Der zentrale Busterminal liegt etwa 1,5 km außerhalb vom Zentrum an der Carrer Lluís Companys 35, einige lokale Busse halten auch an der Plaça de Catalunya.

## Aktivitäten

- **Bootsausflüge:** Es gibt verschiedene Anbieter, die Tickethäuschen stehen am Strand von S'Abanell.

5 **Tauchen: Blanes Sub,** im Hafengelände, Esplanada del Port 14, Tel. 646962056, www.blanessub.com.

2 **GoKart: Karting Blanes,** Carretera Acces Costa Brava km 3,4, Tel. 972336858, www.kartingblanes.com. Diese Gokartbahn von 900 m Gesamtlänge liegt knapp jenseits vom Bahnhof, etwa 1 km außerhalb vom Ortszentrum. Geöffnet täglich ab 10 Uhr, Nov. bis Feb. bis 18 Uhr, sonst länger, im Juli/Aug. sogar bis 24 Uhr.

6 **Fischversteigerung:** Von Montag bis Freitag können Besucher von der Bar in der Versteigerungshalle Llotja del Peix am Hafen der Versteigerung am späten Nachmittag zuschauen.

## Feste

- **Ende April/Anfang Mai:** An der Hafenpromenade findet ein Bootsmarkt statt, jeder kann sein gebrauchtes Schiff oder Boot zum Kauf anbieten.
- **24.–28. Juli:** Fest zu Ehren von Santa Ana, mit Tanz, Konzerten, Umzügen von Giganten und täglichem Feuerwerk, denn gleichzeitig findet ein internationaler Wettbewerb der Feuerwerker statt. Zudem eine Meeresprozession zur Kapelle Santa Cristina und ein Wettbewerb der Zubereitung von Muscheln.

## Markt

11 **Gemüse- und Früchtemarkt:** Mo–Sa in der Passeig de Dintre.

9 **Wochenmarkt:** Mo 8–14 Uhr, Passeig de la Marina. Kleidung und Accessoires.

3 **Markthalle:** Mo–Sa 8–14 Uhr, c/Mas Enlaire.

# Ausflug

## Marineland

Dieser **Water Park** zählt zu den größten seiner Art in Spanien. Er liegt etwas außerhalb von Blanes entlang der Verbindungsstraße nach Barcelona. Auf insgesamt 65.000 m² Fläche findet man nicht nur **diverse Schwimmbecken** und Rutschen, sondern auch ein **breites Showprogramm.** So gibt es regelmäßige Delfinvorführungen. Darüber hinaus gibt es diverse Snackbars, Restaurants, einen Kinderspielplatz, Möglichkeiten zum Bootfahren und als Clou wird eine Raftingbahn angeboten.

■ **Marineland,** Carretera Malgrat, Palafolls, Tel. 937654802, www.marineland.es, Mitte Mai bis Ende Sept. tägl. ab 10 Uhr. Geschlossen wird zwischen 17.30 und 19 Uhr, je nach Jahreszeit, 31 € (am Schalter), 27 € (online), Senioren und Kinder (5–10 Jahre) 21 €, „Mini" (3–4 Jahre) 12,50 €. Anfahrt: freier Buszubringer von Blanes, Lloret und Tossa.

Blanes in voller Länge

# Costa del Maresme

Als Costa del Maresme wird ein knapp 50 km langer Küstenstreifen bezeichnet, der sich unmittelbar nordöstlich an Barcelona anschließt. Diese Zone umfasst geografisch den Landkreis *(comarca)* Maresme, woraus sich auch der Name dieser Küste ableitet. Es handelt sich also nicht um eine fantasievolle Wortschöpfung wie bei all den anderen, sehr viel bekannteren spanischen Küstenabschnitten am Mittelmeer, wozu auch die Costa Brava („Wilde Küste") und die Costa Dorada („Goldene Küste") zählen.

Die Costa del Maresme hat ihre nördliche Grenze am Fluss **Río Tordera,** jenseits dieses Flusses beginnt die Costa Brava. Die südliche Grenze liegt beim kleinen Ort **Montgat,** keine 16 km von

600cb sm

Barcelona entfernt. In einer Entfernung von etwa 5 km zieht sich ein **Gebirgszug** parallel zur Küste entlang, ein zweiter noch weiter im Hinterland; beide fangen kühle Winde und Regenschauer ab.

Somit herrscht hier ein relativ **gleichbleibendes Klima** mit viel Sonnenschein. Etwa ein gutes Dutzend Orte liegen an der Küste, überwiegend mit hellen **Sandstränden** gesegnet. Das lockt heute reichlich Touristen an, neben den internationalen auch viele Tagesgäste aus der nahen Millionenstadt Barcelona.

Darüber hinaus wurde der Landkreis Maresme schon Mitte des 19. Jh. **industriell erschlossen.** 1848 wurde die erste Eisenbahnverbindung in Spanien eröffnet, sie verlief zwischen Barcelona und Mataró. Das führte damals zu einem enormen wirtschaftlichen Aufschwung, vor allem im Umland Barcelonas. Noch heute sind alle Küstenorte per **Bahn** verbunden, die Strecke führt von Barcelona hoch bis nach Malgrat de Mar (Linie R1 der Rodalies, einer Art Nahverkehrsbahn).

**Mataró** ist heute die größte Stadt an der Costa del Maresme und zugleich deren Hauptstadt. Obwohl es auch hier einen schönen Strand gibt, dominieren doch Industrie und Handel. Die meisten anderen Orte sind aber mehr vom **Tourismus** geprägt, so beispielsweise **Calella** oder auch **Malgrat de Mar.** In anderen, wie **Sant Pol de Mar,** treffen sich eher Menschen, die es beschaulicher mögen. Je näher ein Ort an Barcelona liegt, desto stärker wird er auch von Tagesgästen aus der Großstadt besucht, also etwa **Badalona** oder **El Masnou.** Je weiter nördlich der Ort liegt, desto weniger Barceloniner reisen an, obwohl gerade dort oben sehr schöne Strände liegen.

## Malgrat de Mar

- **Einwohner:** 18.600
- **Entfernung nach Barcelona:** 65 km
- **Oficina de Turismo,** c/Mar 61, Torre Viuda de Can Sala, Tel. 937653889 oder Plaça de l'Àncora s/n, Tel. 937653889, www.turismemalgrat.com.

Dieser Ort schließt die Costa del Maresme nach Norden ab. Sein größtes Pfund dürfte der etwa 7 km lange, sehr breite **Sandstrand** sein, den viele für den schönsten an der ganzen Maresme-Küste halten. Dieser Strand zieht Zehntausende Urlauber an, weswegen hier auch viele große **Ferienhotels** und mehrere **Campingplätze** liegen. Außerdem hat sich hier auch ein veritables **Nachtleben** entwickelt, was wiederum viele Jüngere anlockt. Am breiten Strand findet aber jeder sein Plätzchen, und genügend Platz rund ums Handtuch bleibt auch. Eine nette Promenade begleitet den Strand, und in genau richtigen Abständen findet man zudem Lokale. Im Zentrum liegt obendrein ein **charmantes Viertel** mit einigen historischen Häusern.

Malgrat ist, wie auch alle anderen Urlaubsorte an der Costa del Maresme, mit dem Zug von Barcelona aus zu erreichen, allerdings dauert die Fahrt schon etwas über eine Stunde.

### Unterkunft

- **Aqua Hotel Silhouette & Spa**④, liegt in der Hotelzone etwa 150 m vom Meer entfernt. Größeres Haus mit modernen Zimmern in unterschiedlichen Größen. Netter Garten mit drei Außenpools und Sonnen-Terrasse. Obendrein gibt es einen Spa-Bereich mit Gym und Massagen. Keine Hunde, *adults only* (ab 16 Jahre).

## Calella

- **Einwohner:** 19.000
- **Entfernung nach Barcelona:** 55 km
- **Oficina de Turisme de Calella,** c/Sant Jaume 231, Tel. 937690559, www.calellabarcelona.com.

Achtung, nicht verwechseln: Es gibt **zwei Orte namens Calella** an der katalanischen Küste. Dieser Ort wird deshalb auch inoffziell **„Calella de la Costa"** genannt, im Gegensatz zum weiter nördlich an der Costa Brava gelegenen Calella de Palafrugell. Diese Unterscheidung ist wichtig, denn der 19.000-Einwohner-Ort Calella unterscheidet sich fundamental vom sehr dörflichen Calella de Palafrugell. Calella de la Costa ist ein **großer Anziehungspunkt für jüngere Touristen,** das Stadtbild ist deshalb auch geprägt von größeren Hotelanlagen und Apartmentblocks – schick geht anders. Immerhin hat die Stadtverwaltung dies auch erkannt und beseitigt nach und nach die schlimmsten Bausünden, Neubauten werden nicht mehr genehmigt, so heißt es jedenfalls.

♫ Neben Lloret de Mar an der Costa Brava ist Calella der größte Hotspot für feierfreudige jugendliche Urlauber, angezogen vom ausschweifenden Nachtleben, aber auch vom schönen, breiten **Strand.** Dieser erstreckt sich über etwa 3 km, bietet genügend Strandlokale und eine begleitende Promenade mit Schatten spendenden Bäumen. Dahinter erheben sich dann auch schon die ersten Hochhäuser. Der Ort zieht sich an der Küste entlang, die Straßen sind annähernd schachbrettartig angelegt, und bereits eine Parallelstraße hinter der Strandpromenade liegen die ersten Lokale, Hotels dagegen eher etwas im Hintergrund. Mitten durch die Stadt verläuft die Nationalstraße N-II, die von der spanisch-französischen Grenze kommend nach Barcelona führt, und auch die Bahnlinie zieht sich durch Calella, unmittelbar vor dem Strand.

### Unterkunft/Essen und Trinken

- **Sant Jordi Boutique Hotel**④, c/del Turisme 80, Tel. 937661919, www.hotelsantjordi.com. Nicht zu großes Hotel mit auffälliger Gebäudestruktur und Farbgebung, etwa 200 m vom Strand entfernt. Die Zimmer sind unterschiedlich groß und modern eingerichtet. Pool und Thalasso-Spa mit verschiedenen Becken sowie Fitnessbereich sind vorhanden.
- **Restaurant El Hogar Gallego,** c/de les Ànimes 73, Tel. 937662027, www.elhogargallego.cat, Mo Ruhetag. Ein Lokal, das sich vom touristischen internationalen Geschmack deutlich abhebt. Geboten wird ein gutes Mittagsmenü, außerdem abends eine ausgewählte Speisekarte mit Fisch, Meeresfrüchten, Fleischgerichten, alles mit Liebe zum Detail zubereitet. Wurde schon im Michelin Guide zu Spanien erwähnt.

▷ Häuser bis an den Strand in Sant Pol de Mar

## Sant Pol de Mar

- **Einwohner:** 5200
- **Entfernung nach Barcelona:** 50 km
- **Oficina de Turismo de Sant Pol de Mar,** Plaça de la Villa 1, Tel. 937604547, www.santpol.cat.

Ein sehr kleiner Ort, der früher mal ein noch kleineres Fischerdorf war, was Sant Pol de Mar noch heute einen gewissen maritimen Charme verleiht. Nicht sehr weit von der Küste entfernt stehen noch zahlreiche kleinere, gedrungene Häuschen an relativ engen Straßen, man ahnt noch die frühere Nutzung.

Der **Strand** ist ziemlich schmal und fällt teilweise recht steil ab. Auch die ganz dicht an der kurvigen Küstenstraße stehenden Häuser mit tadellosem, unverbautem Meerblick neigen sich ein wenig in Richtung Meer, so mag man fast glauben. Auch der Bahnhof liegt nur wenige Schritte vom Meer entfernt.

Die Kirche **Esgelsia Sant Pau** überragt den Ort, sie gehörte einst zum Kloster Sant Pol del Maresme aus dem 11. Jh., dem das Örtchen seinen Namen verdankt.

Neben dem Hauptstrand gibt es noch einige **Buchten,** wo es dann noch eine Spur einsamer wird, aber so richtig viel los ist in Sant Pol del Mar sowieso nicht, auch nicht am Hauptstrand. Barcelona liegt mit 50 km zu weit entfernt, als dass die Massen hierher kommen, und das bekommt allen ganz gut.

014kk sm

## Mataró

- **Einwohner:** 127.000
- **Entfernung nach Barcelona:** 30 km
- **Oficina de Turismo,** Carrer la Riera 123, Tel. 937582698, www.visitmataro.cat.

Die Kleinstadt Mataró hat weit zurückreichende Wurzeln. Dass die **Römer** bereits hier waren (in einer Siedlung namens Lluro), ist nachgewiesen, noch unklar bleibt, ob frühere Kulturen hier ebenfalls lebten. Der Name „Mataró" ist seit dem 11. Jh. belegt, als hier eine **Burg** errichtet wurde. Im 14. Jh. baute man eine **Kirche,** und schon ein Jahrhundert früher wurde ein Markt abgehalten; Markt und Kirche gibt es immer noch. Außerdem profitierte Mataró von der Mitte des 19. Jh. eröffneten **ersten Eisenbahnlinie auf spanischem Boden,** die den Ort mit Barcelona verband. Dadurch erfuhr der damals noch sehr viel kleinere Ort einen enormen Schub im Rahmen der einsetzenden Industrialisierung. Er machte sich unter anderem in der Textilwirtschaft einen Namen. Und einer dieser frühen Firmengründer war so weitsichtig – oder verwegen, ganz wie man möchte – und engagierte den damals noch völlig unbekannten Architekten **Antoni Gaudí** für den Bau einer Halle. Von außen erscheint diese recht konventionell, im Inneren findet sich jedoch eine wegweisende Dachkonstruktion mit 13 Parabelbögen, die das Genie des jungen *Gaudí* erahnen lässt. Die Halle existiert noch heute unter dem Namen **„Nau Gaudí".** Sie beherbergt ein Kulturzentrum, bei Ausstellungen kann man auch die Halle besuchen.

- **Nau Gaudí,** Carrer de la Cooperativa 47, www.naugaudi.cat, Sa/So 11–14, Di–Sa 17–20 Uhr.

015kk sm

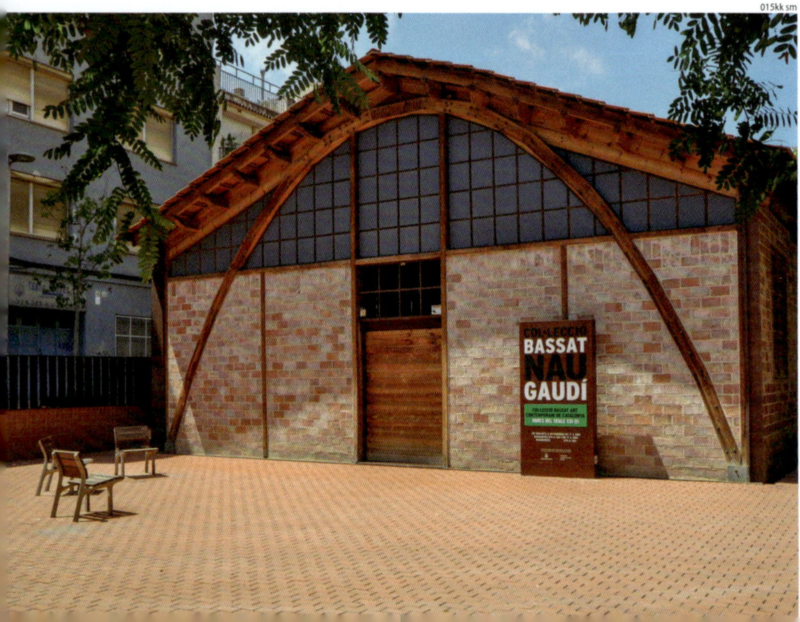

016kk sm

Am kleinen Strand von Mataró

Nau Gaudí

Mataró zeigt sich heute dynamisch, sehr von der Wirtschaft geprägt, weniger vom Tourismus. Einen vergleichsweise kleinen Strand hat die Stadt gleichwohl.

Das quirlige **Zentrum** liegt bei der Basílica de Santa María und dem markanten Rathausgebäude. Das örtliche Museum **Museo Comarcal del Maresme** hat in einem schönen Palast aus dem Jahr 1565 seinen Sitz. Ausgestellt sind Exponate diverser Themenkomplexe, vor allem archäologische Funde, die bis zu den Römern zurückreichen.

■ **Museo Comarcal del Maresme,** El Carrero 17–19, Mo–Sa 11–20, So 11–14 Uhr, Eintritt frei.

## Essen und Trinken

■ **Restaurant Can Dimas,** Passeig Callao 152, Tel. 937903209, www.restaurantecandimas.com, Mo Ruhetag. Das 1915 gegründete Lokal liegt am Strand und bietet neben herrlichem Meerblick eine gute Fischküche in familiärer Atmosphäre.

# El Masnou

- **Einwohner:** 23.500
- **Entfernung nach Barcelona:** 12 km
- **Oficina de Turismo,** Passeig de Prat de la Riba 16, Tel. 935571834, www.elmasnou.cat.

Der Ort war lange durch die Fischerei geprägt. Etwa ab dem 18. Jh. zog es die erfahrenen Seeleute dann vermehrt auf die Handelsschiffe Richtung Amerika, nachdem den katalanischen Häfen endlich erlaubt wurde, ebenfalls Handel mit Übersee zu betreiben, was über Jahrhunderte verboten gewesen war. Das brachte zumindest für einige Wohlstand, was sich dann auch im Bau **schicker Häuser** niederschlug, wie sie heute noch im Ortskern zu finden sind. Masnou hat einen **schönen und breiten Strand,** an dem auch ein großer Sportboothafen liegt, was die maritime Vergangenheit des Ortes fortsetzt. Da Masnou nicht weit von Barcelona entfernt liegt, kommen viele Tagesgäste aus der Stadt an diesen schönen Strand.

### Unterkunft/Essen und Trinken

- **Hotel Torino**③, c/Pere Grau 21, Tel. 935552 313, www.hoteltorinoelmasnou.com. Langjährig bewährtes kleines Familienhotel (seit 1965), in einer Seitenstraße gelegen. Es gibt EZ, DZ und Dreier, alle schlicht eingerichtet, aber vollkommen ausreichend. Zum Strand geht es in 5 Min., der Bahnhof liegt ganz in der Nähe (Station Ocata, nicht El Masnou) und von dort wird Barcelona in 20 Min. erreicht.
- **Restaurant Les Caves Rekondo,** c/Jacint Verdaguer 9, Tel. 935402160, www.lescavesrekondo.com, Di–Fr zur Mittagszeit, Sa auch 20.30–22.30, So 9.30–16 Uhr. Urige Location in einer früheren Lagerstätte in Höhlenform für Wein, noch heute sind im Keller Cava-Flaschen der Marke Rokondo gelagert. Das Restaurant hat drei Speiseräume und auch einige kleinere, private Räume. Serviert wird eine mediterrane Küche mit Schwerpunkt auf Fisch und Meeresfrüchten aus der Region, aber einige Produkte kommen auch aus dem Baskenland. Auch eine breite Auswahl an Fleischgerichten kommt auf den Tisch.

# Badalona

- **Einwohner:** 220.000
- **Entfernung von Barcelona:** 10 km
- **Oficina de Turismo,** Carrer Francesc Layret 78–82, Tel. 934832990, http://badalona.cat.

Mit 220.000 Einwohnern wahrlich keine Kleinstadt liegt Badalona vor den Toren der Millionenstadt Barcelona und zählt verwaltungstechnisch auch zum selben Landkreis. Diese Nähe und die sehr gute Anbindung lässt viele Bewohner der Millionenmetropole gerne mal einen Tagesausflug nach Badalona unternehmen, da es hier einen schönen und stolze 5 km langen Strand gibt. Die Nähe zu Barcelona hat die Stadt geprägt, sie ist quirlig und lebendig.

⊠ Am Strand von Badalona

Bereits im 3. Jh. v. Chr. kamen die **Römer** und gründeten eine Siedlung namens Baetulo, woraus sich dann „Badalona" ableitete. Ab dem 19. Jh. wirkte sich auch hier die beginnende Industrialisierung aus, vor allem Firmen der Textilwirtschaft kamen, die Stadt wuchs und zog immer mehr Menschen an. Die erste Eisenbahnlinie in Spanien führte nach Mataró und passierte dabei auch Badalona, sodass Waren rasch in die große Stadt transportiert werden, aber umgekehrt auch Menschen hierher reisen konnten. Die ersten Ausflügler kamen aus der Metropole, was auch heute noch im großen Stil an jedem sommerlichen Wochenendtag passiert.

Der **Ortskern** entwickelte sich rund um die **Kirche** zu Ehren von Santa María aus dem 18. Jh. Die Hauptmeile ist die Straße carrer del Mar, die hier **„La Rambla"** genannt wird; sie verläuft parallel zur Küste, allerdings durch die Bahnlinie von Meer getrennt. Entlang der Rambla findet man viele Lokale, praktisch alle haben eine Terrasse. Der Strand wird von einer netten Promenade begleitet, außerdem gibt es noch einen großen Sportboothafen und einen Fischereihafen.

## Verbindung

- Badalona ist hervorragend **per Bahn** von Barcelona zu erreichen, denn die Vorortbahn Rodalies (Linie R1) hält direkt am Strand, die Metro von Barcelona hat im Ort ebenfalls eine Station (Badalona Pompeu Fabra, Linie L2), die aber doch recht weit vom Strand entfernt liegt.

017kk sm

# 4

# Barcelona

» Kaum eine Stadt in Europa
zieht mehr Besucher an.
Kein Wunder, bietet die katalanische Metropole
doch eine beneidenswerte Vielfalt:
gemütliche Bars, noble und geerdete Restaurants,
spannende Museen sowie
die wunderbar skurrile Architektur von Gaudí.
Und einen Stadtstrand gibt es auch noch.

‹ Blick vom Tibidabo über Barcelona

# BARCELONA

## DIE HIPPE METROPOLE

**Barcelona boomt. Kaum eine Stadt in Europa empfängt mehr Besucher. Kein Wunder, bietet sie doch eine riesige Vielfalt: urige Tapasbars, gehobene und bodenständige Restaurants, interessante Museen sowie die wunderbar skurrilen Bauten von Antoni Gaudí. Zudem jede Menge interessante Geschäfte – hier kann man shoppen, bis die Kreditkarte quietscht. Und danach geht es an den Stadtstrand. Den gibt es nämlich auch noch. Gleich ums Eck von Hafen und Altstadt, also ideal für eine Siesta zwischendurch.**

### NICHT VERPASSEN!

- Einmal die **Rambla** rauf und runter ist Pflicht | 240
- Stöbern oder Speisen in der **Markthalle Boquería** | 241
- Siesta am Strand **Platja de Barceloneta** | 246
- Auf Tapas-Tour durch die Altstadt **Barri Gòtic** | 247
- Die Bauten von Gaudí & Co. am **Passeig de Gràcia** bestaunen | 255
- **Sagrada Família** oder **Park Güell?** Am besten beides! | 257 und 265

**Diese Tipps erkennt man an der gelben Markierung.**

- **Einwohner:** 1,6 Mio.
- **Touristeninfos:** www.barcelonaturisme.com, Tel. 932853834.

**In der City: Plaça Catalunya 17** (im Untergeschoss, schräg gegenüber von El Corte Inglés), tägl. 8.30–20.30 Uhr. Infos, Hotelbuchungen, Souvenirshop, Bank.

**Im Bahnhof Estació de Sants:** tägl. 9–15 Uhr. Informationen.

**Im Flughafen** (Aeroport): Terminals 1 und 2, tägl. 8.30–20.30 Uhr. Infos und Hotelbuchungen.

## Überblick

Barcelona hat sich in den letzten Jahren zu **einem der beliebtesten Reiseziele überhaupt** entwickelt. Vor noch nicht einmal 20 Jahren war das noch ganz anders, wie dem Autor von Seiten des Tourismusministeriums versichert wurde: Damals kamen die Touristen fast ausschließlich im Sommer. Heute strömen sie beinahe das ganze Jahr über in die Stadt, und das, obwohl mit dem Anstieg der Touristenzahlen und der Unterkünfte auch deren Preise ordentlich anzogen. Vor allem im Stadtzentrum muss man zeimlich tief in die Tasche greifen. Doch Barcelona in seiner **großen Vielfalt** ist es wert: Die Stadt bietet historische Bauten, einmalige Kunstwerke, ein angenehmes Klima, sogar einen schönen Strand, auf den so mancher Küstenort neidisch sein kann. Außerdem exzellente Einkaufsmöglichkeiten, interessante Museen, eine tolle Gastronomieszene und ein spannendes Nachtleben.

Barcelona lebt die **katalanische Identität** voll aus, die katalanische Sprache etwa dominiert den Alltag. Dennoch verbleiben die Menschen nicht trotzig-stolz in ihrem Mikrokosmos. Schauten stets über den Tellerrand. Blickten nach Norden oder übers Meer, weniger nach Madrid – von dort kam nach ihrem Ermessen nie etwas Gutes. Sie betrieben schon immer Handel übers Meer, kamen eher als andere Spanier mit Fremden in Kontakt. Das öffnet den geistigen Horizont. **Nationale Identität und avantgardistisches Denken,** in Barcelona passte das seit jeher zusammen. Und Lebenslust. Nicht so überschäumend wie im Süden, eher etwas rationeller. Beinahe preußisch, aber doch nur beinahe.



☐ Miró-Kunstwerk mitten auf der Rambla

018kk sm

# Bummel durch Barcelonas Altstadt

# Bummel durch Barcelonas Altstadt

Gestartet wird mit einem Bummel über die **Rambles.** Ausgangspunkt ist die weitläufige **Plaça de Catalunya.** Von dort schlendert man die Rambles hinunter Richtung Meer. Nicht versäumen, einen Blick in die **Markthalle La Boqueria** zu werfen. Hier werden nicht nur erstklassige Waren angeboten, man kann sich auch in einer der urigen Bars stärken, bevor es weiter über die Rambles geht. Dort ist eigentlich immer was los, so recht flott kommt man nicht voran. Muss auch nicht sein, es gibt genügend zu schauen: die Menschen, die Häuser, das ganze Ambiente. Und schräg vom Theater Liceu lohnt ein kurzer Schwenk zur pittoresken **Plaça Reial.**

Aber irgendwann erreicht man dann doch das Ende dieser Flaniermeile beim **Monumento Colom** (Kolumbussäule). Nun kann man geradeaus über die geschwungene Holzbrücke Moll d'Espanya zum **Shoppingkomplex Maremagnum** am Hafen laufen oder gleich nach links schwenken. Dieser Bereich wird **„Moll de la Fusta"** genannt und führt direkt am Hafenbecken entlang bis etwa zur unübersehbaren farbenfrohen **Skulptur „Cap de Barcelona"** („Kopf von Barcelona") von *Roy Lichtenstein.* Hier würde auch landen, wer ins Maremagnum eintaucht, denn ein Weg führt am Hafen vorbei genau zu dieser unübersehbaren Skulptur.

Von hier geht es über die Straße in die Altstadt, ins **Barri Gòtic.** Dort eingetaucht, kann man sich nun durch die vielen engen Gassen treiben lassen, dabei Gerüche aufnehmen, einen *vino* in einer Eckbar trinken und sich von der Atmosphäre fesseln lassen. Wer es etwas zielstrebiger wünscht, folgt der leicht geschwungenen **Carrer d'Avinyò.** Diese Straße führt durchs gesamte Viertel, ändert noch ein paar Mal ihren Namen und endet schließlich vor der Kathedrale. Spannender ist jedoch ein Bummel durch die schmalen Gassen zwischen historischen Häusern. Beispielsweise über die **Carrer del Regomir,** die zur zentralen **Plaça de Sant Jaume** führt, wo die katalanische Regierung sitzt. Von dort weiter durch die malerische **Carrer Bisbe** geht es zur **Kathedrale.**

Direkt hinter dem Gotteshaus liegt der geschichtsträchtige **Palau Reial Major,** wo der Graf von Barcelona residierte und wo *Kolumbus* nach seiner ersten Fahrt von den spanischen Königen empfangen wurde. Dort befinden sich auch zwei Museen, das **Museu Frederic Marès** und das **Museu d'Història de la Barcelona.** Letzteres zeigt sehr anschaulich die Stadtgeschichte.

Wer noch ein wenig Energie hat, sollte einen Abstecher ins pittoreske **Barri del Born** unternehmen. Dazu die breite **Via Laietana** überqueren und der **Carrer de Argentería** folgen. Diese passiert u.a. die schöne **Basílica de Santa María del Mar.** In den benachbarten schmalen Gassen atmet man noch den mittelalterlichen Charme der Stadt. Vor allem in der **Carrer de Montcada,** wo auch das **Museu Picasso** zu finden ist. Zurück geht es über die breite **Carrer Princesa** zur **Metrostation „Jaume I.",** wo der Spaziergang enden könnte. Aber sowohl zu den Rambles, zur Kathedrale und auch zum Ausgangspunkt Plaça de Catalunya ist es nicht sehr weit zu Fuß.

## Barcelona, Übersicht

0 800 m

**Übernachtung**
3 Sea Hostel Barcelona

**Essen und Trinken**
2 Fischrestaurants entlang des Passeig Joan de Borbó

**Einkaufen**
1 Mare Magnum

# Geschichte

Von der allerersten Siedlung ist nicht viel bekannt. Um das 3. Jh. v. Chr. siedelte **am Ufer der Flüsse Riu Llobregat und Riu Besòs** ein Stamm, der „Laie" genannt wurde. Ein bescheidenes Dorf soll es gewesen sein, aber trotzdem hatten die Laie Kontakt mit Handel treibenden Seefahrernationen im Mittelmeer. Viel mehr ist von diesem Stamm nicht bekannt. Möglicherweise folgten ihm die **Karthager** unter *Amílcar Barca* um das Jahr 218 v. Chr., was aber bislang unbewiesen ist. Sicher aber waren die **Römer** vor Ort. Unter *Escipión* kamen sie 133 v. Chr. und gründeten eine ummauerte Stadt, der sie den Namen **Barcino** gaben. Diese Siedlung gewann bald einen hohen Stellenwert durch den gleichzeitig erbauten Hafen. Von hier wurden nämlich römische Siedlungen im Hinterland beliefert. Barcino wuchs und es entstanden einige Monumentalbauten im Gebiet der heutigen Altstadt, die aber fast alle wieder verschwunden sind. Bekannt sind aber noch zwei Straßen, die dem Verlauf der heutigen **Carrer Bisbe und Llibreteria** entsprechen (beide bei der Kathedrale zu finden). Im 1. Jh. v. Chr. hatte sich um die heutige Plaça Sant Jaume das Zentrum des römischen Barcino etabliert. Die Stadt war wichtig für das Imperium, aber sie erlangte nie die Bedeutung von Tarraco (Tarragona).

Nachdem die römische Pracht zu Ende ging, setzten sich hier **Westgoten** unter Führung von Ataulfo im 5. Jh. fest. Barchinona, wie der Ort nun hieß, wurde für ein Jahrhundert deren Metropole, bevor der Sitz nach Toledo wechselte.

713 kamen dann die **Araber,** blieben aber nur ein knappes Jahrhundert. Der Name wechselte nun zu **Barxiluna.** Aus dieser Epoche sind große Handelsaktivitäten bekannt und weitestgehend religiöse Toleranz. Damit war es vorbei, als die Christen die Stadt eroberten. Die Araber wurden vertrieben und durften sich außerhalb der Stadtmauer ansiedeln, etwa in Höhe der heutigen c/ Argenteria. 844 wurde *Guifre el Pilòs* Oberherrscher mehrerer Grafschaften mit Sitz in Barcelona. Seitdem trägt die Stadt auch den Zusatznamen „Ciutat Comdal" („Gräfliche Stadt"). 985 kehrten die Araber noch einmal zurück, wurden aber dann doch endgültig vertrieben. Danach herrschte mehrere Jahrhunderte Ruhe, die Stadt konnte sich dank des Hafens und des **Mittelmeerhandels** wirtschaftlich entwickeln. Im 12. Jh. lebten etwa 80 % der 35.000 Bewohner außerhalb der alten Stadtmauer, sodass eine neue gebaut werden musste. Eine erste Erweiterung, viele weitere sollten folgen. Diese Entwicklung hielt bis Ende des 15. Jh. Danach begann eine lange Phase der wirtschaftlichen Stagnation.

Die politische Großwetterlage hatte sich in Spanien komplett geändert. Durch Heirat von *Fernando* und *Isabel* entstand das **Großreich Kastilien-Aragón.** Die beiden Herrscher setzten ihren Ergeiz darin, die letzten Araber von der Iberischen Halbinsel zu vertreiben. **1492** gelang es ihnen auch mit der **Einnahme von Granada.** Im gleichen Jahr entdeckte der von ihnen ausgesandte *Kolumbus* Amerika. Von Stund an verlegte das Königspaar, das nun über ganz Spanien herrschte, seine Anstrengungen auf die Ausbeutung der überseeischen Reichtümer. In Sevilla entstand eine Monopolbehörde, über die der gesamte Amerika-

252cd_jf

354cd_sm

handel lief, und der Hafen von Barcelona blieb davon ausgeschlossen.

Politisch hatte sich die Lage verfestigt: **Spanien wurde von Madrid aus regiert,** Katalonien war nur noch bedingt eigenständig. 1614 und 1714 versuchten die Katalanen sich zu wehren, beide Male wurde der Versuch niedergeschlagen. Besonders nach dem letzten reagierte König *Felipe V.* mit harter Hand, ließ mitten in Barcelona eine Festung bauen zur besseren Kontrolle der Bevölkerung. Erst sein Nachfolger **Carlos III.** erlaubte 1778, den Überseehandel von Barcelona aus. Fast 300 Jahre nach *Kolumbus*' Entdeckung!

Aber **Barcelona blühte wirtschaftlich auf,** was auch schnell wieder zu neuen Bauvorhaben führte. So entstand die Rambla mit ihren Prachtbauten, nachdem mal wieder eine alte Stadtmauer eingerissen wurde. Anfang des 19. Jh. wurde Barcelona zu einer prosperierenden Industriemetropole, mit der Konsequenz einer massiven Einwanderung aus dem Süden des Landes. Allein zwischen 1836 und 1847 kamen 50.000 Menschen. Wohnraum musste also dringend geschaffen werden. Mehrfach wurde angebaut, dann folgte ein wahrhaft großer städtebaulicher Entwurf. Der Plan sah ein neues Viertel vor, streng nach geometrischem Muster gebaut. Die Häuser sollten einen quadratischen Grundriss von 114 x 114 m haben, die Straßen dazwischen konsequent rechtwinklig verlaufen. So entstand das Viertel **L'Eixample** („Erweiterung"), ein Blick auf den Stadtplan lässt das Grundmuster deutlich erkennen. Neben diesen streng planerisch vorgenommenen Bauten entstanden aber auch sehr viele kreative Häuser im **Stil des Modernismus.** *Antoni Gaudí, Josep Puig i Cadafalch* und *Lluís Domènech i Montaner* schufen beispiellose Werke, die noch heute das steinerne Gesicht Barcelonas prägen.

^ Der zentrale Platz: Plaça Catalunya

< Typisches Eckhaus im Viertel L'Eixample

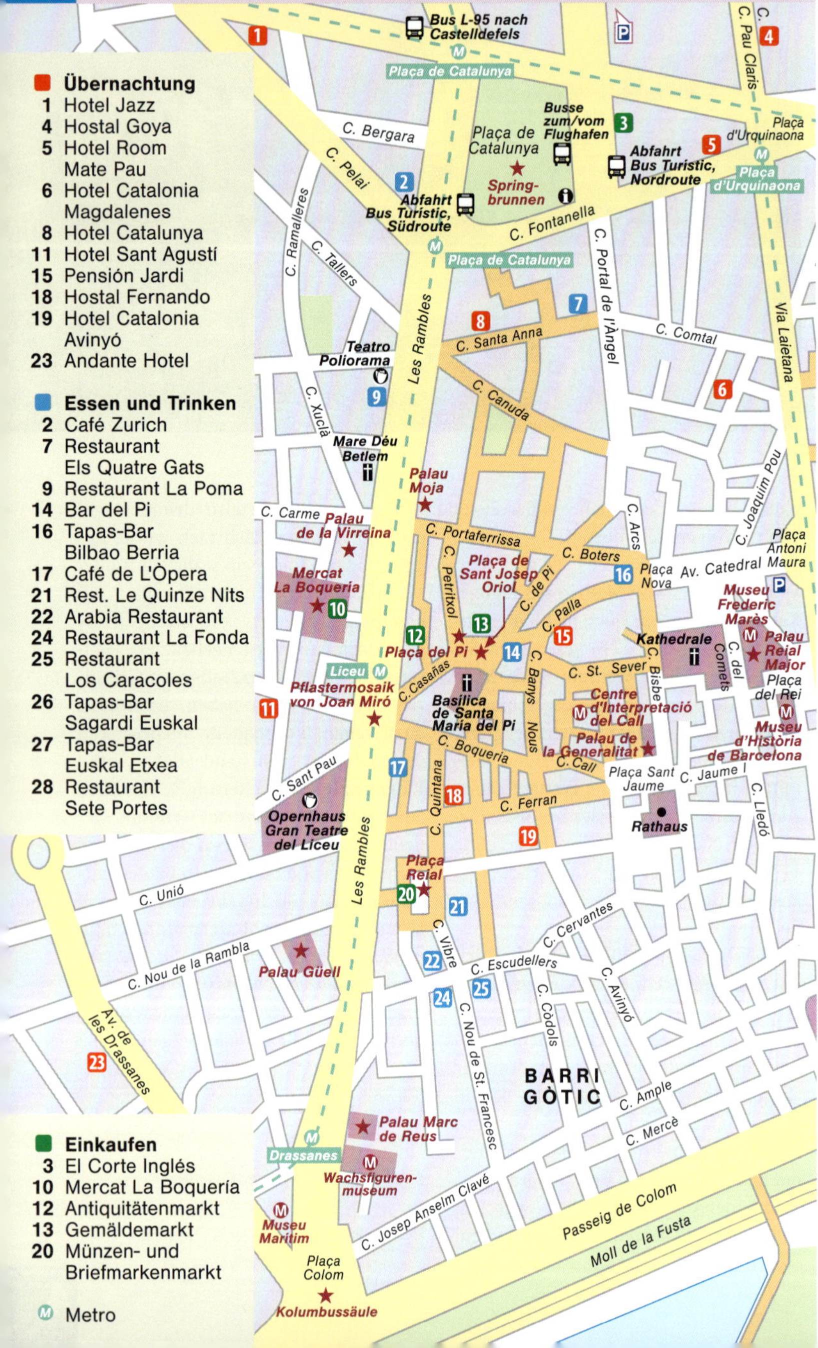


**Übernachtung**
1 Hotel Jazz
4 Hostal Goya
5 Hotel Room Mate Pau
6 Hotel Catalonia Magdalenes
8 Hotel Catalunya
11 Hotel Sant Agustí
15 Pensión Jardi
18 Hostal Fernando
19 Hotel Catalonia Avinyó
23 Andante Hotel

**Essen und Trinken**
2 Café Zurich
7 Restaurant Els Quatre Gats
9 Restaurant La Poma
14 Bar del Pi
16 Tapas-Bar Bilbao Berria
17 Café de L'Òpera
21 Rest. Le Quinze Nits
22 Arabia Restaurant
24 Restaurant La Fonda
25 Restaurant Los Caracoles
26 Tapas-Bar Sagardi Euskal
27 Tapas-Bar Euskal Etxea
28 Restaurant Sete Portes

**Einkaufen**
3 El Corte Inglés
10 Mercat La Boquería
12 Antiquitätenmarkt
13 Gemäldemarkt
20 Münzen- und Briefmarkenmarkt

M Metro

Unter **Franco** erlebte die Stadt bittere Jahre der Isolation, die erst in den 1950er Jahren langsam aufgehoben wurde. Dann erholte sich Barcelona schneller als das restliche Spanien, wieder strömten Tausende in die Stadt auf der Suche nach Arbeit. Neue Schlafstätten entstanden, die Stadt wuchs weiter.

Dann folgten **1992** die **Olympischen Spiele,** und erneut kam es zu großen städtebaulichen Eingriffen. Am Hafen entstand das Olympische Dorf, Sportstätten am Montjuïc wurden modernisiert und ein völlig neuer Strand bei Barceloneta aufgeschüttet. Und als 2004 für ein halbes Jahr das Forum der Kulturen eröffnet wurde, entstanden wie aus dem Nichts in der Umgebung teure Hotels, moderne Wohnblocks und Straßen.

**Und es wird weiter gebaut.** Die Zone entlang des Strandes wurde verschönert und bebaut, das ehemalige Industrieviertel Poble Nou hat einen fast dörflichen Charakter angenommen und wird so langsam entdeckt, und ganz hinten am Ende der kilometerlangen Straße Diagonal, auf dem Gelände des ehemaligen Forums, entstanden Hotels, Büros und Apartments. Barcelona entwickelt sich weiter, und auch im erweiterten City-Bereich tut sich einiges, vor allem entstehen neue Hotels.

Aber zuletzt kamen auch einige unschöne Nachrichten aus Barcelona. 2017 machte das fürchterliche **Attentat auf den Rambles** Schlagzeilen. Im selben Jahr erreichten die **Unabhängigkeitsbestrebungen der Katalanen** einen Höhepunkt. Es kam zu vielen Demonstrationen, auch und besonders in Barcelona. Katalonien führte im Herbst 2017 ein (nach spanischer Verfassung) illegales **Referendum** zur katalanischen Unabhängigkeit durch, das von der Zentralregierung in Madrid verboten wurde. Am Tag der Wahl kam es zu unschönen Szenen, als spanische (nicht katalanische!) Polizisten ältere Menschen am Betreten des Wahllokals hinderten. Das Ergebnis: Bei einer mittelmäßigen Wahlbeteiligung stimmte die Mehrheit für eine Unabhängigkeit. Kritiker meinten, die Unabhängigkeitsgegner seien gar nicht erst zu Wahl gegangen. Jedenfalls stimmte Tage später das Regionalparlament für eine Unabhängigkeitserklärung, aber es wurde verlautbart, der Unabhängigkeits-Prozess solle vorerst ausgesetzt werden, und man wolle den Dialog mit Madrid suchen, was zu erheblicher Irritation unter den katalanischen Befürworten sorgte. Die Zentralregierung in Madrid reagierte sofort, und das mit größter Härte. Sie zog den Paragrafen 155 der spanischen Verfassung (was zuvor in der spanischen Geschichte noch nie passiert war) und **setzte die Regionalregierung ab,** stellte Katalonien unter Madrider Zwangsverwaltung. Die bisherige Regierung und die Polizeispitze wurden abgesetzt, mehrere Regierungsmitglieder kamen wegen Rebellion ins Gefängnis, der bisherige Ministerpräsident *Carles Puigdemont* floh nach Brüssel. Viele Katalanen werteten dieses Vorgehen als erneute Bevormundung durch Madrid. Im Herbst 2017 gab es **Neuwahlen,** die Pro-Unabhängigkeitsparteien konnten dabei knapp gewinnen. Allerdings konnten sie keine Regierung bilden, da *Puigdemont* in Brüssel saß und seine möglichen Stellvertreter im Gefängnis (sie wurden aber 2021 begnadigt).

Im **Juni 2018** erhielt Katalonien wieder eine eigene – separatistische – Regionalregierung, und auch in Spanien wurde eine neue, sozialistisch geprägte Regierung gewählt. *Quim Torra* ist der neue Regionalpräsident, und im Grunde hat sich nichts bewegt.

Dann kam die **Coronapandemie,** und das Thema „Unabhängigkeit" verschwand aus dem öffentlichen Fokus, ist aber natürlich nicht vom Tisch. Wie es weitergehen soll, ist derzeit noch offen.

019kk sm

# Orientierung

Erstaunlicherweise ist es gar nicht so schwer, sich in dieser Millionenmetropole zurechtzufinden. Der **zentrale Platz Plaça de Catalunya** ist das verbindende Element zwischen dem neuen Barcelona und seiner Altstadt. Von dort verläuft auch die berühmte **Rambla (Les Rambles)** Richtung Meer. Folgt man dieser Prachtstraße, liegt links das Altstadtviertel **Barri Gòtic.** Das Ende der Rambla markiert die unübersehbare **Kolumbussäule,** dahinter erstreckt sich die Hafenmeile, und hält man sich etwas nach links, erreicht man die Strände vor dem alten Fischerviertel **Barceloneta.** Von der Plaça de Catalunya verläuft in entgegengesetzter Richtung der **Passeig de Gràcia.** Hier stehen viele Prachtbauten und exklusive Geschäfte. Diese Straße verkümmert regelrecht jenseits der breiten Avinguda Diagonal im pittoresken **Viertel Gràcia.** Südwestlich des Zentrums liegt der Berg **Montjuïc** mit den olympischen Sportstätten, prächtigen Bauten und interessanten Museen.

⌃ Sonntagsspaziergang am Strand

‹ Wunderschöne Großstadt direkt am Meer

# Sehenswertes

## Entlang der Rambla

Viele Sehenswürdigkeiten liegen entlang der Prachtstraße **Les Rambles.** Der Ausgangspunkt für eine Tour ist die 50.000 Quadratmeter große **Plaça de Catalunya.** Trotz des starken Verkehrs, der um diesen Platz tost, kann man hier doch noch relativ gut verschnaufen, bevor es ins Getümmel auf der Rambla geht. Die Plaça de Catalunya ist ein wichtiger Kreuzungspunkt, von **hier starten viele Buslinien,** auch der Bus Turístic. Unterirdisch befindet sich eine **Touristinformation** – etwa gegenüber dem Kaufhaus El Corte Inglés. Also, auf geht's auf die Rambles!

☑ Die Rambla in voller Pracht

### Les Rambles

Ausgehend von der Plaça de Catalunya verläuft die Rambla in Richtung Meer und ist zunächst einmal eine **breite Fußgängerzone,** von hohen Bäumen begrenzt. Der Autoverkehr wird links und rechts vorbeigeführt, die Fußgänger haben deutlich mehr Platz. Der obere Teil an der Plaça de Catalunya heißt **Rambla de Caneletes,** benannt nach dem gusseisernen Trinkwasserbrunnen, der am Anfang der Promenade steht. Wer das Wasser dieses Brunnens trinkt, wird nach Barcelona zurückkehren, heißt es.

Dann folgt die **Rambla dels Estudis,** nach der alten Universität benannt, die hier vom 15. bis Anfang des 18. Jh. stand. Heute wird dieser Abschnitt auch **Rambla dels Ocells** („Rambla der Vögel") genannt, da hier die Vogelhändler ihre Kioske haben.

cd_002 sm

255cd_sm

Unter der Hausnummer 115 befindet sich das **Teatro Poliorama,** gebaut 1883 von *Josep Domènech i Estapà*. Das Haus mit ornamentenreicher Fassade war der Sitz der königlichen Akademie der Wissenschaft, und seit 1910 schlägt hier die erste öffentliche Uhr von Barcelona.

Vor der Carrer Carme liegt rechts die **Kirche Mare Déu Betlem** aus dem 17. Jh. Gegenüber auf der linken Seite vor der Carrer Portaferrisa liegt ein alter Bürgerpalast, Palau Moja, erbaut im 18. Jh. Heute befindet sich hier eine Buchhandlung.

Der Name der Rambla wechselt nun zu **Rambla de Sant Josep,** oder volkstümlicher **Rambla de les Flores,** weil hier die Blumenhändler mit ihren kleinen Kiosken stehen. Gleich zu Beginn liegt rechts mit der Hausnummer 99 der **Palau de la Virreina,** der Palast der Vizekönigin aus dem 18. Jh. Das Gebäude trägt diesen Namen, da sich 1771 der damalige Vizekönig von Peru einen Alterssitz in Barcelona bauen ließ. Kurz vor der Vollendung des Bauwerks starb er jedoch, seine Frau kehrte nach Europa zurück und lebte fortan in diesem Palast, der deswegen diesen Namen bekam.

⌃ Reiche Auswahl in der Markthalle Boquería

## La Boquería

Nur einige Schritte weiter folgt der Mercat de Sant Josep, auch „La Boquería" genannt („Der Schlund"). Bereits um 1840 begann man mit dem Bau einer ersten **Markthalle,** bis 1914 wurde diese mehrfach umgebaut. Typisch ist die Eisenkonstruktion der Halle, die bereits am Eingang sichtbar wird mit der schönen

Glasmalerei im Zentrum. Ein Bummel durch die Stände ist ein Fest für Augen und Nase, man findet nahezu alles, was Meer und Acker hergeben. Fische, Muscheln, Krebse, Gambas, Gemüse, Nüsse, Trockenfrüchte, Fleisch in allen Variationen, optisch hervorragend drapiert und mit marktschreierischem Schauspieltalent angepriesen. Und eine kleine Bar mit Kultstatus, El Pinoxo, ist auch zu finden, gleich beim Eingang. Wer durch den Haupteingang die Markthalle betritt und ganz nach links geht, findet dort einige rustikale Lokale, wo man in gemütlicher Atmosphäre essen kann.

**La Boquería,** Metro: Liceu, Verkaufszeiten der Stände: Mo–Sa 8–20.30 Uhr.

Folgt man weiter der Rambla, stößt man alsbald auf die links abzweigende Carrer Casañas. An dieser Stelle liegt über die gesamte Breite der Rambles ein gewaltiges **Pflastermosaik von Joan Miró.** Dazwischen ist eine Kachel mit dem Autogramm des Meisters eingebaut, konkret unten links im Übergang von weißer zu blauer Farbe.

## Gran Teatre del Liceu

Jetzt heißt sie **Rambla dels Caputxins** (der Name leitet sich ab von einem nicht mehr existierenden Kapuzinerkloster). Rechter Hand liegt das berühmte **Opernhaus** Gran Teatre del Liceu, das im Jahr 1845 erbaut wurde und Platz für 5000 Leute bot. Leider fiel das Theater 1994 einem Feuer zum Opfer, wurde aber nach jahrelanger Renovierung 1999 wieder eröffnet. Von außen wirkt das Gebäude bereits eindrucksvoll durch seinen Fassadenschmuck. Aber erst im Inneren wurde so richtig Wert auf eine luxuriöse Einrichtung gelegt. Das große Theater bietet Platz für etwa 2200 Besucher. Führungen finden tagsüber statt.

**Gran Teatre del Liceu,** La Rambla 51–59, Tel. 934859900; geführte Besuche: Visita Prestige (mit Konzertsaal, 50 Min.): Mo–Fr 9.30–12.30 Uhr stündlich, 16 €; etwas kürzere Tour (ohne Konzertsaal, 30 Min.): wechselnde Zeiten, 6 €.

## Palau Güell

Rechts zweigt die Carrer Nou de la Rambla ab, wo unter Hausnummer 3–5 der **Palau Güell** zu finden ist, ein früheres Werk *Antoni Gaudís* aus dem Jahr 1888. Der Industrielle *Eusebi Güell* war ein steter Gönner *Gaudís* und gab ihm nicht nur den Auftrag zum Bau dieses Palastes. *Gaudí* vermischt hier geschickt dekorative Elemente mit tragenden Teilen, gibt diesen einen beinahe verspielten Charakter. Auffällig ist der große Bereich im Untergeschoss, wo Kutschen hineinfahren konnten, die Gäste gingen dann über eine Wendeltreppe nach oben. Hier fällt der zentrale Salon mit seinen gut 17 m Höhe auf, durch kleine Öffnungen in der Kuppel fallen Lichtstrahlen hinein. Um diesen sehr hoch gezogenen Salon gruppieren sich prachtvolle Zimmer. Mehrfach sind schöne Glaskunstarbeiten zu bewundern, mehrere Räume haben kunstvoll geschnitzte Kassettendecken.

**Palau Güell,** Carrer Nou de la Rambla 3–5, April bis Okt. 10–20 Uhr, Nov. bis März 10–17.30 Uhr, Mo geschlossen, 12 €, ermäßigt 9 €, jeden ersten So im Monat freier Eintritt.

cd_003 sm

## Plaça Reial

Zurück zur Rambla, von wo aus auf der gegenüberliegenden Seite die Carrer Colom nach wenigen Schritten zum **großen Platz** Plaça Reial führt. Zwischen 1848 und 1859 entstand dieser Innenhofpalast mit einem **Springbrunnen** in der Mitte, der übrigens den übersetzten Namen „Brunnen der drei Schönheiten" trägt. Unter den Arkadengängen ist eine Reihe von Restaurants zu finden – kein schlechter Platz zum Verschnaufen.

⌃ Der schöne Platz Plaça Reial

Das letzte Teilstück der Rambla heißt nun **Rambla Santa Mónica,** hier bauen sich abends vor allem die Porträtzeichner auf. An der Hausnummer 8 steht das schicke klassizistische Haus **Palau Marc de Reus.** Ein sogenannter neureicher Händler ließ dieses Haus im 18. Jh. errichten, um von seinem Wohlstand zu künden.

## Wachsfigurenmuseum

Kurz vor der Kolumbussäule liegt linker Hand das Museu de Cera, in dem 350 Wachsfiguren aus allen thematischen Bereichen ausgestellt werden.

■ **Museu de Cera,** Platge de la Banca 7, www.museocerabcn.com, Mo–Do 10.30–19, Fr–So 10.30–20 Uhr, Erw. 20 €, Kinder (6–16 Jahre) 16 €.

## Kolumbussäule

Zum Schluss erreicht man nun endlich die Kolumbussäule. Energisch blickt der Admiral nach vorn und weist den Weg, während unten der Autoverkehr vorbeitobt. Ein Fahrstuhl bringt Besucher zu einer **Aussichtsplattform in 60 Metern Höhe.** Nachdem *Kolumbus* von seiner ersten Fahrt erfolgreich zurückgekehrt war, noch in dem Glauben „Asien" entdeckt zu haben, wurde er triumphal von den spanischen Königen in Barcelona empfangen. Erbaut wurde die Säule anlässlich der Weltausstellung 1888. Der Sockel ist mit Figuren geschmückt, die entscheidende Szenen aus dem Leben von Kolumbus und seinen Entdeckungsfahrten zeigen.

■ **Kolumbussäule,** Portal de la Pau s/n, Tel. 932 853834, tägl. 8.30–20.30 Uhr, 6 € Kinder (4–12 Jahre), Rentner 4 €, Metro: Drassanes.

# Rund um Hafen und Strand

## Hafenbereich

Der Hafenbereich und die Küstenlinie nach Norden haben sich in den letzten Jahren stark verändert. Anlässlich der Olympischen Spiele 1992 wurde kräftig gebaut, ein neuer Strand und das **Olympische Viertel** mit eigenem Hafen wurden geschaffen. 2004 entstand noch weiter draußen das Kulturforum mit neuer Bebauung, neuen Hotels und neu gestalteten Stränden, sodass die urbane Küstenlinie heute erst am **Riu Besòs** endet.

Das Hafengebiet in Barcelona

cd_004 sm

## Museu Marítim

Etwa auf Höhe der Kolumbussäule liegen rechts **die alten Werftanlagen** Reiales Drassanes an der Avinguda de les Drassanes 1. Bereits im 14. Jh. erbaute man acht große Werfthallen, um der gestiegenen Bedeutung Barcelonas als Handelshafen gerecht zu werden. Zeitweilig konnte an 30 Schiffen gleichzeitig gearbeitet werden. Heute ist hier das interessante Museu Marítim untergebracht. Es zeigt einen Querschnitt durch die **maritime Vergangenheit Kataloniens,** vom Mittelalter ausgehend. Viele Schiffsmodelle, nautische Gerätschaften, Marinegemälde, Dioramen und vor allem nachgestellte Szenen vermitteln sehr anschaulich das seemännische Leben. Herausragend ist dabei eine originalgetreue Nachbildung der Galeere, die *Don Juan de Austria* 1571 in der Schlacht von Lepanto befehligte. Besucher können diese betreten, genau wie an anderer Stelle nachbaute Stauräume von Schiffen und Kajüten.

■ **Museu Marítim,** Av. de les Drassanes s/n, www.mmb.cat, tägl. 10–20 Uhr, Erw. 10 €, ermäßigt 5 € (Studenten und Senioren über 65 Jahre), unter 17 Jahre freier Eintritt. Sonntags ab 15 Uhr kostenloser Eintritt.

## L'Aquàrium

Nach links könnte man über die Moll de la Fusta entlang einer Fußgängerpromenade **hinüber zum alten Fischerviertel Barceloneta** schlendern. Oder vielleicht doch lieber geradeaus über die Rambla del Mar, einer beweglichen Holzbrücke, die seit 1994 hinüber zur Moll d'Espanya führt. Dort befindet sich der Komplex **Mare Magnum,** ein Zentrum mit diversen Geschäften und einigen Bars mit Außenterrasse, wo man sich schon recht nett den Hafenwind um die Nase wehen lassen kann. Vor allem befindet sich hier aber L'Aquàrium, **eines der größten Schauaquarien seiner Art** in Europa. Ein breites Spektrum an Meerestieren wird hier vorgestellt, farbenfrohe Fische aus allen Teilen der Welt, aber auch aus der heimatlichen Mittelmeerregion. Die meisten werden in normal großen Aquarien gehalten. Stars der Ausstellung sind aber eindeutig die Haie, die in einem riesigen, begehbaren Becken schwimmen. Ein Tunnel führt durch das Becken, sodass über den Köpfen der Besucher die Haie und andere Fische zum Greifen nahe vorbeischwimmen.

■ **L'Aquàrium,** Moll d'Espanya s/n, Tel. 932217 474, www.aquariumbcn.com, tägl. ab 10 Uhr, im Sommer bis 21.30 Uhr, sonst wird zwischen 19.30 und 20.30 Uhr geschlossen, Erw. 21 €, Kinder (5–10 J.) 16 €, (3–4 J.) 9 €.

Folgt man der Moll d'Espanya weiter zum Hafenrand, stößt man auf die farbenfrohe Skulptur **Cap de Barcelona** („Kopf von Barcelona") von *Roy Lichtenstein.*

## Museu d'Història de Catalunya

Etwas weiter entlang der Küstenlinie wird die Moll de la Barceloneta erreicht. Hier dümpeln viele Sportboote im Hafen sowie einige riesige Jachten jenseits der Neidgrenze. Genau dort warten auch mehrere **Restaurants** mit großer Außenterrasse, wo man speziell abends richtig nett speisen kann. Diese Lokale liegen

352cd_sm

vor dem großen Gebäude Palau de Mar, in dem das **Katalanische Geschichtsmuseum** untergebracht ist. Innen wird der Besucher durch 41 Stationen geführt, die herausragende Ereignisse der katalanischen Geschichte eindrucksvoll darstellen. Wo immer es machbar war, plastisch mit modellhaften Szenen nachgebildet.

■ **Museu d'Història de Catalunya,** Pl. Pau Vila 3, Di–Sa 10–19, Mi bis 20, So 10–14.30 Uhr, 6 €, erm. 4 € (unter 15 Jahre und über 65 Jahre), erster So im Monat zwischen 10 und 14.30 Uhr freier Eintritt.

## Barceloneta

Um in das alte Fischerviertel Barceloneta zu gelangen, muss nur einmal die breite Straße **Passeig de Joan de Borbó** überquert werden. Dieses Viertel bildete sich im Jahr 1753 nach einer Erweiterung des Hafens. Hier hausten die Fischer und Hafenarbeiter, hier ging es handfest und ehrlich zu. Keine Monumentalbauten, wie sonst so oft in der Stadt zu sehen, sondern enge, **kurze Gassen streng nach geometrischem Muster geordnet** mit hoch aufragenden Häusern. Die Wäsche flattert vorm Fenster, unten trifft man sich in einer der vielen Bars. Heute ist dieses eines der pittoresken Viertel der Stadt, nicht zuletzt wegen der vielen guten Fischrestaurants, aber es ist mittlerweile auch beliebt unter Touristen, da viele Menschen hier ihre Wohnungen vermieten, häufig illegal, was schon zu erheblichem Ärger führte.

Unmittelbar hinter Barceloneta erstreckt sich der schöne Sandstrand **Platja de Barceloneta.** Früher bestand der Strand vor Barcelona nur aus einem Klecks Sand, doch zu den Olympischen

⌃ Das Mare Magnum am Hafen

Spielen 1992 holten die Stadtplaner auch hier zum großen Wurf aus. Nicht nur eine neue Promenade entstand, sondern die ganze Küstenlinie wurde komplett umgestaltet. Heute kann man sich an einem fast 2 km langen Sandstrand sonnen, und das nur wenige Schritte vom hektischen Zentrum entfernt.

## Seilbahn

Ganz in der Nähe erhebt sich der **Torre de Sant Sebastià,** von dem die Seilbahn **Transbordador aéri** zu einer Fahrt über das ganze Hafengebiet bis hinüber zum 80 m hoch gelegenen Aussichtspunkt **Miramar** am Berg Montjuïc führt. Eine tolle Möglichkeit, das Panorama der Stadt und des Hafens aus einzigartiger Perspektive zu sehen.

Nicht viele Großstädte haben solch einen Strand

- **Seilbahn,** alle 8–15 Min. etwa in der Zeit von 11 bis 17.30 oder 20 Uhr, je nach Jahreszeit, einfach 11 €, hin und zurück 16,50 €.

## Barri Gòtic

Das „Gotische Viertel" umreißt das **Urgebiet Barcelonas.** Bereits zur Zeit der Römer existierte hier ein erstes Heerlager. Etwa dort, wo sich heute die Plaça Sant Jaume befindet, kreuzten sich die beiden wichtigsten Wege der römischen Siedlung. Später breitete sich die Stadt aus, wurde moderner, avantgardistischer, mutiger. Alle Moden überdauert hat jedoch das Gotische Viertel, und genau deshalb dürfte es bei allen Barceloninern wie Touristen so beliebt sein.

Das Barri Gòtic ist ein bewohntes Viertel, ein **lebhafter Mikrokosmos** mit einer großen Dichte an kulturellen Sehenswürdigkeiten. So liegt hier die Kathedrale der Stadt genauso wie das Museum von Picasso, man findet römische

361cd_sm

Mauerreste und eine Menge Antiquitätenhändler.

**Enge, verwinkelte Gassen** verlaufen hier im Wortsinn kreuz und quer, enden abrupt oder knicken urplötzlich ab, noch enger werdend. Die Häuser ragen vier, fünf Stockwerke hoch, selten schafft es ein Sonnenstrahl bis zum Boden. Es war und ist das **Viertel der einfachen Leute,** auch, wenn mehr und mehr Touristen durch die Gassen streifen und in einigen Straßenzügen moderne Boutiquen die kleinen Tante-Emma-Läden abgelöst haben. Im Laufe der Zeit wurde das Barri Gòtic eben „chic". Das Bild wandelt sich, doch urig geht es hier noch immer zu. Die Bars sind „szeniger" geworden, teilweise auch teurer, die Geschäfte stylischer. Junge Designer werkeln hier, alte Geschäfte und Bars gibt es zwar immer noch, aber das Bild wandelt sich.

Allerdings sollte man schon genauer hinschauen: In einigen Straßen haben sich Tapas-Bars breitgemacht, die erkennbar Touristen anlocken wollen, in anderen geht es nachbarschaftlich zu wie eh und je. **Achtung:** Ein wenig aufpassen sollte man überdies – speziell nachts –, denn wo viele Ausländer unterwegs sind, halten sich eben auch immer einige Taschendiebe auf. Ich habe selbst unangenehme Erfahrungen gemacht!

363cd sm

## Palau de la Música

Fast schon ein wenig am Rande dieses Viertels liegt der Palau de la Música. Das sehenswerte Gebäude wurde vor etwa 120 Jahren vom modernistischen Architekten *Lluís Domènech i Montaner* geschaffen. Schon von außen beeindruckt es mit einer originellen **Fassadenarchitektur,** aber der Glanzpunkt ist drinnen zu finden: Das **Auditorium** wird von einer enormen Kuppel aus kunstvoll gestaltetem und bunt bemaltem Glas erleuchtet.

Zwei Figurengruppen begrenzen die Bühne: *Anselm Clavè* (links), ein Förderer der Chormusik in Katalonien, und rechts *Beethoven* mit den Walküren. Der rückwärtige Raum der Bühne wird oben

◁ Eine der vielen Gassen im Barri Gòtic

von einer Orgel beherrscht, darunter befindet sich eine Skulptur, die 18 weibliche Musen beim Musizieren zeigt. Die Inneneinrichtung präsentiert sich derart ungewöhnlich verschnörkelt-verspielt, dass Musiker, die hier zum ersten Mal auftreten, berichten, wie schwierig es ist, sich auf die Darbietung zu konzentrieren und sich nicht von all der Pracht ablenken zu lassen.

■ **Palau de la Música,** Carrer del Palau de la Música 4–6, www.palaumusica.cat. Besichtigungen (auch auf Englisch) sind nur geführt möglich, Dauer: 50 Min.; geöffnet täglich 9–15 Uhr, 19 €. An der Vorverkaufsstelle zeigt ein Bildschirm die Anzahl freier Tickets für die jeweiligen Uhrzeiten an. Tickets können auch übers Internet gebucht werden.

## Basílica de Santa María del Pi

Erstmals erwähnt wurde diese Kirche im 10. Jh., aber aus jener Epoche ist nichts übrig geblieben. Um 1322 soll dann mit dem Bau der aktuellen Basilika begonnen worden sein. Im Jahre 1453 wurde sie schließlich geweiht, aber die Bauarbeiten dauerten noch bis ins 16. Jh. an.

Die **einschiffige Basilika** wirkt großzügig, ist aber relativ **schlicht eingerichtet.** Über dem Eingangsbereich mit gotischem Spitzbogen schmückt eine Rosette die Fassade. Sie zählt zu den größten in ganz Europa – sagen zumindest die Barceloner. Die Kirchenfenster stammen teilweise noch aus dem Mittelalter. Die hinteren Seitenkapellen beherbergen **wertvolle Gemälde** aus dem 17. und 18. Jh. Auch die Schatzkammer zeigt wertvolle sakrale Stücke, die teilweise noch aus dem 15. Jh. stammen. Der Glockenturm misst 54 m.

Die Kirche liegt an einem der angenehmsten Plätze der Stadt, der **Plaça del Pi.** Ein paar Bars stellen an warmen Tagen Tische und Stühle vor die Tür. Man sitzt dort sehr ruhig und entspannt bei einem Drink und kann den lieben Gott einen guten Mann sein lassen. Eine zumeist sehr schöne Atmosphäre.

MEIN TIPP: Die **14** **Bar del Pi** liegt, wie der Name schon vermuten lässt, bei der Plaça del Pi. Sie dürfte eine der bekanntesten Bars der Altstadt sein und ist immer schwer umlagert. Sitzen kann man auf zwei Etagen und natürlich auch draußen auf dem netten Platz.

Auf der benachbarten **Plaça de Sant Josep Oriol** wird mit einer sitzenden Skulptur an den katalanischen Autor **Àngel Guimerà** (1845–1924) erinnert. *Guimerà* gilt als der bedeutendste Dramaturg in katalanischer Sprache. 1904 wurde er sogar für den Nobelpreis nominiert, soll ihn aber auf Druck aus Madrid nicht erhalten haben. Geehrt wurden dann zwei Autoren, ein französischer und ein anderer Spanier, ein Madrilene. Genau an diesem Platz versammeln sich jeden Samstagvormittag Künstler, um ihre Werke zu verkaufen.

■ **Basilika,** Di–Sa 11–18 Uhr, 5 €, Kinder (7–16 Jahre) und ab 65 Jahre 4 €, Metro: Liceu.

## Kathedrale

An dem mächtigen, imposanten Gotteshaus wurde von 1298–1448 gebaut, während die Fassade und Kuppel aus dem 19. Jh. stammen. Beeindruckend ist der Anblick vom **Vorplatz mit dem gewaltigen Eingangstor** und den weit ausladenden Treppen.

Mein Tipp: Hier auf dem Vorplatz der Kathedrale versammeln sich jeden Sonntag von 12 bis 14 Uhr Bürger der Stadt, um **Sardana** zu tanzen! Eine Cobla (Musikgruppe) spielt, und jeder kann sich einreihen und mitmachen, sofern die Schrittfolgen wenigstens halbwegs bekannt sind. Meist gehen Damen herum und erbitten eine kleine Spende „for the music", dafür bekommt man dann einen Aufkleber der Musikgruppe als Dankeschön.

Im Inneren befinden sich insgesamt 29 Kapellen, aber auch ein rußgeschwärztes Kruzifix, das angeblich aus der Seeschlacht von Lepanto (1571 gegen die Türken) stammen soll. Unter dem Hauptaltar in der Krypta ruhen in einem weißen Marmorsarg die Gebeine der heiligen *Eulalia*, der Patronin der Kathedrale. Beeindruckend sind auch die schönen **Glasmalereien** oben an den Fenstern. Fällt ein Sonnenstrahl dort durch, zeichnet er das Muster unten auf dem Boden nach. Bemerkenswert ist auch der gar nicht einmal so große **Kreuzgang.** Im Zentrum steht ein kleiner Brunnen mit einer Abbildung des Drachentöters Sant Jordi. Im Teich schwimmen übrigens immer 13 Gänse, da Gänse als aufmerksame Wächter bekannt sind. 13 deshalb, da sie an Santa Eulalia, die Patronin von Barcelona, erinnern, die im Jahr 290 im Alter von 13 Jahren den Märtyrertod starb.

■ **La Catedral,** Pla de la Seu s/n, tägl. 8.30–19.45 Uhr, touristische Besuche (dann ist der ganze Innenraum zugänglich) Mo–Fr 10–18.30, Sa 10–17, So 14–17 Uhr, 9 €. Angemessene Kleidung ist erwünscht und wird am Eingang überprüft.

## Plaça Sant Jaume

Rechts an der Kathedrale vorbei durch die Carrer del Bisbe Irurita erreicht man die Plaça Sant Jaume. Einst lag hier die Schnittstelle der zwei wichtigsten Wege der römischen Siedlung. Auch heute noch trägt der Platz die geballte Würde und den Stolz der Katalanen, liegt hier doch der **Palau de la Generalitat de Catalunya,** also der Regierungssitz der katalanischen Regierung. Jeden Mittag ertönt ein Glockenspiel vom Gebäude der Generalitat. Über dem Eingangstor fällt

351cd_sm

Die Kathedrale von Barcelona

das Bildnis des Drachentöters Sant Jaume auf, dem Patron von Katalonien.

Gegenüber liegt das **Ajuntament,** das Rathaus. Schon im 13. Jh. wurde den Bürgern von Barcelona das Selbstverwaltungsrecht gewährt. Daraus entstand später der Consell de Cents, der „Rat der Einhundert“, der Stadtrat von Barcelona.

Wir verlassen die Plaça Sant Jaume über die Carrer Llibreteria und biegen dann links in die Carrer Verguer ein, die zur **Plaça del Rei** führt.

## Das ehemalige jüdische Viertel Call

Vom Rathaus bietet sich ein Abstecher ins ehemalige jüdische Viertel Call an, das zwischen c/l'Arc de Sant Ramon, c/del Call, c/del Bisbe und c/Sant Sever gleich nebenan liegt. In den schmalen Gassen lassen sich noch heute Spuren des jüdischen Lebens finden. Beispielsweise im hochinteressanten **Centre d'Interpretació del Call,** das die Geschichte der jüdischen Gemeinde in Barcelona sehr anschaulich darstellt.

■ **Centre d'Interpretació del Call,** Placeta de Manuel Ribé, Di/Mi 11–14, So 11–15, 16–19 Uhr, 2,20 €.

## Palau Reial Major

An der relativ kleinen Plaça del Rei befindet sich der Palau Reial Major, **der ehemalige Sitz des Königs.** Hier finden übrigens in den Sommermonaten vereinzelt Konzerte statt. Früher befand sich hier der Thronsaal, Saló del Tinell, ein riesiger Raum, in dem die spanischen Könige *Kolumbus* nach seiner ersten Fahrt empfingen. Es ist ein verschlungener Gebäudekomplex, in dem heute auch zwei **Museen** untergebracht sind: das Museu d'Història de Barcelona und das Museu Frederic Marès.

## Museu d'Història de Barcelona

Hier wird besonders die **römische Vergangenheit** präsentiert. Im Untergeschoss finden sich Ausgrabungen, die noch an ihrem ursprünglichen Ort liegen. Außerdem erklären Tonwaren, Mosaike, Fundamente von Gebäuden und ganzen Straßenzügen den römischen Alltag. In den oberen Stockwerken wird die Stadtentwicklung aus späteren Jahrhunderten erklärt.

■ **Museu d'Història de Barcelona,** Plaça del Rei s/n, Tel. 932562100, www.museuhistoria.bcn.es, Di–Sa 10–19, So 10–20 Uhr, 7 €, ermäßigt 5 € (unter 29 und über 65 Jahre), unter 16 Jahre frei, für alle jeden So ab 15 Uhr freier Eintritt.

## Museu Frederic Marès

Das Museum zeigt eine private Sammlung religiöser und profaner Skulpturen aus dem Mittelalter und der Romanik, die Sammlung stammt vom Bildhauer *Frederic Marès* (1893–1991). In der oberen Etage befindet sich eine bunte volkstümliche Sammlung von Alltagsgegenständen aus verschiedenen Epochen der bürgerlichen Lebenswelt Barcelonas.

■ **Museu Frederic Marès,** Plaça de Sant Lu 5–6, Di–Sa 10–19, So 11–20 Uhr, 4,20 €, ermäßigt 2,40 €. Erster So im Monat (11–20 Uhr) sowie So ab 15 Uhr freier Eintritt.

## Barri del Born

Jenseits der breiten Straße Via Laietana liegt das Barri del Born, das noch eine Spur **origineller** ist als das Barri Gòtic. Hier verlaufen noch einige extrem schmale Gassen mit fast schon klassischen Torbögen, diffusem Laternenlicht und jahrhundertealten Häusern, was besonders am Abend eine reizvolle Atmosphäre abgibt. Außerdem liegen hier einige sehr authentische Bars! Das Barri del Born hat sich, gerade auch wegen dieser Atmosphäre, zu einem angesagten Viertel entwickelt. Die Bars sind schicker geworden, etliche Designer und Kunsthandwerker eröffneten kleine Geschäfte, eine Kunstausstellung wurde gegenüber vom Picasso-Museum installiert, was wiederum mehr Touristen anzieht.

350cd_sm

In den engen Gassen des Barri del Born

### Museu Picasso

Das Museum befindet sich mitten im Barri del Born in einem Komplex aus fünf zusammenhängenden historischen Häusern. Insgesamt an die **3500 Werke** dieses großen Künstlers werden in würdevollem Rahmen in zwei gotischen Adelspalästen ausgestellt. Ein Überblick über die einzelnen Schaffensperioden geben sowohl erste jugendliche Werke als auch spätere Meisterwerke.

■ **Museu Picasso,** Carrer Montcada 15–23, Tel. 933196310, www.museupicasso.bcn.cat, Di–So 9–19 Uhr, 12 €, über 65 Jahre 7 €, unter 18 Jahre Eintritt frei, Do ab 16 Uhr und jeden ersten So im Monat ganztägig freier Eintritt.

☐ Übersichtskarte S. 232, Stadtzentrum S. 236

## Carrer Montcada

Das Museu Picasso liegt in der c/Montcada, einer der beeindruckendsten Straßen der Altstadt mit etlichen gotischen Gebäuden, die aus der Zeit des 13. bis 15. Jh. stammen, als die Stadt erweitert wurde. Reiche und Adlige errichteten sich zu dieser Zeit hier **eindrucksvolle Villen.** Da es später vielfach zu Umbauten kam, trägt nur noch ein Haus seine Original-Fassade aus dem 15. Jh., die Casa Cervelló-Guidice mit der Hausnummer 25. Weitere historische Gebäude sind Palau Dalmases (Nr. 20), Casa del Niño Jesús (Nr. 18), Palau de les Marqueses de Lió (Nr. 12) und Palau Berenguer d'Aguilar (Nr. 15).

## Museu de Cultures del Món

Das schöne **ethnologische Museum** ist in den ehemaligen herrschaftlichen Häusern Palacio Nadal und Palacio del Marqués de Llió untergebracht. Die Ausstellung zeigt exemplarische Original-Exponate aus Afrika, Asien, Südamerika und Ozeanien, ergänzt mit audiovisuellen Darstellungen. Geboten wird ein Querschnitt durch die Kulturen dieser Welt, wobei man nicht um Vollständigkeit bemüht ist, sondern einige Kulturen herausgehoben werden.

■ **Museu de Cultures del Món,** c/Montcada 12, Tel. 932562300, http://museuculturesmon.bcn.cat, Di–Sa 10–19 Uhr, So 10–20 Uhr, 5 €, erm. 3,50 € (16–29 und über 65 Jahre), So nach 15 Uhr und jeden ersten So ganztägig freier Eintritt.

359cd_sm

Wunderschön: Santa Maria del Mar

## Santa Maria del Mar

Der Carrer Montcada in Richtung Meer folgend, wird die **Kirche** Santa Maria del Mar erreicht. Ein Gotteshaus, mit dessen Bau 1329 begonnen wurde, gesponsert vom Barceloniner Geldadel, Schiffsbesitzern und Händlern, die ein elegantes Bauwerk in der Nähe ihrer Stadthäuser haben wollten. Besonders eindrucksvoll sind die Glasmalereien über dem Haupteingang. Die Kirche gilt heute als die **beliebteste der Stadt;** das zeigt schon die lange Warteliste der Heiratswilligen, die sich hier trauen wollen.

■ **Santa Maria del Mar,** Plaça de Santa Maria 1, für touristische Besuche 9–12, 17–20.30, So 10–14, 17–20.30 Uhr, 5 €; sonst kostenfrei für religiöse Besuche. Geführte Besuche hoch zur Aussichtsterrasse ab 12 Uhr für 10 €, zumeist in Englisch.

### Passeig del Born

Bei der Kirche beginnt der Passeig del Born, **eine der Hauptachsen im Viertel** Barri del Born, was streng genommen nicht mehr zum gotischen Viertel zählt. Hier findet man in noch viel stärkerem Maße sehr enge Gassen. Die Häuser stehen kaum mehr als einen Meter auseinander und würden in jedem Krimi eine tadellose Kulisse abgeben. Viele Läden und viele Bars findet man in den etwas breiteren Straßen.

Am oberen Ende des Passeig del Born liegt die beliebte alte **Markthalle Mercat del Born.**

### El Born Centre de Cultura i Memòria

Die 1878 als Gusseisenkonstruktion gebaute **Markthalle** war ein gutes Jahrhundert lang eine der größten Markthallen der Stadt, dann wurde der Markt geschlossen. Im Jahr 2002 sollte das Gebäude zu einer großen Bibliothek umgebaut werden. Bei den Umbauarbeiten stieß man jedoch auf archäologische Fundamente aus dem Jahr 1714, der Zeit der Besetzung durch die bourbonischen Truppen. Dieses geschichtliche Datum ist für Katalonien von so großer Bedeutung, dass man statt des geplanten Bibliotheksbaus eine Gedenkstätte in Verbindung mit einem Kulturzentrum einrichtete. Dabei wurden die alten Fundamente freigelegt und umlaufende Galerien angelegt, von denen Besucher jetzt die Fundstätte betrachten können. In den Seitenräumen sind ergänzende Ausstellungen zu den Ereignissen von 1700 bis 1714 zu besichtigen, außerdem gibt es eine Bar und einen Museumsshop.

■ **El Born Centre de Cultura i Memòria,** Carrer del Comerç 2, Tel. 932566851, http://elborncentrecultural.bcn.cat, März bis Okt. Di–So 10–20, Nov. bis Feb. Di–Sa 10–19, So 10–20 Uhr, Eintritt frei für die Halle, die zusätzliche Ausstellung kostet 4,50 €.

## L'Eixample

Mitte des 19. Jh. stieß das Wachstum der Stadt im Wortsinn an seine Grenzen. Deshalb beschloss 1854 die Verwaltung, die nördliche Stadtmauer abzureißen und einen völlig neuen Erweiterungsbau zu realisieren. Dieses neue **Viertel** bekam den katalanischen Namen L'Eixample, was nichts anderes bedeutet als „Erweiterung". Geplant wurde ein Stadtteil nach streng **geometrischem Muster,** die einzelnen Häuserblocks (*Manzanas* genannt) maßen 133,33 x 133,33 m und hatten alle abgeschrägte Häuserecken an den Kreuzungen. So entstanden teilweise prächtige Bauten, breite Straßen und großzügige Kreuzungen. Hauptschlagader dieses Viertels ist der **Passeig de Gràcia**. Diese Straße führt von der zentralen Plaça Catalunya hoch nach Norden als prächtiger Boulevard, bis sie auf die große kilometerweit durch die Stadt verlaufende Avinguda Diagonal trifft. Erst jenseits dieser Straße verliert sich der Passeig de Gràcia so in dem eher kleinbürgerlich-studentischen Viertel **Barri de Gràcia.**

> Passanten unterwegs auf dem Passeig de Gràcia

## Passeig de Gràcia

Der Passeig de Gràcia ist eigentlich kein Flanierboulevard, dafür herrscht hier zu viel Verkehr und Unruhe. Trotzdem flanieren dort immer viele Menschen, da es etliche gute Geschäfte gibt und nicht wenige Bars. Aber natürlich bleiben die vielen Häuser im **Modernismusstil** das herausragende Element. Besondere Erwähnung verdienen die drei Gebäude der **Illa de la Discòrdia** („Insel der Zwietracht"). Dieser Ausdruck bezieht sich nicht auf etwaigen Streit unter den Architekten, sondern meint die nicht enden wollende Diskussion der Passanten um die Frage des schönsten Bauwerks. Die drei Häuser vom Beginn des 20. Jh. zeigen drei unterschiedliche Baustile.

**Casa Batlló** entstand 1904–1906 durch *Gaudí*. Wie immer bei diesem Künstler, ist es ein Gebäude mit vielen kurvigen Linien, wie das Dach, die Balkone und die gesamte Außenfassade zeigen. Angeblich wurde in der Fassade sogar die Legende von Sant Jordi, dem Drachentöter, abgebildet. Im Inneren beeindrucken ungewöhnlich geformte Alltagsgegenstände, so etwa das Sofa, das aus zwei versetzt zueinander stehenden Lehnstühlen besteht. Auch die Räume sind im für *Gaudí* typischen Stil gestaltet: Sie gehen ineinander über – natürlich mit meist fließenden Linien.

■ **Casa Batlló,** Passeig de Gràcia 43, Tel. 932160306, www.casabatllo.es, tägl. 9–20.30 Uhr, ab 35 €, je nach gebuchtem Paket mit Zusatzleistungen. Details stehen auf der Homepage, wo man auch buchen kann. Metro: Passeig de Gràcia.

Die **Casa Amatller,** Passeig de Gràcia 41, wurde von *Josep Puig i Cadafalch* 1898 erbaut. Auffällig sind die fast schon geometrischen Formen mit Anlehnungen an den arabischen und gotischen Stil, erkennbar vor allem bei den Fenstern. Der Treppengiebel erinnert an den holländi-

370cd_sm

schen Stil. Die erste Etage fällt prächtiger aus, was schon von außen erkennbar ist – dort sollten die Hausbesitzer wohnen.

■ **Casa Amatller,** Passeig de Gràcia 41, Tel. 952 160175, www.amatller.org, geführte Touren Mi–Sa 10 Uhr (Englisch), 17 Uhr (Spanisch), So 10 Uhr (Englisch), 24 €, Kinder (7–12 Jahre) 12 €. Termine mit Audio-App siehe Homepage, Preis: 19 €.

Die **Casa Lleó Morera,** Passeig de Gràcia 35, erbaute *Lluís Domènech i Montaner* 1902–1906. Eine sehr ornamentenreiche Fassade mit geschwungenen Balkonen ziert dieses Eckgebäude, das sich auch noch in die benachbarte Straße zieht. Die Fassade ist auch mit Anspielungen an den Familiennamen versehen, denn „Morera" bedeutet Erdbeerbaum; Abbildungen der Pflanze findet man an der Hausfassade. Gekrönt wird das Haus von einem verspielten Türmchen, das die erlaubte Bauhöhe überragt und für das eine Ausnahmegenehmigung erteilt wurde. Im Inneren finden sich weitere Beispiele des Modernismus wie Mosaike, Fenstergestaltung, Skulpturen, Möbel, Treppenaufgänge.

■ **Casa Lleó Morera,** Passeig de Gràcia 35, Tel. 936762733, www.casalleomorera.com. Das Haus ist nicht mehr für Besucher geöffnet.

**Weitere modernistische Bauten** an der Passeig de Gràcia sind beispielsweise die Casa Marfà, (Hausnummer 66), entstanden zwischen 1901 und 1905, Palau Robert (Nr. 107) oder auch die Casa de Ramón Casas (Nr. 96).

Das sicherlich bemerkenswerteste Gebäude aber steht an der Nummer 92: die **Casa Milà.** Das gewaltige Haus entstand zwischen 1905 und 1910 und wird auch **La Pedrera** genannt, „Der Steinbruch". Es war *Gaudís* letztes Werk, bevor er sich ausschließlich der Sagrada Família wid-

164 cd sm

mete. Es handelt sich um ein Wohnhaus von acht Etagen um zwei Innenhöfe gelegen. Schon von außen fallen die typischen geschwungenen Formen auf. Diese Idee setzte *Gaudí* konsequent auch im Inneren um – im ganzen Gebäude gibt es keine gerade Wand. Die Räume sind mit Kacheln, Säulen und fließenden Formen gestaltet. Zudem baute *Gaudí* hier die erste Tiefgarage von Barcelona. Und auf dem Dach stehen ungewöhnliche Schornsteine, die an Ritter in futuristischen Rüstungen erinnern. Das Haus wurde von der UNESCO zum **Weltkulturerbe** ernannt. Es wird grundsätzlich noch immer bewohnt, zu besichtigen sind daher nur mehrere Räume in der 6. Etage, die die damals typische Wohnsituation wiedergeben, sowie das Dachgeschoss. Außerdem gibt es eine Ausstellung zu *Gaudís* Arbeiten.

**Casa Milà,** Passeig de Gràcia 92, Tel. 902202 138, www.lapedrera.com, tägl. 9–18.30 Uhr, 25 €, Studenten und Senioren über 65 Jahre 19 €, Kinder (7–12 Jahre) 12,50 €.

## Barri de Gràcia

Der Passeig de Gràcia verändert nach dem Überschreiten der breiten Avinguda Diagonal nicht nur seinen Namen – in Carrer Gran de Gràcia–, sondern auch seinen Charakter. Man verlässt die glitzernde Welt der Luxusläden und großzügigen Häuser und taucht ein in eine kleinstädtische, fast dörfliche Welt. Das **Viertel** Barri de Gràcia strahlt eine lockere, familiär-studentische Atmosphäre aus. Die Straßen werden schmaler, und es wird bodenständiger. Wer hier wohnt, hat alles vor der Tür: Kneipen, Geschäfte, Nachbarn, Metrostation. Barcelona-City liegt für die Bewohner weit weg.

Vielleicht findet der Besucher im Straßengewirr auch die Plaça del Diamant, einen gemütlichen Platz mit etlichen Lokalen, der im gleichnamigen Buch von *Mercè Rodoreda* die Hauptrolle spielt. Metro: Fontana.

La Pedrera von Gaudí

## La Sagrada Família

Etwas abseits vom Passeig de Gràcia, aber immer noch mitten in L'Eixample, liegt die **Kirche** Sagrada Família. Ein **Wahrzeichen von Barcelona** ist diese einzigartige Kirche, natürlich auch von *Gaudí* entworfen. Der Bau wurde bis heute nicht abgeschlossen, man arbeitet immer noch auf Basis der Eintrittsgelder und Spenden.

1882 wurden ursprünglich die Bauarbeiten begonnen, kurze Zeit später übernahm *Gaudí* die Weiterführung. Er stellte sich etwas völlig Neues vor, ein Gotteshaus mit 18 Türmen. Im Zentrum sollte sich ein 170 m hoher Turm erheben, weitere – die zwölf Apostel, die vier Evangelisten und die Jungfrau Maria symbolisierende – sollten sich drumherum gruppieren. Einige Türme wurden auch bislang errichtet, fertiggestellt ist die Kirche jedoch noch lange nicht.

*Gaudís* Idee war es, dass alle Bauelemente symbolisch auf die Bibel Bezug nehmen sollen. Besonders die Außenfassade Façana del Naixement (frei über-

setzt: „Weihnachtsfassade“) vor der c/Marinana ist reich an Ornamenten und Allegorien zur Jesus-Geschichte. Die Façana de la Passió („Passionsfassade“) vor der c/Sardenya wurde erst nach *Gaudís* Ableben fertig. Sie zeigt in klaren Linien und mit großen Figuren Jesus auf dem Kreuzweg mit den zwölf Stationen.

Ende 2010 wurde die Sagrada Família geweiht, da der Innenraum weitestgehend fertiggestellt war. Von der Baustelle ist so gut wie keine Spur mehr zu sehen. Und die Kirche ist wunderschön und wirklich beeindruckend geworden! Insgesamt wirkt sie innen sehr hell, es fällt viel Licht durch die bunten Glasfenster. Man sollte unbedingt gegen eine geringe Gebühr einen Audioguide an der Kasse leihen, denn nur so bemerkt und versteht man auch die vielen kleinen Details des Bauwerkes. In der Krypta befindet sich ein Museum. Mit einem Fahrstuhl gelangt man in die Turmspitze, von wo man eine sagenhafte Aussicht über die Stadt hat.

■ **La Sagrada Família:** Carrer Mallorca 401, Tel. 935132060, www.sagradafamilia.cat, tägl. 9–18 Uhr, 18 €, mit Audioguide 26 €, mit Turmbesteigung 36 €, Rentner, Studenten, Jugendliche unter 18 Jahre bekommen Ermäßigungen auf alle Tarife, Kinder unter 10 Jahre freier Eintritt. Zuletzt war der Ticketkauf nur online möglich. **Anfahrt:** per Metro bis zur Station Sagrada Família.

cd001jf

346cd_sm

Eine der schönsten Kirchen der Welt: die Sagrada Família von außen und innen

020kk sm

## Montjuïc

Der Montjuïc erhebt sich auf 173 m Höhe in unmittelbarer Nähe zum Hafen. Eine strategisch äußerst günstige Lage, die schon frühzeitig erkannt wurde. Bereits 1640 baute man hier die **Festung Castell de Montjuïc,** die damals allerdings nur aus Holz bestand und trotzdem den Angriffen der Truppen von König *Felipe IV.* standhielt. Später entstand dann eine wuchtige Festung aus Stein, die lange Zeit auch als Militärgefängnis genutzt wurde. Das ist alles Geschichte, heute befindet sich dort ein **Museum.** Montjuïc wandelte radikal sein Gesicht vor zwei Großveranstaltungen im vergangenen Jahrhundert. 1929 wurde die Weltausstellung gefeiert, und dazu entstanden mehrere Großprojekte an der Nordseite des Berges. Anlässlich der Olympischen Spiele 1992 entstanden dann zahlreiche Sportstätten, wie beispielsweise das große Olympiastadion. Heute ist der Montjuïc eine großzügige **begrünte Anlage,** in der mehrere attraktive Sehenswürdigkeiten stehen. Eine Straße schlängelt sich von dem sogenannten Eingangstor, der Plaça d'Espanya, bis ganz ans Ende des Berges, wo man von einem Aussichtspunkt einen fantastischen Blick über Barcelona hat. Außerdem schwebt genau von dort eine Seilbahn über den Hafen wieder hinunter zum alten Fischerviertel Barceloneta. Es ist ein weiter Weg von der Plaça d'Espanya bis zum Aussichtspunkt, aber der Stadtbus Nr. 50 befährt die gesamte Stecke.

### Plaça d'Espanya

Ein sehr großzügiger Platz – an dem die beiden 47 m hohen Türme auffallen. Sie bildeten den Eingangsbereich für die Weltausstellung 1929. Durch dieses Tor führt die Avinguda de la Reina María Cristina und wird **flankiert von mehre-**

⌃ Blick auf die Plaça d'Espanya

**ren Ausstellungsgebäuden,** in denen noch heute regelmäßig Messen stattfinden. Diese breite, aber nicht allzu lange Promenade führt am Palau de Congresos (links) vorbei, auf einen riesigen Springbrunnen vor einem großartigen Palast zu. Da dieses Gebäude schon etwa 50 m erhöht liegt, führen großzügige Treppen, begleitet von Wasserspielen, hinauf.

Der Clou aber ist die **abendliche Illumination der Wasserspiele;** untermalt von klassischer Musik werden die Springbrunnen zu Wasserspielen, die, choreografisch mit der Musik abgestimmt, farbenprächtige Bilder zaubern.

■ **Illumination der Wasserspiele,** Nov. bis 6. Januar und März Do–Sa 20–21, April/Mai und Okt. Do–Sa 21–22, Juni–Sept. Mi–So 21.30–22.30 Uhr.

# Antoni Gaudí

So eigenwillig wie seine Bauwerke aussahen, so ungewöhnlich war auch sein **Tod.** *Antoni Gaudí,* der geniale Architekt, der Barcelona eine ganze Reihe von faszinierenden Bauten bescherte, starb beinahe unerkannt. Im Alter von 74 Jahren zog er täglich durch die Straßen der Weltmetropole, lief von seiner damaligen Wohnstätte an der Sagrada Família bis zur Kirche San Felipe Neri, eine Entfernung von mehreren Kilometern. Eines Tages war er wieder einmal unterwegs – bis heute bleibt unklar, ob er verträumt nicht aufpasste oder ob es einfach fürchterliches Pech war –, als ihn eine Straßenbahn überfuhr. Da er seinerzeit keineswegs nach einem respektablen und wohlhabenden Mann aussah, lieferte man ihn zunächst ins Armenhospital ein. Der Mann, der Barcelonas Gesicht entscheidend geprägt hatte, wurde schlicht nicht erkannt. Erst einen Tag später entdeckten ihn seine Freunde, und er wurde schleunigst verlegt. Am 12. Juni 1926 verstarb *Antoni Gaudí* an seinen Verletzungen.

Viele Bürger der Stadt konnten seine Visionen nicht nachvollziehen. *Gaudí* verstieß mit seinen Werken gegen die herkömmlichen Gebote, er errichtete Häuser, die weiche, **gerundete, fließende Formen** aufwiesen und nicht starr eckig waren. Beeinflusst haben ihn die damals so populäre Gotik, aber auch orientalische Eindrücke. Als Ergebnis zeigen sich etliche Bauwerke noch heute als Stilgemisch, auch in der Verwendung sehr verschiedener Materialien. *Gaudí* war sehr katalanisch, so tauchen immer wieder katalanische Elemente in seinen Werken auf, wie die Fahne oder das Bildnis des Drachens, abgeleitet vom Drachentöter Sant Jaume.

1852 wurde *Gaudí* in der Nähe von Tarragona geboren. Bis zum Alter von sieben Jahren konnte er aufgrund einer rheumatischen Krankheit nur schlecht gehen. Seine späteren Biografen vertraten die Auffassung, dass seine relative Bewegungsunfähigkeit ihn zu einem aufmerksamen **Beobachter der Natur** und ihrer Phänomene werden ließ – was seine späteren Arbeiten maßgeblich beeinflussen sollte.

Als Siebzehnjähriger ging er nach Barcelona, um Architektur zu studieren, wechselte vom ruhigen Landleben in die quirlige Metropole. Dort versuchte er schon bald, die Phänomene der Natur **in seine Entwürfe einfließen zu lassen,** besonders die Tatsache, dass es in der Natur kaum eine gerade Linie gibt. Das erleichterte nicht gerade die statischen Berechnungen, machte die Bauwerke aber interessanter. So findet man heute noch im Park Güell Stützpfeiler,

## Museu Nacional d'Art de Catalunya

Direkt dahinter erhebt sich das Museu Nacional d'Art de Catalunya. Es ist in einem prächtigen Gebäude untergebracht, im **Palau Nacional,** der zwischen 1926 und 1928 für die Weltausstellung gebaut wurde. Es ist eines der wichtigsten Museen von Barcelona, beherbergt es doch eine **Sammlung romanischer Kunst** aus ganz Katalonien. Hier wurden sakrale Fundstücke aus katalanischen Kirchen zusammengetragen, Altäre, Riesengemälde und die besonders beeindruckenden Wand- und Deckenmalereien. Diese wurden in mühevoller Arbeit von den Wänden der Dorfkirchen gelöst und im Museum wiederaufgebaut, in den Dörfern blieben nur Kopien zurück. Weiterhin ist eine wertvolle Sammlung sakraler

⊡ Glaskunst in der Sagrada Família

die nicht aufrecht stehend eine zweite Ebene tragen, sondern schräg im 45-Grad-Winkel und in unregelmäßigen Ausmaßen errichtet wurden. Mit derartigen Ideen hatte er es zunächst schwer. Er zeichnete, entwarf und studierte noch nebenbei. Nachdem er schließlich sein Diplom erhielt, soll der Direktor sich gefragt haben, ob er nun ein Genie oder ein Verrückter sei.

Und tatsächlich mögen manchem *Gaudís* Visionen verrückt vorgekommen sein, nur nicht dem **Grafen Güell,** der einer der entscheidendsten Förderer wurde und etliche Aufträge vergab. *Gaudí* schuf unverwechselbare Arbeiten für *Güell,* wie den Park Güell oder die Casa Güell im Zentrum von Barcelona. Dominierend wie immer sind hier die fließenden Formen, die dem Ganzen einen fast surrealistischen Eindruck geben.

Alle Bauwerke werden von **Ornamenten** geschmückt, deren Form und Stil selbst auch Anlass zum Staunen geben neben der ungewöhnlichen Bauweise des Ganzen. *Gaudís* Bauwerke fallen auch heute noch derart aus dem Rahmen, dass selbst architektonische Laien sofort ein Haus im Gaudí-Stil identifizieren können.

348cd_sm

gotischer und barocker Kunst ausgestellt. Wiedereröffnet ist in der ersten Etage die **Sammlung moderner Kunst** aus dem 20. und 21. Jh. Diese Ausstellung ist in vier thematische Blöcke unterteilt, darunter so interessante wie „Modernismus“ und „Kunst und Bürgerkrieg“.

■ **Museu Nacional d'Art de Catalunya,** Parque de Montjuïc, Tel. 936220376, www.museunacional.cat, Okt. bis April Di–Sa 10–18, So 10–15 Uhr, Mai bis Sept. Di–Sa 10–20, So 10–15 Uhr, 12 €, Kinder unter 16 Jahre und Senioren über 65 Jahre Eintritt frei, am ersten So im Monat sowie Sa ab 15 Uhr generell freier Eintritt. Metro: Espanya.

## Pavelló Mies van der Rohe

Der **Pavelló Mies van der Rohe** liegt ein kleines Stück rechts vom Palau Nacional. *Ludwig Mies van der Rohe* konstruierte das in klaren Linien gehaltene Gebäude im **Bauhausstil** ebenfalls anlässlich der Weltausstellung, was damals einer mittleren Sensation gleichkam. Nach der Ausstellung wurde das Gebäude wieder abgebaut. Das aktuelle Haus ist ein Nachbau aus dem Jahr 1986.

■ **Pavelló Mies van der Rohe,** Av. Francesc ferrer i Guàrdia 7, Parc de Montjuïc, März bis Okt. tägl. 10–20, Nov. bis Feb. tägl. 10–18 Uhr, 8 €, unter 16 Jahre frei.

[>] In diesem Palast ist das Museu Nacional d'Art de Catalunya untergebracht

## Poble Espanyol

Poble Espanyol schließt sich unmittelbar an. Ebenfalls zur Weltausstellung 1929 kreiert, sollte hier ein Einblick in die kulturellen und architektonischen Sehenswürdigkeiten ganz Spaniens gegeben werden. Diesem Anspruch werden die **117 Gebäude** noch heute gerecht, und so kann man eine Rundreise durch Spanien auf engstem Raum unternehmen. Mittlerweile hat sich das Poble Espanyol auch zu einem beliebten **Treffpunkt für Nachtschwärmer** entwickelt, da es hier reichlich Geschäfte und Bars gibt.

■ **Poble Espanyol,** Av. Francesc ferrer i Guàrdia 13, Mo 9–20, Di–Do 9–24, Fr 9–3, Sa 9–4, So 9–24 Uhr, 14 €, Kinder (4–12 Jahre) 7 €, Studenten 10,50 €, Familien 36 €, Senioren über 65 Jahre 10 €.

## Anella Olímpica

Das ist das olympische Viertel auf dem Montjuïc, das anlässlich der Olympischen Spiele 1992 komplett renoviert wurde. Zu besichtigen sind das **Olympiastadion,** ursprünglich aus dem Jahr 1929 stammend, das **Schwimmbad** und der **Palau Sant Jordi,** in dem 17.000 Zuschauer Platz finden. Eine Art Symbol der 92er Olympiade wurde der Fernsehturm Torre de Calatrava, dessen auffällige Bauweise weithin sichtbar ist. Das ursprüngliche Stadion wurde bereits in den 1930er Jahren erbaut, um hier die sogenannten „Alternativen Olympischen Spiele“ im Gegensatz zu den offiziellen, die im Hitler-Deutschland stattfanden, zu begehen. Diese fielen aber nach dem Ausbruch des Bürgerkrieges 1936 dann schließlich doch aus. Das Stadion wurde im Jahr 1992 anlässlich der Olympischen Spiele zwar komplett renoviert, behielt aber seine **historische Außenfassade.**

## Museu Olímpic i de l'Esport

Liegt direkt neben dem Olympiastadion und ist sehr sehenswert für Sportfans! Gezeigt wird ein bunter Querschnitt durch die **Welt des Sports** mit einigen Schwerpunkten. Beispielsweise wird die Entwicklung der Technik und der Ausrüstung an verschiedenen Sportarten (Boxen, Radfahren, Fußball) dargestellt. Im zentralen Raum gibt es sehr viele audiovisuelle, teils interaktive Medien. Umrahmt wird das Ganze von sehr beeindruckenden Sportfotos. Obendrein gibt es eine große Abteilung zu den Olympischen Spielen von 1992, die ja in Barcelona stattfanden.

Eindrucksvoll auch die **Mitmachszene:** Auf einer etwa 10 m langen Leinwand wird durch Leuchtpunkte ein menschlicher Körper dargestellt. Ein Countdown zählt von Fünf auf Null, und dann rast der Leuchtpunkt-Körper los, und zwar im Tempo des 100 Meter-Weltrekords! Wer es sich zutraut, kann über 10 m gegen diesen Weltrekordläufer mitlaufen. Desgleichen für die Hoch- und Weitsprung-Weltrekorde.

■ **Museu Olímpic i de l'Esport,** Av. de l'Estadi 60, Okt. bis März Di–Sa 10–18, So 10–14.30, April bis Sept. Di–Sa 10–20, So 10–14.30, 5,80 €, erm. 3,60 €, Pers. unter 7 und über 65 Jahre frei.

## Fundació Joan Miró

Wieder ein Stückchen weiter der Straße gefolgt, erreicht man unter der Adresse Av. Miramar 71 die Fundació Miró. Hier

268cd_jf

befindet sich eine Ausstellung zu Ehren des Multitalents *Joan Miró*, der Bildhauer, Maler und Grafiker war. Die Fundació Joan Miró **zählt zu den schönsten Gebäuden in der Museumslandschaft,** ein großzügiges, helles Gebäude, das nicht überfrachtet wirkt von Exponaten. Auf der Dachterrasse stehen einige farbenfrohe Skulpturen, die hier besonders gut bei Sonnenschein vor der weißen Hauswand wirken.

■ **Fundació Joan Miró,** Parc de Montjuïc s/n, Di–Sa 10–20, So 10–18 Uhr, 13 €, ermäßigt 7 €, Anfahrt: Bus Nr. 150.

## Standseilbahn

Ein Stückchen weiter folgt die Station der Standseilbahn **Funícular Montjuïc,** die hinunter in die Stadt klettert und zur alten Burg **Castell de Montjuïc** hochschwebt. Oben hat man einen tollen Fernblick über die halbe Stadt, den Hafen und weit hinaus aufs Meer.

■ **Funícular Montjuïc,** Erw. 8,90 €, hin und zurück 13,50 €, Kinder 7,10/9,70 €, unter 4 J. frei oder Zehnerkarte (→„Praktische Tipps, Innerstädtischer Transport").

## Miramar J. Costa Llobera

Dann wird ganz am Ende der Straße der Aussichtspunkt Miramar J. Costa Llobera erreicht, von dem man einen exzellenten Blick auf den Hafen und das Viertel Barceloneta hat. Erkennbar dürfte die Kolumbusstatue sein, der Admiral steht am Ende der Rambles und blickt nach Westen.

Nur ein paar Schritte entfernt liegt die Station des sogenannten **Transbordador aéri,** einer Seilbahn, die vom Montjuïc

165 cd sm

quer über den Hafen schwebt bis zu den Stränden von Barceloneta. Eine tolle Möglichkeit, Barcelona einmal von oben zu sehen, schwebt die Gondel doch in 50 m Höhe. Weit unten scheinen Miniaturautos zu fahren, liegen Hochseejachten im Hafen und guckt man Leuten auf die Dachterrasse.

Der Transbordador aéri verkehrt alle 8–15 Minuten ab etwa 11 bis 17.30 oder 20 Uhr, je nach Jahreszeit. Preis: einfach 11 €, hin und zurück 16,50 €.

## Weitere Sehenswürdigkeiten

Die folgenden Sehenswürdigkeiten liegen um den **Innenstadtkern** herum.

### Park Güell

050kk jf

Ein weiterer fantastischer Entwurf von *Antoni Gaudí*, gebaut für *Eusebi Güell*, einen Unterstützer des Architekten. **Ein weitläufiger Park** entstand, in dem alle Gebäude, Treppen, Springbrunnen und Ruhezonen in fließenden Formen gebaut wurden. Städtische Elemente sollten in Harmonie mit der Natur entstehen, in Anlehnung an englische Parklandschaften, die *Güell* so sehr schätzte. Das ausgewählte Gelände lag damals etwas abseits und stark erhöht, sodass *Gaudí* die Höhenunterschiede in die Planung einbezog. So findet man die für ihn so typischen geschwungenen Treppen, später eine Art zweistöckige Ebene, deren obere Etage durch 84 schräg gestellte Stützpfeiler getragen wird. Die geteilte Treppe hinter dem ehemaligen Haupteingang führt in ihrer Mitte einen Springbrunnen mit dem aufgerissenen Maul eines Drachens, alles aus schöner Keramik gefertigt. Die obere, offene Etage wird von einer sich rundum schlängelnden Bank begrenzt.

> Mosaikkunst im Park Güell

< Eingang zur Fundació Joan Miró

**Park Güell,** Carrer d'Olot s/n, www.parkguell.cat, Mai bis Okt. 9.30–19.30, sonst bis 17.30 Uhr, 10 €, Kinder (7–12 Jahre) und Personen über 65

Jahren 7 €. Ein kleiner Teil vom Park Güell, die sogenannte Zona Monumental, wo sich die Werke von *Gaudí* befinden, kann nur mit Eintrittskarte besucht werden, der Rest des Parks ist frei zugänglich. Der abgesperrte Teil umfasst im Wesentlichen die auf Pfeilern stehende Terrasse und die Zone mit dem fotogenen Drachen. Diese Zone kann nur innerhalb eines 30-minütigen Zeitfensters betreten werden, das auf dem Ticket vermerkt ist, es werden jeweils nur 400 Tickets pro Zeitfenster verkauft; steht beispielsweise als Eintrittszeit 10 Uhr auf dem Ticket, kann man bis 10.30 Uhr den Park betreten, drinnen bleiben kann man aber länger. Tickets können auch online erworben werden und sind dann etwas günstiger. Es gibt mehrere Eingänge. Der frühere Haupteingang, wo sich die bekannte Drachenskulptur befindet, ist heute nur als Ausgang zu nutzen. Anfahrt: Per Metro (Linie 3) bis Vallcarca oder Lesseps; von der Metro-Station Lesseps ist der Weg zum Parkeingang ausgeschildert, er führt im letzten Abschnitt recht steil nach oben, doch wurden inzwischen Rolltreppen installiert (nur nach oben, hinunter muss man laufen). Auf diesem Wege gelangt man direkt vor das Kassenhäuschen. Von der Station Vallcarca ist der Weg ebenfalls ausgeschildert, er erscheint etwas ruhiger. Es geht auch hier über Rolltreppen hoch. Dieser Weg ist etwas weiter und auch anstrengender, aber man hat hier die bessere Aussicht auf den Park und die ganze Stadt.

## Casa Museu Gaudí

Das kleine Haus wurde 1903 bis 1905 **als Musterhaus gebaut,** denn ursprünglich sollten hier im Grünen eigentlich 60 Häuser verkauft werden. Das klappte aber nicht, insgesamt wurden gerade einmal zwei Häuser gebaut, das Interesse war einfach nicht da. *Gaudí* selbst lebte hier zwischen 1906 und 1925. 1963 wurde in diesem Haus ein **kleines Museum**

cd_005 sm

cd_006 sm

zu Ehren von *Gaudí* eingerichtet. Hier sind Möbelstücke ausgestellt, die von ihm kreiert wurden und für andere berühmte Gebäude gedacht waren, sowie Dokumente, Pläne und persönliche Gegenstände des Architekten. Das Museum kann unabhängig vom Park besucht werden, es ist nicht Teil der Zona Monumental.

■ **Casa Museu Gaudí,** Carretera del Carmel 23 A, www.casamuseugaudi.com, zurzeit geschlossen.

## Gaudí Experiència

*Antoni Gaudí,* der wohl bedeutendste Architekt des Modernismus, erfährt hier eine neue Darstellungsform. Alle 30 Minuten werden seine Werke in einer audiovisuell aufwendig aufbereiteten **Show mit Spezialeffekten** wie beispielsweise sich bewegenden Sitzen vorgeführt. Dazu erhalten alle Besucher eine Spezialbrille. Obendrein erfährt man in der mehrsprachigen Ausstellung mehr über *Gaudí,* sein Leben, seine Bauwerke, sein Mobiliar und seine Dekoration.

■ **Gaudí Experiència,** Carrer Larrard 41, Tel. 932 854440, www.gaudiexperiencia.com, Nov. bis März tägl. 10–17, April bis Okt. 10–18 Uhr, 9 €, ermäßigt (Personen unter 14 und über 65 Jahren) 7,50 €.

[<] Der fotogene Salamander im Park Güell

[^] Die berühmte Bank im Park Güell

## Tibidabo

Der Tibidabo ist ein **512 Meter hoher Berg** mit wunderbarer Aussicht auf die Stadt und einem Freizeitpark, allerdings etwas umständlich zu erreichen.

Oben liegt der älteste Vergnügungspark der Stadt, **Parque de Atracciones del Tibidabo,** auf einem Gelände von 70.000 m² mit diversen Fahrgeschäften und Spielbuden.

Besucher können zwar durch den Park spazieren, aber nicht ohne Weiteres die Fahrgeschäfte nutzen. Wer das möchte, geht zur Kasse, kauft eine *pulsera* („Armband"). Diese gibt es „alles inklusive" für alle Fahrgeschäfte oder für den Camí del Cel („Himmelsweg"), wo auch ein paar Attraktionen stehen und man einen tollen Blick auf die Stadt hat. Zu besichtigen ist außerdem die Kirche Sagrat Cor („Heiliges Herz"), die auf einem erhöhten Plateau über dem Vergnügungspark gebaut wurde. Zudem besteht die Möglichkeit, gegen eine geringe Gebühr per Fahrstuhl hoch zur Christusstatue zu fahren.

■ **Parque de Atracciones del Tibidabo,** Pl. Tibidabo, www.tibidabo.cat, wechselnde Öffnungszeiten, meist nur am Wochenende ab 11 Uhr, von Juli bis Sept. auch unter der Woche, Mo und Di meist geschlossen. Eintritt: 35 €, Kinder unter 120 cm Körpergröße 14 € (alles inkl.) und 19 € bzw. 10.50 € für Àera Panoràmica. Anfahrt: Per Metro ist Tibidabo nicht zu erreichen. Man muss von der Plaça de Catalunya mit der blauen Vorortlinie L–7 bis Av. Tibidabo fahren, von dort mit der historischen Straßenbahn Tramvia Blau weiter (Juni bis Sept. tägl., sonst Bus 196 nehmen) und schließlich noch ein Stück mit einer Zahnradbahn. Alternativ mit Bus Nr. 58 von der Plaça de Catalunya bis Av. Tibidabo fahren und weiter wie oben. Ganz bequem geht es mit dem Tibibus T 2-A, der ab 10.15 Uhr alle 20 Min. an den Tagen fährt, an denen der Park geöffnet ist, ab Busstation Estació del Norte, c/ Ali Bei 80.

cd_007 jf

☑ Camp Nou – ein Tempel des Fußballs

250cd_jf

## Museu FC Barcelona

Das Museu FC Barcelona ist **für Fußballfans ein unbedingtes Muss,** aber auch für weniger Kickerbegeisterte ein lohnendes Ziel. Kaum ein Ort in der ganzen Stadt, mit Ausnahme des Platzes vor der Kathedrale während der sonntäglichen Sardana-Tänze, atmet soviel katalanischen Stolz. Beinahe andächtig schreiten ganze Familien durch die Trophäensammlung eines der besten Fußballclubs der Welt, fotografieren sich gegenseitig vor den Schaukästen, in denen an die 1000 Pokale ausgestellt sind, umrahmt von Postern der Mannschaften, Fotos entscheidender Spielszenen und Devotionalien, wie die Schuhe eines Spielers, mit denen ein siegbringendes Tor geschossen wurde.

Der Clou ist eine Besichtigung des Stadions **Camp Nou.** Besucher steigen hinab in die Katakomben, schauen in die eher unspektakulären Umkleidekabinen, passieren auf dem Weg zum Rasen sogar eine kleine Kapelle. Jawoll, vor dem Anpfiff können sich die Spieler letzten göttlichen Beistand abholen. Und dann steht man unten am Spielfeldrand, schaut hoch und stellt sich vor, dass 100.000 Zuschauer einem gerade zujubeln.

Zum Abschluss wirft jeder einen Blick in den Fanshop, wo es alles in den Clubfarben *azul-grana* zu kaufen gibt.

■ **Museu FC Barcelona,** Av. Arístides Maillol s/n, Eingang Nr. 7 und 9, www.fcbarcelona.cat (unter „Tour"), meist tägl. 10–18 Uhr mit leichten Abweichungen, So und an Spieltagen 10–15 Uhr, Stadion u. Museum 30–35 €, Anfahrt per Metro bis zur Station Collblanc oder Maria Cristina (ein etwas weiterer Weg). Hinweis: Mit Beginn der Saison 2023/24 wird das Stadion umgebaut, die Spiele finden im alten Olympiastadion statt. Ob das Museum ebenfalls geschlossen wird, ist derzeit nicht bekannt.

Pokale, Pokale, Pokale – im Museum des FC Barcelona

# Praktische Tipps

## Unterkunft

### Karte S. 232

**3 Sea Hostel Barcelona**①, Plaça del Mar 1–4, Tel. 934354499, www.seahostelbarcelona.com. Legeres Haus in fast schon privilegierter Lage unmittelbar am Stadtstrand. Ins Zentrum zur Altstadt sind es vielleicht 15 Minuten Fußweg, aber ein Bus fährt fast von der Haustür bis zur Rambla. Schlafräume mit vier, sechs oder acht Betten, unten gibt es eine Bar. Frühstück und Internet inklusive.

### Karte S. 236

**11 Hotel Sant Agustí**④, Plaça Sant Agustí 3, Tel. 933181658, www.hotelsa.com. Zentral gelegen, 50 m von der Rambla entfernt hinter der Markthalle Boquería vor einem relativ ruhigen Platz. Modern, funktional, 77 Zimmer. Neben EZ und DZ gibt es auch Dreier- und Familienzimmer. Das Haus bietet verschiedene Angebote, auch einen speziellen „Weekend-Tarif".

**1 Hotel Jazz**③, c/de Pelai 3, Tel. 935529696, www.hoteljazz.com. Ein modernes, größeres Haus, sehr zentral nahe der Plaça Catalunya gelegen. Die Zimmer sind leicht stylish und hell eingerichtet, einige weisen zum Innenhof, dort ist es ruhiger. Auf der 8. Etage gibt es einen kleinen Pool und eine Sonnenterrasse.

**4 Hostal Goya**③, c/Pau Claris 74, Tel. 933022 565, www.hostalgoya.com. Gepflegtes Haus im Viertel Eixample: nur ca. 5 Gehminuten von der zentralen Plaça Catalunya entfernt. Die Zimmer sind unterschiedlich groß, es gibt auch extra kleine DZ und Dreibettzimmer. Die Räume zum Innenhof sind ruhiger. Insgesamt sehr modern eingerichtet, hell und im schicken Design, sogar mit Holzböden.

**8 Hotel Catalunya**④, c/Santa Anna 24, Tel. 933 019150, www.hotelcatalunya.net. Zwei-Sterne-Hotel mit 40 Zimmern in einem schlanken Haus, nah am oberen Ende der Rambla. Relativ schlichte Zimmer, dafür aber absolut zentrale Lage.

**23 Andante**③-④, Av. Drassanes 23–25, Tel. 934 412545, www.andantehotel.com. Gut gelegenes Drei-Sterne-Haus mit 134 Zimmern (auch Dreier- und Familienzimmer) verteilt auf zehn Etagen. Die Einrichtung ist funktionell ohne überflüssigen Ballast. Auf der 11. Etage gibt es einen Pool und eine Terrasse mit tollem Blick über die Stadt.

**15 Pensión Jardi**②, Plaça Sant Josep Oriol 1, Tel. 933015900, www.eljardi.com. Das Haus macht schon von außen einen guten Eindruck, hat 40 Zimmer mit winzigen Balkonen und liegt an einem relativ ruhigen Platz.

**19 Catalonia Avinyó**②, c/Avinyó 16, Tel. 932702 171, www.hoteles-catalonia.com. Untergebracht in einem historischen Haus, aber sehr modern und ohne jeglichen Schnörkel eingerichtet. Allerdings sind die Zimmer etwas klein. Insgesamt eine sehr zentrale Lage im Barri Gòtic, nur wenige Schritte neben der zentralen c/Ferran.

**18 Hostal Fernando**②-③, c/Ferran 31, Tel. 933 017993, https://hfernando.com. Preisgünstig und sehr zentral. Das kleine Haus hat etwas schlicht, aber funktional eingerichtete Zimmer für bis zu vier Personen und liegt sehr dicht zu den Ramblas in einer sehr belebten Straße.

**6 Hotel Catalonia Magdalenes**④, c/de les Magdalenes 13, Tel. 934813517, www.cataloniahotels.com. Das Vier-Sterne-Haus liegt mitten im Altstadtviertel Barri Gòtic in einer schmalen Straße nur wenige Gehminuten von der Kathedrale entfernt. Das Haus hat modern eingerichtete Zimmer, oben auf dem Dach gibt es eine Terrasse mit Glaspool, innen auch einen Wellness-Bereich.

**5 Room Mate Pau**④, c/Fontanella 7, Tel. 933 436300, www.room-matehotels.com. Wie bei Freunden: äußerst zentral gelegen, keine 2 Min. Fußweg von der Plaça Catalunya. Bietet in einem Haus mit denkmalgeschützter Fassade 66 modern und fast ein wenig futuristisch eingerichtete Zimmer von Standard bis zur Suite, es gibt auch Zimmer mit Terrasse. Frühstück bis 12 Uhr.

### Camping

Direkt in der Stadt gibt es schon seit vielen Jahren keinen Campingplatz mehr.

- **Camping Tres Estrelles in Gavà,** ca. 10 km südlich von Barcelona an der C-31 Richtung Castelldefels in Gavà, beim Km 187, Tel. 936330637, www.camping3estrellas.com, 15.3.–15.10. Direktbus L-95 fast vom Eingang bis zur Plaça Catalunya, Ecke Rambla de Universitat.

## Essen und Trinken

In Barcelona gibt es Tausende von Lokalen; zu dem Thema ließe sich schon ein eigener Gastroführer schreiben. Deshalb an dieser Stelle nur ein paar Tipps.

**Achtung:** Mittlerweile sind praktisch alle Lokale entlang der Rambla teuer. Zumindest verlangen viele eine Art „Rambla-Zuschlag", sobald man auf der Terrasse oder auch nur am Tisch im Lokal Platz nimmt. Am Tresen sind die Preise meist noch zivil, doch selbst die bislang günstigen Bars am oberen Ende nahe der Plaça Catalunya wissen um ihre Lage. Ich möchte fast behaupten: Je mehr die Kellner herumkaspern und mit ein paar Brocken Deutsch oder Englisch um sich werfen, desto genauer sollte man die Preise auf der Speisekarte studieren. Dies als Fazit eigener – nicht immer schöner – Erlebnisse.

In der Carre del Bispe im Barri Gòtic

https://stock.adobe.com © Kavalenkava

## Entlang der Rambla (Karte S. 236)

**17 Cafè de l'Òpera,** Tel. 933024180, www.cafe operabcn.com. Ein altehrwürdiger Klassiker. Nicht übermäßig groß, aber mit uralten Kaffeehaus-Tischchen und knarzenden Bistrostühlen.

**9 Restaurant La Poma,** Tel. 933019400, https://restaurantelapoma.com, tägl. ab 12 Uhr. Es gibt es internationale Küche (Pizza, Pasta) in klimatisiertem Raum, von der oberen Etage genießt man den Ausblick auf die Rambles.

**2 Cafè Zurich,** c/Pelai 39, Tel. 933179153, Mo–Fr 8–23, Fr/Sa 9–23 Uhr. Liegt direkt bei der Plaça de Catalunya, also nur wenige Schritte von der Rambla entfernt. Altehrwürdiges Cafè mit Flair, man darf sich allerdings am modernen Einkaufszentrum in der Nachbarschaft nicht stören. Ein guter Pausen-Stopp mit Draußen-Sitz-Möglichkeit, von wo man dem Treiben gut zuschauen kann.

## Barri Gòtic (Karte S. 236)

Hier ist es teils schwierig, ein bestimmtes Lokal zu finden. Die Straßen sind eng, teilweise recht kurz, und bevor man ein Restaurant gefunden hat, hat man fünf andere passiert, die auch gut aussahen.

**7 Els Quatre Gats,** c/Montsio 3, Tel. 933024140, https://4gats.com. Ein Klassiker seit 1897, in dem sich früher Künstler und Intellektuelle trafen und an einfachen, rustikalen Tischen wortreich die Welt verbesserten. Die Fotos an den Wänden erinnern an diese Epoche. Immer noch ein beliebter Treff.

MEIN TIPP: **14 Bar del Pi,** Plaça de Sant Josep Oriol, Tel. 933022123. Uralte Kneipe mit vielen Stammgästen an einem der schönsten Plätze der Altstadt. Im Sommer ist auf der Terrasse mehr Platz als vor dem Tresen.

**25 Restaurant Los Caracoles,** Carrer Escudellers, Tel. 933023185, www.loscaracoles.es. Unverwüstlich seit beinahe Jahrzehnten. Gut zu erkennen an dem Hähnchenspieß, der sich draußen über offener Flamme dreht.

MEIN TIPP: **24 La Fonda,** c/Escudellers 10, Tel. 933017515, https://andilana.com. Sehr beliebtes Lokal auf zwei Ebenen. Gute katalanische Küche, vor allem zur Mittagszeit immer schwer belagert.

**21 Les Quinze Nits,** Plaça Reial 6, Tel. 933173 075, https://andilana.com. Jeden Abend bilden sich hier beeindruckende Schlangen, und man möchte meinen, dass es hier Stunden dauert, bis man einen Platz bekommt. Weit gefehlt, es geht ziemlich flott. Das Lokal ist sehr beliebt, weil es relativ günstig ist und eine recht breite Auswahl bietet.

**22 Arabia Restaurant,** c/ Escudellers 25, Tel. 933 025955, tägl. 12–2 Uhr. Mal was anderes als immer Tapas oder Paella: Hier wird libanesische Küche serviert. Reichhaltige Auswahl, nett bebilderte Karte, eine insgesamt etwas gediegene Einrichtung, u.a. mit Sesseln statt Stühlen.

## Im Barri del Born (Karte S. 236)

Im Barri del Born, **rund um die Kirche Santa Maria del Mar,** versammelten sich noch in den 1980er Jahren die „Alternativos", heute findet man hier viele angesagte Bars, vor allem am Passeig del Born, in Höhe der Markthalle oder direkt bei der Kirche.

**27 Euskal Etxea,** Placeta de Montcada 1, Tel. 933 102185, https://gruposagardi.com, liegt unweit vom Picassomuseum. Authentische baskische Tapas-Bar, sie gilt als die älteste baskische Bar in Barcelona.

> Auf Tapas-Tour durch die Altstadt

**26 Sagardi Euskal,** c/Argenteria 63, Tel. 933199 993. Eine weitere sehr beliebte baskische Tapas-Bar mit kleiner Außenterrasse.

**16 Bilbao Berria,** Plaça Nova 2, Tel. 933170124, geöffnet: ab 9 Uhr, Sa/So ab 10.30 Uhr. Tapas-Bar mit einer kleinen Terrasse in bester Lage schräg gegenüber der Kathedrale. Gute Auswahl an warmen und kalten Tapas, die auf dem Tresen stehen.

## Hafen- und Strandzone (Karte S. 236)

**28 Sete Portes,** Passeig Isabel II. 14. Tel. 933193 033, https://7portes.com. Ungewöhnliche Öffnungszeiten für Spanien: 13–1 Uhr durchgehend. Beliebt bei Touristen wie Einheimischen. Gute Reisgerichte in historischem Ambiente unweit vom Hafen, seit 1836 in Betrieb.

## In Barceloneta (Karte S. 232)

Im ehemaligen Fischerviertel entlang des Passeig Joan de Borbó warten gute **2 Fischrestaurants:**

- **Can Majó,** c/Almirall Aixada 23, Tel. 932215 818, www.canmajo.es, Mo geschlossen. Sehr populäres Restaurant mit Terrasse am Strand.
- **Can Ramonet,** c/Maquinista 17, Tel. 933193 064, https://canramonet.es. Das Gebäude soll mit über 250 Jahren das älteste von Barceloneta sein. Sowohl Tapas als auch Menü.
- **El Vaso de Oro,** c/Balboa 2, Tel 933193098, www.vasodeoro.com. Kleines Lokal mit großer Tapas-Auswahl und erstaunlicherweise mit unterschiedlichen Bierglasgrößen, die alle einen eigenen Namen tragen.
- **Rey de la Gamba,** Paseo de Joan Borbó 46, Tel. 932256400, www.reydelagamba.com. Sehr großes

253cd_sm

Fischlokal am Hafen, das sich mittlerweile über mehrere Gebäude erstreckt. Sehr große Terrasse, insgesamt eine breite Auswahl an Speisen.

■ **La Gavina,** Plaça Pau de la Vila 1, Tel. 932210 595, www.lagavina.es. Eines von etwa einem halben Dutzend Lokalen mit großer Terrasse in toller Lage direkt am Sportboothafen. Nicht billig, aber gut! Auf die Teller kommt mediterrane Küche mit Schwerpunkt auf Fisch und Meeresfrüchten sowie auch eine gute Auswahl an Reisgerichten, Paella und Fideuá.

## Post

■ Plaça Antoni López, beim Hafen, schräg gegenüber von Barceloneta.

## Einkaufen

Einkaufen in Barcelona ist ein endloses Thema. So hat die Stadt einen eigenen Stadtplan herausgegeben mit den wichtigsten Geschäften unter dem Titel **„The Barcelona Shopping Line“.** In der Innenstadt zwischen Rambles und Barri Gòtic finden sich Geschäfte mit alltäglichen Waren, kleine Tante-Emma-Läden, die meist von Pakistanis betrieben werden und bis tief in die Nacht geöffnet haben, angesagte Boutiquen (vor allem in der c/Portaferrissa, der c/de Avinyó und inzwischen auch in den Gässchen im Born-Viertel rund um das Picasso-Mu-

☐ Mittagessen am Hafen vor dem Museu d'Història de Catalunya

261cd_sm

seum) oder auch Antiquitätenläden (c/Casanyas).

■ Im Viertel **L'Eixample** liegen an der Rambla Catalunya und entlang des Passeig de Gràcia viele Geschäfte der gehobeneren oder gar Luxus-Klasse. Weitere Geschäfte findet man dann in den abzweigenden Straßen c/València, c/Mallorca, c/Diputació.

### Einkaufszentren

**Karte S. 232**

1 **Mare Magnum,** Moll d'Espanya s/n.

**Karte S. 236**

3 **El Corte Inglès,** Plaça Catalunya 14.

### Märkte (Karte S. 236)

12 **Antiquitäten,** Plaça del Pi, Do 9–20 Uhr; auf der Plaça Nova vor der Kathedrale, Do 10–21 Uhr.
20 **Münzen und Briefmarken,** Plaça Reial, So 9–14 Uhr.
13 **Gemälde,** Plaça de Sant Josep Oriol (Barri Gòtic), Sa 11–20, So 11–14 Uhr.
10 **Lebensmittel,** Boqueria, Rambla 101, Mo–Sa 8–20 Uhr.

## Feste

■ **23. April:** Sant Jordi, Patron von Katalonien. Gleichzeitig Fest des Buches. An diesem Tag verschenkt man eine Rose und ein Buch an geliebte Menschen. Aus diesem Grund stehen entlang der Rambla Dutzende von Bücherständen.
■ **16. Juli:** Verge del Carme, zu Ehren der Patronin der Fischer und Seeleute feiert man im Viertel Barceloneta.
■ **11. September:** La Diada, der Nationalfeiertag von Katalonien, zur Erinnerung an eine heroische, aber verlorene Schlacht gegen die Truppen von *Felipe V.* im Jahr 1714. Traditionell finden v.a. in Barcelona große Demonstrationen für die Unabhängigkeit Kataloniens statt.
■ **24. September:** Patronatsfest Verge de la Merced.
■ **8.–23. Dezember:** Weihnachtsmarkt vor der Kathedrale.

021kk sm

☐ Auf ein Gläschen in die Bar Xampanyet

# Verkehrsverbindungen

## Flughafen

■ Der Airport liegt in **Prat de Llobregat,** etwa 18 km außerhalb von Barcelona. Infos: Tel. 932 983838 oder www.aena.es. Der große Flughafen hat zwei Terminals, die etwa 4 km voneinander entfernt liegen.Der neuere Terminal (**T-1** genannt) ist mittlerweile der Hauptterminal, wo die meisten Fluggesellschaften landen. Im alten Terminal (**T-2** genannt) landen derzeit nur noch Low-Cost-Flieger. Beide Terminals sind durch einen Shuttle-Bus verbunden. Ein **Taxi ins Zentrum** sollte um die 30 € kosten.

### Busverbindungen in die Stadt

■ **Von beiden Terminals** fährt jeweils ein unterschiedlicher Direktbus in die Stadt zur zentralen Plaça Catalunya. Beide tragen die seitliche Aufschrift **„Aerobus",** nur vorne sind die Unterschiede mit „T-2" oder eben „T-1" vermerkt. Frequenz: alle 5–10 Min., Fahrzeit: etwa 35 Min., je nach Verkehr, mit einem Stopp an der Plaça Espanya. Preis: 5,90 €, hin und zurück: 10,20 €, Tickets gibt's beim Fahrer oder am Automaten, das Rückfahrticket ist 90 Tage gültig. Achtung: Beide Busse halten an der Plaça Catalunya an der gleichen Stelle (vor dem Kaufhaus El Corte Inglés), also aufpassen, dass man bei der Rückfahrt zum Flugplatz nicht den falschen Bus erwischt.

■ Vom Flugplatz (Terminal T-2) gibt es auch direkte Busverbindungen nach Castelldefels, Sitges, Salou und Tarragona.

### Bahnverbindungen in die Stadt

■ Beide Terminals haben einen Bahnhof und sind an das Metronetz angeschlossen. Der U-Bahnhof vom Terminal T-1 liegt unterirdisch und ist ausgeschildert. Der Bahnhof vom Terminal T-2 liegt außerhalb des Flughafengebäudes und ist über eine Fußgängerbrücke erreichbar. Von hier gibt es zwei Möglichkeiten, in die Stadt zu gelangen: mit der **Metro-Linie L9 Sud** Richtung Zona Universitària. Diese Metro fährt nicht durchs Zentrum, es muss also umgestiegen werden, beispielsweise in der Station Torrassa in die rote **Linie L1** in Richtung Fondo, die dann durch das Zentrum führt. Für beide Verbindungen vom Flugplatz gilt ein spezielles **Ticket („Bitllet Aeroport")** für 5,15 €, das Zehnerticket T-casual ist hier nicht gültig. Außerdem fährt vom Terminal T-2 die **Linie R-2 „Nord Aeroport – Maçanet-Massanes"** der Nahverkehrslinie Rodalies und stoppt im Stadtgebiet an drei Stationen, von

cd_009 sm

denen die beste Wahl zum Umsteigen „Sants" ist, wo man direkten Anschluss an die Metro hat (Dauer der Fahrt bis „Sants": 18 Min., Frequenz: alle 20–30 Min.). Das Einzelticket bis Sants kostet 4,60 €.

### Bahn

- Der Hauptbahnhof **Barcelona Sants** liegt etwas außerhalb vom Zentrum an der Plaça dels Països Catalans s/n. Hier enden die meisten nationalen und internationalen Züge. Direkter Anschluss ans Metronetz, eine Touristeninfo in der Haupthalle.
- Vom unterirdischen Bahnhof **Plaça Catalunya** fahren Nahverkehrszüge in die nähere Umgebung, beispielsweise an die Costa Brava, ebenso vom Bahnhof **Plaça d'Espanya,** von wo es beispielsweise nach Montserrat geht.
- Bahnhof **Estació de França,** Av. Marqués de l'Argentera, liegt zwischen dem Fischerviertel Barceloneta und dem Barri Gòtic.

### Busterminal

- Offiziell heißt der zentrale Busterminal **Estació Central de Autobuses Vilanova-Nord,** aber jeder kennt ihn als „Estació del Nord". Zu finden an der c/Alí Bei 80, nahe der Metrostation „Arc de Triomf", etwas außerhalb vom Barri Gòtic. Hier enden die internationalen und viele nationale Verbindungen.

### Auto

Abgesehen von der recht flotten Fahrweise müssen sich ausländische Autofahrer auch auf einen ziemlich lässigen Umgang mit der Frage „Wo darf/kann ich parken?" einstellen. Das sollte aber niemanden verleiten, hier mitzumachen. Im Gegenteil, jedem Autofahrer sei geraten, eine bewachte Tiefgarage aufzusuchen. Es ist nicht ganz einfach, einen Parkplatz im Zentrum zu finden. Hier Tipps zu **innerstädtischen Parkhäusern:**

- **Passeig Colom,** direkt vor der unübersehbaren Statue Cap de Barcelona liegt eine Tiefgarage.
- An der **Vía Laietana,** direkt vor der Kathedrale, befindet sich ebenfalls eine Tiefgarage.
- Am **Passeig de Gràcia** gibt es an der Ecke zur c/de València ebenfalls eine Tiefgarage.
- Vor der sehr zentralen **Plaça Catalunya** liegt eine Tiefgarage etwa in Höhe des Hard Rock Cafés.

## Innerstädtischer Transport

### Metro

Am einfachsten zu durchschauen ist wohl das **U-Bahn-Netz,** die Metro. Die Linien L-1 bis L-12 durchqueren die Stadt zwischen 5 und 24 Uhr, Fr/Sa die ganze Nacht. Meist wartet man kaum länger als fünf Minuten. Einziger Haken: In einigen Umsteigestationen läuft man weite Wege, so z.B. an der Station Passeig de Gràcia oder bei Diagonal. Besser meiden.

- **Tickets:** Neben einem Einzelticket (2,40 €) kann man sich preiswerte **Zehnerkarten** (T-casual genannt, 11,35 €) kaufen oder auch Mehrtageskarten („Hola BCN"), die bis zu fünf Tage Gültigkeit haben. Vor dem Betreten eines Bahnsteiges muss die Karte vor der Sperre in einen Schlitz gesteckt werden, erst danach öffnet sich die Sperre. Die Karte flutscht am anderen Ende wieder heraus. Aber nicht gleich danach wegwerfen, an manchen Stationen gelangt man nur auf die gleiche Weise auch wieder ins Freie. Die Zehnerkarte T-casual kann nicht mehr von mehreren Personen gleichzeitig benutzt werden. Wenn eine Gruppe zusammen fahren möchte, dann lohnt sich das Ticket T-familar (8 Fahrten) für 10 €.
- **Infos:** www.tmb.cat.

☒ Der Aerobús fährt vom Airport ins Zentrum

cd018jf

Die Rambla del Poble Nou liegt auch in Barcelona, ist aber weniger bekannt

## Stadtbus

Einige **touristisch interessante Strecken:**

- **H16** (Fórum – Pg. Zona Franca) befährt die Küstenlinie zwischen Kolumbussäule, Olympiahafen, Poblenou und Fórum.
- **V15** (Barceloneta – Av. Tibidabo) fährt vom alten Viertel Barceloneta über die Via Laietana zur Plaça de Catalunya und weiter nach Norden über den Passeig de Gràcia.

### Weitere touristisch interessante Linien

- **24:** von der Plaça de Catalunya in Richtung El Carmel bis knapp unterhalb des Park Güell.
- **55:** von der Plaça Urquinaoa hoch zum Montjuïc bis zur Plaça Dante, von wo es noch ca. 400 m bis zur Seilbahn sind, die über den Hafen schwebt.
- **59:** vom Passeig Marítim am Hafen entlang der Rambles zur Plaça de Catalunya.
- **150:** von der Plaça d'Espanya hoch zum Montjuïc bis zum Castillo.

In den Bussen gelten sowohl die Zehnerkarten der Metro als auch alle Tageskarten; diese müssen bei Fahrtantritt an einem Automaten im Bus abgestempelt werden.

## Bus Turístic

Eine touristische Buslinie, für die ein spezielles Ticket nötig ist. Dieser Bus fährt auf drei Strecken alle wichtigen Sehenswürdigkeiten der Stadt an, die Fahrgäste können jederzeit ein- oder aussteigen. Neben dem Ticket für einen oder zwei Tage gibt es ein Büchlein mit sehr vielen Rabatten, vor allem bei Eintrittspreisen. Ideal für Leute, die wenig Zeit haben. Zentraler Abfahrtspunkt ist die Plaça Catalunya. Preis: 1 Tag 30 €, 2 Tage 40 €, Kinder (4–12 Jahre) 16 und 21 €, ab 65 Jahre 25 bzw. 35 €, www.barcelonabusturistic.cat.

022kk sm

■ Ähnliches zu fast identischen Preisen bietet das Unternehmen **Barcelona Tours** an. Die zentralen Abfahrtsstellen liegen bei der Kolumbussäule oder an der Plaça Catalunya.

## Weitere Transportmöglichkeiten

■ Eine **Standseilbahn** *(Funicular)* verkehrt von der Avinguda del Parallel (gleichnamige Metrostation) zur Seilbahnstation auf halbem Weg hoch zum Montjuïc von 7.30–22 bzw. bis 20, Sa/So ab 9 Uhr, im Winter alle 10 Min. Hier gilt die Zehnerkarte.

■ Die **Seilbahn** *(Telefèric)* weiter hoch zum Castillo vom Montjuïc fährt von Juni–September zwischen 10 und 21 Uhr, ansonsten 10–18 Uhr. Preis einfach 9,40 €/Hin- und Rückfahrt 14,20 €, Kinder 7,50 € bzw. 10,20 €.

■ **Gondeln einer Seilbahn** *(Transbordador aéri del port)* schweben von Barceloneta quer über den Hafen bis hoch zum Berg Montjuïc ab 11 Uhr alle 5–8 Minuten bis etwa 17.30 oder 20 Uhr, je nach Jahreszeit. Preis einfach 11 €, Hin- und Rückfahrt 16,50 €.

■ **Tramvia Blau,** die letzte historische Straßenbahnlinie von Barcelona, fährt von der Avinguda del Tibidabo bis zur Seilbahnstation an der Plaça del Dr. Andreu, von wo es mit einer **Zahnradbahn** hoch auf den Berg Tibidabo geht. Zuletzt wegen Renovierungsarbeiten außer Betrieb.

## Taxi

■ Freie Taxen, die man an dem eingeschalteten grünen Lämpchen auf dem Dach erkennt, kann man einfach anhalten, ansonsten stehen sie sowieso an allen touristisch wichtigen Orten.

◁ Der Fuente de Canaletas – wer von seinem Wasser trinkt, wird der Legende nach nach Barcelona zurückkehren

375cd_sm

▷ Per Bus Turístic zu den Sehenswürdigkeiten

cd014 jf

# 5

# Nördliche Costa Daurada

**»Strände, einer schöner als der andere, erwarten die Besucher. Die meisten Küstenorte konnten ihren Charme erhalten, ohne Hochhausriesen, dafür mit einladender Promenade und schöner Altstadt. Für Nachtschwärmer ist Sitges eine gute Adresse; Weinliebhaber freuen sich über die vielen Kellereien im Hinterland.**

‹ Wenig los am Strand in der Nachsaison

# NÖRDLICHE COSTA DAURADA

## SCHÖNE STRÄNDE UND CHARMANTE ORTE

### NICHT VERPASSEN!

- **Sitges,** ansprechendes Städtchen mit historischen Villen, stilvollen Hotels, schönen Stränden und flottem Nachtleben | 289
- Besichtigung der **Cava-Kellereien** in **Sant Sadurní d'Anoia** – natürlich mit Verkostung und Verkauf des katalanischen Schaumweins | 306
- **Ciutadella Ibèrica** bei **Calafell,** anschauliche Nachbildung eines iberischen Dorfes | 315
- **Museu Pau Casals** in **El Vendrell,** multimediale Ausstellung zum Leben des weltberühmten Cellisten | 322
- Ein Sprung zurück ins Mittelalter: die **Altstadt von Torredembarra** | 328
- **Altafulla,** ein zauberhafter Ort mit schönem Strand, eher gemächlich – einfach zum Wohlfühlen | 332

**Diese Tipps erkennt man an der gelben Markierung.**

**Dieser nördliche Bereich der Costa Daurada bietet sich für Urlauber an, die geruhsame Strandtage mit etwas Sightseeing verbinden möchten. Nicht nur bei Tagesausflügen nach Tarragona, Barcelona oder ins Weinanbaugebiet lässt sich viel entdecken, auch die vielen kleinen, sympathischen Örtchen sind einen Besuch wert.**

## Überblick

In diesem Kapitel wird das Gebiet **zwischen Barcelona und Tarragona** beschrieben. Dabei zählen die nördlichsten Orte, Sitges und Vilanova i la Geltrú, streng genommen nicht zur Costa Daurada, vielmehr gehören die beiden Städte, die außerhalb der Provinz Tarragona liegen, eigentlich zur unbekannteren Costa de Garraf. Als unmittelbare

Nachbarn wurden sie hier dennoch berücksichtigt.

Der nördliche Bereich der Costa Daurada ist relativ **dicht besiedelt;** die Nähe zur Millionenstadt Barcelona macht sich bemerkbar in der erstklassigen Anbindung durch Schiene und Straße. Die **Küstenorte** leben vom internationalen und nationalen Tourismus, wobei unter den Besuchern auch viele Wochenendausflügler sind. Kein Wunder, locken doch zumeist sehr schöne **Strände** und in vielen Orten eine attraktive Promenade. Die parallel zur Küste verlaufende Nationalstraße N-340 und die Bahnlinie zerschneiden die meisten Orte. „Oben" liegt dann das geschäftige Zentrum, „unten" die touristische Meile.

Unbedingt sehenswert sind das Städtchen **Sitges** mit einem äußerst attraktiven Ortskern, außerdem die „Hauptstadt des katalanischen Schaumweins Cava“, **Sant Sadurní,** sowie die benachbarte „Hauptstadt des Weines“, **Vilafranca del Penedès.**

Ganz in der Nachbarschaft von Sitges liegt die geschäftige Kleinstadt **Vilanova i la Geltrú,** die zwar wenig architektonische Reize zu bieten hat, aber ein paar interessante Museen. Ein Muss ist nicht nur für Liebhaber des Genres der Besuch im Eisenbahnmuseum, in dem ein paar Dutzend altehrwürdige Dampflokomotiven ausgestellt sind.

Auch historisch Interessierte kommen auf ihre Kosten. In **Calafell** rekonstruierte man ein etwa 2500 Jahre altes Dorf der Iberer, und in **Altafulla** wartet ein Museum mit dem ehemaligen Anwesen eines römischen Herrschers auf Besucher. Daneben lohnt in Altafulla auch ein Bummel durch den äußerst reizvollen Altstadtkern. Auch in **El Vendrell** ist die Altstadt sehenswert, genauso wie das hochinteressante Museum zu Ehren des weltbekannten Cellisten *Pau Casals.*

[>] Ruhiges Strandleben in Castelldefels

[v] Die Strandpromenade von Castelldefels

343cd_jf

# Castelldefels

- **Einwohner:** 63.000
- **Entfernung nach Barcelona:** 20 km
- **Touristeninformation:** c/Pintor Serrasanta 4, Tel. 936352727, www.castelldefelsturisme.com.

Die Stadt liegt sehr dicht an Barcelona, aber noch näher zum **Flughafen,** was Bewohnern und Besuchern nicht immer Freude bringt. Der Ort selbst profitiert von seiner Nähe zur Weltstadt. Viele Pendler wohnen hier. Umgekehrt flüchten die Großstädter gern an den **Strand** von Castelldefels. Denn der hat es in sich! Über viele Kilometer zieht sich ein breiter, feinsandiger Strand entlang der Küste. Er hat sogar eine eigene **Bahnstation,** namens Castelldefels Platja. Von hier erreicht man den Strand in nur fünf Minuten zu Fuß.

Castelldefels und **Barcelona** sind ganz hervorragend miteinander verbunden, durch Nationalstraßen, Autobahn, Stadtbusse und eine gut frequentierte Eisenbahnlinie. Es verkehren sogar Nachtbusse direkt bis ins Herz der Weltstadt zur Plaça Catalunya.

## Der Strand

Die **Platja de Castelldefels** sei exakt 4810 m lang, so hat es mal jemand nachgemessen. Donnerwetter, möchte man da sagen, zumal der Strand auch noch äußerst breit – immerhin 100 m – und klassisch feinsandig, leicht bräunlich ist.

342cd_jf

023kk jf

Tatsächlich zieht sich der Strand aber unter wechselnden Namen noch viel weiter: Über gut 14 km bis hin zum Ort Prat de Llobregat, wo auch der Flughafen liegt, bzw. in die andere Richtung nicht ganz so weit, über 1600 m bis zum Hafen Port Ginesta. Insgesamt also eine beeindruckende Strandlänge von gut und gern 20 km.

Castelldefels hat zwei **Bahnstationen.** Der „Hauptbahnhof" (Castelldefels) liegt mitten im Ort und etwa 1,5 km vom Strand entfernt, aber Bus-Nr. L-75 fährt vom Ortskern dorthin. An der zweiten Bahnstation (Castelldefels Platja) stoppen nur wenige Züge. Von diesem Bahnhof gelangt man sehr schnell zu Fuß zum Strand.

Der schönere Strandabschnitt liegt aber ein paar Kilometer weiter nördlich, unweit vom Olympiakanal. Dort verläuft eine ruhige Strandpromenade mit ganz wenigen, aber sehr empfehlenswerten Lokalen. Der Strand zeigt sich dort sehr breit und wird von ein paar Dünen begrenzt.

## Sehenswertes

Anlässlich der Olympischen Spiele 1992 in Barcelona wurde ein **künstlicher Wasserkanal** für die Ruderwettbewerbe geschaffen. Jogger können hier gegen eine geringe Gebühr ihre Runden drehen; der Kanal ist immerhin mehr als einen Kilometer lang (genau: 1207 m) und eine recht breite Asphaltbahn verläuft einmal rundherum.

Der Ortsname geht auf eine **kleine Burg** zurück, Castillo de Castelldefels, die im 10. Jh. auf einem Hügel erbaut wurde und die benachbarte Ortskirche Santa María del Castell schützen sollte, denn damals lag die Gemeinde im Grenzgebiet zum maurischen Reich, konkret zum Kalifat von Córdoba, das in seiner Blütezeit von Andalusien bis hierher im Norden reichte. Die Burg wurde 1550 und 1734 ausgebaut, jeweils zum Schutz vor Piratenüberfällen. Als diese Überfälle endeten, verkam die Burg und war Ende des 19. Jh. nur noch eine Ruine. Bereits 1897 fand eine erste Restaurierung statt, durch den Bankier und Po-

Die kleine Dorfkirche Santa Maria de la Salut

litiker *Manuel Girona*, der die baufällige Burg erwarb. Dabei wurden auch einige archäologische Überreste der Iberer und Römer gefunden, die zum Teil nun in der Kirche ausgestellt sind. Außerdem zeigt man eine interaktive Dokumentation zur Piraterie an der hiesigen Küste. Die Kirche ist der älteste Teil der Burg, sie wurde bereits 876 erstmals urkundlich erwähnt und seinerzeit auf Überresten aus der römischen und iberischen Zeit gebaut.

■ **Castillo de Castelldefels,** Plaça del Castell 1, Sommer Di–So 10–19, Winter Sa/So 10–18 Uhr, 10 € mit Audioguide, ermäßigt 7 € (über 65 Jahre und 11–16 Jahre).

Mitten im geschäftigen Ortskern steht an der Plaça de la Església die recht modern wirkende Kirche **Santa Maria de la Salut,** 1903–1909 vom aus Barcelona stammenden Architekten *Enric Sagnier* erbaut, der dem Modernismus-Stil verpflichtet war. Bemerkenswert sind im Inneren die religiösen Wandmalereien von *Josep Serrasanta,* erschaffen in den 1950er Jahren. Diese Kirche ist Nachfolgerin der einst zum Castillo de Castelldefels gehörenden Kirche, die nach dem Kauf der Burg durch eine Privatperson ihre Funktion verlor.

☐ Das Castillo de Castelldefels

https://stock.adobe.com © Leen

# Praktische Tipps

## Unterkunft

- **Hotel Ibis**③, Avda. Ferrocarril 342, Tel. 936342 175, www.accorhotels.com. Mittelgroßes Haus (74 Zimmer) einer internationalen Hotelkette mit funktionaler, durchdachter Einrichtung. Gutes Preis-Leistungs-Verhältnis. Liegt 1500 m entfernt vom Strand, ist aber gut per Auto über die C-32 (Barcelona–Sitges) erreichbar; Abfahrt Nr. 46, „Castelldefels Centre". Auch vom Bahnhof sind es nur zehn Minuten Fußweg.
- **Hotel Playafels**③-④, Passeig Ribera 1–9, Tel. 936651250, https://en.hotelplayafels.com. Kleines Vier-Sterne-Haus mit 34 Zimmern, das in einer ruhigen Seitenstraße direkt am Strand liegt. Im netten Garten lockt ein Pool. Nettes Design, einige Zimmer haben Balkon mit Meerblick.
- **Hotel Apartments Masd Mediterraneo**④, Passeig Marítim 50, Tel. 936847200, https://masdmediterraneo.com. Schicke Anlage in hellen Farben mit 45 Zimmern, wahlweise als Apartment mit Küche oder ohne, dafür mit Balkon, verteilt auf zwei Gebäude. Das Ganze liegt keine 100 m vom Strand entfernt.

## Camping

- **Tres Estrellas,** in Gavà, Tel. 936330637, www.camping3estrellas.com, 15.3.–15.10. Naturbelassener Platz für knapp 1000 Besucher, unter Pinien am Strand gelegen. Zu erreichen über die C-31, Richtung Castelldefels, km 186,2. Bushaltestelle der Direktbusse L-94, L-95 nach Barcelona 300 m entfernt; sie verkehren halbstündlich.

## Essen und Trinken

- **Restaurant La Canasta,** c/5, Nummer 24, Tel. 936656857, www.restaurantelacanasta.com, Di–Sa 13–16.30, 20–23.30, So 13–16.30 Uhr. Das Lokal darf als ein Klassiker von Castelldefels bezeichnet werden, denn seit 1976 werden hier gute Fisch- und Reisgerichte gekocht, vorzugsweise aus frischen, lokalen Produkten. Paella gibt es natürlich auch, doch besonders geschätzt sind *Suquet de Peix* (Fischeintopf) oder auch Fischmenüs, die mit ein paar Häppchen – *Pica Pica* genannt – starten.
- **Para Vós,** Passeig Marítim 3, Tel. 936658611, tägl. 10–24 Uhr. Nettes, unspektakuläres Lokal ganz im oberen (nördlichen) Bereich des Strandes mit größerer Terrasse. Gute Gerichte teils aus Uruguay und Argentinien, auch Grillfleisch, zu fairen Preisen. „Para vós" ist argentinisches Spanisch und heißt „für dich"; hier arbeiten etliche Argentinier, wie man unschwer an dem melodischem Akzent hören kann.

## Feste

- **Mitte Mai:** Sant Ponç, eines der ältesten und traditionsreichsten Feste von ganz Katalonien, bei dem Agrarprodukte verarbeitet und angeboten werden; außerdem gibt es einen Animationsbereich für Kinder.
- **14.–16. Juli:** Festa del Mar, auch als Verge del Carme landesweit bekannt. Mehrere Aktivitäten am Strand, u.a. eine nachgespielte Piratenattacke, abends dann dort Tanz und Feuerwerk.
- **15. August:** Festa Major, Patronatsfest, gleichzeitig eine Art Sommerfest, bei dem u.a. *gegants* zum Auftritt kommen.

024kk jf

# Sitges

- **Einwohner:** 29.000
- **Entfernung nach Barcelona:** 40 km
- **Touristeninformation:** Patronat Municipal de Turisme, Plaça Eduard Maristany 2 (direkt am Bahnhof), Tel. 938944251, www.sitgestur.cat.

Sitges liegt am Meer und besticht mit seinen zumeist hell gestrichenen Häusern zwischen dem Blau des Wassers, dem Grün der umgebenden Natur und dem Dunkel der fernen Berge. So konnte der Ort optisch schon seit Langem in einzigartiger Weise glänzen. Er bietet zudem stilvolle, teils sehr individuelle Hotels und gute Restaurants. Auf der kilometerlangen Strandpromenade trifft man sich zum Bummeln, Joggen und Skaten.

Seinen ganz eigenen Ruf als **Stadt der Intellektuellen** begründete sich Ende des 19. Jh., als sich in Sitges Künstler und Lebenskünstler trafen. Außerdem ließen sich in Südamerika reich gewordene Rückkehrer hier prächtige Villen im Modernismus-Stil bauen, dem katalanischen Jugendstil.

Bekannt ist die Stadt auch für seinen außergewöhnlichen **Karneval** und ein internationales Filmfestival.

Sitges gilt als einer der Treffpunkte der internationalen **Gay-Community** und ist spanienweit für sein sommerliches Nachtleben bekannt.

Vollversammlung am Strand von Sitges

# Sitges

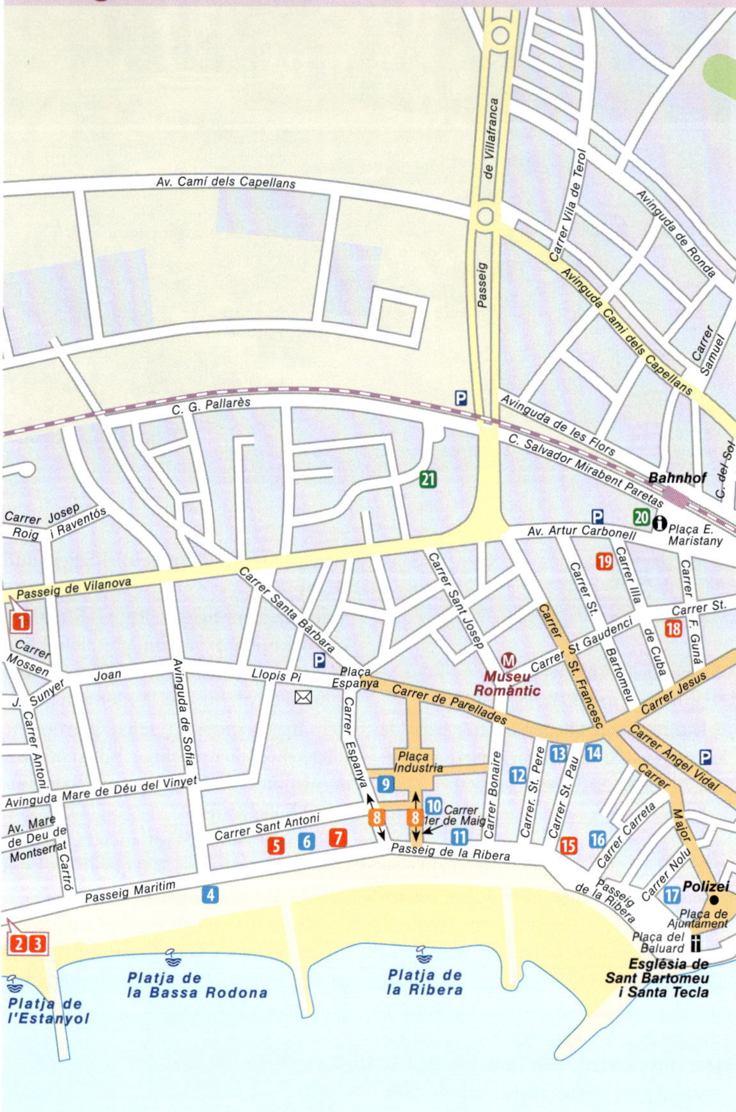
Av. Camí dels Capellans
Passeig de Villafranca
Carrer Vila de Terol
Avinguda de Ronda
Avinguda Camí dels Capellans
Carrer Samuel
C. G. Pallarès
Avinguda de les Flors
C. Salvador Mirabent Paretas
Bahnhof
C. del Sol
Av. Artur Carbonell
Plaça E. Maristany
Carrer Josep Roig
i Raventós
Passeig de Vilanova
Carrer Santa Bàrbara
Carrer Sant Josep
Carrer St. Gaudenci
Carrer Illa de Cuba
Carrer F. Guinà
Carrer St. Bartomeu
Carrer St. Francesc
Carrer Mossen J. Sunyer
Joan Llopis Pi
Avinguda de Sofia
Plaça Espanya
Carrer de Parellades
Museu Romàntic
Carrer Jesus
Carrer Angel Vidal
Carrer Major
Carrer Antoni
Carrer Espanya
Plaça Industria
Carrer Bonaire
Carrer. St. Pere
Carrer St. Pau
Carrer 1er de Maig
Avinguda Mare de Déu del Vinyet
Av. Mare de Deu de Montserrat
Cartró
Carrer Sant Antoni
Passeig de la Ribera
Carrer Carreta
Carrer Nolu
Polizei
Plaça de Ajuntament
Plaça del Baluard
Passeig Maritim
Església de Sant Bartomeu i Santa Tecla
Platja de l'Estanyol
Platja de la Bassa Rodona
Platja de la Ribera

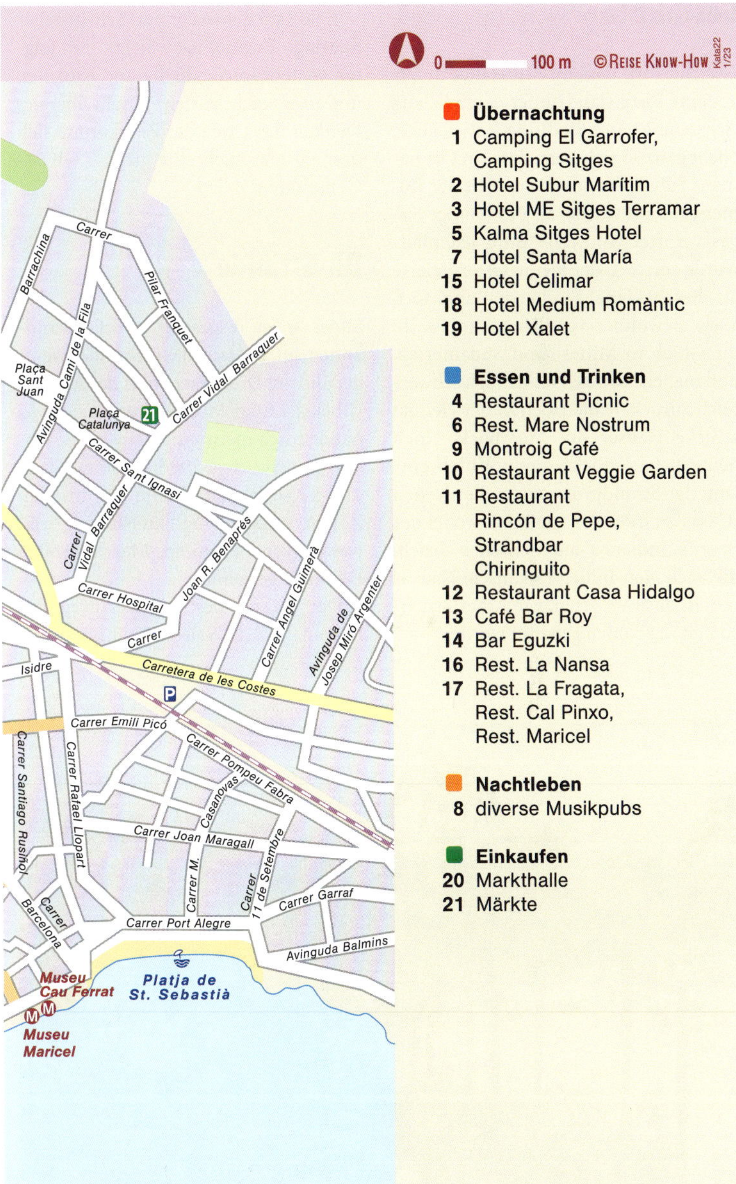


**Übernachtung**

1 Camping El Garrofer, Camping Sitges
2 Hotel Subur Marítim
3 Hotel ME Sitges Terramar
5 Kalma Sitges Hotel
7 Hotel Santa María
15 Hotel Celimar
18 Hotel Medium Romàntic
19 Hotel Xalet

**Essen und Trinken**

4 Restaurant Picnic
6 Rest. Mare Nostrum
9 Montroig Café
10 Restaurant Veggie Garden
11 Restaurant Rincón de Pepe, Strandbar Chiringuito
12 Restaurant Casa Hidalgo
13 Café Bar Roy
14 Bar Eguzki
16 Rest. La Nansa
17 Rest. La Fragata, Rest. Cal Pinxo, Rest. Maricel

**Nachtleben**

8 diverse Musikpubs

**Einkaufen**

20 Markthalle
21 Märkte

## Geschichte

Gesichert ist, dass im Mittelalter in Sitges eine **Burg** stand, unter deren Schutz sich eine **kleine Siedlung** entwickelte. Nicht ganz so sicher ist, dass ein Ort namens Subur, der schon zur Zeit der Römer erwähnt wurde, als das heutige Sitges verortet wird. Die Burg jedenfalls wurde zerstört, der kleine Ort existierte als bescheidene Fischersiedlung fort. Viele Bewohner versuchten im 19. Jh. ihr Glück in Mittel- und Südamerika, und manche kehrten tatsächlich schwerreich zurück, bauten sich in der Heimat schicke Häuser mit Meerblick. Noch heute stehen etliche dieser **Villen** entlang der Strandpromenade. Sie werden „Casas de Indianos" genannt, wobei der Begriff „Indianos" auf Menschen abzielt, die nach Neu-Indien (Spanisch: Neuvas Indias) auswanderten, wie Amerika lange Zeit in Spanien genannt wurde.

1880 kam der Maler und Schriftsteller **Santiago Rusiñol** nach Sitges, ihm folgten weitere Intellektuelle und Künstler, und so entwickelte sich ein sehr liberales Denken. Im Laufe der Zeit konnte sich deshalb hier auch eine große **LGBT+-Gemeinde** etablieren.

## Die Strände

Sitges weist insgesamt **zwölf Strandzonen** auf, die sich alle mehr oder weniger ähneln. Drei liegen links der Altstadt (Blickrichtung Meer), neun rechts. Es handelt sich meist um relativ kleine Abschnitte von etwa 200 bis 400 m Länge und maximal 30 m Breite. Die meisten Zonen verlaufen halbkreisförmig und werden von kleinen, ins Meer ragenden Dämmen getrennt.

Der Strand besteht durchweg aus feinem, hellem **Sand.** Parallel zu den

cd_010 jf

Strandzonen verläuft eine breite Promenade und dahinter eine Straße. Dort stehen im oberen Bereich einige wunderschöne alte **Villen,** während der linke Flügel von einem **Sportboothafen** begrenzt wird.

## Sehenswertes

### Strandpromenade

Angenehm läuft es sich auf dem **Passeig Marítim** bzw. **Passeig de la Ribera.** Deshalb joggen oder skaten oder flanieren hier ständig viele Leute entlang. Die ganz Ausdauernden starten unterhalb der Kirche in der Altstadt und drehen erst beim Hotel Terramar um, am oberen Ende der Promenade. Das ist dann allerdings ein Weg von gut und gern vier Kilometern – einfache Strecke! Jogger und Skater nehmen diese Distanz als Herausforderung an, Spaziergänger begnügen sich zumeist mit einem Teilstück oder nutzen für den Rückweg den Bus.

Der Passeig, so die katalanische Bezeichnung für Promenade, verläuft parallel zum Meer und bietet neben Ruhebänken, Palmen und Laternen „nur" schöne Ausblicke.

[>] Schicke Häuser kann man in Sitges bewundern

[<] Die Strandpromenade von Sitges

### Villen

Von der Promenade sieht man vor allem auf die **wunderschönen alten Villen** aus den Anfängen des 20. Jh. Die meisten dieser Häuser wurden von Kuba-Auswanderern nach deren Rückkehr gebaut; sie zeigten wirtschaftlichen Erfolg und (zumeist) Stilsicherheit der Zurückgekehrten.

Insgesamt 88 historische Villen lassen sich im Stadtgebiet von Sitges finden, immerhin 20 davon liegen **an der Promenade.** Ein Prospekt mit dem Titel „La Ruta de los Americanos" („Die Route der Amerikaner") beschreibt auf vier Spaziergängen alle Häuser, nennt die jeweilige Stilrichtung und das Baujahr. Zu beziehen ist der Prospekt über die Touristeninformation.

**In der Innenstadt** sind ebenfalls etliche dieser schicken Villen zu finden.

035cd sm

Recht konzentriert liegen sie bei der Plaça de l'Ajuntament, unweit der nicht übersehbaren Kirche, und in der Carrer Illa de Cuba, die in der Nähe vom Bahnhof abzweigt. Apropos Bahnhof: Auch dieses Gebäude ist historisch, es stammt aus dem Jahr 1881.

## Altstadt

Oberhalb des Strandes steht die barocke **Església de Sant Bartomeu i Santa Tecla** aus dem 17. Jh. Der asymmetrische Baustil mit leichtem Gefälle Richtung Strand ist ein besonderes Merkmal dieses Gotteshauses. Die dreischiffige Kirche mit mehreren Seitenkapellen steht an der Stelle zweier Vorgängerbauten, einer gotischen Kirche (1322) und einer noch älteren, aber kleineren romanischen. Mit dem Bau der heutigen Kirche wurde 1665 begonnen, geweiht wurde sie im Jahr 1672; der Glockenturm entstand zwei Jahre später. Der rechteckige Turm mit der Uhr kam erst 1868 hinzu. Im 19. Jh. wurden Renovierungs- und Erweiterungsarbeiten am Gebäude durchgeführt. Im Inneren der Kirche glänzen das barocke Altargemälde aus dem 17. Jh. und ein Renaissancegemälde (1499) der Heiligen Sant Bartomeu und Santa Tecla, erschaffen vom neapolitanischen Künstler *Nicolau de Credença.* Dieses zentral platzierte Bildnis zeigt die beiden Schutzpatrone von Sitges. Die Orgel stammt aus dem Jahr 1699.

Weiterhin erstreckt sich zwischen Kirche und Plaça Espanya das Gassengewirr der Altstadt mit einer konzentrierten Vielfalt an **Kneipen, Musikpubs und Restaurants.** Einige Kneipen und Musikpubs öffnen jedoch erst am Abend. Aber auch tagsüber haben hier genügend Restaurants geöffnet, wobei es dann noch recht ruhig zu geht. Zum Abend hin, wenn auch die Kneipen und Musikpubs öffnen, lockt Musik, schrill-bunte Deko, auf dem Bürgersteig steht platziertes Gestühl, und es entsteht eine animierende Szenerie zum nächtlichen Vergnügen.

⌃ Església de Sant Bartomeu i Santa Tecla

› Er hatte Sitges im Herzen

## Museu Cau Ferrat

1891 kam der Maler und Schriftsteller **Santiago Rusiñol** (1861–1931) nach Sitges, kaufte zwei alte Fischerhäuser, ließ sie renovieren und zu einem Gebäude vereinen. Hier stellte er seine Sammlung an Schmiedekunst unter und taufte das Haus auf den katalanischen Namen „Cau Ferrat", deutsch etwa: „Eisenhöhle". Das Haus entwickelte sich zu einem der **Künstlertreffpunkte.** Maler, Musiker, Schriftsteller versammelten sich in *Rusiñols* Haus, begründeten so den Ruf von Sitges als Ort der Bohème und der Künstler. Seit 1933 steht Cau Ferrat als Museum der Öffentlichkeit zur Verfügung.

**Ausgestellt** sind Gemälde des ehemaligen Besitzers, seine gesammelte Schmiedekunst sowie Werke befreundeter Künstler, nebst einigen Bildern von *El Greco, Picasso, Zuloaga* und auch eine Sammlung katalanischer Manufaktur. Außerdem werden hier fünf Werke von *Picasso* gezeigt, die aus den Jahren 1900–1901 stammen und zur Sammlung von *Santiago Rusinyol* gehören.

■ **Museu Cau Ferrat,** c/Fonollar 64, Tel. 938940 364, 1.3.–30.6., 1.9.–31.10. Di–So 10–19, 1.7.–30.8. Di–So 10–20, 1.11.–28.2. Di–So 10–17 Uhr, 10 € (Ticket gilt auch im Museu Maricel, s.u.).

## Museu Maricel

Hier findet der Besucher Exponate verschiedener Stilrichtungen vom 10. bis 20. Jh. auf Basis der **Kunstsammlung** von *Jesús Pérez Rosales,* der seine Werke der Stadt Sitges vermacht hat. Außerdem finden sich in diesem Museum einige Bilder von Künstlern, die in Sitges wirkten, aber nicht zu überregionalem Ruhm gelangten.

■ **Museu Maricel,** c/Fonollar s/n, 1.3.–30.6., 1.9.–31.10. Di–So 10–19, 1.7.–30.8. Di–So 10–20, 1.11.–28.2. Di–So 10–17 Uhr, 10 € (Ticket gilt auch im Museu Cau Ferrat); erster Mi im Monat freier Eintritt, aber nicht an Feiertagen.

Gegenüber vom Museum steht ein älteres Haus mit kleinen in Stein gemeißelten **Figurengruppen,** die jeweils eine kleine Geschichte erzählen – man achte hier auf die Details!

## Museu Romàntic

Das Museu Romàntic befindet sich in einem ehemaligen großbürgerlichen **Haus einer wohlhabenden Familie** aus dem Jahr 1793. Das Gebäude trägt den Namen jener Familie, *Llopis,* und gezeigt

331cd_jf

werden Einrichtungsgegenstände, Möbel und allgemein die Lebensweise einer reichen katalanischen Familie.

Zudem beherbergt das Museum eine private **Puppensammlung,** die 400 Einzelstücke umfasst.

■ **Museu Romàntic,** c/Sant Gaudènci 1; das Museum ist derzeit wegen Renovierung geschlossen.

## Praktische Tipps

### Unterkunft

**3** **Hotel ME Sitges Terramar**④, Passeig Marítim 80, Tel. 938940050, www.melia.com. Haus mit 209 Zimmern, ganz am Ende der Promenade, damit gut 3 km von Sitges-City entfernt. Das Hotel wurde halbrund gebaut, sodass die meisten Gäste Meerblick genießen.

051kk jf

**2** **Hotel Subur Marítim**④, Passeig Marítim s/n, Tel. 938941550, www.hotelsuburmaritim.com. Klein, aber fein. 42 Zimmer verteilen sich auf drei Etagen in einem älteren und in einem neueren Gebäude, zum großen Teil mit Meerblick. Weiterhin: Pool, Liegewiese im Palmen-Garten, ruhige Lage.

**7** **Hotel Santa María**③, Passeig de la Ribera 52, Tel. 938940999, www.lasantamaria.com. Kleines, schmuckes Haus, das einst drei Gebäude umfasste, die aber miteinander verbunden wurden. Es liegt direkt an der Promenade und recht nah zum Zentrum. 57 nette Zimmer, unten befindet sich ein gut besuchtes Restaurant mit kleiner Terrasse.

**15** **Hotel Celimar**③, Passeig de la Ribera 20, Tel. 938110170, www.hotelcelimar.com. Kleines 25-Zimmer-Haus in einem schick renovierten modernistischen Gebäude (Ende 19. Jh.) in zentraler Lage mit Meerblick. Im Erdgeschoss gibt es ein Café-Restaurant. Das Hotel besitzt über 300 Kunstwerke.

**18** **Hotel Medium Romàntic**④, c/Sant Isidre 33, Tel. 938948375, www.mediumhoteles.com. Mitten im Zentrum gelegenes, kunstvoll gestaltetes Haus im Jugendstil (katalanisch: Modernisme), das toll renoviert wurde. Allein das Eingangsschild hat schon mehr Stil als manch anderes Hotel in Gänze. Die Innendeko macht dem Hotelnamen alle Ehre, und der Garten ist eine traumhafte Ruhezone. 32 schicke Zimmer.

**19** **Hotel Xalet**③, c/Illa de Cuba 35, Tel. 938110070, www.elxalet.com. Noch so eine verwunschene Villa mit Erker, Gauben, einem Türmchen im Modernismus-Stil, elf Zimmern, Garten, Pool und Restaurant. Mitten in der City gelegen, nicht weit vom Bahnhof entfernt.

> Das Kalma Sitges Hotel

< Die LGBT+-Gemeinde fühlt sich wohl in Sitges

**5 Kalma Sitges Hotel**④, Pg. de la Ribera 63–69, Tel. 938112100, www.laninahotel.com. Schönes, kleines Hotel, das aus vier Gebäuden aus den Anfängen des 20. Jh. besteht. Es hat noch seine Originalfassade. Unten befindet sich ein geschätztes Restaurant. Zentrale Lage, nur durch eine Straße vom Strand getrennt, deshalb von etlichen der 47 Zimmern fantastischer Meerblick. Mit Freiluftpool.

## Camping

**1 El Garrofer,** Carretera C-246-A, km 38, Tel. 938 941780, www.campingelgarrofer. com, April bis Ende Okt. Großer Platz für knapp 1600 Personen, am Ortsrand von Sitges gelegen, etwa 500 m zum Strand. Es werden auch Bungalows vermietet sowie Glamping angeboten, also Zelte mit Luxus-Ausstattung. Zudem gibt es einen Kinderspielplatz, eine Bar, Pool und Fahrradverleih.

**1 Sitges,** 2. Carretera 246-A, km 38, Tel. 938941 080, www.campingsitges.com, Mitte März bis Mitte Okt. Ein Platz für 550 Urlauber, der teilweise unter Bäumen und gut 2 km außerhalb liegt. 600 m bis zum Strand, ein Pool ist auch vorhanden, genau wie Cocktailbar und ein Restaurant.

## Essen und Trinken

**6 Restaurant Mare Nostrum,** Passeig de la Ribera 60, Tel. 938943393, www.restaurantmarenostrum.com, Mi Ruhetag. Ein Klassiker in Sitges seit 1950. Die Bar ist einem Schiffskörper nachempfunden, und die Wände sind mit Bildern von lokalen Künstlern geschmückt. Fisch dominiert auch hier, es gibt aber auch gute Hausmannskost zu vernünftigen Preisen.

**11 Rincón de Pepe,** Passeig de la Ribera 36, Tel. 938945054, tägl. 12–17, 18–23 Uhr. Hat eine grö-

026kk jf

ßere Terrasse und es werden neben einem Tagesgericht *(Menú del día)* auch ein Tages-Reisgericht *(Arroz del día)*, kleinere Snacks, Fisch- und Reisgerichte angeboten.

11 Gegenüber liegt am Strand ein **Chiringuito.** Dieser Begriff für eine Strandbar ist in Andalusien sehr verbreitet, in Katalonien aber eher ungewöhnlich. Draußen erfährt man auf einer gekachelten Hinweistafel, dass dieses Haus seit 1913 besteht und dass der Begriff „Chiringuito“ hier geprägt wurde. Erfunden vom Autor *Cesar Gonzáles Ruano,* der hier fünf Jahre lang Artikel für die Zeitung „La Vanguardia“ schrieb. Er selbst nannte die Bar „Chiringuito“ und bezog sich damit auf ein Wort, das auf Kuba in jenen Tagen gebräuchlich war, um einen Kaffee zu bestellen.

13 **Café Bar Roy,** c/de la Parellades 9, Tel. 938110 269, www.caferoysitges.com, 7.45–23 Uhr. Zentral gelegene, gemütliche Bar mit einer größeren Terrasse in der Fußgängerzone. Drinnen stehen kleine Bistrotische und ein in seiner Schlichtheit schon wieder schicker Holztresen, draußen auf der Terrasse kommt man wegen der eng gestellten Tische fast zwangsläufig mit seinen Nachbarn ins Gespräch.

16 **Restaurant La Nansa,** c/Carreta 24, Tel. 938 941927, www.restaurantlanansa.com, im Sommer tägl., sonst Di, Mi Ruhetage. Fisch dominiert die Karte dieses Hauses, das in der Altstadt liegt, außerdem sind die Nachspeisen hochgelobt. Die Küche heimste schon etliche Auszeichnungen ein.

17 **Restaurant Cal Pinxo,** Passeig de la Ribera 5, Tel. 938948637, www.calpinxositges.com, Mo Ruhetag. Am Platz unterhalb der Kirche. Maritime Dekoration sowie Reis- und Fischgerichte.

17 **Restaurant Maricel,** Passeig de la Ribera 6, Tel. 938942054, www.maricel.es, Di Ruhetag. Ein spanischer Kritiker bezeichnete dieses liebevoll dekorierte Lokal als das interessanteste von Sitges. Gehobene Küche, bester Service, dafür auch entsprechende Preise. Traditionelle Fleisch- und Fischgerichte, regionale Speisen wie schwarzer Reis, Paella oder auch *fideuà* (dünne Nudeln) mit *cigalas* (größere Krabben).

17 **Restaurant La Fragata,** Passeig de la Ribera 1, Tel. 938941086, http://restaurantefragata.com. Ein schick eingerichtetes Lokal mit einer Außenterrasse. Es liegt unterhalb der Kirche vor einem kleinen Platz. Gute mediterrane Küche.

027kk jf

14 **Bar Eguzki,** c/Sant Pau 3, Tel. 938110320, tägl. ab 12 Uhr. Kleine baskische Tapas-Bar mit breitem Angebot. In jeder Tapa steckt ein Zahnstocher, diese werden gesammelt, abgerechnet wird am Ende nach der Anzahl der Hölzchen.

4 **Restaurant Picnic,** Pg. de la Ribera s/n, Tel. 938110040, www.restaurantpicnic.com, Mo–Do 13–18, Fr 13–22, Sa 10–22, So 10–18 Uhr. Liegt direkt am Meer und hat eine schöne Terrasse, wo man direkt vom Strand kommend speisen kann. Spezialitäten sind Fisch- und Reisgerichte sowie Meeresfrüchte.

9 **Montroig Café,** c/Marqués de Montroig 11–13, Tel. 938948439, www.montroigcafe.com. Eines von vielen Lokalen in dieser Kneipen-Straße, das jedoch schon durch seine schiere Größe auffällt. Draußen stehen zwar auch ein paar Tische, doch drinnen im riesigen Hauptraum sitzen die meisten Gäste, der Tresen ist dagegen winzig. Es gibt Frühstück ab 8.30 Uhr, ansonsten eine breite Bistro-Karte.

12 **Casa Hidalgo,** c/Sant Pau 12, etwas versteckt in einer Seitenstraße, Tel. 938943895, www.casahidalgo.es, Di–So 13–15.30, Mi–Sa 20–23 Uhr. Relativ klein, schick eingerichtet, bietet eine ausgesprochen ambitionierte Küche mit Fisch, Fleisch und Reisgerichten. Vergleichbares findet man nicht so schnell.

10 **Veggie Garden,** c/Primer de Maig 3, Tel. 936 337063, tägl. 12–23.30 Uhr. Hier werden vegetarische und auch vegane Gerichte geboten, teils mit asiatischem Touch.

☐ Abendliches Leutegucken in Sitges

## Nachtleben

Während der Sommermonate ist Sitges Party-Town, wo das Nachtleben brummt! Nicht nur die Gay-Szene trifft sich hier, auch viele Stadtflüchtlinge aus Barcelona feiern hier und ebenso der internationale Tourismus. Die nächtlichen Straßen und Bars sind voll, Party-Stimmung überall, und Ruhe sucht hier sowieso niemand. Außerhalb der Sommerphase ist es aber dann doch deutlich ruhiger.

8 Vor allem in der **c/Primer de Maig,** auch „Calle del Pecado" („Straße der Sünde") genannt, reiht sich ein Tresen an den nächsten – hier flutet alles durch, was nachts auf der Piste ist. Auch in der Verlängerung dieser Straße und in den benachbarten Straßen setzt sich die Kneipenvielfalt fort. In den kleineren Querstraßen findet man etliche **Gay-Lokale,** leicht zu erkennen an der Regenbogenfahne. Jenseits der Kirche liegen **weitere Lokale** in den Gassen bis zur Carrer Major. Da der engere innerstädtische Kern zu Fußgängerzonen umgestaltet wurde, lässt es sich hier sehr entspannt flanieren.

## Einkaufen

21 **Wochenmärkte:** Do an an der Avinguda de Vilafranca, Sa an der Plaça Catalunya, jeweils 8–13 Uhr; Bekleidung, Blumen, Lebensmittel.

20 **Markthalle:** neben dem Bahnhof, Mo–Sa 8.30–14 Uhr, Fr auch 17.30–20.30 Uhr, etwa 30 Verkaufsstände.

## Feste

■ **Karneval:** Nicht nur Rheinländer können Karneval feiern, auch Katalanen. Gilt als spektakulärster Karneval von ganz Katalonien. Sehr beliebt auch in der Gay-Szene.

■ **Mitte März:** Oldtimerrallye Barcelona – Sitges, alle Autos müssen vor 1926 gebaut sein, Fahrer und Beifahrer tragen Kleidung jener Epoche.

274cd_sm

- **Fronleichnam:** Alfombras Florales, einige Straßen der Innenstadt werden wunderschön mit sogenannten Blumenteppichen geschmückt.
- **Mitte Juni:** Sitges Gay Pride: großes Schwulen-Treffen mit Parade und Gay Village an der Promenade.
- **Juli, August:** großes Musikfestival von Sitges mit vielen lokalen, aber auch einigen internationalen Künstlern.
- **24. August:** Festa Major, Stadtfest zu Ehren des Ortspatrons Sant Bartomeu. Eine Menge folkloristischer Veranstaltungen. Um Mitternacht des Vortages spielt eine Musikgruppe, Les Grallers, zur Erinnerung an den Heiligen. Obendrein gibt es ein Feuerwerk, den Ball de Diables („Tanz der Teufel"), sowie satirische Aufführungen.
- **Mitte September:** Weinlesefest, u.a. mit einem Wettbewerb im „Traubenzertreten".
- **Ende September:** Gastronomiefest Menjar de Tast, wo es jede Menge Kostproben gibt.
- **23. September:** Fest zu Ehren der Ortspatronin Santa Tecla.
- **Oktober:** Internationales Filmfestival von Katalonien. Oldtimerrallye Barcelona – Sitges, mit Motorrädern.

## Ausflug

- Die **Nahverkehrsbahn** fährt je nach Tageszeit alle 30 bis 60 Minuten **nach Barcelona.** Sie hält am Hauptbahnhof Sants Estació, an der Haltestelle Passeig de Gràcia (liegt schon relativ zentral) und endet am Bahnhof Estació de França (liegt nicht zentral, aber nahe beim Hafen).

Am Strand von Vilanova i la Geltrú

# Vilanova i la Geltrú

- **Einwohner:** 67.500
- **Entfernung nach Barcelona:** 34 km
- **Touristeninformation:** Oficina Municipal de Turisme, Parc de Ribes Roges, Tel. 938154517, www.vilanovaturisme.cat.

Vilanova i la Geltrú ist eine mittelgroße, **geschäftige Stadt** mit Kleingewerbe und Industrie in den Außenbezirken. Die Bahnlinie teilt den Ort gewissermaßen in zwei Teile. Während sich der innerstädtische Bereich mit vielen Geschäften, Wohnblocks und wenig Müßiggang eher urban zeigt, lockt der **Strandbereich** mit einer netten Promenade und einem Weg unter Bäumen in Blickdistanz zum Meer, wo etliche Terrassenlokale liegen. Ein Muss für Liebhaber von alten Dampfloks ist das **Eisenbahnmuseum,** direkt am Bahnhof.

Der zusammengesetzte **Ortsname** verweist auf zwei einst getrennte Siedlungen, die schon im Mittelalter existierten. La Geltrú gründete sich im Schutz einer Burg aus dem 11. Jh., das Viertel Vilanova wuchs Ende des 13. Jh. Zusammengeführt wurden beide Siedlungen im 16. Jh. Der neue Ort florierte durch den Weinhandel und durch seinen Hafen. Dies wurde noch verstärkt, als 1778 der Überseehandel mit Amerika nicht mehr monopolartig über Sevilla laufen musste, sondern auch für andere Häfen freigegeben wurde. Findige Unternehmer bauten hier 1839 eine Textilfabrik, die mit einer Dampfmaschine betrieben wurde, es war die erste in ganz Spanien.

## Die Strände

Die **Platja El Far de Sant Cristofol** liegt beim namensgebenden Leuchtturm (27 m Höhe, alle acht Sekunden wird ein Lichtsignal ausgesendet, das man noch in 19 Seemeilen Entfernung erkennen kann). Auf der anderen Seite grenzt der helle Sandstrand an den Hafen und liegt somit sehr zentral.

Hat man den Hafenbereich passiert, schließt sich halbkreisförmig der stadtnahe Strand **Platja Ribes Roges** an. Er misst 1250 m und ist sehr breit, gute 60 m im Mittel. Eine kleine Grünzone begrenzt ihn, weiterhin verläuft eine schön gestaltete Promenade parallel. Der Passeig Ribes Roges wird von Palmen gesäumt, einige schicke ältere Häuser zeigen sich auf der anderen Straßenseite, ein Grünstreifen mit Fahrradspur trennt

169cd sm

☐ Hommage an die Fischer: Torre Blava

die Fahrbahnen. Ebenfalls sehr angenehm: Entlang der Promenade liegen keinerlei Läden, die touristische Waren bieten, sondern nur einige Lokale mit Terrasse.

## Sehenswertes

### Hafen

Der großräumige **Sportboothafen** und die davor verlaufende Promenade laden zum Staunen und Bummeln ein. Staunen muss man über die teilweise riesigen Boote, deren Wert wohl jenseits der Neidgrenze liegt. Die Promenade wurde mit Bäumen, Palmen und Ruhebänken aufgehübscht. Es finden sich auch etliche Restaurants, praktisch alle haben eine Terrasse.

### Strandzone

Die Promenade führt am Hafengelände vorbei und erreicht schließlich eine breite Strandzone. Aufgelockert wird diese durch einen **kleinen Park** mit einem Türmchen, genannt Torre Blava, das eine Hommage an die hart arbeitenden Fischer darstellt. Dort werden vereinzelt auch Ausstellungen gezeigt. Hier lässt es sich nett herumspazieren.

⊡ Im Museum für Dampflokomotiven

### Innenstadt

Die Innenstadt breitet sich oberhalb der Bahnlinie aus. Hier herrscht ganz **alltägliches städtisches Leben.** Menschen kaufen ein, gehen zur Arbeit, hetzen kurz in eine Bar, laufen von hier nach da. Nichts Besonderes eben. Müßiggang gibt es hier nicht. Der wird am Strand gepflegt, aber hier im Zentrum geht es geschäftig zu. Dazu passen auch die meisten Häuser. Nur ganz vereinzelt stößt man mal auf ein hübsches Einzelgebäude, wie die **Kirche Sant Antoni Abat** aus dem 17. Jh. mit einer neoklassizistischen Fassade und dem separat stehenden Glockenturm aus dem Jahr 1673 oder das herrschaftliche Anwesen Can Papiol in der Carrer Major aus dem 19. Jh. Dieses lockt heute als **Museu Romàntic** Besucher an und entführt sie in die über 100 Jahre alte Wohnwelt einer wohlhabenden katalanischen Familie. Das bleiben aber Ausnahmen, ansonsten dominieren zweckmäßige Bauten.

■ **Museu Romàntic Can Papiol,** c/Major 32, Mai bis Okt. Fr–So 11–14, 17–19, Nov. bis April Fr/So 11–14, 17–19, So 11–14 Uhr. Nur geführte Besuche jeweils zur vollen Stunde, 4 €, erm. 2 €.

### Museu del Ferrocarril

Das **Eisenbahnmuseum** ist ein Muss für alle Bahnfans. 28 historische Dampfloks und ca. 30 Waggons stehen im Halbkreis, alle auf Hochglanz poliert und (scheinbar) bereit zur Abfahrt. Die ältesten Loks stammen aus dem 19. Jh. Vor jedem Modell erklären Schautafeln technische Details. Vereinzelt führen Treppen zu Besichtigungsrampen, sodass man hineinschauen kann. Und da wird man dann staunend entdecken, dass Bahnfahren im 19. Jh. entweder höllisch unbequem gewesen sein muss („Holzklasse"), oder, ganz im Gegenteil, mit beachtlichem Komfort möglich war.

Im Hauptgebäude sind Exponate rund ums Thema Eisenbahn ausgestellt, und im ersten Stock wird eine 25-minütige **audiovisuelle Show** gezeigt über die Entwicklung der spanischen Bahn.

■ **Museu del Ferrocarril,** Plaça Eduard Maistany s/n, direkt am Bahnhof, Di–So 10–14.30, Sa 10–14.30 und 16–19.30 Uhr, 1.8.–31.8. tägl. 10.30–14.30 und 17–20 Uhr, 6, 50 €, Kinder (4–11 J.) 5 €.

### Museu Biblioteca Víctor Balaguer

Das hübsche Gebäude aus dem 19. Jh. liegt unweit vom Bahnhof. Gegründet wurde die **Bibliothek** 1884 durch den späteren Namensgeber, einen Schriftsteller und Politiker. Die Bibliothek ist eine der umfangsreichsten Kataloniens, sie umfasst 40.000 Bände aus dem 19. und 20. Jh. Das Museum bietet u.a. eine **archäologische Sammlung** von Fundstücken aus Ägypten, China, Lateinamerika, eine **Gemäldesammlung** katalanischer Künstler sowie einige bedeutende Werke aus dem Prado in Madrid.

■ **Museu Biblioteca Víctor Balaguer,** Av. Víctor Balaguer s/n, zuletzt wegen Umbauarbeiten geschlossen.

## Praktische Tipps

### Unterkunft

■ **Hotel César**④, c/d'Isaac Peral 8, Tel. 938151 125, www.hotelcesar.net. 35 Zimmer in einem Gebäude aus dem frühen 20. Jh. Ca. 100 m entfernt vom Meer in einer Villengegend. Das Hotel hat einen größeren Pool und ein Restaurant der Spitzenklasse.

037cd sm

■ **Hotel Ceferino**③, Passeig de Ribes Roges 2–3, Tel. 938151719, www.hotelceferino.com. 28 Zimmer, ist gelb gestrichen und von Palmen umgeben. Ein Restaurant ist angeschlossen, im Innenbereich lockt ein Pool mit Sonnenterrasse.

## Camping

■ **Vilanova Park,** Carretera de l'Arboç, km 2,5, Tel. 938933402, www.vilanovapark.es, ganzjährig geöffnet. Platz für 2700 Camper, schön angelegte Parkanlage mit großem Pool, Restaurant, Supermarkt, Kinderclub, Fahrradverleih, Wellness-Bereich und einer großen Sport-Zone. Am Strand kann man Windsurfen, Tauchen, Segeln und Kajak fahren. Etwa 2 km außerhalb und 4 km vom Meer entfernt. Direktbusse nach Barcelona.

■ **Platja Vilanova,** C-246a, km 48,3. Tel. 938950 767, www.platjavilanova.com, Anf. Febr. bis Ende Okt. Der Platz für 1500 Gäste liegt etwas außerhalb, 150 m vom Strand entfernt, teilweise unter Schatten spendenden Bäumen. Auch Bungalows werden vermietet. Es gibt auch noch eine Bar, Restaurant, Supermarkt, einen großen illuminierten Pool, Kinderspielplatz und Tennisplätze. Ein Bus nach Vilanova fährt ca. 100 m vom Eingang entfernt ab.

## Essen und Trinken

■ Gegenüber von der Touristeninformation verläuft eine **Promenade** mit mehreren Lokalen. Alle haben eine nette Terrasse und die meisten sind auf Gerichte der Region spezialisiert.

■ **Restaurant El Pescador,** Passeig Marítim 45, Tel. 938153142, www.elpescador.cat. Grundsolides Lokal mit umfangreicher und preislich vernünftiger Fisch-Speisekarte.

■ **Restaurant La Cucanya,** Racó de Santa Llucía s/n, Tel. 938151934, www.restaurantlacucanya.com. Liegt knapp 1 km südlich (am km 47 der C-246, tägl. 13–16, Do–Sa 20.30–23 Uhr, Terrasse tägl. ab 11.30 Uhr. Seit 1979 eine gute Adresse für katalanische Fischgerichte. Terrassenblick aufs Meer, hoch gelobte Desserts.

028kk jf

■ **1918,** Passeig Marítim 56, Tel. 938532355, www.restaurant1918.cat, Di–So 13–16, Fr und Sa auch abends. An gleicher Stelle verwöhnte das weithin bekannt Restaurant Peixerot über Jahrzehnte seine Gäste. Nun beginnt eine neue Etappe mit neuem Namen, der an die bescheidenen Anfänge erinnert, als im Jahr 1918 hier eine Taverne eröffnete. Und auch die Küche orientiert sich zurück, kocht typisch katalanische Gerichte mit Fisch und Meeresfrüchten.

■ **El Bessons,** Plaça del Carme 24, Tel. 938154 234, tägl. außer Do 11–17, 20–23 Uhr. Mal was anderes an dieser fischreichen Restaurantmeile entlang der Küste, denn dieses Lokal ist eine Mischung aus Brasserie und Pizzeria. Wie die benachbarten Restaurants auch mit netter Terrasse.

■ **El Xiringuito Miramar,** am Strand Platja Gervasi, Tel. 938157970, www.xiringuitomiramar.com, Di Ruhetag. Leckerste Meeresfrüchte, Paella, frittierte Fischlein, und das alles am beliebten, kleinen Strand von Sant Gervasi auf einer Terrasse.

## Einkaufen

■ **Mercat Pùblic,** Plaça Soler i Carbonell s/n, Mo–Fr 8–14, Di und Fr 17–20 Uhr, Sa 7–14.30 Uhr. Knapp 80 Händler verkaufen in der Markthalle alles vom Feld und aus dem Meer.

■ **Mercat de Mar,** c/Llibertat 137, Mo–Sa 8–14, Di und Fr 17–20 Uhr. Auf dem Fischmarkt unweit der Plaça de l'Església bieten 15 Händler Fisch und Meeresfrüchte an.

■ **Can Solá,** Plaça de la Vila 4, Tel. 938934025. Ein Geschäft, das Wein aus fast allen Anbaugebieten Spaniens führt; Verkostung möglich.

052kk jf

## Feste

■ **Karneval:** Wird in Vilanova kräftig gefeiert. Als unter *Franco* der Karneval verboten war, widersetzte sich die Stadt, was man wohl als sehr mutig ansehen darf.

■ **Letzte Juniwoche:** Setmana de Mar, Festes de Sant Pere. In der „Woche des Meeres" feiern alle Fischer und Seeleute mit einer Meeresprozession sowie u.a. mit einem Wettbewerb zum Kochen von Meeresfrüchten.

■ **Um den 5. August:** Festa Major oder auch Patronatsfest zu Ehren der Mare de Déu de les Neus. Traditionelles Fest, dessen Wurzeln sich bis 1710 zurückverfolgen lassen, u.a. mit *gegants* und „mystischen Bestien".

☒ Das Hotel Ceferino

☒ Ruhiges Strandleben in Vilanova i la Geltrú

# Sant Sadurní d'Anoia

283cd_sm

- **Einwohner:** 12.000
- **Entfernung nach Barcelona:** 40 km, nach Sitges etwa 20 km
- **Touristeninformation:** Hospital 23, Tel. 938 913188, www.santsadurni.cat.

Sant Sadurní ist das Zentrum des katalanischen Schaumweins, Cava genannt. Ende des 19. Jh. verschlug es *Josep Raventós* nach Barcelona, wo er erste Erfahrungen in der Cava-Produktion sammelte. Viele Jahre später reiste sein Sohn *Manuel Raventós i Domènech* sogar nach Frankreich, um zu lernen, wie Champagner produziert wird. Zurück in Sant Sadurní, setzte er dieses Wissen so erfolgreich um, dass mehrere Weinbauern seinem Beispiel folgten und Schaumwein produzierten. Auch die bei uns mittlerweile bekannten Marken Freixenet, Domènech und Codorníu stammen aus der Gegend um Sant Sadurní, etwa 90 % der gesamten spanischen Cava-Produktion stammt aus dieser Region.

## Sehenswertes

### Kellereien

In erster Linie steht natürlich der Besuch in einer der Kellereien. Wer sich heute dem Ort nähert, nimmt schon ein paar Kilometer außerhalb die Hinweisschilder zu den großen Bodegas wahr. Insgesamt 80 Hersteller gibt es in Sant Sadurní. Sehr viele können besichtigt werden und bieten Direktverkauf an. In dem kleinen Ort selbst findet der Besucher entlang der Hauptzufahrtsstraße genügend Hinweise zu den einzelnen Marken und Bodegas.

Die beiden größten und bekanntesten Kellereien **Freixenet** und **Codorníu** bieten einen sehr guten Service und führen mehrmals täglich Besuchergruppen mehrsprachig durch ihre wirklich sehenswerten Gewölbe. Freixenet lässt sich auch für Besucher ohne eigenes Fahrzeug hervorragend erreichen, denn die riesige Fertigungshalle liegt unmittelbar beim Bahnhof. Die kleineren Bodegas sind etwas familiärer, haben aber auch mitunter eingeschränkte Öffnungszeiten. Wer sich vorab ausführlich informieren möchte, kann über die Touristeninformation einen ausführlichen Prospekt bestellen *(caves visitables)*.

Sant Sadurní ist die Hauptstadt des Cava

# El Cava

Irgendwo in Barcelona. Besuch in einer Bar. Mal etwas Typisches trinken? Klar! Ein Glas Cava, bitte. Trocken oder lieblich? Trocken. Sehr trocken, bitte. Der Kellner verschwindet kurz, zaubert ein mit Eis beschlagenes Glas hervor. Entkorkt die gut gekühlte Flasche, schenkt ein. Wie Perlen wandern die Bläschen der Kohlensäure hoch, zerplatzen an der Oberfläche. Das Glas „schmilzt", Zeit zum Probieren.

Cava ist Schaumwein und ein typisch katalanisches Produkt. Dabei stammt die Anbaumethode aus Frankreich. Ein fixer Katalane studierte die Champagner-Herstellung und versuchte es dann selbst. Mit Erfolg! Seit 1872 wird katalanischer Cava in Sant Sadurní produziert. Doch „Champagner" durften die Katalanen ihr Getränk nicht nennen, der Begriff ist nämlich geschützt. Also wählten sie das katalanische Wort *cava*. Heute ist Cava selbst ein geschütztes Produkt. Ein Schaumwein darf sich nur „Cava" nennen, wenn er aus dem sogenannten Cava-Gebiet stammt. Dazu zählen noch ein paar nordspanische Landstriche, aber hauptsächlich handelt es sich um das Gebiet Penedès mit der selbst ernannten Hauptstadt Sant Sadurní. 90 % der Produktion stammen aus dem Gebiet um Sant Sadurní.

**Ein paar Zahlen:** 270 Bodegas produzieren mittlerweile 200 Millionen Flaschen jährlich, wovon gut die Hälfte in 120 Länder exportiert werden. Die Hälfte des Exports geht nach Deutschland. Freixenet (sprich: Freschenet) kennt hierzulande mittlerweile jeder, doch nicht weniger im Geschäft ist Codorníu.

Cava gibt es in sieben Geschmacksstufen, von sehr trocken *(brut nature)* bis süß *(dulce)*. Den Unterschied macht der Zuckergehalt. *Brut nature* hat drei Gramm Zucker pro Liter, *dulce* dagegen mehr als 50 Gramm. Weitere Zwischenabstufungen sind *extra brut, brut, extra seco, seco* und *semiseco*.

Die Trauben werden im September und Oktober geerntet und dann gepresst. Nach der ersten Gärung folgt eine zweite Gärung in der Flasche von wenigstens neun Monaten. Dabei ruhen die Flaschen in kühlen Kellergewölben im Halbdunkel und werden regelmäßig gedreht. Nach weiteren Arbeitsschritten, mit denen letzte Unreinheiten entfernt werden, erfolgt der endgültige Verschluss durch einen Korken. Bei einem authentischen Cava muss übrigens auf der Unterseite des Korkens immer ein Stern mit vier Spitzen abgebildet sein.

Die Bodegas der meisten Produzenten können besichtigt werden. Besonders interessant sind die teilweise gewaltigen unterirdischen Gewölbe, in denen Tausende von Flaschen lagern. Manche Lagerstatte fällt so gewaltig und modernistisch aus, dass sie schon als eigene Sehenswürdigkeit gelten kann. Dazu gehören beispielsweise die Bodegas von Codorníu, die von dem Architekten *Puig i Cadafalch*, einem Gaudí-Schüler, konstruiert wurden.

https://stock.adobe.com © barmalini

### Die größten Firmen

■ **Bodega Freixenet,** c/Joan Sala 2 (direkt beim Bahnhof), Tel. 938917096, www.freixenet.es, Eintritt: 15,50 €; die geführten Touren (90 Minuten) finden täglich statt, man muss vorab online reservieren und wählt dort auch die gewünschte Sprache. Nach einem einführenden Film geht es hinunter in die riesigen Kellereien, wo die Herstellungstechnik und die Stufen der Fertigung erklärt werden. Anschließend werden die Besucher mit einem Fahrzeug aus den Tiefen des kühlen Kellers gebracht, und es gibt eine kleine Verkostung im Restaurant des Hauses Freixenet.

■ **Bodega Codorníu,** Av. Jaume de Codorníu s/n (außerhalb des Ortes), Tel. 938913342, www.codorniu.es. Es gibt verschiedene Touren, auch auf Englisch, z.B. 90 Min. und Verkostung von zwei Cavas (20 €). Termine fast täglich, Reservierung vorab online. Codorníu ist eine der größten Firmen ganz Spaniens. Der Hauptsitz liegt in einem schönen hellen Landhaus aus dem Jahr 1551. Das Gebäude wurde später mehrfach erweitert, u.a. von einem der berühmtesten Vertreter des katalanischen Jugendstils (Modernisme), *Josp Puig i Cadafalch.* Die unterirdischen Kellereien verlaufen über 26 km auf vier Ebenen. Nach einem kurzen einführenden Film wird ein Blick ins Museum geworfen, anschließend besichtigt man die Kellereien mit einer Art kleinem Zug.

# Praktische Tipps

## An- und Abreise

■ Mit der **Vorortbahn Rodalies** ist Sant Sadurni d'Anoia vom Hauptbahnhof **Barcelona-Sants** bzw. auch von der **Plaça de Catalunya** in Barcelona mit der **Linie R4** Richtung Sant Vicenç de Calders in 42 Minuten zu erreichen. Zurück nach Barcelona geht es dann mit der Bahn in Richtung Manresa.

■ Aus Richtung **Costa Daurada** anreisend, muss man einmal umsteigen. Zunächst also mit der **Linie R2 Sur** in Richtung **Sant Vicenç de Calders** fahren und dort in die **Linie R4** Richtung **Martorell** bzw. **Manresa** umsteigen, dieser Zug hält in Sant Sadurni d'Anoia.

170cd sm

## Unterkunft

■ **Fonda Neus**③, c/Marc Mir 14–16, Tel. 938910 365, www.fondaneus.com. In dritter Generation geführtes Haus, wirkt von außen unspektakulär bis auf den eindrucksvollen Eingangsbereich mit der riesigen Glasfront, bietet aber 10 korrekte Zimmer.
■ **Hostal Sant Sadurní**②, c/Sant Antoni 99, Tel. 938914335. Ein kleines, renoviertes Zwei-Sterne-Haus mit 10 Zimmern in zentraler Lage, unweit von der Plaça del Ajuntament in einer ruhigen Seitenstraße gelegen, mit sehr bemühten Besitzern.

## Essen und Trinken

■ **Fonda Neus,** c/Marc Mir 14–16, Tel. 938910 365, Sa und im August geschlossen. Klassische Küche zu erschwinglichen Preisen mit einem unter Einheimischen sehr geschätzten Mittagstisch. Das Lokal liegt im Ortskern, vielleicht fünf Gehminuten vom Rathaus entfernt.
■ **Restaurant Cal Blay Vinticinc,** c/Josep Rovira 27, Tel. 938910032, Di Ruhetag. Liegt im Umfeld der innerstädtischen Bodegas und war mal ein altes Weingut. Heute ist es ein schickes Restaurant, das traditionelle Gerichte mit modernem Esprit vereint. Überschaubare Karte, es gibt auch Menüs.

## Einkaufen

■ **Markt,** Do und Sa 8–14 Uhr an der Plaça Ajuntament.
■ **Cal Feru,** c/Diputació 51, Tel. 938910163. Hat ein sehr breites Angebot an Cava und Wein (über 1500 Produkte). Das Geschäft liegt an der Straße zum Bahnhof, kurz vor der breiten Brücke.

◁ Die Freixenet-Kellerei liegt direkt am Bahnhof von Sant Sadurní d'Anoia

■ An der Straße Carrer Joan Maragall befinden sich mehrere Geschäfte, die **Cava** verkaufen. Zumeist ist auch ein Ausschank angeschlossen.

## Feste

■ **6.–9. September:** großes Fest zur Weinlese, mit Castellers, Umzügen, auch von Gegants, sowie Sardana-Tänzen vor dem Rathaus.
■ **Erste Oktoberhälfte:** Setmana del Cava, das Fest rund um den Cava. Am 12.10. sind alle Bodegas geöffnet.
■ **29. und 30. November:** Patronatsfest Sant Sadurní.

# Vilafranca del Penedès

■ **Einwohner:** 39.700
■ **Entfernung nach Barcelona:** 50 km, nach Sitges etwa 22 km
■ **Touristeninformation:** c/Hermenegild Clascar 2, Tel. 938181254, www.turismevilafranca.com.

Der Ort wird **„Hauptstadt des Weines"** genannt. Seit dem 19. Jh. konzentriert sich hier der Weinanbau der Region Penedès. Einige kleinere Bodegas liegen im Ort, die größeren etwas außerhalb.

Der Ort entstand im 12. Jh. an der heutigen Stelle. Vorher gab es bereits eine Siedlung, die sich aber im gebirgigen Hinterland befand, denn zum damaligen Zeitpunkt kam es immer wieder zu Überfällen vom Meer aus. Erst als diese Gefahr gebannt war, zogen die Bewohner hinunter in die Ebene, wo sie bessere landwirtschaftliche Bedingungen vorfanden, u.a. für den Weinanbau. Ende des 19. Jh. erreichte die Eisenbahn den Ort, was zu einem wirtschaftlichen Aufschwung führte, konnte man doch nun den Wein sehr viel einfacher bis nach Barcelona verkaufen.

## Sehenswertes

Die Altstadt lohnt einen zwanglosen Bummel, viele der historischen Gebäude sind im Stil des Modernismus gebaut. An der **Plaça de Jaume I.** steht die **Basílica de Santa María** aus dem Jahr 1285. An der Seitentür, ursprünglich der Haupteingang, befinden sich Reste von Wandmalereien aus dem 14. Jh. In der Krypta steht eine Figurengruppe der Kreuzabnahme Jesu aus Carrara-Marmor. Der schlanke achteckige **Glockenturm** steht etwas abseits. Hinauf führt eine steile Wendeltreppe; aus 52 m Höhe bietet sich ein schöner Blick über die ganze Stadt. Unweit der Kirche liegt das Weinmuseum (siehe unten).

Bei der Kirche steht der **Palau Baltà,** ein im Stil der Gotik erbautes Haus aus dem 16. Jh. mit einer beeindruckend gestalteten Fassade. Genau dort findet man ebenso beeindruckendes steinernes Monument zu Ehren der **Castellers,** der Menschentürme, die eine lange Tradition in Vilafranca haben. „Als Castellers" („Den Menschentürmen") steht in den Sockel eingemeißelt, und man ahnt die hohe Geschicklichkeit, die für diesen Kraft- und Balanceakt notwendig ist. Zudem ist es eine sehr schwierige Figur, die hier dargestellt wird.

Die **Rambla de Sant Francesc** ist eine schön begrünte Flanierpromenade, über die man sehr nett bummeln kann.

### Vinseum – das Weinmuseum

Das Museum ist untergebracht im ehemaligen königlichen Palast. Hier werden u.a. historische Weinpressen ausgestellt, außerdem wird der Weg von der Traube bis zum Endprodukt erklärt, inklusive Weinprobe. Zudem findet man noch **regionale Ausstellungen** zu geologischen, ornithologischen und archäologischen Themen sowie eine Kunstausstellung. Es ist auch eine Taberna angeschlossen, die leckere Weine anbietet, geöffnet ist sie bis 23 Uhr.

- **Vinseum,** Plaça Jaume I. 5, Tel. 938900582, www.vinseum.cat, 2.5.–30.9. Di–Sa 10–19, So 10–14 Uhr, 1.10.–1.5. Di–Sa 10–14, 16–19, So 10–14 Uhr, 7 € (ein Glas Wein oder Cava nach dem Rundgang ist inbegriffen).

## Praktische Tipps

### An- und Abreise

- Mit der **Vorortbahn Rodalies** ist Vilafranca del Penedès vom Hauptbahnhof Barcelona-Sants bzw. auch von der Plaça de Catalunya in **Barcelona** mit der Linie R4 Richtung Sant Vicenç de Calders in einer Dreiviertelstunde zu erreichen. Zurück nach Barcelona geht es mit der Bahn in Richtung Manresa.
- Aus Richtung **Costa Daurada** anreisend, muss man einmal umsteigen. Zunächst also mit der Linie R2 Sur in Richtung Sant Vicenç de Calders fahren und dort in die Linie R4 Richtung Martorell bzw. Manresa umsteigen, dieser Zug hält in Vilafranca del Penedès.
- Wer aus dem Bereich **weiter südlich** anreist, kann mit Regional-Zügen fahren, die zwischen Tarragona und Barcelona verkehren, muss aber auch in Sant Vicenç de Calders umsteigen. Achtung: Dort halten nicht alle Züge!

## Unterkunft

■ **Sercotel Pere III. El Gran Hotel**③, Plaça Penedès 2, Tel. 938903100, www.hotelpedrotercero.com. Okay, es gibt architektonisch ansehnlichere Häuser, dafür liegt dieses Hotel zentral. Insgesamt sind die wenigen Hotels der Stadt recht teuer, möglicherweise kommen (zu) viele Weinhändler, wer weiß? Das alles ist Spekulation, die Fakten: 52 gut und modern eingerichtete Zimmer, Konferenzräume, eine eigene Garage und ein Restaurant.

## Essen und Trinken

■ **Restaurant Cal Ton,** c/Casal 8, Tel. 938903741, So abends und Mo ganztags geschlossen. Patron *Ton Mata* serviert katalanische Küche in drei Räumen eines alten Hauses unweit vom Bahnhof. Insgesamt nicht billig.

■ **Restaurant Casa Joan,** Plaça Estaciò 8, in der Nähe des Bahnhofs, Tel. 938903171, www.casajoan.es, tägl. 13–16 Uhr. Preiswerte Hausmannskost, katalanische Gerichte, hausgemachte Desserts.

## Nützliche Adressen

■ **Weinkellerbesichtigung:** Bodega Miguel Torres, c/Comeraciò 22, Tel. 938177487, www.torres.es. Das Besucherzentrum Finca el Maset liegt 4 km außerhalb in Pacs; der Straße BP-2121 Richtung St. Martí Sarroca folgen (ausgeschildert). Tour mit Verkostung von drei Weinsorten Sa 16 Uhr (Spanisch, 19 €) oder mit vier Tapas und Weinen für 29 € um 12.30 Uhr (Spanisch) oder auch auf Englisch tägl. um 10.30 Uhr.

☒ Castellers, die Menschentürme, haben eine lange Tradition in Vilafranca

## Einkaufen

■ **Markt:** Sa 8–14 Uhr im Zentrum an der Plaça de Sant Joan, an der Plaça Jaume I. und an der Plaça de l'Oli.

■ **Inzolia,** c/de la Palma 21, Tel. 938181938, Mo–Sa 10–15, 17–22 Uhr. Eine **Weinhandlung** mit breiter Auswahl und mit Probierstube.

## Feste

■ **Erstes Juli-Wochenende:** Vijazz, ein gelungene Mischung aus Weinfest und Jazz.

■ **29. August bis 2. September:** Festa de Sant Fèlix, das Patronatsfest, mit großem Umzug, Tanz von Figurengruppen, *castellers,* und Feuerwerk.

■ **Oktober:** Weinlesefest.

■ **Erster Sonntag im November:** Weinfest Feria de Viña.

cd 003sm

702cd jf

# Cubelles

- **Einwohner:** 15.500
- **Entfernung nach Barcelona:** 50 km
- **Touristeninformation:** Oficina Municipal de Turisme, Plaça del Castell s/n, Tel. 938952500, http://turisme.cubelles.cat.

Cubelles ist ein kleiner Ort, linker Hand vom Fluss Riu Foix (Blickrichtung Meer). Ausgehend von einem älteren **Ortskern,** der gut 1 km im Hinterland liegt, dehnte sich Cubelles im Laufe der Jahre zum Meer aus. Die schönen **Strände** lockten und es entstanden Apartmentanlagen, eine Flanierpromenade und ein Denkmal zu Ehren des berühmtesten aller Clowns, *Charlie Rivel.*

⌃ Strandpromenade in Cubelles

## Die Strände

Die **Platja Cubelles** trägt auch den Beinamen „Platja Llarga de Cubelles", aber ganz so lang ist sie dann doch nicht, nämlich 580 m. Der feinsandige, helle Strand hat eine mittlere Breite von 30 m und vier Molen, die weit ins Meer ragen. Deshalb haben sich dank der Meeresströmung vier halbmondförmige Einzelbuchten gebildet. Entlang des Strandes verläuft eine angenehme Promenade mit Palmen, einigen Shops und wenigen Lokalen, alles bleibt in erträglichen Maßen.

Der 30 m breite Sandstrand **Platja del Prat** beginnt hinter der Flussmündung und erstreckt sich über 1800 m.

## Sehenswertes

Ein Spaziergang durchs alte Zentrum führt zum **Palast des Marqués d'Alfarràs** (auf Katalanisch: Castell dels Marquesos d'Alfarràs) aus dem 17. Jh. oder entlang der unspektakulären, jedoch netten **Strandpromenade.** Dort steht ein Denkmal zu Ehren des berühmtesten Clowns überhaupt, *Charlie Rivel* („Akrobat schööön").

**Charlie Rivel,** der mit bürgerlichem Namen *Josep Andreu* hieß, wurde am 23. April 1896 in Cubelles geboren. Das war aber nur Zufall, seine Eltern, ebenfalls Artisten, waren gerade auf einer Tournee und machten hier Station. Die Familie zog dann weiter nach Paris, wo *Charlie Rivel* seine Karriere startete. 1954 kam er nach Cubelles zurück und hier verstarb er am 26. Juli 1983. Heute steht an der Plaza del Castell die Charlie Rivel Hall, in der persönliche Dinge des Clowns ausgestellt sind.

■ **Castell dels Marquesos d'Alfarràs,** Plaça del Castell 1, Di–Sa 10–13 Uhr, 2 €.

# Praktische Tipps

## Unterkunft

■ **Hostal Nàutic**②, Passeig Països Catalans 12, Tel. 938951051, Ostern bis Sept. Das kleine Haus mit 12 Zimmern liegt ruhig in der ersten Reihe mit Meerblick. Es wird seit Jahrzehnten familiär betrieben, unten gibt es ein ebenso familiäres Restaurant.

## Camping

■ **La Rueda,** Carretera C-31 (alte C-246), km 146,2, zwischen Cubelles und Cunit, Tel. 938950 207, www.la-rueda.com, Anfang April bis Mitte Sept. Wiesengelände für 1100 Camper, teilweise unter Bäumen gelegen, nur 100 m vom Strand entfernt, aber jenseits der Bahnlinie. Vorhanden sind eine Terrassenbar, Pool, Mietbungalows und ein Teil der Stellplätze hat Schatten spendende Mattendächer.

## Essen und Trinken

■ **El Peixet,** Passeig Marítim 18, Tel. 938162009, https://peixetrestaurant.com, tägl. 10–23 Uhr. Einfach-geerdetes Lokal mit guter Qualität, denn der Patron wirbt damit, dass „seine eigenen" Fischer hier superfrisch den Fisch auf den Tisch bringen.

## Einkaufen

■ **Markt:** Fr 9–13 Uhr an der Rambla de Pau Casals.

## Feste

■ **23. April:** Fest zu Ehren des Ortspatrons Sant Jaume, verknüpft mit einer kulturellen Festwoche.
■ **zweite Maihälfte:** Rosenfest. Cubelles gehört neben Calella, Reus und Sant Feliu zu den vier katalanischen Rosenstädten. Mehrere Wettbewerbe.
■ **Juli:** Festa Major Petita, das sogenannte „kleine Hauptfest" wird zu einem spektakulären Treffen und Umzügen von *gegants,* also Riesenpuppen.
■ **16. August:** La Festa Major, eine Mischung aus Jahrmarkt und Volksfest mit einem Feuerwerk über der Burg, Konzerten und dem nächtlichen Marsch der Teufel.
■ **September:** Weinlesefest mit Wahl der Weinkönigin *(pubilla gran).*

# Calafell

- **Einwohner:** 26.500
- **Entfernung nach Tarragona:** 35 km
- **Touristeninformation:** Patronat Municipal de Turisme, c/Sant Pere 29–31, Tel. 977699141, www.turisme.calafell.cat.

Calafell ist eine **dreigeteilte Ortschaft.** „Schuld" daran ist der schöne Strand. Er lockte auch hier derart viele Zweitwohnungssuchende, dass ein ganz eigenes Viertel entstand, **Segur de Calafell.** Es müssen Tausende von Wohnungen sein, die hier gebaut wurden; insgesamt gibt es etwa 30 Urbanizaciónes, die zu Calafell gezählt werden. In Strandnähe dominieren Apartmenthäuser von fünf bis acht Etagen, im Hinterland liegen Einfamilien- und Reihenhäuser. Mitten hindurch verlaufen die Schnellstraße C-31 Tarragona – Barcelona und die Bahnlinie.

**Calafell selbst** liegt einen guten Kilometer entfernt und weist eine recht attraktive Altstadt auf. Die Strandzone wäre der dritte Ortsteil und heißt **Calafell Platja.** Hier entstanden Apartments, Geschäfte und Lokale und andere touristische Dienstleistungsbetriebe. Heute kommt der Großteil der spanischen Besucher aus Barcelona; von gut und gern 100.000 Feriengästen allein im August wird ausgegangen.

⊳ Überreste iberischer Wohnhäuser

## Die Strände

Ein Strand, zwei Namen. Die **Platja Segur de Calafell** zieht sich über 1700 m Länge und mit einer durchschnittlichen Breite von 120 m (!) vom Sportboothafen Port Segur bis zur Mündung eines Kanals. Der Strand ist so richtig schön „gülden", wie es sich für die „goldene Küste" auch gehört. Über die gesamte Strecke verläuft eine Promenade, die aber erst nach dem Passieren des Hafens ausschließlich für Fußgänger angelegt ist und einige wenige Lokale hat. Der Strand verändert sich übrigens, je mehr man sich dem Hafen nähert, dort zeigt er sich dunkler und härter.

Die **Platja de Calafell** schließt sich nahtlos über 2500 m an. Der Strand ist genauso feinsandig, farblich vielleicht mit einem Stich mehr ins Bräunliche, und er misst etwas weniger als 90 m in der Breite. Eine nett gestaltete Fußgängerzone, die Av. de Sant Joan de Déu, verläuft als Flanierpromenade parallel zum Strand. Sie wird begleitet von vier- bis sechsstöckigen Häusern, zumeist Apartmenthäusern, in denen unten Läden, Kneipen, Immobilienhändler usw. ihre Dienste anbieten.

## Sehenswertes

### Ermita Sant Miquel de Segur

In Segur de Calafell steht eine kleine romanische **Kirche** aus dem 13. Jh. in der c/Espanya, nahe dem Bahnhof Segur de Calafell. Ein erstes schriftliches Zeugnis stammt aus dem Jahr 1238. Die einschiffige, turmlose Kirche mit zwei Apsiden wirkt fast wie ein Wohnhaus. Im Inneren finden sich zwei Altäre, einer ist Sant Miquel geweiht, der andere Santa Maria. Während des Spanischen Bürgerkrieges wurde die Kapelle völlig zerstört und erst 1991 wieder restauriert.

## Ciutadella Ibèrica

Hierbei handelt es sich um die **Rekonstruktion eines iberischen Dorfes,** das sich etwa um 600 v. Chr. an dieser Stelle befand. Die Iberer errichteten damals eine festungsartige, ummauerte Wohnstatt, zwar noch in Sichtweise zum Meer, aber doch in respektabler Entfernung. Der Ort war strategisch günstig gewählt, denn das umliegende Land war fruchtbar, Holz gab es im nahen Wald, und das Meer bot Möglichkeiten zum Fischen und zum Handel. Innerhalb der Mauern errichtete man stabile Häuser, zumeist rechteckige und einstöckige Gebäude, einige hatten aber auch zwei Etagen.

Bis etwa zum 2. Jh. v. Chr. war der Ort bewohnt, dann verlor er langsam an Bedeutung, und schließlich übernahmen die Römer etwa zur Zeitenwende die Siedlung, die schließlich in Vergessenheit geriet.

**1980** wurde das Gelände von Archäologen **freigelegt** und die Gebäude teilweise rekonstruiert. Durch diese Rekonstruktion erleben Besucher das Dorf ganz plastisch, sie spazieren durch die holprigen und schmalen Straßen, schauen in einige der Wohnhäuser (ein paar davon dürfen sie sogar betreten, was sonst bei archäologischen Fundorten selten möglich ist), bestaunen Arbeits- und Kriegsgeräte und lernen etwas über Trachten, Ernährung und Religion. Man geht heute davon aus, dass hier Stammesherrscher oder eine Art Elite wohnten, und dass diese Siedlung, die den Namen „Kese" trug, ein Zentrum oder gar eine Hauptstadt darstellte. Weitere benachbarte Orte wurden primär von Handwerkern oder landwirtschaftlich Tätigen bewohnt, soweit die derzeitige These. Alles ist recht **anschaulich dargestellt.** Vertiefende Erklärungen bietet

029kk jf

335cd_jf

auch ein Informationsbüchlein in mehreren Sprachen, das man an der Kasse ausleihen kann.

■ **Ciutadella Ibèrica,** an der Straße C-31 kurz vor Calafell, auf der linken Seite aus Richtung Barcelona kommend bei km 141; 30.6.–15.9. tägl. 10–14, 17.30–20.30 Uhr, 1.4.–29.6. Mi–So 10–14, Sa 16–19 Uhr, 16.9.–31.3. Mi–So 10–14, Sa 16–18 Uhr außer von Nov. bis Feb.; 4 €.

## Castell de la Santa Creu de Calafell

Das Castell de Calafell ist eine **Burg aus dem 11. Jh.,** die im historischen Ortsteil von Calafell gelegen ist. Erbaut wurde das Castell als Bollwerk im Kampf gegen die Mauren. Um die Burg herum entstand nach und nach ein Dorf. Etwa im 17. Jh. war dieses Dorf zu einer nennenswerten Größe angewachsen, aber im gleichen Jahrhundert kam es zum Erbfolgekrieg, in dem die Burg von Soldaten des Königs *Felipe IV.* zerstört wurde. Lange stand die Burg leer, wurde zeitweilig als Friedhof genutzt, und erst seit 1982 wird sie restauriert.

Heute kann sie **besichtigt** werden, genau wie die zum Burggelände gehörende kleine romanische Kirche Santa Créu de Calafell, die ebenfalls aus dem 11. Jh. stammt und in der Apsis noch Reste von Wandmalereien zeigt. Vor allem genießt man von der Burganlage einen schönen Blick bis zum Meer.

■ **Castell de la Santa Creu de Calafell,** c/de les Penyes 11–13, 30.6.–15.9. Mi–So 10–14, 17–20 Uhr, 1.4.–29.6. Mi–So 10–14, Sa 16–19 Uhr, 16.9.–31.3. Mi–So 10–14, Sa 16–18 Uhr außer Nov.–Feb., 4 €.

⌃ Sport und Spiel am Strand von Calafell

› Terrasse mit bestem Meerblick in Calafell

# Praktische Tipps

## Unterkunft

■ **Hotel Salomé**③, c/Monturiol 19, Tel. 977690 100, www.hotelsalomecalafell.nl, geöffnet März bis Oktober. Kleines Haus mit 45 Zimmern. Mit Pool. Liegt im Bereich Platja de Calafell, nur eine Parallelstraße vom Strand entfernt.

■ **Hotel Solimar**③, c/Vilamar 79, Tel. 977691 930, www.hotelapartamentossolimar.com. Aparthotel mit 111 Zimmern, in einer Seitenstraße gelegen. Es hat einen 2000 $m^2$ großen Garten mit zwei Pools, einen Kinderspielplatz und liegt nur 50 m vom Strand entfernt.

## Essen und Trinken

■ **Restaurant Masía de la Platja,** c/Vilamar 67, Tel. 977691341, www.masiadelaplatja.com, 13–15.30, 20.30–23 Uhr, Mi Ruhetag. Das Restaurant liegt im Zentrum von Calafell Platja, eine Querstraße hinter der Strandpromenade, und bietet in familiärer Atmosphäre gehobene katalanische Küche sowie Fischgerichte. Die Einrichtung erinnert mit ihrem rustikalen Charme tatsächlich an ein Landhaus *(masía)*. Rund 200 Weine aus dem Penedès sind im Angebot.

■ **La Cartuja,** c/Vilamar 46, Tel. 977673937, tägl. 13–16, 19.30–24 Uhr. Ruhiges Lokal, schräg gegenüber vom Masía de la Platja, serviert ebenfalls Fischgerichte, Eintopf und Nudelgerichte.

■ **L'Ancora,** Av. Sant Joan de Deu 2, Tel. 977694 777. Liegt in der ersten Strandreihe, hat eine größere Terrasse und ist rustikal-modern eingerichtet. Angeboten wird vor allem eine große Auswahl an Fischgerichten.

■ **El Rei Pescador,** Av. Sant Joan de Déu 105, Tel. 977694297. Urig-normales Restaurant mit katalanischer und mediterraner Küche, vor allem mit einer umfangreichen Fisch-Karte, aber auch mit Tapas. Liegt am Hafen.

■ **Maite Etxea,** Av. Sant Joan de Déu 65, Tel. 660 995996, Di–So 11–24 Uhr. Mal was anderes: eine baskische Bar an der katalanischen Küste. Relativ klein, aber nett, mit – natürlich – baskischer Küche, aber es gibt auch Paella und Fisch.

334cd_jf

## Einkaufen

■ **Markt:** Di 8–14 Uhr am Passeig de la Unió, Plaça del Mercat (Calafell Platja).

## Feste

■ **29. Juni:** Patronatsfest Sant Pere i Sant Pau.
■ **Juli:** Carneval de Verano, Sommerkarneval.
■ **16. Juli:** Verge del Carme, mit Meeresprozession.
■ **Aug.:** Musikfestival der Comarca Baix Penedès.
■ **29. September:** Sant Miquel, Patronatsfest in Segur de Calafell.

## Freizeitpark

■ **Calafell Aventura Park,** Carretera la Estación 2, https://calafellaventura.com, Mitte Juni bis Anf. Sept. Mo–Fr 17–22.30, Sa/So auch 11–14 Uhr. In diesem Freizeitpark direkt beim Bahnhof Calafell können sich Kinder an fast zwei Dutzend Attraktionen austoben.

# Pau Casals

„Meister des Cellospiels“ wurde er genannt, weltweit schätzte man ihn und seine Musik, nur in Spanien galt er lange Zeit als eine unbekannte Größe.

Geboren wurde *Pau Casals* (span.: *Pablo*) am 29. Dezember 1876 in El Vendrell. Schon frühzeitig kam er zur Musik, da sein Vater als Dorforganist fungierte. Mit zwölf Jahren zog die Familie nach Barcelona um, wo *Casals* mit dem Cellospiel begann. Kaum zehn Jahre später war sein Spiel derart gut, dass er internationale Konzerte gab. Er bekam ein Stipendium der Königin *María Cristina,* sodass er am Konservatorium in Madrid studieren konnte. 1897 wurde er schließlich Professor für Cello am Konservatorium in Barcelona. Nebenbei gab er etwa 150 bis 200 Konzerte pro Jahr und wurde so weltweit immer bekannter.

Während des Spanischen Bürgerkrieges (1936–1939) und der Diktatur *Francos* litten die Katalanen unter den Repressionen. *Casals* nutzte seine Stellung, um gegen die Unterdrückung zu opponieren, er weigerte sich beispielsweise bei Konzerten des faschistischen Italiens und Deutschlands zu spielen. Während des Spanischen Bürgerkrieges sammelte er Spenden für die Republikaner, aber es half alles nichts. 1939, als *Franco* und seine Truppen nach monatelanger Belagerung als triumphierende Sieger in Barcelona einmarschierten, war allen Katalanen klar, dass finstere Zeiten anbrechen würden.

*Casals* emigrierte. Zunächst ging er nach Südfrankreich, wechselte also quasi nur über die Grenze, aber entfernte sich aus dem Machtbereich des Diktators. Damals schwor er, nicht mehr öffentlich auftreten zu wollen, solange *Franco* an der Macht bleibt. Und tatsächlich spielte er in den folgenden 30 Jahren nur gelegentlich, beispielsweise 1961 im Weißen Haus in Washington auf ausdrückliche Einladung vom damaligen US-Präsidenten *J. F. Kennedy.*

1956 wechselte er abermals seinen Wohnsitz. Lange Jahre hoffte *Casals* auf eine politische Änderung in Spanien, aber die Situation verfestigte

# El Vendrell

- **Einwohner:** 37.600
- **Entfernung nach Tarragona:** 29 km
- **Touristeninformation:** Patronat Municipal de Turisme, Av. Brisamar 1 in Coma-Ruga (El Vendrell), Tel. 977680010, www.elvendrellturistic.com.

El Vendrell ist ein **geschäftiges Städtchen,** gute 4 km von der Küste entfernt im Binnenland gelegen. Neben den unübersehbaren Wahrzeichen der Moderne birgt das Zentrum rund um die Kirche noch **schöne alte Gebäude** und nette Plätze.

El Vendrell ist der Geburtsort des weltberühmten **Cellisten Pau Casals** (1876–1973), der u.a. die Hymne der Vereinten Nationen komponierte. Sein Andenken wird durch Denkmäler und ein interessant gemachtes Museum hochgehalten. Das Museu Pau Casals befindet sich im ehemaligen Strandhaus der Familie, und das liegt nicht im Ort El Vendrell.

sich eher. Daraufhin entschloss er sich zu einem gewaltigen Schritt. Nachdem er zunächst nur wenige Kilometer entfernt von Katalonien gelebt hatte, ging er nun wirklich in die Ferne, in die Karibik, nach Puerto Rico. Im stolzen Alter von 80 Jahren errichtete er sich dort seinen neuen Lebensmittelpunkt.

Im biblischen Alter von 95 Jahren kam er noch einmal zu ganz besonderen Ehren. Im Auftrag des Generalsekretärs der Vereinten Nationen komponierte er eine neue Hymne für die UNO. 1971 war es soweit, „El Himno de las Naciones Unidos" wurde öffentlich vorgestellt und *Casals* erhielt die Friedensmedaille.

Am 22. Oktober 1973 starb *Pau Casals* kurz vor seinem 97. Geburtstag. Leider konnte er das Ende der Franco-Diktatur (1975) nicht mehr erleben.

041cd sm

☒ Denkmal zu Ehren von Pau Casals

## Die Strände

Die **Platja de Sant Salvador** verläuft über knapp 1400 m vor dem ehemaligen Fischerdörflein gleichen Namens. Begrenzt wird dieser feinsandige helle Strand zur Linken (Blickrichtung Meer) von einem – zumeist trockenen – Flussbett, La Riera de la Bisbal, und zur Rechten vom Club Náutico. Dazwischen liegt ein Strand, der dem Küstennamen (Goldene Küste) wieder einmal alle Ehre macht. Die Breite wird mit 74 m im Durchschnitt angegeben, was bedeutet, dass er sich an manchen Stellen deutlich breiter zeigt.

Die **Platja de Coma-Ruga** ist eine Fortsetzung der eben beschriebenen Strandzone, die „hinter" dem Club Náutico beginnt und nach 2300 m an einer Stelle endet, die kaum wahrnehmbar ist. Danach verläuft der Strand in bekannter Qualität weiter. Coma-Ruga jedenfalls ist noch breiter als sein Vorgänger, im Durchschnitt knapp über 100 m, und hat feinen, hellen Sand zu bieten. Ein schmaler, aber gleichwohl netter Passeig verläuft parallel und einige nicht zu große Apartmenthäuser liegen gleich dahinter in der ersten Reihe.

Die **Platja El Francàs** ist der dritte und letzte Strandabschnitt von El Vendrell. Die Daten: 1000 m Länge, etwa 70 m durchschnittliche Breite und feiner, heller Sand. Die Strandzone endet an einer schwer auszumachenden „Grenze" zur Nachbargemeinde Roda de Barà, vor der Urbanización Marisol. Das aber ist nur eine bürokratische Grenze, der Strand läuft ungebremst weiter.

☒ Historisches Haus an der Platja de Sant Salvador

## Sehenswertes

### Altstadt

Die Altstadt lohnt einen ziellosen Bummel. Zu finden ist dieses Gebiet recht einfach, denn schon von weit außerhalb kann man die das Dächermeer überragende Kirche Sant Salvador erspähen. Wer mit dem eigenen Fahrzeug kommt, sollte dieses außerhalb der engen Gassen stehen lassen, z.B. am großen **Parkplatz** beim ausgeschilderten Bahnhof.

### Església de Sant Salvador

Die **Kirche,** die katalanisch **Església de Sant Salvador** heißt, ist barocken Stils. Von außen erscheint sie dreigeteilt: Links erhebt sich der Glockenturm, mittig befindet sich das Haupttor, darüber thront eine große Rosette, und rechts befindet sich ein kleiner Balkon. Die einschiffige Kirche hat innen jeweils drei Seitenkapellen und im Zentrum eine große Kuppel mit dem Hauptaltar. Die Bauarbeiten begannen 1732, der Glockenturm wurde 1784 beendet. Am 6. August 1784 wurde zum Patronatsfest des Heiligen Salvador eine Engelsfigur oben platziert, die im Volksmund **L'Àngel de El Vendrell** („Engel von El Vendrell") heißt und zum Symbol der Gemeinde wurde.

Unweit der Kirche kann man nette Straßen wie Carrer Major, La Rambla und Carrer de Santa Ana durchstreifen und erreicht schließlich die **Plaça Nova.** An diesem zentralen Platz befindet sich eine Skulptur zu Ehren von *Pau Casals,* die zeigt, wie er tief versunken sein geliebtes Cello spielt. Direkt hinter der

Skulptur rauscht ein modern gestalteter Springbrunnen. In diesem Zusammenspiel sind Alt und Neu nett vereint, zumal die umliegenden Häuser auch eine Prise historischen Charme ausstrahlen.

## Museu Déu

Nur wenige Schritte entfernt liegt das Museu Déu an der Plaça Nova 6. Ausgestellt sind in vier Räumen **Kunstwerke zu religiösen Themen** aus einer Zeitspanne vom 12. Jh. bis zur Moderne.

■ **Museu Déu,** Plaça Nova 6, 1.9.–30.6. Di–Sa 10–14, 17–19, So 11–14, 1.7.–31.8. Di–Sa 11–14, 18–20, So 11–14 Uhr, 5 €.

## Casa-Museu Àngel Guimerà

Das Museum befindet sich unweit in der Carrer Santa Ana 4. Der auf Teneriffa geborene **Dramatiker Àngel Guimerà** (1845–1929) verbrachte fast sein ganzes Leben in El Vendrell.

Sein **bekanntestes Theaterstück** heißt auf Katalanisch „Mar i Cel“ („Meer und Himmel“). Es geht dabei um eine Geschichte, bei der sich ein „guter“ Pirat in eine geraubte christliche Jungfrau verliebt, die nach zähem Widerstand doch seine entbrannten Gefühle erwidert und deren Vater, zum dramatischen Schlusspunkt ansetzend, dabei versehentlich die eigene Tochter erschießt.

040cd sm

■ **Casa-Museu Àngel Guimerà,** c/Santa Anna 10, 15.9.–30.6. Di–Fr 10–14, 17–19 Uhr, 1.7.–14.9. Di–Fr 10–14, 18–20, Sa 11–14, 17–20, So 11–14 Uhr, 2,50 €.

### Casa Nadiua de Pau Casals

Drei Häuser weiter steht das Geburtshaus von *Pau Casals,* zu finden unter der Hausnummer 4. Man geht an dem Haus schnell vorbei, ein Hinweisschild ist nämlich nur über Kopfhöhe zu finden. Ausgestellt sind **Bilder** seiner persönlichen Entwicklung sowie **Einrichtungsgegenstände** aus seiner Kindheit.

■ **Casa Nadiua de Pau Casals,** c/Santa Anna 4, 1.07.–14.09. Di–Sa 10–14 und 18–20, So 11–14 Uhr, 15.9.–30.6. Mo–Sa 10–14, 17–19, So 11–14 Uhr, 2,20 €. Ein Besuch ist nur im Rahmen einer Führung möglich.

### Museu Pau Casals

Das Museu Pau Casals liegt direkt am Strand Platja Sant Salvador an der Av. Palfuriana 67. Es ist ein sehr beeindruckendes **Museum,** das im ehemaligen Ferienhaus der Familie *Casals,* direkt an der Strandpromenade, zu finden ist. Das Haus ist ein sehr schönes, größeres Gebäude, ein Garten ist angeschlossen.

Besucher werden über 18 Stationen audiovisuell durch **Pau Casals Leben** geführt. An jeder Station wird ein kurzer Film gezeigt zu *Casals* entscheidenden Lebensdaten, jeweils untermalt von seiner eigenen **Musik.** Nicht zu viele Infos, keine Überfrachtung durch Fakten, sondern eher ein An-die-Hand-genommen-Werden durch einen Zeitrafferfilm über ein 90-jähriges Künstlerleben. Dazu richtig nett und an Station 6 sogar noch spannend gemacht. Ein Countdown zeigt an, wie lange man noch warten muss, bis sich schließlich ein Vorhang öffnet und man eintreten kann.

Das Museum hat mein Prädikat **„absolut sehenswert“,** auch für Nichtfans von Cellomusik.

■ **Museu Pau Casals,** Av. Palfuriana 67, 15.6.–15.9. Di–Sa 10–14, 17–21, So 10–14 Uhr; 16.9.–14.6. Di–Fr 10–14, 16–18, Sa 10–14, 16–19, So 10–14 Uhr, 8€.

## Praktische Tipps

### Unterkunft

■ **Hotel Brisamar Suites**③, Av. Generalitat 2, Tel. 977680011, www.hotelbrisamarsuites.com. Größeres Haus mit 100 funktional eingerichteten Zimmern, etwa die Hälfte mit Meerblick. Es liegt an der Strandpromenade von Coma-Ruga.

### Camping

■ **Sant Salvador,** Av. Palfuriana 68, 43880 Coma-Ruga, Tel. 977680804, www.campingsantsalvador.com, Anfang April bis Ende Sept. Der kleine Platz liegt direkt am Strand unter Bäumen und bietet alles Notwendige, was ein guter Platz vorweisen muss, inkl. Animationsprogramm für die lieben Kleinen und Vermietung von Bungalows. Zu erreichen: Autobahn A-7, Abfahrt 31 und weiter über die N-340 bis zum Kilometer 1187, wo es nach Coma-Ruga abgeht. Ab da beschildert.

■ **Camping El Francàs,** N-340, km 1185, c/ Llobina 29, Tel. 977680725, www. campingfrancas.net, Mitte März bis Ende Sept. Platz für 740 Personen, unter Pinien, recht nahe zum Meer.

■ **Vendrell Platja,** Av. Sanatori s/n, zwischen Sant Salvador und Calafell, Tel. 977694009, www.vendrellplatja.es, Ende März bis Mitte Okt. Großer Platz (1500 Urlauber) unter Bäumen, vom Strand durch eine Häuserwand getrennt, mit Swimmingpool, Supermarkt, Sport- und Spielbereich, Restaurant, Radverleih.

## Essen und Trinken

■ **Restaurant Pi,** La Rambla 2, Tel. 977660002. Das traditionsreiche Haus aus dem Jahr 1906 liegt mitten im Ortskern, ist im modernistischen Stil eingerichtet und bietet von den 18 Tischen einen prima Blick auf die Rambla. Hier wird katalanische Hausmannskost geboten.

## Einkaufen

■ **Wochenmarkt in Coma-Ruga:** Sa 9–14 Uhr, Av. del Parlament (Lebensmittel und Kleidung).

■ **Markt:** Fr 9–15 Uhr Wochenmarkt auf den Straßen Rambla, Plaça Nova, Carrer dels Cafès, Plaça de Francesc Macià.

■ **Mercat Municipal,** Plaça del Mercat 1, Mo–Sa 7.30–14, Di, Fr, Sa auch 17.30–20.30 Uhr. Markthalle im Herzen von El Vendrell.

■ **Cellers Jané Ventura,** Carretera de Calafell 2, Tel. 977660118, http://janeventura.com. Eine Wein-Bodega, die auch eigenen Wein aus dem D.O.-Anbaugebiet Penedès verkauft.

■ **Licors Jané,** Carrer dels Vidriers 28, Tel. 977660 841, www.licorsjane.com. Hat mit die größte Weinauswahl, eins der führenden Häuser seiner Art in der Provinz Tarragona.

## Feste

■ **Letzter Samstag im Februar:** El Xató, auf der Straße La Rambla wird Xató de El Vendrell zubereitet, auch und vor allem von Kindern. Im Wesentlichen werden verschiedene Ingredienzen (Thunfisch, Stockfisch, Tomaten u.a.) mit einem Stößel klein gestoßen und schließlich zu einer aromatischen Speise angerichtet. Zusammen mit Wein und Tortilla isst dies dann die halbe Stadt gemeinsam.

■ **Sommer:** Internationales Musikfestival zu Ehren von Pau Casals, bei dem vor allem Cellisten auftreten; Infos: www.auditoripaucasals.cat.

■ **Anfang Juli:** Festa del Pa Beneit, Feier zu Ehren des geheiligten Brotes, u.a. mit Sardanas, Umzügen und Feuerwerk.

■ **26. Juli:** Patronatsfest Santa Ana, u.a. auch Castellers mit der bekannten Gruppe Los Nens del Vendrell.

■ **15. Oktober:** Feria de Santa Teresa, u.a. mit Castellers örtlicher sowie befreundeter Gruppen.

053kk jf

□ Promenadenbummel

# Roda de Barà

- **Einwohner:** 7100
- **Entfernung nach Tarragona:** 20 km

Roda de Barà ist ein kleiner Ort, der etwa 3 km von der Küste entfernt liegt. In dem Ort wird man nichts Spektakuläres entdecken können, die interessantesten Punkte liegen außerhalb. Dazu zählen natürlich die Strände, die Auslöser für einen signifikanten Bauboom waren. So entstanden eine Reihe von Urbanizaciónes, darunter die Luxus-Residenz El Roc de Sant Gaietà, erbaut zwischen 1964 und 1972. Es sollte ein „typisches spanisches Fischerdorf" nachgebildet werden, allerdings mit Einflüssen aus anderen Mittelmeerländern. So sind auch islamische oder gotische Elemente zu finden. Das Ganze sieht schon ziemlich schmuck aus, wirkt aber künstlich und die Stile sind sehr vermischt. Hier residieren viele in- und ausländische Winterflüchtlinge, und hier liegen auch ein paar von Spaniens besten Campingplätzen.

Doch schon früher kamen Menschen fremder Zunge an diese Küste, beispielsweise die Römer. Sie errichteten im 1. Jh. n. Chr. einen **Triumphbogen,** der wundersamerweise alle zeitgeschichtlichen Stürme überstand und noch heute an der Straße N-340 Reisende nach Tarragona begrüßt.

So stand das Bauwerk hier schon, als die Straße noch nicht „Carretera Nacional 340" hieß, sondern „Vía Augusta". Auf Spanisch heißt der Triumphbogen „Arco de Barà" und auf Katalanisch „Arc de Berà". Er misst 12,28 m in der Höhe und 12 m in der Breite. Er wurde zu Ehren des römischen Präfekten *Lucio Licinio Sura* errichtet, so erklärt es eine lateinische Inschrift.

Mitten im Ort steht die **Església de Sant Bartomeu.** Der Bau geht auf eine Kapelle aus dem 11. Jh. zurück, die zer-

https://stock.adobe.com © claudiovaldes

stört wurde. Im 17. Jh. wurde an gleicher Stelle eine neue Kirche gebaut, die Ende des 19. Jh. erweitert wurde. Direkt an der Küste bei den Campingplätzen liegt die **Kapelle La Mare de Déu de Barà** aus dem 18. Jh. Sie steht an einer Steilküste direkt am Meer, wo in früheren Zeiten die Fischer ihre Boote an Land steuerten.

## Die Strände

Die **Platja de El Roc de Sant Gaietà** ist kein Privatstrand, wird aber vorwiegend von den Residenten der Edel-Urbanización **El Roc de Sant Gaietà** genutzt. Ein Hauch Exklusivität liegt tatsächlich über dieser 170-Meter-Bucht. Die Urbanización ist im Stil eines alten Fischerdorfes errichtet und um sogenannte typische andalusische Elemente bereichert worden. Der Sand ist so fein wie überall.

**Platja Llarga** oder **Platja Roda de Barà** heißt der helle, feinsandige Hauptstrand. Stolze 1070 m Länge wurden gemessen und fast 50 in der mittleren Breite. Eine bezaubernde Strandpromenade verläuft hier über gut 1 km.

## Praktische Tipps

### Camping

■ **Park Platja Barà,** N-340, km 1183, Einfahrt in Höhe des Triumphbogens, Tel. 977802701, www.barapark.es, Anf. April bis Ende Sept. Ein Platz für knapp 3000 Camper direkt am Meer. Sehr schön gestaltetes Gelände mit viel Grün und individuellen Stellplätzen. Viele Animations- und Sportmöglichkeiten, inklusive eines „richtigen" römischen Amphitheaters, wo regelmäßig kulturelle Veranstaltungen stattfinden.

https://stock.adobe.com © alzamu79

■ **Stel,** N-340, km 1182, Tel. 977802002, www.stel.es, Mitte März bis Ende Sept. Gelände für 2000 Personen, das gärtnerisch sehr hübsch gestaltet ist. Der Platz ist in vier Sektoren aufgeteilt. Zum nahen Strand geht es durch eine Unterführung, aber man kann sich auch am Pool vergnügen. Stellplätze mit Strom, Wasser, Abfluss und teilweise eigenen Sanitäranlagen. Mit Bar, Restaurant, Supermarkt, Kinderanimation, Fußball, Basketball, Volleyball, Tennis, Windsurfen.

■ **Arc de Barà,** N-340, km 1182, Tel. 977800902, www.campingarcdebara.com, ganzjährig geöffnet. Hier finden 1200 Camper Aufnahme auf einem langgestreckten Platz. Schatten spenden Mattendächer oder Laubbäume, Abkühlung bietet ein Pool. Es sind auch 60 Holzbungalows zu vermieten.

Im noben Viertel El Roc de Sant Gaietà

Der Triumphbogen von Roda de Bará

# Creixell

- **Einwohner:** 3600
- **Entfernung nach Tarragona:** 16 km
- **Touristeninformation:** c/ Sant Jaume 4, Tel. 977138272, www.turismedecreixell.cat.

Im Zentrum des knapp 1 km von der Küste entfernten Ortes liegen die Überreste einer mittelalterlichen Schutzmauer und Überbleibsel des viereckigen **Castell de Creixell** aus dem 11. Jh. Aus jener Epoche stammt nur ein Teil, der Rest wurde im 16. bis 18. Jh. erbaut und im 19. Jh. modifiziert. Außerdem lohnt ein Blick auf die **Kirche Sant Jaume** aus dem späten 16. Jh. im gotischen Stil. Der Glockenturm wurde ein knappes Jahrhundert später errichtet (1771). Die Kuppel des Glockenturms entstand noch später und zeigt stilistische Anklänge an den Modernisme, den katalanischen Jugendstil. Ein ruhiger, kleiner Ort also, in dessen Außenbereichen wie so oft Ferienwohnungen im größeren Stil errichtet wurden. Im Sommer tobt hier das Leben, außerhalb dieser Hochsaison wird es deutlich ruhiger, nur am Wochenende füllt es sich bei gutem Wetter.

## Der Strand

Die **Platja de Creixell** ist laut Statistik 1860 m lang – was niemand glauben wird. Warum? Eine erkennbare Begrenzung gibt es nur zu einer Seite, am Club Náutico beim benachbarten Roda de Barà. Zur anderen Seite verläuft der Strand über etliche Kilometer bis nach Torredembarra. Fast möchte man sagen, „natürlich" ist der Strand hell und feinsandig und etwas weniger als 40 Meter im Durchschnitt breit.

Interessanter bleibt aber, dass zwischen Creixell und Torredembarra der Strand von einer sehr **schönen Dünenlandschaft** begleitet wird. Hier wurde glücklicherweise fast nichts gebaut, die Natur konnte sich entfalten.

## Praktische Tipps

### Camping

Die Campingplätze liegen in enger Nachbarschaft, alle sind über die Nationalstraße N-340 erreichbar.

- **Sirena Dorada,** N-340, km 1181, Tel. 977801 303, www.sirenadorada.com, Ende Mai bis Mitte Sept. täglich geöffnet, sonst nur am Wochenende. Ein mittelgroßer Platz für 1400 Personen zwischen Bahnlinie und Nationalstraße gelegen. Teilweise Schatten durch Bäume, ein Pool und ein Fußballfeld sind auch vorhanden. Außerdem Kinderanimation, moderne Sanitäranlagen, und man kann auch kleine Bungalows mieten.
- **Cap fun L'Alba,** N-340, km 1180, Tel. 977801 903, www.capfun.es, Anfang März bis Ende Sept. Knapp 1000 Urlauber können sich auf diesem schmalen, langgezogenen Platz erholen. Auch hier gilt, wie für die meisten Campingplätze, dass die Bahnlinie und die Nationalstraße recht nah vorbeiführen, es aber nur wenige Schritte zum Strand sind. Viel Schatten durch Bäume, es gibt Plätze für Tennis und Basketball sowie einen Pool mit Spaßbecken und Rutschen.
- **El Creixell,** N-340, km 1180, Tel. 977800620, www.campingcreixell.com, Anf. März bis Ende Okt. Platz für immerhin 2100 Personen, liegt unmittelbar neben L'Alba und ca. 200 m vom Strand entfernt, dennoch gibt es drei Pools mit Rutschen sowie Tennis- und Sportplatz. Kinder-Animation, Bungalows und Fahrradverleih.

■ **Gavina Village,** N-340, km 1181, Tel. 977801 503, www.campinggavina.com, Mitte März bis Ende Okt. Gut 1000 Personen fasst dieser Platz direkt am Strand, der teilweise Schatten spendende Bäume hat und auch Lärmschutz gegen die Bahn. Kinder-Club, Spielplatz, Restaurant, Strand-Aktivitäten, großer Pool, Mietbungalows.

## Feste

■ **25. Juli:** Fiesta Mayor Pequeña zu Ehren von Sant Jaume.
■ **Dritter Sonntag im September:** Fiesta Mayor Grande zu Ehren von Santísimo Sacramento.

☑ Ein entspannter Strandtag in Torredembarra beginnt

# Torredembarra

■ **Einwohner:** 16.300
■ **Entfernung nach Tarragona:** 13 km
■ **Touristeninformation:** Patronat Municipal de Turisme, Passeig Rafael Campalans 10, Tel. 977644 580, www.turismetorredembarra.cat.

Der Ort entwickelte sich im Umfeld des namensgebenden Turmes (Torre) aus dem 13. Jh. Im 18. Jh.wurde über Torredembara dank seines Hafens reger Handel betrieben, und im 20. Jh. entwickelte sich dann der Tourismus am sehr schönen Strand.

Torredembarra ist **zweigeteilt.** Der historische Kern, wo die wenigen Sehenswürdigkeiten zu finden sind, liegt oberhalb der Bahnlinie und der N-340, während die touristische Infrastruktur

704cd jf

sich unterhalb am Meer angesiedelt hat. Der reizvolle **Altstadtkern** lädt ein zum zwanglosen Bummeln durch charmante Gassen mit historischen Häusern ein. Unten am schönen, breiten **Strand** entstanden dann die Ferienwohnungen, Hotels und Campingplätze. Im Sommer ist dort richtig was los, außerhalb dieser Zeitspanne hat man die schönen Strände fast für sich alleine. Fast.

Castellers-Skulptur in der Altstadt

323cd_jf

## Der Strand

Die **Platja de Torredembarra** ist laut offiziellen Angaben 3790 m lang, aber Richtung Norden verläuft er noch über viele Kilometer weiter. Auch dieser Strand ist schön breit (knapp 60 m), zeigt sich hellsandig und fein. Begleitet wird der Strand von einer breiten Promenade ohne touristische Schnickschnackshops.

Mitten im Meer steht ein sehr auffälliges, 12 m hohes Kunstwerk auf einem Betonsockel. Es trägt den Titel „Alfa i Omega" und wurde 1999 von dem spanischen Bildhauer und Maler *Rafael Bartolozzi* (1943–2009) geschaffen. Vor einiger Zeit ergänzte man eine katalanische Flagge.

## Sehenswertes

### Altstadtkern

Es gibt im historischen Zentrum von Torredembarra viel zu entdecken. Zumindest ein Teil des historischen Kerns ist ein **Gesamtkunstwerk,** durch das man einfach ziellos streifen sollte. Häuserfassaden wechseln zwischen schick restauriert und leicht verfallen, ein brauner Grundton herrscht vor. Überall schmiedeeiserne Gitter vor den Fenstern, wuchtige Gemäuer, gewaltige Holztüren. Erker, die über die Straße ragen, Ruhebänke, alte Laternen.

An der Plaça del Castell stehen Rathaus und Kirche. Die **Pfarrkirche Sant Pere** mit einer barocken Orgel stammt aus dem Jahr 1705. Gegenüber erhebt sich das älteste Gebäude des Ortes, **la Torre de la Villa** (der Ortsturm). Er stammt aus dem 12. oder 13. Jh., wurde im Mudejarstil erbaut und war Teil der Befestigungsmauer. Eine weitere Attraktion ist das kleine **Castell de Torredembarra,** ein wuchtiges Gebäude aus dem 16. Jh. Die Festung am höchsten Punkt des Ortes wurde im Renaissancestil errichtet und hat einen quadratischen Grundriss, zentral liegt ein prächtiges Eingangsportal, flankiert von je zwei Fenstern und einem darüber aufgesetzten und stilistisch etwas abweichenden zweistöckigen Gebäudeteil. Die Räume sind um einen rechteckigen Innenhof gruppiert. Heute ist hier die Stadtverwaltung untergebracht.

An diesem Platz steht auch die Kirche **Església de Sant Pere de Torredembarra** aus dem 18. Jh., im Inneren befindet sich u.a. eine barocke Orgel aus dem Jahr 1710.

In der Carrer Major finden sich viele alte Häuser. Die **Plaça de la Font** ist ein netter Mittelpunkt im Sinne von Lebensmittelpunkt. Ein paar Gemüsestände preisen Waren an, Cafés mit Außengestühl warten auf Gäste.

Knapp davor, an der Plaça de la Villa, steht ein kleines Monument, das einen **Menschenturm** *(casteller)* zeigt, mit fünf Ebenen aus jeweils einer Person. Was in natura wohl ziemlich schwierig zu schaffen sein dürfte.

Hier am Platz stehen auch einige Häuser aus der Epoche Ende des 19. Jh., die im modernistischen Stil erbaut sind. Ebenso sehenswert die c/Antoni Roig, die von der Plaça de la Font abzweigt. Dort stehen Gebäude aus dem 18. Jh. (im Barockstil), sowie vom Beginn des 20. Jh. (Modernismus).

## Strandpromenade

Etwas weiter Richtung Meer trennt die Bahnlinie und die Nationalstraße diesen Bereich vom Strand ab. Dort verläuft eine recht nette Fußgängerzone. Am südlichen Ende liegt ein **Hafen,** und dort erhebt sich auch ein winziger **Hügel,** Els Munts. Vom dortigen Aussichtspunkt hat man einen schönen Blick über die Küste, allerdings führt der Weg dorthin, Carretera dels Munts, beständig leicht bergan. Oben findet man zwei Aussichtspunkte mit Erklärtafeln. Und von dort ist es auch nicht mehr weit zur römischen Ausgrabungsstätte Els Munts (→ Seite 335).

Am nördlichen Ende der Promenade wird das **Fischerviertel** Barrio de Pescadores, auch Baix de Mar genannt, erreicht. Hier residierten die Fischer in Häusern, die frei nach Gusto errichtet wurden. Soll heißen: Eins ist kleiner, das nächste größer, eins ist hell, das andere hat ein rotes Spitzdach – individuell und nicht genormt, wie die meisten Häuser an der Promenade. Das hat seinen Reiz und womöglich wohnen hier auch tatsächlich noch ein paar Fischer. Außerdem gibt es dort einige Lokale.

Der weiter nördlich verlaufende Strand erreicht die **Dünenlandschaft Els Muntanyas,** die unter Naturschutz steht. Es ist ein 2 km langer Naturstrand mit Dünen und etwas Marschland, dem einzigen seiner Art außerhalb des viel weiter südlich liegenden Ebro-Deltas. Strandbesuche sind möglich, aber die Dünen dürfen nicht betreten werden, um die fragile Pflanzen- und Tierwelt zu schonen.

# Praktische Tipps

## Unterkunft

- **Pension Coca**②, c/Antonio Roig 97, Tel. 977 640055, www.hostalcoca.com. Ein Gasthaus im klassischen Sinne. 1820 als Postkutschenstation gegründet, heute ein kleines Hotel mit 41 einfachen Zimmern. Es liegt im historischen Zentrum zwischen Plaça del Font und dem Touristenbüro. Mit Restaurant und Bar, auf Wunsch auch Vollpension.
- **Hotel VM Torredembarra**③, c/Pérez Galdós 15, Tel. 977640255. Das sechsstöckige Haus liegt in der zweiten Reihe. Die Zimmer sind funktional eingerichtet, von der oberen Etage genießt man Meerblick. Sowohl der Strand als auch die Lokale sind rasch erreicht.

## Camping

- **Clarà,** N-340, km 1178, Tel. 977643480, www.campingclara.es, Mitte März bis Mitte Okt. Kleiner Platz für 395 Personen mit Schatten spendenden Bäumen. Allerdings trennt die Bahnlinie Platz und Strand voneinander.
- **La Noria,** Passeig Miramar 278, Tel. 977640453, www.camping-lanoria.com, Mitte März bis Ende Sept. Bäume spenden den 1100 Campern viel Schatten, zum Strand geht's durch eine Unterführung, die Bahn fährt nämlich am Platz vorbei. Kinderspielplatz, Restaurant, moderne Sanitäranlagen.
- **Miramar Playa,** Av. Miramar 170, Tel. 977811 203, www.camping-miramar.com, ganzjährig geöffnet. Der Platz liegt schön zentral zwischen dem Fischerviertel und dem eigentlichen Ort. Der Platz für ca. 500 Urlauber liegt unter Bäumen und nur 50 m vom Meer, durch eine Straße getrennt, entfernt.

In der gemütlichen Altstadt von Torredembarra

326cd_jf

## Essen und Trinken

■ **Restaurant Cal Coco,** c/Isaac Peral 25, Tel. 977 640412. Dieses Lokal liegt im alten Fischerviertel Baix a Mar (in der zweiten Reihe) und wurde entsprechend maritim dekoriert, aber ohne zu „verkitschen". Angeboten werden Fisch-, Grill-, Reis- und Nudelgerichte, auch argentinisches Grillfleisch.

■ **L'Ham,** Pg. Colom 34, Tel. 625520161, 11–23 Uhr, Di Ruhetag. Ein weiteres gutes Lokal im Fischerviertel mit Terrasse. Auf der Karte stehen in erster Linie Fisch- und Reisgerichte, auch Paella.

■ **La Sirga,** Passeig de Colom 29, Tel. 977640727, www.sirgarestaurant.com, tägl. ab 12 Uhr. Hübsch dekoriertes Lokal und eine Terrasse mit Meerblick. Breites Angebot mit Schwerpunkt auf italienischer Küche, auch Reis- und Fischgerichte, sogar Tapas stehen auf der Karte.

■ **Siguiente Idea – Food and Wine,** Passeig de Colom 19, Tel. 977849272, tägl. ab 12 Uhr. Scheint ein Ableger des La Sirga zu sein, denn die Aufmachung ist ähnlich, und auch die Terrasse wurde sehr nett begrünt. Es gibt Fisch und Fleisch, aber auch vegane Gerichte. Beide Lokale vermitteln eine angenehme Atmosphäre.

## Einkaufen

■ **Cal Serafís,** c/de Joan Güell 19, Tel. 977643115. Das Weingeschäft beim historischen Turm fällt mit dem großen Fass vor der Tür sofort auf. Es ist schick dekoriert und bietet eine sehr gute Auswahl an Weinsorten.

■ In der **Carrer Antoni Roig** bieten etliche **Pastelerías** ihre leckeren Kuchen und Kekse an.

## Feste

■ **24. Juni:** Sant Joan, im Fischerviertel.

■ **15. Juli:** Fiesta del Milagro del Cuadro in der Av. de San Jorge im Hafenviertel. Gefeiert wird das „Wunder des Bildnisses" der Santa Rosalia de Palermo, das zufällig auf einem Dachboden entdeckt wurde. Mit einer Prozession der Heiligen für das Ende einer Pestepidemie im Jahr 1640.

■ **4. September:** Festa de Santa Rosalia. Patronatsfest mit Gesang, Feuerwerk und Tanz. Das Fest dauert oft bis zum katalanischen Nationalfeiertag am 11. September.

030kk jf

⌃ Am Strand von Torredembarra

# Altafulla

■ **Einwohner:** 5300
■ **Entfernung nach Tarragona:** 11 km
■ **Touristeninformation:** Oficina de Turisme d'Altafulla, Plaça del Pou 1, Tel. 977651426, www.altafulla.cat.

Ein weiterer Ort, der wie so viele an diesem Küstenabschnitt zweigeteilt ist. „Oben", also oberhalb von Nationalstraße und Bahnlinie, liegt der historische Kern, „unten" am Meer der moderne, touristisch geprägte Ortsteil. Soweit richtig und doch greift diese Beschreibung zu kurz. Zum einen liegt eine historisch wichtige römische Ausgrabungsstätte „unten". Zum anderen würde der Autor bei der Frage nach dem **angenehmsten Ort der Costa Daurada** Altafulla auf einen der vorderen Plätze setzen – vielleicht sogar nach ganz oben.

## Der Strand

Die **Platja de Altafulla** ist auch ein schöner, feinsandiger, heller Strand, der sich gute 1000 m lang und in der Spitze bestimmt 100 m breit zeigt. Begleitet wird er von einer Promenade für Fußgänger, an der auch noch eine Reihe von kleinen Häusern unterschiedlicher Stilrichtungen steht. Vermutlich waren das mal Fischerhäuschen, heute sind nicht wenige zu Ferienwohnungen umgewandelt. Man kann weiß Gott schlechter wohnen!

## Sehenswertes

### Altstadt

Die kleine Altstadt wird vom **Castell de Montserrat** und der **Kirche Sant Martí** überragt. Beide Gebäude liegen in unmittelbarer Nachbarschaft und werden abends zauberhaft beleuchtet. Im 12. Jh.

319cd_jf

031kk jf

stand hier strategisch gut positioniert auf erhöhtem Grund nur das Castell der Herzöge von Tamarit. Geschützt wurde die Burg von einer wehrhaften Mauer. Dieser Bereich wurde „Villa Closa" genannt. Die Kirche Sant Martí wurde um 1700 gebaut, als sich der Ort schon ein wenig ausgedehnt hatte. Sie steht, soweit bekannt, auf den Überresten einer wesentlich älteren mittelalterlichen Kirche. Im Inneren dieses dreischiffigen Gotteshauses sind mehrere barocke Gemälde ausgestellt sowie ein Altarbildnis aus dem Jahr 1745. Der rechteckige Glockenturm wurde nicht fertiggestellt.

Viel ist noch aus diesen vergangenen Tagen erhalten. Um einmal den örtlichen Prospekt zu zitieren: „... versteckte Winkel und Plätze, die bezaubern und Sehnsucht nach der Vergangenheit erwecken." Wer durch die Gassen schlendert, fühlt sich **ins Mittelalter zurückversetzt.** Es darf nur nicht gerade ein Moped um die Ecke knattern. Ansonsten staunt man über die alten Häuser, über wuchtige Mauern, grobe Steine und Holztüren mit gewaltigen Klopfern. Die Jahreszahlen über den Türen drücken ehrwürdiges Alter aus, zeigen, wann dieses oder jenes Gebäude errichtet wurde. Ein Viertel zum Staunen. Allzu groß ist es nicht, und irgendwann erreicht man dann das Castell.

⌃ Blick auf Altafulla

‹ Die charmante Strandpromenade von Altafulla

Auf einem schmalen Weg kann das Castell einmal umrundet werden, dann taucht man wieder ein ins Mittelalter und entdeckt wahrscheinlich noch mehr Details: maurische Rundbögen, Fresken, schmiedeeiserne Gitter. Wer dann hinabsteigt Richtung Strand, sollte dies mit Bedacht tun, die vorbeidonnernden Lastwagen auf der Nationalstraße holen einen doch arg rasch wieder in die raue Wirklichkeit zurück.

⌄ Versteckte Winkel in der Altstadt von Altafulla

## Strandviertel

Das Strandviertel war viele Jahrhunderte lang das Wohnquartier von Fischern und Seeleuten. Der Name „Les Botiques del Mar“, der auch noch heute gelegentlich verwendet wird, weist darauf hin. Natürlich konnte und wollte niemand verhindern, dass sich der **Tourismus ausbreitet.** Und es darf so deutlich gesagt werden: Man hätte es auch hässlicher machen können. Zum Glück geschah das nicht und schon überhaupt nicht mit den **Häusern** in der ersten Strand-Reihe. Nur im Außenbereich des Strandes kleben einige Reihenhäuser am Hang und erheben sich ein paar Blocks, die aber weit genug entfernt liegen.

045cd sm

032kk jf

Rings um den **Hügel Els Munts** baute man ziemlich viele Ferienhäuser, die teilweise Meerblick haben und hübsch hinter Pinien stehen. Und genau dort liegt die römische Ausgrabungsstätte Villa Romana dels Munts.

## Villa Romana dels Munts

Tarraco, das heutige Tarragona, war einer der wichtigsten römischen Stützpunkte in Spanien. In seinem Umfeld entstanden speziell im 1. bis 4. Jh. n. Chr. **römische Landgüter,** *villae* genannt. In diesen wurde Landwirtschaft zur Versorgung der städtischen Bevölkerung betrieben, hier residierten aber auch hochrangige römische Würdenträger. So auch in Els Munts. Dort lebte *Caius Valerius Avitus,* der der Provinzverwaltung vorstand. Reste seines Anwesens können besichtigt werden. Es bestand aus einem L-förmigen Säulengang mit Gartenanlage und hübsch dekorierten Räumen, von denen nur noch Fragmente und Grundmauern erhalten sind. Außerdem existierten Thermalbäder. Die Räume waren mit farbigen Mosaiken geschmückt, die teilweise noch erhalten sind.

Die Anlage scheint nach heutigem Erkenntnisstand von einem Feuer um das Jahr 260 zerstört und im 6. oder 7. Jh. endgültig verlassen worden zu sein. Dann passierte einige Jahrhunderte gar nichts, bevor Archäologen 1967 mit Ausgrabungen begannen.

■ **Villa Romana dels Munts,** Passeig del Fortí (ist überall im Ort ausgeschildert), Juni bis Sept. Di–Sa 10–13.30 und 16–20, So 10–14 Uhr, Okt. bis Mai Di–Sa 10–13.30 und 15–17.30, So 10–14 Uhr, 15 Min. vor Schluss kein Einlass mehr; 4 €, Okt. bis Juni letzter Di im Monat jeweils freier Eintritt.

Die römische Ausgrabungsstätte Villa Romana dels Munts

700cd jf

## Praktische Tipps

### Unterkunft

■ **Hotel Sant Martí**②-③, c/de Mar 7, Tel. 977 650307, www.hotelsanmartin.com. Kleines familiäres Haus mit 18 Zimmern, das aber schon gute 500 m vom Meer entfernt steht. Ein kleiner Pool und ein Restaurant sind vorhanden.

MEIN TIPP: **Hotel Gran Claustre**④, c/del Cup 2, Tel. 977651557, www.granclaustre.com. Einzigartiges Hotel in einem historischen Haus aus dem 18. Jh. mitten in der Altstadt. Insgesamt 39 topmoderne und unterschiedlich gestaltete Zimmer, die sich auf zwei historische Gebäude verteilen. Das Haus hat ein gutes Restaurant und einen Spa-Bereich.

■ **Hotel May**④, Camí del Prat 58-60, Tel. 877990 232, www.mayboutiquehotel.com. Schickes, nicht zu großes Hotel, welches ein wenig am Ortsrand liegt, aber nur 50 m vom Strand entfernt. Sehr angenehm in hellen Farben gehalten, modern eingerichtet und von einigen Zimmern sowie der Pool-Terrasse hat man direkten Meerblick.

### Camping

■ **Don Quichote,** Vía Hercúlea 30, Tel. 977650 205, www.campingdonquichote.es, Mitte März bis Ende Sept. Nicht zu großer Platz (550 Personen) auf einem Gelände mit leichten Terrassen und Schatten spendenden Olivenbäumen, ca. 200 m vom Strand entfernt. Erreichbar über die N-340 am Kilometerstein 1174.

■ **Santa Eulàlia,** Carretera de la Platja s/n, Tel. 977650213, www.campingsantaeulalia.com, Mitte März bis Anf. Nov. Über die N-340 erreichbar. Platz mit einer Kapazität für 730 Urlauber. Schatten durch vereinzelte Bäume, ein Pool ist vorhanden, zum Strand sind es etwa 200 m. Es gibt auch Holzbungalows und kleine Reihenhäuser zum Mieten.

Sonntag morgens am Strand von Altafulla

## Essen und Trinken

Mein Tipp: **Restaurant Faristol,** c/Sant Martí 5, Tel. 977650077, Fr ab 19, Sa/So ab 13 Uhr (So nur bis 16 Uhr). Liegt eine Straße unterhalb des historischen Viertels in einem Gebäude aus dem Jahr 1783 und hat einen netten Innenhof. Geboten werden katalanische Küche und nicht selten Jazz-Konzerte. Den Innenraum schmückt ein quer über die ganze Wand verlaufendes Naturbild.

■ Mehrere Lokale liegen **in der strandnahen Carrer Mestral.** Zu finden: Vom Strand kommend durch den unübersehbaren Torbogen gehen und in die zweite Straße rechts einbiegen. Dort befinden sich nicht nur Lokale, sondern – oben beim kleinen Platz – auch ein Bäcker, ein Fischhöker, ein Lebensmittelgeschäft und ein kleiner Supermarkt.

■ **Mar Salada,** c/Botiques de Mar 75, Tel. 977652 382, www.restaurantmarsalada.com, Mo–Do bis 18, Fr–So bis 24 Uhr, Frühstück 9.30–11.30 Uhr. Das kleine Lokal liegt direkt an der Strandpromenade, hat eine kleine Terrasse mit unschlagbarem Meerblick. Neben Frühstück gibt es Fisch, Reis, Salate und auch ein Kindermenü.

## Feste

■ **11. September:** Patronatsfest Día de Sant Antoni Padua.

■ **11. November:** Sant Martí, die wichtigste Fiesta des Ortes, u.a. mit einem Heringsschmaus!

☑ Logenplatz am Meer

033kk jf

LA CUCA FERA
BRASILIA
ENSALADA CATALANA
PAELLA MIXTA
PAN Y POSTRE

# 6

# Tarragona und Umgebung

»Seitdem die Römer Tarragona zu einem wichtigen Stützpunkt ihres Imperiums machten, hat hier fast jeder Stein eine Geschichte. In einem solchen Ambiente ist es besonders reizvoll, über die Rambla zu bummeln und sich anschließend in der pittoresken Altstadt zu verlieren. Das Umland der Provinzhauptstadt reizt zu attraktiven Ausflügen.

278cd_jf

‹ In der Altstadt von Tarragona

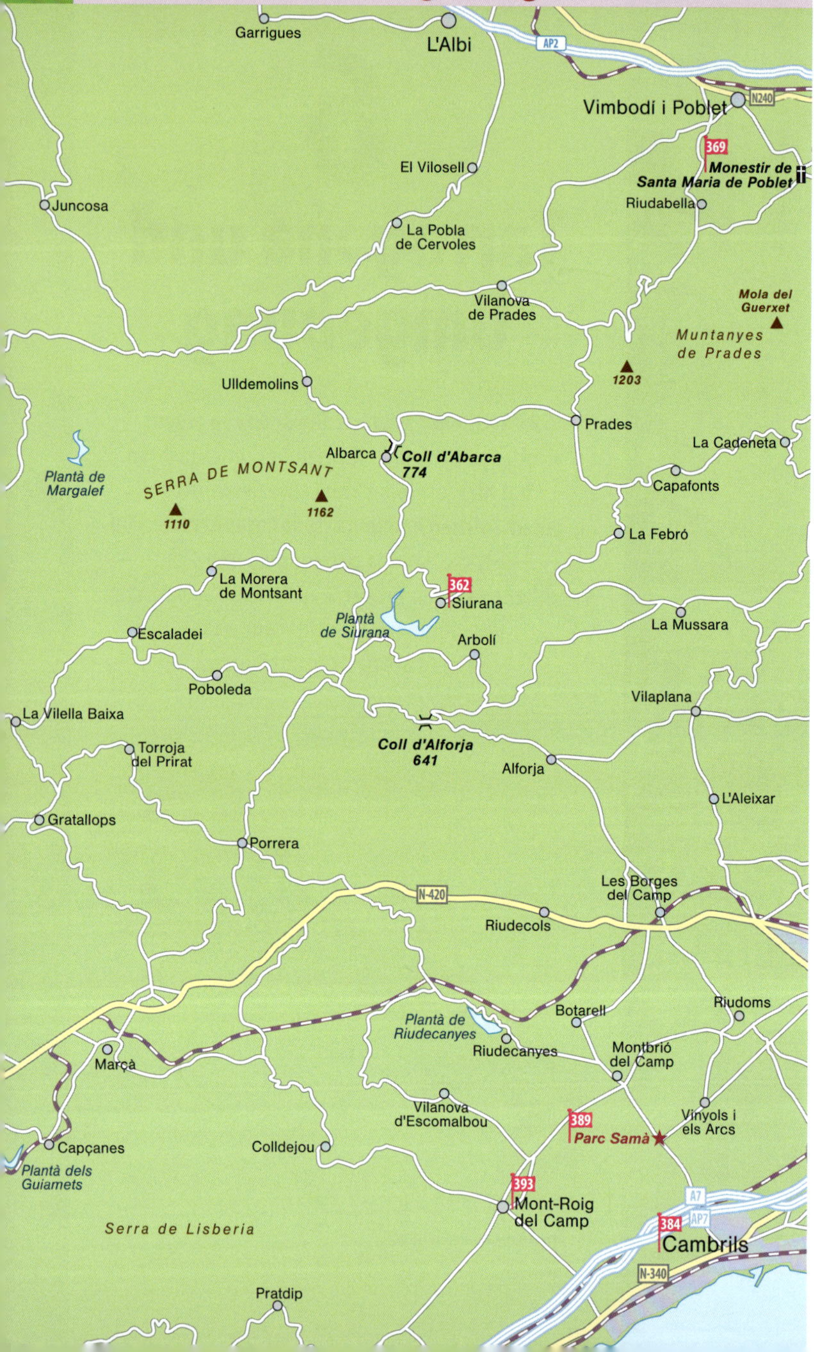
Garrigues
L'Albi
AP2
Vimbodí i Poblet
N240
369
Monestir de Santa Maria de Poblet
El Vilosell
Juncosa
Riudabella
La Pobla de Cervoles
Vilanova de Prades
Mola del Guerxet
Muntanyes de Prades
1203
Ulldemolins
Prades
La Cadeneta
Albarca
Coll d'Abarca 774
Plantà de Margalef
SERRA DE MONTSANT
1162
1110
Capafonts
La Febró
362
La Morera de Montsant
Siurana
Plantà de Siurana
La Mussara
Escaladei
Arbolí
Poboleda
Vilaplana
La Vilella Baixa
Coll d'Alforja 641
Torroja del Prirat
Alforja
L'Aleixar
Gratallops
Porrera
Les Borges del Camp
N-420
Riudecols
Riudoms
Botarell
Plantà de Riudecanyes
Riudecanyes
Marçà
Montbrió del Camp
Vilanova d'Escomalbou
389
Parc Samà
Vinyols i els Arcs
Capçanes
Colldejou
Plantà dels Guiamets
393
Mont-Roig del Camp
A7
AP7
384
Cambrils
Serra de Lisberia
N-340
Pratdip

0
10 km
©Reise Know-How
Kata27 1/23
Querol
Barberà de la Conca
Cabra del Camp
L'Espluga de Francolí
AP2
El Pont d'Armentera
Prenafeta
367
Montblanc
Figuerola del Camp
Les Pobles
371
Monestir de Santes Creus
El Pla de Santa Maria
Santes Creus
N240
Rojais
AP2
Aiguamurcia
C14
Vila-Rodona
La Riba
Farena
Alió
363
Valls
C51
Mont-Ral
Puigpelat
Rodonya
C37
Montferri
Bràfim
366
Santuari de Montserrat
Alcover
C37
L'Albiol
A-27
El Milà
Nulles
Vallmoll
La Masó
N240
Renau
Salomó
El Rourel
La Selva del Camp
Els Garidells
Vespella de Gaià
Vilallonga del Camp
La Secuita
Almoster
El Morell
Perafort
La Nou de Gaià
Castellvell del Camp
El Catilar
Els Pallaresos
La Riera de Gaià
A-27
358
Reus
Constantí
353
Aqüeducte de les Ferreres
327
Torredembarra
332
Altafulla
C14z
AP7
N340a
Monnars
Tamarit
N340
La Canonja
T11
A7
C14
A7
N340a
N241
343
Tarragona
Vila-Seca
Salou
MITTELMEER
Far

# TARRAGONA UND UMGEBUNG

## AUF DEN SPUREN DER RÖMER

**Tarragona liegt leicht erhöht direkt am Meer. Es ist eine lebendige Stadt mit viel Flair und zahlreichen Überresten der römischen Kultur. Ausflüge nach Reus, Montblanc und zu den zwei bedeutenden Zisterzienser-Klöstern Monestir de Poblet und Monestir de Santes Creus bieten sich an.**

### NICHT VERPASSEN!

- „Eisen anfassen" auf dem **Balcó del Mediterrani** | 347
- Christliches Erbe auf römischen Fundamenten: die **Kathedrale** von Tarragona | 350
- Feierabend-Drink auf der **Plaça de la Font** | 353
- Jugendstilbauten an der **Ruta del Modernisme** in **Reus** | 359
- Historische **Altstadt** in **Montblanc** | 367
- **Monestir de Santa Maria de Poblet,** bedeutendes Zisterzienserkloster | 369

**Diese Tipps erkennt man an der gelben Markierung.**

## Überblick

Mit den Römern fing es an. Sie machten aus „Tarraco" eine der wichtigsten römischen Städte auf spanischem Boden. Erschufen beeindruckende Bauten. Einiges davon steht noch heute und lässt uns ehrfürchtig staunen. In Tarragona stehen mitten in der Stadt mehrere große römische **archäologische Fundstätten.** Da wundert es nicht, dass dem „archäologischen Ensemble von Tarraco" im Jahr 2000 der Status als UNESCO-Weltkulturerbe zugesprochen wurde.

Doch auch das moderne Tarragona macht Spaß – beim Flanieren auf der Promenade, beim Eintauchen in die Altstadt, beim Bummeln und Beobachten auf der Plaça de la Font. Insgesamt herrscht eine angenehme Atmosphäre in der Stadt. Als zentrale Achse gilt die Flaniermeile **Rambla Nova**, an deren Ende man vom Aussichtspunkt Balcó del Mediterrani („Balkon des Mittelmeers") einen wunderschönen Blick über die Küste genießt.

Nicht weit von Tarragona sind in der Stadt **Reus** schicke Jugendstilhäuser zu bewundern. Weiter im Hinterland lockt **Montblanc** mit einer romantischen Altstadt, und in dieser Region liegen auch die beiden Zisterzienserklöster Santa Maria de Poblet und Santes Creus, die ebenfalls zu den touristischen Highlights zählen.

Nächtlich beleuchteter römischer Zirkus

# Tarragona

- **Einwohner:** 140.000
- **Entfernung nach Barcelona:** 98 km
- **Touristeninformation:** Carrer Major 37, Tel. 977 250 795, www.tarragonaturisme.cat.

## Geschichte

218 v. Chr. steht als **Gründungsjahr einer römischen Siedlung namens Tarraco.** *Publio Escipión* und sein Bruder wählten einen strategisch günstigen Platz, der leicht erhöht am Meer lag. So berichtet *Plinius* in seinem Geschichtswerk „Historia Naturalis". Möglicherweise wurde der Ort gewählt, weil es hier bereits ein ummauertes keltiberisches Lager gab, aber diese Theorie steht noch immer auf wackeligen Füßen. Sicher ist jedoch, dass die Römer Tarraco alsbald ausbauten und als **Basis für ihre iberischen Eroberungszüge** nutzten.

Die Siedlung prosperierte zügig. Im frühen 2. Jh. v. Chr. bauten die Römer eine 4 km lange **Verteidigungsmauer,** die den ganzen Ort schützte; etwa 800 m davon stehen heute noch. Nicht zuletzt dank des bald angelegten Hafens kam Tarraco zu **Wohlstand durch den Seehandel,** u.a. auch mit dem Hauptsitz in Rom. Es dauerte nicht lange, und Tarraco war neben Cartago Nova (heutiges Cartagena, eine spanische Küstenstadt etwa 600 km weiter südlich) – die **wichtigste römische Bastion** in Hispania Citerior (so wurde ein römisches Gebiet genannt, das sich entlang der Küste bis etwa 100 km ins Hinterland erstreckte). Um 45 v. Chr. erklärte *Julius Cäsar* dann Tarraco zur römischen Kolonie, was den Einwohnern immerhin **die Bürgerrechte Roms** einbrachte.

27 n. Chr. wurde Hispania neu aufgeteilt in drei Provinzen, Tarraco wurde **Hauptstadt der neuen römischen Provinz Tarraconense.** Es folgten Jahre der Blüte. Über das Mittelmeer wickelte man den Seehandel ab, und durch Überland-

307cd jf

Tarragona
0 200 m
Übernachtung
1 Hotel Ciutat de Tarragona
4 Hotel Urbis Centre
9 Hotel Lauria
10 Hotel H10 Imperial Tarraco
11 Pension La Noria
13 Hotel Plaça de la Font
15 Hostal 977
19 Campingplätze über die N-340
A-7
N-340
Plaça Imperial Tarraco
Avinguda President Companys
Avinguda d'Andorra
Avinguda Marquès de Montoliu
Sant Antoni Ma Claret
Mossèn Salvador Ritort i Faus
Rovira y Virgili
Frai Antoni Cardona i Grau
Camí del Cementiri
Pintor Mallol
Escultor Verderol
Avinguda Maria Cristina
Avinguda de Catalunya
Avinguda de Roma
Doctor Battestini
Estanislau Figueres
Rambla Nova
Monumento de les Castellers
Passeig Arqueològic
Salines
Cavallers
Sant Domènec
Rathaus
Plaça de la Font
Rambla Vella
Portalet
Higini Anglès
Pare Palau
Avinguda Prat de la Riba
Roma y Virgili
Avinguda Pau Casals
August
Assalt
St. Francesc
Comte de Rius
Sant Augustí
Avinguda Ramon y Cajal
Avinguda Ramón y Cajal
Pere Martell
Cristòfor Colom
Governador Gonzalez
Lleida
Cardenal
Reding
Fortuny
Pons d'Icart
Unió
Méndez Nuñez
Adrià
Girona
Mallorca
Plaça Ponent
Fòrum local
Gasòmetre
Cervantes
Eivissa
Sevilla
Soler
Caputxins
Plaça General Prim
Roger de Llúria
Balcó del Mediterrani
Baixada de Toro
Jaume I
Smith
Plaça dels Infants
Castaños
Reial
Castellarnau
Apodaca
Barcelona
Plaça de la Pedrera
Bahnhof
Mar
Plaça dels Carros
6 Altes Fischerviertel El Serrallo, Museu del Port
Moll de Costa
Passeig Marítim Rafael de Casanovas
Hafen

**Essen und Trinken**
- **5** Restaurant Barquet
- **6** Restaurant L'Ancora
- **7** Café del Teatre
- **8** Café Viena
- **12** Pension Fórum
- **14** diverse Bars
- **16** Restaurant Pulvinar
- **17** Restaurant Alvocat
- **18** Restaurant El Racó de l'Abat

**Einkaufen**
- **2** Markt
- **3** Markthalle

straßen war Tarraco sogar mit Rom verbunden. Die Vía Augusta führte über das damals unbedeutende Barcino (Barcelona) ins Zentrum des römischen Imperiums. In jener Epoche, dem 1. und 2. Jh., entstanden die Bauten, die heute teilweise noch erhalten sind.

Die Stadt breitete sich weiter aus. „Oben" war das ummauerte Zentrum, „unten" am Hafen und in der Umgebung lebten mittlerweile 30.000 Menschen. Dann begann der schleichende Niedergang Roms, das Imperium zerfiel langsam. Um 259 tauchten die ersten christlichen Prediger auf, und wenig später machten sich **gotische Stämme** breit. 476 wurde Tarraco von **Westgoten** unter Führung von *Eurico* eingenommen. Die Bevölkerungszahl schrumpfte derweil. Wohl auch, weil die Westgoten ihren Hauptsitz in Barcino aufschlugen. Im Jahr 716 erreichten die **Araber** die Stadt und plünderten sie erst einmal aus. Das hatte zur Folge, dass die letzten Bewohner weggingen und der Ort für nahezu **400 Jahre unbewohnt** blieb.

Ab 1089 wurden Versuche gestartet, **Tarraco wieder zu besiedeln,** aber es dauerte noch knapp ein Jahrhundert, bis es erste Erfolge gab. Dann kamen **Dominikaner** und **Franziskaner,** sie bauten Klöster und Kirchen. Dadurch wuchs die Bevölkerung zumindest etwas, und um dies noch weiter zu beschleunigen, bekam 1231 Tarragona, wie es nun hieß, Rechte und Pflichten einer **freien Stadt.** Die Bewohner zahlten beispielsweise keine Abgaben an den Feudalherren und konnten ihre Geschäfte frei entfalten.

Leider war diese Phase schon 1348 bedroht, als die **Pest** wütete. Gut ein Viertel der Bevölkerung war davon betroffen. Es kam noch schlimmer. Der wirtschaftliche Erfolg der Stadt machte gekrönte Häupter neidisch. So rückte 1462 der **König von Aragón** mit einer Streitmacht an und verlangte, dass die Stadt sich ergebe, damit sie in sein Königreich integriert würde. Und dass natürlich Steuern zu zahlen seien. Tarragona ergab sich, aber fast die Hälfte der Einwohner verließ die Stadt.

1492 entdeckte *Kolumbus* Amerika, und die gesamte politische und wirtschaftliche Ausrichtung orientierte sich von da ab auf die **Atlantikhäfen** und die Ausbeutung bzw. den Handel mit den neu entdeckten Ländern. Eine Monopolbehörde verhinderte, dass Mittelmeerhäfen sich daran beteiligen konnten, Tarragona blieb „nur" der Mittelmeerhandel. 1592 tauchte abermals der „Schwarze Tod" in der Stadt auf und forderte mehr Opfer als jemals zuvor.

1640 stritten sich mal wieder Herrschaftshäuser, dies ging dann später als der **Erbfolgekrieg** in die Geschichtsbücher ein. Katalonien und damit auch Tarragona fochten auf der falschen Seite; das hatte Konsequenzen. *Felipe V.* ging siegreich daraus hervor und rächte sich, indem er sämtliche früheren Privilegien abschaffte. Das waren keine guten Jahre für die Stadt. Sie zählte um 1790 gerade einmal 9000 Einwohner, als man den Hafen neu erbaute.

Das führte abermals zu einer leichten wirtschaftlichen Erholung. Aber 1811 belagerten die **Franzosen** zwei Monate lang die Stadt, beschossen sie fortwährend mit Kanonen und zerstörten viele Gebäude. Aber auch das überstand man, und so langsam rückte die Moderne auch in Tarragona ein. Die **Dampfschifffahrt** brachte schließlich neuen Schwung, denn nun konnten auch Mittelmeerhäfen Handel mit den Ländern auf dem amerikanischen Kontinent treiben, und Tarragona wurde zu einer

293cd_jf

wichtigen Drehscheibe im Weinhandel. Dafür wurden viele Hände gebraucht und gezielt Arbeitsemigranten angeworben. **Die Stadt wuchs** bald auf 27.000 Einwohner (1877).

Anfang des 20. Jh. kamen weitere große Firmen, die Zigarettenindustrie und petrochemische Firmen bauten gewaltige Produktionsstätten. In deren Gefolge siedelten sich weitere kleinere Firmen an, zumeist Zulieferer.

Dann folgten die **Jahre des spanischen Bürgerkrieges** 1936–1939. Zu Kriegsbeginn zählte die Stadt genau 31.412 Einwohner, also in etwa die gleiche Zahl wie zum Höhepunkt der römischen Phase. Die Stadt selbst fiel bereits am 15. Januar 1938 den Frankisten in die Hände. Nach Kriegsende versuchte *Franco* sein Spanien autark und fern vom Weltgeschehen zu regieren, was zu den sogenannten Hungerjahren führte. Schließlich kamen die 1960er und 1970er Jahre und mit ihnen die Touristen. **Tarragona profitierte auch vom touristischen Boom,** aber noch viel mehr unzählige kleinere Orte mit nicht viel mehr als einem schönen Strand. Der Begriff „Costa Daurada" („Vergoldete Küste) wurde geprägt, mit Tarragona als Hauptstadt.

Die Rambla einmal ziemlich leer

# Sehenswertes

## Rambla Nova

Die Rambla Nova ist *die* Flaniermeile der Stadt. Sie misst 700 m und verläuft von der großflächigen **Plaça Imperial Tarraco** bis zum Meer, wo sie an einem tollen Aussichtspunkt endet. Die Rambla hat eine Breite von 45 m, wovon bestimmt 30 m – oder mehr – nur für Fußgänger ausgelegt sind. Links und rechts fließt zwar Autoverkehr vorbei, aber auf der Rambla muss man einfach zu Fuß gehen. Entlang der Rambla warten **Cafés und Bars,** zumeist mit Terrassen, und hier kann man schön das Spielchen „Sehen und Gesehenwerden" spielen. Die Rambla säumen außerdem etliche **schicke Häuser,** die zum überwiegenden Teil im 19. Jh. errichtet wurden, wie die Banc d'Espanya oder das Hotel Lauria.

Zwei Denkmäler stehen entlang der Rambla: **El Monumento a los defensores de Tarragona** (Denkmal zu Ehren der Verteidiger der Stadt während der französischen Besetzung 1811) sowie eine Statue zu Ehren von Admiral Roger de Llúria. Letztere steht unweit vom Aussichtspunkt. Das beeindruckendste Monument erhebt sich im wahrsten Sinne des Wortes am anderen Ende der Rambla, unweit der Plaça Imperial Tarraco. MEIN TIPP: Dort wurde ein detailgenaues **Denkmal zu Ehren der Castellers** – der Menschentürme – geschaffen. Es lohnt sich, auf Einzelheiten zu achten. Alles wirkt authentisch, und man spürt regelrecht die Anspannung der Einzelnen (siehe auch Abschnitt „Feste").

Am Ende der Rambla erreicht man den Aussichtspunkt **Balcó del Mediterrani,** also den „Balkon des Mittelmeeres". Von

175cd sm

dem 35 m erhöht gelegenen Punkt mit einer schönen Balustrade kann man wunderschön über die Küste und weit aufs Meer gucken. An klaren Tagen soll sogar am Horizont die Insel Mallorca erkennbar sein. Die Bewohner der Stadt spazieren genauso gern hierher wie die Touristen. Sie nennen dies auf Katalanisch *„anar a tocar ferro"* („hingehen, um Eisen zu berühren"), womit die Balustrade gemeint ist, auf die man sich stützt, um aufs Meer zu blicken. Rechts unten sieht man den Bahnhof und den Hafen, direkt unterhalb liegt der Strand Platja del Miracle. Nach links führt ein netter Weg, der übersetzt „Palmenweg" genannt wird, hinunter zu den Überresten der römischen Stadt. Man genießt von hier oben einen ausgezeichneten Blick auf das große Amphitheater.

Die Skulptur der Castellers

## Fòrum Local

Um die Zeitenwende entstand dieses Forum am Rande der damals ummauerten Oberstadt. Dort oben lagen **alle wichtigen römischen Einrichtungen,** aber die Stadt dehnte sich aus. Deshalb wurde auch in der Unterstadt ein Forum, ein großer Platz, errichtet. Er liegt heute zwischen den Straßen Lleida und Soler, regelrecht umzingelt von Häuserblocks. Das Fòrum Local hat folgende Ausmaße: 54 x 14 m, und es sind heute nur noch bescheidene Überreste erhalten. Vor allem Fragmente, Mauerreste und kleine Säulen. Eine Brücke überspannt die Straße Soler. Zwei Bereiche gab es hier, einen religiösen und einen weltlichen. Im heiligen Bereich stand ein Tempel und im weltlichen das Hauptgebäude der Verwaltung sowie der Gerichtsbarkeit. Weiter hinten legte man Fundamente verschiedener Wohnbereiche frei.

■ **Fòrum Local,** Carrer de Lleida s/n, 1.10.–31.3. Di–Sa 9–19 Uhr, So 9.30–14.30 Uhr, 1.4.–30.9. Di–Sa 9–21 Uhr, So 10–15 Uhr, 3,30 €.

## Amfiteatre Romà

Das **römische Amphitheater** lag etwas außerhalb des ummauerten Stadtkerns, ziemlich nah zum Meer. Direkt vor dem Theater liegt ein kleiner, nett begrünter Bereich, genannt **Park de l'Amfiteatre.**

**Spartipp**

Es gibt ein **Gemeinschaftsticket** für vier römische Sehenswürdigkeiten zum Preis von 7,40 €.

Die Wege und die halbrunde Gestaltung orientieren sich an der Baustruktur des Theaters, außerdem sind hier Pflanzen zu finden, die es auch schon zur römischen Zeit gab. Das Amphitheater selbst hat eine elliptische Form, misst 130 x 102 m und zählt zu den besterhaltenen römischen Bauwerken seiner Art in Spanien. Man erkennt noch ganz gut die öffentliche Zuschauertribüne, die der örtlichen Autoritäten und eine später errichtete Kirche. Es braucht nicht viel Fantasie, sich hier blutige **Gladiatorenkämpfe** vor begeistertem Publikum vorzustellen. Hier wurden tragischerweise auch Christenverfolgungen öffentlich zelebriert. So erlitten Bischof *Fructuoso* und zwei Mitstreiter im Jahr 259 einen grausamen Feuertod. Im 6. Jh. wurde diesen Märtyrern zu Ehren eine kleine Kapelle gebaut, die Iglesia de San Fructuoso. Im 12. Jh. errichtete man dann ein größeres Gotteshaus an gleicher Stelle, die Iglesia de Santa María del Milagro.

■ **Amfiteatre Romà,** Parque de l'Amfiteatre Romà, 1.10.–31.3. Di–Sa 9–19, So 9.30–14.30 Uhr, 1.4.–30.9. Di–Sa 9.30–21, So 10–15 Uhr, 3,30 €.

## Circ Romà

MEIN TIPP: Circ Romà lautet der etwas bescheidene Name für den **gewaltigen römischen Zirkus.** Hier aber fanden sie statt, die Wagenrennen à la „Ben Hur“ und andere blutige Spektakel. Leider wurde ein Großteil zerstört, angeblich vor allem von abziehenden französischen Soldaten im Jahr 1813. Erbaut wurde der Circ Romà im 1. Jh. v. Chr. Er maß damals 320 x 175 m, der Innenbereich immerhin 265 x 150 m. Erkennbar bleiben heute ein größeres Stück der Arena, Treppenaufgänge zu den Galerien, Stufensitze für die Zuschauer und das sogenannte **Triumfalistor.** Daneben sind noch unterirdische Gänge erhalten, an deren Ende ein detailgenaues Modell des römischen Zirkus steht.

■ **Circ Romà,** Plaça del Rei – Rambla Vella, 1.10.–31.3. Di–Sa 9.30–20 Uhr, So 9.30–14.30 Uhr, 1.4.–30.9. Di–Sa 9.30–21, So 10–15 Uhr, 3,30 €.

☐ Das römische Amphitheater

034kk jf

## Pretori Romà

Dieser wird von der Plaça del Rei betreten und ist verbunden mit dem römischen Zirkus. Es handelt sich um einen mehrstöckigen **Turm,** in dem verschiedene Modelle der Stadt und Fundstücke der römischen Epoche ausgestellt sind. Erbaut wurde das Gebäude um das Jahr 73 n. Chr., es diente dem Provinzregenten und seinen Beamten als Verwaltungssitz. Oben von der Terrasse genießt man einen formidablen Blick über die Stadt.

■ **Pretori Romá,** Plaça del Rei 5, 1.10.–31.3. Di–Sa 9–19 Uhr, So 9.30–14.30 Uhr, 1.4.–30.9. Di–Sa 9.30–21 Uhr, So 10–15 Uhr, 3,30 €.

## Museu Nacional Arqueològic de Tarragona

Das archäologische Museum von Tarragona liegt buchstäblich vis à vis des Eingangs von Forum und Zirkus. Gegründet wurde es bereits in der ersten Hälfte des 19. Jh. Hier sind überwiegend **Fundstücke der römischen Epoche** ausgestellt. Auf vier Etagen und in insgesamt zehn Sälen finden sich, thematisch angeordnet, brillante Exponate. So beispielsweise schöne Mosaike, die viele Häuser schmückten, oder Skulpturen, die ebenso in römischen Villen standen.

**App-Tipp**

Die App **Imagen Tarraco** bietet einen Blick zurück in die römische Phase, zeigt die wichtigsten vier Bauwerke und szenische Darstellungen des damaligen Lebens.

■ **Museu Nacional Arqueològic de Tarragona,** Plaça del Rei 5, Juni bis Sept. Di–Sa 9.30–20.30, So 10–14, Okt. bis Mai Di–Sa 9.30–14, 15–18, So 10–14 Uhr, 4 €, ermäßigt 2 €.

## Kathedrale

Vom römischen Tarragona zum christlichen sind es nur wenige Schritte. Die Kathedrale überragt die meisten Häuser, und man kann einfach durch die Straßen stromern. Die Gassen sind urig. Es ist eng, wenig Licht fällt bis auf den Boden, kleine familiäre Läden bieten dies und das an, in den Bars wird über Gott-und-die-Welt getratscht. Alles in allem **ein richtig schönes Altstadtviertel.** Ein Teil dieser Gegend war früher das jüdische Viertel; es war durch zwei Tore vom Rest der Stadt abgetrennt.

Links von der auf die Kathedrale zulaufenden c/Major verläuft die **Carrer dels Cavallers,** in der einige gotische Herrschaftshäuser stehen. Die Straße existierte bereits im 13. Jh., aber die Häuser entstanden ein Jahrhundert später. Zu finden sind sie unter den Hausnummern 10, 11, 12.

Die Kathedrale hat eine weit zurückreichende **Historie.** Etwa im 1. Jh. v. Chr. stand an ihrer Stelle ein Jupitertempel. Nach Abzug der Römer kamen westgotische Stämme und errichteten an der gleichen Stelle eine kleine Basilika. Im 5. Jh. verschlug es orientalische Christen nach Tarragona, die den Kult um die heilige Tecla mitbrachten, einer Schülerin des Apostel Paulus. Im Jahr 1171 waren gerade die Mauren vertrieben, als nun endlich mit dem Bau einer gewaltigen Kirche begonnen wurde. Gute **150 Jahre dauerte der Bau,** die Weihung

706cd jf

zur Kathedrale fand 1331 statt. Entstanden war **eines der größten Gotteshäuser in ganz Katalonien.** Allein der Innenraum misst knapp über 100 m Länge. Schon der Haupteingang zeigt sich kunstvoll mit Archivolten von 22 Skulpturen von Aposteln und Propheten sowie einer großen Fensterrose. Innen steht ein Retabel der Santa Tecla in der Capilla Mayor. Der Hauptaltar ist ein Meisterwerk aus weißem Marmor, für das *Pere Joan* im 13. Jh. acht Jahre benötigte. Wichtige Stationen aus dem Leben der heiligen *Tecla* sind hier figürlich dargestellt. Weiterhin befindet sich neben dem Hauptaltar das **Grabmal von Erzbischof Juan de Aragón.**

Zum Kreuzgang (Claustro) gelangt man durch ein fein gestaltetes, teilweise aus Marmor gearbeitetes Portal. Der Kreuzgang hat mehrere hübsche Rundbögen und ein Mirhab, ein Gebetsplatz, der in Moscheen immer Richtung Mekka zeigt; wahrscheinlich ein Überbleibsel der maurischen Epoche. Beachtenswert auch die Kapitelle mit der ungewöhnlichen Darstellung einer Prozession von Ratten.

Der achteckige **Glockenturm** hat eine Höhe von 70 m, er stammt aus dem Jahr 1292. Das angeschlossene **Diözesanmuseum** stellt hauptsächlich Messgewänder und Wandteppiche (15.–18. Jh.) aus sowie religiöse Skulpturen und Gemälde (14.–15 Jh.).

■ **Catedral,** Plaça de la Seu, generell 10–14 Uhr, nachmittags je nach Jahreszeit ab 15 Uhr bis mindestens 17 Uhr, im Hochsommer durchgehend 10–20 Uhr, So zumeist keine Besuche möglich, 5 €.

⌃ Das prachtvolle Portal der Kathedrale

707cd jf

## Museu d'Art Modern

Hier werden vor allem Skulpturen und Gemälde katalanischer Künstler aus dem 19. und 20. Jh. ausgestellt.

■ **Museu d'Art Modern,** Carrer de Santa Ana 8, Di–Fr 10–20, Sa 10–15 und 17–20, So 11–14 Uhr, Eintritt frei.

## Passeig Arqueològic

Einmal die Kathedrale umrundet, erreicht man den Passeig Arqueològic mit den **Überresten der römischen Stadtmauer.** Einst umschloss diese Mauer die gesamte Innenstadt und war 4 km lang. Kurz nach Ankunft der Römer, 218 v. Chr., begann man mit dem Bau. Heute sind noch knapp 800 m dieses einstigen Schutzwalls vorhanden.

Drei **Türme** sind ebenfalls noch erhalten, von denen der Torre del Arzobispo („Turm des Erzbischofs") mit 47 m der größte ist. Er steht etwa in Höhe der Kathedrale. Der kleinste Turm, Torre de la Minerva, trägt noch das teilweise erkennbare Bildnis dieser Göttin.

Kurz nach dem Passieren des Eingangs an dem Portal del Roser gelangt man zu einer gut erhaltenen **Statue des Cesar Augusto,** übrigens ein Geschenk von *Mussolini.*

■ **Passeig Arqueològic,** Av. Catalunya s/n, 1.10. bis 31.3. Di–Sa 9–19, So 9.30–14.30 Uhr, 1.4.–30.9. Di–Sa 10–21, So 10–15 Uhr, 3,30 €.

⌃ Plaça de la Font mit Rathaus

### Plaça de la Font

Zurück Richtung Rambla Nova geht es noch einmal durch die urige Altstadt, vorbei an dem zentralen Platz Plaça de la Font. Dort steht das **Rathaus** aus dem 19. Jh., und vor allem laden dort etliche **Bars und Restaurants** zum Verschnaufen ein; fast alle haben Tische draußen auf dem weitläufigen, autofreien Platz. Am frühen Abend bei lauer Luft ist es hier immer sehr voll. Dann versammelt sich Jung und Alt zu einem Feierabend-Drink in angenehmer Atmosphäre.

### Altes Fischerviertel El Serrallo

Etwas außerhalb, aber letztlich doch nur 15 Minuten zu Fuß entfernt, befindet sich das alte Fischerviertel **Barri del Serrallo.** Dieses liegt hinter dem heutigen modernen Hafen. Noch immer machen dort Fischkutter nach nächtlicher Fangfahrt fest, locken etliche urige Lokale und erstreckt sich ein kleines, enges Wohnviertel mit ganz eigenem Flair.

Das Viertel wurde inzwischen ziemlich aufgehübscht. Die **Hallen am Hafen** sind zu **Ausstellungssälen** oder **Kulturzentren** verwandelt worden, auch das eigentliche Serrallo-Viertel sieht mittlerweile recht schmuck aus. Praktisch alle Lokale haben Terrassen, der Zentralplatz wirkt ausgesprochen nett mit einer kleinen Flaniermeile mit Ruhebänken, einem beruhigend plätschernden Wasserlauf und einem aufgelockerten Schattendach. Dort liegt auch das kleine **Hafenmuseum** der Stadt, Museu del Port.

■ **Museu del Port,** Refugi 2, Moll de la Costa, Juni bis Sept. Di–Sa 10–14, 17–20, So 11–14 Uhr, Okt. bis Mai Di–Sa 10–14, 16–19 Uhr, So 11–14 Uhr, Eintritt frei. Die Geschichte des Hafens von Tarragona wird sehr anschaulich dargestellt, angefangen bei den Römern bis hin zur heutigen Container-Zeit.

### Aqüeducte de les Ferreres

Der Aquädukt ist auch bekannt als **Pont del Diable** („Teufelsbrücke"). Erbaut im 2. Jh., liegt er etwa 4 km von Tarragona entfernt und ist von der Autobahn aus gut zu erkennen. 217 m Länge misst er und erhebt sich auf 25 m Höhe. Hier floss das benötigte Wasser zur römischen Großstadt Tarraco, geschöpft aus dem Fluss Riu Francolí.

Die Teufelsbrücke kann aus der Nähe besichtigt werden, wenn man die Nationalstraße N-240 nach Valls nutzt. Wer über die Autobahn A 7 Richtung Süden fährt, kann sie auch betrachten. Es gibt auch einen extra Parkplatz, von dem man einen sehr schönen Blick auf den Aquädukt werfen kann. Zu finden bei Kilometer 246, kurz vor der Abfahrt 33 „Tarragona".

## Die Strände

Die innerstädtischen Strände sind klein, schönere und längere liegen nördlich der Stadt, vor allem der seinem Namen gerecht werdende **Platja Llarga** verläuft über 3000 m. Dieser Strand ist auch deshalb so beliebt, weil man direkt davor parken kann.

# Praktische Tipps

## Unterkunft

**10 Hotel H10 Imperial Tarraco**④, Passeig de les Palmeres s/n, Tel. 977233040, www.husa.es. Großes Vier-Sterne-Haus oberhalb des Amphitheaters, mit einem gigantischen Blick über die Küste. Das Haus wurde grundlegend saniert, hat jetzt einen Pool auf der Dachterrasse und eine Tiefgarage.

**4 Hotel Urbis Centre**③, Plaça Corsini 10, Tel. 977240116, www.hotelurbiscentre.com. Das 44-Zimmer-Haus liegt recht zentral, zwei Parallelstraßen von der Rambla Nova und einen Block vom Zentralmarkt entfernt. Familiäres Ambiente, funktionale Zimmer, die aber etwas klein ausfallen.

**1 Hotel Ciutat de Tarragona**③-④, Plaça Imperial Tarraco 5, Tel. 977250999, www.hotelciutatdetarragona.com. Großes Haus mit 168 gut eingerichteten Zimmern, das direkt am verkehrsreichen Hauptplatz vor der Rambla Nova steht. Kein Problem, denn die Fenster sind bestens schallisoliert. Modernes Haus, sehr zentral gelegen, mit eigener Tiefgarage.

**9 Hotel Lauria**②, Rambla Nova 20, Tel. 977236712, https://en.hotel-lauria.com. Zentral an der Rambla unweit vom „Balkon" in einem historischen Gebäude aus dem frühen 20. Jh. mit 72 Zimmern. Es gibt einen Pool mit Liegewiese im Hinterhof des ehemaligen Herrschaftshauses.

**11 Pension La Noria**②, Plaça de la Font 53, Tel. 977238717, www.hostalnoria.com. Pension mit 24 einfachen Zimmern vor dem zentralen Platz in der Altstadt. Die Zimmer haben alle ein eigenes Bad, sind vernünftig eingerichtet ohne unnötigen Ballast. Unten befindet sich eine Cafetería.

**13 Hotel Plaça de la Font**②-③, Plaça de la Font 26, Tel. 977240882, http://hotelpdelafont.com. Schlankes Haus, das etwas am Rande des belebten Platzes steht. Es hat 20 eher schlicht eingerichtete Zimmer, die nicht gerade groß ausfallen. Über dem

051cd sm

⌄ Römischer Aquädukt in der Nähe von Tarragona

Bett prangen riesige Fotos, das ist schon fast der einzige Zimmerschmuck, aber insgesamt ist alles völlig in Ordnung. Für Autofahrer: Direkt gegenüber vom Haus gibt es eine Tiefgarage.

15 **Hostal 977**③, c/Cavallers 4bis, Tel. 977216 651, www.hostal977.com. Kleines, historisches Haus, schick renoviert. Liegt in einer schmalen Seitengasse unweit der Kathedrale mitten in der Altstadt. Es hat nur fünf Zimmer, die unterschiedlich gehalten sind, modern eingerichtet in hellen Farben und mit viel Holz an der Decke.

## Camping

Mehrere Plätze liegen in den Strandbuchten der näheren Umgebung, vor allem in Richtung Norden.

19 **Platja Llarga,** A-7, km 1167, Tel. 977207952, www.campingplatjallarga.com, Ostern bis 30.9. Dieser nicht zu große Platz liegt direkt am Strand Platja Llarga und ist der nächstgelegene zur Stadt; mehrere Busse fahren nach Tarragona.

19 **Las Palmeras,** A-7, km 1168, Tel. 977208081, www.laspalmeras.com, Mitte März bis Mitte Okt. Großer Platz unter Pinien und Laubbäumen, unmittelbar am Strand gelegen. Die Bahnlinie führt nahe vorbei. Das Restaurant El Trull befindet sich in einer historischen Ölmühle, außerdem gibt es auch ein Lokal direkt am Strand. Des Weiteren: Tennisplätze, Fußballfeld, Windsurfstation, Kinderanimation und (nur im Sommer) Showeinlagen auf einer Bühne.

19 **Trillas Platja Tamarit,** A-7, km 1172 und über einen schmalen Weg bis fast zum Strand fahren, Tel. 977650249, www.campingtrillas.com, ganzjährig. Hier können 1200 Personen auf einem Terrassengelände urlauben in ruhiger, etwas abseitiger Lage (etwa 9 km bis Tarragona), aber eben auch in Strandnähe. Im Angebot sind Disco, Tennisplatz, Wassergymnastik im Pool, ein Restaurant, Fußballfeld und Kinderanimation.

19 **Tamarit Park,** N-340, km 1172, Tel. 977650 128, www.tamarit.com, Mitte April bis Ende Okt. Liegt schräg gegenüber von o.a. Platz am Strand Platja Tamarit und hat 500 Stellplätze. Ruhige, strandnahe Lage, Animation, größerer Pool, diverse Sportangebote. Es werden auch Bungalows und das etwas luxuriösere Glamping angeboten.

## Essen und Trinken

8 **Café Viena,** Rambla Nova 50, Tel. 977245541, www.viena.es, 8–23 Uhr. Kleines, schmuckes Kaffeehaus an der Rambla.

5 **Restaurant Barquet,** c/Gasómetro 16, Tel. 977240023, www.restaurantbarquet.com, Mo–Sa 12.30–15.30 Uhr. Hervorragende Fischgerichte werden von zwei Brüdern gezaubert. Die Wände des Lokals sind mit Gemälden von *Fidel,* einem der Betreiber, dekoriert. Die Karte wechselt häufig, je nach Fang und Einkauf.

17 **Alvocat,** c/Nau 3, Tel. 650954750, 13–15, 20.30–23 Uhr, Di ganztägig und Mi mittags geschlossen. Kleines vegetarisches Restaurant in der Altstadt, das auch vegane Gerichte anbietet.

MEIN TIPP: 12 **Restaurant der Pension Fórum,** Plaça del Font 37, Tel. 977231718, tägl. geöffnet. Kleines, urtypisch katalanisches Lokal, in dem Kellner vom alten Schlag arbeiten. Es gibt katalanische Küche in sehr angenehmer Atmosphäre, was viele Einheimische schätzen.

18 **El Racó de l'Abat,** c/de l'Abat 2, Tel. 625715 901, Mo/Di Ruhetage. Liegt in einer Seitenstraße in der Altstadt in einem historischen Haus. Geboten wird eine familiäre Atmosphäre und gute katalanische Küche.

7 **Café del Teatre,** c/Méndez Núñez 1, Tel. 977 243085. Liegt in einer Fußgängerzone ganz nahe zur Rambla Nova und bietet eine breite Auswahl an spanischen Gerichten. Größere Terrasse.

16 **Pulvinar,** c/dels Ferrers 20, Tel. 977235631, Di Ruhetag. Das Innere erinnert fast an eine Höhle, draußen gibt es eine kleine Terrasse auf einer Mini-Plaza. Angeboten werden Pizza, aber auch Menüs.

14 **An der Plaça de la Font** reihen sich mehrere Bars und Restaurants auf, allerdings auch einige mit

klar touristischen Angeboten. Wer möchte, sitzt draußen und bewundert die Rathausfassade – oder die Vorbeiflanierenden.

MEIN TIPP: 6 **Restaurant L'Ancora,** c/de Trafalgar 21, im Fischerviertel El Serrallo, Tel. 617494 654, www.ancoradelserrallo.com, tägl. 13–1 Uhr. Traditionsreiches Familienunternehmen mit über 50 Jahren Geschichte, heute ein großes Lokal mit Terrasse und einer umfangreichen Bandbreite an Fischgerichten, Tapas und auch Fleisch- und Reisgerichten.

## Post

- Plaça Corsini s/n.

## Einkaufen

2 **Markt:** Di und Do am Vormittag vor der Markthalle Plaça Corsini, ein kleiner Flohmarkt (Rastro auf Spanisch) findet am Freitagvormittag an der Rambla Nova statt.

3 **Mercat Central,** c/Reding, Mo–Sa 7.30–14, Fr auch 17.30–21 Uhr. In einer großen Markthalle werden Gemüse, Früchte und Fleisch gehandelt – eintauchen, staunen, Gerüche aufsaugen und kaufen!

- An der **Carrer Major,** quasi die „Hauptstraße", die durch die Altstadt zur Kathedrale hinführt, liegen einige kleine Geschäfte.

## Feste

- **23. April:** Sant Jordi, beim Patronatsfest Kataloniens schenken sich die Menschen gegenseitig Bücher und Rosen; manchmal sieht man auch Castellers.
- **Zweite Maihälfte:** Fest zur Erinnerung an die Römerzeit.
- **19. August:** Castellers an der Plaça de les Coles; Patronatsfest Sant Martí, u.a. mit Umzügen, *gegants* und einem feierlichen Akt, bei dem magisches Wasser zu Pferd zur Kapelle des Heiligen gebracht wird.
- **23./24. September:** Castellers an der Plaça de la Font; Patronatsfest Santa Tecla, Umzüge, Menschentürme, *gegants*, Feuerwerk.

287cd Jf

Kunst am Bau in der Altstadt

035kk jf

## Verkehrsverbindungen

■ Der große **Bahnhof** liegt unmittelbar am Meer. Hier stoppen die Regionalzüge aus Barcelona und aus der südlichen Richtung aus Tortosa bzw. Valencia kommend. Die Hochgeschwindigkeitszüge halten an einem anderen Bahnhof (→ unten).

Wer ankommt und ins Zentrum möchte, tritt aus dem Bahnhofsgebäude heraus und wendet sich nach rechts, bis die große Treppe folgt. Diese hochsteigen, und schon ist die zentrale Rambla erreicht. Oder man fährt mit **Bus Nr. 2** bis zur Plaça Imperial Tarraco. Dort liegt der zentrale Busterminal, von wo man zu allen Zielen in der näheren Umgebung gelangt.

■ Der **Bahnhof Camp de Tarragona** liegt etwa 14 Autokilometer nördlich von Tarragona; hier halten die Züge der Hochgeschwindigkeitslinien AVE und Alvia, die hauptsächlich zwischen Barcelona und Madrid verkehren, aber auch weitere Ziele wie Málaga oder Bilbao ansteuern. Adresse: Mas L'Hereut s/n, 43765 Secuita. Vom Busterminal Tarragona fährt Bus Nr. 86 zu diesem Bahnhof.

■ Der **Busterminal** liegt am anderen Ende der Rambla beim Plaça Imperial Tarraco zwischen den Straßen Avinguda de Roma und Carrer de Pere Martell. Da Tarragona Provinzhauptstadt ist, gelangt man von hier in jeden Ort.

☒ Sitzen unter Platanen in Tarragonas Altstadt

# Reus

- **Einwohner:** 106.000
- **Entfernung nach Tarragona:** 14 km
- **Touristeninformation:** Oficina de Turisme, Plaça del Mercadal 3, Tel. 977010670, www.reusturisme.cat.

## Geschichte

Reus ist die zweitgrößte Stadt der Provinz Tarragona und Geburtsort des Architekten **Antoni Gaudí,** der in Barcelona weltberühmte und einzigartige Bauwerke im Stil des Modernisme, des katalanischen Jugendstils, schuf. Reus ist aber auch ein **wirtschaftliches Zentrum** und obendrein Verkehrsknotenpunkt verschiedener Fernstraßen. Während in Tarragona der Handel über den Hafen schon lange Zeit blühte und sich später die chemopetrische Industrie etablierte, war Reus eher Markt- und Handelsplatz von landwirtschaftlichen Gütern aus der Umgebung; vor allem Wein, Öl und Getreide wurden hier umgeschlagen.

Reus wurde von den **Römern** gegründet, war später eine Zeit lang von den **Mauren** beherrscht und zählte im Mittelalter zum Herrschaftsgebiet des **Erzbischofs von Tarragona.** Bereits damals war Reus als Marktplatz bekannt, denn schon 1312 wurde erstmals ein Markt schriftlich dokumentiert. Im 18. Jh. erlebte die kleine Stadt einen **ökonomischen Aufschwung,** nachdem Spaniens

▷ ▽ In Reus stehen viele Häuser im Modernisme-Stil

cd013 jf

König *Carlos III.* das Handelsverbot über katalanische Häfen mit den spanischen Kolonien in Amerika aufhob. Binnen kurzer Zeit flossen Handelsgüter über Reus zum Hafen von Tarragona und wurden nach Übersee verschifft, ganz besonders Wein und Schnaps. Einige der im Fernhandel aktiven Kaufleute wurden sehr reich und ließen sich markante Häuser im Stile des gerade neu aufkommenden katalanischen Jugendstils, des **Modernisme,** bauen. Hierzu engagierten sie namhafte Architekten aus Barcelona. Und in diesem Punkt ist Reus einzigartig, denn die Stadt hat nach Barcelona die größte Vielfalt und Ansammlung von Gebäuden, die in diesem Stil erbaut sind.

**Antoni Gaudí** stammte zwar aus Reus, arbeitete aber überwiegend in Barcelona. Einer seiner Mitarbeiter war *Joan Rubió i Bellver,* der in Barcelona u.a. am Park Güell und an der Sagrada Família mitwirkte. Er baute in Reus viele Häuser im Modernisme-Stil. Weitere **namhafte Architekten** waren *Lluis Domènech i Montaner,* sein Sohn *Pere Domènech i Roura* und *Pere Casalles i Tarrats.* Viele ihrer Bauten stehen noch heute im Ortszentrum.

## Sehenswertes

### Häuser im Stil des Modernisme (Jugendstil)

Drei Plätze formen das Zentrum der Stadt: Die **Plaça Llibertat** ist der größte Platz und über die Carrer Lloveran mit der **Plaça de Prim** verbunden, von wo die Carrer Monterols zur Plaça del Mercadal führt. In diesem Bereich finden sich sehr viele der Jugendstilgebäude.

Zentral liegt die **Plaça del Mercadal,** ein großer offener Platz, der schon im

036kk jf

280cd_jf

15. Jh. existierte. Früher war er von einer Mauer eingefasst, aber als die Stadt wuchs und die Mauern eingerissen wurden, dehnte sich Reus rund um diesen zentralen Platz aus, der noch heute als sozialer und kultureller Mittelpunkt gilt. Immerhin zehn Straßen münden hier ein, an denen elegante Häuser stehen.

An der Plaça del Mercadal stand früher eine Markthalle, heute sind hier das gotisch geprägte **Ayuntamiento** (Rathaus) aus dem Jahr 1600 sowie der vielleicht bedeutendste Jugendstilbau, die **Casa Navàs,** zu bewundern. Das Haus entwarf *Lluís Domènech i Montaner* 1902. Es gilt als eines der beeindruckendsten Gebäude dieser Stilart.

Prachtvolle Jugendstil-Architektur in Reus

■ **Geführte Besichtigungen:** Die Firma „La Teva Ruta" bietet Führungen von 3 Std. Dauer an. Treff ist beim Gaudí Center an der Plaça del Mercadal. Infos auch auf Englisch: https://latevaruta.com.

MEIN TIPP: Außerdem befindet sich am Plaça Mercadal das **Gaudí Centre Reus.** Hier werden sehr kurzweilig – auch mit deutschsprachiger Audioführung – Leben und Wirken von *Antoni Gaudí* gewürdigt. Es ist das einzige Museum zum Leben und Wirken von *Gaudí,* der aus Reus stammt. Auf drei Etagen finden sich an vielen Stationen audiovisuelle Medien, die *Gaudís* Arbeits- und Lebenswelt vorstellen.

■ **Gaudí Centre Reus,** Plaça del Mercadal 3, 1.1.–14.6. und 16.9.–31.12. Mo–Sa 10–14 und 16–19, So 10–14 Uhr, 15.6.–15.9. Mo–Sa 10–20, So 10–14 Uhr; 10 €, Kinder (9–15 Jahre) und Senioren (ab 65 Jahre) 6 €.

Im Ortskern sind weitere modernistische Gebäude zu finden, herausragende Beispiele (mit Hausnummer) im Folgenden:

### Carrer Monterols

- 15: **Casa Laguna,** erinnert an den Stil von *Gaudí*, erbaut von *Pere Caselles.*
- 30: **Casa Codina,** trägt florale Elemente.

### Carrer Llovera

- 17: **Casa Querol,** von *Pere Caselles.*
- 19; **Casa Tomás Jordí,** mit floralen Elementen und femininen Motiven, erbaut von *Caselles.*

## Weitere Sehenswürdigkeiten

Über die Carrer del Castell erreicht man das einzige bauliche Zeugnis des Mittelalters, das **Castell del Cambrer** aus dem 12. Jh. Die Burg wurde im Lauf der Zeit als Gefängnis und Getreidespeicher genutzt, und war schließlich dem Verfall preisgegeben. Nun hat die Stadtverwaltung sie restauriert und zu einem Kulturzentrum umgewidmet.

Nicht weit entfernt steht die Kirche **Esglèsia de Sant Pere.** Sie wurde zwischen 1512 und 1569 erbaut, der Glockenturm erhebt sich auf beachtliche 63 m Höhe. Leider wurden im Spanischen Bürgerkrieg mehrere Kunstwerke zerstört, nur noch das Altargemälde blieb erhalten. Hier befinden sich auch die Gräber der Fürsten von Tamarit, die lange Zeit über die Gegend herrschten.

Ein weiterer wichtiger Platz ist die **Plaça del Prim,** in dessen Zentrum ein Reiterstandbild von General *Prim i Prats* steht, der 1814 in Reus geboren wurde und später ein wichtiger, aber auch umstrittener Militär und Politiker wurde. An diesem Platz steht auch das emblematische Theater **Teatre Fortuny** aus dem Jahr 1882, das mit seinen seitlichen Nebengebäuden ein optisch gelungenes bauliches Ensemble darstellt.

# Praktische Tipps

## Verkehrsverbindungen

- Der **Flughafen** Reus ist ca. 3 km vom Stadtzentrum entfernt und wird vor allem von Billigfluglinien bedient.
- **Züge** fahren von Tarragona nach Reus. Vom Bahnhof gelangt man in kaum 10 Minuten Fußweg ins Zentrum.
- Der zentrale **Busterminal** liegt südlich vom Centro an der Avinguda President Macià. Von hier sind es zu Fuß etwa 15 Minuten bis ins Zentrum.

## Unterkunft

- **Hotel NH Ciutat de Reus**④, Av. María Fortuny 85, Tel. 977345353, www.nh-hoteles.com. Typischer Ableger der großen NH-Hotel-Kette mit standardisiertem, gutem Service und funktional eingerichteten Zimmern. Das Hotel liegt nicht weit vom Bahnhof entfernt und rund 15 Gehminuten von der City.

## Essen und Trinken

- **Terrassa Gaudí,** Plaça Mercadal 3, Tel. 977494 204, Mo Ruhetag, sonst 12 bis 1 Uhr. Liegt oberhalb vom Gaudí-Centre auf der vierten Etage. Von der nett gestalteten Terrasse hat man einen formidablen Blick auf den Platz und die benachbarten Häuser. Es gibt einen Mittagstisch, aber auch eine Abendkarte.

cd 004jf

# Siurana

Dieses winzige Dörflein liegt 30 km nordwestlich von Tarragona äußerst malerisch hoch oben auf einem Kalksteinfelsen in 730 m Höhe. Erst 1153 konnte dieser Mini-Ort von christlichen Truppen rückerobert werden, was in Tarragona bereits 1118 gelang. Siurana war damit der letzte Ort in Katalonien, der von den Mauren „befreit" wurde, so die damalige Lesart. Der ganze Ort, so klein er auch ist, versprüht noch immer jenen **Charme des Mittelalters.** Hübsche Häuser aus grobem Stein, Straßen mit Kopfsteinpflaster und eine romanische Kirche aus dem 12. oder 13. Jh. – das ganze Ensemble wirkt wie aus der Zeit gefallen. Von oben bei der Kirche hat man einen **fantastischen Blick** in die Ferne und auch tief hinunter in eine Schlucht, durch die sich ein Wasserlauf schlängelt. Noch heute hält sich eine **Legende,** die im Spanischen unter **El Salto de la Reina Mora** („Der Sprung der maurischen Königin") bekannt ist. Abdelazin, maurische Herrin auf diesem Felsen, sah angesichts der drohenden Niederlage gegen die anrückenden christlichen Heere nur die Flucht in den Tod als Ausweg. Sie ritt mit ihrem Pferd zur Felskante; im letzten Moment versuchte das Pferd (vergeblich) den Sturz zu verhindern, stoppte kurz vor der Felskante so heftig, dass der Abdruck des Hufeisens noch heute zu sehen sein soll.

Auch die Überreste einer Burg aus dem 9. Jh. sind noch zu erkennen.

Heute ist die Gegend übrigens ein Ziel für **Freeclimber,** die hier in den Bergen ihrem Sport nachgehen.

⌃ Fantastische Aussicht in Siurana

## Praktische Tipps

### Parken

- Ein **Parkplatz** liegt knapp außerhalb des Ortes, direkt hinein dürfen nur Hotelgäste zum Gepäckausladen, das Auto muss danach wieder außerhalb geparkt werden.

### Verkehrsverbindungen

- Siurana wird von **keiner Buslinie** angefahren, man müsste von einem der benachbarten Orte mehrere Kilometer laufen oder Taxi fahren, deshalb keine Empfehlung.

### Unterkunft/Essen und Trinken

- **Hotel La Siuranella**③-④, c/ Rentadors 2, Tel. 977821144, www.siuranella.com. Ein rustikales Steinhaus im Ortskern mit Pool und Restaurant, unweit der Kirche. Die Zimmer sind einfach, bieten aber alles Notwendige. Das **Restaurant** hat für Hotelgäste täglich geöffnet, für außerhäusige Gäste ist es Mo und Di geschlossen.

# Valls

Die **Hauptstadt der Comarca del Alt Camp** zählt 25.000 Einwohner und liegt ca. 20 km nördlich von Tarragona. Valls ist in Spanien für zwei ganz verschiedene Dinge bekannt: für die gastronomische Spezialität **Calçotades** (gegrillte Frühlingszwiebeln) und als Wiege der **Castellers,** der spektakulären Menschentürme. Obendrein hat Valls sich auch ein charmantes Ortsbild erhalten können.

Ob in Valls nun wirklich die allerersten **Menschentürme** errichtet wurden, ist umstritten, aber dass von dort zwei der renommiertesten Gruppen stammen, darüber gibt es keinen Zweifel. Die **Xiquets de Valls** („Jungs aus Valls“) sind in der Szene bekannt und gelten als gut trainierte Gruppe, die auch spektakuläre

Gegrillte Frühlingszwiebeln

https://stock.adobe.com © JackF

Figuren schafft. Einen ähnlichen Ruf genießt die Gruppe **Colla Jove dels Xiquets de Valls,** kurz „La Jove“ genannt („Die junge Gruppe“). Beide Gruppen treten meist an der zentralen Plaça del Blat auf, wenn sie nicht gerade zu Wettkämpfen reisen. Die wichtigsten Auftritte in Valls finden am 24. Juni während des Sonnenwendenfests Festa de Sant Joan statt und am Sonntag nach dem 21. Oktober (Fest der heiligen Ursula).

## Geschichte

Valls war bereits im 11. Jh. bekannt, urkundlich erwähnt ist es seit dem frühen 12. Jh. Die damals sehr kleine Siedlung wuchs zwischen Kirche und der erzbischöflichen Burg. Bis ins 19. Jh. war der Ort von einer mächtigen **Mauer** eingefasst, das bauliche Wachstum stieß so an Grenzen. Erst mit dem Abriss der Mauer wuchs die Stadt weiter. Historisch bemerkenswert ist, dass in Valls 1721 eine eigene **Polizeitruppe** gegründet wurde, die **Mossos d'Esquadra.** Sie sollten gegen Banditen und Schmuggler vorgehen, die die kleine Stadt bedrohten. Diese Polizeitruppe existiert noch heute, aber im weit größeren Stil, sie arbeitet heute in der ganzen Region als eigenständige katalanische Polizei.

Da die heutige Altstadt viele Jahrhunderte von einer Mauer eingefasst war, ist der ursprüngliche Ortskern noch weitestgehend erhalten. Die **Plaça del Blat** ist eines der Zentren, ein nicht zu großer offener Platz, der von vereinzelten historischen Häusern begrenzt wird, u.a. vom Rathaus aus dem 16. Jh.

Die spätgotische Kirche **Església de Sant Joan Baptista** aus dem 16. Jh. erlitt große Schäden im Spanischen Bürgerkrieg, sodass sowohl der barocke Altar als auch die Skulpturen an der Außenfassade heute nur Nachbildungen sind. Der 76 m hohe Kirchturm wurde nachträglich im 19. Jh. errichtet.

Über die abzweigende Straße carrer de l'Església erreicht man das **Call,** das **frühere jüdische Viertel.** Es ist durch enge Gassen mit eng stehenden Häusern geprägt. Im 15. Jh. wurde es aufgegeben, da die spanischen Könige die Juden aus dem Land vertrieben.

### Calçotades

Die **gegrillten Frühlingszwiebeln** sind eine hiesige Spezialität. Sie werden auf einem groben Rost über offenem Feuer gegrillt, bis die äußere Haut schwarz ist. Diese äußere Schicht wird entfernt, die innere weiße Schicht gegessen. Man tunkt sie in eine rote Sauce (Romeseco), außerdem gibt es dazu Grillfleisch. Die Hauptsaison liegt zwischen November und April, in Valls feiert man dazu ein großes Fest (Festa de la Calçotada) am Sonntag vor dem 2. Februar.

› Valls ist berühmt für seine Menschentürme

# Praktische Tipps

## Verkehrsverbindungen

- Per **Bus** von Tarragona etwa zehnmal am Tag mit Monbus oder Empresa Plana, Fahrzeit 45 Minuten. der Busbahnhof in Valls liegt in der Carrer Mare Maria Güell 2.

- Per **Bahn:** Der Bahnhof liegt recht zentrumsnah, Valls ist eine Station entlang der Linie Lleida – Barcelona, die auch u.a. in Montblanc und Vilanova i la Geltrú hält.

cd042 sm

# Die Kirche von Montferri

Dieser kleine Ort liegt ca. 20 km von der Küste entfernt in Höhe von Torredembarra und rund 12 km östlich von Valls. Hier steht die sehr eindrucksvolle im modernistischen Stil erbaute Kirche **Santuari de Montserrat,** erschaffen von *Josep Maria Jujol i Gibert* (1879–1949), einem Schüler von *Antoni Gaudí.* Er arbeitete mit *Gaudí* an dessen weltberühmten Bauwerken Casa Batlló, Casa Milà, Park Güell und Sagrada Família, die alle in Barcelona stehen. *Jujol* erschuf aber auch eigene Werke wie beispielsweise die Skulpturengruppe des Brunnens an der Plaça d'Espanya in Barcelona oder auch Bauten in kleineren Orten der Umgebung von Tarragona.

Die Arbeiten an der Kirche begannen 1926, wurden aber bereits vier Jahre später aus Kostengründen eingestellt. Nachdem sich sehr viel später doch noch finanzkräftige Förderer fanden, wurden die Arbeiten fortgeführt, das Bauwerk konnte 1999 vollendet werden. Die helle Kirche hat 42 Pfeiler aus Ziegel, aus denen insgesamt 33 kleine Kuppeln in unterschiedlicher Höhe herauswachsen; sie sollen ein Abbild des Montserrat-Gebirges bei Barcelona darstellen. Im Zentrum wächst ein spitz zulaufender Turm in die Höhe, er trägt ganz oben ein

☐ Die Kirche von Montferri

https://stock.adobe.com © Santi Rodríguez

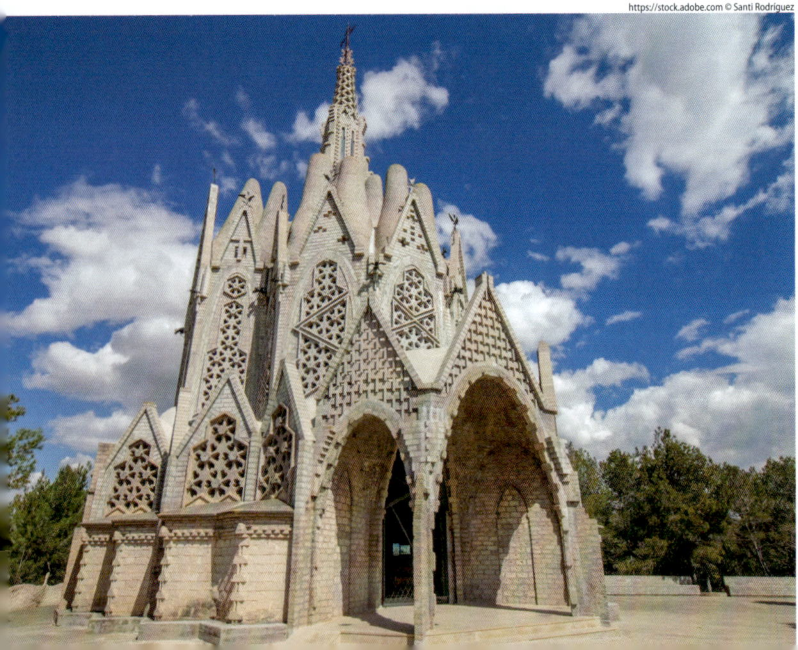

Kreuz. Im Inneren fällt durch eine Vielzahl von bunten Fenstern farbiges Licht, das mit schönen optischen Effekten die schräg stehenden Pfeiler beleuchtet. Geöffnet ist die Kirche So 11.30–13.30 Uhr.

# Montblanc

- **Einwohner:** 7300
- **Entfernung nach Tarragona:** 29 km
- **Touristeninformation:** Oficina de Turisme, Muralla de Santa Tecla 56, 43400 Montblanc, Tel. 977861733, www.montblancmedieval.cat.

Diese Kleinstadt liegt am Riu Francolí, etwa 35 km von Tarragona entfernt im Inland. Sie ist administrative Hauptstadt der Comarca Barberà. Der Ort hat wie kaum ein zweiter seinen mittelalterlichen Kern erhalten können, so als ob seine Stadtmauer nicht schon im 14. Jh. errichtet worden wäre, sondern erst kürzlich. Damit zählt Montblanc zu den **attraktivsten Orten** der Region und sogar ganz Kataloniens.

## Geschichte

Gegründet wurde der Ort 1155 durch *Ramon Berenguer IV.*, den Eroberer des südlichen Kataloniens. Damals lag die neue Siedlung noch an anderer Stelle, aber schon einige Jahre später zog man ans Ufer des Flusses Francolí auf eine Anhöhe um, weshalb der Ort den Namen Mont Blanc erhielt („Weißer Berg"). Im 14. Jh. wurde Montblanc Herzogssitz, weswegen herrschaftliche Gebäude und eine wehrhafte Schutzmauer gebaut wurden. In den folgenden Jahrhunderten erlitt Montblanc in mehreren Kriegshandlungen schwere Schäden, weswegen die Bevölkerung abwanderte und der gesamte Ort sich wirtschaftlich kaum entwickelte. Was auch dazu beitrug, warum das historische Ortsbild sich noch so überzeugend authentisch erhalten konnte. 1863 erhielt Montblanc Bahnanschluss. Noch heute lebt der Ort zum nicht geringen Teil vom Weinanbau und auch von touristischen Tagesgästen.

## Sehenswertes

### Altstadt

Die Stadtmauer stammt aus dem 14. Jh., verläuft über 1500 m und hat **34 Türme** sowie zwei Stadttore. An einigen Stellen wurden Häuser sehr eng an die Mauer gebaut, sodass diese regelrecht zu Bestandteilen des Gemäuers wurden. Die Mauer wird nachts zauberhaft ausgeleuchtet, was sie noch eindrucksvoller erscheinen lässt.

Der innere Ortskern zeigt sich überwiegend nett, teils verspielt, teils **historisch charmant.** Viele ältere Häuser säumen die teilweise recht engen Gassen, vor allem entlang der Hauptstraße Carrer Major. Irgendwie fast zwangsläufig landet ein Spaziergänger immer am zentralen Platz Plaça Major. Kein Wunder, münden doch insgesamt acht Straßen auf diesen Platz. Dort stehen auch ein paar historische Gebäude wie die **Casa de los Desclerque,** das Haus einer Adelsfamilie, sowie ein Brunnen aus dem Jahr 1804. Genau gegenüber erhebt sich das Rathaus und daneben das Haus **Casa dels Josa,** ein weiterer adeliger Familiensitz, in dem heute ein Museum untergebracht ist. Nur wenige Schritte weiter steht die große **Kirche Santa María** aus dem 14.–15. Jh. mit einer eindrucksvollen Außenfassade. Die einschiffige Kirche hat einen eindrucksvollen gotischen Altaraufsatz aus dem 16. Jh. sowie zehn Seitenkapellen und eine Orgel aus dem Jahr 1607.

Die **Església de Sant Miquel** an der Plaça Sant Miquel entstand in der Übergangszeit von der Romanik zur Gotik im frühen 13. Jh. Hier trafen sich 1307 und 1370 die Ratsherren von Katalonien zur Beratschlagung, was die damalige Stellung des Ortes betont.

Der **Palau Reial** ist ein prächtiges gotisches Gebäude, das im 13. Jh. als mögliche Unterkunft für königliche Besuche in Montblanc erbaut wurde.

Die **Carrer de los Jueus** zweigt von der Plaça del Ángels ab. Hier lebte seit dem 13. Jh. die kleine **jüdische Gemeinde** mit eigener Synagoge und eigenem Friedhof, bis sie 1489 auf Druck der Inquisition die Stadt verlassen musste.

Das **Museu Comarcal** zeigt eine Ausstellung zu Geschichte und Kunst des Landkreises sowie zu dessen Flora und Fauna.

■ **Museu Comarcal,** Carrer Josa 6, Di–So 10–14, Fr auch 17–19, Sa auch 16–19 Uhr; 20.6.–11.9. Di–Fr 10–18, Sa/So 10–14 Uhr, 3 €.

Den besten Blick über den Ort hat man von einem Hügel, zu dem eine gewundene Straße hinaufführt, zur **Plaça de Santa Bárbara.** Dieser liegt hinter der Kirche, und hier oben stand einst eine Burg, die allerdings abgerissen wurde.

Wer den Kernbereich durch das Tor Portal de Sant Antoni verlässt, passiert das Hospital und die Kirche Santa Magdalena (14.–16. Jh.) und erreicht am Fluss die Steinbrücke aus dem 12. Jh.

https://stock.adobe.com © LianeM

## Praktische Tipps

### Unterkunft

■ **Fonda Bohèmia Riuot**②, c/Pleta 21, Tel 977 875145, www.fondariuot.com. Das kleine Haus liegt ziemlich ruhig, etwas versteckt in der Altstadt. Neun korrekte, eher kleine Zimmer, die der Besitzer, ein Maler, alle unterschiedlich gestaltet hat.

■ **Hotel Viaurèlia**③, c/Dionís Mestre 3, Tel. 977 861790, www.hotel-viaurelia.com. Ein Haus mit 15 funktional eingerichteten Zimmern, davon zwölf DZ. Modernes, klares und freundliches, aber auch etwas schlichtes Design, zentrale Lage, aber außerhalb der Altstadt.

### Essen und Trinken

■ **Fonda dels Àngels,** Plaça dels Àngeles 1, Tel. 977860173, www.fondadelsangels.com, So Ruhetag. Reichhaltige katalanische Küche, das Lokal liegt etwas versteckt im ehemaligen Judenviertel unweit der Plaça Major.

■ **Molí del Mallol,** c/Muralla de Santa Anna 2, Tel. 977860591, www.elmolidelmallol.com, tägl. 13–16 Uhr, Sa/So auch 20.30–23 Uhr. Klassische katalanische Küche seit über zwei Jahrzehnten, im Herzen der Altstadt in einem Gebäude aus dem 13. Jh.

### Verkehrsverbindung

■ Per **Bahn:** Der Bahnhof liegt an der Avinguda de l'Estació s/n, noch in Laufdistanz zum Ort. Drei Verbindungen täglich nach Tarragona.

■ Per **Bus:** Der Busterminal liegt in der Straße Muralla de Santa Tecla, unmittelbar außerhalb der Altstadt. Zwei Gesellschaften bieten zwei- bis dreimal am Tag eine Verbindung an nach Tarragona.

☒ Blick auf Montblanc

# Monestir de Santa Maria de Poblet

Monestir de Poblet ist das größte und **bedeutendste Zisterzienserkloster in Katalonien** und zählt heute zum **UNESCO-Weltkulturerbe** der Menschheit. Zu finden ist es am Fuße der Serra de Prades zwischen den Orten Vimbodí und L'Espluga de Francolí, etwa 30 km von Tarragona entfernt im Hinterland der Costa Daurada.

Gegründet wurde das Kloster von Graf *Ramón Berenguer IV.* im Jahre 1151, der es dem Orden der Zisterzienser übergab – eine Geste des Dankes nach der Vertreibung der Mauren. Poblet mauserte sich rasch zum **religiösen Zentrum.** Die damalige Bedeutung zeigte sich u.a. auch daran, dass sich hier die Könige von Aragón bestatten ließen. Aber auch wirtschaftlich prosperierte das Kloster, da es mehrere Ländereien bewirtschaftete und 60 Dörfer beherrschte. Diese aufstrebende Entwicklung endete 1812, als französische Truppen das Kloster plünderten. 1835 wurde Poblet wie alle Klöster im Zuge der Säkularisierung **zerstört** und blieb ein Jahrhundert unbewohnt. 1930 begann man wieder mit der **Restauration,** 1940 kehrten die ersten Mönche zurück. Heute leben noch etwa 30 Mönche in Poblet.

Das Kloster besteht aus drei ummauerten Teilbereichen. Der erste und **äußere Bereich** wird durch die Porta de Prades erreicht. Hier wurden hauptsächlich Landwirtschaft und Handwerk betrieben. Außerdem steht hier die gotische Capilla de Sant Jordi. Diese hatte

König *Alfonso V. von Aragón* 1452 bauen lassen zum Gedenken an den Sieg in der Schlacht von Neapel im Jahre 1442. Hier befindet sich auch auf der linken Seite eine **Touristeninformation.**

Die zweite Mauer durchschreiten Besucher durch das sogenannte „Goldene Tor", die Porta Dorada aus dem 15. Jh. Dahinter öffnet sich der **Komplex der Nebengebäude.** Hier befinden sich das ehemalige Armenhospital, ein monumentales Steinkreuz sowie die Plaça Major mit der spätromanischen Capilla de Santa Caterina aus dem Jahr 1250. Auf der rechten Seite liegt der Wohnsitz des Abtes, **Palacio del Abad,** der im 16. Jh. erschaffen wurde. Der Abt bekam seinen eigenen Bereich, als auch bei den Zisterziensern die ursprüngliche Bescheidenheit nachließ und die Stellung des Klosters in der politischen Welt wuchs.

Durch das mit zwei gewaltigen Türmen geschmückte „Königstor", die Porta Reial, wird der **eigentliche Klosterbereich** erreicht. Dieser ist von einer 608 m langen, 11 m hohen und 2 m dicken Mauer umgeben, die ab 1366 erbaut wurde.

Die dreischiffige **Klosterkirche** entstand Ende des 12. Jh. Sie fällt äußerlich relativ schlicht aus. Sehr viel prächtiger ist dagegen das gewaltige Alabaster-Retabel, das Anfang des 16. Jh. im Renaissance-Stil entstand. In der Klosterkirche fanden acht Könige von Aragón und Catalunya nebst Frauen ihre letzte Ruhestätte.

Der große gotische **Kreuzgang** – Baubeginn war Ende des 12. Jh. – hat einen mit reichlich Ornamenten geschmückten Säulengang. Dort befindet sich auch der Saal mit den Gräbern von elf Äbten, die zwischen 1393 und 1693 ihre letzte Ruhestätte hier fanden. Vom Kreuzgang zweigen die meisten Räumlichkeiten ab, die für das klösterliche Leben unabdingbar sind, wie z.B. die Küche, der Alterssitz der Mönche, das Dormitorium, der riesige 87 m lange Schlafsaal im oberen Stockwerk oder die Bibliothek.

Im oberen Stockwerk, im ehemaligen Schlafsaal der im Ruhestand lebenden Mönche, befindet sich heute ein **Museum,** das die Fortschritte der Klosterrestaurierung dokumentiert. Eindrucksvolle historische Aufnahmen und Modelle ergänzen eine Sammlung von archäologischen Fundstücken.

Da das Kloster auch in heutiger Zeit noch bewohnt wird, kann man nicht alle Räume besichtigen, und die Besuchszeiten werden sehr streng eingehalten.

Im Kreuzgang des Klosters Poblet

282cd_jf

Übersichtskarte S. 340

■ **Monestir de Santa Maria de Poblet,** www.poblet.cat, 15.9.–14.6. tägl. 10–12.30 und 15–18 Uhr, 15.6.–14.9. tägl. 10–12.30 und 15–18.30 Uhr, 8,50 €, eine App mit Erklärungen kann dann kostenlos heruntergeladen werden unter „Poblet, guia oficial"; **Anfahrt:** über die N-240 von Tarragona Richtung Lleida, kurz hinter Montblanc, genauer bei L'Espluga de Francolí, liegt das Kloster.

## Praktische Tipps

### Verkehrsverbindungen

■ Per **Bahn** kann der nächstgelegene Ort Espluga de Francoli von Tarragona aus erreicht werden, vom Bahnhof ist es dann noch ein Weg von 3 km bis zum Kloster.

■ Per **Bus** mit Autocares Plana kann man einmal am Tag ab Tarragona bis Vimbodí i Poblet fahren (vorletzte Haltestelle T-700 am Parkplatz vor dem Kloster); Abfahrt Tarragona um 12 Uhr, Ankunft 13.33, zurück 16.56 Uhr.

### Unterkunft

■ **Hostatgería de Poblet**②, Plaça Corona de Aragó 11, 43448 Vimbodí i Poblet, Tel. 977871201. Dieses Hotel liegt direkt beim Kloster und ist in den ehemaligen Räumen des Hospitals aus dem 13. Jh. untergebracht. Das heutige Hotel hat 42 Zimmer, die modern und zweckmäßig, fast ein wenig schlicht eingerichtet sind (mit viel Holz und ohne TV). Hier herrscht eine grandiose Ruhe. Das Haus hat auch ein Restaurant.

054kk jf

Brunnen im Kloster Poblet

# Monestir de Santes Creus

Das Monestir de Santes Creus ist ein weiteres **Zisterzienserkloster** in Katalonien, nicht ganz so groß, nicht ganz so bekannt wie Poblet und dennoch ähnlich bedeutend. Am 26. Januar 1158 wurde dieses Kloster gegründet. In der Anfangsphase hatte Santes Creus sogar einen höheren Stellenwert als Poblet, wurden doch die aragonesischen Könige zunächst hier bestattet, bevor diese Ehre an Poblet fiel. Der spätere **geschichtliche Ablauf** ähnelt dem von Poblet, denn ab 1835 verfiel auch Santes Creus durch die Zerstörungen im Zuge der Säkularisierung. Eine umfassende Renovierung begann auch hier gut hundert Jahre später.

Grundsätzlich ist diese **Klosteranlage** ähnlich wie Poblet dreiteilig aufgebaut. Nach dem Passieren des ersten Tores erreicht man einen offenen Platz mit der eher schlichten Kirche **Església de Santa Llúcia.** Danach passieren Besucher das zweite Tor Porta de l'Asumpta aus dem 18. Jh. Dahinter öffnet sich ebenfalls ein offener Platz, der Sant Bernat Calvó gewidmet ist, einem Abt aus dem 13. Jh. Rechts steht u.a. der **Palau de l'Abat,** ein Gebäude aus dem 15. Jh., in dem der Abt wohnte, der im Laufe der Zeit eine immer stärkere weltlich-politische Rolle spielte. Schließlich erreicht man den eigentlichen Klosterbereich mit der Plaça Major und der **Klosterkirche.** Das Innere der Kirche zeigt sich weitestgehend puristisch und schmucklos. Herausragend ist dennoch eine sehr schön gestaltete Rosette in der Apsis.

Nach Passieren des Kassenhäuschens sollte man sich die sehr eindrucksvolle audiovisuelle Show „Die Welt der Zisterzienser" keinesfalls entgehen lassen. Hier wird auf eindringliche Weise die Lebens- und Gedankenwelt der Mönche vorgestellt. Die Vorführung findet alle 15 Minuten statt, auch auf Englisch und sogar **auf Wunsch auf Deutsch.**

Man erreicht danach den gotischen Kreuzgang, dessen Errichtung 1313 be-

## Zisterzienserklöster

Im Jahr 1098 gründeten Benediktinermönche das Kloster Citeaux im französischen Burgund. Diese Gruppe war von großem Reformeifer getragen, wollte sie doch zurückkehren zu den strengen Ordensregeln des heiligen Benedikt. Die neue Gruppe leitet ihren Namen „Zisterzienser" von eben diesem Kloster Citeaux ab. Der Benediktinerorden hatte im 10. und 11. Jh. großen religiösen und auch politischen Einfluss, was mit einer gewissen Entfremdung von der reinen Lehre des heiligen Benedikts einherging. Einige Klöster hatten einen recht großen weltlichen Besitz angehäuft und legten die Ordensregeln eher lässig aus. Die Mönche von Citeaux wollten das ändern und wieder ein gottgefälliges Leben führen. Rasch fand der neue Orden begeisterte Anhänger. Unter *Bernhard von Clairvaux* (1090–1153) erlebten die Zisterzienser einen erheblichen Aufschwung. „Ora et labora" („Bete und arbeite") wurde wieder in den Mittelpunkt des Klosterlebens gestellt. Die Mönche sollten ihren Lebensunterhalt selbst erarbeiten und sich nicht beschenken lassen. Harte körperliche Arbeit, vor allem in der Landwirtschaft, dazu persönliche Askese und ein zurückgezogenes Leben kennzeichneten die Zisterzienser; in weltliche Dinge mischten sie sich nicht ein. Äußerlich unterschieden sie sich von den Benediktinern durch das Tragen von ungefärbten Kutten, was ihnen den Beinamen „Weiße Mönche" eintrug. Die Askese spiegelt sich auch in ihren Bauwerken wieder. Ihre Klöster und Kirchen sind schlicht gebaut und tragen nur geringen Wandschmuck.

Der Tagesablauf der Mönche war streng strukturiert: Grundsätzlich begann der Tag sehr früh mit dem ersten Gebet noch vor Sonnenaufgang. Dem folgten weitere Gebete zu festgelegten Zeiten. Jeder Mönch übernahm je nach seinen Fähigkeiten eine bestimmte Arbeit.

Grundlegend für die Neugründung eines Klosters war, dass die Mönche überhaupt Möglichkeiten hatten, Material für den Bau der Anla-

gonnen wurde. Interessant ist hier einmal der Blick aufs Detail: So wurden Figurenkapitellen mit sowohl weltlichen als auch christlichen Motiven. Rund um den Kreuzgang liegen die klösterlichen Räume, dazu zählen zählt auch der Sala Capitular, eine Art Gemeinschaftsraum, in dem aus der Bibel vorgelesen wurde und auch organisatorische Angelegenheiten besprochen wurden.

Über eine Treppe erreichbar ist der Schlafsaal der Mönche. Etwas weiter im Hintergrund schließt sich der alte Kreuzgang an, wo sich die ältesten Bauteile des Klosters befinden. Der kleine **Palau Reial,** der Königspalast, liegt fast ein wenig versteckt und wirkt im Übrigen gar nicht sonderlich „königlich". In der streng-nüchtern erbauten Klosterkirche fallen zwei opulent geschmückte Grabstätten auf, die von König *Pere el Gran* und seiner Frau sowie seinem Sohn *Jaume II.* nebst Gattin.

■ **Monestir de Santes Creus,** 1.10.–31.5. 10–17.30 Uhr, 1.6.–30.9. 10–19 Uhr, Mo geschlossen; 6 €, letzter Di im Monat zwischen Okt. und Juni freier Eintritt, Anfahrt: Das Kloster liegt 35 km nördlich von Tarragona, über die N-240 von Tarragona Richtung Valls, kurz vor Valls nach rechts abbiegen und über Alió und Aiguamúrcia fahren.

ge zu finden sowie die Nähe zu einem Wasserlauf. Wenn diese Bedingungen zutrafen, begann die praktische Umsetzung: Gebäude wurden gebaut, Gärten angelegt. Der Kreuzgang ist immer Mittelpunkt des klösterlichen Lebens und architektonisch wie spirituell Zentrum des Klosters. Um ihn herum liegen Kirche, Bibliothek, Küche, Speise- und Gemeinschaftsräume. Der Schlafraum befindet sich meist in der oberen Etage. Individuell gibt es noch weitere Räume je nach Größe der Klosteranlage, wie beispielsweise ein Schreibraum, Räume für Novizen, eine Krankenstation oder separate Räume für den Abt oder adeligen Besuch.

Nach der Vertreibung der Mauren aus dem katalanischen Gebiet Mitte des 12. Jh. wurden mehrere Klöster in fruchtbaren, aber abgelegenen Gebieten gegründet. So entstanden 1150 **Santes Creus,** 1151 **Poblet** und schließlich 1175 **Vallbona de les Monges.** Die drei Anlagen existieren noch heute und zählen zu den großartigsten Zisterzienserklöstern in Spanien.

☐ Im Kloster Santes Creus

# 7

# Südliche Costa Daurada

»Feinkörniger, im Sonnenlicht glitzernder Sand gab der Goldküste ihren Namen. Diesem wird die Costa Daurada auch in ihrem südlichen Teil mehr als gerecht. Mit kulturellen Highlights ist die Region dagegen weniger gesegnet. Hier zählen die schönen Strände und die Natur, die sich besonders im Ebro-Delta noch ganz pur gibt.

< Am Ebro-Delta

Südliche Costa Daurada
© Reise Know-How
0
10 km
Kata28 1/23
Gratallops
Porrera
Riudoms
Reus
Vila-Seca
Botarell
Riudecanyes
Montbrió del Camp
El Molar
381
Port Aventura
389
Parc Samà
Vilanova d'Escornalbou
C-12
N-420
Marçà
AP7
A7
378
Salou
Garcia
El Masroig
393
Mont-Roig del Camp
384
Cambrils
379
Cap de Salou
Colldejou
Els Guiamets
Capçanes
Serra de Lisberia
N-340
Móra La Nova
La Serra d'Almós
Pratdip
Bonmont Terres Noves
La Torre del sol
La Riviera
399
Castellet de Banyoles
Les Planes del Rei
Benissanet
C-44
393
Miami Platja
398
Tivissa
399
Ginestar
Miravet
396
L'Hospitalet de l'Infant
Muntanyes de Tivissa-Vandellós
C-12
Rasquera
Calafat
403
Castell de Sant Jordi d'Alfama
Serres de Cardó el Boix
Les Tres Cales
403
Cabrafeixet
403
El Perelló
401
L'Ametlla de Mar
400
El Pinell de Brai
MITTELMEER
N-340
A7
404
L'Ampolla
408
416
Tortosa
Camaries
El Lligalo del Ganguil
413
Riumar
Bassa de l'Estella
Camp-Redo
l'Ebre
C-42
406
Ebro-Delta
411
L'Aldea
C-12
Deltebre
San Jaume d'Enveja
l'Ebre
424
Amposta
Santa Barbara
Els Muntells
L'Eucapiptus
El Poble Nou
413
L'Encanyssada
Freginals
427
Sant Carles de la Ràpita
A-7
N-340
Alcanar

# SÜDLICHE COSTA DAURADA

## SPASS UND NATUR AN MEER UND FLUSS

**Viele schöne Strände gibt es hier, deshalb kommen auch viele Urlauber, vor allem nach Salou. Dort locken nicht nur feinsandige Meeresufer und ein flottes Nachtleben, sondern auch Europas zweitgrößter Freizeitpark Port Aventura. Weiter südlich wachsen dann die Abstände zwischen den Orten, die schönen Strände aber bleiben, der Tourismus wird weniger. Und ganz im Süden liegt das Ebro-Delta, die Reiskammer Spaniens. Und auch hier locken noch einmal richtig breite, hellsandige Strände.**

### NICHT VERPASSEN!

- Spaßgarantie im Vergnügungspark **Port Aventura** | 381
- **Kathedrale des Weins** in El Pinell de Brai | 400
- Im **Ebro-Delta: Reisfelder** wie in Asien | 411
- **Tortosa** mit mittelalterlicher Burg und schöner Altstadt | 416

**Diese Tipps erkennt man an der gelben Markierung.**

## Überblick

Diese Region südlich von Tarragona bis zur Provinzgrenze kurz hinter dem Ebro-Delta ist weniger dicht besiedelt als die nördliche Costa Daurada, die Orte liegen in einiger Distanz zueinander. Etliche haben sich zu reinen Ferienzentren verwandelt, wie beispielsweise **Salou** oder **Miami Platja** oder auch **L'Hospitalet.** Natürlich lockt in erster Linie immer der schöne Strand, aber bei **Salou** auch noch eine der angenehmsten Flanierpromenaden überhaupt. Und nicht zu vergessen, Europas zweitgrößter Freizeitpark, Port Aventura, den man von Salou aus beinahe zu Fuß erreichen kann.

Ganz im Süden gibt es eine äußerst attraktive Zone, der man vor einigen Jahren sicher noch das Etikett „Geheimtipp" verpasst hätte, das **Ebro-Delta.** Hier, im Mündungsgebiet von Spaniens zweitlängstem Fluss, dominiert der Reisanbau. Außerdem stehen weite Teile des Deltas unter Naturschutz, denn das Feuchtgebiet lockt alljährlich Tausende von Vögeln an. So konnte sich die Tourismusindustrie trotz sehr schöner Strände auch nie richtig breit machen.

**Parallel zur Küste** verlaufen auch hier Autobahn, Nationalstraße und Eisenbahnlinie, außerdem zieht sich ein Gebirgszug entlang. Zwar in respektabler Distanz zur Küste, aber doch so nah, dass abseits der Küste nur ganz vereinzelt Ortschaften im **Hinterland** entstanden. Hier spielt sich das Leben tatsächlich am Meer ab oder am Fluss. Denn **entlang des Ebro** entstanden im Laufe der Jahrhunderte etliche Siedlungen, die teilweise heute zu mittelgroßen Städten angewachsen sind, wie beispielsweise **Tortosa.**

Diese südliche Zone glänzt also weniger mit historischen oder kulturellen Sehenswürdigkeiten, ihre Reize liegen eher in der **Natur** und den **schönen Stränden.** Aber das ist ja auch nicht das Schlechteste.

⌄ Der Strand von Salou im Hochsommer

# Salou

- **Einwohner:** 27.000
- **Entfernung nach Tarragona:** 9 km
- **Touristeninformation:** Patronat de Turisme, Passeig Jaume I. 4, Xalet Torremar, Tel. 977350102, www.visitsalou.eu.

Salou ist **einer der meistbesuchten Ferienorte** an der Küste von Katalonien, für den Bereich der Costa Daurada dürfte er das touristische Zentrum sein. Er liegt gerade 10 km südlich von Tarragona, weswegen dessen Bewohner ebenfalls gerne an die hiesigen Strände kommen.

Im Jahr 1229 versammelte sich hier eine Streitmacht unter König *Jaume I.* Ihr Ziel war die Eroberung von Mallorca, die auch gelang. Für die Schönheiten von Salou hatten die Krieger keine Blicke. Das änderte sich etwa 600 Jahre später gründlich. Anfang des 20. Jh. kamen die

304cd_jf

ersten wohlhabenden Familien aus Barcelona und Tarragona zur Sommerfrische. Der nächste Schritt zu einer **stürmischen touristischen Entwicklung** war dann in den 1970er Jahren der massive Strom von spanischen Urlaubern, vor allem aus Madrid. Ihnen folgten nord- und mitteleuropäische Reiseveranstalter. Heute zählt Salou zu den größten touristischen Zielen ganz Spaniens. Wenn es auch noch deutlich überlaufenere Ziele an den spanischen Costas gibt. Im Sommer tummeln sich hier an die 100.000 Touristen gleichzeitig. Sie alle werden angelockt vom schönen Strand und einer der **nettesten Promenade aller spanischen Küstenorte.** Viel mehr Spektakuläres gab es viele Jahrzehnte nicht, bis Europas zweitgrößter Freizeitpark seine Tore öffnete, **Port Aventura.** Der Ort bietet heute eine **vielfältige touristische Infrastruktur** mit Ferienwohnungen, Snackbars, Discos, Läden und der ganzen Angebotspalette für einen gelungenen Strandurlaub.

## Die Strände

### Stadt Salou

Die **Platja de Ponent** ist ein weitläufiger Strand im südlichen Außenbereich der Stadt. Der hellsandige Strand verläuft über 1200 m und wird im Ort vom Sportboothafen begrenzt.

Die **Platja de Llevant** schließt sich an den Sportboothafen an und gilt als Salous Hauptstrand. Er misst 1200 m Länge und hat eine durchschnittliche Breite von 70 m, die an manchen Stellen locker 100 m erreicht. Eine sehr schöne und sehr breite (ca. 30 m) Promenade begleitet den Strand. Hier findet sich nicht nur eine Flaniermeile für Fußgänger, sondern es gibt auch hübsche, teilweise illuminierte Springbrunnen sowie Ruhebänke, Palmen und einen breiten Grünstreifen. Erst dahinter verläuft eine Straße und dort stehen noch einige sehr schicke alte Villen.

**Platja dels Capellans** heißt der nächste, recht kleine Strand, der nach einem kurzen, felsigen und damit strandlosen Stück folgt. Diese Platja ist klein (200 m), aber zwischen 70 und 100 m breit. Ein kleines Denkmal erinnert daran, dass von hier *Jaume I.* und sein Heer aufbrachen, um Mallorca zu erobern.

### Cap de Salou

Die weiteren Strände liegen nicht mehr im Ortsbereich von Salou, sondern fallen unter den Oberbegriff Cap de Salou. Gemeint ist damit ein relativ dünn besiedelter, **felsiger und bewaldeter Küstenstrich.** Es gibt einen Wanderweg unmittelbar entlang der Küste, auf dem Wanderer bis zum 1858 gebauten Leuchtturm am Cap de Salou laufen können. Die Strände sind bis auf eine Ausnahme **kleine Buchten** und verglichen mit den Hauptstränden von Salou nur mäßig attraktiv.

## Sehenswertes

### Torre Vela

Eine klassische Sehenswürdigkeit steht in Salou, aber etwas abseitig unweit des Bahnhofs in der Straße Aurèlia: ein **alter Wachturm,** Torre Vela. Erbaut wurde er um 1530 zum Schutz der Bewohner vor Piratenattacken. Heute befinden sich hier ein **Kulturzentrum** und ein kleines **Museum,** in dem Emaille-Arbeiten ausgestellt werden. Im angeschlossenen Garten steht eine Skulptur, die „Tanz der Grazien“ genannt wird, sie zeigt drei junge Frauen beim Sardana-Tanz.

## Strandpromenade

Die Strandpromenade Passeig de Jaume I. ist eine bemerkenswerte Flaniermeile. Über gut 1 km verläuft sie parallel und sehr breit zum Hauptstrand. Gesäumt wird sie von **Palmen und Ruhebänken** und vor allem von einem nicht zu schmalen Grünstreifen.

Am Anfang dieses Weges stehen etliche sehr **schöne Villen** im Stil des Modernismus. Sie wurden zu Beginn des 20. Jh. von katalanischen Architekten erbaut, von denen manch einer Schüler des Meisters *Antoni Gaudí* war. Vor allem im Bereich Plaça Bonet und in Höhe des Sportboothafens stehen diese Schönheiten.

Etwa in der Mitte der Promenade erhebt sich ein **Denkmal zu Ehren des Königs Jaume I.** Ihm zu Füßen erkennt man Mosaike von Wappen all der Fürs-

In Salou stehen schöne Villen

303cd_jf

ten, die *Jaume* auf seinem Eroberungszug gen Mallorca begleiteten.

Am Ende der Promenade steht die Font Lluminosa, der **beleuchtete Springbrunnen.** Wenn es dunkelt, wird er zauberhaft ausgeleuchtet, fast ein wenig wie sein großes Vorbild in Barcelona an der Plaça Espanya.

## Port Aventura

Dies ist einer der größten Freizeitparks in Europa mit einer eigenen Bahnstation und einer Vielzahl an Fahr- und Spaßgeschäften.

Die Grundidee des Parks ist es, Besucher auf dem großen Gelände in **thematisch unterschiedliche Zonen** zu führen und zu unterhalten: Mittelmeerraum, Polynesien, Mexiko, China, der Wilde Westen und – die Sesamstraße. Die Zonen sind sehr plakativ dargestellt mit typischen Elementen, so wie man es kennt und erwartet. Mexiko wird durch eine gewaltige Aztekenpyramide präsentiert, Polynesien durch eine Meeres- und Vulkanlandschaft, das Mittelmeer durch ein weißes Dorf mit diversen Angeboten. Der Wilde Westen hat auch alles, was so dazugehört: Dampflok, Goldmine und natürlich einen Saloon mit Cancan tanzenden Damen. China schließlich wird durch einen Teil seiner großen Mauer, typische Häuser und Tempel sowie Auftritte von Magiern und Artisten symbolisiert.

cd_016 jf

☐ Spaß mit Kreischgarantie in Port Aventura

Dazu kommen auf die einzelnen Zonen **thematisch abgestimmte Showelemente** wie Geigen spielende Mariachis in Mexiko oder Baströckchen tragende Tänzerinnen in Polynesien.

Geboten werden abwechselnd **Spiel und Show,** aber auch spektakuläre **Fahrgeschäfte.** So zum Beispiel die Dragón Khan in China, eine Achterbahn, die durch acht komplette 360-Grad-Kurven rast. Es geht aber auch eine Spur ruhiger, beispielsweise kann man mit einem Kanu durch Polynesien gleiten.

708cd jf

Es wird den Besuchern wirklich einiges geboten, man läuft viel, und es gibt auch eine ganze Menge Gastrobetriebe auf dem Gelände.

■ **Port Aventura,** Tel. 902202220, 977779030 (Deutsch), www.portaventuraworld.com, April bis Jahresende, Nov. und Dez. nur am Wochenende ab 10 Uhr, Eintritt 1 Tag: Erwachsene (11–59 Jahre) ab 55 €, Kinder (bis 10 Jahre), Senioren (ab 60 Jahre) ab 48 €. Online gebuchte Tickets sind günstiger. Es gibt Tickets für 1, 2, 3 Tage und auch Tickets für mehrere Parks; Anfahrt: Von Barcelona verkehrt eine Bahnlinie über etliche der hier im Buch vorgestellten Orte direkt bis zur Haltestelle Salou/Port Aventura bzw. aus südlicher Richtung von Tortosa in Richtung Barcelona. Per Auto über die A-7 anreisen und die Abfahrt Nr. 35 wählen oder über die N-340 und kurz vor Salou bei Vilaseca der Ausschilderung folgen.

## Parque-Acuático Costa Caribe

Hier locken ein Wasserpark, mehrere Hotels und Restaurants und der **Themenpark Ferrari-Land,** der sich ganz dem Thema Ferrari, dem italienischen Luxus-Auto widmet.

Der **Wasserpark** Parque-Acuático Costa Caribe hat einige verschlungene Rutschen, einen Abenteuerfluss und mehrere Attraktionen unter Dach. Der Park kann übrigens unabhängig von Port Aventura besucht werden.

■ **Parque Acuático Costa Caribe,** www.portaventuraworld.com/aquatic-park, Ende Mai bis Anfang Sept. ab 10.30 Uhr, Erwachsene 29 €, Kinder und Senioren 25 €.

Der Strand von Salou in der Vorsaison

# Praktische Tipps

## Unterkunft

■ **Hotel Regente de Aragón**④, c/Llevant 5, Tel. 977352002, www.hotelregentearagon.com. In einer ruhigen Seitenstraße gelegenes 80-Zimmer-Haus, etwa 200 m vom Strand entfernt. Nebenan liegt das gute Restaurant José Luis und gegenüber ein „Parking" (Parkhaus).

■ **Blaumar Hotel**③-④, Passeig Jaume I., Ecke c/Pere III. el Gran 4, Tel. 977350444, www.blaumar hotel.com. Im Winter geschlossen. Zentral gelegenes Haus mit sieben Etagen und 278 Zimmern, viele davon mit Balkon zum Meer. Es handelt sich um ein Aparthotel, die Zimmer haben Küchen. Zusätzlich zum Hotelservice wird auch ein Spa geboten.

■ **Hotel Casablanca Playa**②-③, Passeig Miramar 12, Tel. 977380107, http://casablancaplayaho telsalou.com. Das Haus hat 63 Räume und liegt nur durch eine Straße getrennt vor dem Strand Platja de Ponent, unmittelbar am Hafen. Familiär geführtes Haus, das auch auf Wunsch die lieben Kleinen betreut.

## Camping

■ **Sanguli,** Passeig Miramar, Plaça Venus, Tel. 977 381641, www.sanguli.es, Mitte März bis Anfang Nov. Ein großer Platz, außerhalb des Ortes gelegen. Aufgeteilt in unterschiedlich große Parzellen, denen Bäume Schatten spenden, bietet der Campingplatz seinen Gästen eine Menge, u.a. mehrere Pools, Liegewiese, abendliches Programm u.a. in einem eigenen Amphitheater. Auch Villen und Lodges werden vermietet.

■ **La Siesta,** Carrer Nord 37, Tel. 977380852, www.camping-lasiesta.com, Mitte März bis Mitte Okt. Der Platz fasst 1500 Urlauber und liegt mitten im Ort. Bäume spenden Schatten und zum Strand sind es etwa 400 m. Außerdem vorhanden: großer Pool, Kinderspielplatz und -animation, Fahrradverleih, Gym, Tennisplatz, Supermarkt, Restaurant.

## Essen und Trinken

MEIN TIPP: **Restaurant La Goleta,** c/Gavina 2, Tel. 977383566, http://lagoletasalou.com. Ein Restaurant am Strand mit gehobener Fischküche und elegantem Stil, der sich auch im Auftreten des Personals zeigt. Hebt sich in allem vom Üblichen ab, auch preislich, was aber völlig angemessen erscheint.

■ Wer es etwas rustikaler und schneller wünscht, sollte einmal durch die **Carrer Saragoza** spazieren. Hier liegen einige Läden, die ordentliches Essen anbieten, das allerdings zumeist auf einen alles vereinheitlichenden internationalen Geschmack ausgerichtet ist, obendrein liegen hier viele Shops.

■ **Restaurant Les Barques,** c/de Colón 19, Tel. 977351566, www.lesbarques.es, Di Ruhetag. Beste Lage an der leicht ansteigenden Straße am Ende des Strandes. Von der Terrasse formidabler Meerblick. Angeboten werden Pizza, Pasta, Steaks und Tapas.

■ **Arena,** Pg. Jaime I. s/n (beim Hotel Blaumar), Tel. 977384000, www.arenarestaurant.com, tägl. 12–24 Uhr. Angenehmes Lokal mit einer ungewöhnlichen Kombination, die übersetzt von der Homepage lautet: „Tapas und Vermut" (bei uns bekannt als Wermut), wobei es auch Montaditos gibt, also kunstvoll bestückte Tapas und *raciones* (Tellergerichte).

## Nachtleben

♫ Die Stadt ist fest in touristischer Hand, und man kann hier auch gut feiern. Die Musikclubs und großen Discos liegen etwas außerhalb der Strandzone.

## Nützliche Adressen

■ **Bahnhof:** Der Bahnhof wurde aus dem Ort ausgelagert und befindet sich nun bei Port Aventura.

- **Busstation:** Plaça de les Comunitats Autònomes, etwa Mitte Passeig Jaume I. Von hier regelmäßige Verbindungen u.a. nach Tarragona, Cambrils, Barcelona, aber auch zu weiter südlich gelegenen Küstenorten.
- **Karting:** Autovía a Reus, km 2,1, Tel. 977285 317, www.kartingsalou.com, Ende März bis Nov. ab 10 Uhr. Es gibt eine eigene Piste für junge Fahrer unter 13 Jahren.
- **Post:** c/Major 5–7.
- **Schiffstouren:** Creuers Costa Daurada schippert auf einem modernen Ausflugsschiff entlang der Küste bis Cambrils. Es gibt auch gemütlichere Touren auf einem Segelboot oder auf einem großen Katamaran.Tel. 977363090, www.creuerscostadaurada.com.
- **WiFi-Zonen:** Beim Touristenbüro, beim Brunnen Font Lluminosa an der Promenade, am Strand Platja de Ponent unweit der Roten-Kreuz-Station gibt es gekennzeichnete öffentliche WiFi-Zonen.

### Einkaufen

- **Wochenmarkt:** Mo 9–14 Uhr, c/de l'Arquitecte Ubach. Großer Markt mit über 100 Verkaufsständen, Bekleidung, Blumen, Lebensmittel.
- **Mercado Municipal,** Vía Roma 10, Mo–Sa 8.30–14, Mo–Fr 18–20 Uhr.

### Feste

- **Anfang Juli:** Anada a l'Antigua. Bewohner der Nachbarstadt Reus kommen mit historischen Badeanzügen an den Strand, um an die touristischen Anfänge zu erinnern.
- **10.–15. Juli:** Sommerfest unter dem vielversprechenden Namen Noches Doradas bzw. Nits Dauradas („Goldene Nächte").
- **Erstes Wochenende im September:** Fiesta del Rei Jaume I.

# Cambrils

- **Einwohner:** 34.000
- **Entfernung nach Tarragona:** 20 km
- **Touristeninformation:** Turisme de Cambrils, Passeig de les Palmeres 1, Tel. 977792307, www.cambrils-turisme.com.

Cambrils ist heute ein **touristisches Zentrum** mit einem großen Hafen. Es liegt ca. 4 km südlich von Salou, mit dem es fast schon verwachsen scheint. Der alte Ortskern liegt etwas von der Küste entfernt, wo früher nur das kleine Fischerviertel lag. Dieses wird **Casas del Mar** genannt (etwa: „Häuser am Meer"). Als in den 1970er Jahren der touristische Boom begann, wurde dieses Fischerviertel mit Apartments und Hotels bebaut. Aber auch der Hafen wurde vergrößert für die vielen Sportboote und Segeljachten, und irgendwann waren der Alt-Ort Cambrils und der Hafenort zusammengewachsen. Beide Zonen haben noch ihren ganz eigenen Charme.

Der Ort genießt einen guten Ruf unter Fischhändlern. Selbst in der größten Markthalle in Barcelona, der Boquería an den Rambles, gilt ein Fang aus Cambrils als erste Ware. Und tatsächlich fahren die **Fischer von Cambrils** immer noch raus aufs Meer. Am Nachmittag kehren sie zurück, entladen an der Mole ihren Fang, und dort wird er auch verkauft. Im Ort selbst und vor allem im Hafenbereich gibt es etliche Restaurants, die zumeist eine Fischkarte haben und praktisch immer eine Terrasse.

Hauptattraktion von Cambrils sind die **schönen Strände,** und deswegen entwickelte sich auch die ganze Tourismusindustrie, die sich aber zum großen

Teil außerhalb des Ortes abspielt. Die Touristen wohnen in einem der zigtausend Apartments, die es links und rechts vom Ort gibt. Dort entstanden in den letzten Jahrzehnten ganze **Apartmentviertel** mit so netten Namen wie Vila Fortuny (etwa: „Glücksdorf"), La Dorada oder auch Cambrils Port.

## Die Strände

Die 800 m lange **Platja del Cap de Sant Pere** liegt schon recht weit außerhalb des Ortskerns im äußersten Bereich der Urbanizaciónes, die eben noch zum Großgebiet Cambrils zählen.

Die **Platja Vilafortuny** schließt sich mit 1200 m Länge an und fällt mit 70 m deutlich breiter aus. Auch an diesem hellen und feinsandigen (in Teilen auch grobkörnigen) Strand wird es eng ums Handtuch, denn die Urbanización gleichen Namens zieht sich bis weit ins Hinterland hinein.

Die **Platja El Regueral** verläuft vom Club Nàutic mit dem Hafen bis zu den Außenbereichen von Cambrils und „schluckt" gleich einen Nachbarstrand, dessen eigentlicher Name Platja del Prat d'en Florès lautet. Aber hier ist nun wirklich keine Trennlinie erkennbar. Der Strand liegt mitten in der Stadt, misst gut 1200 m Länge und fast 80 m durchschnittliche Breite. Eine Promenade und leider auch eine gut befahrene Straße verlaufen parallel. Auf der anderen Straßenseite lockt das komplette touristische Angebot mit Shops, Bars etc. Es ist die touristische Hauptmeile von Cambrils, entsprechend voll wird es an diesem feinsandigen Strand.

☐ So leer ist der Strand von Cambrils nur am frühen Morgen

300cd_jf

Die folgenden Strände werden unter dem Oberbegriff **Cambrils Sur** zusammengefasst, es sind sechs Buchten, die alle zwischen 500 und 900 m messen. Der Sand ist überwiegend hell und fein, vereinzelt aber auch von festerer Struktur. Die Strände liegen vor den sich nach Süden anschließenden Apartmentanlagen.

## Sehenswertes

Cambrils wird wie viele Orte an der Costa Daurada **zweigeteilt** durch die Bahnlinie und die Nationalstraße N-340. Der touristische Teil liegt auch hier unterhalb, also zwischen Bahn und Meer. Aber die Trennung fällt in diesem Fall nicht ganz so krass aus. Eigentlich liegen die touristischen Zonen mehr links und rechts von Cambrils beim Meer. Relativ rasch gewinnt das **nichttouristische Cambrils** Oberhand mit ganz normalen Wohnhäusern, Geschäften und Bars. Der **Hafen** und das kleine **Fischerviertel** haben noch ihren Charme, ganz besonders wenn die Fischerboote gegen 16 Uhr einlaufen und ihren Fang verkaufen. Insgesamt überwiegen am Hafen aber die Sportboote. Gleich in der zweiten Reihe liegen etliche Terrassenlokale. Und dahinter schloss sich früher das kleine Seemanns-Viertel an, das man heute nur noch erahnen kann. Unübersehbar erhebt sich am Hafen der alte Wachturm **Torre del Port** aus dem 17. Jh., der heute für temporäre Ausstellungen genutzt wird.

■ **Torre del Port,** im Sommer Di–Sa 11–14, 18–21, So 11–14 Uhr, restliche Zeit nur Sa und So.

0 100 m
©Reise Know-How Kata24 1/23
Übernachtung
11 Hotel Mònica
12 Hotel Rovira
13 Camping Platja Cambrils
14 Camping Cambrils Park
Einkaufen
1 Wochenmarkt
2 Markthalle
4 Licors Morell
7 Fischmarkt
Essen und Trinken
3 Restaurant Can Bosch
5 Restaurant Miramar
6 Restaurant Albatros
8 Restaurant Acuamar Casa Matas
9 Restaurant Macarrilla
10 Restaurant Bresca
1 ★ Parc Samà, Bahnhof
Raval de Gràcia
Ctra. Nacional 340
Passeig Sant Joan Baptista de la Salle
Avenida Adelaida
Camí de la Creu
Plàcid
C. Foix
Museu Moli de les tres Eres
C. Via Augusta
St. Isidre
de Vedruna
General Prim
Montserrat
C. Bertrán
de Cambrils
C. Andalusia
Passeig Francesc Marcià
Pg. Ll. Companys
C. Moli d'Avall
C. Balears
C. València
C. Pais Basc
Av. Països Catalans
Joan Baptista de la Salle
Riera d'Alforja
C. Cristòfor Colom
Plaça de la Constitució
C. Monestir de Scala Dei
C. Vinyols
C. Estive Anguera
Reguera
Rb.
C. Monestir de Poblet
Rambla Jaume I
Plaça Aragó
C. Barques
C. Joan S. El Cano
C. Ramon Llull
C. Frederic Mompou
C. Robert Gerard
C. Pau Casals
Plaça del Pòsit
C. Drassanes
Galcerán Marquet
Trv. Ancora
C. M. Planàs
Plaça Catalunya
C. Carme
Plaça de la Sardana
Av. de la Diputació
C. Mossén Joan Batalla
C. Ferran Sors
Torre del Port
Passeig de Miramar
Cambrils Sur
Hafen
Platja Vilafortuny, Platja del Cap de Sant Pere
Platja El Regueral
las Palmeras

Der **alte Ortskern** liegt oben jenseits der Bahnlinie und der Hauptstraße. Das war früher auch notwendig, als Schutz vor Piratenüberfällen. Genau neben der Fernstraße N-340 und direkt neben dem Museo Torre de l'Ermita steht die kleine Kapelle **Ermita de la Mare de Déu del Camí,** gewidmet der „Jungfrau des Weges". Sie ist ein Nachbau aus dem 18. Jh. aus Steinen vom innerstädtischen Berg Montjuïc aus Barcelona; diese wurden von den heimischen Fischern per Boot aus Barcelona hertransportiert.

## Museu Torre de L'Ermita

Der Torre de L'Ermita steht neben der Kapelle Mare de Déu del Camí an der N-340 und wurde wahrscheinlich 1375 als **Wachturm** errichtet. Der rechteckige Turm stand damals unweit des sogenannten Camí Reial, des königlichen Weges von Tarragona nach Tortosa. Dieser Weg war eine der wichtigsten Überlandstraßen, die durch Cambrils führten. Vom Turm wurde der Zugang zur Stadt kontrolliert und gleichzeitig das Meer beobachtet nach möglichen Anzeichen für Piratenattacken. Viele Jahrhunderte später wurde der Turm dann friedlicher genutzt, nämlich als telegrafischer Signalmast. Heute zeigt im Inneren ein Geschichtsmuseum die stadtgeschichtliche Entwicklung von Cambrils.

■ **Museu Torre de L'Ermita,** c/Verge del Camí 30, 1.9.–30.6. Sa 11–14, 17–20, So 11–14, 1.7.–31.8. Di–Sa 11–14, 18–21, So 11–14 Uhr, 1,50 €.

056cd sm

Die römische Ausgrabungsstätte La Llosa

## Museu Agrícola

Das Museu Agrícola liegt einmal um die Ecke vom oben aufgeführten Turm in der c/Sindicat 2, es wurde 1998 eingeweiht. Es befindet sich im Gebäude der ehemaligen genossenschaftlichen Weinkellerei. Dieses Haus wurde 1921 erbaut und erinnert an den Stil von *Antoni Gaudí*. 1994 gab man die Weinproduktion auf, das Gebäude wurde zum **Museum** umgebaut. Heute können Besucher die **Herstellung von Wein und Öl** kennenlernen. Schautafeln erklären die einzelnen Schritte, außerdem sind die benötigten Geräte ausgestellt.

■ **Museu Agricola,** c/Sindicat 2, zum Zeitpunkt der Drucklegung temporär geschlossen.

## Museu Molí de les tres Eres

Das Museum, der **Hauptsitz des historischen Museums** von Cambrils, ist in einer ehemaligen Mühle nahe der N-340 an der Straße Vía Augusta 1 untergebracht. Diese lag unweit des königlichen Weges und wurde hauptsächlich zur Mehlherstellung genutzt. 1895 endete diese Phase, und ein gutes Jahrhundert später wurde das Gebäude zum Museum umgebaut. Zu besichtigen sind zwei Bereiche, einmal das Innenleben der alten Mühle mit Erklärungen zur Funktionsweise, zum anderen eine Reihe von **archäologischen Fundstücken** aus verschiedenen Epochen. So sind rituelle und alltägliche Gegenstände der Iberer, Römer und aus dem Mittelalter ausgestellt, wobei Bronzefiguren aus der römischen Zeit um das 1. Jh. n. Chr. wohl zu den wertvollsten Stücken zählen.

■ **Museu Molí de les tres Eres,** Via Augusta 1, 1.9.–30.6. Sa 11–14, 17–20, So 11–14 Uhr, 1.7.–31.8. Di–Sa 11–14, 18–21, So 11–14 Uhr, 1,50 €.

## Vil·la Romana de La Llosa

Die **römische Ausgrabungsstätte** bzw. Villa La Llosa wurde 1980 zufällig entdeckt. Damals baute man Apartmenthäuser am Rande der Stadt in Strandnähe und stieß auf Grundmauern aus der Römerzeit. Es dauerte noch einige Zeit, bis dies gebührend gewürdigt wurde, aber ab 1984 arbeiteten Archäologen systematisch an den Ausgrabungen. 1992 fanden sie dann wertvolle Bronzefiguren, die heute im Geschichtsmuseum der Stadt ausgestellt sind. Vor allem aus diesem Fund schließen die Forscher, dass hier eine wohlhabende Familie in einem größeren Anwesen gelebt haben muss.

■ **Vil·la Romana de La Llosa,** c/Josep Iglesias s/n, 1.9.–30.6. Sa 10–13.30, 15.30–17.30, So 10–13.30, 1.7.–31.8. Di–Sa 11–14, 17–20, So 11–14 Uhr.

## Parc Samà

Eine spezielle Attraktion liegt 5 km außerhalb, der Parc Samà. 1881 ließ *Salvador Samà y Torres*, der *Marqués de Mariano* (1861–1933), ein Herrenhaus und einen **14 Hektar großen Garten** errichten mit einem kleinen See als Mittelpunkt. Die Familie des Marqués hatte viele Jahre auf Kuba gelebt, und er versuchte nun nach der Rückkehr in die katalanische Heimat, die tropische Vielfalt der Fauna in seinen Garten zu übertragen. Außerdem wurden ein **koloniales Herrenhaus** errichtet sowie ein kleiner Privatzoo. Dieser verschwand allerdings während des Bürgerkrieges. Zwei Hauptwege mit stolz gewachsenen Platanen, die über 20 m hoch sind, führen zum Gebäude.

Im ganzen Park wachsen unzählige, teils ausgesprochen selten in Europa anzutreffende Pflanzen, **hundertjährige Bäume** oder **exotische Blumen.** Im hinteren Bereich befindet sich der künstlich geschaffene **See,** in dem drei Inselchen liegen. Sie sind durch Brücken miteinander verbunden, die an Baumstämme erinnern, aber tatsächlich aus Zement gegossen wurden. Ein Kanal führt vom See zu einem **Wasserfall,** der den See speist. Alles in allem eine stille, verwunschene Welt.

■ **Parc Samà,** Carretera T, Vinyols i els Arcs, https://parcsama.es, generell ab 10 Uhr bis etwa Einbruch der Dunkelheit, die Schließungszeiten wechseln monatlich; 11 €, Kinder und Senioren 7 €. Anfahrt mit der Buslinie Cambrils – Reus bis Haltestelle Parc Samà.

## Die Nationalstraße 340

Die N-340 ist **die längste Fernstraße Spaniens.** Sie verläuft entlang der gesamten Mittelmeerküste über 1248 km von Barcelona an Gibraltar vorbei bis nach Cádiz, wobei die offizielle Kilometerzählung in Cádiz beginnt und der Kilometerstein Null dort steht. Mittlerweile ist diese Straße überwiegend zweispurig ausgebaut und wird nun als die gebührenfreie **Autobahn A-7** geführt, wenngleich es noch Teilstücke mit der alten Bezeichnung gibt.

Der **Straßenverlauf** ist in weiten Teilen der gleiche, den schon der alte römische Fernweg **Via Augusta** nahm. Dieser Fernweg führte über 1500 km durch Spanien von Cádiz bis hoch zu den Pyrenäen, und in einer Verlängerung über die Via Domitia gelangte man über die Alpen nach Italien und schließlich bis nach Rom. Im Bereich der Costa Daurada stehen noch zwei bemerkenswerte Bauwerke nahe der alten Fernstraße aus der römischen Zeit: Bei Tarragona der **Aqüeducte de les Ferreres** (→ dort) und etwas weiter nördlich bei Roda de Barà der **Triumphbogen Arco de Barà** (→ dort).

## Praktische Tipps

### Unterkunft

**12** **Hotel Rovira**③, Avinguda de la Diputació 6, Tel. 977360900, https://hotelrovira.net. Ein Haus in der ersten Strandreihe beim Hafen, also sehr zentral gelegen. Auf vier Etagen verteilen sich 58 Räume, von vielen haben die Gäste Meerblick.

**11** **Hotel Mònica**③, c/Galceràn Marquet 1–3, Tel. 977791000, www.hotelmonica.com. Nur 50 m oder eine Querstraße vom Strand entfernt liegt dieses große Haus mit 100 Zimmern. Die verteilen sich auf fünf Etagen und haben größtenteils einen Balkon. Trotz Strandnähe gibt es auch einen Pool mit Liegewiese.

### Camping

Insgesamt neun Plätze liegen rings um Cambrils. Hier werden die beiden größten vorgestellt.

**14** **Cambrils Park,** Av. Mas Clariana s/n, Carretera Salou – Cambrils, km 1 (hinter der Tankstelle abbiegen), Tel. 977351031, https://familyresort.cambrilspark.com, Ende April bis Ende Sept. Ein größerer

Platz für 1600 Personen unter Bäumen und Palmen, auf Familien ausgerichtet. Tägliches Animationsprogramm für Kinder und Erwachsene, breites Sportangebot, großer Pool, Abenteuerspielplatz. Bietet auch viele Bungalows und Apartments.

13 **Platja Cambrils – Don Camilo,** Avinguda Diputació 42, Tel. 977361490, www.playacambrils.com, Mitte März bis Mitte Okt. Großer Platz (3200 Personen), der strandnah, aber am Ortsrand liegt. Etliche Sportmöglichkeiten, Kinderspielplatz, Fahrradverleih, Mietsafe, Foodtruck, zudem gibt es Bungalows.

## Essen und Trinken

MEIN TIPP: Etwa ein gutes halbes Dutzend **Fischlokale mit Terrasse** liegen an der Promenade. Weitere Restaurants befinden sich in den Stichstraßen, alles ist konzentriert auf den Hafenbereich.

5 **Miramar,** Passeig de Miramar 30, Tel. 977360063, www.miramar-cambrils.com, Mi Ruhetag. Traditionsreiches Fischlokal gehobener Preisklasse mit einer Blick-auf-den-Hafen-Terrasse. Geboten werden *Menú del día,* auch ein „Menü Miramar", darüber hinaus auch Empfehlungen des Hauses, hauptsächlich Fischgerichte, aber es gibt auch Reis und Fleisch.

6 **Restaurant Albatros,** Passeig Miramar 38, Tel. 977363024, tägl. ab 10 Uhr. Ist mehr eine Bar, hat auch gute Fischgerichte, die man auf der netten Terrasse mit schönem Blick auf den Hafen verspeisen kann.

9 **Restaurant Macarrilla,** c/Les Barques 14, Tel. 977360814, www.casamacarrilla1966.com, So abends und Mo geschlossen. Geschätztes Lokal mit fundierter Hausmacherküche. Existiert seit 1966 und hat einige Rezepte, die schon Oma kochte, darunter auch das Spezialmenü einer Paella.

10 **Bresca,** c/ Dr. Fleming 4, Tel. 977369512, www.brescarestaurant.com. Mo Ruhetag, So und Di abends geschlossen. Relativ kleines Lokal mit hervorragender und fantasievoller Küche.

3 **Restaurant Can Bosch,** Rambla de Jaume I. 19, Tel. 977360019, https://canbosch.com, Mo Ruhetag. Gepflegte Küche in einem stilvollen Restaurant, die Gerichte basieren auf Fisch und Meeresfrüchten und sind qualitativ deutlich über dem Üblichen. Highlight ist ein neungängiges Menü.

8 **Restaurant Acuamar Casa Matas,** Consolat de Mar 66, Tel. 977360059, www.acuamar.com, Fr–Mi 13–15.45, Fr–Di 20–22.45 Uhr. Ein Traditionshaus nahe beim Hafen, existiert seit 1977 und bietet frischen Fisch zu angemessenem Preis, anspruchsvoll zubereitet.

301cd jf

☐ Kunst im Hafen von Cambrils

## Nützliche Adressen

■ **Bahnhof:** Liegt recht weit außerhalb vom Zentrum an der Avinguda Charles Robert Darwin, knapp unterhalb der Autobahn.

■ **Busterminal:** Passeig Sant Joan Baptista de la Salle (zu finden: vier Querstraßen unterhalb der N-340 und unmittelbar unterhalb der Bahnlinie), Tel. 977369178.

■ **Schiffsausflüge:** Creuers Costa Daurada fährt mehrmals täglich nach Salou, oder es gibt Kurztrips entlang der Küste auf einem Segel-Katamaran; Tel. 977362669, www.creuerscostadaurada.com.

## Einkaufen

1 **Wochenmarkt:** Mi 9–14 Uhr zwischen Passeig d'Albert und Avinguda del Millenari.

2 **Markt:** werktags in der **Markthalle** an der c/ Pere III. (schräg gegenüber vom Museu Agrícola), sowie werktags am späten Nachmittag in der 7 **Fischmarkthalle** an der Mole Moll Ponent, Mo–Fr ca. 17 Uhr Versteigerung.

4 **Licors Morell,** c/Consolat de Mar 8, uriges Geschäft mit einer breiter Auswahl an Wein, Cava und Schnaps.

## Feste

■ **29. Juni:** Sant Pere, Patronatsfest, wird vor allem auf der Plaça del Pòsit gefeiert.

■ **15. und 16. Juli:** Verge del Carme, Fest zu Ehren der Schutzpatronin der Fischer, mit einer prächtigen Meeresprozession.

■ **Ende Juli, August:** Festa Estiu, Musikfestival im Parc Samà.

■ **8. September:** Mare de Déu del Camí, Patronatsfest mit morgendlichem Umzug, heiliger Messe, *gegants, castellers* und einer Meeresprozession, mit Blumengaben zum Gedenken an die auf dem Meer Gebliebenen.

Ein Ausflugsschiff wartet in Cambrils auf Gäste

302cd_jf

# Mont-Roig und Miami Platja

- **Einwohner:** 12.100
- **Entfernung nach Tarragona:** 34 km
- **Touristeninformation:** Plaça de Tarragona, s/n, Miami Platja, Tel. 977810978, www.mont-roigmiami.cat.

Um die 1960er Jahre begann die Erschließung dieses Küstenabschnittes, der heute den Namen **Miami Platja** trägt. Der **schöne Strand** hatte über Jahrhunderte für die Bewohner des im Hinterland gelegenen Ortes Mont-Roig del Camp keine nennenswerte Rolle gespielt. Im Zuge der touristischen Entwicklung wuchs Miami Platja zu Dimensionen einer **Kleinstadt** an, obwohl nur wenige Menschen hier dauerhaft wohnen. Der Ort erstreckt sich mittlerweile weit ins Hinterland, jenseits von Bahnlinie und Nationalstraße. Überwiegend entstanden **Ferienwohnungen.** Im Sommer wird es dann entsprechend voll, ansonsten bleibt es beschaulich.

Der kleine Ort **Mont-Roig del Camp** liegt ca. 5 km von der Küste entfernt im Hinterland. Es hat einen sehr angenehmen, **fast mittelalterlich anmutenden Ortskern.** Früher war Mont-Roig von einer Mauer umgeben, die aber bereits im Erbfolgekrieg zerstört wurde. Übrig geblieben sind noch zwei ehemalige Stadttore. Das Haupttor Portal d'Avall stammt aus dem 16. Jh., daneben gibt es noch das Tor Portal del Canal, dessen Wachturm zerstört wurde. Die **Església Nova** („Neue Kirche") stammt aus dem frühen 19. Jh., aber sie wurde erst 1942 geweiht. Sie wirkt ein wenig überdimensioniert für den kleinen Ort und wird deshalb halb respektvoll, halb scherzhaft auch „Kathedrale" genannt. Es gibt auch noch die „Alte Kirche", **Església Vella.** Der Bau mit gotischen Stileinflüssen existierte schon im Mittelalter und wurde im 16. Jh. renoviert. Heute hat hier das **Centre Miró** seinen Sitz, das dem Schaffen des Künstlers *Joan Miró* im Ort gewidmet ist. 13 Jahre lang wurden hier Ausstellungen zum berühmten Maler gezeigt, dann aber wurde der Ausstellungsbereich geschlossen. Das Kulturzentrum bleibt weiterhin bestehen und widmet sich unter anderem dem innigen Verhältnis *Mirós* zu Mont-Roig. Dort fühlte sich der Maler zu Hause.

cd 006jf

☒ Das Kunstwerk Donna i Ocell (Frau und Vogel) von Joan Miró in Barcelona

## Joan Miró und Mont-Roig

*Joan Miró* wurde am 20. April 1893 in Barcelona geboren und verstarb am 25. Dezember 1983 in Palma de Mallorca. Er zählte zu den wichtigsten und kreativsten Künstlern seiner Epoche, er war vor allem Maler und Bildhauer. *Miró* schuf fantasievolle Kunstwerke, die mit der alltäglichen Wahrnehmung brachen; sie weisen unter anderem Einflüsse des Surrealismus und des Kubismus auf.

Es zog ihn schon früh nach Paris, erstmals 1919, wo er seinen eigenen Stil entwickelte und wo er auch zahlreiche Berühmtheiten seiner Epoche traf. In dieser Zeit entdeckte er aber auch ein kleines, damals weit abgeschieden liegendes Dorf im katalanischen Hinterland, **Mont-Roig.** *Miró* verbrachte hier viel Zeit. Erstmals kam er 1911 in den Ort, im Alter von 18 Jahren. Er war krank (möglicherweise litt er an Depressionen, was aber nicht sicher ist), doch in Mont-Roig erholte er sich rasch und erkundete die Gegend, ging zu Fuß bis zur Küste, die zu seiner Zeit fast unbewohnt war. Er wanderte auch ins Hinterland bis zur Ermita de la Mare de Déu de la Roca, und auf all diesen Exkursionen malte er und hielt seine Eindrücke fest.

*Miró* kam damals aus der Großstadt Barcelona in ein einfaches, ländliches Dorf und tat nichts, außer malen. Was sicher ein ziemlicher Kulturschock für die Bevölkerung war. *Miró* jedenfalls fühlte sich wohl und blieb lange Zeit im Dorf. In späteren Jahren reiste er von seinem Hauptwohnsitz Paris immer wieder zurück nach Mont-Roig, ab den 1940er Jahren kehrte er jeden Sommer für drei Monate zurück, letztmalig im Jahr 1976 im Alter von 83 Jahren.

Ihm zu Ehren haben die Stadtväter auch einen **Rundweg** unter dem Namen **„Ruta Miró"** eingerichtet. Ausgehend vom Meer verläuft dieser Weg nach Mont-Roig bis zur außerhalb liegenden Einsiedelei Mare de Déu de la Roca. An insgesamt neun Stellen, an denen *Miró* einst gemalt hat, sind Kopien seiner Werke ausgestellt. Von diesen Stellen aus hat man einen Blick auf das Motiv, das ihn einst inspiriert hat, und kann es mit dem geschaffenen Bild vergleichen. Über den genauen Verlauf des Weges gibt das Touristenbüro Auskunft.

Die **Ermita de la Mare de Déu de la Roca** stammt aus dem 19. Jh. und liegt einige Kilometer außerhalb etwas erhöht. Deshalb sieht man diese Kirche auch schon von Weitem und hat umgekehrt von oben einen schönen Fernblick.

## Die Strände

Die **Platja de la Porquerola** wird auch „La Rifa" genannt. Der Strand verläuft über 3350 m, ist hübsch begrünt und schwach bebaut. Vier Campingplätze liegen hier mit direktem Strandzugang.

Die anschließende **Platja de L'Estany Gelat** liegt vor der Urbanización La Rivera sowie vor einem Campingplatz. Der Strand ist 2500 m lang und beachtliche 38 m breit.

Jetzt folgt der eigentliche Strand von **Miami Platja,** der sich offiziell in einen längeren Abschnitt und sieben kleinere Buchten (Cala) unterteilt. Diese sieben Buchten sind mal mehr, mal weniger deutlich trennbar. Sie haben Ausmaße von 100 bis knapp 300 m, meist hellen Sand, sind mittelgroß in der Breite und bieten nur wenige Serviceeinrichtungen.

Teilweise trennen Felsen die Buchten, und oft erheben sich gewaltige Apartmentblocks direkt hinter dem Strand.

Die **Platja de Cristall,** ein fast 1,5 km langer Strand, fällt ziemlich breit aus, im Durchschnitt immerhin 50 m, und zeigt sich von schöner, heller Farbe.

# Praktische Tipps

## Unterkunft

Hotels sind rar, die Mehrzahl der Betten steht in Ferienwohnungen.

■ **Hotel Pino Alto**④, Av. Playa Cristal 18, 43892 Miami Platja, Tel. 977811000, www.medolaya.de. Das Vier-Sterne-Haus liegt in der gleichnamigen Urbanización in einem 2000 m² großen Garten 150 m vom Strand entfernt. Es hat gut ausgestattete Zimmer und ein reiches sportives Angebot (drei Pools, Tennis, Radverleih, Sporthalle).

■ **Hotel Can Salvador**③, Avda. Barcelona 149 (am km 1131 der N-340, Ecke c/de L'Olivera), Tel. 977810521, www.hotelcansalvador.es. Ein Haus mit 29 Zimmern auf drei Etagen, an der Nationalstraße. Unten gibt es ein angenehmes Restaurant.

## Camping

Zwischen Miami Platja und Cambrils liegen etliche, teils sehr gut ausgestattete Plätze, viele davon direkt am Meer. Alle sind gut über die N-340 erreichbar, leider verläuft die Bahnlinie in unmittelbarer Nähe vorbei. Bei einigen Plätzen muss bei der Zufahrt die Bahnlinie unterquert werden.

■ **Playa Mont-Roig,** N-340, km 1136, Tel. 977810 637, www.playamontroig.com, Mitte März bis Ende Okt. Ein sehr großer Platz, der bestens ausgestattet und hübsch bepflanzt ist. Insgesamt drei Platzteile, die durch Bahnlinie und Straße getrennt sind. Außerdem: Animation für Kinder, abendliche Shows, großer Pool. Großer Spa-Bereich.

Blick über Mont-Roig del Camp

■ **La Torre del Sol,** N-340, km 1136, Tel. 977810 486, www.latorredelsol.com, Mitte März bis Ende Okt. Ein hübsch begrünter größerer Platz, der direkt am Meer liegt. Bestens eingerichtet inklusive Pool und Kino sowie Bungalows.

■ **Miramar,** N-340, km 1134, Tel. 977811203, www.camping-miramar.es, ganzjährig. Erster Platz, wenn man von Miami Platja kommt, für etwas mehr als 800 Personen, direkt am Meer gelegen.

## Essen und Trinken

■ **Restaurant Can Salvador,** Avda. Barcelona (im gleichnamigen Hotel), Tel. 977810521. Nett eingerichtetes Lokal mit internationaler Küche.

## Nützliche Adressen

■ In Mont-Roig befindet sich in der c/d'Aureli M. Escarré (am Ortsrand neben dem Fußballplatz), Tel. 977810978, ein **Mountainbike-Zentrum** (span. Abkürzung: Centre BTT), wo man sich Räder ausleihen und auf mehreren ausgeschilderten Routen unterschiedlichster Schwierigkeitsgrade fahren kann.

## Markt

■ Sa nachmittag in der Avinguda de Cadis, Fr in der Carrer Cristofòr Colom in Miami Platja.

## Feste

■ **19. März:** Sant Josep, Stadtfest.

■ **Juni:** Bienvenida al Verano, Fest zur Begrüßung des Sommers.

■ **25. Juli:** Sant Jaume, das Hauptfest des Ortes, u.a. mit Wahl von Miss und Mister Turismo.

■ **Zweite Woche im August:** Festa de les Pobles, die einzelnen Gemeinden feiern zusammen.

# L'Hospitalet de l'Infant

■ **Einwohner:** 5000

■ **Entfernung nach Tarragona:** 36 km

■ **Touristeninformation:** Patronat Municipal de Turisme, c/Estació 1, Tel. 977 823 328, www.hospitalet-valldellors.cat.

L'Hospitalet de l'Infant ist ein kleiner Ort mit schönem Strand, großem Hafen und einem **normal-alltäglichen Zentrum.** Letzteres ist bei stark touristisch geprägten Orten nicht selbstverständlich. Wie es scheint, hat der nationale Tourismus in L'Hospitalet noch ein Übergewicht, viele **Spanier** haben hier Ferienwohnungen und kommen während des Sommers oder übers Wochenende.

## Die Strände

Die **Platja de L'Arenal** gilt als der Hauptstrand. Kein Wunder bei diesen Ausmaßen: 2200 m lang und fast 50 m breit. Der Sand ist hell, aber stellenweise ganz leicht kieselig. Im oberen Teil endet der Strand vor einem *barranco* (steil abfallendes Tockental), im unteren beim Sportboothafen.

**Cala d'Oques** heißt die sich anschließende Bucht. Sie misst 260 m und hat eine Breite von 35 m, besteht aus nicht ganz hellem, von Steinen durchsetzten Sand. Oberhalb liegt ein Campingplatz und einmal ums Eck ein FKK-Campingplatz.

☐ Ein neuer Strandtag beginnt in L'Hospitalet

# Sehenswertes

Der **kleine Stadtkern** liegt bei der Straße Vía Augusta, der zentralen Einkaufs- und Durchfahrtsstraße. Dort liegt auch die Plaça del Pou mit einem kleinen Springbrunnen und einigen Bars. Auch wenn die örtliche Historie bis ins Jahr 1191 zurückverfolgt werden kann, sind doch kaum historische Gebäude erhalten. Einzig der Turm des 1346 gegründeten Hospitals steht noch an der Plaça Catalunya. Von diesem Hospital, das einst von Infant („Prinz") *Pere* gegründet wurde, hat der Ort seinen Namen.

# Praktische Tipps

## Unterkunft

■ **Hotel Vistamar**③, c/del Mar 22, Tel. 977823 000, www.hotelvistamar.es. Solides Drei-Sterne-Haus mit Blick aufs Meer, ganz in der Nähe des Sportboothafens. Zweckmäßige Zimmer, teilweise mit Küche, unten gibt es eine Pizzeria.

## Essen und Trinken

Mehrere Bars und Restaurants liegen direkt am Passeig Marítim beim Sportboothafen.

■ **Pizza Vistamar,** c/del Mar 22, Tel. 977 823 300. Mittelgroßes Lokal mit Pizza, Fisch, Fleisch und der im Namen versprochene Meerblick.

■ **Topolino,** c/Blanca D'Anjou 12, Tel. 977823325. Deutsche und internationale Mittelmeer-Küche.

## Feste

■ **29. Juni:** Sant Pere, Patronatsfest.

■ **16.–21. August:** Festa Major de Sant Roc.

cd_017 jf

# Unterwegs im Hinterland

Auf einer Rundfahrt durch das Hinterland der Küste **zwischen L'Hospitalet del Infant und Amposta** lassen sich reizvolle Orte mit ganz unterschiedlichen Sehenswürdigkeiten entdecken. So steht in **Miravet** eine Templerburg aus dem 12. Jh. in der Nähe von **Tivissa** liegt eine iberische Siedlung, und in **El Pinell de Brai** eine der baulich schönsten Bodegas von ganz Katalonien. Unweit von Miravet kann man ganz entschleunigt eine Fähre nutzen, die komplett ohne Motorkraft auskommt.

Blick auf Tivissa

## Tivissa

Tivissa liegt am Rande des Gebirges und zählt bereits zur Comarca Terres de'l Ebre, einem Landkreis mit überwiegend flachem Landschaftsbild. Tivissa ist seit Urzeiten bewohnt, was Höhlenmalereien bezeugen, und der kleine Ort zeigt noch heute im Grundaufbau seiner schmalen Gassen einen **mittelalterlich anmutenden Kern.** Vom ehemaligen Castillo (Burg) ist kaum noch etwas erhalten, von der alten Stadtmauer zumindest noch Teile.

Die große Kirche **Església Arciprestal de Sant Jaume** besteht aus drei Teilen, da sie zwischen dem 13. und 19. Jh. mehrfach erweitert wurde und heute verschiedene Baustile vereint. Aus Platzmangel wurde im 19. Jh. eine neue Kirche einfach mit der alten verbunden. Der achteckige Glockenturm wurde 1550 gebaut, er ragt 30 m in die Höhe.

cd 007jf

6 km westlich von Tivissa liegt die **Ausgrabungsstätte** eines iberischen Dorfes, **Castellet de Banyoles,** an einem zur Kontrolle des Ebros strategisch gut gewählten Punkt in 115 m Höhe. Entdeckt wurde dieses Dorf im Jahr 1912. Hier lebte der Stamm der **Ilercavones** um das 4. Jh. v. Chr. Zwei nicht allzu hohe Türme markieren heute den Eingangsbereich zum großen Gelände. Zu sehen sind vorwiegend Mauerreste von Gebäuden, vieles wurde in früheren Zeiten zerstört. Hier wurden auch wertvolle silberne Schalen und Schmuckstücke gefunden, **El Tesoro de Tivissa** („Schatz von Tivissa"), die heute im Archäologischen Museum von Barcelona ausgestellt sind.

**Anfahrt:** am km 23 der C-44 Richtung Móra d'Ebre, etwa 6 km außerhalb von Tivissa. Dort nach links abbiegen und ca. 400 m einem Feldweg folgen (ausgeschildert). Der Zugang ist frei, das Gelände immer geöffnet.

## Miravet

In diesem kleinen Ort (25 km nördlich von Tortosa und nur wenige Kilometer südlich von Morá d'Ebro) liegt hoch oberhalb des Ebros eine alte **Templer-Burg** (Castell dels Templers de Miravet). Außerdem finden sich in Miravet etliche **Keramikwerkstätten,** die hervorragendes Kunsthandwerk und auch Alltagsgegenstände herstellen.

Die **Burg** des Templer-Ordens wurde noch zur arabischen Zeit errichtet und war letzter Zufluchtsort der Mauren im Bereich des Ebros. 1153 wurde sie dann erobert, und *Ramón Berenguer IV.* übergab sie dem Templer-Orden. Die Temp-

Die Templer-Burg von Miravet thront über dem Ebro

ler gestalteten sie zu einer **Mischung aus Kloster und Schutzburg** um, sodass Miravet lange Zeit als Vorbild für andere militärisch-religiöse Bauwerke diente. In Miravet wurden der Schatz und das Archiv der Templer gelagert. Später beschuldigte Papst *Clemens V.* die Templer des Verrats, worauf König *Jaime II.* ein ganzes Jahr lang versuchte, die Burg zu erobern, was erst 1308 gelang. Später wurde die Burg teilweise zerstört und in der Folgezeit vernachlässigt, mittlerweile ist sie aber renoviert. Von den oberen Mauern genießt man einen tollen Blick ins Ebro-Tal.

■ **Castell de Miravet,** Camí del Castell s/n, 43747 Miravet, Di–So ab 10 Uhr, geschlossen wird je nach Jahreszeit zwischen 16 und 20 Uhr, 5 €, ermäßigt 3 € (über 65, Studenten).

### Fährfahrt über den Ebro

MEIN TIPP: Eine kleine Fähre ermöglicht die Querung des mächtigen Flusses zwischen Miravet und der Straße C-12. Bis zu drei Autos haben auf ihr Platz. Die Fähre, die aus zwei kleinen Booten besteht, die mit einer Plattform verbunden sind, wird seit Jahrhunderten ausschließlich durch die Strömung betrieben, sie wird durch ein Kabel gehalten. Der Anleger befindet sich an der C-12 zwischen Rasquera und Ginestar, in Miravet am Ende der Straße Camino de la Barca, etwa 1 km außerhalb des Ortes.

■ Tägl. 8–13, 15–19 Uhr, So ab 9 Uhr, 3 € pro Auto.

## Kathedrale des Weins in El Pinell de Brai

Von Miravet lohnt ein Abstecher über die Straße T-324 (später N-230c) nach El Pinell de Brai (12 km). In dem winzigen Ort steht eine der bemerkenswertesten **Bodegas** im ganzen Land, genannt „La Catedral del Vi" („Die Kathedrale des Weins"). Es ist eine hervorragende Arbeit des Modernisme-Architekten *Cèsar Martinell* aus dem Jahr 1918. Zu jener Zeit war es nicht selbstverständlich, ein Wirtschaftsgebäude im ästhetisch ansprechenden **Modernisme-Stil** zu errichten. Hier ist es gelungen! Schon die Außenfassade deutet die mächtigen Hallen an. Sie ist sehr hübsch mit Kacheln versehen, deren Motive die Weinherstellung thematisieren. Besucher können an einem Rundgang und einer Verkostung teilnehmen sowie Wein vor Ort kaufen.

■ **La Catedral del Vi,** c/Pilonet 8, 43594 El Pinell de Brai (ca. 20 km nördlich von Tortosa), Tel. 977426 234, www.lacatedraldelvi.com, Grundsätzlich geöffnet Di–So 10–19 Uhr. Besuche auf eigene Faust sind möglich, sie kosten 7,50 € bzw. 12,20 € mit Verkostung; oder man nutzt eine geführte Tour (9,50 € bzw. 14,20 € mit Probiermöglichkeit) um 12 Uhr und um 13.30 € Uhr, u.a. auf Englisch.

> Der kleine Hafen von L'Ametlla de Mar

# L'Ametlla de Mar

- **Einwohner:** 7100
- **Entfernung nach Tarragona:** 50 km
- **Touristeninformation:** Patronat Municipal de Turisme, Avda. Amistat Hispano Italiano s/n, Tel. 977456477, www.ametllamar.cat.

„La Cala“ („Die Bucht“) wird der Ort von seinen Bewohnern genannt, und das aus gutem Grund. L'Ametlla war und ist in erster Linie ein **großer Naturhafen,** der sich an eine große Bucht schmiegt. Außerhalb des Hafens folgt sogleich die nächste Bucht, hier liegt der örtliche Strand. Fischfang nimmt immer noch einen hohen Stellenwert ein, aber der **Tourismus** hat schon ganz ordentlich Fuß gefasst. Vor allem in Form von Zweitwohnungen und einem gar nicht mal so kleinen Campingplatz.

## Die Strände

**Cala Pixavaques** ist eine Bucht am Ortsrand von etwa 60 m Durchmesser. Etwas gröberer, heller Sand findet sich hier, wo sich zumeist die Gäste des unmittelbar angrenzenden Campingplatzes sonnen.

**Platja de L'Alguer** heißt der Hauptstrand von L'Ametlla. Sicher kann man ein Fleckchen zum Sonnenbaden auf seinen 130 m finden, aber so richtig idyllisch scheint es doch nicht zu sein. Rechts liegt der Hafen, links die felsige Küste mit Straße und Apartments, und im Hintergrund schließt sich das Stadtzentrum an.

309cd_jf

## Hafen und Promenade

Am Hafen liegt die **Plaça del Canó.** Nicht viel mehr als eine kleine Straße verläuft hier direkt am Hafen entlang vor einer Hand voll **Lokalen.** Man sitzt ganz nett draußen auf der Terrasse, schaut zum Hafen. In der **Llotja** (Fischauktionshalle) findet montags bis freitags gegen 16 Uhr eine Fischversteigerung statt, allerdings mit Ausnahme der Monate Mai und Juni, die als Schonzeit gelten.

Nur ein paar Schritte weiter beginnt die bemerkenswerte **Promenade.** Sie verläuft erhöht, sozusagen zehn bis fünfzehn Meter über der steilen Küste um den Ort herum oder wenigstens um einen Teil des Ortes. Unten schlängelt sich eine Straße am Hafen vorbei, oben stehen bis fast an die Felskante Häuser. Geprägt ist die Promenade durch eine Balustrade aus hellem Beton. Zudem stehen in regelmäßigem Abstand Kugelkopflampen – wenn die abends leuchten, sieht's zauberhaft aus.

## Praktische Tipps

### Unterkunft

- **Hotel L'Alguer**②-③, c/del Mar 20, Tel. 977493 372, www.hotelalguer.net, Juni bis Sept. Schmaler Bau mit 38 Zimmern auf vier Etagen, die eigentlich auch Meerblick haben, der aber durch einen davor stehenden Block getrübt wird.
- **Hotel del Port**②, c/Major 11, Tel. 977457043, www.hoteldelport.com. Nur wenige Schritte von der Plaça Canó entfernt liegt dieses kleine Haus (16 Zimmer) und damit recht nah zu den netten Lokalen am Hafen.

### Camping

- **Nàutic,** Carrer Llibertat s/n, Tel. 977456110, http://campingnautic.com, Ende März bis Anf. Nov. Der Platz liegt sehr zentral, unmittelbar am Ortsrand und an der Badebucht Pixavaques. Er ist terrassenförmig angelegt, Schatten wird durch zahlreiche Bäume gespendet. Der Hafen liegt kaum 200 m entfernt, die Zufahrt erfolgt über die N-340. Außerdem vorhanden: Tennisplatz, Pool, Supermarkt, Restaurant.
- **L'Ametlla Village Platja,** Paratje de Santes Creus, Tel. 977267784, www.campingametlla.com, April bis Mitte Okt. Der Platz liegt an der Bucht Santes Creus, 3 km außerhalb Richtung Süden auf einem leicht terrassierten Gelände direkt am Meer. Bungalows, Pool.

### Essen und Trinken

- **Restaurant L'Alguer,** c/Trafalgar 21, Tel. 977 456124, www.restaurantalguer.com, Mo Ruhetag. Das Lokal ist auf Fisch spezialisiert und liegt oberhalb der Promenade.
- **Cala Llobeta,** Plaça del Cano 17, Tel. 977486 433. Nett direkt am Hafen gelegen, bietet mehrere Menüs, außerdem ein Mittagsmenü. Weiterhin liegt der Schwerpunkt auf Fisch und Reis, es gibt auch einige Gerichte mit Meeresfrüchten. Insgesamt nicht ganz so günstig, aber mit recht großen Portionen.
- **Restaurant Lorena,** c/de Miranda 3, Tel. 977 456910, Di Ruhetag. Liegt etwas erhöht über dem Hafen, hat eine Terrasse mit schönem Meerblick. Serviert werden Fisch- und Reisgerichte.

### Einkaufen

- **Markt:** Mo, Do, Sa 9–14 Uhr, Plaça del Mercat.
- **Bücher:** Knigo, c/Pau Casals, Ecke c/Rusinyol 2, Tel. 977456239. Kleiner Buchladen, in dem es auch internationale Presse gibt.

### Feste

■ **2.–5. Februar:** La Candelera, Patronatsfest mit Prozessionen, Blumenschmuck und Auftritt von *gegants.*

## Ausflüge

Ein sehr rustikaler Wanderweg führt immer entlang der Küste über 6,5 km durch mehrere Buchten bis zum **Castell de Sant Jordi d'Alfama.** Dieses Kastell stammt aus dem Jahr 1201 und war der Sitz des einzigen katalanischen religiös-militärischen Ordens. Erst sehr viel später entwickelten sich dann der Hafen (1929) und der Ort. Heute sind nur noch Reste vorhanden, am besten erhalten ist der **Wachturm.** Den Turm kann man nicht besteigen, aber von der Stelle, wo er steht, genießt man einen tadellosen Rundblick. Nicht weit entfernt liegt die Urbanización gleichen Namens, aber da es keinen regelmäßigen Busverkehr gibt, wird man wohl oder übel wieder zurücklaufen müssen.

### El Perelló

Etwas außerhalb, unmittelbar neben der Fernstraße N-340, die hier einen großzügigen Bogen um L'Ametlla de Mar schlägt, liegt der kleine Ort El Perelló. Er ist berühmt für den dort hergestellten **Honig** und für eine etwas außerhalb liegende Stelle mit **prähistorischen Felsmalereien.** Die Honiggewinnung hat hier eine lange Tradition, das süße Produkt wird in ganz Katalonien verkauft und natürlich auch direkt im Ort. Eine der bekanntesten Marken ist Mel Muria, zu finden an der Avinguda Catalunya 23. Anfang April wird ein großes Fest rund um den Honig und ums Öl gefeiert, das ebenfalls hier gewonnen wird.

Durch El Perelló verlief auch der **römische Fernweg Via Augusta,** der Spanien über Anschlusswege mit Rom verband. Überreste dieses Weges sind noch heute sichtbar in El Perelló hinter der Kapelle Ermita de Sant Cristòbal unweit der heutigen Fernstraße N-340.

Etwa 7 km westlich von El Perelló liegen die **Felsmalereien von Cabrafeixet.** Sie sind in einer felsigen Landschaft nicht direkt in Höhlen zu finden, sondern mehr unterhalb von Felsüberhängen; teilweise sind sie durch Gitter geschützt. Das Alter wird auf 25.000 bis 15.000 Jahre geschätzt, und die Motive zeigen hauptsächlich Tiere oder Jagdszenen.

■ **Anfahrt:** Über die Straße TV-3023 in Richtung Rasquera fahren, und nach 7 km weist nach links ein Schild zu den „Pinturas Rupestres" („Höhlenmalereien"), dann weiter bis zum Parkplatz. Von dort dann zu Fuß weiter bis zu den Felsmalereien über ca. 400 m.

# L'Ampolla

- **Einwohner:** 3400
- **Entfernung nach Tarragona:** 67 km
- **Touristeninformation:** Patronat Municipal de Turisme, Plaça Manel Ferrer 3, Tel. 977593011, www.ampolla.org.

Der Ort wird von einer großen **Marina** dominiert, viele Freizeitkapitäne ankern hier. Aber auch sonst zeigt man sich gerne, was die beachtliche Wagen- und Bootsflotte unterstreicht. Entlang der Küste verläuft über ein paar Kilometer eine breite Straße, passiert etliche Anlagen von Ferienwohnungen und nähert sich rasch dieser Marina und damit dem Ortskern. Allzu viel Historie entdeckt man nicht, die meisten **Bauten** sind neueren Datums. Kein Wunder, denn die Gemeinde L'Ampolla führt diesen Status erst seit 1989. Vorher war man nur ein Anhängsel des benachbarten El Perelló. Etwa ab Höhe Hotel Flamingo gibt es oberhalb der Küste einen nicht zu langen **Wanderweg mit Hinweistafeln** zur örtlichen Geschichte. Strände gibt's auch, aber sehr viel schönere findet man gar nicht weit entfernt im Ebro-Delta.

## Die Strände

Direkt im Ort liegen leider nur relativ bescheidene Strände, weitere im Umfeld, für deren Besuch man dann allerdings teilweise schon mehrere Kilometer zurücklegen muss. Offiziell nennt man sie auch **Platjas de L'Ampolla Norte** („Nord") und entsprechend **Sur** („Süd").

### L'Ampolla Norte

Dieser Strand befindet sich bereits gute 2 km vom Ort L'Ampolla entfernt und liegt vor der sehr ruhigen und etwas einsamen Urbanización gleichen Namens. Die Bucht ist 300 m lang und etwa 40 m breit, mit feinem Sand.

Die Marina von L'Ampolla

267cd_jf

## L'Ampolla Sur

Dann folgt die große Marina, und dahinter liegen die Strände von L'Ampolla Sur. **L'Arenal** (so der offizielle Name) wäre der einzige „richtige" Strand, er zieht sich über 2000 m hin, erreicht stolze 60 m Breite und zeigt sich hell- sowie feinsandig. Ein guter Vorgeschmack auf die nahen Strände im Delta.

# Praktische Tipps

## Unterkunft

- **Hotel La Roca Plana**③, Avda. Marítim Ramon Pous 28, Tel. 977460332, www.rocaplana.com. Ein schmales Gebäude gegenüber der Marina, von vier Etagen mit 21 Doppelzimmern, ein Teil davon hat astreinen Meeresblick.
- **Hotel Ampolla SOL**③, Av. Ramon Pous 16, Tel. 977460008, www.hotelampollasol.es. Freundlich und hell eingerichtete Zimmer in klaren Linien mit einem kleinen Balkon. Zentral an der Promenadegelegen, von einigen der 22 Zimmer hat man Meerblick. Unten im Haus befindet sich ein empfehlenswertes Restaurant.
- **Hotel Flamingo SOL**③, c/ Ronda del Mar 58, Tel. 977593816, www.hotelflamingo.cat. Das Haus sieht schick aus und Ist mit auffällig viel Glas gebaut worden, auch die Balkonbrüstungen sind so gestaltet. Insgesamt 66 Zimmer, darunter fünf Suiten, etliche haben Meerblick, aber nicht alle.

## Camping

- **Ampolla Platja,** am Strand von L'Arenal, Tel. 977460535, www.campingampolla.es, Anfang März bis Anfang Jan. Ein kleiner Platz (knapp 100 Stellplätze) in Strandnähe am Ortsrand Richtrung Ebro-Delta. Bietet auch kleine Bungalows an.

## Essen und Trinken

- **Restaurant Can Piñana,** Av. Marítim Ramón Pous 17, Tel. 977460033, www.canpinana.com. In der ersten Reihe mit Terrasse und Meerblick in blauweißem Dekor. Spezialisiert auf Fisch, Meeresfrüchte und Reisgerichte.
- **El Pescador,** c/Mateu Piñana y Roc 9, Tel. 977 460604, Mi Ruhetag (nicht im Sommer). Das Lokal liegt direkt am Hafen und hat eine kleine Terrasse. Wie der Name andeutet („Der Fischer"), werden hauptsächlich Fischgerichte serviert. Daneben natürlich auch Meeresfrüchte, Reis und ein Probiermenü, *Menú de degustación.*
- **Restaurant Casa Llambrich,** Av. Marítim Ramon Pous 8, Tel. 977460073, Mo abends und Di den ganzen Tag geschlossen. Ein Klassiker, über vier Jahrzehnte im Familienbesitz. Fisch- sowie Reisgerichte (Paella), das Ebro-Delta ist nah. Leckere Desserts, einer der Söhne ist darauf spezialisiert.

## Nützliche Adressen

- **Bahnhof:** Plaça Francesc Macià, keine 100 m vom Meer entfernt (ausgeschildert).
- **Busstation:** Am Kreisverkehr vor der Marina, c/ Ronda de Mar.
- **Fahrradvermietung:** Delta Turístic, Av. Barceloneta 28, Tel. 977460839.

## Markt

- Mi 8–14 Uhr an der c/Vista Alegre (liegt knapp oberhalb des nördlichen Hafenrandes).

## Fest

- **16. Juli:** Verge del Mar mit einer Meeresprozession, nächtlicher Anlandung und Feuerwerk. Am folgenden Tag findet ein Stiertreiben statt.

https://stock.adobe.com © ggfoto

# Ebro-Delta

- **Hauptort:** Deltebre
- **Einwohner:** 11.500
- **Entfernung nach Tarragona:** 83 km
- **Touristeninformation:** c/Dr. Martí Buera 22, 43580 Deltebre, Tel. 977489309, www.atracciona tural.cat.

Das Ebro-Delta ist die **Reiskammer** Kataloniens, wenn nicht gar ganz Spaniens. Reispflanzen benötigen sehr viel Wasser, und dieses bringt Spaniens zweitlängster Fluss nach einer Reise von 910 km mit. Der Ebro ergießt sich hier im Delta ruhig und majestätisch ins Meer.

Das Delta entstand aus den Ablagerungen, die der Ebro seit Jahrhunderten mit sich brachte. Aufzeichnungen aus dem 14. Jh. dokumentieren die langsame Veränderung der Flussmündung. Heute hat das Delta eine dreieckige **Form** mit einer ins Meer ragenden Spitze. Es misst 30 km an der breitesten Stelle, 25 km sind es von der Nationalstraße 340 bis zur besagten Spitze. Von dort wachsen wie überdimensionale Flossen zwei Nehrungshaken, gespeist durch die Ablagerungen der steten Strömung. Das Delta hat eine **Fläche** von 330 km² und ist nach dem andalusischen Parque Coto Doñana das zweitgrößte Feuchtgebiet Spaniens.

Das Delta ist brettflach und liegt nur knapp über dem Meeresspiegel. Das nutzen die Reisbauern. Zur Bewässerung der Pflanzen zogen sie **Kanäle,** die mittlerweile eine Gesamtlänge von 452 km erreichen und Wasser bis in den letzten Winkel leiten.

Flamingos im Ebro-Delta

Ziemlich genau in der Mitte befindet sich der **Hauptort Deltebre,** durch den auch der Ebro fließt. Eine weitere, aber viel kleinere Siedlung liegt jenseits des Ebro gegenüber von Deltebre, sie trägt den Namen **Sant Jaume d'Enveja.** Neben einigen weiteren kleinen Siedlungen gibt es noch die Urbanización **Riumar** mit einigen Ferienwohnungen, ein paar Lokalen, einer Promenade und einem tollen Strand. Hier ganz in der Nähe ergießt sich auch der Ebro ins Meer. Kleine Boote unternehmen Ausflugs- oder Angelfahrten ins Mündungsgebiet.

Ansonsten ist hier nicht viel mehr zu sehen, nur noch Reispflanzen (man muss aber zur richtigen Zeit kommen, nur im Sommer stehen sie richtig schön hoch). 75 % des Bodens werden für den Reisanbau genutzt. Der Rhythmus von **Anpflanzung und Ernte** hat sich seit Jahrhunderten nicht geändert: Anfang Februar legen die Bauern die Felder trocken und die Erde wird bearbeitet. Mitte April dann werden die Felder geflutet und die Aussaat wird gestreut. Im Sommer steht der Reis hoch und verwandelt die Felder in ein grünes Meer. Ende September erfolgt die Ernte, das Wasser bleibt bis Februar stehen, zwischenzeitlich werden hier Enten gejagt.

Große Teile des Deltas stehen seit 1983 unter **Naturschutz** und dürfen nicht betreten werden, das gilt vor allem für die Nehrungshaken und zumindest einen Teil der Strandzonen sowie der Lagunen. Das Delta wurde zum **Vogelschutzgebiet** der höchsten Priorität ernannt, denn speziell im Herbst, nach der Reisernte, kommen Tausende von Wasservögeln hierher, um im sumpfigen Boden Nahrung zu suchen. Viele Zugvögel wählen außerdem das Delta gleich als Winterquartier, Ornithologen haben insgesamt 300 Arten gezählt.

Jeder Besucher sollte das **Ecomuseu** („Ökomuseum") in Deltebre besichtigen. Dort erfährt man alles Wichtige über den Reisanbau sowie über die Historie des Ebro-Deltas. Und man wird vor allem auch vor den Mücken gewarnt. Nur im Winter sind die Quälgeister verschwunden, ansonsten stechen sie von Frühjahr bis Herbst. Kaum zu glauben, aber wahr: Noch Anfang des 20. Jh. starben hier Menschen an der Malaria, bis 1918 registrierte man 3000 Tote.

## Die Strände

Das Ebro-Delta hat die Form eines spitz zulaufenden Dreiecks mit zwei gewaltigen Nehrungshaken. In der Mitte fließt der Ebro hindurch und teilt das Dreieck in zwei Hälften. Mit Blickrichtung zum Meer kann man auch von einer linken Seite und entsprechend rechten Seite sprechen. Die kontinuierlichen Sandanspülungen der Strömung haben etliche sehr schöne und breite Strände entstehen lassen, aber längst nicht alle dürfen betreten werden. Die **gesperrten Strände** sollen hier gar nicht erst vorgestellt werden.

Die **Platja de la Marquesa** liegt auf der linken Seite, unmittelbar vor dem Nehrungshaken. Der Strand erstreckt sich über knapp 5000 m und hat eine beachtliche Breite von 85 m im Mittel. Übermäßig viel los ist hier nicht. Eine schmale Straße führt bis zu den Dünen am Strand. Dort befinden sich ein Parkplatz und ein kleines Lokal. Ein Weg verläuft hinter dem Haus durch die Dünen bis auf den Nehrungshaken Punta

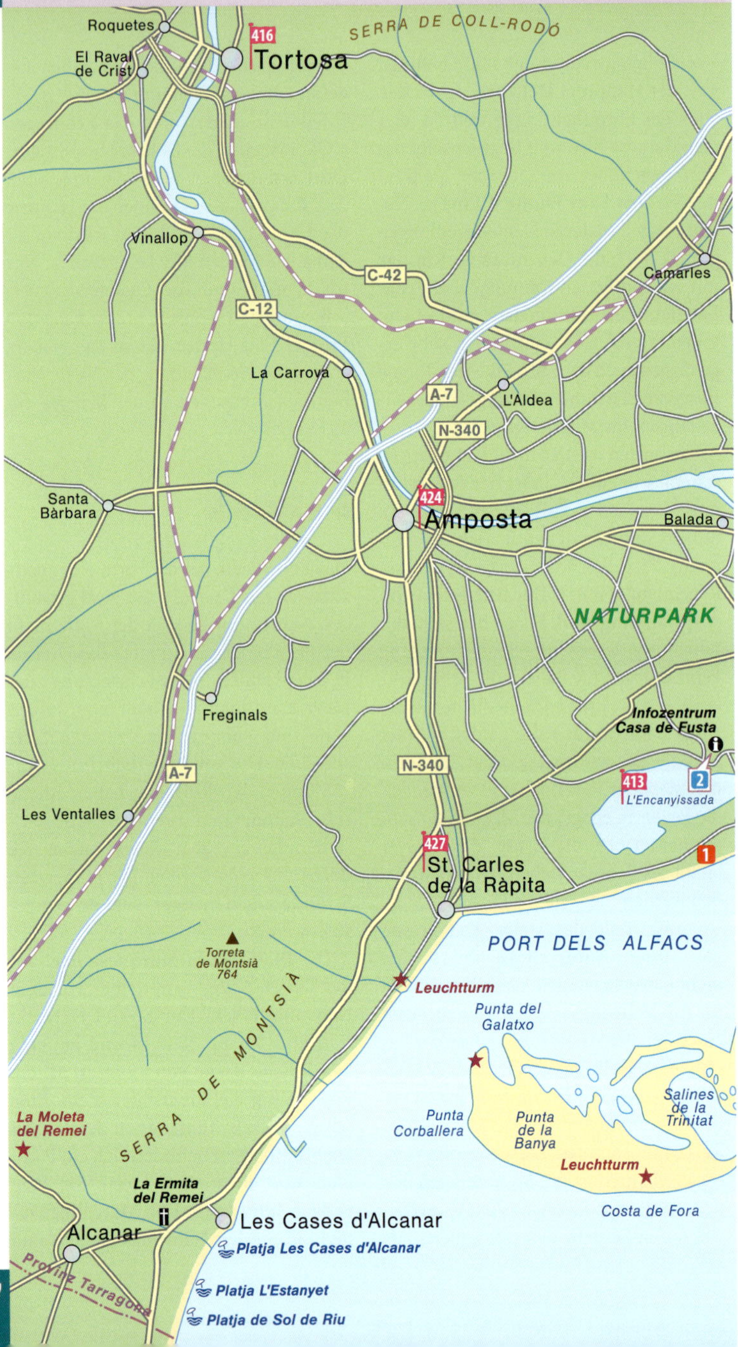
Roquetes
El Raval de Crist
416
Tortosa
SERRA DE COLL-RODÓ
Vinallop
C-42
C-12
Camarles
La Carrova
A-7
L'Aldea
N-340
424
Amposta
Santa Bàrbara
Balada
NATURPARK
Freginals
Infozentrum Casa de Fusta
N-340
413
L'Encanyissada
2
A-7
Les Ventalles
1
427
St. Carles de la Ràpita
PORT DELS ALFACS
Torreta de Montsià 764
Leuchtturm
Punta del Galatxo
SERRA DE MONTSIÀ
Salines de la Trinitat
Punta Corballera
Punta de la Banya
La Moleta del Remei
Leuchtturm
La Ermita del Remei
Costa de Fora
Les Cases d'Alcanar
Alcanar
Platja Les Cases d'Alcanar
Provinz Tarragona
Platja L'Estanyet
Platja de Sol de Riu

0 5 km ©Reise Know-How Kata21 1/23
N-340
A-7
Cap-Roig
L'Ampolla
Ampolla Mar
GOLF DE SANT JORDI
Leuchtturm
Punta del Fangar
FONDEADERO DEL FANGAL
Platja de la Marquesa
Bassa de l'Estella
Platja de Riumar
Jesús i Maria
Deltebre
411
413
Riumar
Illa de Gràcia
La Cava
Ausflugsschiffe von Parc Deltaventure
Cap de Tortosa
Calaix de Mar
Calaix de Dalt
St. Jaume d'Enveja
Ebro
Illa de Buda
EBRO-DELTA
L'Alfacada
Platja Migjorn
Els Muntells
Bassa de la Platjola
Platja del Serrallo
Platja dels Eucaliptus
La Tancada
El Poble Nou
Platja El Trabucador
Übernachtung
1 Hotel L'Algadir
4 Camping Eucaliptus
5 Delta Hotel
7 Hotel Rull
9 Jugendherberge
11 Camping L'Aube
Essen und Trinken
2 Restaurant im Infozentrum
3 Casa Amadeo
8 Restaurant Gràcia
10 Restaurant Vista-Mar
12 Restaurant Casa Nuri
Einkaufen
6 Markt

063cd sm

del Fangar. Diese Zone ist aber für die Öffentlichkeit nicht zugänglich.

Die **Platja de Riumar** schließt sich an und verläuft über 4200 m bis zur Ebro-Mündung. Der helle, feinsandige Strand zeigt sich sehr breit, im Durchschnitt zwar „nur" 80 m, aber an manchen Stellen dehnt er sich auf gut 200 m aus. Er liegt vor der gleichnamigen Urbanización. Eine Promenadenstraße mit genügend Parkplätzen begleitet den Strand. Durch die Dünen führt ein Holzbohlenweg, den die Badegäste unbedingt nutzen sollten, um die Dünen zu schützen.

Jetzt trennt die Flussmündung das Ebro-Delta, und auf der rechten Seite folgt als nächstes die **Insel Illa de Buda,** ein Schutzgebiet, das nicht betreten werden darf. Die folgenden Strände kann man meist nur über schmale Straßen erreichen. Der Sand ist hell und fein, Serviceeinrichtungen gibt es kaum.

Die wenig besuchten Strände **Platja Migjorn** und **Platja del Serrallo** mit insgesamt fast 6 km Länge schließen sich an.

Die **Platja dels Eucaliptus** ist der mächtigste Strand im Delta, aber nicht unbedingt der schönste. Gute 5000 m Länge und durchschnittliche 150 (!) m Breite misst er. Der Strand ist zumindest in Teilen so fest, dass Autos bis dicht ans Meer heranfahren. Im Hinterland liegen ein einfacher Campingplatz und eine Hand voll Ferienwohnungen.

Die **Platja El Trabucador** schließt sich an und verläuft über 5000 m mit einer durchschnittlichen Breite von 130 m. Er endet, immer schmaler werdend, auf dem Nehrungshaken Punta de la Banya (Schutzzone!) beim Leuchtturm Punta de la Banya. An diesem Strand wird gerne Windsurfing betrieben.

Die Platja de Riumar bietet viel Platz ums Handtuch

## Sehenswertes

### Reisfelder

Klassische Monumente gibt es nicht im Delta, hier ist Natur Trumpf. Man sollte aber zur richtigen Jahreszeit kommen. Nur im **Sommer** stehen die grünen Reishalme so richtig hoch, bewegen sich malerisch schön synchron im Wind. Immer mal wieder stapft ein Reisbauer im weißen Hemd und mit Strohhut durch die Reihen, verschwindet bis zu den Hüften im grünen Meer. Pult hier etwas herum, prüft dort eine Handschleuse und verscheucht einen Reiher. Vergebens. Der flattert träge ein paar Flügelschläge weiter und landet schon wieder im Reisfeld. Ein nettes Bild.

**Nach der Ernte** im September verwandelt sich das Bild allerdings. Dann sieht man nur überflutete Erde und vereinzelt Entenjäger. Noch trister wird es in den Monaten Februar bis April. Da das Wasser abgelassen wurde, trocknet die Erde aus, und überall schimmert's nur grau-braun.

### Deltebre

Deltebre heißt der **Hauptort** des ganzen Deltas. Trotz einer Einwohnerzahl von etwa 11.500 wirkt der Ort ziemlich **ruhig.** Er besteht aus den beiden Ortsteilen La Cava und Jesús i Maria, die sich 1977 unter dem Namen „Deltebre“ zusammenschlossen. Der Ebro fließt direkt am Ort vorbei. Um auf die andere Seite zu gelangen, benutzt man heute eine große,

Men at work: Reisbauern inspizieren ihre Felder

316cd_jf

moderne Brücke statt der altersschwachen Fähren vergangener Zeiten. Viel zu sehen gibt's auf der anderen Ebroseite aber nicht, nur den noch ruhigeren und kleineren Ort Sant Jaume d'Enveja.

### Ecomuseu del Parc Natural

Im Hauptort Deltebre befindet sich ein Museum, das sich der **Natur des Ebro-Deltas und der Historie des Reisanbaus** widmet. Ausführlich werden Natur und Geschichte des Deltas erklärt, Flora und Fauna werden anschaulich dargestellt. Im Haupthaus bekommen Besucher durch Schautafeln, Fotos, Grafiken sowie einige kleinere Aquarien einen generellen Überblick. Danach geht's nach draußen, wo die Besucher über einen **Lehrpfad** geführt werden. Dort sind all die Pflanzen, Gemüse- und Obstsorten (etwa Mais, Tomaten, Baumwolle) exemplarisch angepflanzt, die neben dem „allmächtigen" Reis hier außerdem noch wachsen. Dann können mehrere Gebäude besichtigt werden, gedrungene **Häuser im Delta-Stil:** klein, wenige Fenster und mit Reet gedeckt. In dem einen Haus wird landwirtschaftliches Gerät ausgestellt, im nächsten Haus kann der Besucher durch schmale Sehschlitze Wasservögel beobachten, die direkt dahinter in einer Lagune herumpaddeln. Schließlich gilt es noch, am Ausgang ein gewaltiges **Boot** zu bestaunen, ein sogenanntes *Llaüt.* Diese Boote wurden im Delta zum Reistransport benutzt und fassten bis zu 350 Sack Reis à 75 kg. Kaum vorstellbar, aber doch wahr, dass auf diesen Booten der Reis von den Feldern zu den Fabriken in Amposta oder Tortosa gelangte. Allerdings ersetzten ab den 1950er Jahren Lastwagen und Schienenfahrzeuge diese mühsame Plackerei.

Ein wirklich **interessanter Rundgang,** den sich jeder Delta-Besucher möglichst zu Beginn seines Aufenthaltes gönnen sollte. Aber Achtung: Hier attackieren die Mücken auch tagsüber!

314cd_jf

■ **Ecomuseu del Parc Natural,** Carrer Doctor Martí Buera 22, Deltebre (ist ausgeschildert), Tel. 977489679, Mo–Sa 10–13 und 15–17, So 10–13 Uhr, 2,50 €.

## Riumar

Riumar ist eine reine **Urbanización,** die unweit der Ebromündung an einem sehr schönen Strand liegt. Im Unterschied zu vielen anderen Urbanizaciónes fällt Riumar optisch angenehm aus. Hier entstanden gefällige kleine Villen und eine nicht zu große Häusersiedlung. Eine relativ breite Straße, der **Passeig Marítim,** verläuft parallel zum breiten Strand. Dort gibt es genügend Parkraum, vereinzelte Bars oder Restaurants und überhaupt viel Platz. Am oberen Ende von Riumar (Richtung Ebro) liegt an der **Carrer Flamenc** eine kleine Shoppingmeile. Etwa ein halbes Dutzend Geschäftchen und Lokale versorgen die Touristen – das war's dann auch schon.

Von Riumar führt eine Straße am Campingplatz L'Aube vorbei und folgt dem Flusslauf. Dort können **Angeltouren per Boot** vereinbart werden, die Anbieter warten mit ihren Booten am Ufer.

Wer sich Riumar nähert, stößt kurz vor dem Ort auf eine **Straßengabelung:** Ganz links geht es durch die Siedlung Riumar, geradeaus zum Strand, rechts zur Ladenzeile und zu den Anglern.

Noch etwas früher zeigt ein Schild zu den *embarcadores.* Dort warten **Ausflugsschiffe,** die die Besucher zur Ebromündung schippern. Ein recht großer Parkplatz nebst einigen Lokalen und Souvenirshops zeigt, dass man sich auf die Touristenströme eingestellt hat.

## Lagune L'Encanyissada

Diese Lagune liegt im südlichen Bereich beim Dörflein **El Poble Nou** und ist die größte Lagune (1192 ha) im Delta. Sie steht unter Naturschutz. Besucher können von einem **Aussichtspunkt** (Mirador) oder von einer kleinen Anhöhe kurz vor der Brücke, die die schmalste Stelle quert, Vögel beobachten. Auf speziellen **Fahrradwegen** darf die Lagune auch umrundet werden. In der Nähe des Aussichtspunktes steht das zweite **Informationszentrum** des Deltas, die **Casa de Fusta.** In diesem ehemaligen Refugium für Jäger sind heute anschauliche Darstellungen über die Lagune und ihre Vogelwelt zu sehen. Immerhin 134 verschiedene Arten leben hier. Hinter dem Haus steht ein Vogelbeobachtungsturm. Außerdem werden Produkte der Region verkauft und es wird eine audiovisuelle Show gezeigt.

■ An der Casa de Fusta kann man **Fahrräder ausleihen,** auch kleine überdachte, vierrädrige „Cycle-Cars". Außerdem führen von hier zwei ausgeschilderte **Radwege** durch die Reisfelder, eine Tour dauert etwa 1½ Std., die andere etwa 4 Std. (28 km). MEIN TIPP: In der Casa de Fusta befindet sich auch ein 2 **Restaurant,** Tel. 977261026, Mo–Do 9–18, Fr/Sa 9–22.30, So 8.30–22.30 Uhr.

☒ Auf Holzstegen geht es zum Strand von Riumar

# Praktische Tipps

## Unterkunft (Karte S. 408)

5 **Delta Hotel**③, Avda. Del Canal – Camì de L'Illeta s/n (ist ausgeschildert in Deltebre), Tel. 717 715775, http://deltahotel.net. Die vielleicht idealste Übernachtungsstätte im Delta. Das Haus liegt sehr zentral mitten zwischen Reisfeldern am Rande des Hauptortes Deltebre. Es handelt sich um ein ehemaliges Gehöft, das geschmackvoll umgebaut wurde und 24 Zimmer bietet sowie ein gutes Restaurant.

7 **Hotel Rull**③, Av. Esportiva 155 in Deltebre, Tel. 977487728, www.hotelrull.com. Von außen ist es ein rechteckiger, dreistöckiger Zweckbau, innen modern, hell, mit klaren Linien und funktional eingerichteten Zimmern.

Mein Tipp: 1 **Hotel L'Algadir**③, Ronda dels Pins 27-29, El Poble Nou, Tel. 977744559, www.hotelalgadirdelta.com. Schmuckes, kleines, in weißen Farben gehaltenes Haus mit elf Zimmern. Die Zimmer sind gut und ohne überflüssigen Ballast eingerichtet. Mit Pool und sehr gutem Restaurant.

065cd sm

## Jugendherberge

9 **Albergue de Joventut,** Avda. Goles de l'Ebre, Tel. 977480136, www.tujuca.com, in Deltebre am Ortseingang.

## Camping

4 **Eucaliptus,** Platja Eucaliptus, Amposta, Tel. 977479046, www.campingeucaliptus.com, Anfang April bis Ende Sept. Ein kleiner Platz mit 130 Parzellen, der unmittelbar am sehr breiten Strand Platja Eucaliptus liegt, mit Pool. Es werden auch kleinere Bungalows vermietet.

11 **L'Aube,** c/Camí del Càmping 1 in Riumar, Tel. 977489904, www.campinglaube.com, März bis Okt. Ein recht großer, mündungsnah gelegener Platz. Er hat ein großzügiges Freigelände mit Fußballplatz, Spielweise und Pool. Es gibt auch Bungalows und ein großes Restaurant.

## Essen und Trinken

10 **Restaurant Vista-Mar,** Passeig Marítim 40, www.restaurantvistamar.com, Riumar, Tel. 977 267237. Auch in diesem interessanten Rundbau gibt es Fisch- und Reisgerichte der mittleren Preisklasse, der Blick aufs Meer ist gratis.

12 **Casa Nuri,** Illa de Buda s/n, Tel. 977480128, www.restaurantnuri.com. Das Lokal liegt direkt am Ebro und bietet seit vielen Jahren Reis- und Fisch-

< Frisch gefangener Fisch kommt direkt aus dem Ebro in die Pfanne

284cd_jf

gerichte. Insgesamt eine geerdete, rustikale Einrichtung, vier Speiseräume.

**8 Restaurant Gràcia,** Avgda. Graupera 9, Deltebre, Tel. 977480983. Im Ort ausgeschildertes, familiäres Lokal. Große Auswahl an Gerichten mit Produkten aus dem Delta, also vornehmlich Fisch, Meeresfrüchte und Reis, ungewöhnliche Öffnungszeiten: 8.30–16 Uhr, So 13–16 Uhr.

**3 Restaurant Casa Amadeo,** c/de l'Ebre 5, Tel. 977741144, www.ccamadeo.com, tägl. 9–18 Uhr. Typische Gerichte aus dem Delta, also viel Reis in seinen vielfältigen Zubereitungsmöglichkeiten, darunter mehrere Varianten der Paella, aber auch Fleischgerichte aus der Region sowie Fisch.

## Nützliche Adressen

- **Ausflugsschiffe zur Ebro-Mündung:** Creuers Delta de l'Ebre, Tel. 977 480 128, http://creuersdeltaebre.com. Mehrfach Abfahrten beim Restaurant Casa Nuri an der Embarcació Illa de Buda zwischen 11.30 und 16 Uhr, Dauer: 45 Min., Preis: 10 €, Kinder (5–9 Jahre) 8 €.
- **Fahrradverleih:** im Infozentrum Casa de Fusta (→ oben).

## Einkaufen

**6 Markt,** Do in Deltebre an der Plaça del Mercat.

## Feste

- **Um den 20. Mai:** Deltafira, eine Art Messe, bei der Produkte der Region ausgestellt werden.
- **15./16. August:** Patronatsfest Nostra Senyora de l'Assumció i Sant Roc. Das Fest dauert insgesamt zehn Tage und wird u.a. mit einem Stiertreiben durch die Straßen gekrönt.

Die Ebro-Mündung

# Tortosa

- **Einwohner:** 33.300
- **Entfernung nach Tarragona:** 86 km
- **Touristeninformation:** Oficina Municipal de Turisme, Rambla Felip Pedrell 3, Tel. 977449648, www.tortosaturisme.cat.

Tortosa ist die Hauptstadt der Comarca Baix Ebre (etwa: „Nieder-Ebro") und zeigt sich bis heute als **lebendige und wirtschaftlich gut aufgestellte Stadt.** Sie blickt aber auch auf eine sehr alte Geschichte zurück, denn mehrere Völker siedelten hier bereits zur Zeitenwende direkt am Fluss Río Ebro.

## Geschichte

Eine frühe Siedlung gab es hier unter den Iberern vom Stamm der **Ilervacones,** die an mehreren Stellen im Gebiet der heutigen Costa Daurada lebten. Die **Karthager** folgten den Iberen, sie gaben dem Ort den Namen „Dertosa". Während der **römischen Phase** hieß der Ort „Colonia Julia Augusta Dertosa", aus dieser Zeit gibt es nur noch einige wenige Fundstücke. Ab dem 8. Jh. war Tortosa unter **muslimischer Herrschaft,** ein wichtiger Ort im Außenbereich des Kalifats von Córdoba, er trug den Namen „Turtusha". Die **christliche Rückeroberung** gelang am 31. Dezember 1148 durch den Fürsten *Berenguer II.* Alsbald wurde Tortosa Bischofssitz und zeitweiliger Aufenthaltsort des katalanischen Königshauses, aber auch der spanischen Könige. Hier lebte auch eine große jüdische Gemeinde, die aber wie überall in Spanien ab dem 15. Jh. aufgelöst wurde, im Ortskern wird an daran erinnert. 1938 war dann ein weiterer historischer Meilenstein, als hier während des spanischen Bürgerkrieges wochenlang eine fürchterliche Schlacht tobte. Am Ende sollen annähernd 70.000 Menschen ihr Leben verloren haben.

Heute zeigt sich Tortosa als **geschäftiges Städtchen,** aus der Historie strahlt vor allem das Castell de la Suda, leicht erhöht am Ebro stehend, über die Stadt und ihre Vergangenheit.

## Sehenswertes

### Castell de la Suda

Das Castell de la Suda (span. Castillo de la Zuda) liegt schön erhöht mitten in der Stadt am Ebro. Eine strategisch günstige Lage, konnten die Wachen doch weit ins Land schauen und auch die Schifffahrt auf dem Ebro beobachten. Heute ist hier ein **Parador-Hotel** untergebracht, aber der Innenhof kann auch von Nicht-Hotelgästen besichtigt werden. Der **Ausblick** über die Dächer der Stadt, über den Fluss bis hin zu den fernen Bergen lohnt den zugegebenermaßen steilen Anstieg.

> Tortosa: Hier geht es zum Castell de la Suda

Oben an der Burgmauer recken alte Kanonen ihre Mündung drohend nach außen. Alles nur Kulisse, aber passende.

Die Burg wurde im 10. Jh. erbaut unter der Regentschaft des **Mauren** *Al-Rahmahn III.* (Emir von Córdoba 912–929 und Kalif von Córdoba 929–961). Die Lage hätte nicht besser sein können, bereits die **Römer** hatten das erkannt und hier ein erstes Bauwerk errichtet. Aus der römischen Zeit ist nichts übrig geblieben, aus der islamischen nur das Fundament und einige Grabstätten, die beim Haupteingang des heutigen Paradors gefunden wurden. Nach der Vertreibung der Mauren wurde das Castell kurzfristig als Gefängnis genutzt, bevor es zum offiziellen **Königssitz** wurde für den Fall, dass die spanischen Majestäten gerade auf der Durchreise waren.

## Jardins del Príncep

An der Hauptzufahrtsstraße hoch zum Parador wird der **„Prinzengarten“** passiert, eine weitläufige Grünanlage. Hier sind insgesamt 23 **Figurengruppen des Künstlers** *Santiago de Santiago* unter freiem Himmel ausgestellt. Der Künstler wählte als Thema für diese Arbeit: „El Hombre, su Motivación y su Destino“ („Der Mensch, seine Motivation und seine Bestimmung“). Ich würde sagen, die Arbeit ist ihm gut gelungen, die Figuren wirken nett integriert in diesen schönen Garten.

■ **Jardins del Príncep,** Mai bis Sept. Di–Sa 10–13.30 und 16–19, So 9.30–13.30 Uhr, Okt. bis April Di–Sa 10–13.30, 15.30–18.30, So 9.30–13.30 Uhr, 3 €, letzter So im Monat frei.

067cd sm

Tortosa
Plaça de la Corona d'Aragó
Avinguda de Jesús
Avinguda de Marcel·lí Domingo
Rambla de Catalunya
Hermán Cortés
Avinguda de Cristòfol Colom
Plaça Joaquim Bau
Avinguda de l'Estadi
Llarg de Sant Vincent
Passeig de l'Ebre
Ebro
Avinguda de Lleida
Park Teodor Gonzàlez
Passeig de Ribera
Übernachtung
1 Hotel Corona Tortosa
3 Parador
8 Hotel Berenguer IV
10 Hostal Virginia
Essen und Trinken
2 Restaurant La Torreta de Remolins
4 Restaurant Paiolet
7 Bar Lizarran
9 Restaurant El Parc

0 100 m
©REISE KNOW-HOW Kata25 1/23
Einkaufen
5 Markt
6 Markthalle
ehemaliges jüdisches Viertel
C. del Sol
Avinguda de Remolins
Jaume Tió Noé
Major de Remolins
Rambla de Felip Pedrell
Benifallet
Castell de la Suda
Major St. Jaume
Jardins del Princep
Passeig de Ronda
Museu de Tortosa
Zufahrt
islamische Gräber
Castell de la Suda
Kathedrale
Pujada del Parador
Rastre
Portal del
Providència
Colegio de San Jaime y San Matias
Mahnmal der Ebro-Schlacht
Palau Episcopal
Cró. Capellans
Portal del Rastre
Bisbe Aznar
Plaça Mossèn Sol
Callao
Plaça St. Joan
Pl. Pont de Pedra
Montcada
Plaça de la Cinta
C. de l'Àngel
St. Francesc
Avinguda de la Generalitat
Sant Bla
Plaça d'Espanya
Carretera de la Simpàtica
Teodoro Gonzàlez
Miquel de Cervantes
Historiador Cristòfol Despuig
Avinguda de la Generalitat
Bahnhof

## Kathedrale

Die gotische Kathedrale steht unweit des Castell in der Altstadt. In der römischen Epoche lag hier ein größerer öffentlicher Platz, später standen hier eine kleine Kapelle und während der islamischen Zeit eine Moschee. Nach der christlichen Eroberung wurde rasch eine romanische Kirche gebaut, die aber Mitte des 14. Jh. durch die heutige Kathedrale ersetzt wurde. Im Jahr 1347 begannen die Bauarbeiten, geweiht wurde die Kirche aber erst im 15. Jh. Fertig war sie da aber auch noch nicht, dies dauerte bis Mitte des 18. Jh., und zwischenzeitlich wechselte auch der Baustil an der Fassade mehr ins Barocke. **Im Inneren** fällt sofort auf, dass die Sitzreihen aus recht einfachen Holzbänken bestehen und auch der Hauptaltar von einer nüchternen Schlichtheit ist. Im Gegensatz dazu strahlen einige Seitenkapellen opulenten Glanz aus, vor allem die erste Kapelle rechts vom Eingang mit ihrem prächtigen Deckengemälde. Durch die hoch oben angebrachten Fenster mit ihren hübschen Glasmalereien fällt genügend Licht, dennoch bleibt es etwas düster. Man kann aber nach Einwurf einer Münze bestimmte Teile hübsch illuminieren lassen.

**Im hinteren Bereich** steht neben der Figur der ruhenden Jungfrau Maria ein geweihter Flügelaltar, der in geschnitzten und gemalten Bildern Episoden aus dem Leben Jesu zeigt. Auch der daneben stehende Altar de la Transfiguración zeigt wertvolle Gemälde aus dem 15. Jh.

Im hinteren Teil der Kirche steht noch der Taufstein des Gegenpapstes *Papa Luna,* der das Papstamt unter dem Namen *Benedikt XIII.* innehatte und 1417 als Papst abgesetzt wurde. Im benachbarten

Blick über Tortosa und seine Kathedrale

Peñíscola hat er seine letzten Lebensjahre bis zu seinem Tod 1423 verbracht. Ebenfalls dort wird als Reliquie der Gürtel der heiligen Jungfrau Maria aufbewahrt. Rechts der Kirche liegt wie immer der **Kreuzgang** mit unregelmäßigem Aufbau und Arkadengängen.

■ **Catedral de Santa Maria,** 10.30–13.30 Uhr, April bis Okt. auch 16–18 Uhr, 4,50 €.

## Palau Episcopal

Gegenüber der Kathedrale steht der **Bischofspalast** aus dem 14. Jh., vor allem sein Eingangsbereich lohnt wegen der gut erhaltenen Treppe und netten Fassade einen Blick. Die Treppe führt zu einem Innenhof mit Galerien.

## Colegio de San Jaime y San Matías

Wer die steilen Treppen in der Altstadt von der Kathedrale hoch zum Castell steigt, kann einen Blick in den **Arkadenhof** des Colegio de San Jaime y San Matías werfen. Dort wurden Morisken (ehemalige Mauren, die zum Christentum konvertiert sind) unterrichtet. Abbildungen der aragonesischen Könige sind im oberen Teil des Arkadenhofes angebracht.

## Museu de Tortosa

Am Ebro steht das architektonisch auffällige Gebäude des ehemaligen Schlachthofs an der Plaça del Escorxador. Erschaffen von *Pau Mongió i Segura* zwischen 1906 und 1908 im Stil des Modernisme, wurde das Gebäude 2012 zum Museum umgebaut. Zu sehen gibt es in einer Dauerausstellung Fundstücke aus den Anfängen der Besiedlung, die auf die Iberer zurückgeht und den Bogen bis ins 20. Jh. spannt. In der Sala Antoni Garcia finden temporäre Ausstellungen statt.

■ **Museu de Tortosa,** Rambla Felip Pedrell 3, Tel. 977510146, www.museudetortosa.cat, Okt. bis April Di–Sa 10–13.30, 16.30–18.30, So 11–13.30 Uhr, Mai bis Sept. Di–Sa 10–13.30, 17.30–19.30, So 11–13.30 Uhr, 3 €, letzter So im Monat frei.

## Ehemaliges jüdisches Viertel

Die Hauptzufahrtsstraße zum Parador streift das ehemalige jüdische Viertel, die Judería. Heute sind dort **Tafeln** angebracht, die auf historische Ereignisse und sehenswerte Gebäude hinweisen. Diese Vergangenheit ist nicht immer sofort erkennbar, aber man sollte sich ruhig mal treiben lassen durch die **engen Gassen.** Irgendwann landet man entweder beim Ebro oder passiert die Altstadt rund um die Kathedrale. Verlaufen sollte sich eigentlich niemand. Zu finden ist kein durchgängig pittoreskes Bild, manche **Häuser** wirken schon etwas baufällig, andere dagegen strahlen würdevolle Patina aus.

## Mahnmal der Ebro-Schlacht

**Mitten im Ebro** steht ein Mahnmal, das an die Bürgerkriegsschlacht vom Ebro erinnert. Dieses Mahnmal wurde unter *Franco* errichtet und sollte natürlich der frankistischen Seite gedenken, die hier während des Bürgerkrieges 1938 nach einer fürchterlichen Schlacht den Durchbruch schaffte. Auf dem Monument steht geschrieben „A los combatantes, que hallaron gloria en la batalla del Ebro“ („Für die Kämpfer, die Ehre fanden in der Ebro-Schlacht“). Bis vor einigen Jahren existierte eine ganz andere Tafel, die eine offene Lobpreisung auf *Franco* war, die aber mittlerweile entfernt wurde. Vielleicht ein erster Schritt, denn in Spanien existiert seit 2010 ein Gesetz, nach dem alle frankistischen Denkmäler abgebaut werden sollen. Es ist geplant, bis 2024 alle entsprechenden Monumente, Schilder, Skulpturen zu entfernen oder wenigstens in einem neuen Kontext zu erklären. Für ganz Katalonien sind aber bis heute gerade einmal 50 % entfernt und knapp 10 % neu erklärt worden.

Die spanische Zeitung „El País“ schrieb zum 60. Jahrestag des Kriegsbeginns, dass bei der **Ebro-Schlacht** (die längste und blutigste des ganzen Krieges) 33.000 Tote auf nationalistischer Seite und auf republikanischer Seite 30.000 Tote sowie 20.000 Gefangene gezählt wurden. Die Republikaner verloren fast ihr gesamtes Kriegsgerät und *Franco* konnte anschließend mit dem Überschreiten des Ebro Katalonien einnehmen und den Krieg gewinnen.

> In der Altstadt von Tortosa

310cd_jf

Das Mahnmal zum Bürgerkrieg im Ebro bei Tortosa

☐ Übersichtskarte S. 376, Stadtplan S. 418

313cd_jf

# Praktische Tipps

## Unterkunft

Mein Tipp: **3** **Parador**④, Castell de la Suda, Tel. 977444450, www.parador.es. Wahrlich was Besonderes! Insgesamt 72 gut eingerichtete Zimmer mit einer Dekoration, die der historischen Umgebung nachempfunden wurde. So sind auch Bar und Restaurant gehalten. Großer Parkplatz in der Burg, oben eine Sonnenterrasse mit kleinem Pool. Formidabler Blick bis zu den fernen Bergen und null Straßenlärm.

**1** **Hotel Corona Tortosa**③, Plaça de la Corona d'Aragó 7, Tel. 977580433, www.hotelcoronatortosa.com. Großes Haus mit 102 Zimmern am Stadteingang. Modernes und funktionales Design, wohl primär für Geschäftsreisende eingerichtet. Für Touristen etwas abseits der City, da es jenseits des Ebro liegt, aber durch das Preis-Leistungs-Verhältnis vielleicht doch interessant.

**8** **Hotel Berenguer IV**③, c/Despuig 36, Tel. 977 449580, www.hotelberenguer.com. 48 moderne, in klaren Linien gehaltene Zimmer hat dieses in Laufweite zur Altstadt gelegene Haus.

**10** **Hostal Virginia**②, Avinguda de la Generalitat 139, Tel. 977444186, www.hotelvirginia.net. Kleines Haus mit 18 korrekten Zimmern (auch Dreier- und Viererzimmer), an der Hauptzufahrtsstraße gelegen, nicht weit vom Busterminal, preislich unschlagbar.

## Essen und Trinken

Es gibt in der Altstadt erstaunlich wenige Lokale; dem Autor ist in ganz Spanien keine vergleichbar große Stadt mit derart wenig Auswahl bekannt.

**4** **Paiolet,** Rambla Felip Pedrell 56, Tel. 977446 653, https://paiolet.cat, Di Ruhetag. Katalanische Küche mit Anspruch, basierend auf Reis und Tapas. Des Weiteren werden verschiedene Menüs angeboten, darunter auch ein Menü de Tapas.

**2** **La Torreta de Remolins,** c/ David Ferrando 4, Tel. 977441893, Mo Ruhetag. Traditionelle Küche der Ebro-Region mit vielen Reisgerichten, aber auch Fisch und Grillfleisch werden serviert. Obendrein sind die hausgemachten Desserts sehr lecker.

**9** **Restaurant El Parc,** Avinguda de la Generalitat 72, Tel. 977444866, www.restaurantelparc.cat, So, Mo Ruhetage. Insgesamt recht schick gehalten. Es gibt Menüs, die am Wochenende einen speziellen Preis haben, aber auch – eher ungewöhnlich in Spanien – japanische Gerichte. Man kann sehr nett draußen zum Park hin sitzen.

**7** **Lizarran,** c/Teodor González 26, Tel. 977445 337, So Ruhetag. Bekannt gute baskische Tapas-Bar-Kette. Rustikale Einrichtung, leckere, fantasievolle Tapas. Hier gilt Selbstbedienung: am Tresen und auf dem Teller die kleinen Hölzchen sammeln, die in den Tapas stecken, danach wird am Ende abgerechnet.

### Nützliche Adressen

- **Busterminal:** c/Adrià d'Utrecht 1, Tel. 902119 814. Liegt nicht sehr weit vom Zentrum entfernt. Überschaubares Angebot an Verbindungen, hauptsächlich in die nähere Umgebung.
- **Bahnhof,** c/Francesc Vicent Garcia 2. Ebenfalls in Laufdistanz zum Zentrum. Regional-Verbindungen nach Tarragona und nach Barcelona.
- **Post:** Plaça d'Espanya s/n (in der Altstadt).

### Einkaufen

5 **Markt:** Mo 9–14 Uhr, Passeig de Joan Moreira.
6 **Markthalle:** Plaça Barcelona, Mo 8–14.30, Di–Fr 8–14.30, 17.30–20.30, Sa 8–15 Uhr. Zentral gelegen, dort wird das übliche Angebot gehandelt, und es gibt auch ein paar Bars für den Hunger zwischendurch, sogar mit vegetarischen Speisen.

### Feste

- **Ende Juli:** Fiesta del Renacimiento, „Das 16. Jh. auf Straßen und Plätzen", wird vier Tage lang in historischen Kostümen und Gewändern gefeiert.
- **Erster Sonntag im September:** Nostra Senyora de la Cinta, Patronatsfest mit Prozession, Blumengabe, Sardanas und Feuerwerk.

# Amposta

- **Einwohner:** 20.700
- **Entfernung nach Tarragona:** 80 km
- **Touristeninformation:** Oficina de Turisme, Avda. Sant Jaume 42-52, Tel. 977703453, www.turismeamposta.cat.

Amposta ist ein kleines Städtchen, das direkt am Ebro liegt, genauer gesagt am rechten Ufer. Eine gewaltige **Hängebrücke** quert seit den 1920er Jahren den Fluss und gilt heute als Symbol des Ortes. Von hier startete ein wagemutiger Unternehmer einst eine Dampfschifffahrtsverbindung ins ferne Zaragoza, aber letztlich ohne Erfolg. Eine andere große Unternehmung, ein Kanal von Amposta zum am Meer gelegenen Sant Carles, war auch nicht von Erfolg gekrönt. Amposta blieb das **Tor zum Ebro** und umgekehrt zum Delta, und damit fährt man noch heute ganz gut. Die Schifffahrt auf dem Ebro spielt keine Rolle mehr, nur noch Ausflugsboote starten von hier. Außerdem verarbeiten einige Fabriken den Reis, der im Delta gewonnen wird.

## Sehenswertes

Das **Touristenbüro** liegt am Ufer des Ebro an einer der Hauptzufahrtsstraßen. Dort kann auch geparkt und bequem auf einem kleinen Spaziergang die Stadt erkundet werden.

> Die Hängebrücke Pont Peujat

## Pont Peujat

Die **gewaltige Hängebrücke** Pont Peujat wurde 1921 eingeweiht. Nachdem sie im Bürgerkrieg zerstört wurde, baute man sie originalgetreu wieder auf. Heute wird sie für den Autoverkehr genutzt. Lange Zeit war sie die einzige Ebro-Brücke, heute verlaufen zwei weitere Autobrücken und eine Eisenbahnbrücke in Sichtweite vorbei. Aber die schönste bleibt die älteste. Zwei große, 24 m hohe Pfeiler stützen sie und die haltenden Kabel messen immerhin 134 m. Optisch stiehlt sie ihren neuen Nachbarn allemal die Schau.

## Zona del Castell

Einmal ums Eck wird die sogenannte Zona del Castell erreicht. Dort ist nur andeutungsweise die **archäologische Hinterlassenschaft** aus iberischer und arabischer Zeit zu sehen, aber der Platz wurde nett hergerichtet. Neubauten (Bibliothek und Schule für Design) verbinden sich aufs Angenehmste mit historischen Mauerresten, zu denen spezielle Bohlenwege führen. Mehrsprachige Hinweisschilder liefern Erklärungen.

Einige Schritte weiter ins Zentrum steht die kleine, wie immer lebhafte **Markthalle.** Seit 1947 bieten Händler aus der Umgebung Fisch, Fleisch und Gemüse an (Mo–Sa 8–14 Uhr). Links vom Eingang wartet eine kleine Bar auf Gäste.

## Museu de les Terres de l'Ebre

Das **Museum** liegt noch etwas weiter im Ortskern und ist ausgeschildert. In dem 1912 erbauten Gebäude geht es hauptsächlich in den drei Themenbereichen Natur, Ethnologie und Archäologie um das Delta sowie den **Reisanbau** und die **Lebensumstände der Menschen.** Anhand von historischen Fotos wird die Plackerei des Anpflanzens und vor allem der Ernte verdeutlicht. **Flora und Fauna** werden außerdem erklärt, und in einer anderen Abteilung sind etliche **archäologische Fundstücke** aus der ganzen Comarca ausgestellt. Ein Saal widmet sich dem Fluss **Ebro.** Unter dem Thema „L'Ebre, Cami d'Aigua" („Der Ebro, Wasserstraße") wird der Wasserlauf in seiner ganzen Länge von der Quelle in den asturischen Bergen bis zur Mündung vorgestellt.

https://stock.adobe.com © Viajar24h/Wirestock

- **Museu de les Terres de l'Ebre,** c/Gran Capità 34, Tel. 977702954, www.museuterresebre.cat, Di–Sa 11–14, 17.30–20, So 11.30–14 Uhr, 2 €, erster So im Monat frei.

# Praktische Tipps

## Unterkunft

- **Hotel Montsià**③, Avda. de la Ràpita 8, Tel. 977 701027, www.hcchotels.es. Zentral gelegenes, ausgeschildertes Haus mit 52 Zimmern auf vier Etagen. Unten befindet sich ein Restaurant.

## Essen und Trinken

- **Petit Café,** Av. Alcalde Palau 3, Tel. 608705725, tägl. 13–15.30 Uhr. Zentral gelegenes Lokal, das Produkte des Deltas verarbeitet, also vornehmlich Reis und Fisch, und daraus teilweise interessante Eigenkreationen „zaubert".

## Nützliche Adressen

- **Fahrradvermietung:** Turisport, Av. Catalunya 41, Tel. 977703417.

## Feste

- **März/April:** Romería (Wallfahrt) zur Kapelle der Mare de Déu del Montsià.
- **15. August:** Nuestra Señora de la Asunción, das örtliche Patronatsfest, u.a. mit einem Stiertreiben durch die Straßen.

Blick auf den Hafen von Sant Carles de la Ràpita

# Sant Carles de la Ràpita

- **Einwohner:** 14.800
- **Entfernung nach Tarragona:** 92 km
- **Touristeninformation:** Oficina Municipal de Turisme, Parc del Garbí s/n, Tel. 977744624, www.turismelarapita.com

Der Ort liegt am südlichen Rand des Ebro-Deltas und zugleich unmittelbar vor dem Gebirgszug der Serra de Montsià. **Gegründet** wurde Sant Carles 1780 zur Zeit der Regentschaft von König *Carlos III.,* dessen Name auf Katalanisch *Carles III.* lautet. Nachdem über mehrere Jahrhunderte die Mittelmeerhäfen vom Überseehandel mit den spanischen Kolonien in Amerika ausgeschlossen waren, sollte 1780 alles anders werden. Ein Hafen am Mittelmeer wurde gesucht, der zwei Bedingungen erfüllen sollte: Er sollte nahe der Mündung von Spaniens zweitlängstem Fluss, dem Riu Ebro, liegen und gleichzeitig groß genug sein, um Schiffsladungen für den Überseehandel abwickeln zu können. Einen solchen Hafen gab es damals noch nicht, also wurde ein **neuer Hafen** gebaut – die Geburtsstunde von Sant Carles de la Ràpita. Gleichzeitig baute man einen Verbindungskanal nach Amposta, der ersten größeren Stadt am Ebrolauf, etwa 10 km im Landesinneren. Dieser Kanal existiert heute nicht mehr, seine Trasse wird teilweise als Radweg genutzt.

Sant Carles entstand also in einer Zeit hochfliegender Pläne, die nach dem Tod des Königs jedoch zum Erliegen kamen. Der Hafen wurde zwar erbaut, aber zum erhofften Überseehandel kam es nie. Gehandelt wurde dann mit anderen Mittelmeerhäfen. So wurde der Hafen trotz allem doch zum Lebensnerv des Ortes.

Das gilt heute noch, wenn auch etwas eingeschränkt. Im Sommer platzt Sant Carles aus allen Nähten, da es äußerst beliebt ist bei **spanischen Urlaubern.**

## Die Strände

Die Strände bestehen aus einer Reihe kleiner Strandbuchten, die sich leicht halbkreisförmig aneinanderreihen. Im August sind alle rappelvoll.

## Sehenswertes

### Zentrum

Richtig klassische Highlights sind in dieser Hafenstadt dünn gesät. Natürlich lohnt immer ein Bummel durch das Zentrum der Stadt bei der **Plaça Carles III.** Dort stehen noch die ältesten Häuser und auch die teilweise recht engen Gassen haben ihren ureigenen Charme. An dem Platz liegen einige Cafés und Geschäfte.

Eine Querstraße weiter verläuft die Hauptstraße, die **Carrer Sant Isidre.** Hier befinden sich etliche Bars, deren Besitzer kurzer Hand Tische und Stühle auf den eh schon engen Bürgersteig stellen. Trotz Autoverkehr lassen sich dort die Bewohner auf einen *café sólo* nieder und beratschlagen die neueste Weltlage. An der Sant Isidre steht auch die **Esglèsia Nova,** die „neue Kirche". Mit dem Bau wurde bereits im 18. Jh. begonnen, aber sie ist bis heute unvollendet. Mit dem Tod des königlichen Förderers platzten auch diese Pläne. Heute finden hier kulturelle Veranstaltungen statt.

### Museu de la Mar del Ebre

Die örtliche **Historie und Identität** werden hier dargestellt, denn der Ort hängt, wie eingangs beschrieben, stark mit dem Río Ebro zusammen. Die Ausstellung hat vier Grundthemen: Geologie, Ökosystem, Fischerei und Geschichte.

■ **Museu de la Mar del Ebre,** Plaça Agustí Viscarro s/n, Mi–So 11–14 und 16–19, Sommer 17.30–20.30 Uhr, 2 €.

### Hafen

Der Hafen und die Strandpromenade sind in jedem Fall einen Spaziergang wert. An der Costa Daurada muss man schon ein wenig suchen, um einen ähnlich großen Hafen zu finden. Im Sommer dümpeln hier viele Jachten. Eine **Fischversteigerung** findet Mo–Fr in der Llotja („Börse") am Hafen statt. Gegen 15 Uhr kehren die Fischerboote zurück, und ab etwa 16.30 Uhr wird der Fang versteigert. Besucher können von einer Galerie im ersten Stock zuschauen.

### Strandpromenade

Der recht gefällig gestaltete Passeig verläuft teilweise schön erhöht immer am Meer entlang. Man findet keinen Kneipen- und Shop-Tingeltangel, sondern **Palmen, Ferienwohnungen** und nur ganz vereinzelt **Lokale.**

## Praktische Tipps

### Unterkunft

■ **Hotel Juanito Platja**③, Passeig Marítim 50, Tel. 977740462, www.juanitoplatja.com, Mitte März bis Ende Sept. Das Haus liegt so dicht am Wasser, dass man fast vom Fenster hineinspringen könnte. Es ist leicht halbkreisförmig gebaut, dadurch genießen Gäste von den meisten der 35 Zimmer Meerblick. Direkt vor dem Hotel lockt eine Holzbohlenterrasse zum entspannten Abhängen.

■ **Hotel Llansola**②, c/Sant Isidre 98, Tel. 977740 403, www.llansola1921.com. Kleines Haus (21 Zimmer), das funktional eingerichtet ist und mitten an der Hauptmeile des Ortes liegt. Seit 1921 in nun bereits der vierten Generation betrieben, hat das Haus sich nicht der Moderne verschlossen und wurde bereits ausgezeichnet als touristisch qualitativ hochwertiger Betrieb. Angeschlossen ist das sehr geschätzte Restaurant „Arrocería".

### Essen und Trinken

■ **Restaurant Varadero,** Avinguda Constituciò 1, Tel. 977741001. Gegenüber vom Hafen gelegenes Lokal mit – natürlich – maritimem Touch. Genauso natürlich: Fischgerichte dominieren die Karte.

■ **Casa Ramón Mariners,** c/Arsenal 16, Tel. 977 740361, www.casaramon.com. Ein Familienbetrieb seit 1948, heute in der dritten Generation geführt. Vor allem Fisch und Meeresfrüchte werden serviert – und natürlich Reisgerichte, alles Produkte aus dem nahen Ebro-Delta.

■ **Can Vicent,** c/Carmen 28, Tel. 977741613, 13–17, 20–23 Uhr, Di Ruhetag. Ein weiterer Restaurant-Klassiker, der auf Fisch, Meeresfrüchte und Reisgerichte spezialisiert ist, „mit einem Schuss von Gebirge", wie die Macher selber sagen.

■ **Restaurant Miami Can Pons,** Passeig Marítim 18, Tel. 977740551, https://miamicanpons.com, tägl. 13.30–17, 21–24 Uhr. Traditionsreiches Haus seit Jahrzehnten im Gastro-Gewerbe. Das recht große Lokal befindet sich in einem Hotel und hat eine durch Glas geschützte Terrasse mit Meerblick. Die Küche bietet mediterrane Gerichte, Fisch und Meeresfrüchte stammen aus der benachbarten Region um Alfacs, der Reis natürlich aus dem Ebro-Delta. Es gibt auch verschiedene Menüs.

## Nützliche Adressen

- **Aktivitäten:** Natura & Aventura (Adresse → Fahrradverleih) bietet diverse Programme an. Zu den Aktivitäten gehören Segeln, Bogenschießen, Angeln, Paddeln.
- **Fahrradverleih:** Natura & Aventura, Plaça del Cóc 18, Tel. 977742987, www.naturayaventura.com.

## Markt

- Sa in der Avgda. Constituciò, 8–15 Uhr. Viele Produkte aus dem Delta werden angeboten, darunter auch Fisch und Reis.
- **Markthalle:** Plaça del Mercat 4, Mo–Sa 8–14 Uhr. Nicht zu großes Angebot an Fisch, Früchten, Gemüse, Fleisch, Backwaren, auch eine Cafetería fehlt nicht.

## Feste

- **16. Juli:** Nostra Senyora del Carme, u.a. mit Meeresprozession.
- **25. Juli:** Patronatsfest Sant Jaume, u.a. mit Stiertreiben.
- **August:** (kein fester Termin) Gitarrenfestival.
- **8. September:** Nostra Senyora de la Ràpita, u.a. werden schöne Blumengebinde von jungen Frauen dargebracht.

Das Hotel Juanito Platja in Sant Carles

072cd sm

634cb sm

# 8

# Praktische Reisetipps A–Z

‹ Am Strand ist es zu voll? Dann ab aufs Meer!

# Anreise

→ Autofahren
→ Verkehrsmittel

## Per Auto

Je nach Ausgangspunkt führen im Wesentlichen drei Wege in Richtung Spanien, alle drei laufen spätestens ab Lyon zusammen.

Norddeutsche reisen vorzugsweise **über Freiburg,** zunächst über die A 7, später über die A 5. Die Grenze wird bei Mulhouse überschritten, weiter über die französische Autobahn A 36 Richtung Dijon. Dort stößt die A 36 auf die nach Süden führende Autobahn, die über Lyon, Montpellier und Narbonne zur spanischen Grenze führt.

Alternativ können Reisende aus Norddeutschland auch den Weg wählen, den die meisten Westdeutschen wohl fahren werden, nämlich **über Luxemburg.** Die Route führt von Trier über Luxemburg nach Frankreich, verläuft dann über die A 31 nach Metz und Nancy und erreicht schließlich auch Dijon. Ab Dijon verdichtet sich der Verkehr, denn dort vereinen sich drei Autobahnen, die aus Paris kommende, die aus Freiburg und die aus Luxemburg.

Wer aus dem Raum Süddeutschland startet, kann sowohl die Variante über Freiburg wählen als auch **durch die Schweiz** fahren. Eine Route würde über Zürich, Bern, Lausanne und Genf führen und schließlich bei Lyon auch auf die zur spanischen Grenze führende Autobahn stoßen.

Der Bahnhof von Portbou

648cb sm

### Autobahngebühren

Unter **www.autoroutes.fr** kann man im Internet die aktuellen Autobahngebühren erfragen (auf Französisch und Englisch).

Wer ein Wohnmobil steuert, muss etwa 60 bis 90 % mehr bezahlen, je nach Größe des Fahrzeugs. Ein Gepäckanhänger unter 500 kg bleibt kostenfrei, während ein Caravan noch einmal etwa 50 % des Pkw-Preises zusätzlich kostet.

Die **Schweizer Vignette** muss jeder deutsche Autofahrer haben, der auf Schweizer Autobahnen oder autobahnähnlichen Strecken fährt. Wer ohne sie erwischt wird, zahlt eine saftige Strafe und muss sie obendrein nachkaufen. Die Vignette kann an der Grenze oder vorab online erworben werden (2023: 42 €).

### Staugefahr

Im Juli und August ist die Strecke zwischen Lyon und der spanischen Grenze eine der am stärksten befahrenen Autobahnen Europas! Schon aus diesem Grund sollte jeder sein Fahrpensum nicht zu großzügig bemessen und Staus genauso wie Übernachtungspausen einkalkulieren.

## Per Bahn

**Barcelona-Sants** am gleichnamigen Platz ist der **Hauptbahnhof** der katalanischen Metropole. Seit 2013 die direkte grenzüberschreitende Verbindung zwischen Spanien und Frankreich mit den **Hochgeschwindigkeitszügen** AVE und TGV in Betrieb genommen wurde, kommt man in 6½ Stunden von Paris nach Barcelona, mit Halt in Figueres-Vilafant und Girona. Reisende aus den deutschsprachigen Ländern fahren also, je nach Ausgangsort, zunächst mit TGV, ICE oder Thalys bis **Paris.**

Von Barcelona gibt es diverse Züge in Richtung **Tarragona** und nach Norden auch nach **Girona** und **Figueres.** Etliche Regionalzüge halten unterwegs auch an den meisten der hier im Buch beschriebenen Küstenorte.

Der Buchungsbeginn für die einzelnen Züge ist höchst unterschiedlich und liegt teilweise schon über vier Monate vor dem Reisedatum.

## Per Bus

Eurolines oder auch Flixbus bieten einen **Fernbus-Service** nach Spanien an. Die Fahrt nach Katalonien dauert von Hamburg oder Berlin rund 25–30 Stunden. Das klingt nach einer ziemlichen Strapaze, aber wer sich einmal auf seinem Sitzplatz eingerichtet hat, übersteht die Tour irgendwie auch.

Offiziell heißt der zentrale Busterminal von Barcelona Estació Central de

### Höchstgeschwindigkeiten in Frankreich (km/h)

| | in Orten | Landstraße | Autobahn |
|---|---|---|---|
| **Pkw** | 50 | 80 | 130/110[1)] |
| **Pkw mit Anhänger** | 50 | 80 | 130 |

[1)] auf Schnellstraßen

Höchstgeschwindigkeiten in **Spanien** → Kasten im Kapitel „Autofahren"

Autobuses Vilanova-Nord, aber jeder kennt ihn nur unter dem Namen **Estació del Nord.** Zu finden ist er an der c/Alí Bei 80, unweit der Metrostation Arc de Triomf, etwas außerhalb vom Barri Gòtic gelegen.

- **Eurolines,** Tel. 069 971944833, www.eurolines.de.
- **Flixbus,** www.flixbus.de.

## Per Flugzeug

Die Ziel-Flugplätze für Reisen nach Katalonien liegen in Reus bei Tarragona oder in Barcelona. **Nonstop-Verbindungen** aus dem deutschsprachigen Raum mit Linienfluggesellschaften nach Barcelona bestehen von Wien, Frankfurt, München, Stuttgart und Zürich. Die Flugzeit z.B. von Frankfurt nach Barcelona beträgt knapp 2 Std.

## Mini-„Flug-Know-how"

### Check-in

Nicht vergessen: Ohne einen gültigen **Reisepass** oder **Personalausweis** für EU-Staatsbürger und Schweizer kommt man nicht an Bord. **Kinder** benötigen einen **eigenen Reisepass.**

### Das (Hand-)Gepäck

Man darf pro Person in der Regel ein Handgepäck- und zusätzlich ein Gepäckstück einchecken. Aufgepasst: Informieren Sie sich vor Ihrem Flug bei Ihrer Airline über die konkreten Bestimmungen, da diese mitunter stark voneinander abweichen. Beim Packen des Handgepäcks sollte man darauf achten, dass **Flüssigkeiten** jeder Art nur in geringen Mengen bis zu jeweils 100 ml mit ins Flugzeug dürfen. Diese Substanzen muss man separat in einem durchsichtigen **Plastikbeutel** transportieren, den man beim Durchleuchten in eine der bereitstehenden Schalen auf das Fließband legen sollte. Auch **elektronische Geräte** müssen in diese Schale gelegt werden, ebenso **Gürtel mit Metallschnalle.**

Aus Sicherheitsgründen dürfen **scharfe Gegenstände** wie Messer, Nagelfeilen oder Scheren nicht im Handgepäck untergebracht werden. Diese Gegenstände sollte man unbedingt im aufzugebenden Gepäck verstauen, sonst werden sie bei der Sicherheitskontrolle einfach weggeworfen. Darüber hinaus gilt, dass leicht entzündliche **Gase in Sprühdosen** (Schuhspray, Campinggas, Feuerzeugfüllung) und **Feuerwerkskörper** etc. nicht im Koffer oder dem Handgepäck transportiert werden dürfen. Für die Raucher unter uns: Ins Handgepäck und auch in den Koffer dürfen bei innereuropäischen Flügen weder **Feuerzeug** noch **Streichhölzer,** man darf aber ein Feuerzeug oder eine Streichholzpackung pro Person am Körper mitführen.

**Tipp:** Packen Sie neben den wichtigsten Dingen auch Utensilien ins Handgepäck, die Sie am ersten Tag in Ihrem Urlaub gebrauchen könnten. Falls das Gepäck Verspätung hat oder verloren geht, können Sie trotzdem schon den ersten Tag genießen und müssen nicht direkt einkaufen gehen.

### $CO_2$-Fußabdruck

Grundsätzlich gilt beim Thema Umweltschutz: Vermeiden ist besser als kompensieren. Auch längere Strecken lassen sich oft per Bahn, Bus oder Schiff zurücklegen, die allesamt eine bessere Klimabilanz haben als das Flugzeug. Wer nicht aufs Fliegen verzichten will oder kann, hat die Möglichkeit, zusätzlich Geld für Klimaschutzprojekte auszugeben. Dabei ist jedoch darauf zu achten, in welche Projekte genau das Geld geht oder auch wie viel bei der jeweiligen Organisation für die Verwaltung stecken bleibt. Bisher gut bewertete Organisationen sind u.a. atmosfair.de, myclimate.org und goclimate.com.

189cd sm

### Billigfluglinien

Besonders preiswert geht es mit etwas Glück, wenn man bei einer „Billigfluggesellschaft" sehr früh online bucht. Es werden keine Tickets ausgestellt, sondern man bekommt eine Buchungsnummer per E-Mail; oder man bucht gleich über die jeweilige App der Fluggesellschaft. Zur Bezahlung wird eine Kreditkarte verlangt, was mit einem Preisaufschlag verbunden ist. Je nach Fluggesellschaft kann man aber auch mit PayPal ohne zusätzliche Gebühren bezahlen.

Verpflegung wird extra berechnet, bei vielen dieser Fluggesellschaften muss man auch für aufgegebenes Gepäck mehr zahlen. Billigflüge nach Barcelona werden u.a. angeboten von:

Flug über den Dächern von Barcelona: möglich im Freizeitpark Tibidabo

- **EasyJet,** www.easyjet.com. Ab Basel, Berlin/Schönefeld, Genf.
- **Eurowings,** www.eurowings.com. Ab Berlin/Tegel, Köln/Bonn, Düsseldorf, Stuttgart, Wien und Zürich.
- **Ryan Air,** www.ryanair.com. Ab Hamburg, Köln/Bonn, Berlin/Schönefeld und Frankfurt nach Barcelona sowie ab Hahn im Hunsrück nach Reus.
- **Vueling,** www.vueling.com, nach Barcelona ab Amsterdam, Basel, Berlin/Tegel, Brüssel, Düsseldorf, Genf, Hamburg, Hannover, München, Nürnberg, Stuttgart, Wien und Zürich.

### Ankunft

Der **Flughafen El Prat** liegt in Prat de Llobregat, ca. 18 km außerhalb von Barcelona. Es gibt zwei Terminals. Das **neuere Terminal (T-1)** liegt etwa 4 km vom **alten (T-2)** entfernt, beide sind durch einen **Shuttlebus** verbunden. Am Terminal T-1 landen heute die meisten Fluggesellschaften, am Terminal T-2 meist Low-Cost-Flieger wie Ryan Air, EasyJet und auch Eurowings.

Von beiden Terminals fährt ein **Direktbus** in die Stadt zur zentralen Plaça de Catalunya. Beide Buslinien sind blau und tragen die seitliche Aufschrift „Aerobus", nur vorne sind die Unterschiede mit „T-1" oder eben „T-2" vermerkt. Da beide an der Plaça Catalunya an der gleichen Stelle halten (vor dem Kaufhaus El Corte Inglés), muss man aufpassen, dass man bei der Rückfahrt zum Flughafen nicht den falschen Bus erwischt.

■ Die Busse fahren alle 5 Min. zwischen 5.30 Uhr und Mitternacht, Fahrtzeit ca. 35 Min., Preis einfach 5,90 €, hin und zurück 10,20 €, Tickets beim Fahrer oder am Automaten, das Rückfahrticket ist 90 Tage gültig.

Beide Terminals haben auch einen **Bahnhof** und sind an das **Metronetz** angeschlossen. Der Bahnhof von Terminal T-2 liegt außerhalb des Flughafengebäudes und wird über eine Fußgängerbrücke erreicht. Von hier gibt es zwei Möglichkeiten, in die Stadt zu gelangen: Entweder mit der **Metro-Linie L9 Sud Richtung Zona Universitària.** Diese Metro fährt nicht durchs Zentrum, man muss also umsteigen, beispielsweise in der Station Torrassa in die rote Linie L1 in Richtung Fondo, die dann durch das Zentrum führt. Für diese Verbindung gibt es ein spezielles Ticket (Bitllet Aeroport) für 5,15 €. Zum anderen fährt nur von diesem Bahnhof auch die **Linie R-2 Nord Aeroport – Maçanet-Massanes** der Nahverkehrslinie Rodalies (Achtung: anderer Bahnsteig!) in Richtung Stadtzentrum, passiert dabei auch den Hauptbahnhof Sants (Frequenz:alle 20–30 Minuten, Ticket: 4,60 €).

Vom Terminal T-1 fährt ebenfalls die Metrolinie **L9 Sud.** Deren Bahnhof liegt unterirdisch im Flughafengebäude und ist ausgeschildert. Ticketautomaten stehen an den Eingängen beider Bahnhöfe.

Wer in **Reus (bei Tarragona)** landet, kann mit Bus Nr. 50 bis zum Bahnhof

037kk jf

bzw. Busterminal fahren. Von beiden Terminals geht es in alle Richtungen weiter. Infos: www.reustransport.com.

Vom Flugplatz **Girona** fahren lokale Busse in die Stadt Girona, und die Gesellschaft Sarfa bietet Verbindungen vom Airport bis nach Barcelona an. Vom zentralen Busterminal Barcelona wiederum gibt es viele **Verbindungen zu Küstenorten** an der Costa Daurada, nach Norden nur zu einigen wenigen Orten an der Costa Brava. Wer dorthin möchte, fährt besser nach Girona und vom dortigen zentralen Busterminal weiter zu den Küstenorten.

# Autofahren

→ Anreise
→ Verkehrsmittel

Die Katalanen gelten unter Spaniern als disziplinierte, ruhige Menschen, als die „Preußen Spaniens". Im Straßenverkehr scheint sich dies zu bestätigen, jedenfalls überall außerhalb von Barcelona. Die Küste wird im Sommer von Hunderttausenden von Autofahrern angesteuert, aus allen Ländern Europas. Eine Invasion, der die Katalanen ziemlich gelassen gegenüberstehen. Vielen wird dabei wohl in den Sinn kommen, dass die Urlauber Devisen bringen, in jedem Fall wird viel **Rücksicht auf ausländische Nummernschilder** genommen.

Neben dem nationalen Führerschein benötigen Einreisende die Grüne Versicherungskarte, die man bspw. nach einem Unfall vorweisen muss.

☒ Autobahn Richtung Barcelona

## Straßennetz

Die **Costa Brava** ist von einem dichten Straßennetz durchzogen. Zwei Autobahnen gibt es dort: die **AP-7,** die von der französischen Grenze bei La Jonquera bis Barcelona weit im Hinterland verläuft, und die **C-32,** die anlässlich der Olympischen Spiele 1992 eingeweiht wurde. Sie verbindet Barcelona mit der Costa Brava und endet derzeit in Höhe von Blanes.

Entlang der Küste der **Costa Daurada** verlaufen südlich von Barcelona zwei Fernstraßen, die **Autobahn AP-7** und die **Nationalstraße N-340,** die jetzt vielfach **A-7** heißt und eine gebührenfreie zweispurige Schnellstraße (span.: *Autovía*) ist.

Speziell im südlichen Bereich der Costa Daurada, zwischen Tarragona und dem Ebro-Delta, existieren keine weiteren großen Straßen. Grund: Im nahen Hinterland erheben sich Gebirgszüge, die nur von einigen wenigen Straßen gequert werden. Im nördlichen Bereich der Costa Daurada wird die Landschaft flacher, die Besiedlung stärker und das Straßennetz dichter. Sowohl die AP-7 als auch die N-340 bzw. A-7 verlassen ab dem Ort El Vendrell die Küste in Richtung Norden und verlaufen weit im Hinterland. Während die Autobahn einen großzügigen Bogen um Barcelona schlägt und nördlich dieser Millionenstadt wieder zur Küste schwenkt, endet die N-340/A-7 schließlich kurz vor Kataloniens Hauptstadt.

Ab El Vendrell verlaufen entlang der Küste Richtung Barcelona die **Autobahn C-32** und die **Fernstraße C-31.**

## Verkehrsregeln

Was ist anders? Es gilt ein **Überholverbot** 100 m vor Kuppen und auf Straßen, die nicht mindestens 200 m zu überblicken sind. Auf beleuchteten Straßen, außer Autobahnen und Kraftfahrstraßen, darf man nur mit **Standlicht** fahren. **Abschleppen** durch Privatfahrzeuge ist verboten.

Sehr häufig trifft man an größeren Kreuzungen auf **Kreisverkehre** statt auf Ampeln, und dies funktioniert sehr gut: Lange Schlangen bilden sich hier nie. Die Regeln sind dieselben wie hierzulande: Wer im Kreis ist, hat Vorfahrt, wer reinfahren will, muss warten.

In etlichen kleineren Orten sind **flexible Ampeln** zu finden. Diese hängen unübersehbar gelb blinkend hoch oben über der Zufahrtsstraße. Rauscht nun ein Pkw mit überhöhter Geschwindigkeit heran, springt sie um auf Rot. Simples Prinzip, nicht wahr? *50 km/h, a más velocidad semáforo cerrado* („50 km/h, bei schnellerer Geschwindigkeit rote Ampel"), so steht es dazu auf kleinen Schildern vor besagten Ampeln.

In Spanien gilt übrigens hochoffiziell die 0,5-Promille-Grenze. Wer mit mehr **Alkohol** im Blut erwischt wird, muss mit bis zu 1000 € Strafe rechnen. Bis zu 200 € löhnt, wer fahrend mit einem **Handy** am Ohr erwischt wird. Erlaubt ist das Sprechen am Steuer nur über eine Freisprechanlage.

Verkehrsschild auf Katalanisch: der obere Weg ist gesperrt, der untere ist die Umleitung

273cd_jf

### Höchstgeschwindigkeiten in Spanien

| | in Orten | Landstraße[1)] | Landstraße[2)] | Autobahn |
|---|---|---|---|---|
| Pkw und Motorräder | 50[3)] | 90 | 100 | 120 |
| Busse | 50 | 80 | 90 | 100 |
| Pkw mit Anhänger, Lkw | 50 | 70 | 80 | 80, 90[4)] |
| Wohnmobile bis 3,5 t | 50 | 90 | 90 | 120 |
| Wohnmobile über 3,5 t | 50 | 80 | 80 | 100 |

1) zwei Fahrspuren
2) drei Fahrspuren
3) auf bestimmten Straßen mit einer Fahrbahn je Richtung nur 30 km/h
4) Lkw ohne Anhänger

*Bandas sonoras* bedeutet, dass zwei quer über die Straße gelegte **Schwellen** kommen. Wer hier nicht die Geschwindigkeit reduziert, kracht so richtig schön darüber, dass es wirklich „wohlklingt", wie das Schild verspricht.

Ungewohnt auch dies: Speziell auf Überlandstraßen müssen **Linksabbieger** oftmals zuerst nach rechts auf eine besondere Spur schwenken, die einen Halbkreis beschreibt und dann die eben verlassene Straße kreuzt. Staus werden so vermieden.

Ähnlich verhält es sich an Stellen, an denen sich ein Fahrer **in den Verkehr einfädeln** will. Wenn beispielsweise an einer Kreuzung ein Wagen nach links abbiegt, dann befindet er sich manchmal noch nicht gleich auf der eigentlichen Straße, sondern zunächst auf einer Art Einfädelungsspur, die links neben der rechten Fahrspur verläuft und dann in diese übergeht. Wie gesagt, ungewohnt, aber auch durchaus sinnvoll.

## Parken

In den Städten einen Parkplatz zu finden, ist nicht immer ganz einfach. Urlaubern kann man nur dringend empfehlen, in den Großstädten den **Parkleitschildern** zu folgen, auch wenn man auf den Parkplätzen, zu denen man geführt wird, immer eine Gebühr zahlen muss. Wer auf eigene Faust einen Platz irgendwo an einer Straßenecke sucht, kann sich sehr schnell heillos verfahren.

Parkplätze, die mit blauen Linien gekennzeichnet wurden, sind **gebührenpflichtig.** Also nicht einfach forsch rein in eine Parklücke und verschwinden, sondern erst mal den Automaten suchen. Dort muss der Parkschein gezogen werden. Das verlangt aber, sich ungefähr darüber im Klaren zu sein, wie lange man hier parken möchte. Die Gebühren sind sehr unterschiedlich, die mögliche Parkdauer ebenfalls. Wer die Zeit überzieht und ganz viel Pech hat, wird von

367cd_sm

der **GRUA (Abschleppdienst)** abgeschleppt. Was dann tun? An der Stelle, wo das Auto ursprünglich stand, prangt ein dreieckiger Aufkleber mit einer Telefonnummer. Diese muss man anrufen und erfragen, wo der Wagen steht, und dann mit Ausweis und Autopapieren hinfahren, Strafe und *depósito,* also die Kosten für die Aufbewahrung, bezahlen und den Wagen auslösen. Das kann teuer werden, vor allem, wenn man sich Zeit lässt, denn die Aufbewahrungskosten erhöhen sich pro Tag.

Bei gelben **Bordsteinmarkierungen** heißt es aufpassen, hier herrscht absolutes **Parkverbot!** Und bei grünen Parklinien dürfen **nur Anwohner** ihren Wagen abstellen. Manchmal existieren auch gelbe Zickzack-Linien am Seitenrand, dort dürfen dann nur bestimmte Fahrzeuge halten, meist gilt dies für **Busse.** Und dann gibt es noch an einigen Kreuzungen eine Art gelbes Rechteck, gefüllt mit Streifen und zumeist mittig der Kreuzung platziert. Hier darf man auf keinen Fall stehen bleiben, auch nicht im Stau, da man sonst den Gegenverkehr blockieren könnte, falls die Ampel umspringt.

## Autounfall

→ Notfälle

Da reicht auch ein kleiner Parkplatz – ist jedoch eher etwas für Kurzstrecken

# Barrierefreies Reisen

Ein Urlaub in Katalonien sollte auch für Menschen mit eingeschränkter Mobilität machbar sein. **Große Hotels** haben sich zumeist auf die speziellen Bedürfnisse eingestellt, kleinere könnten da noch Defizite haben. Die großen **Campingplätze** bieten eigene WCs und Sanitärbereiche für Rollstuhlfahrer.

Ein wenig **schwieriger** dürften **Besuche einer Großstadt** wie Barcelona oder Tarragona sein, aber auch nicht unmöglich. Unbestritten hat sich bereits eine ganze Menge getan. Selbst durch die Altstadt Barcelonas können Rollstuhlfahrer heute fahren, unüberwindbare Treppen oder zu steile Straßen wird man kaum noch finden. Ähnlich verhält es sich mit modernen oder neu gestalteten Museen und vielen weiteren Einrichtungen – überall wurden Rampen verlegt und breite Fahrstühle eingebaut. Einige ältere Gebäude müssen jedoch noch nachgerüstet werden. Auch die öffentlichen **Verkehrsmittel** können in den meisten Fällen genutzt werden. Beispielsweise hat eine große Zahl von Bussen Rampen, um Rollstuhlfahrern den Zugang zu ermöglichen. In der **Metro von Barcelona** sieht es dagegen unterschiedlich aus. Auch hier lassen sich ausreichend viele Bahnhöfe nutzen (mithilfe von Fahrstühlen), und auch viele Züge sind schon mit Rampen ausgestattet. Aber leider gibt es immer noch einige Umsteigestationen, in denen Treppen bewältigt werden müssen. Bei den Sperren an den Zugängen braucht es ein wenig Geduld: Zumeist gibt es einen speziellen Zugang für Passagiere mit Rollstuhl und Reisende mit Kinderwagen, aber der muss vom Stationspersonal auf Nachfrage erst geöffnet werden.

Eine Reise nach Barcelona ist auch für Menschen mit eingeschränkter Mobilität möglich

345cd sm

# Camping

Campingurlaub spielt eine große Rolle in Katalonien, und es gibt auch eine Vielzahl an Plätzen in fast allen Küstenorten. Bedingt durch das Klima öffnen die meisten zu **Ostern** und schließen spätestens im **Oktober.** Das Spektrum der Plätze ist sehr groß, es gibt einige wenige, die gerade so eben die Basics erfüllen, während die **meisten sehr gut bis ausgezeichnet ausgestattet** sind. Früher wurden die Campingplätze nach ganz strengen Kriterien in Kategorien eingeteilt, vom einfachen Platz der 3. Kategorie bis hin zur (seltenen) Luxus-Kategorie. Von dieser Einteilung ist man mittlerweile abgekommen, wenngleich man sie immer noch vorfindet. Heute orientieren sich die spanischen Plätze nach international üblichen Sterne-Kategorien, wobei die einzelnen Regionen ihre eigenen Vorgaben haben. Entscheidend sind die Größe, die Sanitäranlagen und die jeweilige Ausstattung des Platzes.

Auf **www.eurocampings.de** werden etwa 500 Plätze in ganz Spanien vorgestellt. Auf **https://campingscat.com/es/** kann man speziell nach Campingplätzen in Katalonien suchen (Spanisch, Katalanisch).

## Preise

Je nach Platz und Berechnungsmodalität (also zzgl. oder inkl. Auto, Strom, Steuern usw.) muss man mit etwa **20 bis 50 €** pro Nacht rechnen. Berechnet werden zumeist die Parzelle und die Anzahl der Personen. Für Familien, die mehrere Zelte aufbauen, wird es so günstiger.

Hier lässt man sich gern einen Korb geben ...

cd015 jf

## Dauercamper

Auf etlichen Plätzen haben spanische Stadtmenschen einen Dauerplatz gemietet und kommen jedes Wochenende. Unter der Woche bleiben diese Plätze eher leer, zumindest außerhalb der Sommermonate. Im Juli und August sieht es völlig anders aus. Nicht wenige reisen dann aus Madrid oder anderen fernen Städten an und richten sich im wahrsten Sinne des Wortes häuslich ein – ein Zelt mit Fernseher und ein eigenes Kochzelt mit Kühlschrank zählen zum Standard.

# Einkaufen

Spanien ist schon lange kein Billig-Reiseziel mehr, Besucher dürfen von fast heimischen Preisen ausgehen.

Man findet viel mehr **kleine Läden** als zumeist aus der Heimat gewohnt, in fast jedem Ort aber auch (mindestens) einen **Supermarkt** und eine **Markthalle.** Supermärkte haben lange Öffnungszeiten, nicht selten bis 22 Uhr, und vor allem sind sie durchgehend geöffnet. Standard ist eine Fleischtheke, oft sogar noch eine Fischtheke und auch eine Ecke mit Backwaren. Eine **Bar** ist in der Regel auch angeschlossen.

Die **Wochenmärkte** haben meist von Montag bis Samstag geöffnet. Die Auswahl dort ist generell hervorragend, man bekommt Gemüse, Obst, Fisch, Fleisch, Backwaren und vieles mehr. Die Preise sind der Ortschaft und der Kaufkraft der lokalen Bevölkerung angepasst. In einer Großstadt dürften sie also höher liegen als in einem kleinen Ort auf dem Lande.

# Ein- und Ausreisebestimmungen

Autofahren
→ Mit Haustier unterwegs

Viele europäische Staaten, darunter auch Deutschland, Portugal, Österreich, die Schweiz und Spanien, haben das Schengen-Abkommen unterschrieben. Das Territorium dieser Länder gilt als sogenanntes grenzenloses Gebiet. Das bedeutet, dass Bürger von „Schengen-Nationen" sich in der Regel **ohne Grenzkontrollen** in diesem Gebiet bewegen dürfen. Das bedeutet aber nicht, dass man bei einer Reise nach Spanien auf **Personalausweis/Reisepass** verzichten kann, im Gegenteil, bei den meisten Hotels und allen Campingplätzen muss man das Personaldokument vorweisen. Zudem verlangen alle Fluggesellschaften beim Rückflug von Spanien nach Hause die Vorlage eines Ausweispapiers, um zu überprüfen, ob der Name des Reisenden mit dem im Ticket genannten übereinstimmt.

Jedes **Kind** benötigt seinen **eigenen Reisepass.**

Wollen **Schweizer** länger als drei Monate im Land bleiben, müssen sie bei der spanischen Botschaft ein **Visum** beantragen. Auch in Deutschland, Österreich oder der Schweiz lebende Staatsbürger von Nicht-EU-Staaten müssen oftmals ein Visum bei der entsprechenden diplomatischen Vertretung Spaniens beantragen (Adressen → „Notfälle").

Auch für alle Durchreiseländer auf dem Landwege müssen Nicht-EU-Bürger eventuell ein Visum beantragen. Die diplomatischen Vertretungen kann man hier erfahren:

- **Deutschland,** www.auswaertiges-amt.de
- **Österreich,** www.bmeia.gv.at
- **Schweiz,** www.eda.admin.ch

Wer mit einem Pkw einreist, benötigt den **nationalen Führerschein** und das Nationalitätenkennzeichen. Die **Grüne Versicherungskarte** muss nicht mehr an der Grenze vorgezeigt werden, aber bei einem Unfall wird danach gefragt.

## Zollbestimmungen

Der Warenverkehr für den privaten Gebrauch ist **innerhalb der EU** frei (gilt nicht für die Schweiz und damit auch nicht bei Transitreisen durch dieses Land, s.u.). Dennoch muss man besonders beim Flugverkehr auf die Freigrenzen für Genussmittel, Verbote und Einschränkungen achten, um böse Überraschungen mit dem Zoll zu vermeiden. Innerhalb der EU-Länder gelten folgende **Mengen- und Wertgrenzen** pro Person:

- Für mind. 17-Jährige: 800 Zigaretten, 400 Zigarillos, 200 Zigarren und 1 kg Tabak (müssen EU-Steuerbanderole haben, sonst vorschriftswidrig!); 10 l Spirituosen bzw. Alkopops, 20 l Zwischenerzeugnisse (Sherry, Portwein, Marsala), 60 l Schaumwein (in D keine Begrenzung von Wein, in Österreich 90 l Wein und davon max. 60 l Schaumwein) und 110 Bier; Kaffee 10 kg (keine Mengengrenze in Österreich).

Für die Rückkehr in die **Schweiz** und Transit durch die Schweiz gelten folgende Freimengen pro Person:

- Für mind. 17-Jährige: 250 Zigaretten/Zigarren oder andere Tabakprodukte; 1 l Spirituosen über 18 Vol.-% oder 5 l bis max. 18 Vol.-%; ohne Altersbeschränkung: 1 kg Fleisch; 1 kg Butter; 5 kg Öle und andere Pflanzenfette.

Falls die Reisemitbringsel diese Freigrenzen überschreiten, sind **Einfuhrabgaben** zu entrichten.

**Einfuhrverbote und -beschränkungen** bestehen z.B. für Tiere, Tierprodukte, Pflanzen (Vorsicht auch bezüglich Saatgut und Artenschutz!), Medikamente, Betäubungsmittel und Drogen, Feuerwerkskörper, Lebensmittel, Fälschungen, Kulturgüter, Waffen und Munition; in Deutschland und Österreich auch für Pornografie und verfassungswidrige Schriften, Rohdiamanten; in der Schweiz auch für Radarwarngeräte u.v.m.

### Nähere Informationen

- **Deutschland:** www.zoll.de; Zoll- und Reise-App
- **Österreich:** www.bmf.gv.at; BMF-App
- **Schweiz:** www.ezv.admin.ch; QuickZoll-App

Die Apps sind gratis für Android und iOS.

Da sich die Einreisebestimmungen kurzfristig ändern können, raten wir, sich kurz vor Abreise beim **Auswärtigen Amt** (www.auswaertiges-amt.de bzw. www.bmeia.gv.at oder www.eda.admin. ch) oder bei der jeweiligen Botschaft zu informieren.

Das Angebot ist riesig

# Essen und Trinken

→ Kleine Sprachhilfe im Anhang

## Katalanische Küche

Die katalanische Küche basiert auf den Produkten der Naturräume, die in dieser Region vorkommen: Meer, Gebirge (u. a. Pyrenäen) und fruchtbares Hinterland, teilweise auch Marsch- und Schwemmland. Aus dieser Mischung entstand eine **schmackhafte ländliche Küche,** doch auch Sterneköche von hohem Renommee waren und sind am Werk. Die Alltagsküche verarbeitet die Produkte der Region zu teils einfachen, teils sehr kreativen Gerichten. So kennt man das simple Frühstücksgericht **Pà amb tomàquet** (Brot mit Tomaten) weit über die Landesgrenzen Kataloniens hinaus. Einen exzellenten Ruf genießt **Fisch aus Palamós.** Er wird auch den Händlern in Barcelonas Markthalle förmlich aus den Händen gerissen. Weitere **Spezialitäten aus Katalonien** sind Käse aus den Vorpyrenäen, die Wurst Salchichón aus Vic, Anchovis (Sardellen) aus L'Escala, Obst aus Lleida oder Girona, Pilze (*bolets* auf Katalanisch) und Zwiebeln aus Figueres.

Ein ländliches, eher winterliches Gericht ist **Escudella i carn d'Olla,** ein Eintopf mit einer *pilota,* einem länglichen Fleischkloß. Ein wenig vergleichbar ist der Fischeintopf **Suquet,** der an der Küste oft in Restaurants angeboten wird.

Fast der gesamte in Katalonien produzierte **Reis** stammt aus dem Ebro-Delta (ein kleine Teil kommt aus Pals), er wird nicht nur hier konsumiert, sondern auch landesweit exportiert. Paella wird in Katalonien eher selten gegessen (viel häufiger im Raum Valencia), dafür gibt es viele andere Gerichte auf Reis-Basis und den „schwarzen Reis" *(arros negre),* dessen dunkle Farbe meist vom Tintenfisch stammt.

055kk jf

355cd_sm

Eine Spezialität, die im Winter gereicht wird, sind gegrillte Zwiebeln, **Calçots.** Sie werden gegrillt, bis die äußere Haut schwarz ist. Diese wird dann entfernt und die Zwiebel mit einer Sauce direkt aus der Hand verzehrt.

### Vorspeisen

- **Pà amb tomàquet:** Eine geröstete Scheibe Brot wird mit Knoblauch eingerieben, dann mit Tomate, die dabei praktisch zerdrückt wird (Puristen schneiden sie nicht auf), und schließlich mit Olivenöl beträufelt.
- **Truita de patates:** Tortilla/Kartoffelomelette.
- **Xató:** Salat, basierend auf Thunfisch und Stockfisch nebst Sardellen und Oliven.
- **Amanida verde:** Grüner Salat.
- **Amanida catalana:** Salat, Käse und Wurst.

### Suppen

- **Bullida de verdures:** Gemüsesuppe.
- **Sopa de brosses:** Gemüsesuppe.
- **Caldereta:** Eintopf aus Fisch oder auch Hammelfleisch.
- **Escudella:** Leichte Suppe, enthält Fleisch und Gemüse.

### Primer Plat (Erster Gang)

- **Esqueixada:** Salat mit Stockfisch und vielen Beilagen.
- **Susquet:** Fischtopf, in einer Tonschüssel serviert. Fisch und Muscheln sind mit Gemüse angereichert, und das Ganze ist mit Schnaps verfeinert.
- **Sarsuela:** Eines der exklusiveren Gerichte entstand bei dem Versuch, verschiedene Fischsorten zu kombinieren. Die *sarsuela* wird in einem Tontopf gereicht. Vorsicht, heiß!

- **Mar i Montanya:** Kombination von Schalentier mit Fleisch oder Geflügel.
- **Marmitako:** Fischeintopf, stark mit Paprika gewürzt.
- **Bullabesa:** Fischsuppe, die aus Krustentieren und Fischstückchen hergestellt wird.

Neben diesen Fisch- gibt es natürlich auch viele Fleischspezialitäten. Wer Fisch oder Fleisch bestellt, kann sich die Gerichte **auf unterschiedliche Art** zubereiten lassen: Bei „a la plancha" wird das Stück Fisch oder Fleisch auf einer heißen Herdplatte relativ kurz angebraten; bei „a la marinera" werden Fisch- und Muschelgerichte mit Petersilie, Zwiebeln und Weißwein (mariniert) zubereitet; „a l'all cremat" bedeutet, dass das Gericht mit angebratenem Knoblauch unterlegt ist.

### Segon Plat (Zweiter Gang)

- **Pollo y langusta:** Huhn und Languste, eine Verbindung von Fisch und Fleisch.
- **Escudella i carn d'olla:** Eintopf, bestehend aus Fleisch, Gemüse und etlichen Beilagen. Das Gericht wird in zwei Schritten gereicht, zunächst die Brühe mit Nudeln, später die Fleischeinlagen mit Kartoffeln und Bohnen.
- **Conill amb allioli:** Kaninchenfleisch mit Knoblauchsauce.
- **Espinacs a la Catalana:** Spinat mit Pinienkernen und Rosinen.
- **Bè rostit:** Geröstetes Lamm.
- **Pollastre amb gambes:** Hühnchen mit Krabben.
- **Botifarra amb allioli:** Katalanische Wurst mit Knoblauchsauce.

### Nachtisch (Postres)

- Zum Nachtisch natürlich **crema catalana** (karamellisierter Pudding aus Eiern und Milch).
- **Braç de gitano:** Eingerollter Kuchen mit Schokolade und Cremefüllung.

Unterschiedliche Lokalitäten – doch die leckeren Tapas stehen immer am Tresen

372cd_sm

# Paella

Jeder Tourist kennt einige Brocken Spanisch, und „Paella" gehört sicher dazu. Dieses Reisgericht halten wohl die meisten für das Nationalgericht der Spanier! Leider falsch: Sicherlich wird die Paella in vielen spanischen Haushalten gegessen, aber so sehr verbreitet ist sie nun auch wieder nicht. Der **Ursprung** der Paella liegt in **Valencia,** denn hier wächst Reis, die Grundzutat des Gerichts. Das größte Reisanbaugebiet aber liegt noch weiter nördlich, im Feuchtgebiet **Ebro-Delta,** ca. 200 km südlich von Barcelona. Und hier bekommt man auch die Zutaten aus dem Meer, vom Acker und von der Weide.

Bei der Zubereitung gelten ein paar **Regeln:**

- Paella **dauert** in der Zubereitung. Zumindest, wenn sie frisch zubereitet wird. In einem guten Restaurant sagt der Kellner auch sofort an, dass es 30 oder 45 Minuten dauert, falls es schneller geht, kommt sie aus der Mikrowelle.
- Eine Paella wird eigentlich über **offenem Feuer** zubereitet, zumindest, soweit es möglich ist, alternativ auf einem Gasherd.
- Paella wird **mittags gegessen,** da sie schwer im Magen liegt.
- Paella ist **Männersache,** so ähnlich wie bei uns das Grillen. Trifft man sich zum gemeinsamen Paella-Essen, schwingen die Männer die Kochlöffel (und große Reden …).
- Paella wird meist am **Sonntag** gegessen.Natürlich darf man auch an anderen Tagen bestellen, nur eben nicht zum Abendessen.
- Paella wird in einer **großen, flachen Pfanne** zubereitet, maximal 3–4 cm hoch und mit Öl und Wasser gekocht. Das Wasser wird nicht umgerührt, soll verdampfen, der Reis soll sich vollsaugen. Unten bildet sich eine **Kruste** *(socorrat).* Das ist so gewollt und keineswegs eine „angebrannte Paella", wie sich manche Touristen auf Bewertungsportalen beschweren. Wenn eine Paella perfekt gelungen ist, dann klebt der Reis nur wenig. Viele Köche schwören dabei auf einen Reis, der **arroz bomba** heißt.
- Die gelbliche Farbe kommt vom **Safran**, und hoffentlich nicht vom Lebensmittelfarbstoff.

cd016 jf

### Beilagen

- **Romesco:** Scharfe Sauce aus Mandeln, Pfeffer, Knoblauch und weiteren Zutaten, die zum Fisch gereicht wird.
- **Allioli:** Kalte Knoblauchsauce, oft als Beilage gereicht.
- **Arros negre** (schwarzer Reis): Der Reis wird dunkel gefärbt durch Beigabe von Tintenfisch oder schwarz gebratenen Zwiebeln.

## Getränke

### Bier

Ein kleines Glas Bier **bestellt man** mit *una caña*, ein etwas größeres mit *un tubo*, beides wird dann blitzschnell gezapft. Die „Sieben-Minuten-benötigt-ein-gutes-Bier"-Regel gibt es in Spanien nicht. Wer einen Krug möchte, bestellt *una jarra*. Eine Flasche ist *una botella*, ein winziges Fläschchen *un botellín*. Alkoholfreies Bier, *cerveza sin alcohol*, findet auch in Spanien immer mehr Freunde, und *una clara*, mit Limo gemischtes Bier, schmeckt ebenfalls sehr erfrischend. Ein spezielles katalanisches Bier ist das gehaltvolle *Voll Damm*.

### Wein

Wein kann wie überall in unterschiedlichen Qualitäten und Preiskategorien bestellt werden. Oft fährt man mit einem **Hauswein** gut (*vi de la casa* auf Katalanisch bzw. *vino de la casa* auf Spanisch). Eine Kellnerempfehlung kann dagegen teuer werden, lieber einmal mehr auf die Karte schauen. Der Hauswein ist immer preiswert. Bestellt wird er am Tresen einfach mit *un blanco* (ein Weißer) oder *un tinto* (ein Roter). Am Tisch im Restaurant klappt es ähnlich, da sollte nur der Zusatz *vino de la casa* nicht fehlen.

Eine erfrischende Variante heißt schlicht „Sommerwein", *vino del verano*, eine Art gespritzter Rotwein mit Limo und Eis.

Wein aus Spanien ist längst nicht so bekannt wie französischer oder italienischer. Zu Unrecht, denn spanische Winzer achten schon seit den 1920er Jahren auf hohe Qualität. In jener Zeit entstand nämlich ein System der **Herkunftsbezeichnung**, das strengen Kriterien unterliegt. Eine sogenannte *denominación de origen* (*D.O.* ist das gängige Kürzel für die Herkunftsbezeichnung) gilt für bestimmte Weinanbaugebiete, in denen jeweils regionale Vorschriften eingehalten werden müssen. So versucht man, eine gleich bleibende Qualität zu erzeugen.

Festgelegt wird beispielsweise, welche Rebsorten verwendet werden dürfen, in welchem Gebiet angepflanzt wird und gegebenenfalls ist sogar eine Höchstmenge festgesetzt. Weiterhin wird die Lagerzeit der Weine bestimmt. Weiß- und Roséweine müssen wenigstens ein Jahr, Rotweine zwei Jahre gelagert wer-

### Vegetarische Restaurants

In der Millionenmetropole **Barcelona** und in großen Städten wie **Girona** und **Tarragona** gibt es einige rein vegetarische Restaurants; in den allermeisten touristischen Küstenorten wird man kein rein vegetarisches Lokal finden. Vegetarische Angebote beschränken sich dort mehr oder weniger auf fantasievoll angerichtete Salate oder auf Reisgerichte. Da die Costa Dorada auch das größte Reisanbaugebiet Spaniens umfasst, bieten viele hiesige Restaurants Reisgerichte an, darunter häufig Paella und Risotto oder Reis mit reiner Gemüsebeilage.

den, ein Jahr davon im Fass. Die Einhaltung all dieser Vorgaben überwacht ein unabhängiges Gremium und vergibt dafür ein **Gütesiegel.** Jedes Gebiet der *denominaciones* hat sein eigenes. Obendrein erhalten die Weine eine fortlaufende Nummer, sodass eventuelle Unregelmäßigkeiten sich genau zurückverfolgen lassen. Auf den Etiketten der Weinflaschen müssen neben dem Herkunftssiegel und der Nummer die Traubenbezeichnungen erscheinen.

Bei den **D.O.-Gebieten im Bereich der Costa Daurada** ist das nördlichste gleichzeitig das herausragendste und eines der bekanntesten von ganz Spanien: Penedès. Es liegt unweit von Barcelona rings um den Ort Vilafranca del Penedès; überwiegend werden hier Weißweine hergestellt. Das D.O.-Gebiet Conca de Barberá liegt im Norden der Provinz Tarragona und ist das höchstgelegene Weingebiet, die hier erzeugten Weine gelten im Geschmack als ziemlich frisch. Rings um die Provinzhauptstadt gleichen Namens liegt das große D.O.-Gebiet Tarragona, hier werden sowohl exzellente als auch für den Massengeschmack geeignete Weine produziert. Das Priorat-Gebiet ist klein, genau wie das benachbarte Gebiet Montsant. und liegt etwa 20 km von Cambrils im gebirgigen Hinterland. Die Weine werden als gehaltvoll eingestuft, ebenso die der D.O. Terra Alta. Im Norden der Costa Brava liegt das D.O.-Gebiet Ampurdán – Costa Brava. Mit einer Anbaufläche von etwas weniger als 3000 ha liegt es größenmäßig eher im unteren Bereich, das Hauptgebiet befindet sich in der Gegend von Calonge und Perelada.

Guten Appetit!

373cd_jf

### Sekt

Katalonien ist berühmt für seinen Sekt, den **Cava.** Angebaut wird Cava im Hinterland der Costa Daurada in der Gegend von Sant Sadurní. Es gibt sehr verschiedene Marken sowie Qualitäten, und es ist durchaus nicht gleichgültig, welche Flasche man trinkt, wenn auch unter dem Sternenhimmel so manches verschwimmt.

Ein Blick auf das **Flaschenetikett** verrät eine ganze Menge. Anhand dreier Begriffe kann man die Qualität ganz gut einschätzen. Auf dem Etikett darf zunächst einmal der Begriff „Cava" nur dann erscheinen, wenn die traditionelle Methode der Lagerung und des Anbaus eingehalten wurde, nämlich die Flaschenfermentierung. Die Lagerung und der Reifeprozess müssen mindestens neun Monate betragen. Wenn *reserva* auf dem Etikett steht, hat Cava eine Reife von 30 bis 48 Monaten, Reifeprozesse von bis zu fünf Jahren berechtigen zum Tragen der Auszeichnung *gran reserva.*

Der **Zuckergehalt** wird in Gramm pro Liter angegeben.

- *dulce* („süß"): mehr als 50 Gramm.
- *semi-seco* („halbtrocken"): 33 bis 50 Gramm.
- *seco* („trocken"): 12 bis 20 Gramm.
- *brut* (etwa: „rein"): maximal 15 Gramm.
- *extra brut:* bis maximal 6 Gramm.
- *brut nature:* Bezeichnet Cava, dem kein Zucker zugeführt wurde. Der Zuckergehalt (maximal 3 Gramm) stammt nur aus den Trauben.

038kk jf

Zwischenmahlzeit:
Mini-Hamburguesa mit einem Bierchen

## Mahlzeiten und Mahl-Zeiten

Das **Mittagessen,** *la comida,* wird recht spät eingenommen, zwischen 14 und 15 Uhr, und das **Abendessen,** *la cena,* nie vor 20 Uhr, meist zwischen 21 und 22 Uhr. Dann versammelt sich die ganze Familie um den Tisch, und es werden Ereignisse des Tages besprochen. Bei diesen Zusammenkünften geht es immer recht laut und lebhaft zu. Abendessen wird in einem spanischen Restaurant nirgends vor 20 Uhr angeboten, Ausnahmen werden natürlich in den Touristenorten gemacht. Dort hat man sich auf die Bedürfnisse der Nordeuropäer eingestellt und serviert ab etwa 17 Uhr warme Gerichte. Aufgrund des späten Abendessens verspüren die Spanier morgens keinen sonderlich großen Hunger, sodass das **Frühstück** spärlich ausfällt. Wer trotzdem gerne morgens üppig frühstücken möchte, kann in den meisten Bars kleine **Tapas** (unterschiedlich belegte Häppchen) in Unmengen verzehren! Da die Spanier bis 14 Uhr auch hungrig werden, essen sie die Tapas zur Überbrückung. Als Tapa werden unter anderem angeboten: Salate wie z.B. *ensaladilla rusa,* eine Art Kartoffelsalat, *tortilla,* Kartoffelomelett, *empanada,* Fladen gefüllt mit Fleisch, *albóndigas,* Fleischklöße in Tomatensoße. Die besten Tapas bzw. die größte Auswahl gibt es traditionell in baskischen Bars.

### Einen Kaffee, bitte!

- **Cafè amb llet** ist ein Milchkaffee, der normalerweise zum Frühstück getrunken wird und etwa hälftig aus Kaffee und Milch besteht.
- **Un gran** („ein Großer") ist ein größerer Milchkaffee, der meist im Glas (katalanisch: *en got*) serviert wird.
- **Cafè sol** ist ein Espresso, man bekommt einen schwarzen Kaffee in einer kleinen Tasse.
- **Un tallat** ist ein Kaffee mit wenig Milch (auf Spanisch: *cortado*).
- Nach dem Essen wird in der warmen Jahreszeit gerne ein **cafè** oder **tallat amb gel** bestellt, ein Kaffee mit Eis. Der Kaffee kommt schwarz, dazu wird ein Extraglas mit Eiswürfel serviert, in das dann der Kaffee gegossen wird.
- **Un cigaló** ist ein Kaffee, der mit einem alkoholischen Schuss gestärkt wird, z.B. mit Brandy (im Winter) oder mit Baileys.
- Wer lieber eine heiße Schokolade wünscht, bestellt **xoxolata calenta,** die meist ziemlich dickflüssig und süß daherkommt.

## Lokalitäten

### Bar

In jedem noch so kleinen Dorf findet man wenigstens eine Bar. Darunter darf man sich aber keinen Nachtclub vorstellen, sondern eher eine **Mischung aus Eckkneipe und Café.** Die Gäste drängeln sich am Tresen, um ein Gläschen zu trinken und eine Kleinigkeit zu essen. Die meisten verweilen aber nicht lange, sodass die wenigen Sitzplätze selten in Anspruch genommen werden.

### Cafetería

Unter einer Cafetería darf man sich wiederum kein stilvolles Kaffeehaus vorstellen, in dem Kellner Tabletts mit Kaffee und Cognac durch rauchgeschwängerte Luft balancieren. Eine Cafetería ist ein **schlichtes Lokal,** das sich meist nur durch andere Öffnungszeiten von einer Bar unterscheidet.

Die Cafetería ist ebenso wie die Bar mit einem langen Tresen, grellem Neonlicht, einigen wenigen Tischen und einem meist ununterbrochen laufenden Fernseher ausgestattet. Als entscheidender Unterschied kann in der Cafetería ein kleines Mittagessen eingenommen werden, was nicht in jeder Bar möglich ist.

### Restaurant

Ein Restaurant dient im Unterschied zu Bar und Cafetería der gemütlichen Nahrungsaufnahme. Selten wird hier nur schnell ein Glas am Tresen gekippt, man setzt sich für einen längeren Zeitraum an den Tisch. Mittags gibt es meist ein *menú del día* (Tagesgericht), das billiger als die sonstigen Hauptgerichte ist. Mittagessen gibt es ab 14 Uhr, manchmal auch schon ab 13.30 Uhr.

254cd_sm

## Lokal-Knigge

### Platzsuche

Wer ein **Restaurant** betritt, setzt sich nie direkt an einen freien Tisch, sondern wartet zunächst im Eingangsbereich. Ein Kellner wird kommen, nach der Personenzahl fragen und dann Tischvorschläge unterbreiten. Sollten alle Tische besetzt sein, wird man gebeten, einen Moment an der Bar zu warten. Niemals selbst zu einem Tisch gehen und fragen: „Ist hier noch frei?", auch dann nicht, wenn nur eine Person einen Riesentisch okkupiert!

In spanischen **Bars und Cafeterías** stellt man sich an den Tresen. Der Kellner nimmt die Neuankömmlinge garantiert wahr, fragt nach den Wünschen und findet ein Plätzchen am Tresen. Sodann wird der Tresen an dieser Stelle geputzt, dann kommen auch schon Speis und Trank. Wer an einem Tisch Platz nimmt, wartet zwar auch nicht länger, zahlt aber mehr. Und noch ein wenig teurer ist es draußen auf der Terrasse.

### Bezahlen

Die **Preisliste** muss in allen Gastronomiebetrieben aushängen. Zwar findet man die Liste häufig erst nach intensivster Suche, aber es gibt sie immer. In Bars und Cafés, aber auch in manchen Restaurants findet man auf der Preisliste unter den Worten *barra* und *mesa* zwei **ver-**

⌃ Ein Getränk zwischendurch: Kleine Pause bei Pinotxo in der Boquería in Barcelona

**schiedene Preise.** Das Getränk am Tresen, an der *barra,* zu bestellen und zu verzehren ist immer billiger als am Tisch *(mesa).* Einige Lokale haben noch einen dritten Preis, den man auf der Terrasse *(terraza)* zahlt. Der Terrassenpreis ist immer der teuerste, da der Kellner den weitesten Weg zurückzulegen hat.

Der **Ablauf** des Bezahlens ist immer gleich, egal, ob in einer kleinen Bar oder in einem feinen Restaurant. Ein Gast bittet den Kellner um die Rechnung („la factura si us plau"). Die kommt dann auch, und zwar ausgestellt für **alle Gäste,** einzeln wird nicht abgerechnet. Der Kellner bringt die Rechnung auf einem kleinen **Tellerchen,** stellt dieses auf den Tisch und entfernt sich zunächst wieder. Nun wird das Geld auf den Teller gelegt und nach einer gewissen Frist erscheint der Kellner erneut und holt den Teller mit dem Geld unter einem „gracias" ab. Kurze Zeit später kehrt er zum Tisch zurück, bringt das Tellerchen abermals, diesmal mit dem Wechselgeld, und entfernt sich wieder. Nun kann der Gast das Wechselgeld einstecken, und ein bestimmter Betrag bleibt als **Trinkgeld** auf dem Teller liegen. Dieser verbleibt auf dem Tisch, bis die Gäste gegangen sind. Erst dann kehrt der Kellner letztmalig zurück, räumt den Tisch ab und nimmt nun auch das Trinkgeld-Tellerchen mit.

Hier kostet das Mittagsmenü 10,90 €

306cd_jf

# Feiertage, Feste und Events

Jeder Ort feiert seine eigenen Feste, nicht nur das des jeweiligen Ortpatrons, sondern auch weitere, die meist uralten Traditionen entspringen. Unter den jeweiligen Ortsbeschreibungen sind die wichtigsten lokalen Festivitäten aufgeführt. Hier ein paar generelle Anmerkungen zu den wichtigsten Festen. Einige Bestandteile finden sich aber bei nahezu allen Festen, deshalb auch eine Kurzbeschreibung, was sich hinter *els castellers, correfoc, sardana* und *gegants* verbirgt.

## Els Castellers

Die **„Menschentürme“** *(castellers)* symbolisieren den Gemeinschaftssinn der Katalanen. Um einen Menschenturm zu errichten, bedarf es Kraft, Gleichgewicht, Mut und eben Gemeinschaftssinn, alles, was man Katalanen als Charaktereigenschaften nachsagt.

Ausgehend von einer starken Basis, bestehend aus Dutzenden von Männern, wird die erste Ebene des Turms gebildet. Von den vielen Händen der Basis gestützt, steigen die ersten auf, bilden einen Stamm durch vier oder manchmal auch nur durch zwei Männer. Auf die Schultern derjenigen, die die erste Etage bilden, klettern weitere kräftige Männer, stellen sich auf die Schultern der jeweils unten stehenden. Darauf klettern wieder andere und so fort. Je höher der **Turm wächst,** desto kleiner werden die Kletterer. Zum Schluss krabbeln nur noch Kinder oder junge Mädchen katzengewandt hoch. Auf diese Weise bilden sich Menschentürme. Alle Beteiligten müssen zum Gelingen beitragen und sich gegenseitig stützen. Patzt einer, kracht der ganze Turm zusammen, und alle stürzen zu Boden.

cd_018 jf

Menschenturm im Entstehen

*Castellers* sind ungemein beliebt. Speziell in **Tarragona,** aber auch in Valls wird die Tradition gepflegt, angeblich stammen von dort auch heute noch die besten „Baumeister".

Gute Gruppierungen schaffen es, *castellers* von neun **Etagen** zu errichten, aber auch schon sechs Ebenen gelten als hervorragende Leistung. Die erste Ebene wird *pinya* (Ananas) genannt; sie besteht aus vielen Körpern und Händen, die dicht gedrängt die Hochkletternden ertragen müssen (und auch eventuelle Stürze). Die Spitze wird von zwei mutigen, aber schmächtigen Kindern gebildet, dem *aixecador* (Vorletzter, der sich oben quer hinlegt) und dem *anxaneta* (der Letzte, der auf den Liegenden klettert und sich aufrichtet). Den Stamm bilden kräftige Männer, entweder stehen auf jeder Etage vier oder nur zwei, immer auf den Schultern der jeweils unter ihnen Stehenden. Jeder muss das Gleichgewicht halten und das Gewicht der folgenden Etage ertragen.

Ein ganz besonders diffiziler Turm ist ein **torre de cinc,** bei dem fünf Etagen entstehen, aber jeweils nur durch eine Person pro Etage. Diese Formation gilt aber als äußerst schwierig. Normal wären **quatre de vuit** (mehrere Etagen mit je vier Personen), wobei die untere Ebene, die alles stützt (die *pinya*) als erste Ebene zählt. Dann folgen vier Ebenen, auf denen jeweils vier Personen stehen. Die sechste wird aus zwei Personen gebildet *(les dosos),* die schließlich den *aixecador* (siebente Ebene) tragen. Die

▷ Festlich geschmücktes Tarragona

▽ Gegants tanzen auf einem Fest

cd_019 jf

289cd jf

Krönung ist der *anxaneta,* der ganz oben steht, immerhin in gut 10 m Höhe.

Die zweite Version gilt als noch schwieriger, ein **Castell dos de nou amb folre i manilles.** Dabei trägt die *pinya* (Basis) eine zweite *pinya,* die *folre* genannt wird und nur etwas dünner ausfällt. Gar eine dritte *pinya* wäre *manilles.* Erst darauf, ab der vierten Etage, stehen dann einzelne Personen als Stamm, in diesem Fall aber nur jeweils zwei. Die Krönung wären auch hier wieder die beiden Kinder an der Spitze.

Perfekt ist die Figur, wenn die Beteiligten nach Vollendung wieder hinunterklettern können.

## Correfoc

Bei manchen Feierlichkeiten wird ein *correfoc* veranstaltet (wörtlich: „Lauffeuer“), eine Art **Feuerwerk auf Rädern.** Feuerspeiende Figuren, Drachen oder Teufel ziehen dann durch die Straßen, werfen Knallkörper oder lassen bengalische Feuer sprühen und veranstalten einen Heidenkrach. Dann erscheint *Sant Jordi,* der Drachentöter, und macht den Krawallbrüdern den Garaus.

## Gegants

Die Darstellung der **Riesen** *(gegants)* ist weit verbreitet, es gibt kaum eine Ortschaft, wo man sie nicht zu bestimmten Festen durch die Straßen tanzen lässt. Es handelt sich um täuschend echt gebaute riesige Figuren von teilweise vier Meter Höhe, die wichtigen Persönlichkeiten der Ortschaft nachempfunden sind. Oftmals wurden auch nur die Köpfe überdimensional groß gestaltet, was besonders irreal ausschaut, wenn diese körperlosen Köpfe durch die Straßen schweben.

Die Figuren der *gegants* werden auch tänzerisch bewegt, was mühsame Arbeit bedeutet. Immerhin können die Träger nur durch eine kleine Öffnung in „Bauchhöhe“ gucken, müssen das Gleichgewicht der Figur halten und dabei auch noch halbwegs sinnvolle Bewegungen machen, wahrlich keine leichte Aufgabe.

cd017 jf

## Sardana

Eine Sardana ist weit mehr als ein Volkstanz, sie ist, ebenso wie *els castellers,* ein Symbol für den katalanischen Gemeinschaftssinn. Bei dem **Gemeinschaftstanz** stellen sich die Tänzer im Kreis auf, fassen sich an den Händen und tanzen eine bestimmte Schrittfolge. Die Hände werden zumeist in Kopfhöhe gehalten, wandern aber auch mal im Takt mit nach unten. Man bewegt sich dabei ganz langsam im Kreis. Die Füße tippen in einer genau festgelegten Abfolge auf den Boden, werden übereinander gesetzt, einen Schritt weiter platziert, immer im Rhythmus der Musik. Eine Kapelle *(cobla)* gehört auch dazu, in der Bläser dominieren.

Der Tanz sieht spielerisch leicht aus, wird aber absolut ernsthaft betrieben. Diktator *Franco* war der Tanz einst so suspekt, dass er ihn verbieten ließ, wie alles, was ihm katalanisch vorkam. Aber natürlich wurde die Tradition trotzdem bewahrt. Heute finden Sardana-Tänze auf fast jedem Dorffest in Katalonien statt und sogar in der Weltstadt Barcelona, nämlich jeden Sonntag ab 12 Uhr für 2 Stunden vor der Kathedrale.

⌃ Sardana am Strand

## Setmana Santa

Die **Osterwoche,** auf Katalanisch Setmana Santa („Heilige Woche") wird mit **Prozessionen und Umzügen** begangen, organisiert mehrheitlich durch religiöse Bruderschaften, aber auch z.B. durch Studenten oder bestimmte Berufsgruppen. In **Tarragona** findet am Karfreitag eine besonders prachtvolle Prozession statt, eine Mischung aus religiöser Andacht, Bußgang, Drama und farbenfrohem Spektakel. Die Bruderschaften ziehen durch die Straßen und bewegen ein schweres Gestell, auf dem ein Teil der Leidensgeschichte Jesu dargestellt ist.

Einige dieser Prozessionen werden schweigend abgehalten (vor allem diejenigen am Karfreitag), oft aber werden sie von einer Musikkapelle begleitet, die getragene Melodien spielt. Immer wieder kommt dann der ganze Umzug zum Stehen, wenn jemand voller Emotionalität und aus tiefstem Herzen ein Loblied **(Saeta)** singt. Begleitet werden die Umzüge auch von **Nazarenos,** Büßern, die in knöchellangen Trachten mit spitz zulaufenden Kapuzen gehen, die das Gesicht verbergen. Die Prozessionen folgen einem strengen Fahrplan und führen durchs Stadtzentrum. Viele Menschen warten hier stundenlang auf den Vorbeimarsch der Prozessionen, es werden Stühle und sogar Balkone vermietet.

## Fiestas (katalanisch: festes)

Jeder Ort feiert irgendwann sein **Fest zu Ehren des Ortspatrons.** Im Grundsatz laufen diese Fiestas immer ähnlich ab. Nach einer Messe wird das Bildnis der Patronin oder des Patrons in einer Prozession durch die Straßen getragen, und die Bewohner gehen hinterher. Je nach Ausrichtung werden diese Umzüge mal feierlich, mal feucht-fröhlich gehalten. Aber ohne Ausnahme findet abends eine Fiesta statt, die die ganze Nacht dauert.

## Wallfahrten

Ähnlich verläuft eine *romería.* Im ursprünglichen Wortsinn sind das Wallfahrten zu Ehren von bestimmten Heiligen. Am berühmtesten dürfte die **Pfingstwallfahrt nach El Rocío** sein, einem kleinen Dorf in Andalusien, im Südwesten Spaniens. In tagelangen Märschen wandert eine riesige Zahl von Pilgern von Sevilla aus dorthin, manches Jahr sind es etwa 100.000 Menschen,

### Gesetzliche landesweite Feiertage

- 1. Januar: **Año Nuevo,** Neujahr
- 6. Januar: **Día de Reyes,** Heilige Drei Könige
- Gründonnerstag: **Jueves Santo**
- Karfreitag: **Viernes Santo**
- 1. Mai: **Día del Trabajo,** Tag der Arbeit
- 25. Juli: **Santiago Apóstol,** Sankt Jakobus
- 15. August: **Fiesta de la Asunción,** Mariä Himmelfahrt
- 12. Oktober: **Día de la Hispanidad,** Tag des Spaniertums; heute auch **Fiesta Nacional** genannt.
- 1. November: **Todos los Santos,** Allerheiligen
- 6. Dezember: **Día de la Constitución,** Tag der Verfassung
- 8. Dezember: **Purísima Concepción,** Tag der Unbefleckten Empfängnis
- 25. Dezember: **Navidad,** Weihnachten.

Im Gegensatz zu fast allen anderen spanischen Regionen feiert man in Katalonien sowohl Ostermontag als auch den zweiten Weihnachtstag.

### Feiertag der autonomen Region Katalonien

- 11. September: **La Diada**

nach anderen Quellen sollen es sogar bis zu einer Million sein!

Besonders spektakulär fallen die Wallfahrten zu Ehren der Virgen del Carmen aus, die **Meeresprozessionen,** die auch in vielen katalanischen Dörfern stattfinden.

## Besondere lokale Feste

### Habaneras in Calella de Palafrugell

Als Habaneras werden **melancholische Lieder** bezeichnet, die ursprünglich in den Kneipen von La Habana (Havanna auf Kuba) von Auswanderern gesungen wurden. Dort stimmte man sie aus Melancholie oder Heimweh an oder weil das Wetter zu stürmisch zum Fischen war. Begleitet wurden diese Gesänge von einem Akkordeon und mitunter von einer Gitarre. Das gilt im Prinzip noch heute, nur sind aus den spontanen Kneipengesängen mittlerweile semiprofessionelle Gruppen entstanden. Diese treten auf den wichtigsten Festen in Katalonien auf, aber Calella de Palafrugell gilt als die Hauptstadt der Habaneras. Dort findet einmal im Jahr, im **Juli,** ein glanzvoller Auftritt der besten Musiker statt, auf ei-

# Ein Drachentöter, eine Rose und ein Buch

Der Tag des Drachentöters ist zugleich der Tag der Liebenden. Am 23. April wird nämlich nicht nur des heiligen Georg, auf Katalanisch Sant Jordi, des Schutzpatrons von Barcelona, gedacht. An diesem Tag schenken sich Freunde, Verwandte und Liebende nach alter Sitte ein Buch und eine Rose. Wie diese beiden Daten zusammengewebt wurden, ist nicht ganz klar. Um Sant Jordi und seinen Kampf gegen einen Drachen ranken sich verschiedene Legenden, seit 1456 gilt er jedenfalls als Schutzpatron von Barcelona.

Buch und Rose kommen erst sehr viel später ins Spiel. Anfang des 20. Jh. wollte man einen Feiertag zu Ehren von *Miguel Cervantes,* des Schöpfers von „Don Quichote", und ganz allgemein zu Ehren der Literatur schaffen. Aber wie das so ist, man verhedderte sich in Gremien und Daten, bevor der 23. April als Tag des Buches festgelegt wurde. Zufälligerweise ist es der Todestag von *Cervantes.* Und die Rose? Die verschenkten die Katalanen schon immer, als Zeichen der Zuneigung und um den Frühling zu begrüßen.

Heute fällt nun alles zusammen und hat sich zu einem dicken Geschäft entwickelt. Vor allem die Straßen von Barcelona werden vollgestellt mit kleinen Kiosken, Tischen und Verkaufsständen. Zu finden ist nur eine Ware: Bücher, Bücher, Bücher. Mittlerweile werden zum 23. April genauso große Umsätze erzielt wie zu Weihnachten. Manche Verlage planen ganz gezielt das Erscheinen eines möglichen Bestsellers zu diesem Termin. Im Jahr 1995 wurde der 23. April dann gewissermaßen noch geadelt, als die UNESCO diesen Tag zum Welttag des Buches erklärte. Ein würdiges Datum, ist der 23. April doch nicht nur der Todestag von *Cervantes,* sondern auch der von *Shakespeare.*

834cb sm

ner extra am Meer zwischen dümpelnden Fischerbooten errichteten Bühne. Mittlerweile ein Spektakel, das Tausende anlockt.

### Feuerwerkswettbewerb in Blanes

Ein weltweit einmaliges Spektakel, so schätzen es die Betreiber selbst ein. Am Ende des Festes zu Ehren der Santa Ana in der **zweiten Julihälfte** findet ein dreitägiger Wettbewerb um das schönste Feuerwerk statt. Anlässlich dieses Wettstreits wird der Preis der Stadt Blanes vergeben. Eine Jury bewertet bei jedem Feuerwerk die Farbenpracht.

### Blumenwettbewerb in Girona

Gärtnerische Gestaltungskunst ist bei der Ausstellung **Temps de Flors** („Zeit der Blumen“) in der **zweiten Maihälfte** gefragt und formt sich, wie es in einem Prospekt so schön heißt, „zu einem Wunderwerk der Sensibilität“. Die ganze Altstadt verwandelt sich dabei in ein Meer aus Blumen. Sehr sehenswert, aber auch immer sehr voll.

### Karneval in Palamós und Roses

Palamós gilt als die Nummer drei in Spanien in Sachen Karnevalsfeiern und prachtvollen Umzügen (den schönsten gibt es auf Teneriffa, dann folgt Cádiz). Zu *Francos* Zeiten waren diese Feierlichkeiten verboten, jetzt werden sie dafür umso heftiger nachgeholt. Auch in Roses finden tolle Umzüge statt.

# Geld

→ Notfälle

## Euro

Der Euro wird „e-uro“ ausgesprochen, während Cent als *centimos* bezeichnet werden, ein Begriff, den die Spanier noch aus der Peseten-Vergangenheit kennen.

Die Osterprozession in Girona

## Kaufkraft

Ein Billig-Reiseland ist Spanien nicht. Vereinzelte Produkte sind preiswerter als bei uns, aber bei der Kalkulation des Urlaubsbudgets sollte man ruhig von **heimatlichen Preisen** ausgehen.

## Geldkarten

In jeder Stadt findet sich heute ein **Geldautomat,** hier kann jedermann mit seiner **Bankkarte** Geld ziehen. Die Geheimnummer (PIN) eintippen und als nächsten Schritt die Sprache wählen, dann folgen alle weiteren Anweisungen auf Deutsch. Viele der Automaten sind außerhalb einer Bank direkt an der Straße angebracht. Sicherer aber ist das Geldabheben im kleinen Vorraum einer Bank, wo es meist auch Automaten gibt. Dazu muss oftmals die Tür mithilfe der Bankkarte geöffnet werden (Karte durch einen Schlitz ziehen). Die Kunden machen dann für gewöhnlich die Tür wieder hinter sich zu und können in Ruhe und sicher das Geld abheben.

Wie hoch die **Kosten für die Barabhebung** sind, variiert je nach kartenaustellender Bank und je nach Bank, bei der die Abhebung erfolgt. Man sollte sich daher vor der Reise bei seiner Hausbank informieren, mit welcher Bank sie vor Ort zusammenarbeitet und auch z.B. bei www.geld-abheben-im-ausland.de die Konditionen für die Kreditkarten vergleichen, mit denen man im Ausland gebührenfrei Bargeld abheben kann.

**Schweizer** sollten darauf achten, dass sie am Geldautomaten den Betrag immer **in Euro abbuchen lassen** und nicht in Schweizer Franken. Bei Letzterem wird die Dynamic Currency Conversion zugrunde gelegt, die erhebliche Kosten verursachen kann; bei Abbuchung in Euro wird hingegen der günstigere, offizielle Devisenkurs der eigenen Bank zugrunde gelegt.

Mittlerweile kann man in Spanien fast überall **bargeldlos zahlen,** auch kleine Beträge, ob in Läden, Bars, Cafés, Dönerbuden oder am Bahnhof beim Ticketkauf. Es funktioniert mit Kreditkarte praktisch immer, mit Geldkarten nicht ganz so selbstverständlich. Für die Zahlung darf die Hausbank innerhalb der Euro-Länder keine Gebühr für den Auslandseinsatz veranschlagen (für Schweizer wird ein Entgelt von 1–2 % des Umsatzes berechnet).

Wer mit seiner normalen Bankkarte (statt einer Kreditkarte) im Ausland zahlt, nutzte dafür bisher meist den **Maestro- oder VPAY-Standard** (zu erkennen am entsprechenden Zeichen auf der Karte). Diese von den Kreditkartenfirmen Mastercard und Visa angebotenen Systeme **laufen aus** und werden durch die neuen Standards **Mastercard debit** und **Visa debit** ersetzt. Bankkunden erfahren das in der Regel dadurch, dass ihnen eine entsprechende neue Karte ausgestellt wird. Ob die neuen Karten dann schon überall funktionieren, lässt sich zurzeit noch nicht sagen. Im Zweifel erkundigen Sie sich vor der Reise bei Ihrer Bank.

⊡ Vorsicht, Sonnenbrandgefahr!

# Gesundheit

## Gesetzliche Krankenversicherung

Die gesetzlichen Krankenkassen von Deutschland und Österreich sowie der Schweiz garantieren eine Behandlung auch im akuten Krankheitsfall in Spanien, wenn die medizinische Versorgung nicht bis zur Rückkehr warten kann. Als Anspruchsnachweis gilt die **Europäische Krankenversicherungskarte,** die man von seiner Versicherung erhält.

Im Krankheitsfall besteht ein Anspruch auf ambulante oder stationäre Behandlung nur in einem Gesundheitszentrum und in staatlichen Krankenhäusern. In Spanien hat die staatliche Sozialversicherung **Gesundheitszentren** eingerichtet, die in allen Bezirken ansässig sind. Die Behandlung durch einen Arzt dieser Gesundheitszentren erfolgt kostenfrei. Ein Facharzt kann nur mit einer Überweisung aufgesucht werden. Freie Arztwahl, so wie wir es kennen, besteht nicht.

### Trinkwasserqualität

Das **Leitungswasser** in Katalonien ist trinkbar, schmeckt aber oft leicht nach Chlor, was gewöhnungsbedürftig ist.

Da die Leistungen nach den gesetzlichen Vorschriften im Ausland abgerechnet werden, kann man gebeten werden, zunächst **die Kosten der Behandlung** selbst zu tragen. Obwohl bestimmte Beträge von der Krankenkasse hinterher erstattet werden, kann ein Teil der finanziellen Belastung beim Patienten bleiben und zu Kosten in kaum vorhersagbarem Umfang führen. Eine **Zahnbehandlung** fällt nicht (!) in den Leistungskatalog der spanischen Sozialversicherung, muss also selbst bezahlt werden.

Deshalb wird der Abschluss einer **privaten Auslandskrankenversicherung** dringend empfohlen. Bereits privat Versicherte (u.a. Schweizer) sollten prüfen, ob ihre private Krankenversicherungsgesellschaft die vollständige Auslandsdeckung auch in Spanien garantiert.

cd019 jf

**Zur Erstattung** der Kosten benötigt man **Quittungen** (mit Datum, Namen, Bericht über Art, Kosten und Umfang der Behandlung und Medikamente).

Mitglieder des ADAC können unter Tel. 0049-89767676 erfragen, wo sich in der Nähe des Urlaubsortes ein **deutschsprechender Arzt** findet; die Liste kann man auch vorab anfordern. Eine solche Liste bekommt man als ÖAMTC-Mitglied unter Tel. 0043-12-512020.

# Mit Haustier unterwegs

## Hund und Katze

Die Einfuhr von Haustieren ist prinzipiell erlaubt. Bei Anreise im **Flugzeug** werden mitgeführte Tiere bis zu 5 kg in der Passagierkabine mitgenommen, Tiere mit einem höheren Gewicht im Laderaum. Der Preis richtet sich in der Regel nach den Tarifen für Übergepäck. Blindenhunde werden meist kostenlos transportiert. Eine Voranmeldung bei der Fluggesellschaft ist wichtig, da die meisten Airlines nur maximal zwei Haustiere pro Flug mitnehmen.

Für EU-Länder gilt, dass man eine **Tollwutschutzimpfung** und einen **EU-Heimtierausweis (Pet Passport)** für Hund oder Katze haben muss. Dieser gilt in allen EU-Staaten und im Nicht-EU-Land Schweiz und kostet 15–25 € (zuzüglich der Kosten für Impfungen und Untersuchung). Zudem muss das Tier mit einem **Microchip** gekennzeichnet sein.

Für die Mitnahme von Hunden nach Spanien gelten strenge Richtlinien

075kk ah

# Information

Die meisten der in diesem Reiseführer vorgestellten Orte haben ein eigenes **Touristenbüro,** die Adresse wird im Infokasten vor der Ortsbeschreibung angegeben. Wer allgemeine **Infos zu dem jeweiligen Ort** möchte, wird hier gut bedient.

Viele Ferienorte haben ihre **Homepage in katalanischer Sprache** eingerichtet, und man muss schon ein wenig suchen, um den Schalter zum Umstellen auf Englisch oder Spanisch zu finden.

Wer ganz allgemeine Auskünfte einholen möchte, kann über **www.spain.info** Prospekte bestellen. Für spezielle Rückfragen kann man auf der Website das Kontaktformular ausfüllen.

### Katalanisches Info-Büro in Deutschland

- **Katalonien Tourismus,** Palmengartenstr. 6, 60325 Frankfurt/M., Tel. 069 74224873, www.katalonien-tourismus.de. Dieses Büro gibt Informationen zur spanischen Region Katalonien.

### Internet

- **www.spain.info**
Homepage des spanischen Fremdenverkehrsamtes.
- **www.costadaurada.org**
Allgemeine Tipps zur Küste, mit praktischen Tipps, auch auf Deutsch.
- **www.tourspain.es**
Ausführliche Seite mit Infos zu ganz Spanien, u.a. mit breitem Unterkunftsverzeichnis.

# Mit Kindern unterwegs

Die schönen, breiten Sandstrände und die felsigen Buchten Kataloniens werden sicher auch die lieben Kleinen begeistern. Noch mehr Urlaubsvergnügen bieten folgende Unternehmungen, an denen wohl die ganze Familie ihren Spaß haben dürfte.

## Costa Brava

### Vergnügungsparks

In **Roses** und in **Platja d'Aro** liegen zwei Vergnügungsparks, die auf die Wünsche der kleinen Menschen eingerichtet sind.

353cd sm

[>] Informationen lassen sich an vielen Orten einholen

Keine riesigen Freizeitparks mit spektakulären Angeboten, aber gleichwohl mit einem bunten Programm.

## Badelandschaften

Klarer Fall, im Mittelmeer zu planschen kann ganz schön langweilig sein, da hilft ein Besuch in einer Freizeit-Badelandschaft, wo die lieben Kleinen mit Juchhe die verschlungenen Rutschen hinuntersausen können – und die Eltern gleich hinterher. In folgenden Orten zu finden: **Roses, Platja d'Aro, Lloret, Blanes.**

## Gokart-Bahnen

Etwas größere Kinder könnten auch eine Gokart-Bahn besuchen und ein paar Runden drehen, das wird bestimmt auch den Papi locken. Bahnen gibt es in **Roses, Platja d'Aro, Lloret** und **Blanes.**

## Bootstouren

Eine Bootstour entlang der wilden Küste von **L'Estartit** oder von **Tossa** finden sicherlich auch die Kleinen spektakulär, besonders wenn die Tour auf einem Glasbodenboot stattfindet und man so schön Fische angucken kann. Auch eine Möglichkeit wäre, auf einem Elektroboot durch die vielen Kanäle von **Empúriabrava** zu schippern.

## Spielzeugmuseum

In **Figueres** befindet sich ein Museum für Spielzeug. Wenn die Großen sich *Dalís* versponnene Welt gönnen, dürfen die Kleinen ihre Fantasien im **Museu dels Joguets** wiederfinden.

Vor dem Planschen ist Schleppen angesagt

296cd_jf

## Costa Daurada

### Aquópolis

Das Aquópolis ist ein Badepark mit mehreren Schwimm- und Spaßbädern und vor allem mit etlichen Rutschen. Zu finden in **La Pineda.**

### Ecomuseu

Museen sind oft anstrengend für Kinder, in diesem aber kann man in einem speziell eingerichteten Häuschen Wasservögel hautnah beobachten. Das Museum liegt in **Deltebre** im Ebro-Delta.

### Port Aventura

Europas zweitgrößter Freizeitpark bietet ein sattes Programm, sechs thematisch unterschiedliche Bereiche werden vorgestellt (z.B. „Polynesien" oder „Mexiko"), außerdem gibt es neben Showprogrammen auch spektakuläre Fahranlagen. Zu finden ist der Park bei **Salou.**

### Schiffstouren

Von **Salou** schippern Ausflugsboote nach Tarragona bzw. nach Süden entlang der Küste bis Cambrils und auch in umgekehrter Richtung.

Schiffstouren können auf dem Ebro, Spaniens zweitlängstem Fluss, unternommen werden. Die kurzen (45 Min. bis 1½ Std.) starten in **Deltebre,** einem kleinen Ort mitten im Delta, die längeren (4–5 Std.) in **Amposta.**

### Bummelbahn

Mehrere Orte lassen eine kleine Bimmelbahn auf Rädern durch die Straßen fahren, in Roses an der Costa Brava gibt es sogar Touren in die umliegende Landschaft.

### Museum für Dampflokomotiven

Das in **Vilanova i la Geltrú** gelegene Museum für Dampflokomotiven lässt sowohl die Herzen der Kleinen als auch die der Papis höher schlagen.

cd020 sm

> Da staunen kleine Urlauber: Kinder bilden die Spitze der traditionellen Menschentürme

# Klima und Reisezeit

→ Reisegepäck und Ausrüstung

Im **Juli** und **August** senkt sich eine **Hitzeglocke** über ganz Spanien, in der übrigen Zeit ist das Klima relativ milde. Im Winter dominiert ein nordwestlicher **Wind,** im Sommer ein südwestlicher. Das Klima wird weitgehend vom Wind bestimmt, jede denkbare Windrichtung trägt einen eigenen Namen.

Relativ oft **regnet** es im Herbst und im Frühjahr, allerdings gibt es auch vereinzelte Sommerschauer. Gemessen wurden an der Costa Daurada zwischen 375 und 700 mm Niederschlag im Jahr (im Vergleich Hamburg: 776 mm). An der Costa Brava unterscheidet sich das Klima im Küstenbereich vom nahen Hinterland. Entlang der Küste spricht man von mediterranem Klima (es ist feuchter, unbeständiger, windiger), im Hinterland dagegen von kontinentalem (es ist trockener, beständiger, relativ windstill). Einfluss nehmen auch die **Gebirgszüge,** allen voran die Pyrenäenausläufer, denn hier regnen die Wolken ab. Kein Wunder, dass Kataloniens Norden zu den fruchtbareren Regionen Spaniens zählt.

**Wann also reisen?** Im **Frühjahr** zeigen sich die Temperaturen schon recht freundlich, doch nachts wird's noch frisch, außerdem kommt es vereinzelt zu Schauern. Im **Sommer** wird es wie über-

## Klima

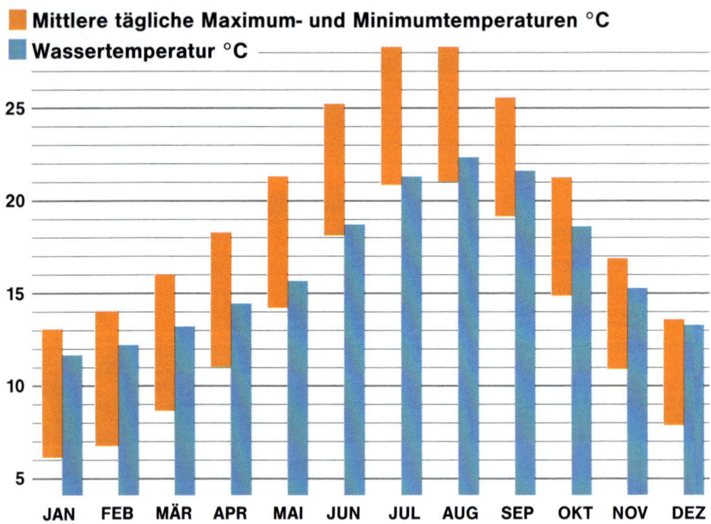

all in Spanien sehr heiß und sehr voll. Speziell im August schaltet das ganze Land einen Gang herunter. Wer da keine reservierte Unterkunft hat, muss mit Problemen rechnen. Im **Herbst** ist es meist noch sehr schön, auch noch ziemlich warm. Die Massen haben sich verzogen, es wird allgemein ruhiger. Die Kellner entspannen sich merklich und zählen die Tage, bis ihre eigenen monatelangen Ferien beginnen. Ab Mitte Oktober schließen nämlich viele Hotels und Restaurants und praktisch alle Campingplätze und öffnen erst im neuen Jahr wieder zu Ostern. Der Herbst hat als Reisezeit also Vorteile, aber auch den Nachteil, dass es manchmal ganz heftig regnet. Der **Winter** wiederum ist nur etwas für Liebhaber von Einsamkeit.

# Kommunikation unterwegs

In Spanien sind alle Telefonnummern neunstellig, eine Festnetznummer beginnt mit einer 9 oder einer 8, Handynummern mit einer 6.

### Vorwahlen von Spanien ins Ausland

- **Deutschland: 0049**
- **Österreich: 0043**
- **Schweiz: 0041**

Nach der Landesvorwahl wird die lokale Vorwahl ohne Null gewählt, dann die Anschlussnummer.

### Nach Spanien

- **0034 + neunstellige Anschlussnummer**

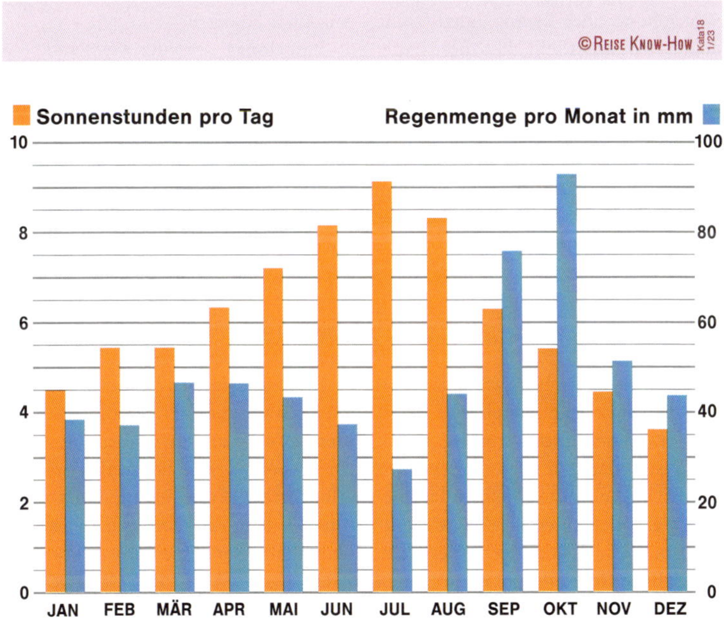

### Handy

Das eigene Mobiltelefon lässt sich **problemlos nutzen.** Im EU-Ausland (für Schweizer gelten diese Regeln noch nicht) zahlt man keine zusätzlichen Roaming-Gebühren, sondern es gelten die **gleichen Tarife wie im eigenen Land,** sofern es sich um eine zeitweilige Nutzung der SIM-Karte im Ausland handelt.

Besonders bei Internetnutzung fährt man dennoch mit **kostenlosen WLAN/WiFi-Verbindungen** zum Schreiben von E-Mails (vor allem mit Anhängen), (Video-)Telefonieren über Skype bzw. Facetime oder auch Teilen von Fotos/Dateien etc. über WhatsApp und andere kostenlose Bericht-Apps sicherlich am günstigsten.

Insbesondere wenn man die kostenlosen WiFi-Netze auf seinem Tablet, Smartphone oder Laptop nutzt, sollte man sich bewusst sein, dass diese in der Regel **nicht geschützt** sind und man darüber z.B. keine sensiblen Anmeldedaten (Bank-Login u.Ä.) eingeben sollte, wenn man sich nicht durch einen zusätzlichen Dienst wie z.B. einen VPN-Anbieter (Virtual Private Network) wie z.B. www.nordvpn.com absichert.

### WLAN

WLAN ist heute in Hotels Standard, sogar auf vielen Campingplätzen findet man drahtlosen Internetzugang. In Lokalen ist es dagegen noch nicht so sehr verbreitet. Die meisten kleinen Bars bieten es gar nicht, Restaurants gelegentlich, aber zum Standard gehört es nicht. **Öffentliche Hotspots** gibt es im großen Stil in Barcelona, Tarragona und Girona.

# LGBT+

Spanien hat in den letzten 30, 40 Jahren eine **gewaltige Transformation** durchgemacht. Hatten in der Zeit der Franco-Diktatur (1939–1975) und weit vor dem EU-Beitritt noch autoritäre Strukturen das Leben bestimmt, gerne auch im Verbund mit dem Klerus, sieht es heute völlig anders aus. Innerhalb von nicht einmal zwei Generationen ist in Spanien sehr liberales Gedankengut eingezogen, was natürlich auch das Selbstbewusstsein von Schwulen und Lesben, ihr öffentliches Auftreten und ihre Akzeptanz betrifft. Heute findet man in vielen (zumindest größeren) spanischen Städten Gay-Bars und eine sich ganz offen zeigende Community, gleichgeschlechtliche Paare können sich ohne Bedenken im Alltag bewegen.

**Barcelonas** schwule Gemeinde ist überwiegend im „Gayxample“ zu Hause – ein überschaubares Gebiet des Stadtteils **Eixample.** Konkret gemeint ist damit die Gegend innerhalb der begrenzenden Straßen Gran Vía, c/Balmes, c/Consell de Cent und c/Cervantes. Die Gay-Community trifft sich vornehmlich um die Straße Carrer del Consell de Cent. Dort gibt es einige Lokale und auch Unterkünfte, die speziell auf Homosexuelle ausgerichtet sind.

Die Stadt **Sitges** an der Costa Daurada ist der wahrscheinlich bekannteste Treff der Gay-Community von ganz Spanien. In den Sommermonaten treffen sich hier Hunderte von schwulen Männern, um ihren Urlaub zu verbringen. Aber auch außerhalb der Hochsaison kommen Gays schon seit Jahrzehnten gerne nach Sitges. Interessant ist, dass sie den klei-

056kk jf

nen Ort aber dennoch nicht dominieren. Natürlich gibt es auch viele spezielle Kneipen für die Gays, sie prägen aber nicht das Ortsbild. Noch immer verbringen hier auch Familien ihre Ferien, beide Gruppen urlauben friedlich nebeneinander. An der **Costa Brava** gibt es mit **Lloret de Mar** nur einen bekannteren Ferienort, an dem sich die Gay-Gemeinde versammelt, vor allem am Strand Platja de la Boadella. Weitere kleinere Gay-Treffs sind Strände bei **Sant Martí d'Empúries** und **Sant Pere Pescador.**

Strandwächter sorgen für Sicherheit

# Notfälle

## Autopanne, Unfall

- **Pannendienste in Spanien** Tel. 902300505, Mobil 0034 915933333, **in Frankreich** Tel. 0800 089222, Mobil 0033 472171284.
- **Unfall- und Pannenhilfe** innerorts auch durch die Policía Local (Tel. 092), außerorts durch die Guardia Civil (Tel. 112 oder 062).

Für ADACPlus- oder ÖAMTC-Mitglieder ist Hilfe teilweise kostenlos. Man kann sich auch direkt an seinen **Automobilclub** wenden. Hier die drei größten für Deutschland, Österreich und die Schweiz:

- **ADAC,** Tel. 0049 89 222222 bei Fahrzeugschaden (man wird mit einer evtl. deutschsprachigen Notrufstation vor Ort verbunden), Tel. 0049 89 767676 für medizinische Notfälle.
- **ÖAMTC,** Tel. 0043 12 512000.
- **TCS,** Tel. 0041 22 4172220.

## Verlust von Geldkarten

Bei Verlust oder Diebstahl der Kredit- oder Debitkarte sollte man diese umgehend sperren lassen. Tipp: Die Notrufnummer mit IBAN bzw. Kreditkartennummer u.a. im Mobiltelefon speichern.

- **Deutscher Sperr-Notruf** für alle Debit- und Kreditkarten, Tel. **0049 116116,** aus dem Ausland Tel. **0049 30 40504050.** Der Notruf bietet auch eine kostenlose SperrApp für iOS und Android an.
- **Österreichischer Sperr-Notruf** für Bankomat-Karten, Tel. **0043 1 2048800.**
- **Schweizerischer Kartensperrservice** des TCS, Tel. **0041 844 888 111.**

Für österreichische und schweizerische MasterCard, VISA, American Express und Diners Club sollte man sich vor der Reise die Rufnummer der Karte ausstellenden Bank notieren.

[>] Kommt beim Bummeln die Geldkarte abhanden, sollte man sie umgehend sperren lassen

### Weitere Notfall-Telefonnummern

- **Notruf allgemein:** 112
- **Medizinische Notfälle:** 061
- **Rotes Kreuz:** 915 222 222
- **Feuerwehr:** 085
- **Polizei:** *Policía Local* (städtische Polizei) 092; *Policía Urbana de Tráfico* (Verkehrspolizei) 092; *Guardia Civil* 062; *Mossos d'Esquadra* (katalanische Polizei) 112
- **GRUA** (Abschleppdienst): 092

## Dringende Bargeldauszahlung

Wer überraschend eine größere Summe Bargeld in Katalonien benötigt, kann dies z.B. online über www.westernunion.de regeln und das Geld bei einer Vertretung von **Western Union** vor Ort auszahlen lassen. Egal ob z.B. 50 € oder die maximale Summe von 5000 €, eine solche Bargeldauszahlung in Spanien kostet 5 € Gebühr, wenn man das Geld per Sofort-Überweisung vom deutschen Konto anweisen lässt. Solche Überweisungen kann man per App von Western Union avisieren, über Online-Banking von der eigenen Bank oder durch eine dritte Person von z.B. Deutschland aus.

## Ausweisverlust

Wird der **Reisepass** oder **Personalausweis** im Ausland **gestohlen,** muss man das bei der örtlichen Polizei melden. Darüber hinaus sollte man sich an die nächste diplomatische Auslandsvertretung seines Landes wenden, damit ein Ersatz-Reiseausweis zur Rückkehr ausgestellt wird (ohne kommt man nicht an Bord eines Flugzeuges!).

Auch in **dringenden Notfällen,** z.B. medizinischer oder rechtlicher Art, sind die Auslandsvertretungen bemüht zu helfen. Insbesondere bei **außergewöhnlichen Zwischenfällen** (Naturkatastrophen, Massenunfälle oder Terroranschläge) hilfreich, wenn man aktuelle Hinweise zur Sicherheitslage benötigt, im Notfall rund um die Uhr:

- **Deutsches Auswärtiges Amt:** www.auswaertiges-amt.de, Tel. 030-18172000 (auch App „Sicher Reisen" für iOS und Android).

cd022 jf

- **Außenministerium Österreich:** www.bmeia.gv.at, für generelle Anfragen Tel. 01-901153775, für dringende Fälle Tel. 01-901154411 (auch „Auslandsservice-App" für iOS, Android und BlackBerry).
- **Eidgenössisches Departement für auswärtige Angelegenheiten** (Schweiz): www.eda.admin.ch, Tel. 0800-247365 oder 0584653333 (auch „itinerisApp" für iOS und Android).

## Diplomatische Vertretungen in Spanien

Wie überall auf der Welt, sitzt die Botschaft in der Hauptstadt des Landes, also in Madrid. **Konsularische Betreuung** wird aber auch **in Barcelona** angeboten:

### Deutschland

- **Deutsches Generalkonsulat,** c/de la Marina 16–18, Torre Mapfre, 30. Stock, Tel. 932921000, www.spanien.diplo.de.

### Österreich

- **Österreichisches Honorargeneralkonsulat,** Carrer Marià Cubi 7, 1. Stock, 2a, Tel. 933686003, barcelona@consuladodeaustria.com.

### Schweiz

- **Schweizer Generalkonsulat,** Edificios Trade, Gran Vía de Carlos III. 94, 7. Stock, Tel. 934090650, www.eda.admin.ch/barcelona.

## Spanische Botschaft

### In Deutschland

- **Botschaft des Königreichs Spanien,** Lichtensteinallee 1, 10787 Berlin, Tel. 030 2540070.
- Darüber hinaus Generalkonsulate in Düsseldorf, Frankfurt, Hamburg, München und Stuttgart. Genaue Adressen unter www.spanischebotschaft.de.

### In Österreich

- **Spanische Botschaft,** Argentinierstr. 34, 1040 Wien, Tel. 01 5055788, www.exteriores.gob.es/Embajadas/VIENA.

### In der Schweiz

- **Spanische Botschaft,** Kalcheggweg 24, Postfach 310, 3000 Bern 15, Tel. 031 3505252, emb.berna@maec.es.
- Darüber hinaus Generalkonsulate in Genf und Zürich. Genaue Adressen unter www.exteriores.gob.es/Embajadas.

# Öffnungszeiten

## Geschäfte

Geschäfte sind meist von 9 oder 10 Uhr bis 13.30 oder 14 Uhr offen, dann folgt die Mittagspause, und erneut öffnen sie um 16/17 Uhr. Feierabend wird gegen 20 oder 21 Uhr gemacht. Die Öffnungszeiten sind aber nicht unumstößlich verstanden, besonders nach hinten bleibt oft Spielraum. Größere Geschäfte und Supermärkte schließen nicht über Mittag, manche haben sogar bis 21 oder 22 Uhr geöffnet.

Aufgrund der sommerlichen Hitze wird die **Siesta** besonders genau eingehalten. Um 13.30, spätestens 14 Uhr schließen die Geschäfte. Dann leeren sich die Straßen spürbar, bestenfalls ein paar unbelehrbare Touristen stolpern schwitzend herum. Vor 17 Uhr läuft im Sommer zumeist gar nichts. Dann rattern die Rollläden wieder quietschend nach oben, öffnen sich die Türen, schleppen sich siesta-müde Verkäufer wieder hinter die Tresen. Im August kann es sogar passieren, dass zumindest kleinere Läden am Nachmittag gar nicht mehr aufsperren. Wohlgemerkt: In den Orten, wo der Tourismus dominiert, gilt das eben Gesagte nicht.

## Andere Einrichtungen

- **Post:** ähnliche Öffnungszeiten wie Geschäfte.
- **Banken:** 8.30/9–14 Uhr.
- **Touristenbüros:** Wie Geschäfte, einige im Juli/August durchgehend geöffnet.
- **Museen:** meist Mo geschlossen.

Reiche Auswahl an süßem Gebäck

057kk jf

# Orientierung und Landkarten

In diesem Reiseführer werden Leser bei Ortsangaben, Adressen oder auch im beschreibenden Text wiederholt auf ihnen unbekannte Begriffe oder Abkürzungen stoßen; diese werden in der folgenden Übersicht übersetzt bzw. erklärt. Oft ist neben der spanischen auch die katalanische Form angegeben.

- Avenida oder Avinguda (Av., Avda., Avgda.) = Allee, Chaussee, breite Straße
- Barrio oder Barri = (Stadt-)Viertel
- Cala = kleine Bucht
- Cabo oder Cap = Landspitze
- Calle oder Carrer (c/) = Straße
- Carretera (Ctra.) = Überland-/Fernstraße
- Casa = Haus
- Castillo oder Castell = Burg
- Centro oder Centre = Zentrum
- Ciudad oder Ciutat = Stadt
- GRÚA = spanischer Abschleppdienst
- Iglesia oder Església = Kirche
- Mercado oder Mercat = Markt
- Mirador = Aussichtspunkt
- Museo oder Museu = Museum
- Paseo oder Passeig (P°) = breite, wichtige Straße (oft am Meer entlang) bzw. Promenade
- Playa oder Platja = Strand
- Plaza oder Plaça (Pl., Plz., Pza.) = Platz
- Pueblo oder Poble = Dorf
- Punta = Landspitze
- Puig = Berg
- Sin número (s/n) = ohne Hausnummer
- Torre = Turm
- Urbanización = Neubaugebiet (Wohnungen)
- Villa oder Vila = Stadt

Bei Wohnungen gibt es so gut wie nie Namensschildchen, stattdessen wird auf das Stockwerk und die Lage im Flur (links, rechts, zentral) hingewiesen:

- i oder iz. bzw. izqu. = izquierda (links)
- c = centro (Mitte)
- d oder derr. = derrecha (rechts)

Als ich noch in Madrid wohnte, lautete meine Adresse: „c/Ave María 50, 1° i" = „Calle Ave María Hausnummer 50, erster Stock links" – alles klar?

**Fahrpläne** hängen an allen Bahnhöfen aus, Abfahrtszeiten findet man unter „Salida", Ankunftszeiten unter „Llegadas".

## Verkehrsschilder

Im ganzen Land sind nur noch **katalanische Ortsschilder** und **Straßennamen** zu finden. Zwar kann man viele Orte auch ohne große Fantasie erkennen (aus Spanisch „Rosas" wurde katalanisch „Roses"), doch besser man macht sich gleich durchgängig mit den neuen Namen vertraut. Auch **Verkehrsschilder** weisen oft auf Katalanisch den Weg. Hier eine **Übersicht** der wichtigsten:

- *prohibit estacionar* = Parken verboten
- *prohibit estacionar caravanes; autocaravanes* = für Wohnmobile und Caravans Parken verboten
- *totes direccions* = alle Richtungen (an einer Kreuzung)
- *centre vila* = ins Zentrum
- *platja* = Strand, *platges* = Strände
- *temps maxim autoritzat 1:30* = maximal erlaubte Parkzeit: 1 Std. 30 Min.
- *zona blava* (blaue Zone) = hier muss für das Parken ein Ticket gezogen werden
- *centre urbà* = Zentrum
- *cediu el pas* = Vorfahrt gewähren
- *P gratuit* = hier kann kostenfrei geparkt werden
- *aparcament* = Parkmöglichkeit

- *altres direccions* = andere Richtungen (meist steht dann ein weiteres Schild, das zu einem bestimmten Ort verweist)
- *circulació prohibida, zona peatonal* = Durchfahrt verboten, Fußgängerbereich
- *solo turismes* = nur Pkws (es heißt nicht, dass hier nur Touristen fahren können!)
- *itinerari amb prioritat* = Weg mit Priorität, also: Vorfahrtsstraße

## Straßenkarten

Eine Karte nur für die Costa Daurada existiert nicht auf dem deutschsprachigen Markt. Drei Anbieter vertreiben Karten, die neben der Costa Daurada auch die Costa Brava abdecken:

- **ADAC-Karte** im Maßstab 1:250.000, mit dem Cityplan Barcelona.
- **Shell-Urlaubskarte** im Maßstab 1:200.000 mit einem kleinen Reiseführer.
- **Marco Polo Regionalkarte** im Maßstab 1:300.000 mit ganz Katalonien und einem Cityplan von Barcelona.

# Post

**Briefmarken** werden nicht nur in Postämtern verkauft, sondern auch in Tabakläden *(estancos)*, wo es meist auch Zeitungen gibt. Von außen sind diese zumeist kleinen Läden an einem recht großen, rötlich unterlegten Buchstaben „T" zu erkennen. Das **Porto** für Postkarten und Standardbriefe (bis 20 Gramm) nach Deutschland, Österreich und in die Schweiz beträgt 1,35 €.

Die Karten wird man in den öffentlichen **Briefkästen** los, große, unscheinbare gelbe Kästen mit dem verschnörkelten Wappen der spanischen Post *(cor-*

060kk jf

› Zigarettenkippen nicht einfach in den Sand am Strand stecken, so fordert dieses Bild am Strand in Barcelona

058kk jf

*reos).* Manchmal finden sich unterschiedliche Einwurfschlitze, beispielsweise *provincia* („Provinz") und *extranjero* („Ausland"). Etwa nach fünf bis acht Tagen sollte der Gruß die Daheimgebliebenen erreicht haben.

Und noch ein Hinweis: Ein beliebter Fehler der Abteilung *falsos amigos* („falsche Freunde") ist es, nach einer **carta** zu fragen und eine Postkarte zu meinen. Das spanische Wort *la carta* heißt tatsächlich „der Brief", während „Postkarte" **tarjeta postal** heißt.

Gewusst, wo:
drei Einwurfschlitze, je nach Zielregion

# Rauchen

In Spanien herrscht **absolutes Rauchverbot in allen Lokalen.** Nachdem 2006 zunächst ein Anti-Tabak-Gesetz mit vielen Lücken beschlossen wurde, das aber nicht zu den erhofften rauchfreien Bars und Restaurants führte, wurde 2011 die Gangart verschärft. Angeblich auch deshalb, weil die damalige Ministerin einige Abgeordnete in der eigentlich rauchfreien Cafetería des spanischen Parlamentes munter qualmend erwischt hatte. Jedenfalls herrscht jetzt nicht nur in sämtlichen gastronomischen Betrieben Rauchverbot, auch in **Bahnhöfen,** am **Arbeitsplatz** und teilweise sogar **unter freiem Himmel** (so auf Schulhöfen und den Plätzen vor Krankenhäusern, aber auch an bestimmten Stränden und sogar auf Terrassen, wenn nicht genügend Abstand zum Nachbarn eingehalten werden kann). Ausnahmen gelten nur auf offenen Sportplätzen (Fußballstadion).

060kk jf

# Reisegepäck und Ausrüstung

→ Klima und Reisezeit
→ Orientierung und Landkarten

Jeder Urlauber freut sich natürlich auf schönes Wetter, und das bieten die Küsten Kataloniens. Selten regnet es dort, und wenn, dann am ehesten im März, April und Oktober. Dann kann es auch so richtig gießen und recht kühl werden. Für diese Reisezeit auf keinen Fall eine **Regenjacke** vergessen. An den Küsten kommt hinzu, dass durch den beständig wehenden Wind die Temperaturen stets ein wenig kühler sind bzw. erscheinen als im Hinterland oder in größeren Städten. Daher gehört außerhalb der heißen Sommermonate immer eine **Windjacke** ins Reisegepäck. Man wundert sich sonst doch, wie frisch es am Abend werden kann. Und da der Wind durchaus auch mal heftiger bläst, können auch eine **Mütze** oder ein **Stirnband** nicht schaden. Das alles gilt allerdings nicht in den Sommermonaten, wenn es an den Costas heiß wird, sogar sehr heiß. Dann ist eher luftige Bekleidung wichtig, vielleicht auch das eine oder andere Funktionsshirt, das rasch wieder trocknet, sollte man mal arg ins Schwitzen kommen. In der heißen Zeit kann man eher Probleme mit der ständig blasenden **Air Condition** bekommen, vor allem wenn man sie im Hotelzimmer nachts laufen lässt. Der ständige Wechsel zwischen dem heißen Draußen und dem kühlen Drinnen hat schon manchem Urlauber eine Erkältung beschert. Auch in Bussen wird im Sommer gerne die Klimaanlage aufgedreht, bei mehrstündigen Ausflugsfahrten empfiehlt sich deshalb auch immer eine Mütze oder gar eine Jacke für die Fahrt.

Am Strand liegen und die Zeit vergessen, gehört zu einem Urlaub an den katalanischen Stränden natürlich dazu. Wenn aber die Sonne so richtig schön vom Himmel brennt und noch dazu eine leichte Brise weht, dann unterschätzen viele die Kraft der Sonne und dass sie vom Wasser reflektiert wird – immer an eine gute **Sonnencreme** mit hohem Lichtschutzfaktor denken. Lange Sonnenbäder sind sowieso nicht zu empfehlen, ein schmerzhafter Sonnenbrand ist dann garantiert.

< Sonnencreme nicht vergessen!

> Auf der Rambla sind nicht nur Touristen unterwegs

# Sicherheit

Vor **Taschendiebstahl** im Gewühl sollte jeder auf der Hut sein, nicht nur auf der weltberühmten Rambla in Barcelona. Insbesondere in den **touristischen Zentren** bewegen sich relativ viele Kleinkriminelle und achten auf Nachlässigkeiten der Urlauber. Taschendiebstahl kann überall vorkommen, wo sich Massen durch die Gassen schieben. Also, **Geld, Papiere, Kamera, Handy, Handtaschen** nicht lässig tragen, immer versteckt oder gut befestigt. Man signalisiere einem potenziellen Dieb „Hier gibt es nichts zu holen".

Im Gedränge, vor allem in der Metro in Barcelona, manchmal auch in einem Stadtbus oder auf einem Markt, stellen sich Diebe gerne mal dicht an das potentielle Opfer, stolpern wie zufällig, entschuldigen sich tausendmal, vielleicht kleckert sogar ein Eis aufs Hemd und jemand hilft großzügig, wischt über den Stoff, bekommt jedenfalls Körperkontakt, und schon ist es passiert. Sollte man Derartiges argwöhnen, sofort weggehen. Am besten im Bus oder in der Metro in Barcelona mit dem Rücken an die Wand lehnen, Tasche vorne im Arm halten.

Jedes Hotel und immer mehr Campingplätze bieten kleine **Zimmersafes,** die Wertsachen sind dort gut aufgehoben. Mittlerweile gibt es solche Safes auch schon an den ersten Stränden.

Mit seinem **Pkw** entlang der Küste zu gondeln, kleine Fischerdörfer zu besuchen oder einfach ins Hinterland zu fahren, dagegen kann nicht viel eingewendet werden. Gewarnt werden muss aber vor einer Spritztour nach Barcelona und vor dem unbeaufsichtigten Abstellen des Wagens. Besucher sollten dort unbedingt eine Tiefgarage oder einen **bewachten Parkplatz** aufsuchen. In praktisch allen touristisch stark frequentierten Orten besteht die Gefahr, dass das Auto geknackt wird. Deshalb nichts im Fahrzeug liegen lassen, was einen Dieb zu einer Tat reizen könnte.

061kk jf

# Sport und Aktivitäten

## Radfahren

Katalonien wird immer mehr zum Radfahrerland. Auch hier geht Barcelona vorbildlich voran mit eigenen Radspuren, die deutlich abgetrennt sind vom Straßenverkehr, aber auch andere Städte ziehen nach. Außerhalb der großen Städte ist es unterschiedlich. Im **nördlichen Bereich** der **Costa Daurada** finden Radler genügend Wege, um das Hinterland zu erkunden. Es ist leicht hügelig, aber die Steigungen sind erträglich. Die Fernstraßen entlang der Küste sind natürlich stark befahren, die sollten möglichst gemieden werden.

365cd_sm

Im **südlichen Bereich** sieht es etwas anders aus. Ich selbst bin mal auf der N-340 (heute die zweispurige und damit sowieso nicht mehr geeignete Autobahn A-7) von Tarragona zum Ebro-Delta hinuntergefahren. Kein Vergnügen, kann ich Ihnen sagen! Man radelt am äußersten Fahrbahnrand entlang auf einem knapp einen Meter breiten Seitenstreifen. Links donnern die Lkw haarscharf am Lenker vorbei, und der Sog haut einen fast aus dem Sattel.

Das **Ebro-Delta** selbst macht Radlern großen Spaß – wenn nicht gerade heftiger Wind weht, was bei meinen Besuchen meist der Fall war. Ansonsten rollt man durch das brettflache Gebiet über zahllose kleine und kleinste Wege abseits aller Autoströme. Und am Ende lockt immer ein erfrischendes Bad ...

An der **Costa Brava** sieht man recht viele Fahrradfahrer, doch es sind überwiegend Sportler, die mit ihren Rennrädern oder Mountainbikes am Wochenende eine Tour unternehmen. Das Radwandern von Ort zu Ort ist nicht sehr verbreitet. Besucht man die einzelnen Küstenorte, stellt man fest, dass die – oft stark frequentierten – Zufahrtsstraßen teils vorbildliche Radwege haben und

‹ Es gibt immer mehr Radwege

teils gar keine, dies besonders in den gebirgigen Küstenzonen. Innerhalb der Orte selbst sind immer mehr gute Radwege entstanden. Im Hinterland sieht die Situation anders aus, führen doch unzählige kleine Straßen durch das zumindest teilweise flache Land. Hier kann man schon gemütlich entlanggondeln, streift kleine und kleinste Dörfer und erreicht sogar die eine oder andere Großstadt (Girona, Figueres). Sobald man wieder an die Küste zurückkehrt, verschwindet diese Idylle. Eine interessante, ausgeschilderte Strecke führt über 56 km auf einer früheren Eisenbahntrasse vom Küstenort Sant Feliu de Guíxols ins Hinterland bei Girona und sogar noch weiter bis in die Vor-Pyrenäen nach Olot. Diese Strecke zählt zu den Vías Verdes („Grüne Wege"). Infos: www.viasverdes.com (auf Spanisch). Dort findet man auch einen Flyer in deutscher Sprache.

In Spanien gelten folgende spezielle **Gesetze für Radfahrer:** Es besteht eine Helmpflicht außerhalb von Ortschaften sowie die Pflicht zum Tragen reflektierender Kleidung. Verboten sind Kinderanhänger für's Fahrrad. Mittlerweile kann man in so gut wie allen größeren Touristenorten **Räder mieten,** seien es Tourenräder, Mountainbikes oder E-Bikes.

Per Bahn kann ein Rad nicht mehr **nach Spanien transportiert** werden, bleiben also nur der eigene **Pkw** oder das **Flugzeug.** Bei dem Transport im Flugzeug muss unbedingt die Luft aus den Reifen gelassen werden, das ist beinahe die einzige Bedingung. Den Lenker querstellen und die Pedale abmontieren, das fordern darüber hinaus manche Airlines in ihren Bestimmungen, vor Ort wird das oft weniger streng gesehen.

## Weitere Aktivitäten

Hier eine knappe **Übersicht** über sportive und andere Aktivitäten, genaue Adressen sind unter den jeweiligen Ortsbeschreibungen zu finden.

### Karting

Eine Bahn befindet sich bei **Salou.**

### Segeln

Kurse für Einsteiger, aber auch Vermietung von Booten bieten Geschäfte in **Sitges** und **Amposta.** Die Costa Brava gilt nicht gerade als klassisches Segelrevier, dafür ist die Küste zu rau, die Winde sind teilweise zu unbeständig. In **Roses, Palamós** und **Platja d'Aro** kann man aber Segelboote mieten.

### Surfen

In **Castelldefels** gibt es einen Anbieter.

### Tauchen

Speziell die Inselchen vor **L'Estartit** sind ein beliebtes Tauchrevier. Natürlich darf hier niemand Vergleiche zur Karibik ziehen, aber gleichwohl sind die **Illes Medes** ein geschütztes Gebiet, in das Taucher einsteigen können. Eine Reihe von Veranstaltern organisiert Tauchgänge. Darüber hinaus bietet sich die felsige Küste um **Sant Feliu** als Tauchrevier an; auch in **Palamós, Roses, L'Escala, Cala Montgó** und **Llafranç** sind Veranstalter zu finden.

### Rudern und Kanufahren

In **Castelldefels** können sich Ruderer auf dem ehemaligen Olympiakanal in die Riemen legen. In **Amposta** werden Kanus und Ruderboote verliehen, mit denen der Ebro erkundet werden kann.

### Skaten

Die 4 km lange Strandpromenade von **Sitges** wird von Skatern gern frühmorgens oder spätabends in Beschlag genommen.

### Wandern

Die Costa Daurada ist nicht gerade als typisches Wandergebiet bekannt. An der **Costa Brava** dagegen bietet die felsige Küste tolle Möglichkeiten. Beispielsweise kann man einen interessanten Weg zwischen Platja d'Aro und Sant Antoni de Calonge laufen, immer entlang des Meeres durch verschiedene Buchten. Teils verläuft er direkt am Strand entlang, manchmal muss man aber auch über Felsvorsprünge klettern, in jedem Fall gibt es Gelegenheiten zum Zwischendurch-Bad. Ein anderer reizvoller Weg verläuft von Roses entlang der Küste zu mehreren versteckten Buchten. Weitere interessante Wanderwege finden sich zwischen Llafranc und Tamariu sowie ab Port de la Selva entlang der Küste und von Cadaqués zum Cap de Creus.

Wandern in den Pyrenäen

039kk jf

# Sprache

→ Kapitel „Land und Leute“
→ Kleine Sprachhilfe im Anhang

## Geschichte

Diktator *Franco* (regierte 1936 bis 1975) hatte die **katalanische Sprache** aus dem Alltag verbannt – keine Bücher, keine Zeitungen und kein Unterricht auf *català*. Während zu Hause weiterhin Katalanisch gesprochen wurde, mussten die Kinder in der Schule Lesen und Schreiben auf **Spanisch** lernen. Das war fatal: Nicht wenige ältere Katalanen haben auch heute noch Schwierigkeiten, korrekt Katalanisch zu schreiben.

Nach *Francos* Tod erwachte das katalanische Selbstbewusstsein langsam wieder. Zunächst wurden die frankistischen **Straßenschilder** abmontiert und Straßen und Plätze umbenannt: Weg mit Francos, her mit alten katalanischen Namen, die aber noch auf Spanisch geschrieben wurden. Dann setzte sich auch in der Schreibung das Katalanische durch, immer mehr Straßen wurden erneut umbenannt, aus einer Avenida José Plat wurde eine Avinguda Josep Pla (vorher war es die unvermeidliche Avenida Primo de Rivera).

## Heute

Das alles ist Geschichte, heute **dominiert nur eine Sprache: Katalanisch.** Sämtliche Hinweise, Straßenschilder und Öffnungszeiten sind heute auf *català*, selten genug findet man noch eine ergänzende spanische Übersetzung, englische, französische oder deutsche so gut wie nie, Ausnahme: am Flughafen.

Das geht so weit, dass sogar in etlichen Museen die erklärenden Texte nur auf Katalanisch zu finden sind, da müssen dann sogar Spanier raten. Dabei soll es eine gesetzliche Bestimmung geben, dass in allen öffentlichen Gebäuden zweisprachige Hinweise aushängen müssen. Im Alltag wird in Katalonien nur *català*

299cd_jf

Werbung auf Spanisch ist nicht erwünscht, sondern nur auf Katalanisch

263cd_jf

geredet und nichts anderes. Selbst Spanier aus anderen Landesteilen müssen sich da anpassen. Deshalb wird Spanisch an katalanischen Schulen gezielt unterrichtet.

An der Küste sprechen darüber hinaus die Leute, die viel mit Touristen zu tun haben (Kellner, Angestellte an Hotelrezeptionen und in Touristenämtern, Taxifahrer) häufig **Französisch, Englisch** und manchmal auch **Deutsch.**

## Sprache lernen

Wer wenig oder gar kein Katalanisch oder Spanisch spricht, wird in den großen Urlaubsorten also trotzdem klarkommen. Aber es macht doch viel mehr Spaß, mal ein paar tapsige Schritte in der Sprache des Gastlandes zu wagen, oder?

Im Anhang finden Sie eine **Kleine Sprachhilfe,** eine Liste mit wichtigen Begriffen auf Spanisch und Katalanisch, wie zum Beispiel das Wörtchen *tancat* („geschlossen") – falls man mal wieder zur falschen Zeit in ein Museum wollte.

⌃ In Katalonien dominiert die katalanische Sprache

# Unterkunft

→ Camping

## Pauschalreise

Ein Streifzug durch die Reisekataloge offenbart Überraschendes: Obwohl manche Veranstalter einen eigenen Spanienkatalog auflegen, finden sich gar nicht so viele Pauschalangebote zu den katalanischen Küsten, also der Costa Brava und der Costa Daurada. Die großen touristischen Zentren wie Cambrils, Salou, Lloret, Blanes und Malgrat sind mit Komplettangeboten (Flug, Unterkunft, Mietwagen) vertreten, aber es fällt schon auf, dass die meisten Ziele doch im südlichen Spanien liegen.

## Ferienwohnungen

Es gibt Orte an der katalanischen Küste, die ausschließlich aus Ferienwohnungen bestehen. Diese Siedlungen werden *Urbanización* genannt (und dann folgt irgendein Fantasiename). Eine **Urbanización** ist nichts weiter als ein künstlich geschaffener Ort, eine Ansammlung von Apartments oder Reihenhäusern, die teilweise oder dauerhaft bewohnt sind – z.B. von ausländischen Rentnern, die seit Jahr und Tag hier leben und sich irgendwann eine Wohnung gekauft haben, oder von anderen Ausländern, denen ein Hausteil gehört und die zwei-, dreimal pro Jahr kommen. Möglich auch, dass jemand sein Apartment über eine Agentur vermietet und nur selten selbst hinfährt. Aber nicht nur Ausländer zieht es in die Wärme, auch viele Spanier haben eine Zweitwohnung an der Küste und vermieten diese privat, sodass sie in keinem Verzeichnis auftaucht. Bei der Anmietung einer Ferienwohnung erfolgt die Anreise individuell, den Schlüssel erhält man von der **örtlichen Agentur,** die auch für die Betreuung und die Abrechnung der Nebenkosten zuständig ist.

Preisangaben zu machen ist praktisch unmöglich. Der **Mietpreis** richtet sich nach Größe, Lage, Anbieter und Saison. Grundsätzlich können die Preise in den Sommerferien leicht das Doppelte der Nebensaison erreichen.

## Hotels

Unter jeder Ortsbeschreibung finden Leser eine Reihe von empfehlenswerten Hotels, sowohl für den schmalen Geldbeutel als auch für den anspruchsvollen Individualisten. Für alle gilt: Im August muss reserviert werden.

Manchmal werden Gäste gefragt, ob sie lieber ein Zimmer **„exterior"** wünschen, oder eher **„interior".** Bei *exterior* (außen) liegt das Zimmer zur Straße. Damit hat man mehr Licht, bekommt aber auch den Straßenlärm stärker mit. Zimmer *interior* liegen oft zum Lichtschacht, was bedeutet, dass sie weniger Licht erhalten und zwar keinen Straßenlärm, aber durchaus Schallgeräusche durch den Schacht übertragen. Interior kann aber auch bedeuten, dass man beispielsweise kein Zimmer zur Meerseite oder zur Straße bekommt, sondern zum Garten oder zum großen Innenhof (eventuell Parkplatz). Diese Zimmer sind manchmal günstiger und auf jeden Fall die bessere Wahl für lärmempfindliche Gäste.

Wer nach einem Doppelzimmer fragt, sollte übrigens bedenken, dass *cama matrimonial* **„Ehebett"** heißt, zumeist ist damit ein etwas kleineres französisches gemeint. Ansonsten stehen zwei Betten hübsch getrennt im Raum.

## Touristensteuer

Alle Besucher von Barcelona und der Costa Daurada müssen **zusätzlich zum Preis für die Unterkunft** eine Touristensteuer *(Taxa turística)* bezahlen. Die Höhe ist abhängig von der gewählten Unterkunft und der Dauer des Aufenthaltes und wird für höchstens sieben Nächte erhoben. Es gelten für Barcelona höhere Sätze als im restlichen Katalonien.

### Barcelona

- **Hotels mit 5 Sternen:** 6,25 €/Nacht
- **Hotels mit 4 Sternen:** 4,45 €/Nacht
- **Sonstige Hotels, Pensionen, Jugendherbergen, Campingplätze:** 3,75 €/Nacht

### Restliches Katalonien

- **Hotels mit 5 Sternen:** 3 €/Nacht
- **Hotels mit 4 Sternen:** 1,20 €/Nacht
- **Sonstige Hotels, Pensionen, Jugendherbergen, Campingplätze:** 0,60 €/Nacht

## Hotelkategorien in diesem Buch

**(zwei Personen im DZ ohne Frühstück in der Hauptsaison)**

| | |
|---|---|
| ① | bis 50 € |
| ② | 50–80 € |
| ③ | 80–100 € |
| ④ | über 100 € |

### Sternekategorien

Hotels werden in **fünf Kategorien** eingeteilt. Ein Stern bedeutet einfaches Hotel, während die fünfte Kategorie für ein Fünf-Sterne-Luxushotel steht. Ausschlaggebend für die Beurteilung sind in erster Linie die Lage und Einrichtung, weshalb manch kritischer Reiseveranstalter in seinen Prospekten eigene (niedrigere) Sterne vergibt.

### Parador

Ein Parador ist ein **staatlich geführtes Hotel,** das entweder in einer landschaftlich reizvollen Umgebung oder in historischen Gemäuern zu finden ist. Das erste Haus wurde 1928 in der Sierra de Gredos eröffnet, heute existieren in ganz Spanien etwa 90, es werden immer noch neue Häuser eröffnet. Da in jeder Provinz wenigstens ein Parador eröffnet wurde, liegen sie maximal 150 km auseinander.

Viele Häuser wurden in alten Schlössern oder Burgen untergebracht, so in Carmona und Cardona, oder in malerischen alten Städtchen wie in Santillana del Mar. Sogar im nationalen Kunstschatz, der Alhambra in Granada, wurde ein Parador eingerichtet. Der einsamste Parador liegt auf Teneriffa in 3000 m Höhe, an der Seilbahnstation zum höchsten Berg Spaniens.

Ferienwohnungen mit Meerblick in Altafulla

Im Bereich der Costa Daurada liegt ein Parador in **Tortosa** in einer alten Burg, hoch über der Stadt und dem Fluss Ebro. An der Costa Brava existiert nur ein Parador, er liegt in **Aiguablava** direkt an der dortigen felsigen Küste.

- **Paradores, Reservation Center,** www.parador.es.

### Hostal

Die kleinere Version eines Hotels, zumeist etwas **familiärer** gehalten. Eine Einteilung von ein bis drei Sternen wird vorgenommen.

### Hotel Residencia

An einem Schild mit dem Kürzel „HR" auf hellblauem Untergrund erkennbar; es sind Unterkünfte **ohne Restaurant,** also reine Garni-Betriebe, die nur Frühstück bieten.

## Pensión

Dieser Begriff setzt sich immer mehr durch. Die früher ziemlich häufig vor allem in Großstädten angebotenen Zimmer in einer Privatwohnung („Casa de Huéspedes", „Fonda") sind praktisch verschwunden. Unter einer *Pensión* versteht man heute das international übliche Angebot einer Herberge mit **einfachen, günstigen Zimmern,** idealerweise mit eigenem Bad.

## Albergues

**Jugendherbergen** gibt es z.B. in Barcelona, Girona und Tarragona; Buchung direkt über die Websites **www.reaj.com** oder **www.hihostels.com.** Hat man einen internationalen Jugendherbergsausweis aus dem Heimatland, schläft man

318cd_jf

## Überblick Buchungsportale

Als Ergänzung zu den sorgfältig zusammengetragenen Unterkunftsempfehlungen in diesem Buch können Buchungsportale wie Booking.com, hrs.de, Agoda.com oder AirBnB.de dazu genutzt werden, aktuelle **Preise** und die **Bewertungen** anderer Reisender einzusehen sowie Unterkünfte direkt zu buchen.

Die Plattformen arbeiten mit Unterkünften aller Art zusammen und machen diese für Reisende leicht auffindbar. Bewertungen, Fotos und Filtermöglichkeiten nach zahlreichen Details helfen bei der Auswahl. Auch der Kontakt zwischen Vermietenden und Unterkunftssuchenden sowie die Bezahlung können über die Plattformen abgewickelt werden.

Eine gewisse **Vorsicht** ist bei der Benutzung dennoch geboten. Wann immer möglich, sollten die Angaben mit zusätzlichen Quellen überprüft werden. Sind die Bewertungen wirklich auf allen Plattformen und Suchmaschinen so gut? Sind sie so zahlreich, dass ein Missbrauch unwahrscheinlich ist? Weshalb genau fanden die Bewertenden die Unterkunft gut und stimmt das mit meinen Interessen überein? Häufig hilft die jeweils eigene Website der Unterkunft, Google Street View oder ein Anruf, um genauere Informationen zu bekommen.

Wem **einzelne Aspekte** besonders wichtig sind, der sollte auf jeden Fall genau prüfen – z.B. ob der versprochene „geschlossene Parkplatz" wirklich so beschaffen ist, dass man das vollgepackte Auto dort stehenlassen möchte. Auch der angepriesene „Bestpreis" und die durch die Plattformen suggerierte knappe Verfügbarkeit lösen sich bei einem Anruf vielleicht in Luft auf, weil die Vermietenden einen eigenen günstigen Preis bieten, um sich die teure Vermittlungsprovision an die Plattform zu sparen.

Während die Plattformen also eine praktische Hilfe bei der Reiseplanung sein können, empfiehlt sich doch ein kritischer zweiter Blick!

zum günstigeren Tarif, sonst muss man eine Tagesmitgliedschaft erwerben.

- Eine **Jahresmitgliedschaft** bei den Verbänden daheim kostet jährlich 7–22,50 € in Deutschland (www.jugendherberge.de), 15–25 € in Österreich (www.oejhv.at) und 22–44 SFr in der Schweiz (www.youthostel.ch). Für österreichische Jugendliche bis 16 Jahre oder Schweizer Jugendliche bis 18 Jahre ist die Mitgliedschaft kostenlos. Lebenspartner und Kinder bis 26 Jahre erhalten kostenlos eigene Mitgliedskarten. In den Jugendherbergen kann man altersunabhängig absteigen!

### Weitere Kategorien

- **HA = Hotel apartamentos:** ein Aparthotel, also ein Haus, das Apartments vermietet, auch für längere Zeiträume, aber nicht für die Ewigkeit.
- **RA = Residencia apartamentos:** Aparthotel ohne Restaurant.
- **M = Motel:** wie international üblich.

### Preise

Die Preise müssen an der Rezeption sowie in den Zimmern aushängen, eine Gesetzesvorschrift. Sie gelten grundsätzlich für ein **Doppelzimmer.** Einzelzimmer sind selten und kosten meist 60 bis 70 % des Doppelzimmers. Nur in seltenen Fällen ist die **Preisliste** gezielt unterteilt. Natürlich schwanken die Preise je nach **Saison** und besonders beliebten Zeiten wegen Messen, lokalen Feiertagen, Sportveranstaltungen oder Konzerten. Generell gilt dennoch: Je früher gebucht, desto günstiger.

▷ In Tarragona gibt es auch große Hotels

Die **Hotelpreise in diesem Buch** sind in Kategorien angegeben, die über den Preisrahmen für ein Doppelzimmer in der Hauptsaison informieren. Es sind nicht die offiziellen Sternekategorien.

In den Sommermonaten liegen auch die Hotelpreise am oberen Limit, sie können jedoch schnell fallen, schon im Juni bzw. September (Betonung auf „können").

Zu den angegebenen Preisen wird in manchen Häusern noch die **Mehrwertsteuer** (IVA) aufgeschlagen. Besonders in großen Hotels wird das **Frühstück** *(desayuno)* extra berechnet und kann ganz schön teuer ausfallen. Wer morgens nicht viel benötigt, kann besser gleich in die nächste Bar gehen. Frühstück wird in großen Häusern mit vielen internationalen Gästen in der Regel auch schon früh serviert, was so etwa 7 Uhr bedeutet. In kleineren Häusern, die sich eher an spanische Gäste richten, kann es auch später als 8 Uhr werden.

# Verhaltenstipps

→ Autofahren
→ Essen und Trinken, Lokalknigge
→ Sicherheit

# Verkehrsmittel

→ Anreise
→ Autofahren
→ Sport und Aktivitäten, Radfahren

## Bahn

### Costa Brava

Die Bahn als Fortbewegungsmittel spielt eine **untergeordnete Rolle** für Urlauber an der Costa Brava. Zwar verläuft eine Bahnlinie vom spanischen Grenzort Portbou über Figueres und Girona bis nach Barcelona, doch diese können nur

040kk jf

Feriengäste sinnvoll nutzen, die im äußersten südlichen Bereich oder ganz oben im Norden urlauben. Die **Bahnstrecke** wendet sich nämlich vom Küstenort Portbou schnell **ins Hinterland** und knickt erst kurz vor dem Ende der Costa Brava wieder zur Küste ein. Somit könnten gerade noch Urlauber in Blanes oder in Malgrat bzw. alle weiter südlich gelegenen Orte mit der Bahn nach Barcelona fahren, für alle anderen dürfte der nächstgelegene Bahnhof zu weit entfernt liegen. Achtung: In Blanes liegt der Bahnhof etwas außerhalb des Ortskerns.

Allerdings besteht die Möglichkeit, vom jeweiligen Urlaubsort mit dem **Bus** oder dem **Auto** (Achtung: schlechte Parksituation an beiden Bahnhöfen) bis **Figueres oder Girona** zu fahren und von dort den regelmäßig etwa einmal pro Stunde nach **Barcelona** verkehrenden Zug zu nehmen. Von Girona und auch von Figueres fahren auch spanische Hochgeschwindigkeitszüge AVE ohne weiteren Stopp bis Barcelona. Der Bahnhof Girona liegt sehr zentral, dort halten auch die AVE-Züge. Im Zentrum von Figueres stoppen nur die Regionalzüge, während der Bahnhof für die AVE-Züge (nur für diese!) etwas außerhalb (vielleicht einen Kilometer) liegt; er trägt den Namen Figueres-Vilafant.

Viele Regionalzüge halten in Barcelona auch am Bahnhof **Passeig de Gràcia,** der sehr viel zentrumsnäher als der Hauptbahnhof Barcelona-Sants liegt.

### Costa Daurada

Kein Küstenabschnitt in ganz Spanien kann besser per Zug erkundet werden als die Costa Daurada. Zwischen **Barcelona** und **Tarragona** verläuft die Bahnlinie direkt entlang der Küste, passiert dabei die allermeisten der in diesem Buch genannten Orte. Außerdem existiert eine Nahverkehrsverbindung (Rodalies genannt) von Barcelona bis **Sant Vicenç de Calders** (bei El Vendrell), die noch

062kk jf

häufiger hält, auch in sehr kleinen Orten. Bis hier pendeln die von der katalanischen Metropole kommenden Züge im halbstündigen Rhythmus.

Von Tarragona verläuft die Bahnlinie weiter nach Süden in unmittelbarer Küstennähe, bis sie schließlich nach **Amposta** (Ebro-Delta) bei Alcanar den Bereich der Costa Daurada verlässt und auch Tortosa erreicht. Und auch nach Reus gibt es eine Bahnlinie von Tarragona.

**Fahrpläne** hängen an allen Bahnhöfen aus, Abfahrtszeiten findet man unter „Salida", Ankunftszeiten unter „Llegadas". Die Wochentage werden in den Fahrplänen oft wie folgt abgekürzt:

- L (lunes), Montag
- M (martes), Dienstag
- X (miércoles), Mittwoch
- J (jueves), Donnerstag
- V (viernes), Freitag
- S (sábado), Samstag
- D (domingo), Sonntag

**Tickets** können im Bahnhof gekauft werden oder auch online unter www.renfe.com, allerdings keine Tickets für Regionalzüge. Das geht nur am Reisetag, entweder am Schalter oder dank einfacherer Menüführung auch am Automaten. In Spanien wird das Gepäck aller Bahnreisenden in Fernzügen (z.B. Girona – Barcelona) in einer **Sicherheitsschleuse** durchleuchtet, ähnlich wie in einem Flughafen. Generell werden bei Fernzügen die Passagiere erst 15 Minuten vor Abfahrt des Zuges überhaupt auf den **Bahnsteig** gelassen, und ohne Fahrkarte kann man diesen nicht betreten.

Die Buslinie Sarfa verkehrt an der Costa Brava

Dies gilt aber nicht für die **Regionalzüge,** die an der Costa Daurada verkehren und überall halten. Fahrkarten werden für Fernzüge immer mit einer **Sitzplatzreservierung** verkauft, ist der Zug ausgebucht, werden keine Tickets mehr verkauft. Einfach mitfahren und im Gang stehen oder hocken ist in spanischen Fernzügen nicht möglich, für die Kurzstrecken-Verbindungen hingegen schon.

### Bus

Linienbusse verkehren auch zwischen den einzelnen Küstenorten. Das System ist grundsätzlich auf die **größeren Städte** (Barcelona, Tarragona, Girona, Figueres) ausgerichtet. Entlang der Costa Brava dominiert ganz klar der Bus und hier vor allem das Unternehmen Sarfa. Es verbindet beinahe alle Dörfer mit der nächstgrößeren Stadt. Einen Fahrplan bekommt man im Busterminal, den jeder Ort aufweist.

## Zeit

In Spanien gilt die **Mitteleuropäische Zeit (MEZ),** nur die Kanaren liegen in einer anderen Zeitzone. Deshalb wird seit Jahrzehnten die Uhrzeit im Radio auch immer etwas launig angegeben: „Son las diez de la mañana, una hora menos en Canarias", übersetzt: „Es ist zehn Uhr morgens, eine Stunde früher auf den Kanaren". Mancher Scherzbold antwortet auf der Straße denn auch genau so, wenn man ihn nach der Uhrzeit fragt.

cd023 jf

# 9 Land und Leute

Die Kapelle spielt auf zur Sardana

# Geografie

Die spanische **Region Katalonien,** mit 32.091 $km^2$ immerhin so groß wie Belgien, erstreckt sich von den Pyrenäen in Form eines Dreiecks bis etwa zur Ebro-Mündung. Katalonien bietet eine **große landschaftliche Vielfalt,** darunter sind auch spektakuläre **Gebirgszüge** wie die **Pyrenäen** mit Spitzen von über 3000 m. Neben diesem sogar noch im Frühsommer schneebedeckten Gebirgszug, der wie eine Grenze zwischen Spanien und Frankreich verläuft, prägen seine Ausläufer, die Vorpyrenäen, das Innere Kataloniens. An der Küste zieht sich über weite Strecken ein Gebirgszug in Nord-Südrichtung parallel zur Küstenlinie entlang. Auch die Metropole Barcelona wird von beeindruckenden Gebirgen begrenzt, der Collserola erhebt sich in direkter Nachbarschaft, der Montserrat liegt etwa 60 km entfernt und ist ein wahrlich spektakuläres Naturphänomen.

Auch die über 580 km lange **Küstenlinie** Kataloniens ist landschaftlich vielgestaltig. Der Abschnitt der **Costa Brava,** der „Wilden Küste", ist in Teilen von den Ausläufern der Pyrenäen geprägt. Herrliche zerklüftete Buchten sind im Nordosten der Region zu finden, spektakulär vor allem in der Gegend rund um **Cadaqués,** wo einst *Salvador Dalí* lebte und sich von dieser Wildheit inspirieren ließ. Etwas weiter südlich öffnet sich eine weit geschwungene Bucht, die **Bahía de Roses,** mit tollen, kilometerlangen Sandstränden, an denen touristisch geprägte Orte wie **Roses** und **Sant Pere Pescador** liegen. Weiter südlich folgen weitere bizarre felsige Abschnitte mit einer Vielzahl von kleinen Buchten und ebensol-

cd024 jf

540cb sm

chen Orten, an denen die großen Tourismuswellen noch vorbeischwappen, wie etwa **Tamariú.** Noch weiter südlich wird die Küste langsam weicher, sandiger, was sogleich auch große Touristenorte entstehen ließ. **Lloret de Mar** hat beides, Strände und Felsen, ebenso **Tossa de Mar,** aber die felsige Küste schwindet doch deutlich. **Blanes** als der südlichste Ort der Costa Brava hat „nur" noch weiße Strände, ebenso wie die weiter südlich folgenden Orte bis Barcelona. Hier liegen die großen Touristenzentren wie

⌃ Die felsige Küste formt auch auf dem Wasser bizarre Landschaften – so bei L'Estartit

‹ Die über 500 Kilometer lange Küstenlinie Kataloniens erfreut Strandurlauber

**Calella** und **Malgrat de Mar,** doch auch bereits industriell geprägte Städte in der nahen Nachbarschaft Barcelonas wie **Mataró** oder **Badalona.**

Der **Begriff „Costa Daurada"** bezeichnet die **Küstenlinie der südlichsten katalanischen Provinz Tarragona.** Diese misst etwas über 150 km.

Der **nördliche Teil** der Costa Daurada zeigt sich relativ flach und dicht besiedelt. Schöne lange Strände mit gut besuchten Orten wie **Sitges, Vilanova i la Geltrú, Coma-Ruga** und **Torredembarra** gibt es hier. Rund um die Stadt Tarragona entstanden ein dichtes Verkehrsnetz und viel Industrie.

Das Bild ändert sich erst wieder **südlich von Tarragona.** Zwischen der Hauptstadt der Costa Daurada und dem Ebro-Delta nähern sich einige **Gebirgszüge** der Küste, ohne diese jedoch zu erreichen. Dadurch wird die Besiedlung im Hinterland dünner und die Zahl der

cd025 jf

Ortschaften an der Küste nimmt ab. So steigt im Hinterland von L'Hospitalet die Serra de Esteve auf 737 m an. Noch weiter südlich, in der Nähe von Tortosa, hat die Serra del Boix Erhebungen von 938 m. Und noch weiter südwestlich erreicht der höchste Punkt im Gebirgszug Ports de Beseit immerhin 1447 m (Mont Caro). Der **Küstenbereich** ist aber auch hier flach. Er weist überwiegend schöne, langgestreckte Sandstrände auf, von denen aus man in der Ferne die Erhebungen mehr ahnt als sieht. Große Touristenzentren wie **Salo, Altafulla** oder **Cambrils** liegen hier, aber auch ein echtes Naturphänomen: Das **Ebro-Delta,** ein großes Schwemmlandgebiet, schiebt sich in Form eines Dreiecks ins Meer. Hier werden riesige Mengen an Reis angebaut, denn hier mündet der **zweitlängste Fluss Spaniens** nach seiner knapp 900 km langen Reise ins Mittelmeer.

Viele katalanische Flüsse haben ihre Quelle in den Pyrenäen und münden ins Mittelmeer. Dazu zählen der **Riu Francoli,** der in Tarragona das Meer erreicht, und der **Riu Gaià,** der bei Altafulla ins Mittelmeer fließt, sowie der **Ter** (bei Toroella de Montgrí) und der **Llobregat** (südlich von Barcelona). Andere Flüsse haben ihre Quellen in Bergzügen im Landesinneren und kommen schließlich auch am Mittelmeer an, so der **Tordera,** der zwischen Malgrat de Mar und Blanes die südliche Grenze der Costa Brava darstellt.

⌃ Reisanbau im Ebro-Delta

> Die unbewohnten Inseln Illes Medes vor L'Estartit

# Naturparks

Stolze 30 % der Fläche Kataloniens stehen unter **Naturschutz.** Es gibt jedoch in Spanien Abstufungen im Schutzstatus. Die höchste Stufe erhält ein **Nationalpark** (Parc Nacional), in Katalonien ist damit ein Gebiet in den Pyrenäen geschützt (Aigüestortes i Estany de Sant Maurici). Darunter folgen, abgestuft im Schutzstatus, **Naturreservat, Naturpark** und **Naturgebiet.**

## Costa Brava

Im nördlichen Bereich liegt der Naturpark **Aiguamolls de l'Empordà** unweit von Roses an der dortigen Bucht. Es ist ein sumpfiges Feuchtgebiet im Mündungsgebiet der Flüsse Muga und Fluvià, in dem viele Wasservögel leben. Insgesamt umfasst das geschützte Gebiet eine Fläche von etwa 4800 ha.

Das **Cap de Creus** bei Cadaqués ist eine wild zerklüftete Felsenlandschaft, wo die Pyrenäen sacht ins Mittelmeer auslaufen. Dies ist zugleich der östlichste Punkt der Iberischen Halbinsel, und der dortige Naturpark ist der erste spanische See-Land-Park überhaupt. Geschützt sind dort 11.000 ha Land und ca. 3000 ha Meeresgebiet.

Einen knappen Kilometer vor L'Estartit liegt im Meer die unbewohnte, felsige Inselgruppe **Illes Medes.** Sie bildet den größten Unterwasserpark Spaniens. Die Inseln sind in einem Radius von 511 ha geschützt, hier lassen sich über 1000 Meerestierarten beobachten. Die Inseln gehören verwaltungstechnisch zum Naturpark El Montgrí, einem Bergmassiv von 2300 ha, das an l'Estartit grenzt und durch drei etwa 300 m hohe Berge geprägt ist.

**La Muntanya de Montserrat** gilt als heiliger Berg der Katalanen und liegt 60 km von Barcelona entfernt. Er beeindruckt durch seine einzigartige Silhouette, die Felsstruktur erinnert tatsächlich

063kk jf

an einen „zersägten Berg“, so die Übersetzung des Namens. Oben befindet sich ein Benediktinerkloster, gewidmet der Schutzpatronin von Katalonien.

## Costa Daurada

Im Bereich der Costa Daurada liegen als besonders hervorzuhebende Schutzgebiete die Naturparks Parc Natural Serra de Montsant, Parc Natural dels Ports und Parc Natural del Delta de l'Ebre.

Der **Naturpark Ebro-Delta** (Parc Natural del Delta de l'Ebre) umfasst das Mündungsgebiet des Flusses Ebro. Seit 1983 steht diese Zone unter Naturschutz, sie umfasst 320 km². Das Ebro-Delta gilt

cd026 jf

Gebirgszug bei Siurana, im Hintergrund der Parc Serra de Montsant

nach dem Coto Doñana im westlichen Andalusien als das zweitgrößte Feuchtgebiet in Spanien. Hier wird im großen Stil Reis angebaut, und es gibt kilometerlange Strände und Dünenlandschaften. Ein Drittel dieser Fläche ist unter Naturschutz gestellt, auf der restlichen Fläche darf Reisanbau betrieben werden. Das Feuchtgebiet ist zugleich ein wichtiges Rast- und Brutgebiet für viele Vögel.

Der **Parc Natural dels Ports** liegt im südwestlichen Bereich der Provinz Tarragona. Er hat bis zu 1000 m hohe Bergspitzen und ausgedehnte Kiefern- und Steineichenwälder. Ein Großteil dieses Gebietes (30.000 ha) ist unter Naturschutz gestellt. Der höchste Berg Mont Caro (1441 m) ist zugleich der höchste Gipfel der Provinz Tarragona. Er liegt nahe der Gemeinde Roquetes (bei Tortosa) und kann sogar über eine 19 km lange Straße Camí de Caro erreicht werden. Umliegend erheben sich weitere schroffe, karstige und steile Berghänge, hier lebt der Iberische Steinbock.

Der **Parc Natural Serra de Montsant** liegt im Bereich der Comarca Priorat und umfasst 135 km². Die Zone ist gebirgig und von Canyons durchzogen. Die höchste Erhebung ist der Roca Corbatera (1163 m), es gibt aber noch weitere Felsen, die 1000 m erreichen. Hier wachsen vor allem Pinien und Kiefern, und es haben sich einige bizarre Felslandschaften gebildet, in denen Steinböcke herumklettern. Die nordwestliche Zone fällt leicht ab, dort wurden durch mehrere Flüsse eingeschnittene Täler gegraben. In diesem Gebirge liegt auch die Quelle des Río Montsant.

064kk jf

Kachelbild „Catalunya"

# Geschichte

## Zeit vor Christus

Aus dem 7. Jh. v. Chr. gibt es erste Zeugnisse einer Besiedlung durch die **Iberer.**

Im 6. Jh. v. Chr. erreichen die **Griechen** die katalanische Küste und errichten Siedlungen (z.B. Empúries, an der Costa Brava gelegen).

Im 2. Jh. v. Chr. beginnt die **römische Eroberung.** Die lateinische Sprache, auf der sowohl Spanisch als auch Katalanisch basieren, verbreitet sich. Das Zentrum der römischen Provinz wird Tarraco (Tarragona).

## 4.–8. Jahrhundert

Mitte des 4. Jh. n. Chr. gelangen die **Westgoten** nach Katalonien und lösen die römische Herrschaft ab. Aus dieser Zeit stammt der Name Gotolania, möglicherweise entstand daraus später der Name Katalonien.

Im 7. Jh. erobern die **Araber** fast die gesamte iberische Halbinsel und gelangen auch nach Nordost-Spanien. Während sie sich in Südspanien noch bis 1492 halten können, werden sie aus Katalonien schon nach wenigen Jahrzehnten vertrieben.

Im 8. Jahrhundert beginnt eine Epoche der **Konsolidierung** und Zusammenlegung der einzelnen Grafschaften in Katalonien.

## 9.–10. Jahrhundert

Im 9. Jh. verlegt Fürst *Guifré el Pelós* („Winfried der Behaarte") seinen Sitz nach Barcelona und regiert von dort die gesamte Zone bis zu den Pyrenäen.

985 kehren die **Mauren** noch einmal zurück nach Barcelona, werden aber nach drei Jahren erneut vertrieben. Der siegreiche Herrscher *Borell II.* proklamiert die Unabhängigkeit der Grafschaft, seitdem gilt das Jahr 988 als Gründungsjahr von Katalonien.

## 12.–13. Jahrhundert

Im Jahr 1137 heiratet der Graf von Barcelona, *Ramón Berenguer IV.*, die Erbin des Königreichs Aragón. Beide Reiche werden vereint unter dem Namen Reino de Cataluña-Aragón („Königreich von Katalonien-Aragón"), Barcelona wird der Regierungssitz. Eine neue Macht ent-

cd032 jf

Die Kirche des Örtchens Siurana

steht, die sich bis zu den Balearischen Inseln, Valencia und Süditalien ausdehnt.

Im Jahr 1214 versammeln sich Fürsten und Würdenträger auf Einladung von Kardinal *Pietro de Benevento* im Castell de la Suda in Lleida (Lérida). Grund: König *Pedro I.* war verstorben und sein Sohn *Jaime I.* noch minderjährig. Die Versammlung will dem jungen König beratend und steuernd zur Seite stehen. Einige Historiker sehen in diesem Treffen die Gründung der späteren **Ständeversammlung** Corts Catalans.

1283 hat sich diese Ständeversammlung schon institutionalisiert. König *Pedro II.* (herrscht 1276–1285) verpflichtet sich, die Corts einmal jährlich einzuberufen. Die Versammlung berät den König, übernimmt aber auch legislative Aufgaben, eine für diese Zeit ganz neue Form der Regierung. Ähnlich tritt der Stadtrat Barcelonas, der Consell de Cent, zusammen. 1289 erhalten die Corts Catalans schließlich einen festen Status.

Katalonien weitet seinen **Handel** übers Meer aus und gelangt zu einem gewissen Wohlstand.

## 15. Jahrhundert

Im Jahr 1410 stirbt der katalanische König *Martín I.* ohne legitimen Nachfolger. Zwei Jahre später wird die katalanische Krone der kastilischen Herrscherdynastie der Trastámara anvertraut, daraufhin besteigt mit *Fernando I.* ein **Nicht-Katalane den Thron.** Da der neue König 1413 die Sonderrechte der Corts Catalans akzeptiert, behält die Ständevertretung ihren Einfluss. So bleibt die Situation in den nächsten Jahrzehnten bestehen.

608cb sm

1469 kommt es zu einer für Katalonien folgenschweren Heirat. Königin *Isabella von Kastilien* ehelicht König *Fernando de Aragón.* Diese Hochzeit führt die beiden größten Königreiche, Kastilien und Aragón, zusammen; für viele gilt dies als **Geburtsstunde Spaniens.** Da Katalonien bis dahin zum Herrschaftsgebiet Aragón gehörte, fällt es nun auch unter die Zentralregierung. Der neue König sorgt sofort für die Einrichtung bestimmter kastilischer Organe (u.a. die Inquisition) und vor allem für die Stationierung von Militär.

Ramón Berenguer III., Vater von Berenguer IV., einte die katalanischen Grafschaften im 11./12. Jh. Heute reitet er in Barcelona neben der Kathedrale

022cl jf

*Fernando* und *Isabel,* die den Beinamen „Katholische Könige" führen, haben sich die **christliche Wiedereroberung** auf die Fahnen geschrieben. Sie sehen es als ihre heilige Pflicht an, die Mauren zurück nach Afrika zu vertreiben, was ihnen 1492 auch gelingt. Im gleichen Jahr 1492 entdeckt *Kolumbus* **Amerika,** und alle Aktivitäten richten sich schlagartig nach Westen zur neuen Welt aus. Das ist fatal für das an der spanischen Ostküste gelegene Katalonien, die Seefahrernation wird vom neuen Überseehandel ausgeschlossen.

## 16.–17. Jahrhundert

Die Nachfolger der Katholischen Könige setzen die Politik der **Dominanz Madrids** gegenüber Katalonien fort. Zeitweise wird sogar ein Vizekönig nach Katalonien geschickt, um dort die Interessen der spanischen Krone durchzusetzen – die Einsetzung eines Vizekönigs ist sonst nur in den amerikanischen Überseeprovinzen üblich.

Unter den spanischen Königen *Felipe III.* (1598–1621) und *Felipe IV.* (1621–1665) verschärft sich die Lage, es kommt zum Streit um Steuerfragen. Spanien ist zudem unter *Felipe IV.* in den 30-jährigen Krieg verwickelt und verbündet sich mit Österreich gegen Frankreich. Die Katalanen sollen mitkämpfen, doch sie weigern sich. 1640 kommt es schließlich zum **Aufstand der Katalanen gegen die Kastilier,** der aber scheitert.

1648 wird der 30-jährige Krieg mit einem Friedensvertrag beendet, aber in Spanien dauern die Scharmützel noch an. Erst 1659 wird auch hier Frieden

⌃ Nachbauten der Karavellen von Kolumbus im südspanischen Palos de la Frontera

hergestellt, der in einem komplizierten Vertragswerk geregelt wird. Katalonien verliert bei diesem separaten **Friedensvertrag** einen Teil seiner Gebiete im heutigen Frankreich.

## 18. Jahrhundert

Der auf *Felipe IV.* folgende *Carlos II.* (1665–1700) stirbt ohne Nachfolger. Der Kampf um den spanischen Thron führt zu politischen Intrigen, Scharmützeln und Bündnissen quer durch Europa. 1702 bricht der **Erbfolgekrieg** aus. Die Katalanen haben das Ziel, die Inthronisierung von *Felipe V.,* in dem sie einen absolutistischen Herrscher sehen, zu verhindern und bekämpfen ihn. Im Verlauf des Krieges belagern Truppen von *Felipe V.* 1706 auch Barcelona. Zunächst erfolglos, aber 1713 wendet sich das Blatt und Barcelona wird erneut belagert. Nach 18 Monaten geben sich die Katalanen am 11. September 1714 geschlagen.

*Felipe* rächt sich grausam. **Katalonien muss Gebiete abtreten,** z.B. Menorca an England, Neapel und die Cerdagna (eine Pyrenäen-Landschaft) an Österreich, Sizilien an die Herrscher von Savoyen und Valencia an die Kastilier. Das katalanische Gebiet wird bis auf das Kernland zerschlagen, nichts soll mehr an die alte Macht erinnern. Außerdem werden die Corts und das Militär aufgelöst, Universitäten und Verwaltung geschlossen. *Carlos III.* (1759–1788), *Felipes* Nachfolger, geht noch einen Schritt weiter und verbietet Schulbildung auf Katalanisch.

Einziger Lichtblick: 1778, fast dreihundert Jahre nach *Kolumbus,* erhält Katalonien endlich die Erlaubnis zum **Überseehandel** mit Amerika.

Dann folgt die **französische Invasion unter Napoleon.** *Carlos IV.* (1788–1808) erweist sich als zu schwach, die Franzosen haben leichtes Spiel und besetzen ganz Spanien. Es dauert bis zum Jahr 1813, als mit *Fernando VII.* wieder ein Spanier den Thron in Madrid besteigt.

## 19. Jahrhundert

Das 19. Jh. ist in Katalonien geprägt von etlichen lokalen Auseinandersetzungen, aber auch von einem bedeutenden **wirtschaftlichen Aufschwung.** Katalonien fördert wie keine andere Region Spaniens die Industrie, Dampfmaschinen werden eingeführt und ein Eisenbahnnetz entwickelt sich. Als Konsequenz findet in Barcelona 1888 eine der ersten Weltausstellungen statt.

Mit dem wirtschaftlichen Erfolg kommt auch das Selbstbewusstsein zurück, die **katalanischen Institutionen** werden mit Macht wiederbelebt. Ein erster Schritt ist die Gründung der Unió Catalanista 1892, in der Forderungen nach Souveränität, Selbstverwaltung und Gebrauch der katalanischen Sprache laut werden. Diese Bewegung verstärkt sich in den folgenden Jahren, 1906 wird die Solidaritat Catalana konstituiert, die sich für weitgehende Autonomie einsetzt.

## 20. Jahrhundert

1914 versucht Katalonien, mit der Einsetzung einer eigenen Regierung, der Mancomunitat Catalana, einen Weg in Richtung **Unabhängigkeit** zu beschreiten. Nachdem 1923 General *Primo de Ri-*

*vera* in Madrid an die Macht gekommen ist, verbietet er 1925 die Mancomunitat Catalana, 1931 finden Gemeindewahlen statt, in Katalonien gewinnt *Francesc Macià.* Er ruft am 14. April 1931 die República Catalana innerhalb einer Föderation iberischer Völker aus. Nur Stunden später wird in Madrid die Zweite Spanische Republik ausgerufen. Drei Tage später einigt man sich mit Madrid, auf die Republik zu verzichten und eine **katalanische Regierung** zu gründen, die Generalitat de Catalunya.

1932 wird ein **Autonomiestatus** verabschiedet. *Lluís Companys* (1882–1940) wird erster Präsident des katalanischen Parlaments und nach dem Tode von *Macià* zum Präsidenten der Generalitat gewählt.

Die katalanische Flagge mit Stern ist ein Bekenntnis zum Unabhängigkeitsbestreben

1936–1939 folgen die düsteren Jahre des **Spanischen Bürgerkrieges,** Katalonien wird erbittert gegen *Francos* Truppen verteidigt. Vergebens, 1939 erobert General **Franco** Barcelona. Rigoros verbietet er die katalanische Sprache und Kultur und siedelt gezielt Südspanier in Katalonien an. Lange Jahrzehnte der **Unterdrückung** folgen, viele Katalanen müssen ins Exil gehen. So auch Präsident *Companys,* der aber im von Deutschland besetzten Frankreich gefasst und an Spanien ausgeliefert wird. Dort wird *Companys* später zum Tod verurteilt.

Viele Katalanen leben im Exil, dort lassen sie die Generalitat weiter bestehen. Nach dem Tode von *Companys* wird *Josep Ira* (1876–1958) zum **Exil-Präsidenten** gewählt, er behält dieses „Amt" bis 1954, vier Jahre, bevor er im französischen Exil stirbt. Am 7. August 1954 wird in der spanischen Botschaft in Mexiko (Mexiko hatte *Franco* nie aner-

2226cb jf

kannt) ein neuer Exil-Präsident gewählt: *Josep Tarradellas* (1899–1988).

1975 **stirbt Franco.**

1977 wird **König Juan Carlos** inthronisiert, im gleichen Jahr findet am 11. September eine der größten friedlichen Demonstrationen Kataloniens statt. Eine Million Menschen gehen auf die Straße und fordern ihre alten Rechte zurück. König *Juan Carlos* erkennt die Forderungen an, Katalanisch wird als Amtssprache akzeptiert. Im gleichen Jahr wird *Tarradellas* in Madrid sowohl vom damaligen spanischen Regierungschef *Adolfo Suárez* als auch vom König empfangen. Mit einem königlichen Dekret wird am 29. September die **Generalitat de Catalunya wieder eingerichtet** und *Josep Taradellas* als Präsident eingesetzt. Er kehrt damit nach 40 Jahren Exil endlich zurück.

Am 18. Dezember 1979 erhält Katalonien seinen **Autonomiestatus.**

*Tarradellas* bleibt bis 1980 im Amt. Im gleichen Jahr finden erste freie Wahlen statt, *Jordi Pujol* wird erstmals **Präsident.** Er regiert 23 Jahre.

Katalonien kehrt zur alten **wirtschaftlichen Stärke** zurück. Nach der Vergabe der Olympischen Spiele für das Jahr 1992 an Barcelona beginnt eine rege Bautätigkeit, neue Straßen und Wohnungen entstehen, der Hochgeschwindigkeitszug von Madrid nach Sevilla wird gebaut. Es werden aber auch Teile des alten Fischerviertels Barceloneta zerstört.

Die **Olympischen Spiele in Barcelona** gehen als die „fröhlichen Spiele" in die Geschichte ein. Tausende von Sportlern kämpfen um Medaillen und vergnügen sich nach den Wettkämpfen im lebendigen Nachtleben von Barcelona.

# Aktuelle Politik

Katalonien – ein **neuer Staat** in Europa? Ende 2017 schwappten auch nach Deutschland Nachrichten aus Spanien herüber, dass Katalonien ernsthaft eine **Unabhängigkeit** anstrebe. Das Ausland rieb sich etwas verwundert die Augen, den Katalanen aber ist die Sache bitterernst. Sie verweisen gerne darauf, dass Katalonien sehr viel älter sei als Spanien; es sei bereits vor über 1000 Jahren gegründet worden, während Spanien nur auf gut die Hälfte käme. Nur durch unglückliche geschichtliche Fügungen habe man seine Unabhängigkeit verloren und sei mehrfach daran gescheitert, diese zurückzuerkämpfen. Seitdem wird Katalonien misstrauisch von Madrid aus beäugt – und umgekehrt.

Katalonien trägt durch seine unbestrittene **Wirtschaftskraft** einen gewaltigen Teil zum spanischen **Bruttosozialprodukt** und damit auch zum Steueraufkommen bei. Das war schon immer so, und dieser Umstand wurde von den Katalanen in der Vergangenheit bereits mehrfach genutzt, um Madrids Zentralregierung **Zugeständnisse** abzutrotzen. Was meist gelang und wiederum den Rest Spaniens ergrimmte.

Tatsächlich zählt Katalonien zu den **vier wirtschaftlich stärksten Zonen Europas,** ein unabhängiger Staat hätte wohl beste Chancen, auf vergleichsweise hohem Niveau zu existieren. Die **Finanzkrise 2008** und damit einhergehend die europäische Wirtschaftskrise erfasste aber auch Spanien mit voller Wucht – mit drastischen Folgen: Das Land litt lange unter einer enorm hohen

065kk jf

Statement-Shirts der Unabhängigkeits-Befürworter

Arbeitslosigkeit (ca. 25 % insgesamt, bei Jugendlichen sogar 50 %). Dieser Umstand färbte auch auf die wirtschaftlich so starke Region Katalonien ab: Die autonome Gemeinschaft ist trotz aller wirtschaftlicher Potenz ziemlich **hoch verschuldet.** Die katalanische Regionalregierung behauptet, dies läge nur daran, dass man zu viel Geld an Madrid abführen müsse. Dieses flösse dann in andere Regionen und versickere dort, Katalonien habe davon nichts. Also fordert man zum wiederholten Male, die Steuerverteilung zwischen den spanischen Regionen neu zu verhandeln, andernfalls könne man sich auch gleich eine staatliche Unabhängigkeit vorstellen und würde damit sogar sehr viel besser fahren.

Ab 2016 führte **Carles Puigdemont,** ein strenger Verfechter der Unabhängigkeit, das katalanische Regionalparlament an. Für Oktober 2017 planten die Katalanen ein **Referendum** über die Frage, ob Katalonien unabhängig werden solle. Madrid verbot dies umgehend und verwies auf die spanische Verfassung, die einen einseitigen Austritt einer Region gar nicht vorsähe. Am Wahltag kamen spanische Polizisten nach Katalonien, versuchten die Wahl zu verhindern, und es kam zu unschönen Szenen. Bei geringer Beteiligung erhielten die Befürworter einen hohen Stimmenanteil. Vermutlich waren die meisten Gegner gar nicht erst zur Wahl gegangen. Es folgten große Demonstrationen, und erst ganz allmählich protestierten auch die Gegner der Unabhängigkeit, denn die gibt es sehr wohl auch. Die **Regionalregierung** wurde schließlich **abgesetzt,** *Puigdemont* floh nach Brüssel, neun Ex-Regierungsmitglieder kamen ins Gefängnis und wurden zu hohen Haftstrafen verurteilt.

Die erhoffte Aufnahme eines unabhängigen Katalonien in die **EU** ist nicht in Sicht, das hat Brüssel klar signalisiert. Bei vielen Katalanen, die ernsthaft auf eine Unabhängigkeit gehofft hatten, war all das eine riesige Enttäuschung.

Am 21. Mai 2021 wurde **Pere Aragonès** zum **Ministerpräsidenten der katalanischen Regionalregierung** gewählt. Er gilt als moderat. Am 22. Juni 2021 wurden die inhaftierten Politiker begnadigt. Laut *Pedro Sánchez,* dem Ministerpräsidenten von Spanien, handelt es sich um „ein Angebot der Versöhnung".

Die **Pandemie** drängte das Thema etwas in den Hintergrund, aber substanziell hat sich an Frage nach einer Unabhängigkeit Kataloniens nichts geändert.

# Staat und Verwaltung

## Region und Provinzen

Die **Autonome Gemeinschaft Katalonien** (spanisch: Cataluña, katalanisch: Catalunya) hat eine Gesamtfläche von 32.091 km$^2$, das entspricht etwa 6,3 % des spanischen Territoriums. Katalonien ist damit die sechstgrößte der 17 Comunidades Autónomas („Autonomen Gemeinschaften", in etwa mit den deutschen Bundesländern vergleichbar). 7,6 Mio. Menschen leben in Katalonien, das sind immerhin gut 16 % der spanischen Gesamtbevölkerung. Nur im beinahe dreimal so großen Andalusien leben noch etwas mehr Menschen (8,38 Mio.). Das zeigt deutlich die wirtschaftliche Anziehungskraft Kataloniens. Tatsächlich erwirtschaften die Katalanen knapp 20 % des spanischen Bruttoinlandsproduktes.

Zur Autonomen Gemeinschaft Katalonien zählen die **Provinzen** Barcelona, Girona, Lleida (spanisch: Lérida) und Tarragona.

## Die Comarcas an der Costa Brava

Entlang der nördlichen Küste, der Costa Brava, liegen drei Comarcas. Im Norden liegt zwischen der Grenze und dem Ort L'Escala die Comarca **Alt Empordà.** Es schließt sich die **Baix Empordà** an, deren südliche Grenze bei Sant Feliu liegt. Schließlich folgt die **Comarca Selva,** deren Küstenanteil relativ schmal ist und bei Blanes endet. Die fehlenden Küstenkilometer bis Barcelona zählen zur **Comarca Maresme.**

In den Dörfern spielen Regionalgrenzen keine Rolle, hier La Pera nahe Púbol

066kk jf

Landschaftlich ist die 1355 $km^2$ große Comarca **Alt Empordà** vor allem durch die Gebirgszüge der Pyrenäenausläufer geprägt, der Hauptort ist **Figueres.** Herrliche Buchten, malerische Orte mit dem optischen Prunkstück Cadaqués und eine Reihe von Stränden prägen den nördlichen Teil und machen die Region zum touristischen Anziehungspunkt. Das Gebiet im Hinterland ist fruchtbar, kein Wunder, regnen sich die Wolken doch an den Bergausläufern gerne ab.

Die folgende Comarca, **Baix Empordà,** hat eine Fläche von 701 $km^2$, sie zeichnet sich im Küstenbereich durch eine weitgehend flache Landschaft aus. An ihren weiten Stränden sind im Laufe der Zeit **riesige touristische Zentren** entstanden. Im Hinterland wird auch in dieser Region noch **Landwirtschaft** betrieben, während an den Küsten streckenweise große Pinienwälder wachsen. Hier vor allem ist die typische mediterrane Küstenatmosphäre spürbar. Der Hauptort ist **La Bisbal,** bekannt für seine Keramikindustrie.

Die Comarca **Selva** hat eine Fläche von 995 $km^2$, sie umfasst nur einen kleinen Abschnitt der Costa Brava, die hier aber wieder ihren Namen verdient. Eine äußerst kurvige Küstenstraße führt zu den großen **Urlaubszentren Tossa, Lloret** und **Blanes.** Diese Ortschaften liegen dann bereits wieder in flacheren Zonen, und nur noch wenige Kilometer fehlen bis zu den ersten Industrieansiedlungen des Großraums Barcelona. Der Hauptort **Santa Coloma de Farners** liegt im Hinterland und spielt touristisch keine große Rolle.

Die 398 $km^2$ kleine Comarca **Maresme** liegt schon sehr nahe an Barcelona, ihr Hauptort **Mataró** ist eine industriell geprägte mittlere Stadt, wenngleich sie auch einen langen Strand aufweist. Die gesamte Comarca verläuft fast parallel der Küstenlinie, und dort finden sich auch mehrere Orte, die stark vom Tou-

071kk jf

rismus geprägt sind, wie **Malgrat de Mar, Santa Susanna** und **Calella.**

Die Comarca **Barcelonès** ist mit 144 km² die kleinste aller 41 Comarcas in Katalonien, hat aber durch die Millionenmetropole **Barcelona** die höchste Bevölkerungszahl. Durch die Großstadt zählt dieser Landkreis auch zu den wirtschaftsstärksten von ganz Spanien, mit dazu bei trägt auch die mittlere Stadt **Badalona,** die neben einem netten Strand auch ein nennenswertes Wirtschaftszentrum aufweist.

## Comarcas der Provinz Tarragona

Die Provinz Tarragona wiederum ist administrativ in zehn Comarcas (Landkreise) unterteilt, fünf davon liegen im Landesinneren, die anderen fünf gliedern die Küste. Die **Comarcas der Küste** in Nord-Süd-Richtung: Baix Penedès, Tarragonès, Baix Camp, Baix Ebre, Montsià.

**El Baix Penedès** misst 264 km² und deckt gerade mal einen 12 km langen Streifen an der Küste ab. Neben der Hauptstadt **El Vendrell** zählen noch die ehemaligen Fischerdörfer **Cunit** und **Calafell** zu den touristisch wichtigeren Städten.

**El Tarragonès** hat eine Größe von 345 km², mit der Hauptstadt **Tarragona** im Zentrum. Hier hat sich viel Industrie, vor allem petrochemische Industrie, angesiedelt. Außerdem finden sich etliche stark touristisch frequentierte Zentren wie **Salou, Creixell** und **La Pineda.**

**El Baix Camp** hat eine Fläche von 675 km², die Hauptstadt **Reus** liegt etwas im Hinterland. Dort befindet sich auch der Flugplatz, über den all die Urlauber einfliegen, um dann ihre Tage in **Cambrils, L'Hospitalet** oder **Miami Platja** zu verbringen. Neben dem touristischen Sektor konzentrieren sich Dienstleistung und Industrie rund um die Hauptstadt.

**El Baix Ebre** ist mit 1036 km² die größte Comarca der Provinz Tarragona. Die Hauptstadt **Tortosa** liegt etwas im Hinterland am Fluss Ebro, der der Comarca den Namen gegeben hat. Die Grenze der Comarca verläuft weitgehend entlang des Riu Ebro, mitten durch das landschaftlich faszinierende **Ebro-Delta.** Dort liegt auch die Reiskammer Kataloniens, fast die gesamte Landwirtschaft des Deltas ist auf Reisanbau konzentriert. Neben Reis werden auch noch Olivenöl und im bescheideneren Umfang Gemüse produziert. Der Fischfang spielt mittlerweile nur noch eine untergeordnete Rolle.

**El Montsià** mit der Hauptstadt Amposta hat eine Fläche von 660 km². Es ist die südlichste Comarca, die die untere Hälfte des Ebro-Deltas abdeckt. Neben dem brettflachen Delta zeigt sich das Hinterland sehr gebirgig mit Erhebungen von knapp über 1300 m. Landwirtschaft spielt eine dominierende Rolle, neben Reis- und Gemüseanbau wird auch noch Fischfang in nennenswertem Stil betrieben (Hafen in **Sant Carles de la Ràpita**). Außerdem hat sich eine bescheidene Möbelindustrie entwickelt.

☒ Am römischen Amphitheater in Tarragona

694 cb hf

# Symbole Kataloniens

## Flagge

Artikel 4 des L'Estatut Interior de Catalunya (des Regionalen Katalanischen Statuts) sagt es deutlich: *„La bandera de Catalunya és la tradicional de quatre barres vermelles en fons groc."* („Die Fahne von Katalonien ist die traditionelle mit vier roten Streifen auf gelbem Hintergrund.") Sie war während der Franco-Diktatur von 1939 bis 1975 verboten, genauso wie zur Zeit der Diktatur von *Primo de Rivera* (1923–1930). Diese Flagge wird **„Senyera"** genannt. Heute hängt aus vielen Fenstern eine andere Flagge, die sogenannte **Estelada.** Sie ist um einen weißen Stern in einem blauen Dreieck ergänzt und steht für die Unabhängigkeitsbewegung Kataloniens. Trägt die Flagge einen roten Stern, steht sie für ein selbstständiges sozialistisches Katalonien.

⌃ Die Senyera

## Hymne

Die katalanische Hymne „Els Segadors" stammt aus dem 17. Jh. In ihr werden die Heldentaten der Katalanen unter ihrem Kommandanten *Pau Claris* gegen den spanischen König *Felipe IV.* besungen.

## Regionaler Feiertag La Diada

In der gesamten spanischsprachigen Welt gilt der 12. Oktober, der Jahrestag der Entdeckung Amerikas, als einer der wichtigsten Feiertage. Nur der jeweilige Nationalfeiertag steht noch höher im Kurs, und das ist in Katalonien nicht anders. Der **11. September, la Diada,** gilt als der Feiertag überhaupt. An diesem Datum im Jahr 1714 musste sich Barcelona nach 14-monatiger Belagerung den Truppen von *Felipe V.* ergeben. Der **Spanische Erbfolgekrieg** fand ein Ende. Die Katalanen zählten zu den großen Verlierern der geschichtlichen Verwicklungen, ihre uralten Rechte der Eigenständigkeit galten von nun an nicht mehr. Die Wiedererlangung der politischen Autonomie wurde in späteren Jahren zum größten Wunsch. Aber kein spanischer Regent dachte auch nur daran, so entwickelte sich im Laufe der Zeit die Niederlage vom 11. September zu einem nationalen Trauma. Am 11. September 1886 wurde in Santa María del Mar ein **Gedenkgottesdienst** an den Gräbern derer gehalten, die 1714 für Barcelona gestorben waren; dieses Ritual wurde in späteren Jahren wiederholt und gewann eine Eigendynamik. Die Konsequenz war ein **Verbot.** 1901 gedachten trotzdem 30 Jugendliche dieses Tages – und prompt wurden sie festgenommen. Daraufhin kam es zu großen **Protesten,** der geballte Volkszorn entlud sich in vielen Orten Kataloniens.

1939 kam Diktator **Franco** an die Macht, der **Spanische Bürgerkrieg** fand sein blutiges Ende. *Franco* eroberte Barcelona, das sich erst nach heftigstem Kampf ergab. Die Geschichte wiederholte sich. Von nun an war **alles Katalanische verboten,** Sprache, Kultur, Zeitungen, Unterricht, Institutionen, einfach alles. Wie aber will man eine Sprache verbieten? Wie den jahrhundertealten Drang nach Eigenständigkeit? Der 11. September durfte natürlich auch nicht gefeiert werden, und das regte nur noch zu mehr Widerstand an. So versammelten sich an diesem Tag in späteren Jahren trotzige Nationalisten am Grab des letzten Verteidigers der Stadt bei der Schlacht von 1714.

*Franco* starb schließlich 1975, ein Jahr später war das Verbot aber noch nicht offiziell aufgehoben. **1977** dann gab es kein Halten mehr. Ohne besonders große öffentliche Aufforderung zogen angeblich anderthalb Millionen Katalanen am 11. September durch Barcelona. Aus allen Ecken Kataloniens reisten sie an, schwenkten katalanische Fahnen und hatten alle möglichen Kleidungsstücke in Gelb-Rot angezogen. Eine unglaubliche Menschenmenge, die friedlich nur eines forderte: politische Autonomie. Im Jahr **1980** dann wurde der **L'Onze de Setembre als Nationalfeiertag per Gesetz festgelegt,** im selben Jahr wurde die **Autonomie** wieder gewährt.

→ Praktische Reisetipps A–Z/Feiertage, Feste und Events

644cb sm

Auch der katalanische Volkstanz Sardana war unter Franco verboten

# Medien

Heute dominiert nur eine Sprache in Katalonien: **Català.** 1976 kam die erste **Zeitung** in katalanischer Sprache („Avui") auf den Markt, heute heißt sie **„El Punt Avui"**. Neben dieser und weiteren Zeitungen senden auch **Radio** und **Fernsehen** auf Katalanisch, zum Teil auch ausschließlich. Spanischsprachige Zeitungen gibt es natürlich auch, sie werden aber meist nicht in Katalonien produziert. Sie haben jedoch, wie die große landesweite Zeitung „El País" oder „El Mundo", einen Barcelona- oder gar einen Katalonien-Teil.

Es gibt auch **überregionale Zeitungen** in spanischer Sprache, die in Barcelona produziert werden. Vor allem **„La Vanguardia"** hat eine lange Tradition, sie wurde bereits 1881 gegründet und ist auch in Katalonien die meistgelesene Zeitung; seit 2011 erscheint sie auch auf Katalanisch. **„El Periódico de Catalunya"** („Die Zeitung von Katalonien") erscheint jeden Tag in einer identischen Doppelausgabe, eine auf *español,* die andere auf *català.* Damit das auch optisch auffällt, trägt die spanische Ausgabe ein rotes Schmuckband, die katalanische ein blaues.

# Wirtschaft

Katalonien zählt nicht nur in Spanien zur wirtschaftlichen Spitze, sondern gilt sogar als **einer der Motoren Europas.** 16 % der spanischen Bevölkerung erwirtschaften um die 20 % des spanischen Sozialproduktes.

Nur sehr wenige der Beschäftigten arbeiten noch in der **Landwirtschaft,** hier vor allem im **Weinanbau.**

Vor allem der **Industriegürtel um Barcelona** schafft Arbeitsplätze. Wer die

157cd sm

Autobahn von Barcelona Richtung Tarragona befährt, kann die riesigen Industriezentren beim Vorbeifahren betrachten. Diese ökonomische Kraft lockte viele Menschen an, speziell aus dem wirtschaftlich deutlich schwächeren Andalusien. **Wichtigste Wirtschaftszweige** sind die Auto-, Chemie- und Pharmaindustrie sowie Textil- und Lederproduktion. Der **Hafen** ist der größte in Spanien; neben Handelsschiffen und Containerschiffen landen hier reguläre Fähren (zu den Balearen) und Kreuzfahrtschiffe an.

Das alles braucht Platz und Fläche, und so entstanden auch in der **Nachbarschaft** von Barcelona **große Städte,** und seine **Vororte** wuchsen zu eigenen Zentren heran.

Erstaunlich bleibt, dass die **großen Konzerne** und **Multis keineswegs dominieren:** Etwa 75 % der Betriebe beschäftigen weniger als 500 Angestellte. Das zeigt, dass in vielen Familienbetrieben noch alter Unternehmergeist steckt. Dieser hat eine lange Tradition in Katalonien. **Fernhändler** orientierten sich schon im 12. Jh. übers Meer nach Norden oder Osten, beherrschten politisch die Inseln Sardinien, Sizilien und Korsika. Die **Industrielle Revolution** fand dort früh ihren Niederschlag. Industrien entstanden, die Dampfmaschine wurde eingeführt, und 1848 fuhr die erste Eisenbahn von Barcelona nach Mataró.

☒ „El Periódico" erscheint in zwei Sprachen: Katalanisch (links) und Spanisch

Zuletzt gab es aber auch einen leichten **Dämpfer;** in der Wirtschaftskraft fiel Katalonien etwas hinter Madrid zurück. Warum? Es wird gemunkelt, dass es in der spanischen Hauptstadt gezielte Förderungen gab, damit Firmen sich hier ansiedelten. Aber auch die Unsicherheit um die Unabhängigkeitsbestrebungen ging nicht spurlos an der Wirtschaft vorbei. Viele **Firmen** verlegten ihren Sitz von Katalonien in **andere Teile Spaniens,** die offenen Fragen um die politische Entwicklung und damit auch um einen stressfreien Zugang zum EU-Markt bereitet mehr Menschen und Firmenbossen Kopfzerbrechen, als den politisch Verantwortlichen gefallen kann.

## Tourismus

Der Tourismus hat einen Anteil von 12 % am katalanischen Bruttoinlandsprodukt. **Barcelona** ist eines der Hauptreiseziele in ganz Europa im Segment Städtereisen und Kreuzfahrten. Die Badeorte der **Costa Brava** und der **Costa Daurada** ziehen sehr viele Besucher aus Europa an, nicht zuletzt, weil diese Regionen auch noch für sehr viele Ausländer per Auto erreichbar sind. Obendrein reisen auch viele Spanier im Sommer an die Küsten und im Winter in die Pyrenäen zum Skifahren.

In den letzten Jahren hat Katalonien versucht, von der einseitigen touristischen Fixierung auf Sonne und Strand wegzukommen, dafür den **Inlandstourismus** anzukurbeln und **spezielle Angebote** für Sporturlauber, für Familien, für Kulturinteressierte und Weinliebhaber, für den ländlichen und auch für einen barrierefreien Tourismus aufgelegt.

Diese Anstrengungen zahlten sich aus: Neben dem üblichen Strandtourismus kommen immer mehr Feriengäste außerhalb der sommerlichen Hauptsaison und besuchen auch das Inland, wobei interessanterweise diese Urlauber sogar mehr Geld ausgeben als die Sonnenanbeter. Nicht zu klein ist auch die Gruppe der Katalanen, die im eigenen Land Urlaub machen, auch sie sind ein gewichtiger Wirtschaftsfaktor.

# Bevölkerung

Etwa **7,67 Mio. Menschen** leben in Katalonien, davon allein um die 1,6 Mio. in der Hauptstadt **Barcelona** (im Großraum dieser Metropole mit angrenzenden, teilweise großen Städten wie Mataró kommt man auf weit über 2 Mio. Bewohner). Weitere große Städte sind Girona mit ca. 100.000 und Tarragona mit 135.000 Einwohnern. Dennoch lebt etwa die **Hälfte** der katalanischen Bevölkerung in **kleinen Ortschaften** oder gar im **ländlichen Raum.** Die Bevölkerung ist zumindest in **Barcelona** durch Zuwanderung ziemlich **heterogen.** Von den 1,6 Mio. Einwohnern sollen etwa 15 % Ausländer sein.

Katalanen gelten als **stolze Menschen** und als eigensinnig. Blicken sie doch auf

cd027 jf

Mitglied einer Castellers-Gruppe aus Sitges

eine tausendjährige **Geschichte** zurück, die älter ist als die spanische, wie mancher Katalane nicht ohne stolzen Unterton bemerkt. Viele Katalanen sowie die aktuelle katalanische Regional-Regierung streben eine **Unabhängigkeit** von Spanien an und fordern diese immer wieder lautstark (→ Aktuelle Politik)

Interessant: Längst nicht alle Bewohner Kataloniens **sprechen Katalanisch.** In ganz Katalonien sollen es 95 % der Bewohner verstehen, 75 % können es sprechen, aber nur 45 % auch schreiben. Es gibt Spanier mit andalusischen Wurzeln, die in Barcelona geboren sind, ihr Leben lang dort wohnen und doch kein *català* sprechen.

Es ist in der Tat **kein ganz unproblematisches Verhältnis** zwischen **Katalanen** und **Nicht-Katalanen.** Der Stolz auf ihre Kultur und ihre Sprache ist bei den meisten Katalanen sehr stark ausgeprägt. Es sind nicht wenige, die auf dem Standpunkt beharren: „Wer hier lebt, hat gefälligst Katalanisch zu lernen." Und diese Einstellung wird auch mit großer Konsequenz umgesetzt. In der **Schule** wird auf **Katalanisch unterrichtet, Spanisch ist eine Art erste Fremdsprache.** Zu Hause und auf der Straße spricht man ausschließlich Català. Jedes Straßenschild drückt es aus: Du bist in Catalunya, nicht mehr in España. Schilder, Hinweise auf Spanisch? Fehlanzeige. Katalanische Sprachkenntnisse sind ein Einstellungskriterium für den Öffentlichen Dienst, denn ein Bürger hat das Recht, sein Anliegen auf Català vortragen zu können.

Unter **Diktator Franco** (er regierte 1936 bis 1975) litten die Katalanen besonders, denn Unterricht, Zeitungen und Bücher auf *català* waren verboten. Nicht einmal Visitenkarten durften auf Katalanisch gedruckt sein. Vergessen ist diese Zeit noch lange nicht. Heute zeigt sich der Stolz der Katalanen überall. Der spanische Staat gewährt der Region Katalonien, wie auch anderen spanischen Regionen, **weitreichende Selbstverwaltungsrechte** – selbst bei der Polizei existiert neben der staatlichen Policía Nacional und der Lokalpolizei eine katalanische Institution, die Mossos d'Esquadra. Katalanen grenzen sich heute gern von Madrid ab. Dies drückt sich schon im Sprachgebrauch aus, sprechen nicht wenige Katalanen von **„Espanya"**, wenn sie die Madrider Regierung meinen.

691cb sm

Ein Katalane mit der typischen Mütze Barretina

cd034 sm

Den Katalanen wird ein **hoher Gemeinschaftssinn** nachgesagt, der wahrscheinlich in der wechselvollen Historie begründet ist. Dies drückt sich auch in **kulturellen Bräuchen** aus, etwa in der **Sardana** (einem Gruppentanz) und vor allem den **Menschentürmen,** den Castellers. Der Einzelne ist wichtig für das Gelingen, wenn alle mitmachen, funktioniert der Tanz, ist der Turm stabil.

Katalanen gelten als die „Preußen Spaniens“: **arbeitsam,** eher **kopfgesteuert** und ohne jegliche Mañana-Mentalität. Man sagt ihnen deshalb auch große Geschäftstüchtigkeit nach und einen Sinn fürs Unternehmertun. So verwundert es nicht, dass mit Einsetzen der Industrialisierung Mitte des 19. Jh. in Katalonien so viele Firmen entstanden.

Der katalanische Charakter wird aber auch gerne mit **„Seny i Rauxa“** umschrieben, was mit „Realitätssinn und Überschwang“ oder mit „Vernunft und Unvernunft“ übersetzt werden könnte, also hart arbeiten, aber auch das Leben genießen und manchmal **eine Verrücktheit** einschieben.

⌃ Der berühmte katalanische Zusammenhalt

› Masía an Masía: das Örtchen Siurana

# Architektur

Heutige Barcelona-Besucher stehen staunend vor den hübschen, skurrilen, eigenwilligen, auf jeden Fall beeindruckenden Gebäuden, die Ende des 19. Jh. im Stil des **Modernisme** (katalanischer Jugendstil) entstanden. Sicherlich wirklich sehenswert, aber diese Bauphase war nur eine kurzfristige Etappe in der Geschichte der Architektur und auch eine, die hauptsächlich auf die **größeren Städte** beschränkt war, hier ganz besonders auf Barcelona und teilweise auch noch auf Reus.

Die **ländliche Architektur** brachte dagegen bescheidene Bauten hervor, die man landesweit noch heute finden kann. So vor allem die unzähligen kleinen Landhäuser, auf Katalanisch **Masía** genannt. Die zwei- bis dreistöckigen Gebäude aus grobem Naturstein standen zumeist außerhalb von Ortschaften. Diese kleinen Wohnhäuser, in denen auch landwirtschaftliches Gerät untergebracht war, gab es schon im 15. Jh., die meisten heute noch existierenden stammen aber aus späteren Jahren. Viele sind verfallen, andere wurden liebevoll restauriert und dienen heute als Ferienwohnungen oder Wochenendhäuser. In einigen Dörfern standen sie auch nahe zum oder gar im Zentrum, was den Ortscharakter auf sehr spezielle Weise prägte, so etwa in **Siurana.**

Das Gegenstück zur ländlichen Masía stand an der Küste, wo sich die **Fischer** zumeist **kleine, helle Häuschen** bauten, um nicht immer die langen Wege in ihren eigentlichen Wohnort zurücklegen zu müssen, denn dieser lag meist aus Sicherheitsgründen (Piratenattacken) weiter im Hinterland. Aus diesen Ansammlungen von weißen, meist etwas gedrun-

cd028 jf

gen wirkenden Häusern direkt am Meer entstanden später Ortschaften, die heute ganz eigene, sehr hübsche Ensembles abgeben, so z.B. in **El Vendrell, Creixell** oder **Altafulla.** Im **Ebro-Delta** stehen einige Hütten mitten in den Reisfeldern, die den Bauern Schutz und auch Unterkunft boten. Die häufig mit Reet gedeckten Bauten ragen mit ihrem Dach aus den wogenden Reisfeldern heraus – ein schönes Bild.

Da die katalanischen Küsten seit dem Mittelalter immer wieder Ziel von **Piratenangriffen** waren, baute man auch etliche **Wehrtürme,** die entweder direkt an der Küste standen, oder im Hinterland nahe der Siedlungen. Die Turmbesatzung sollte dann Küsten oder Orte beschützen, was mal mehr, mal weniger gut gelang. Erhalten ist beispielsweise noch der Turm in **Vilanova i la Geltrú.**

In einigen Ortschaften existierten sogar **Festungen,** von denen aber viele heute verfallen sind, von anderen existieren nur noch die Grundmauern oder andere Überreste, wie in **Creixell, Altafulla** oder **Torredembarra.** Die besterhaltene steht in **Tortosa,** auch in **Miravet** kann eine toll renovierte Burg besucht werden.

Weiterhin gibt es noch ein paar kleinere Orte mit einem **schönen mittelalterlichen Kern.** Dazu zählen **Torredembarra, El Vendrell** und **Altafulla,** ganz besonders aber **Montblanc, Tortosa** und natürlich auch **Tarragona.** Im nördlichen Bereich der Costa Brava zählt**Pals** dazu und auch die Altstadt von **Girona** und ganz besonders **Peratallada.** Der möglicherweise schönste Ort ist zugleich der kleinste, das weit im Hinterland liegende **Siurana.**

Peratallada ist einer der schönsten Orte mit mittelalterlichem Erbe

067kk jf

Viele spanische Städte sind um einen **Hauptplatz** herum angelegt, das ist in Katalonien auch nicht anders. Dort stehen meist die wichtigsten und repräsentativsten Gebäude der Stadt. Neben diesen Hauptplatz gibt es in manchen Orten auch noch eine schön Flanierstrecke, die meist sehr breit angelegt und unter Bäumen verläuft, sie wird **Rambla** genannt. Die bekannteste ist natürlich die Rambla von **Barcelona,** aber auch in **Tarragona, Figueres** oder **El Vendrell** gibt es sehr schöne Beispiele. Eine **Markthalle** weisen ebenfalls viele Orte auf. Meist täglich geöffnet, werden hier Lebensmittel gehandelt, aber immer gibt es auch mindestens eine Bar zum Klönschnack. Die Boqueria in **Barcelona** ist die bekannteste. Das Pendant an der Küste sind **Fischauktionshallen,** die es aber nur in ganz wenigen Orten gibt, **Cambrils** ist hier wohl das bekannteste Beispiel.

## Bauliches Erbe

Frühere Kulturen und Völker hinterließen ihre architektonisch Spuren im Land, hier ein paar besondere Beispiele:

Eine der frühesten Kulturen, die in Katalonien lebten, waren die **Iberer** (etwa 5. Jh. v. Chr.). Eine große archäologische Fundstätte aus dieser Epoche liegt noch heute in **Calafell,** eine weitere liegt im Bereich der Costa Brava in **Ullastret.**

Kurz vor der Zeitenwende kamen die **Griechen** nach Spanien. In Katalonien ist hier vor allem die Siedlung von **Empúries** hervorzuheben.

Aus der Epoche der **Römer** gibt es vor allem in **Tarragona** viele bedeutende Funde, sie liegen mitten im Stadtkern. Tarraco, so der damalige Name, war eine der wichtigsten römischen Städte in Spanien. Auch in **Altafulla** lassen sich noch archäologische Funde besichtigen und bei den Ruïnes d'Empúries. Und selbst in **Barcelona** hinterließen die Römer ein paar Spuren, aber keine großartigen Bauwerke.

Aus der fast 800-jährigen islamischen Zeit, als die **Mauren** in Spanien herrschten, sind in Katalonien kaum noch Spuren vorhanden. Nach der Vertreibung der Araber bauten die neuen christlichen Herrscher häufig sogleich eine **Kirche,** nicht selten auf den **Überresten** der jeweils sofort zerstörten **Moschee.** Prägnante arabische Bauwerke wie z.B. in Andalusien fehlen deshalb in der Region. Einige militärische Bauwerke sind gleichwohl noch im Ansatz erkennbar, so beispielsweise die alte **Festungsanlage in Tortosa.** Das berühmte **Arabische Bad in Girona** dagegen ist ein Nachbau, wenngleich sehr eindrucksvoll gestaltet.

Ein Großteil der kulturgeschichtlichen Hinterlassenschaft stammt aus dem **Mittelalter** des 11. Jh. und ist eine stark vom lombardischen Stil beeinflusste **Romanik,** die vor allem in den Pyrenäentälern zu finden ist. Mehr als 2000 romanische Bauwerke existieren noch heute, die bedeutendsten sind die Kirchen im Vall de Boí und das Kloster Sant Pere de Rodes im Bereich der Costa Brava. Es sind relativ schlichte, kleine **Kirchen,** oft mit schlankem Glockenturm und großformatigen Wandmalereien, die den Bauern eine religiös geprägte Weltsicht vermittelten. Viele der kostbaren Wandmalereien befinden sich heute im Museum für Nationale Kunst in Barcelona (Museu Nacional d'Art de Catalunya), während in den Kirchen vor Ort nur Kopien verblieben.

Viele, wenn nicht gar die meisten **Kathedralen** des Mittelalters, entstanden im **gotischen Stil,** hier sind vor allem die großen Gotteshäuser in Girona, Tarragona und Barcelona zu nennen, aber auch die in Tortosa. Ebenfalls gotisch sind die drei berühmten **Zisterzienserklöster** Poblet, Santes Creus und Vallbona de les Monges. Diese Epoche hatte ihren Höhepunkt im 13. Jh. Kennzeichen sind eine einschiffige Kirche, meist sehr hoch gebaut, mit Seitenkapellen und Kreuzrippengewölbe. Vor allem außen an der Fassade erkennt man die typischen Spitzbögen, nicht selten von detailversessenen Archivolten geschmückt.

Die **jüdische Zeit** in Spanien endete leider schon sehr früh mit der Vertreibung ganzer jüdischer Gemeinden im 15. Jh. Bauliche und kulturelle Spuren lassen sich aber noch heute entdecken, ganz besonders im früheren jüdischen Viertel (**Call** genannt) in **Barcelona,** wo ein hochinteressantes Museum die Zeit und deren Kultur erklärt. Auch in **Girona** informiert ein spannendes Museum über diese Kultur.

Erst im 17. Jh. lösten in Katalonien **barocke Stilelemente** die gotische Epoche ab. Jetzt wurden mehr überladene, teils schwülstige Formen bevorzugt, wie man beispielsweise an der Außenfassade der Kathedrale von Tortosa sieht.

Die Wende zum 20. Jh. prägte die Bewegung des **Modernismus** mit seinem größten Repräsentanten *Antoni Gaudí.* Er schuf nicht nur in Barcelona großartige Werke, darunter die Casa Batlló, Casa Milà, die Kirche Sagrada Familia oder den Park Güell, um nur die wichtigsten

☑ Schönes Beispiel für die Stilrichtung des Modernisme in Reus

cd029 jf

072kk jf

zu nennen. Daneben entstanden prächtige Bauten anderer Architekten wie der Palau de la Música in Barcelona von *Lluís Domènech i Montaner* oder auffällige Häuser wie die Casa Amatller in Barcelona von *Josep Puig i Cadafalch.*

## Kunst und Literatur

Kunst und künstlerischer Ausdruck sind in der Region eng verwoben mit der **katalanischen Identität und Sprache.** Was heute selbstverständlich gelebt und erlebt wird, war noch Mitte des letzten Jahrhunderts schlicht verboten. Dabei liegen die ersten schriftlichen Zeugnisse in katalanischer Sprache weit zurück, als der von Mallorca stammende **Ramon Llull** (1232–1316) erstmals viele seiner 260 Werke nicht nur auf Latein, sondern auch auf Katalanisch verfasste, womit er heute als der Begründer einer katalanischen Literatur gilt. Weitere, heute weniger bekannte Autoren sollten ihm folgen. 1490 erschien posthum der satirische Ritterroman „Tirant lo Blanc" von **Joanot Martorell** (1415–1465), der einen für die damalige Zeit überraschenden Erfolg darstellte. Sogar *Cervantes,* der Vater des „Don Quichote", soll von diesem Buch begeistert gewesen sein.

Der Roman war aber auch eine Art **Schlusspunkt** der gerade beginnenden katalanischen Literatur; ab dem 16. Jh. kam es zu einem Stillstand, weil das **Kastilische** (Hochspanisch) sich durchsetzte und Katalonien seine politische Eigenständigkeit verlor. Erst in der zweiten Hälfte des 19. Jh. erwachte das Katalanische erneut als Literatursprache. Diese Entwicklung wurde während der

⌃ Die gotische Kirche Sant Genís in Torroella de Montgrí

068kk jf

Franco-Diktatur (1936–1975) abermals jäh gestoppt, da der Gebrauch und die Publikationen der **katalanischen Sprache verboten** wurden. Es dauerte lange, bis sich zarte Pflänzchen des Widerstandes zeigten. So beispielsweise in der **Musik** mit dem **Nova Cançó** („Neues Lied") in den 1960er Jahren mit Protestliedern wie „Diguem no" („Sagen wir Nein") oder „L'Estaca" („Der Pfahl") von **Lluís Llach,** die zu Hymnen des Widerstandes wurden. **Pau Casals** (1876–1973), weltbekannter Cellist, verließ Spanien für immer und komponierte 1971 die „Hymne der Vereinten Nationen".

Auch in der **Theaterszene** gab es kraftvolle Produktionen, die die Grenzen des Üblichen sprengten, so beispielsweise von der Gruppe **„La Fura dels Baus"** („Das Frettchen von Els Baus"), die in fast schon anarchistischer Weise Stücke auf die Bühne brachten und das Publikum mit einbezogen.

Weitere Künstler, die sich durch ihren ungewöhnlich fantasievollen Stil einen internationalen Ruf erwarben, waren der Maler **Joan Miró** (1893–1983) oder auch **Antoni Tàpies** (1923–2012), beiden ist in Barcelona ein je eigenes Museum gewidmet.

Nach dem Ende der Franco-Ära ging es dann Schlag auf Schlag: Katalanisch wurde wieder überall gesprochen, auch im Fernsehen und Radio, es wurden Zeitungen, Bücher, Lieder publiziert. Einen

Große Kunst in Barcelona

Mercè Rodoreda beschreibt den Alltag in Barcelonas Viertel Gràcia

überragenden Erfolg erzielte der Autor **Jaume Cabré,** der nur auf Katalanisch schreibt, mit seinem Roman „Les Veus del Pamano", der auf Deutsch als „Die Stimmen des Flusses" erschien und sich sehr gut verkaufte. Der Roman spielt in einem Zeitraum ab den 1940er Jahren in einem Pyrenäendorf und zeigt die historischen, verkrusteten Strukturen einer abgeschiedenen dörflichen Gemeinschaft vor dem Hintergrund des spanischen Bürgerkrieges. Ebenfalls nur auf Katalanisch schrieb **Mercè Rodoreda** (1908–1983). Ihr bekanntestes Werk „La plaça del Diamant" („Auf der Plaça del Diamant") erzählt die Lebensgeschichte einer einfachen Frau aus dem Gràcia-Viertel in Barcelona; es wurde in über 20 Sprachen übersetzt.

Der Gebrauch der katalanischen Sprache ist heute vollkommen selbstverständlich, eher etwas kritisch beäugt werden katalanische Autoren, die auf Spanisch schreiben. Dazu zählte **Carlos Ruiz Zafón** (1964–2020), der mit „Der Schatten des Windes" einen Millionen-Seller schrieb, der in 36 Sprachen übersetzt wurde. Das gefällt nicht jedem: Als 2007 Katalonien Ehrengast der Frankfurter Buchmesse war (nicht „Gastland", da Katalonien kein eigenes Land ist), luden die katalanischen Kulturverantwortlichen nur Autoren ein, die in katalanischer Sprache publizieren. *Zafón* ist aber nicht der einzige bekannte Autor, der Spanisch vorzieht, auch **Manuel Vázquez Montalbán** ließ seinen Privatermittler Pepe Carvalho in Barcelona auf Spanisch ermitteln. Ebenso bevorzugen **Eduardo Mendoza** und **Juan Goytisolo,** beide in Barcelona geboren, die deutlich weiter verbreitete spanische Sprache. Diese Entscheidung kann man wohl auch als Frage der künstlerischen Freiheit sehen, aber in Katalonien schwingt immer auch ein Hauch Politik mit.

069kk jf

328cd_jf

# 10
# Anhang

Auf dem Weg ins Strandvergnügen

# Literaturtipps

- *Brühl, Daniel:* **Ein Tag in Barcelona.** Der bekannte Schauspieler, in Barcelona geboren und aufgewachsen, wandert einen ganzen Tag durch seine Heimatstadt. Besucht alte Freunde, erzählt von Begebenheiten, Bekanntschaften, beschreibt Stadtteile und Institutionen und dringt auch tief in die eigene Vergangenheit ein. So ist eine der stärksten und emotionalsten Szenen des ganzen Buches (meiner Meinung jedenfalls!), wie Daniel als kleiner Junge mit seinem Großvater erstmals das Fußballstadion Camp Nou besucht. *Daniel Brühl* schreibt mit Humor und mit dem Blick des Kenners fürs Detail. Er erzählt von völlig normalen Menschen, die in dieser tollen Stadt leben und gewährt Lesern so ein stimmungsvolles Stadtporträt weit jenseits von Rambla und Barri Gòtic. Ullstein 2012.

073kk sm

- *Lawson, Nick, Launay, Drew:* **So sind sie, die Spanier.** Aus der Reihe **Die Fremdenversteher,** die kulturelle Unterschiede unterhaltsam macht. Mit trockenem englischen Humor, Mut zur Lücke, einem lockeren Umgang mit der politischen Korrektheit – aber immer: feinsinnig und auf den Punkt. Die Fremdenversteher sind die deutsche Ausgabe der Xenophobe's® Guides. Reise Know-How Verlag 2018.
- *Mendoza, Eduardo:* **Die Stadt der Wunder.** Der Roman beschreibt den unaufhaltsamen Aufstieg des Onofre Bouvila buchstäblich aus dem Nichts zu einem Industriemagnaten in Barcelona Ende des 19. Jahrhunderts. Suhrkamp Verlag 2018.
- *Ribas, Rosa & Hofmann, Sabine:* Das **Flüstern der Stadt.** Ein Barcelona-Krimi, der in den 1950er Jahren spielt, also zur Hochzeit der Franco-Diktatur. Die ehrgeizige Journalistin Ana Martí will über den Mord an einer Witwe schreiben, wird aber durch die Zensur und die Polizei ausgebremst. Ana aber gibt nicht so leicht auf. Auftakt einer dreibändigen Krimi-Serie, bei der die erdrückenden zeitlichen Umstände sehr eindringlich beschrieben werden. Rowohlt Taschenbuch 2015.
- *Rodoreda, Mercè:* **Auf der Plaça del Diamant.** Die Lebensgeschichte von Colmeta, einer Frau aus dem Volk, von der ersten Verliebtheit auf der Plaça del Diamant in Barcelona über Hochzeit, Geburt bis zur Hochzeit der Kinder. Suhrkamp Verlag 2020.
- *Ruiz Zafón, Carlos:* **Der Schatten des Windes.** Das Buch spielt in der Zeit kurz nach dem spanischen Bürgerkrieg in Barcelona. Dort in der Altstadt gibt es einen Friedhof der vergessenen Bücher, und dorthin wird Daniel, der Held der Geschichte, von seinem Vater als Kind gebracht, um sich ein Buch auszusuchen und dieses zu adoptieren. Von da an entwickelt Daniel eine Neugier für den Autor und versteigt sich ungewollt, aber äußerst neugierig langsam immer tiefer in eine reale Familientragödie. Atmosphärisch sehr dicht und eindrucksvoll geschrieben, bietet das Buch tiefe Einblicke in die Zeit zwischen 1945 und 1956 im von Franco regierten Barcelona. Rowohlt 2013.

074kk sm

Zafón hat noch zwei weitere Bücher geschrieben mit den gleichen Protagonisten (**Das Spiel des Engels** und **Der Gefangene des Himmels**), deren Handlungen auch übergreifend zusammenhängen. Rowohlt 2010/2013.

- *Vázquez Montalbán, Manuel:* Der 2003 verstorbene Autor schrieb Krimis, in denen Privatdetektiv **Pepe Carvalho** die tollsten Abenteuer in Barcelona erlebt, oft in den besten Restaurants der Stadt. So ganz nebenbei erfährt man in jedem Band mehrere Rezepte der katalanischen Küche. Die meisten Romane wurden in den 1970er Jahren geschrieben, und man merkt deutlich den Zeitkontext (Übergang von der Franco-Diktatur zur Demokratie), was die Bücher heute fast schon ein wenig historisch anmuten lässt. Der Verlag Klaus Wagenbach hat etliche dieser Romane neu aufgelegt.

## Sprachführer

- **Katalanisch – Wort für Wort,** Kauderwelsch Bd. 72. Dieser Sprachführer ermöglicht einen unkomplizierten Einstieg: Was an Grammatik unumgänglich ist, wird allgemeinverständlich dargestellt, und alles ist darauf ausgerichtet, einfache Gespräche in Alltagssituationen ohne große Mühe bewältigen zu können. Reise Know-How Verlag.
- **Spanisch – Wort für Wort,** Kauderwelsch Bd. 16. Das Buch für Einsteiger ermöglicht schnelle Verständigung. Dazu ist ein **AusspracheTrainer** auf Audio-CD oder als mp3-Download erhältlich. Reise Know-How Verlag.
- **Spanisch Slang,** Kauderwelsch Band 57. Alltagsspanisch für Fortgeschrittene, vom Autor dieses Buches. Reise Know-How Verlag.

[<] Streifzug durch Barcelona

[^] Gemütlicher Innenhof in Girona

# Kleine Sprachhilfe

An der Costa Daurada wird vorwiegend **Català** gesprochen. Natürlich erwidern die Katalanen auf eine vom Ausländer auf Spanisch gestellte Frage höflichkeitshalber auf Spanisch, aber genauso klar sprechen sie untereinander Català. Damit Sie einen Eindruck von beiden Sprachen bekommen, hier etwas zu Aussprache und Betonung und einige Begriffe und Redewendungen. Es werden nur solche Phrasen aufgeführt, die man schnell erlernen kann bzw. auf die keine komplizierte Antwort zu erwarten ist. Das reicht aber nicht zur Kommunikation, deshalb ist wenigstens ein Volkshochschulkurs angebracht oder ein vertiefender Blick in die Kauderwelsch-Bände aus diesem Verlag (siehe „Literaturtipps"). Die Autoren führen den Leser auf leichte, aber unterhaltsame Weise in das jeweilige Sprachsystem ein.

## Aussprache und Betonung

### Spanisch

#### Zur Aussprache

- Jedes Wort wird so ausgesprochen, wie es geschrieben wird, das heißt es werden keine Buchstaben zusammengezogen. Beispiel: **bien** (gut) wird „bi-en" gesprochen.
- Ausnahme: **gue** und **gui** werden „ge" und „gi" gesprochen. Beispiel: *guerra* (Krieg) – „gerra".
- **c** wird weich gesprochen, wie englisches „th", wenn „e" oder „i" folgt.
- **c** wird wie „k" gesprochen, wenn a, u, o folgt. Beispiel: *casa* (Haus) – „kasa".
- **ch** – „tsch". Beispiel: *mucho* (viel) – „mutscho".
- **j** – „ch", wie in „acht". Beispiel: *Juan* – „chuan".
- **ll** – „lj", fast wie deutsches „j". Beispiel: *Mallorca* – „Majorka".
- **ñ** – „nj". Beispiel: *España* – „Espanja".

#### Betonung

Bei der **Betonung** gibt es **zwei Grundregeln:**

- Grundsätzlich werden die Wörter auf der **vorletzten Silbe** betont, wenn sie auf einem **Vokal** (a, e, i, o, u) bzw. auf -n oder -s enden.
- Endet ein Wort auf einem **Konsonanten** (außer: -n und -s), wird die **letzte Silbe** betont.
- Abweichungen von dieser Regel zeigen die **Akzente** an. In diesem Fall wird dann der Buchstabe betont, über dem der Akzent steht.

Ein Hinweis auf ein vom Deutschen abweichendes Phänomen: Das **umgedrehte Fragezeichen** (¿) vor dem Fragesatz ist eine typisch spanische Besonderheit. Analog wird vor einem Befehlssatz ein umgedrehtes **Ausrufungszeichen** gesetzt (¡).

### Katalanisch

- Worte werden so **ausgesprochen,** wie sie geschrieben werden, also auch bei französisch anmutenden Begriffen nicht in eine französische Aussprache fallen.
- Unbekannt dürfte die Buchstabenkombination **l.l** sein, hier wird das „*L*" lang ausgesprochen, nicht zum „Lj" zusammengezogen wie im Spanischen.
- Die spanische **ñ** wird meist durch **ny** ersetzt und „nj" ausgesprochen.
- **tx** wird zu „tsch", wie in „Matsch".
- Ähnlich hören sich **eig, aig, uig, oig** an, sie werden „tsch" gesprochen, also *passeig* = „passetsch".
- **ç** wie in *plaça* (Platz) wird „ß" gesprochen, also: „plassa".
- **tge** oder **tje** wie in *platges* (Strände) oder *platja* (Strand) wird „dsch" gesprochen, also „pladsche" oder „pladscha".
- Betonungsregeln lauten wie im Spanischen, die **Betonung** liegt meist auf der **vorletzten Silbe.** Steht ein Akzent auf einem Buchstaben, wird dieser betont. Wörter, die auf **r** enden, werden auf der letzten Silbe betont.

# Wichtige Begriffe und Phrasen

| Deutsch | Spanisch | Katalanisch |
|---|---|---|

## Höflichkeitsfloskeln

| Deutsch | Spanisch | Katalanisch |
|---|---|---|
| Hallo | *hola* | *hola* |
| Guten Tag | *buenos días* | *bon dia* |
| Auf Wiedersehen | *adiós* | *adéu* |
| Gute Nacht | *buenas noches* | *bona nit* |
| Bis später | *hasta luego* | *fins després* |
| Wie heißt du? | *¿Cómo te llamas?* | *Com et dius?* |
| Ich heiße ... | *Me llamo ...* | *Em dic ...* |
| Wie geht's? | *¿Cómo estás?* | *Com estàs?* |
| Sehr gut, danke | *muy bien, gracias* | *molt bé, gràcies* |
| Bitte | *por favor* | *si us plau* |
| Vielen Dank | *muchas gracias* | *moltes gràcies* |
| Gern geschehen, macht nichts | *de nada* | *de rès* |
| Ja | *sí* | *sí* |
| Nein | *no* | *no* |
| In Ordnung | *vale* | *val, d'acord* |

## Verständigung

| Deutsch | Spanisch | Katalanisch |
|---|---|---|
| Ich verstehe nichts | *No entiendo* | *No entenc* |
| Sprechen Sie Deutsch? | *¿Habla Usted alemán?* | *Parla alemany?* |
| Tut mir leid, ich spreche kein Spanisch/Katalanisch | *Lo siento, no hablo español/catalán* | *Ho sento, no parlo espanyol/català* |

## Zeiten

| Deutsch | Spanisch | Katalanisch |
|---|---|---|
| jetzt | *ahora* | *ara* |
| spät | *tarde* | *tard* |
| später | *más tarde* | *més tard* |
| (der) Morgen | *mañana* | *matí* |
| Nachmittag | *tarde* | *tarda* |
| Nacht | *noche* | *nit* |
| gestern | *ayer* | *ahir* |
| heute | *hoy* | *avui* |
| morgen | *mañana* | *demà* |
| Tag | *día* | *dia* |
| Woche | *semana* | *setmana* |
| Monat | *més* | *mes* |
| Jahr | *año* | *any* |

## Wochentage

| Deutsch | Spanisch | Katalanisch |
|---|---|---|
| Montag | *lunes* | *dilluns* |
| Dienstag | *martes* | *dimarts* |
| Mittwoch | *miércoles* | *dimecres* |
| Donnerstag | *jueves* | *dijous* |
| Freitag | *viernes* | *divendres* |
| Samstag | *sábado* | *dissabte* |
| Sonntag | *domingo* | *diumenge* |

## Monate

| Deutsch | Spanisch | Katalanisch |
|---|---|---|
| Januar | *enero* | *gener* |
| Februar | *febrero* | *febrer* |
| März | *marzo* | *març* |
| April | *abril* | *abril* |
| Mai | *mayo* | *maig* |
| Juni | *junio* | *juny* |
| Juli | *julio* | *juliol* |
| August | *agosto* | *agost* |
| September | *septiembre* | *setembre* |
| Oktober | *octubre* | *octubre* |
| November | *noviembre* | *novembre* |
| Dezember | *diciembre* | *desembre* |
| Promenade | *paseo* | *passeig* |

## Touristische Begriffe

| | | |
|---|---|---|
| geschlossen | *cerrado* | *tancat* |
| geöffnet | *abierto* | *obert* |
| Toiletten | *servicio/baño* | *serveis/bany* |
| Doppelzimmer/ Einzelzimmer | *habitación doble/simple* | *habitació doble/senzilla* |
| Zimmer mit Bad/Dusche | *habitación con baño/ducha* | *habitació amb bany/dutxa* |
| Flugplatz | *aeropuerto* | *aeroport* |
| Hafen | *puerto* | *port* |
| Bahnhof | *estación de tren* | *estació de tren* |
| Busterminal | *terminal de autobús* | *estació d' autobusos* |
| Preis | *precio* | *preu* |
| Eintritt | *entrada* | *entrada* |
| Eintrittskarte | *billete* | *bitllet* |

## Zahlen

| | | |
|---|---|---|
| 0 | *cero* | *zero* |
| 1 | *uno* | *un/una* |
| 2 | *dos* | *dos/dues* |
| 3 | *tres* | *tres* |
| 4 | *cuatro* | *quatre* |
| 5 | *cinco* | *cinc* |
| 6 | *seis* | *sis* |
| 7 | *siete* | *set* |
| 8 | *ocho* | *vuit* |
| 9 | *nueve* | *nou* |
| 10 | *diez* | *deu* |
| 11 | *once* | *onze* |
| 12 | *doce* | *dotze* |
| 13 | *trece* | *tretze* |
| 14 | *catorce* | *catorze* |
| 15 | *quince* | *quinze* |
| 16 | *dieciséis* | *setze* |
| 17 | *diecisiete* | *disset* |
| 18 | *dieciocho* | *divuit* |
| 19 | *diecinueve* | *dinou* |
| 20 | *veinte* | *vint* |
| 21 | *veintiuno* | *vint-i-un* |
| 22 | *veintidós* | *vint-i-dos* |
| 29 | *veintinueve* | *vint-i-nou* |
| 30 | *treinta* | *trenta* |
| 31 | *treinta y uno* | *trenta-i-un* |
| 40 | *cuarenta* | *quaranta* |
| 50 | *cincuenta* | *cinquanta* |
| 60 | *sesenta* | *seixanta* |
| 70 | *setenta* | *setanta* |
| 80 | *ochenta* | *vuitanta* |
| 90 | *noventa* | *noranta* |
| 100 | *cien* | *cent* |
| 101 | *ciento uno* | *cent u* |
| 102 | *ciento dos* | *cent dos* |
| 110 | *ciento diez* | *cent deu* |
| 138 | *ciento treinta y ocho* | *cent trenta-i-vuit* |
| 200 | *doscientos* | *dos-cent* |
| 300 | *trescientos* | *tres-cent* |
| 400 | *cuatrocientos* | *quatre-cent* |
| 500 | *qinientos* | *cinc-cent* |
| 600 | *seiscientos* | *sis-cent* |
| 700 | *setecientos* | *set-cent* |
| 800 | *ochocientos* | *vuit-cent* |
| 900 | *novecientos* | *nou-cent* |
| 1000 | *mil* | *mil* |
| 2000 | *dos mil* | *dos-mil* |

Die Zahlen ab 1000 aufwärts werden wie im Deutschen gebildet, indem jeweils *mil* angehängt wird.

### Weitere Begriffe

Verkehrsschilder und Ortsangaben → S. 475

# Register

## A



## B

## C



Büßer im Miniaturformat – ihre menschlichen Ebenbilder sieht man bei den Prozessionen in der Osterwoche

## D



## E



Anhang

cd040jf

## L



## M

## S



## T



## U

## V



## W



## Z

# Der Autor

**Hans-Jürgen Fründt,** der fließend Spanisch spricht, rauschte 1975 als gehetzter Inter-Railer erstmals durch Spanien. 1984 kam er dann als Sprachstudent nach Madrid und blieb länger. Seitdem beschäftigt er sich auch journalistisch mit Spanien. Mittlerweile sind insgesamt 25 Bücher über dieses Land entstanden, erschienen in drei Verlagen. Ein Titel wurde sogar in mehrere Sprachen übersetzt. Der vorliegende Reiseführer, insgesamt das 62. Buch des Autors, ist der Versuch, die einzigartige katalanische Küste einmal kompakt vorzustellen.

Neben Spanien, das fast so etwas wie seine zweite Heimat geworden ist, schreibt er auch verstärkt über seine erste Heimat, Schleswig-Holstein. Im Reise Know-How Verlag sind insgesamt zehn Titel zum Land zwischen den Meeren erschienen, zudem zwei Stadtführer zu Hamburg.

# Die Fotografin

**Susanne Muxfeldt** begleitet den Autor seit vielen Jahren auf dessen Recherchereisen. So hat sich eine produktive Arbeitsteilung ergeben. Während Autor *Fründt* tagsüber die Fakten sammelt, sucht *Susanne Muxfeldt* frühmorgens oder spätabends das beste Licht für ein gelungenes Foto.

294cd_sm

260cd_jf

Foto: AdobeStock, EVERST

# Schreiben Sie uns!

Wir hoffen, dass Ihnen dieser Reiseführer gefällt und er Ihnen ein guter Begleiter auf einer außergewöhnlichen und spannenden Reise ist.

Weil ein Reiseführer von Erfahrungen lebt, sind wir an Ihren Erlebnissen interessiert: Haben Sie in unserem Buch ein Restaurant entdeckt, das es nicht mehr gibt, eine Sehenswürdigkeit, die wir noch nicht aufgeführt haben, oder eine falsche Adresse? Dann schreiben Sie uns! **Wir nehmen jeden Hinweis und jede Kritik ernst und arbeiten kontinuierlich daran, die Bücher aktuell zu halten und immer weiter zu verbessern.** Jede Mail wird gelesen und beantwortet. Auch wenn wir nicht jeden Wunsch erfüllen können, machen wir uns immer Gedanken über Ihre Anmerkungen.

**Schreiben Sie uns:**
per Mail an info@reise-know-how.de oder an
Reise Know-How Verlag Peter Rump GmbH, Postfach 140666, 33626 Bielefeld

Wenn sich Ihre Infos direkt auf das Buch beziehen, würde uns die Angabe der Seitenzahl und der Auflagenzahl bzw. des Erscheinungsjahres Ihrer Ausgabe die Arbeit sehr erleichtern. Besonders hilfreiche Beiträge und Ergänzungen zu den Büchern belohnen wir mit einem Sprachführer Ihrer Wahl aus der über 240 Bände umfassenden „Kauderwelsch"-Reihe.

**Herzlichen Dank und gute Reisen**
Ihr Reise Know-How Verlag